经营城市系列丛书

经营城市宝典

张乃剑　主编

中国建筑工业出版社

图书在版编目(CIP)数据

经营城市宝典/张乃剑主编.—北京:中国建筑工业出版社,2004
(经营城市系列丛书)
ISBN 7-112-06927-0

Ⅰ.经… Ⅱ.张… Ⅲ.城市管理—研究 Ⅳ.F293

中国版本图书馆CIP数据核字(2004)第105654号

本书由三部分组成，即感悟篇、纪实篇和纵论篇。感悟篇主要汇集了一些具有代表性的城市市委书记和市长等相关领导经营城市的体会。纪实篇主要汇集了一些城市成功应用经营城市的理念，走出城市建设和管理成功之路的事例。纵论篇主要汇集了一些著名的专家学者在经营城市方面的研究和思考。

本书可供广大城市管理者和建设者参考。

责任编辑：吴宇江　许顺法
责任设计：刘向阳
责任校对：刘玉英

经营城市系列丛书
经营城市宝典
张乃剑　主编

中国建筑工业出版社出版、发行(北京西郊百万庄)
新　华　书　店　经　销
北京密东印刷有限公司印刷
*
开本：880×1230毫米　1/16　印张：23　字数：730千字
2005年5月第一版　2006年3月第二次印刷
印数：2001—3000册　定价：**55.00**元
ISBN 7-112-06927-0
F·584 (12881)

(邮政编码100037)
本社网址：http://www.china-abp.com.cn
网上书店：http://www.china-building.com.cn

《经营城市系列丛书》编委会名单

前　言

屈指算来，经营城市作为一种经营理念在中国出现，并在市场经济实践中取得巨大成效，至今已经10年有余了。10余年，在历史的长河中，只不过是极其短暂的一瞬。然而，就是这短短的10多个春秋，中国各地城市领导者们运用经营城市的理念于城市建设和管理，创造了一个又一个辉煌，祖国各地城市建设发生的翻天覆地的变化并由此牵动城市辖区经济、社会综合发展和进步，令世人瞠目结舌。

有人说，经营城市的理念就如同潘多拉的盒子，一经打开，既跑出了神奇，也跑出了怪兽。确实，回过头来好好看一看我们在经营城市上走过的路程，检阅一下经营城市已经取得的业绩，探寻一下经营城市的做法和问题，校正一下经营城市的未来发展方向，不但是必须的而且是紧迫的。因此，在我们拟定的众多编辑出版计划中，率先编辑出版《经营城市宝典》一书。此举既是投石问路，也是作为对身处经营城市第一线者的热烈礼赞。

本书由三部分组成，即“感悟篇”、“纪实篇”和“纵论篇”。

“感悟篇”主要汇集了一些具有代表性的城市市委书记和市长等相关领导经营城市的体会。这里，有他们的无奈，也有他们的惊喜；有他们的欢乐，也有他们的痛惜；有他们对成功的欣慰，也有他们对未来的忧虑；有坎坷经历的忠实记录，更有对后来人的殷殷寄语。

“纪实篇”主要汇集了一些城市成功应用经营城市的理念，走出城市建设和管理的困境和阴影，迎来城市建设和管理一片艳阳天的事例。我们的记者们投身于改革的大潮之中，感受时代脉动，记录弄潮儿的倩影，挥动着如椽大笔，既忠实地记述了经营城市的发展轨迹，又报春鸟似的向世人传达了可资借鉴的信息和经验。他们的笔下不但有各地市长书记们的身影，也有各类企业家们对经营城市的贡献。他们妙笔生花著华章，笔走蛟龙起惊雷，他们的文章，不但忠实地记录着什么，还在更多地揭示着什么。经营城市只因为有了他们，才有了更多的新色彩。

“纵论篇”主要汇集了一些著名专家学者在经营城市方面的研究和思考。他们把经营城市的火热的现实作为科研内容，以当仁不让的责任感和使命感，走出高堂院所，不惟上，不惟书，更不惟洋，摆脱传统的思维模式，置身于多维的思考之中，直面经营城市的现实，纵论是非说短长，横评曲直讲科学，讴歌之所赞，批判之所非，出谋划策，指点迷津，宏谋巨略，振聋发聩，给人以深深的启迪和遐想。

因此，我们试图把本书做成从理论与实践相结合上，诠释经营城市的钥匙，也希望她成为全方位聚焦我国经营城市的舞台，更希望她能成为一些有识之士思考经营城市、推进我国城市化建设的宝典。这恰恰如同一个极富想像力的孕妇，在她的孩子尚未出生之前，总是极尽幸福地做着各种各样的美梦。但愿我们的美梦成真!

本书在酝酿和编辑过程中，一直得到中国科学院资深院士、中国地理学会名誉理事长吴传钧先生的关心和指导，耄耋之年的他，在审阅我们的书稿过程中，不但给予思想、思路的匡正，甚至连个别字、辞、句和标点符号都一一给予修订，之后还应约给本书作序。他的博学、勤勉和平易都给我们留下了深深印象。在经济学界享有泰斗声望、担任我们研究所高级顾问的于光远先生，多次当面听取了本书主编张乃剑的汇报，并给予了许多具体的指示。原中宣部部长朱厚泽同志在听取了张乃剑的汇报后，特别提醒要多做广泛的调研，多听听第一线同志的想法和要求。这里还要特别指出的是，本书在酝酿和编辑过程中，贵州省都匀市市委和市政府同样给了我们巨大的鼓励和支持，他们不但以本市经营城市的成功实践和经验佐证了我们的选题，还对我们的调研考察工作给予了热情的接待和配合。

另外，由于时间的关系及人事变动等原因，我们在征稿及收集相关媒体文章的过程中，可能有不够周详之处，希望能得到谅解和海涵。

序

城市化是世界所有国家走向现代化的必由之路。我国自改革开放以来，国民经济发展战略出现了巨大转变，国民经济结构优化和全面繁荣。大量人口向城市集中，全国大中小城市由 200 多个增加到将近 700 个，城市发展和建设面临着众多的机遇和挑战。城市化步伐迅速加快，城市化水平随着提高。但在取得明显成就的同时，在城市的发展和建设诸多方面特别是城市经营方面，也出现了不少的问题。

中国管理科学研究院区域发展研究所张乃剑所长，曾多次向我说起他已着手编辑出版一套经营城市系列丛书，他把有关计划和书目专门送给我看，诚恳地征求我的意见，还希望我根据自己的看法简单写几句话放在书的前面作为序。

如今，厚厚的一摞书稿摆在案头已经多日，这里承载着多位市长和书记们在市场经济大潮中不折不挠的追求和身体力行的体会；这里凝聚着众多专家学者的苦苦思索和探寻；这里还忠实地反映了众多记者们的风雨路程和再思考的结晶。打开这摞书稿就仿佛打开了我国改革开放的一扇窗，从中我们可以清晰地看到祖国经济建设的丰硕成果尤其是城市建设和管理的突飞猛进，也可以领略到改革开放是怎样有力地启发了人们的聪明才智而展现了无比壮丽的诗卷。

经营城市应该说是我国步入市场经济之后的具有中国特色的创造，薄熙来同志堪称是“吃这只螃蟹的第一人”。他在大连当市长的时候，正是我国城市建设和管理问题多年来积重难返的时候，当时的各个城市市长都面临着城市建设和管理中资金捉襟见肘的窘境。如何适应形势发展，积极主动、创造性地打通这个资金瓶颈，既需要胆量，也需要智慧。薄熙来同志按照市场经济的一般原则和规律，集中和代表人民的意志和心愿，挺立于市场经济大潮之巅，把城市作为资产和商品来对待、来经营，不但有效地解决了资金困难，而且还带动了城市及相关产业的进步和发展。

一花引来百花开，大连的成功经验，几乎一夜之间就被全国各个城市接受。从此，各地不断传来经营城市的佳音，许多城市自觉结合本地的实际，实事求是，一切从实际出发，不断推出有着独创性的经营城市做法和新鲜经验。我们的理论科研人员紧紧贴近改革开放的实际，把经营城市中的新生事物和问题作为自己的科研课题，各种研讨会、经验交流会和现场观摩会，尽可能地为经营城市的领导者、参与者提供理论的帮助和支持。与此同时，各家新闻媒体的记者们更是当仁不让，报春鸟似的奔忙于全国各地，不知疲倦而又及时地为人们传递着各种经营城市的信息和经验，他们满怀激情礼赞我们的时代，礼赞那些忧国爱民，恨不能一下子就使我们的祖国富强起来的建设者们。他们总是首先捕捉到经营城市的最新信息，他们的文章总是给经营城市的人们以鼓舞和力量。

如果说，党的十一届三中全会在我国农村中推行联产承包责任制，给我国农业生产注入了强大的生命活力，从而极大地解放了生产力，使我国农业生产一度出现突飞猛进，农村呈现出一派欣欣向荣的新气象的话，那么，经营城市理念的提出及实施，无疑对我国城市化建设起着推动和加速作用。可以毫不夸张地说，没有经营城市理念的提出及运作，就没有今天城市的长足发展和进步；没有经营城市理念的提出和运作，就没有今天各个城市各种支柱性产业蓬勃兴起和壮大；没有经营城市理念的提出和运作，就没有今天城市居民居住条件的极大改善和进步。所以说，经营城市的理念是新时代马克思主义理论与中国市场经济实际相结合的产物，是具有中国鲜明特色的一个创新，也是改革开放，实行市场经济的必然产物，是我国经济快速发展的催化剂。因此，在一定意义上，我们可以说，经营城市在我国经济发展和腾飞中尤其是对推动我国城市化建设，对带动其他各个经济社会领域的创新和发展起着划时代的作用。

但是，毋庸讳言，经营城市作为一种实践毕竟才只有短短的10多年的时间，经营城市也仅仅只是作为一种理念或者说作为一种概念，直到目前还未能形成一种完整的真正意义上的科学理论，甚至我们的教育和科研系统都还没有专门设立一个机构来研究经营城市问题。这就不能不使我们又一次感觉到，当社会实践已经把问题紧迫地提到了我们面前尤其是决策者面前的时候，我们的决策者如果不能与时俱进的话，那也会误事的。我国有那么多城市，有那么多的市长和书记，而在我国首都北京直到2003年才把原先的北京海淀走读大学改为城市学院。由此可以说，在某种意义上来看，我国对城市建设和管理的研究目前尚处于摸着石头过河的起步阶段。正因为这样，所以，在城市建设中不断出现抄袭现象和拿来主义现象。一谈到现代化城市建设，就抓紧建大高楼、大广场、大喷池、大雕塑、大马路、大花园。千城百市一个面孔，看不出个性，看不出这个城市源远流长，找不到这个城市的文化余脉，有的甚至搞不清这个城市的定位，这些“大手笔”的建筑只能说是长官意志的产物。这也说明，理论的启蒙对于一些人来说是多么的重要。也告诉人们，抓紧做好经营城市科学理论的研究和建立工作是多么的重要、多么的紧迫。

经营城市由于缺乏成熟的科学理论指导，导致了相当多的人对这个问题形成不了共识，甚至导致了一些人对经营城市理解得很肤浅、很片面。有的人认为，经营城市就是出卖城市的土地来取得资金；有的把城市规划、市政建设和管理当作经营城市；有的甚至把绿化、美化、净化和亮化以及招商引资统通都叫经营城市。我们虽然不能简单地说这对或者不对，但从中确实感到，人们对经营城市的认识没有科学的理论引导是不行的。当前，有些人、有些地方对经营城市采取一种实用主义做法，既不搞科学论证，又不注重长远考虑，表明我们相当多的城市领导者的思路缺乏经营城市理论的滋润。这些现象和问题的存在，不但对我国城市经营是一种隐患，对我国经济建设和发展也是一个必须及早引起重视的问题。

中国管理科学研究院区域发展研究所注意到了这个问题，并开始按照系统论要求着手进行这方面的研究，他们组织了很多有关专家学者系统探讨并进行撰写。这确实是一个巨大的系统工程，也确实是一项理论联系实际、极富参考应用价值的研究工作。《经营城市宝典》问世，编写者谦虚地说，他们这项工作只是投石问路而已。但这本书确切告诉人们，经营城市既是领导的事，也是专家学者和新闻媒体的事，更是全社会的事。我认为，经营城市确实是一篇社会性的大文章，要由全社会人共同来做，没有全社会的实践、参与和关注，是做不好经营城市这篇大文章的。我作为一个对城市发展具有极大兴趣的科学工作者，殷切地希望这本书的问世能鼓舞社会各界人士共同来扎扎实实地做好这篇大文章，使我国的城市化的发展早日走上合理、有序的康庄大道，从而保证国家经济和社会的持续发展。

吴传钧

2004年“五·一”国际劳动节于中关村

目　录

一、感　悟　篇

二、纪 实 篇

三、纵　论　篇

一、感　悟　篇

看到我国城市建设的巨大变化和进步，看到由于城市化建设带动起来的我国经济和社会的大发展，人们自然就会想到带来这些发展和进步的观念——经营城市，与此同时，人们自然而然也就想起了当初第一个把这一观念引入到城市建设中的人——大连市原市长薄熙来。

由于薄熙来同志首先按经营的理念管理和建设大连市，并给大连市带来了意想不到的发展。所以，与其比邻的青岛市倍受启发和鼓舞，他们始则亦步亦趋学大连，结果，两市比翼双飞；继之，青岛甚至有后来者居上的味道。从此，经营城市之花开遍神州大地。城市建设进步给予我国经济和社会发展的积极影响，现在看来，怎么评价都不会过分。有关媒体记者就经营城市话题曾采访过薄熙来，虽然这事已经过去多年了，但今天读后仍然让人受鼓舞、受教育。请看：

1. 薄熙来谈如何经营城市这份国有资产

《人民日报》记者访谈录

“百年风雨洗礼，北方明珠生辉”——这是江泽民总书记在大连建市百年时的题词。今日的大连，已被绿化、美化、净化成一座让世人为之赞叹的花园城市，并被授予国家级园林城市、国家环保模范城市等称号，还被联合国授予人居奖，被评为亚太地区环境整治的模范城市。大连是如何从一个重化工城市迅速转变为一个国内外知名的花园城市的？记者带着这个问题采访了辽宁省省长、原大连市长薄熙来同志*。

记者：据我了解，把城市作为国有资产来整体经营，是您第一个提出的课题，而且率先进行了长达 8 年的实践，取得了明显的效果，从理论上和实践上都使人感到耳目一新。不少同志，特别是城市管理者都对这个问题感兴趣，想请您谈一谈这方面的情况。

薄熙来：关于城市的建设与发展，很多兄弟市已经积累了丰富的经验，很值得大连学习。这些年，我到过一些城市，每次去都有新鲜感，都很受启发，不仅看到上海、深圳、厦门、宁波、青岛这些沿海城市发生了翻天覆地的变化，也感受到内地都市日新月异的发展。成都府南河的治理、太原的汾河治理、西安高新园区的建设、长沙的五一路和世界之窗、济南的泉城广场也都是城市发展的精彩之笔。由于有改革开放的大环境，特别是党中央、国务院特别重视城市的环境建设，所以，这些中国城市的面貌都在发生历史性的变化。大连在城建方面还处在实践和探索的过程中，我们希望能更多地向兄弟城市学习，以更多地汲取经验。

城市是重要的资产

记者：大家都在变，但据我观察，大连变得更快、更好，每年都在出新，您始终把城市作为重要的国有资产来经营，当初您是怎么想的？

薄熙来：做市长的，总希望自己的城市发达，能够在经济上宽裕一些，但首先遇到的难题往往是缺钱。那么钱从哪儿来？自然就想到办工厂，20 年前也有一句话，叫作“无工不富”嘛！在人脑子里，一提起国有资产，也首先想到国有企业，并往往把国资和国企等同起来。为了发展经济，过去很多城市都是一个路子，即争项目，找贷款，办工厂，通过兴办企业，出产品，上产值，拿利润，增税收，这样政府就有钱了。因此，不少同志在相当长的时间里只是热心于企业的事，如何把企业做大、

---

* 薄熙来同志现任国家商务部部长。

做多，就成了市长们的心事，因为这样才能有钱，提高GDP，从而提升城市的地位。但事实上，由于市场竞争日趋激烈，各地重复建设项目众多，由政府新办的工业项目，往往面临诸多风险，搞不好，辛辛苦苦办起来的企业，不仅不能挣钱，还要背上债务包袱，赔进去的更多，然后不得不再拿财政的钱即纳税人的钱去堵窟窿，就会造成恶性循环。

那么发展城市急需的钱从何而来呢？我想，国企是国有资产，城市本身也是国有资产。政府挣钱，不仅可以通过征收企业的税收，也可以通过经营城市使财政增收。企业可以由董事长和总经理来管，市长管多了就政企不分了；而城市只能由市长来管，如果市长的兴趣不在城市而只在企业，这个城市就会因疏于管理而荒废；而脏乱差的城市，以经济眼光来看，就意味着悄悄地贬值，也就是国有资产的流失。市长不管企业，还有董事长和总经理；市长如果不管城市，城市就无人去管。所谓市长，首先是一市之长，他的第一责任无疑是抓好城市本身。市长需要懂得什么是自己最重要的资产。城市管理者如果把自己等同于企业家，实际上只不过多管了几个企业，而丢掉了经营城市，并使城市整体增值这个重要的经济机会。市长对企业要关心，但又要政企分开，不能越俎代庖，应该放手让企业家去做，市长首先应集中精力把城市本身的事情做好，把市民安顿好，把软硬环境搞好，城市才能走上良性发展之路。

城市本身不仅值钱，还能通过经营城市来挣钱

记者：基础设施的建设，环境的改善都需要资金，这都是钱堆起来的。这些年，你们到处修桥、筑路、建广场、搞绿地，搞了那么多工程和设施，不仅财政没背债，钱还越滚越多，是怎么做的？是不是把企业的钱也用来搞城建了？

薄熙来：城市本身是国有资产，是值钱的，而且可以通过经营城市这份国有资产来挣钱。城市不仅值钱，还可以增值，而且这个过程并不是遥遥无期的事情。大连1992年全市的可支配财力是21亿元，其中可用于生产建设的资金只有8000多万，到1999年，大连可支配财力已发展到90亿元，可用于建设的资金近40%。如果以1992年的财政收入为基数，1993至1999年的7年间，大连市就多挣多花了268个亿，新增的资金主要是靠经营城市得来的。举一个例子，大连市区有200多万人，而在过去的七八年间，其中100万人住进了新房，有45万人自己没有花钱，完全靠政府运作乔迁新居，住房面积还平均增加了40%。这45万人的房子，投资成本就是120多亿元，如果以90年代初期大连市的财力来比量，是根本不可能的，只是因为近年来大连城市整体增值了，才有可能组织开发公司来盖房，政府把土地效益让利给百姓去盖房，开发公司也少赚点，好事就做成了。再举个例子，大连在过去的七八年间，将市区内90多家污染严重的企业迁走，少数销号，多数搬到郊区重建，实现了再生，而搬迁企业的建筑费、设备费、运输费、补发职工的工资、劳保、医疗费，以及分流部分职工的安置费，从何而来？大家知道，凡是搬迁的企业，一般都是很困难的企业，厂房、设备已值不了几个钱，但由于大连整体增值，老厂屁股底下的那块地值钱了，所以，90多家老厂的搬迁改造就成为可能。据统计测算，大连的土地价格，1999年比1994年增长了5倍，而大连市建成区160多平方公里，土地整体增值的效益是显而易见的。据统计，大连市区拥有实物资产也由1992年的760亿元增长到1999年的2600多亿元。所以，投资于环境建设是有账算的，城市增值的潜力是巨大的，经营城市可以带来丰厚的回报。

环境加外资就能发生化合反应，城市就能增值

记者：你的几个例子很让人信服，城市的确是重要的国有资产，而且是可以经营的，可以增值的，但具体如何经营城市，如何把城市这份国有资产做活，是靠什么力量和办法来启动这个经济过程的？

薄熙来：我的体会是：一靠良好的环境，二靠吸引外资。环境加外资，就能发生化合反应，城市就能增值。所谓良好的环境，在我的脑子里，包括良好的基础设施，完善的城市功能，以及优美的自

然环境，也就是说，要有比较完善的道路、机场、商场、酒店、写字楼、展览馆、医院、学校、文化和体育设施等，又要有鲜花、绿地和广场，以及比较完善的开放政策和法规。这种环境条件，是吸引内外资金的前提。而外来资金涌入，城市自然就增值，环境优势就转化为经济优势。城市本身的整体增值，会使生活在这个城市的所有企业、单位和个人都可以受益。而城市增值的过程，需要有一个大背景，这就是中国改革开放的大政策和中国安定团结的大局面，没有这个大政策和大局面，任何一个城市想孤立地增值是不可能的。

土地和资金的管理至关重要

记者： 的确如此，但据我观察，为什么也有相当一些城市，虽然地价高了，也出让了不少土地，政府却没有拿到足够的资金来有效地改造城市，并解决居民的住房呢？

薄熙来： 这有一个土地和资金管理的问题。任何一个城市的土地资源都是有限的，改造城市的历史机遇更是珍贵的。一般来说，房子盖起来，总要用七八十年，再差的也要用三四十年，一个城市大规模地拆旧建新，恐怕三四十年才有一个轮回。我们这些人，欣逢改革开放的盛世，就应该把握机遇，在拆旧的同时，赋予城市一个完美的新貌。如果随随便便把土地都批租出去，建起一些不伦不类的东西，后边的人想干也难了。这些年，大连采取了限量批租土地的办法，比 1992 年前平均减少了 50%，而收取的土地出让金又高度集中，全部用于城市基础设施和环境的建设，用于土地的再生和增值。同时，在路桥建设和沟河治理等方面，又精打细算，公开招标，取消一切中间环节，实现了低成本、高质量的建设。比如市内的定向立交桥，过去 1 平方米的综合造价在 5000 元左右，现在压到 2000 元；1994 年大修城市道路的造价，1 平方米为 95 元，而去年降到了 45 元，质量还更好了；1995 年，大连修双向四车道的高速公路，1 公里平均造价 6000 万元，而 1998 年则降到了 1500 万元。这说明，土地和资金的管理非常重要，潜力也很大。经营城市，既需要广开思路挣钱，也需要精打细算省钱。要防止地价的流失，也要防止资金的流失，如果手松一松，把钱拿去买好车，盖办公楼，搞吃喝玩乐那就完了，坐吃山空。我是山西人，相信只有把钱抠得很紧，才能见到效果。

不是有钱就能堆出一个美好的环境

记者： 优美的环境可以促进经济的发展，但优美的环境又是怎样发展起来的？我知道，大连和南方一些城市不同，有北方的严寒，又是重化工为主的城市，有百万国企职工，她是怎么变成一个花园城市的？我看到一些城市也花了不少钱，但为什么没有得到很好的效果呢？

薄熙来： 大连也有很多不尽如人意的地方，我们也有教训。前几年，旅顺口的建设我就没看住，建了不少不该建的住宅楼，留下很大的遗憾。要做好、做美一个城市，最重要的是总体规划和精品意识，并不是有钱就有堆出一个美好的环境。有些时候，钱越多，盖的楼越高、越密，可能城市越丑。对改造城市的人来说，可怕的不是过去那些破破烂烂的棚户区，而是新建起来的像火柴盒、麻将牌一样的五层楼、六层楼，留着难受，拆了可惜。城市建筑是凝固的艺术，欧洲人把他们的古城、古建筑都视为珍宝，文艺复兴时期那些大师的作品，也多体现在一座座建筑的设计、墙雕和绘画上。搞好城市需要有点艺术眼光和品位。城市建设的特点是，抹上一笔，就很难拿掉，几十年就是它了，搞个丑兮兮的建筑，能窝囊你一辈子，给后人都添麻烦。我们不仅要给城市以使用价值，而且要赋予她艺术气息，而且越往后，经济条件越好，人们对精神和艺术的追求就越强烈，在我们今天对城市进行脱胎换骨大改造的过程中，应该有更长远的眼光，更好的艺术感觉，把未来城市的骨架做好。

不求最大，但求最好

记者： 我赞成您的看法，城市的总体规划是十分重要的，而在大连做城市总体规划的时候，你的指导思想又是什么呢？

薄熙来： 简单说，"不求最大，但求最好。"在我刚做市长的时候，当时不少城市都有一个大发展的愿望，把自己定位于国际性的大都市，但一个城市的发展，是受客观经济规律制约的，不是自己想发展到什么程度就一定能实现。事实上，一个特别大的城市，并不一定是特别有魅力、有吸引力的城市。《红楼梦》里讲，“家大有家大的难处”，特别大的城市管理起来非常困难，市民活动也不方便。人的精力和行政机关的能力都是有限的，管得太宽、面太大，就容易粗放。人胖了要减肥，城市大了就负担重。一些世界名城，如悉尼、温哥华、亚特兰大、巴塞罗那，市民喜欢，游客向往，虽然不大，但有名、有钱，还很能赚钱。一个城市不怕不大，就怕平庸。大连是个年轻的城市，只有100年的历史，又是个滨海城市，应该表现出蓬勃的朝气，不仅用足球和时装，还要用鲜花、绿地、广场、喷泉来表现城市的朝气。与那些特大的都市相比，大连只是个小弟弟，但我们可以做个干净、漂亮的小弟弟，人见人爱的小弟弟，这就足够了。“不求最大，但求最好”是我们建设城市的理念，在大连家喻户晓。大连虽然不很大，但可以成为一个空气清洁的城市，适合人居的城市，企业挣钱的城市，温馨友爱的城市，交通便捷而且不塞车的城市。1995年我们曾提出，要限制城市的建设规模，提高建筑水准；限制人口规模，提高人口素质；重在质的提高，而不是量的扩张。如果盲目求大，水多了加面，面多了加水，就越来越麻烦。

一个城市能不能健康、快速地发展，大思路非常重要。如果大决策比较正确，城市发展就会越来越顺；而领导者指导思想的偏差，将带来城市的悲剧。一个城市要走上低风险、高效益的道路，必须研究清楚城市自身的特点，从而对城市有一个科学、合理的定位和规划。大连是临海的港口城市，是东北、辽宁的窗口，又是丘陵起伏的山城和严重缺水的城市，如果不把临港的产业以及相配套的商贸、金融、旅游、会展等产业做大，就会辜负老天爷对我们的恩赐；反之，盲目发展占地大、耗水大的产业，也会受到自然的惩罚。

经营城市在今天说来也许算不上是个新鲜话题了，但对于地处贵州山区的千年古城都匀来说，多年前即能以经营城市的理念大胆提出“资本置换”的新思维，的确是一大创新。

都匀市在计划经济年代曾是令人羡慕的三线工业小城，辉煌之日记忆犹新。可是由于市场经济的冲击，这种辉煌几乎一夜之间即付诸流水。

重新振兴都匀，逼出了“资本置换”思路，其结果是换来了从未有过的新天地。小城出奇迹，令世人刮目；小城新经验，传遍神州大地。经济学界泰斗于光远亲临小城，对资本置换称赞有加。

2. 经营城市使都匀市再度辉煌

中共黔南州党委常委、都匀市市委书记　周建琨

改革开放以来，全国不少地方按照市场经济规律不断创造适合本地发展的经验和做法，其中经营城市就是被各地城市广泛认可和接受的最有效的做法。我们都匀市地处贵州省南部黔南州州府所在地，计划经济时代，国家搞三线建设，这里成为贵州省南部重要工业城市，曾一度辉煌。但是这种辉煌随着改革的深入和市场经济体制的确立而逐渐消失。原先的不少产业企业设备老化，工艺落后，生产出来的产品越来越不能适应市场的需要，几乎生产多少就积压多少，生产得越多亏损就越严重。那些习惯于吃大锅饭的人们观念一时也不能跟上来，显得越来越不适应形势发展的需要。这样，地偏一隅的都匀就逐渐走出了人们的视线，国家改革开放的步伐越大，都匀就越显得落后，市场经济越发展，都匀就越显得贫穷。穷则思变。在贫穷和困难面前，我们都匀市历届政府和领导尤其是改革开放以后的都匀市领导，不墨守成规，大胆创新，大胆实验，终于走出了一条适合都匀市发展的新路子，再造了都匀市的辉煌。

被贫困逼出来的思路——资本置换

改革开放以后，在相当一个时期内，我们都匀市国有企业迟迟转不到市场经济轨道上来，产品不对路，库存积压，亏损严重。因国家又不再有新的投入，财政赤字逐年攀升，工厂设备不但无法更新，就连起码的维修都难以进行，工人的工资经常不能足额发放甚至发不出，企业生产步履维艰，全市国有企业职工有一半以上下岗待业。而这些不堪重负的资金债务和就业的矛盾，最终也转到了政府身上。

市级财政连年赤字，收支矛盾十分突出。由于工业落后，产品陈旧，缺乏市场，再加上人民群众收入未增反减，购买力低下，民办企业、政府税收也连年下滑。加上财政收支结构不合理，财政供给人员达1.3万人，超过贵州省同等县市的2倍，仅每月发工资就将近500万元。

城市基础设施建设已经多年不再有新的投入，市政建设和管理也几乎处于停止状态，整个城市道路狭窄，路面龟裂，楼房矮小，水管网老化，公园年久失修，甚至连公共厕所的管理人员工资都发不出。

农业落后，农村落后，农民贫穷更是让人难以想像，多年来，有的农户人均年收入折合成人民币不足200元。

如何在这样一个摊摊上起步，实现城市、农村经济和社会全面发展，多年来一直沉重地摆在都匀市历届领导面前。1997年底，市委常委会议上大家又一次将这个问题摆到桌面上来。会议上同志们认真学习党中央有关文件，联系到全国开放较早的沿海地区和城市参观学习的感想和体会，根据都匀

市的实际情况，放开思路，畅所欲言。大家一致认为，造成都匀市的贫穷和落后，原因是多种多样的，最主要的有两点：一是思想观念落后和陈旧，未能做到与时俱进；二是都匀的市场发育程度低，管理体制僵化。同志们说，这两个方面原因导致了都匀未能实现马克思所说的“资本的生命在于运动”，以至于有资产成不了资本，有资本成不了资金，有流动却带不来增值。如何摆脱这样一个令人尴尬的现实？大家认为，摆在都匀人面前有两条路，一条就是过去一直沿用的老办法，即靠财政负债搞城市建设，靠用新赤字上项目，靠透支下一代人的资金来建设今天。再一种做法就是沿海地区和发达地区的做法即用市场经济手段来建设和改变都匀的现状。但是，靠第一种办法已被历史证明，在都匀再也无法使用了。都匀要发展，要进步，必须采用全国大多数已经发展起来地区的经验和做法即第二种办法，坚定不移地按市场经济规律和法则行事，用市场动力推动都匀的社会动力。就是在这次会议上，大家共同探寻促进经济活动良性循环的切入点，探寻如何把现有的可以纳入经营范围的有形和无形的国有资产和资源赋予资本的属性。也就是在这次会议上，大家提出了经营城市的理念，提出了资本置换的观点。

所谓资本置换，按照当时的理解和认识及都匀的实际情况，就是避开商业信用，采取国有资产、国有资源加政府信用再加政策驱动，以实现直接换取资本交易对方的生产资本；在资本形态的转换上，避开货币资本，以实物形态的、非实物形态的资本换取交易的另一方实物形态的资本或生产资本。思路决定出路。1998 年 4 月市委召开常委会议，就我市道路建设和旧城建造进行专项研究。会议议定，把纵贯市中心的剑江中路改造作为城市基础设施改造导入资本置换的突破口。

剑江路建于 20 世纪 80 年代中后期，是都匀市的中心主干道，它分为剑江北路、剑江中路和剑江南路，当时靠的是全额贷款建成的。但由于经济不发展，车流量不上规模，导致交通不繁荣，靠收取过往交通费不但根本解决不了道路的养护，甚至连养路工人的工资都发不了。以 1997 年为例，当年收取交通过路费 430 万元，而当年要缴的贷款利息就达 777 万元。政府作为投资主体和债务人、担保人的结果，一下子就背上了近 2 亿元的沉重债务。由于长期不能得到有效的路面养护，致使道路损害严重，路面龟裂不平，人行路面破损更加厉害：晴天尘土扬，雨天路泥泞。剑江中路位于市中心，路面破损得让人看了就难受，加上道路两边低矮的老房子和脏乱不堪的店面，都匀哪还有什么形象可言？

市委之所以选择剑江中路改造作为突破口，在当时来讲既有实验的意图，也有借此改变都匀主街道的意思。但是，改造这条路至少需要资金 1400 万元。这笔钱对于县级小城都匀来说，无疑是一个天文数字，但我们没有被难倒。为此，市委和市政府采取了一系列措施和办法。一是成立了行政事业性收费管理中心，增强政府的调控能力，以规范费源，避免财政资金流失；二是根据国务院和国家建设部文件和都匀市总体规划，出台有关资本置换的配套政策，即《都匀市城市房屋拆迁管理暂行办法》、《都匀市城镇国有土地使用权出让和转让暂行办法及实施细则》、《都匀市人民政府关于城市基准地价的通知》、《都匀市 1998 年各类房屋重置价标准及异地安置补偿优惠规定》及《拆迁补偿安置方案》等等；三是由政府市长常务会议决定，凡涉及资本置换项目上 30 万元的合同以及拆迁方案等，都由政府法律顾问组进行严格审核后再由市政府召集各部门进行集体讨论审批，再公布实施；四是广泛深入的宣传教育，首先是对全市干部的教育，除对他们做有关文件传达宣讲，还请相关专家给干部讲课，真正从思想理论上统一这些人的思想认识，使他们更加自觉地执行市委和政府的指示、决定。其次是对广大人民群众加强宣传教育，以期最大限度地使更多的人理解和支持市委和政府的决心，配合政府的行动。再就是对各类企业家和公司老板的宣传，把他们请进来，既宣传市委、市政府的决定、政策和决心，也真心实意听取他们的意见和建议，公布对外招商项目，实行面对面的招商引资。

心诚则灵。市委和市政府的一系列举措和行动引起了本地和外地商家的充分注意，1998 年 6 月，都匀市打算将占地 45000 平方米的小吃街片区搞开发权让渡，实行公开招标。在众多商家的竞标中，贵阳化工建设总公司都匀分公司出资 1000 万元竞标得手。资本置换出师告捷，使我们大受鼓舞，不但使我们感到思路正确，也使我们看到了未来的希望。我们把先期到账的 200 万元首先用作剑江中路改造的启动资金。1998年6月18日，剑江中路改造施工正式开工时，到都匀市搞调研的著名经济学家于光远先生到场剪彩，并欣然为市委和市政府题词：把都匀市办成现代市场经济的大学校，解放思想，事实求是，团结一致向前看，仍然是这个学校的主课。他在都匀市的干部座谈会上更是意味深长地说：贫困地区基础设施建设常常面临资金困难的问题，投资思路就应该是要办多少事去筹多少钱。我们不但会用钱，更要会筹钱和赚钱。我们不能够等，高速公路等不出来，城市建设也等不出来。没有钱，照样要办事，穷就用“穷办法”来搞，不要等，要抓紧时间，因为我们是现实主义者。都匀的情况虽然困难，要找准路子，关键是要从转变过去投资思路上做文章，传统观念一旦转变，没有钱也会找到钱。《当代贵州》杂志连续两期刊载新华社贵州分社记者采访于光远为都匀市经济和社会发展把脉的文章，就此也把都匀首创的资本置换的概念推向了社会。

有了著名经济学家于光远的认可和鼓励，我们市委和市政府深受鼓舞，也更加坚定了资本置换的信念和决心。我们在都匀市委七届第三次常委会议纪要里庄严地写道：“资本置换的路子要坚定不移地走下去”。在进行资本置换的过程中，我们也由一开始的小心翼翼摸着石头过河到大刀阔斧进行。1998年8月，我们又成功地将市政府大楼转让，收回资金1000万元。为此，我们一发不可止。接着供销社片区、文明路片区、裤裆街区连同政府办公楼及其片区的开发权统统都采取资本置换的方式进行让渡。我们按照资本置换的思路，不到半年的时间就有19个项目被置换出去了，调动起各种社会资金2.5亿元。在1998年底我市的经济运行便走出了“低谷”，改写了连年赤字的局面。地方财政收入8405万元，比上一年增长15.02%，超出年初预算目标553万元，不但消化了历史上滚存赤字421万元，还首次实现年度财政收支平衡。所以说，资本置换的结果，我们政府收到的是钱，让出去的是热火朝天的城市建设的喜人场面；我们政府忙的是为开发商做规划和相关服务工作，开发商忙的是如何只争朝夕建路盖房；我们政府让出去的是麻烦、埋怨，开发商得到的是如何使社会大众认可他们的商品；我们政府得到的是有了更多的时间和精力去研究，去检查政策的制定和落实，开发商得到的是市场利润。政府满意，群众满意，开发商也满意，大家皆大欢喜。道路宽了，房子高了，市容美了，环境好了，市场繁荣了，都匀市名气大了，各路客商来了，长期困扰都匀的财政赤字烦恼就这样缓解了。

我们的工作及由此引起的巨大变化，引起了黔南州和贵州省领导的注意和重视。当时的省委和省政府的主要领导分别在多种场合肯定了都匀市资本置换的做法，省委政策研究室还向省委和省政府提交了《都匀市资本置换模式的实践价值及推广意义》调查报告，并在一定范围内推广。所有这些，都极大地鼓舞了我们。

到2001年底，我们曾对资本置换带来的经济效益作过一次统计，其中有几个数字还是颇令人鼓舞的：一是四年来共调动市内外各种形态的社会资金25亿余元，直接用于旧城改造和房地产业12亿元，投入房地产拉动的相关产业8亿元，拉动工业企业的投入5亿元，投入到市政公用基础设施建设3600万元，对农业的直接和间接投入2500万元；二是增加税收2亿多元；三是由此引来外商投资2.236亿元；四是还由此调动本地民间资金3亿多元。2002年一年中又有23个外来项目落户都匀，实际到位资金2.17亿元，这还不包括由都匀牵头搞的世界摄影博览会签约的9.27亿元。几年来，我们都匀市GDP累计增长52.5%，人均GDP累计增长47.5%，财政收入增长58.28%，地方财政收入累计增长67.24%。

经营城市必须促进支柱产业的形成和发展

在进行资本置换经营城市中，一开始我们更多的是着眼于有形资产如道路、桥梁、房屋和土地等等，而对无形的资产如冠名权、广告发布权、空间使用权等等则考虑的较少，或者说，在实际操作过程中对有形资产比较重视，对无形资产重视不够，做得不够自觉。发现这个问题之后，引起了我长时间的深思。我认为，这种现象至少说明两个问题，一是在我们的一些同志中间并未真正理解或者吃透资本置换真谛和精神，这些人把经营城市仅仅片面地、表面地理解为土地使用权的简单让渡或买卖；

二是把土地、房屋、道路、桥梁等等的置换作为经营城市的终极目的。这是极大的认识误区，不解决就不能真正使经营城市走向健康发展的轨道。这期间，我们和《当代贵州》杂志编辑部联合召开了一次有省内外专家学者和全市的干部、企业领导参加的理论研讨会。研讨会主题是联系都匀市搞资本置换的实践，进行资本置换观念的探讨和总结，使资本置换理念从理论与实践的结合上作进一步升华。

后来的大量事实证明，这次研讨会对我们都匀市非常重要。如果说，刚开始搞资本置换是被贫穷逼出来的一种迫不得已做法的话，那么，通过这次会议，使我们全体干部尤其是市委、市政府的主要领导的认识也同样实现了一次质的飞跃，尤其是有更多的干部对经营城市的理念有了更深刻的理解和认识。从此以后，我们都匀市在经营城市的活动中做得更加信心百倍，更加自觉主动，更加具有创造性和活力。在过去，虽然大家也讲无形资产的经营，但是，并没有一次成功的实践和商业操作。譬如，繁华街道或地空域利用及广告设置，著名景点依托及借用，重点建筑和有重大社会影响的人文景观利用及相关设施的冠名权等等。然而，现在就大不同了。2002年都匀市组织世界摄影博览和国家级大型文艺演出活动等，我们的一些同志就抓住机会大做无形资产的经营，取得了很好的经济效益。

随着实践的深入和发展，大家越来越清楚地看到了这样一个事实，那就是我们都匀市采取资本置换方式经营城市，在当时确实是一种与时俱进，观念创新的表现，但确实也是一种不得已而为之的做法。所以说，如果把思路仅仅停留在对土地、房屋、道路和桥梁等有形资产包括无形资产的权利让渡和出卖上，那是非常不够的。因为无论是这些有形资产还是这些无形资产都是有限的，早晚有一天会被出让尽或者卖光了的时候。我们共产党人是不断革命论者，我们决不能做父辈吃子孙饭的事情，用子孙的钱来打造自己现时的光环，那是一种耻辱。所以，我就曾不止一次地在各种场合大声疾呼过，我们决不能沾沾自喜于已取得的成绩，更不能企图把今天所有的资产都卖得一干二净。我们一定要“居安思危”，“居危思危”，“居危思进”。因为过去的成绩是在一定条件下取得的，而且这些条件由于它的局限性和有限性正在逐渐或者已经失去。都匀城市就那么一点点大，再加上土地资源的不可再生性，这对我们来说本身就是一种危机，身处于危机之中，却认识不到危机，不时时想着这些危机，这是最大的危机。如果置身于危机之中又不设法去摆脱危机，那就更加危机。因为没有危机感，就不会有创新的迫切感，就不会有思进的动力，新的经济增长点就发现不了，培养不起来，已经取得的进步也会萎缩，危机就会变成现实，都匀市已取得的辉煌也就会重新失去。所以，要想保持我们都匀市经营城市的青春活力，保证都匀市经久不衰的发展势头，就必须以经营的理念，大力整合各种经营要素，大力培育新的经济增长点，发展工业生产，促进工业和支柱性产业的形成。

实践使大家逐渐明白了这样一个道理，我们之所以花了那么多精力搞资本置换，用了那么多钱去搞城市基础设施建设，并非常注重城市形象建设，决不是为了搞什么政绩工程，决不是为某个领导或某一届政府脸上贴金，说到底还是为了发展工业，是为了都匀市长久的繁荣和兴盛。城市是工业的载体，如果没有一个很好的城市基础设施，工业是发展不起来的，外企、外商也不会到都匀投资建厂，就是我们自己原先的工业企业也发展不起来。一个城市如果没有大批工业，没有真正属于自己的支柱性工业企业和产业，无论这个城市多么繁荣漂亮，都是虚假的、表面的、一时的，是无法持久的。

其实，我们都匀市过去的辉煌，也是因为有工业。那时是由于国家搞三线建设，一些国家级的工厂建到了都匀，使原本寂静的山区小城得以沸腾。改革开放以后，国家按照市场经济规律组织生产，由于这些工厂生产一时跟不上市场发展转轨，其产品与市场需求不相符，所以，都匀连同这些工厂一道被甩在了时代后面。

实践还使我们进一步认识到，一个地区的有形资源、无形资源的资本置换，是一种城市经营行为，在从事有形、无形资源资本置换之后加强政府的政策导向和政府服务，同样也是一种资本置换，即城市经营的变相行为。政策出效益，服务出效益，而且这种效益往往是有形和无形资源资本不可或缺和无法替代的。所以，我们特别注重加大政府政策导向和政府服务力度。

为了发展工业生产尤其是那些有发展潜力和前途的工业企业，我们与市有关职能部门一起对全市所有工业企业进行了普查，并对这些工业企业一个一个进行综合性分析，在此基础上，积极按照国家有关政策，充分运用好诸如破产、兼并、改组、租赁、承包、债转股或剥离呆、坏账等有效措施，大力进行治理整顿和企业改制工作。与此同时，我们积极引进外来大企业集团或名牌企业对我市工业企业进行兼并、改造和重组。并在这一过程中加大力度调整好我市工业结构，着力培育支柱产业和主导产业，盘活企业存量资产，壮大企业实力，增强竞争能力。在这一思想指导下，我们对长期处于停产半停产的国有都匀针织内衣厂就采取了坚决整体出让手段，从地皮到工厂一并转让给了贵州金榕房地产开发有限公司。该公司接收内衣厂后，投资5000万元，建成了年生产2万吨啤酒生产线，不但妥善安置了原有的离退休工人，还又重新优先录用了该厂60%以上的其他下岗人员。我们还对那些长期处于亏损而又扭转无望的国有企业积极向国家申请破产，2002年，我们对在全国都有一定知名度的东方机床厂实行政策性破产并已获得批准。这样既解除了国家长期以来无法克服的负担，也消除了都匀的二产比重虚名。对存在着严重安全隐患的小矿山、小煤矿及污染严重的众多小企业实行坚决的关停。这样做一时虽然减少了些财政收入，但对都匀市未来的整体和长远发展有好处。

我们采取扶强扶优的政策，大力支持明星企业和名牌产品。为大力营造工业兴市、工业富市、工业强市的良好氛围，深化对工业化的认识，增强发展工业的紧迫感和责任感，市委还专门出台了一个加快工业发展的决定，把产值在1000万元、创税在200万元以上，产值增速在20%以上的企业列为优秀和重点企业。同时，对那些暂时虽然还未能达到上述标准但很有发展潜力和前途的朝阳企业也列为重点照顾和扶植的企业。对这些重点企业，我们所采取的措施是：一、由政府财政安排一定额度的贴息贷款；二、在技改项目上安排一定额度的配套资金；三、以税收年增长15%为基数，超出部分由市财政全额返还给企业；四、对那些为发展本市工业做出了突出贡献的企业领导人或者其他人员实行重奖等。我们按照上述政策先后对都匀化工有限公司的技术改造和都匀氮肥厂投资合成氨项目给予贷款优先及税收减免等。我们还集中力量抓好“神奇制药二厂”年产值15亿元5条GMP生产线技术改造项目上马工作；“顺发纸业”投资800万元实现了年产6000吨各类纸品生产线异地开工工程改建；“缘叶绿色公司”投资589万元实现了年产万吨豆奶的指标；昌达公司投资60万元建起了网丝印刷生产线；对长鑫建材公司年产3000万块空心砖和“金榕碑酒”生产线技术改造工程，对黄麻制品公司年产3000吨地毯纱和东龙公司年产3400万只输液瓶生产技改及年产20万吨都匀水泥旋窑厂、生产6万吨磷酸二铵等企业等都给予了相关政策和财政支持。我们还在这一政策的指导下，由政府每年拿出亿元以上的资金作政策性的扶持。例如，都匀桥梁厂在2000年遇到资金困难，银行不愿意贷款，了解到这一情况后，我们就指示市资本运营公司向该厂贷款200万作为先期启动资金。结果，有效地保证了该厂良性运行，第二年该厂在还清贷款后又上缴税金700万元。

我们曾对1998年至2002年五年间第一、二、三产业的比重进行了一次统计分析：五年间第一产业由原来的23.49%下降到16.7%，第二产业由原来的37.35%调整为现在的33.16%，第三产业由原来的39.16%调整为现在的49.90%。从数字上看，这与我们曾经设想的到2005年目标即一产为15%，二产为42%，三产为43%不相符，第二产业经过调整不但未升反降，似乎让人不可思议。但我们心中有数，信心不但未受影响，反而更加增强。因为这种表面的、暂时的退和减，恰恰孕育着长久的和根本的增长。从第三产业超乎想像的提升中，有人批评说这不正常，但我们却正是从中看到了第二产业未来的希望，感到由衷的高兴。因为，我们从第三产业人数比例的变化中看到，这其中的变化完全是因为我市房地产业和旅游业兴起的结果，这也正是我们搞资本置换，搞经营城市的结果，是我们初衷的实现。它现在虽然不完全是由于第二产业拉动，但是我们现在已经完成治理整顿好工业企业，调整好工业企业结构的任务，工业企业目前正运行在一条良性的发展轨道上，再加上通过资本置换和经营城市，我们已经营造了一个比较好的城市环境，成就了一个比较好的、适合现在的工业企业发展的条件环境。在现有的条件下，我们相信，在现有的工业企业的基础上，还会有更多的外面企业进来，都匀的工业腾飞指日可待，第二产业人数比例不久的将来肯定会上来。我们搞资本置换，搞经营城市的最终目的就是要把都匀市建大建强，就是要最终把都匀农村人口引入到城市中来，就是最终要实现农业现代化和农业产业化。

经营城市最终是要把城乡二元论一元化

说到经营城市，有的人总以为，经营城市是针对城市而言的，是城里人的事，与农村无关，与农民无关。我们认为，这种认识是极其片面的，是一种传统的城乡二元论在新形势下的反映。其实，在今天我们讲城市建设，讲城市发展，包括在制定国民经济计划、安排工业布局时，从来都是从城乡整体角度通盘考虑的。当初，我们之所以全力在城市搞资本置换，是由于城市在当今还属于其所处的地区经济和文化中心，相对而言城市仍具有目前农村无法可比的巨大影响力和辐射力。先期把城市建设好，实际上就是为发展农村打造市场平台和农业经营载体。我们经营城市不只是为了要把都匀城市建设好，其中一个重要任务就是要用抓工业化的思路抓农业，推动农村工业化进程，使都匀农业产业化，农业生产工厂化，乡村城镇化，把都匀广大农民带动起来，把都匀农村建设好，使都匀城乡互动，共同发展，共同进步，让农民跟城里人一样工作和生活，这是我们经营城市的既定的总体目标。

但是，我们确实也感觉到，农村城市化，促进农民从草窝跳向金窝、糠箩跳向米箩，使农民市民化，使城乡二元论一元化，并不是凭某个领导说句话，某级政府下达一个文件就能实现的。即便是由省政府下文件说农民从此不再称农民了也没用。因为，没有脚踏实地的工作，没有一件一件促使农业向工业的转化，没有促使农民向市民转化的工商业环境和实践，那只能是一句美丽的空话。

为了实现这一目标，可以说这几年来我们是殚精竭虑，脚踏实地，一步一步向前推进。这可以从我们几年来对农业发展的提法中看出。1998 年，我们的提法是："坚持把发展农业放在经济工作首位"；1999 年的提法是"积极推进农村经济和农业增长方式的转变"；2000 年的提法是"把结构调整、农民增收和农村稳定作为农业和农村工作的出发点和落脚点，坚持面向市场，组织农民顺应市场需求，发展适销对路的经济作物和多种经营"；2001 年的提法是"加快农业和农村经济结构调整，着力提高农产品的市场商品率，努力拓宽农民增收渠道，着力抓好非粮食生产，增加农民货币收入"；2002 年的提法是"多渠道增加对农业的投入，面向市场，扶持龙头企业，推进结构调整，搞好开发农业，突出特色农业……；"2003 年的提法是"以农民增收为目标，搞好农业结构调整，依托龙头企业，捆绑项目资金，实行产业化经营。"

从五年来我们关于农业发展的提法中就不难看出，我们在拼全力做经营城市工作时，始终未能忘记农业和农村，未能忘记我们的农民兄弟，未把推进小城镇建设、发展农业产业、铸造农业产业化工人当作空头口号。因为我们知道，如果没有都匀农村的发展和进步，没有都匀农民兄弟身份的真正蜕变，所谓脱贫和富裕就只能是空头支票，就不能说我们经营城市取得了成功。所以，随着经营城市的每一步深入，我们都把已取得的经验自觉地用于农村。

我们按经营城市的做法，在抓农业项目时实行招商引资，利用外资先把某一个项目武装起来，推动起来，在真正做大做强的基础上形成产业，拉起产业链。比如，我们的都匀茶叶、都匀药材、都匀木材加工业等等，都是以招商引资的方法对这些项目实行外力推动。在为农村的农业产业工业寻求外力时，我们创造了"王司 631 模式"，即我市的王司乡试行在不改变家庭承包责任制的基础上，由农民出土地、劳力和农家肥；投资单位出资金、出技术和农药化肥经费；乡镇出面协调解决社会治安等问题。三家所占比例分别为 60%、30%和 10%，共同开发经济林和果木林，使之达到产业化经营。这一模式深受农民弟兄欢迎，全市各乡镇积极行动，很快就以这种模式吸引了十多个单位前来投资，200 多万元钱把近万亩经果林搞起来了。

在这种模式启发下，我们还全力推进蔬菜、畜禽水产等合资化、产业化、大力抓好名、优、特、新品种为特色的农业产业建设，以此为基础，建立都市农业、观光农业和定单农业，不断提升其档次，上规模。先后完成 1500 头牛冻配改良，确保了产犊率 30%以上；按计划完成了实施生态稻渔工程；成功推广了三元杂交猪 6 万头计划等等。作为配套工程，我们还完成了 3000 亩旱地节水工程，1350 口沼气池工程建设任务，完成了 3 个生态家园建设工程及以工代赈山坡改梯田建经济果木林的规划。我们还充分发掘和利用本地旅游资源，建起了旅游产业并形成了可喜的旅游产业链，把所在地的民俗风情、特色产品、民间工艺等都赋予了商业色彩。

在把农业项目与外资结合后，农业生产的形式也在悄悄地发生变化，就是原先在田间、在山头、在水塘等野外劳动搬到了室内，开始出现农业生产工厂化、车间化，农民开始以工人的工作方式进行劳动。

由于引外资于农业项目，农业生产形成了规范化、规模化和成品化，农民的劳动成果直接面对市场，成了商品。为占领市场，一些农民不得不从田间、地头脱身去跑市场，这时的农民也就成了推销员。

为了抢占市场，农产品还必须做到规格化、品牌化，必须做好充分的售后服务。而这些售后服务人员无论在技术和行为方式上都必须进行统一培训，为此，五年来，我们共计有组织、有计划对3万多名农民进行了严格培训。所有这些都逼迫农民不得不抓紧改变原先的散漫、拖沓作风，这又使一部分农民在不知不觉中使自身素质发生了变化。

更有一些农民从我们经营城市的做法中得到启发，不用等我们去组织，他们就自己走进了市场，使自己亦农亦商又亦工，在市场经济的大潮中使自己的身份悄悄地发生了改变。

把经营城市的理念用于农村和农业时，价值规律在无形中引导着农民，使农民不知不觉中增强了预见性、计划性，减少了对政府的依赖及怨气。“价值规律是一所大学校”的名言让农民们感同身受并于不知不觉中受到了教育。

经营城市的理念拓宽了农民的视野，也使农民的就业空间增大了，创收渠道增多了，他们有了向城镇聚集的物力、财力和能力，小城镇建设步伐也就加快了，农业人口向非农业转化的步伐无需谁去号召和推动也就加快了。据统计，我市城市化率已达39.2%以上，农民人均收入与城市居民可支配收入比例已接近1∶2.5。也就是说，我们都匀市在关键性的两项比例上应该说在全国都是处于前列的。这就是经营城市理论应用于农村和农业的结果。

回首往事，不知不觉中，我们在经营城市的道路上已走过了五年的漫长路程。真是路漫漫其修远兮，吾将上下而求索。五年中，我们把一个贫穷落后的贵州省南部山区的县级小城建设成现有人口48万初具规模的区域中心城市，使之由原来全省倒数第一、二名的贫困户攀升至今天的具有较强经济实力和发展潜力的前三名。如今的都匀市，工业结构、商业布局基本合理，农业产业初步形成，各行各业繁荣兴旺，虽还不能说已到了人人各有其位，人尽其才，家家小康，但是，我们确实正满怀希望地前进在充满阳光和希望的康庄大道上。经营城市每一年都给我们带来新的收获和喜悦，以2002年为例，都匀市GDP和财政总收入已经连续6年保持两位数增长，分别达13%和15%，国内生产总值年均增长9.9%，工业总产值年均增长21.43%，全社会固定资产投资年均增长40.58%，农民人均收入增长123.8元，城市化水平达49.2%。经营城市给我们带来了繁荣，也给我们带来了更大的信心。我们决心继续按照“三个代表”的要求，遵照市场经济规律，再接再厉，继续做好经营城市这篇大文章。

杜世成同志早在任青岛市市长的时候就说过：经营城市是中国发展的全新理念，并坚持认为，经营城市理念的提出是市场经济条件发展的必然产物，是经济全球化对城市领导者管理城市理念挑战所做出的正确选择，是突破城市建设的资金瓶颈，实现城市建设事业持续快速健康发展的重要思路。在他任青岛市长以来直至现在作为青岛市委书记，他始终不渝地坚持以经营城市理念指导青岛市的建设和发展。现如今，人们总是盛赞青岛市变大了、变富了。说青岛的楼俏、路宽、树多、花艳、水蓝甚至空气也比以前新鲜了。这难道不正是人们对杜世成及他的同事们多年来坚持以经营城市理念指导青岛建设的最好礼赞吗？还是让我们来读一读杜世成同志在担任青岛市市长时写过的一篇文章吧：

3. 经营城市：从理念设计到实践创新

中共山东省委常委、青岛市委书记　杜世成

将企业管理精神引入行政管理体制

一般地讲，经营城市是一个关于城市规划、建设和管理的理论和实践模式。其基本着眼点，在于城市建设要适应形势变化的需要，进一步走向市场，通过市场运作，优化资源配置。特别是要从改变城建投资主体，打破原来由政府包揽的格局，利用市场机制建立起城建多元投资体系。

同时也要看到，城市在建设有中国特色社会主义事业中的独特地位和作用，决定了经营城市理念具有更为广阔、更为深刻和更为丰富的内涵。

因此，对于经营城市必须予以全新理解，认识也要全面深化。一是对经营城市实质的认识要深化。经营城市的实质在于适应市场经济高速发展需要，将企业管理精神引入行政管理体制，再造其运作机制，促使行政体制更为高效、灵活，富有应变力和创新力。因此，其意义远远不只是城市发展自身，更是对行政管理体制的一种创新和升华。二是对经营城市目的的认识要深化。经营城市不能是为经营而经营，也不能只是单纯的建设项目运作和资金筹措。其根本目的，在于通过经营城市，努力加快经济发展，提升城市品质，提高人民生活水平，推动社会进步。只有时刻明确这样一个目的，才能保证经营城市实现其综合效益。三是对经营城市范围的认识要深化。经营城市运作层面广阔而深厚，要系统研究、综合运筹。特别要全面分析资源状况与潜力，搞好增量配置和存量盘活，有效调动各类资源的内在活力。四是对经营城市方式的认识要深化。坚持依法办事，避免在经营城市中出现各种各样的违法问题，使经营城市做到有法可依，顺利健康地进行。

在深化认识的基础上，要进一步强化四个观念。一是大资源的观念，即把整个城市看作一个资源的聚合体，不仅包括物质的、有形的，也包括精神的、无形的；不仅包括现存的、供给的，也包括潜在的、需求的。特别是要将政策的、智力的、居民注意力等方面因素纳入经营范畴。二是资本化的观念。要把城市的各种有形无形资产，尽量转化为可以增值的活化资本，赋予其资本属性，寻求其人格化的延展，通过流动、组合、裂变等方式优化配置和有效运作，最大限度地实现资本的聚集、增值和盈利。三是社会运作的观念。充分利用城市空间和功能载体的开放式、公众式属性，鼓励和吸引个人、企业、中介组织等各类社会主体参与城市发展，努力形成政府主导、市场主体、社会运作的多元化发展格局。四是鼓励竞争的观念。打破国家垄断城市建设，特别是公用基础事业建设和经营的旧模式，行业之间、行业内部都要引入竞争机制，以竞争性打破垄断性，以多元化打破单一化，在竞争中改进社会管理。竞争是解决许多问题的最好办法。

青岛经营城市先易后难，逐步破题

青岛是在国内较早进行经营城市探索的城市。

近一两年来，青岛围绕全方位经营城市，大处着眼，小处着手，先易后难，逐个破题，进行了一些新的探索。一是运作土地资源。通过市场配置土地资源，从土地转让收入中获得大量资金。近一两年来又建立土地储备制度，由政府统一规划、集中开发、拍卖出让城市空地，以获取最大限度的土地收益。二是打造和利用好城市品牌。青岛有“红瓦绿树、碧海蓝天”的自然风光，有海尔、海信、青岛啤酒等一批著名企业和名牌，有以张瑞敏为代表的一批知名企业家，有中国海洋科技城的美誉等等。这些宝贵资源构成了“青岛”这座城市的独特内涵。作为北京奥运会的伙伴城市，奥运帆船比赛又将赋予青岛健康、美好的青春的崭新魅力，进一步丰富青岛的文化底蕴和鲜明特色。三是加强产业资本整体运作。通过实施技改项目、上市、显化土地价值等方式，集中460多亿元优势资本，投向优势产业和重点产业，构建电子家电、石化汽车、新材料三个产业基地，打造产业核心竞争力。通过综合运用破产、兼并、债转股等手段加快资产重组，五年盘活资产133亿元，使存量资本质量始终保持较高水平。四是显化无形资产价值。以转让、拍卖、租赁等形式盘活无形资产，实现了资产潜在价值。已先后将一些城市干道、桥梁冠名权向企业转让，将一些过街地道的经营管理权向企事业单位转让，将市区出租车和部分公交线路营运权通过拍卖向个体运营者转让，累计筹集资金约3亿元。五是经营注意力资源。注意力体现了居民需求，也是可经营的城市资源。从满足居民不断增长的物质文化需求出发，通过策划青岛啤酒节、国际电子家电博览会、海洋节等名牌节庆活动和各种综合性经济文化活动，凝聚人气，扩大需求。积极落实扩大内需、促进消费的各项政策，增加城乡居民收入，促进住房、汽车、旅游等消费新热点的形成。

经营城市目标要明确，途径要细化

经营城市必须从各自实际出发确定明确的目标和实现途径，才能真正奏效。青岛经营城市的目标，就是国际化和现代化。其实现途径就是，建立高效廉洁的城市管理、可持续发展的经济结构、生态型的城市环境、人才型的居民素质、学习型的城市风气和创新的城市文化。

高效廉洁的城市管理。就是要通过推进政府管理体制创新，加快政府职能转变，建立起一个强有力的、公正廉洁、灵活高效而充满服务精神的政府，努力营造促使市场经济充分发展的良好社会环境。为此，要积极实施政府管理体制创新“五项工程”。一是精简机构；二是改革审批；三是统一处罚；四是政务公开；五是评估监督。

可持续发展的经济结构。就是要遵循城市经济结构的演变规律，加快经济结构的战略性调整，构建不断创新的、更加灵活的、能迅速适应市场变化的经济框架。为此，要加强推进四个“化”：一是多元化。大力推进所有制结构、产业结构、产品结构、企业组织结构的多元化。二是高级化。加快推进高新技术产业化，用信息化带动工业化，促进产业不断升级。三是生态化。确立生态GDP概念，构建重视经济、社会和环境效益相统一的“生命型企业”，发展生态工业和生态农业，促使城市生态与经济发展“双赢”。四是个性化。经济个性决定城市的成败，青岛要突出发展港口、海洋、旅游三个特色经济，建设电子家电、石油化工、汽车及船舶集装箱制造、新材料等四大基地，加快经济个性和战略特色塑造。

生态型的城市环境。就是要努力建设一个经济、社会、自然协调发展，清洁、优美、舒适、最适于人生活和工作的人居环境。关键在于推进三个转变：一是观念向“生态型”转变；二是规划向“生态型”转变；三是管理向“生态型”转变。

人才型的居民素质。就是要着眼实现人的全面发展，提高人力资源的质量和可获得性。一是加快居民全面知识化和高智化进程；二是培育良好的社会价值观和人文精神；三是不断提高生活质量。

学习型的城市风气。就是要在城市中构建一个全新的社会学习环境，使每一个城市单元都成为学习型组织，每一个人成为学习型的人，使学习蔚然成风。

创新型的城市文化。就是要以创新为灵魂，努力塑造能充分体现城市文化底蕴、展示时代风貌的城市特色文化。一是培植创新型城市意识；二是着力从制度层上促进创新文化形成；三是营造开放性、多样化的生活氛围。特别要建立开放的、包容性强的现代文化氛围，促进多元化文化相互融合，形成激励创新的深厚文化基础。

本书中我们之所以特意将湛江市原市长周镇宏的“论城市建设”一文予以收录，其中一个重要原因就是因为今天不少城市的书记和市长其实并不真正懂得什么是“城市”。只要我们放眼神州，满眼都是“千城一面、百市一腔”的水泥建筑，不禁心中陡生悲意。这些城市缺乏源与流、缺少特色、缺少文化、缺少历史，甚至缺少存在的理由和根据，它的存在只是因为某些人“长官意志”太强横、太霸气……

周镇宏同志这些年来实际上对经营城市已有很深的研究，他的体会和看法，不仅具有实践指导性意义，也极具学术价值。面对他的众多文章，编委会思之再三，最终还是选定这篇“论城市建设”一文。亲爱的读者，当您读完周镇宏同志的这篇文章之后，相信您会同意编委会的这个决定的。

4. 论城市建设

湛江市原市长、现茂名市委书记　周镇宏

一、何谓“城市”

时代发展和社会进步使人们对城市的认识逐渐深化和丰富，但对其定义却众说纷纭，莫衷一是，“版本”之多，少说也不下二三十种。

《现代汉语词典》这种定义：“城市是人口集中、工商业发达、居民以非农业人口为主的地区，通常是周围地区的政治、经济、文化中心。”

《辞源》对城市的定义是“城市是人口密集、工商业发达的地方。”

《辞海》则不定义“城”而定义“市”：“市是行政区域单位。工矿、交通、贸易和文化教育事业比较发达，人口比较集中的城市。”

在中国古籍中，城与市本是两个不同概念。城为“御敌围墙”，指四周筑有高墙，环以壕沟的防卫设施。高墙有内城外郭之分，即“筑城以卫君，造郭以守民”，此乃“政治中心”。市为“交易场所”，指聚集货物，进行买卖，引申为贸易处所，此乃“经济中心”。后来城里人增多，商业发展，有城便有市，城与市逐渐融为一体，城市也被联用成为一个词。

城市的本义，集中反映了中国传统城市形成发展的两大模式。一种是帝都型城市形式。它是与中央集权、君主专制主义统治相适应的，如古之长安、洛阳，明清以来的北京。在漫长的封建社会时期，大、中、小城市同时并存，形成与封建政治权力体系相一致的宝塔型城市体系。另一种是“因市而兴”的模式。由于地处口岸要道，易于交通贸易，由此而兴城市，如沿海地区的扬州、泉州、广州等属此类。

从现实和法律的角度看，城市有“广义城市”和“建制市”之分。《中华人民共和国城市规划法》规定：“城市是指国家行政建制设立的直辖市、市、镇。”按此定义，我国至1998年底有直辖市4个、副省级市(部分省会城市和计划单列市)15个、地级市212个、县级市437个、合计668个。另有建制镇19000个。

无论是“广义城市”还是“建制市”，我都倾向于以下说法：

城市，是文明的载体，是人工自然界，是社会有机体，是纷繁复杂的大系统。

城市，是生产力发展、社会分工细化和生产关系变革的结果，是生产力水平和先进生产方式的代表，是经济社会发展到一定历史阶段的必然产物。

城市属性可概括为“三性一化”：

聚集性——城市作为机器工业、社会化大生产和工人阶级的发源地，是人口、人才、科技、经济、知识、财富、问题、矛盾的集中地，可产生地域上的集聚效应和拉动效果。1997年底，我国668个城市的GDP占全国的70.6%，人均GDP为9985.6元，是全国平均水平的1.64倍。上海市占全国约1.2%的人口，却创造了全国5%的GDP和10%的税收。广东省的城区总面积占全省土地面积不足10%，但创造的GDP却占全省的60%。

中心性——城市作为人流、物流、资金流、技术流、信息流等生产要素的交汇处，是人类社会政治、经济、文化、科学、生产和生活的中心。它的吸引力和辐射力决定了它在一定区域内处于中心地位，起支配和主导作用。

系统性——城市是个以人为主体，以空间、自然资源和自然环境综合利用为前提，以聚集生产要素为目的的复杂的大系统。既有母系统，又有子系统。它包括城市经济系统、城市社会系统、城市政治行政系统、城市文化系统、城市基础设施支撑系统、城市生态系统等等。各个系统之间的各种矛盾纵横交错。

高度集约化——城市的聚集性、中心性和系统性以及城市的其他功能，决定了它的高度集约化。可实现低投入而高产出，投资效益大大优于乡村。

城市的“根”在“市”。没有市场就没有城市。市场机制、利益机制、效益机制是城市发展的动力。

党的十二届三中全会指出：城市是我国政治、经济、科学技术、文化教育的中心，是现代工业和工人阶级集中的地方，在现代化建设中起着主导作用。这是我们党对城市功能和作用的一次高度概括。

城市的发展，经历了远古、中古、近代和现代四个阶段。

人类社会之初生产力低下，简单的游牧渔猎生活创造不出城市。

远古城市诞生在古文明的怀抱，主要分布在利于农业灌溉和便于向四周征集农产品的地带。

中古城市的发展，是以封建制度的产生与发展及其内部自然经济向商品经济转化为条件的。

18世纪中叶的工业革命浪潮迎来了近代城市，工业革命引起城市本质的变化。

到20世纪初，城市发展进入现代阶段，表现出许多前所未有的特点，直接影响着当今社会经济的发展和城乡居民的生活方式。

1800年全世界只有一个百万人口以上的城市。而今天，地球上人口超百万的城市已达366个之多。

二、城市规划建设管理的几个共性问题

（一）人本原则

城市现代化，既有一个城市政治、经济、社会、文化的现代化，也是城市的环境、生活、居住方式以及科学技术、教育的现代化，但归根结底，是人的现代化。城市的一切活动，都归结于为了人的发展，而人的发展，是推动城市前进的根本动力。

发展是硬道理，发展不等于经济增长，发展是全方位的，不仅包括经济的内容，而且包括社会的、文化的、科技教育的和环境的内容。人是发展的中心，是一切发展行为的出发点和归宿点。

人是城市的设计者、建设者，城市为人们提供生存发展的物质空间，最终是为人来服务的。因此，城市的现代化要把以人为本作为一条主线贯彻始终。

“以人为本”包含两层含义：

一是城市的设计、规划、建设，必须从城市市民的根本利益出发，以人为本，为人服务，创造舒适宜人的聚居环境。二是城市管理必须全民参与，这要求我们必须加强城市意识的培育。

（二）十大关系

城市规划以高度的综合性和政策性为特性，因而要通过对土地、空间资源及各项建设的管理，处理好“十大关系”：

近期与远期；

局部与整体；

需要与可能；

城市与区域；

平常时期与非常时期；

经济发展与环境保护(对环保，规划部门与环保部门是天然同盟军)；

城市发展与耕地保护(保护耕地是基本土地政策，但随着粮食问题过关，耕地保护的概念应有所转变)；

现代化与历史文化保护；

旧城改造与新区开发；

城市功能与城市形象(功能是前提，不能为形象而形象)。

(三) 城市特色

“假如你是一位仙女，从天上飘飘而下，睁眼一观望，应当能立即辨别出眼前是北京、或广州、或纽约、或巴黎……城市景观一定要有不可取代的特色”。——这是周恩来总理当年讲的。

不可取代，当然也就难以“克隆”和复制。如漓江山水似碧玉簪，如昆明石林赛人间琼宫，要克隆也难。虽然我们的世界公园搬来了各国著名景点，微缩于一地，观赏一回，也就够了。因为美国的大峡谷看上去像夹皮沟，气势顿失。

城市风貌，是城市形象的重要组成部分，城市气质、底蕴、格局特点的外在展现和历史、文化及社会发展程度的综合反映。特色鲜明的城市风貌是一个城市宝贵的物质和精神财富，对内可以增强自豪感和凝聚力，有利于提高市民素质；对外可以使城市具有更强的个性感和识别性，有利于提高知名度、增强感染力、吸引力和影响力。

不少人把城市的特色、形象寄希望于建筑，殊不知这几年全国各地建筑量之大是空前的，大型建筑比比皆是，但有几个给人以深刻的印象？也许上海的东方明珠和大剧院还能算上，但是这些具有特殊造型的公共建筑实在凤毛麟角，它也只能作为标志性的建筑，还谈不上城市特色，而且这些建筑并非所有城市都能建得起。

最能创造城市特色的还是巧于利用上天赋予的大自然，要像根雕艺术家那样去揣摩，因材构思。济南的“一座山色半城湖”。常熟的“十里青山半入城”，福州的三山等，山、水、城的融合才具有永恒的魅力。但不少人对城市的自然赋予毫不珍爱，大有“要高山低头，河水让路”之气概。马路非笔直誓不休！

其实，道路不在直不直，伦敦的街道就是弯的，因为它是历史上沿着泰晤士河形成的。英国人并没有把它取直，连街道都保持原貌。

路也不在宽而在通。现在许多城市交通堵塞主要是两条：一是交叉口不通，路再宽也塞车；二是虽有向市内辐射的干线，但缺乏进街道、胡同的放射性辅助线。

早在2000多年前，古人就告诫：“因天材，就地利”，“城郭不必中规矩，道路不必中准绳”(《管子·乘马》)。福州市“显山露水”工程就是巧用大自然之策。

一个城市的特色和个性是一种历史的产物，更是那个城市里的人的文化气质和心理特征最为鲜明直接的表现。有着特殊文化品格和精神气质的城市总是会给人以深刻印象，如北京的大气，上海的奢华，南京的伤感，深圳的欲望，苏州的精致，重庆的火爆，武汉的平民化，大连的男性化等等。

(四) 城市形象

城市形象是一座城市的内在历史底蕴和外在特征的综合表现，是城市的总体特征和风格。城市形象对城市的发展至关重要。改革之初，某市个别企业的假药案曾损害了整个城市的形象，造成了该市全方位的损失。该市吸取教训重塑城市形象，使它又成为一个充满活力的城市，获益也是全方位的。正反两方面的经验与教训值得深思。

1. 城市形象的自然因素和人工因素。城市是人类在自然环境的基础上，经过物化劳动所逐步形成的，所以构成城市容貌形象有自然因素和人工因素。前者指城市的自然条件、地理环境，一定的自然条件形成一定的自然特色，它是构成城市容貌形象的本底；后者指人为的建设活动，它是形成城市容貌形象最活跃的因素，它的特征取决于城市的性质、规模和布局，集中体现和反映了城市的主要职能。如何把握城市容貌形象特征，可以简单地概括为四句话：城市性质定位，城市规模定尺度，历史文化见文野，自然环境凝风格。

2. "城市形象论"和"风水意象论"。统观城市形象其构成内容丰富多彩：包括自然地形、道路结构、建筑群体、广场空间、园林绿化、雕塑小品，乃至城市色彩。这里介绍两种研究城市形象的理论，都是在实践中行之有效的。为了叙述方便称它们为"城市形象论"和"风水意象论"。"城市形象论"是西方现代城市设计理论，比较侧重于城市本身的形象设计；"风水意象论"是中国古代有关相地立基的专门学术，比较侧重于城市与自然环境的关系。

"城市形象论"首推凯文·林奇在 1960 年出版的《城市形象》。在这本被誉为现代城市规划理论里程碑的著作中，导入了易解性、形象性和同一性的概念，把构成城市景观的诸多因素，归纳为城市形象五大要素，即：路线、边缘、节点、区域和标志。

路线：纵向展开的城市景观。

边缘：城市的轮廓线。

节点：路与路、路与河流、路与林、河流与河流的交汇点。

区域：内部展开的城市景观，如市场、居住区、文化区、旅游区、公园风景区均属此列。

标志：有影响的古今建筑、城市雕塑，标志也包括自然物。

林奇认为这五大要素控制了城市形象，从而建立了城市景观形象稳定的概念。或者说城市形象可以分解为五大类景观进行分析研究，从而运用到规划设计的实际操作之中。20 世纪 70 年代美国旧金山的城市设计就采用了这一方法，在世界上颇具影响。

"风水意象论"在我国历史悠久，以晋代郭璞《葬经》计，距今 1600 余年，曾对中国传统建筑文化产生过深刻的影响。凯文·林奇在其代表作《城市形象》一书中，高度评价风水理论是一部"前途无量的学问"，建议"教授们组织起来，予以研究推论"。风水宗派繁多，其中以"形势宗"理论对城市形象研究最为适用。明代王炜《青岩丛录》称"其为说主于形势，原其所起，即其所止，以定向位，专注龙、砂、水、穴之相配，其他拘忌，在所不论。"风水意象有四大要素，即：龙、砂、水、穴，称风水四要。

龙：龙为主山。山之绵延去向为之脉，故有寻龙捉脉、寻龙望势之说。

砂：为环抱周围的地形地势。

水：水可造就毓秀，水可界分空间，水为血脉财气，吉地不可无水。

穴："盖由人身之穴"，选定须总体权衡龙法、砂法、水当之后而点之。穴就是城市或其他建筑选址的落脚点。

按风水四要，中国古代城市形象总结了许多格局，如二龙戏珠、飞龙饮水、将军大座等。经营城市景观讲究背景、前景、对景、借景、衬景、点景、障景、修景等一系列城市设计手法。风水观念受中国传统的儒、道、释诸家哲学以及中国传统美学思想的深刻影响，在不同地区、不同城市又掺入了当地的民风民俗，特别在研究中国的历史文化名城的城市形象时，不从风水入手往往抓不住真谛之所在，以致保护和利用都不得要领。

3. 市民形象是城市形象的外在表现。城市的两个文明建设的主体是市民。市民就是市容市貌。"文明"一词就是从拉丁语中的"市民"引申而来的。市民的形象是城市的活写真，市民素质是城市形象的外在表现。市民具有优良的品质、深厚的文化、广泛的能力、卓越的技能、健康的体魄、健全的心理、优雅的举止、高尚的公德，这是城市形象不断优化的源泉。市民中不断涌现的著名科学家、劳动模范、文化巨匠、艺术大师、运动健将、企业明星，都会提高城市的知名度，为城市形象增光添彩。

4. 人文精神乃城市之魂。现代化城市建设，不能光靠有形的硬件去支撑。钢筋混凝土能使高楼林立，但不能铸就高品位的市民之魂。一个缺乏理性的城市，一个不善于抽象思维的群体，是不可能朝着正确方向迈向未来的。

世界上的许多名城，人们注意的往往是它繁荣的街市、优雅的环境、独特的建筑，而忽视了那里具有丰富文化蕴含的人文精神。如果把环境、城市建筑、经济状况比喻为城市的衬衫、筋肉和骨骼，而市民的人文精神则是城市的灵魂。

随着城市居民生活水平的提高，人们对穿着打扮更加讲究，对美的追求有了更多的投入。这是社会发展、城市繁荣的重要体现。但是，我们也必须注意到，对美的理解不能流于浅薄，必须把它建立在丰富文化蕴含的基础上。

(五) 城市建筑

1. 建筑“六缘”。建筑是人类造型创造中最庞大、最复杂、也最耐久的一类，因此它所代表的民族思想和艺术就更显著、更多面，也更重要。建筑的本质是人性，在大地之上，苍穹之下，是人类生活发生的空间。城市的建筑，应该照顾到现代人的需求，城市的文化内涵，经济效益，环境观念，群众意识，空间变化，节能措施等等多元并存。好的建筑要体现“六缘”：地缘——建筑的地域性，血缘——建筑的民族性，人缘——建筑的社会性，史缘——建筑的传统性，业缘——建筑的技艺性，学缘——建筑的时尚性。

一个城市的特点在一定程度上取决于其建筑，一栋好的建筑提升了城市的品位，从它一诞生就成了城市不可缺少的象征。一栋好的建筑，一项好的市政工程，都是一种风景，能振奋人心，凝聚人们的热情。

2. 标志性建筑。具有城市特色的标志性建筑物或景观，最能代表城市形象的特征，它好比是在国际各城市竞争中的“商标”。又好比城市的“名片”。北京的天安门，上海的东方明珠，杭州的西湖，桂林的象鼻山，西安的钟鼓楼广场，延安的宝塔山公园，这些具有城市特色的标志性建筑物和景观，是全社会广泛认同的。而有的城市，标志性建筑物或景观就可能仁者见仁、智者见智，需要通过市民推展和广泛公决。例如南京，是紫金山呢？还是中山陵？是雨花台？还是玄武湖？类似南京这样的相当一批城市标志性建筑物和景观不突出，因此树立城市美好形象，有必要开展城市形象特色标志性建筑物和景观的推展活动，缺乏这种标志性建筑物或景观的城市也需要加以决策、规划、设计和建设。

标志性建筑(含城市雕塑)对于构成城市形象有着画龙点睛的作用。绝大多数标志性建筑都有着“三优”的共性：优越的选点，优秀的设计和优美的环境，三者缺一不可。

3. 城雕。一个城市的文化氛围、历史风貌乃至个性特征，有许多表现形式，其中城市雕塑可说是一种最直接明了的表现形式。因此，在城市的两个文明建设中，城雕作为表现城市文化的一个重要组成部分，它越来越受到人们的关注。

中国是一个有5000年文化传统的文明古国，由于历史的原因，雕塑没有像绘画那样能进入宫廷。但是，我们的祖先还是留下了不少雕塑作品，如兵马俑、乐山大佛、云冈石窟等等都是前人留下的雕塑遗产，成为不可多得的艺术瑰宝。雕塑艺术无论在国内外，都是时代文明的象征，是记录时代的丰碑。它以简练的艺术手法表现深刻的内涵寓意及时代精神。不管你是搞艺术的还是不搞艺术的，你有或没有文化，从秦俑上都可以看到秦统一六国之后的强大；文艺复兴时期米开朗琪罗的作品《大卫》、《昼》、《夜》，表现了16世纪资本主义上升时期人的个性和人文主义思潮……这就是雕塑的艺术功能，也是它的长处和个性。

城雕是城市的标志。它可以从城市的地理、历史、文化、传说、名人等多方面来表现该市的风貌。我们到一个城市去，也许对那个城市和社会不很了解，但是只要看了那里的城雕就会有大概的了解。比如上海的《浦江潮》及其装饰雕塑《帆》、《风》等以简明抽象的语言展现了上海的地貌特色；

华盛顿的独立纪念碑、圣彼得堡的彼得大帝骑马青铜像、新加坡市的狮鱼雕像……这无疑让你感到你站在一个有传统文化的城市里。因为雕塑艺术最大的优势就在于把这个时代的人文景观、风土人情、历史传说浓缩在雕塑作品上，不管是用什么表现形式，你不用去查看什么资料就会对这城市的文化有一定的了解。东京的雕塑以抽象的为多，喜欢建立在硬地上；新加坡的城雕总是有青翠的热带植物伴陪，题材多与植物、海洋、船只有关；香港到处可见喷泉雕塑，这与香港人视水为财的习俗有关，使我们感悟到城雕展示城市个性最明显的一部分，这也许就是为何人们把城雕称之为“城市的眼睛”的缘故。

城雕具有记录时代，美化环境，提高市民审美情趣等多元功能。没有或者缺少城雕的城市至少是没有激情的城市。

城市雕塑作为城市标志性建筑的一种，是城市环境景观中的重要设计要素。成功的雕塑作品在人为的环境中有着强大的感染力，成为一个城市或一个区域的标志。如：我国珠海的“采珠女”、兰州的“黄河母亲”、西安的“丝绸之路”、大理的“五朵金花”都是城雕佳作。城市雕塑与架上雕塑不同之点在于它的社会性和长期性(或称永恒性)，所以城市雕塑要有稳定的主题，经得起时间的考验。城市雕塑与建造环境要统一协调，在广场上建造的雕塑，对广场的性质、功能、尺度和周边建筑的高度、色彩，都有严格要求，广场有动静之分、雅俗之分，与雕塑的主题和造型要相匹配。城市雕塑分为纪念雕塑、游乐雕塑与装饰雕塑。纪念性雕塑应严格把握质量和内容，采取少而精的对策。大型城市雕塑的总体布局也应纳入城市形象规划。

城雕最忌雷同。你也许已经在不同地方与田螺姑娘、洛神、牡丹仙子、采茶少女等城市雕塑照过面，可对她们一见钟情，驻足瞻望的大约不多。其实单纯评价，还算可以；而一再出现时便因脸庞、姿态、举手投足之雷同，留不下印象了。

湛江的城雕，与其他城市相比还存在不少差距。除了寸金桥公园里的“一寸山河一寸金”雕塑外，其余的雕塑基本上都在人民大道一条线上。气势雄伟的“一寸山河一寸金”树立在寸金桥公园里不错，但被其飞檐黄瓦的大门遮住了气势和光芒，实在遗憾；人民大道南“友谊”雕塑，由于安放的基座太低，又被高大的棕榈树所围绕遮住，人们其实难以注意到几个手牵手跳着舞的少女。更为令人不解的是麻章瑞云路上的一个大花圃，上面安放的不是什么雕塑，而是某企业的灯箱广告！赤坎的城雕少，与其建筑密集，人口稠密，城市发展空间局促有关。但我们看整个湛江市的城雕，精品少，“新”品更少，缺少创意独特、富有人情味和深刻内涵的作品。

湛江作为我国沿海最早开放的城市之一，目前确实缺少与其作为大城市地位相称的城雕。表现湛江作为港口城市的特色形象，如海滨公园的“扬帆”、人民大道中的“风正帆悬”等雕塑，表达的内涵并不尽人意。湛江除纪念性雕塑少以外，建立在街道、广场、码头等公共场所的环境雕塑、观赏性装饰性雕塑，也比较少。

(六) 城市交通“三优先”原则

城市道路是公有的是公开的是公用的，所以必须在使用上坚持交通公平原则，即“三优先”原则：

原则之一：人均占道路面积越小的交通工具越优先(即公共交通优先)。

1. 与小汽车、自行车等个体交通工具比较，公共交通的人均占道路面积最小，所以，公共交通必须优先。

2. 在各种公共交通工具中，有轨交通比公共汽车的人均占道路面积更小，所以，有轨交通优先公共汽车交通。

3. 在各种个体交通工具中，自行车比小汽车的人均占道路面积小，所以，自行车优先小汽车交通(如荷兰蒂尔堡市的自行车交通)。

4. 与私人小汽车比较，出租汽车比小汽车的人均占道路面积小，所以，出租汽车应优先小汽车交通，因此，我们把出租汽车作为公共交通系统中的“准公共交通”工具。

原则之二：紧急车辆优先。如救护车、消防车、抢险车、特种勤务车以及其他紧急车辆等。

原则之三：行人优先。其理由如下：第一，相对于机动车辆和其他来说，行人是交通弱者，理应弱者优先；第二，对环境来说，无论是直接或间接对环境的影响，行人都是最小的，甚至没有；第三，行人占道路面积最小，所以，应该行人优先。这是个原则，一个城市的交通政策应对行人有优惠政策，在这个城市的交通规划中应首先考虑的是行人步行道路网络和行人交通设施。

三、启动"三年四还"工程建设优美港城

我市要科学制定城市规划，抓紧抓好城市建设管理。从现在起至2003年，市区城市建设要突出抓好"三年四还"工程。

——还路于民。还路就是要一律取缔市区占道经营和违章占道停放，有关部门要通力合作，加强城市管理，创造一个入屋经商的良好环境，彻底整治城市的脏、乱、差。

——还绿于民。还绿就是要加强城市绿化建设，拆掉临街建筑物的密封围墙，改为通透式围墙，统一美化、亮化、绿化市区街景，科学规划和合理分布公共绿地，新区开发与旧城改造要预留建设公共绿地，市区园林绿化要体现南亚热带和滨海特色，提高城市绿化品位。

——还景于民。还景就是要加强市区内几大公园景点和市容街景的管理。公园景点要端正服务意识，体现社会效益，科学合理设置公园景区内商业摊档，杜绝把公园作商场，保持公园景区的休闲性和完美性。

——还岸于民。还岸就是要以建设金沙湾观海长廊和整治北桥河工程为契机，做到规范科学合理使用市区沿海岸线和沿河岸线。市区所有的沿海岸线，除了作业码头以外，要全部用于建设观海长廊。

四、21世纪城市发展展望

（一）21世纪是"城市世纪"

新世纪有"城市世纪"或"城市时代"之称，未来的世界被认为是一个城市化的世界。1993年，联合国东京会议称"21世纪将是一个新的城市世纪"；1996年，联合国《全球人类住区报告》称21世纪是"城市化的世界"；从1986年开始，联合国将每年10月的第一个周一定为"世界人居日"，其主题最初是住宅，最近连续4年都是城市：1996年为"城市化、公民的权利与义务和人类团结"，1997年为"未来的城市"，1998年为"更安全的城市"，1999年为"人人共享的城市"；2000年7月，柏林国际博览会举办"城市未来全球会议"以"人居·自然·技术"为主题。《珠江三角洲经济区规划》也预测，2010年珠江三角洲经济区的城市化水平将达到75%，这意味着十年后，该地区有四分之三的人在城镇工作和生活。

（二）21世纪城市化的趋势

21世纪世界城市化趋势将呈现如下特点：(1)将保持持续、快速增长的势头；(2)欠发达地区是世界城市化发展的重点地区；(3)发达地区的城市化速度逐渐放慢；(4)大都市区超常发展，大中城市继续增加；(3)城市化从集中趋向分散，即郊区化。

（三）21世纪城市建设的"三个转变"

改革开放以来，展望中国的城市建设，其形态、格局、内涵正在发生着深刻的变化。如果说过去的城市建设主要是从农村集镇型走向粗放型的城市化，满足于基本功能配套、修多少马路、建多少高楼大厦的话，那么，现在的城市建设则更注重于城市的形象、内涵、品位和文明程度的质的提高；如果说过去的城市建设主要是规模上的外延扩大，满足于缓解基础设施瓶颈制约和住房拥挤，还历史欠账的话，那么，现在的城市建设则更注重于以人为本，绿化、美化、净化、亮化，精心营造美的空间、人的乐园的一流人居环境；如果说过去城市之间的竞争主要集中于经济建设的话，那么，现在城市之间的竞争则不仅仅是经济建设的竞争，而且更突出地表现为城市品位、城市形象和生活环境、生活质量的综合竞争。

（四）21世纪我国城市政府职能的回归

早在20世纪80年代初，国务院就提出，市长的主要职责是规划、建设、管理好城市。我国要加快城市化进程，当前最重要的是要逐步转变城市各级政府职能，即从发展经济为主转变为管理城市为主，逐步从具体的经济活动中解脱出来，尤其是区、镇、街一级，更要以最快的速度完成这种转变，城市政府的真正职能是创造出一个良好的投资环境，并以此吸引国内外的高档生产要素的进入。同时建立完善的社会主义市场经济体制，也要求城市政府进一步转变职能，将工作重点转到抓好城市规划、建设和管理上，研究如何发挥城市功能，规划城市发展，建立现代化、社会化的综合服务体系，改善城市的软、硬件环境，促进经济体制市场化的进程，为企业、城市市民提供良好的发展环境和生活条件。在计划经济条件下，城市管理分别由多个职能部门承担，并发挥过积极作用。但在市场经济条件下，这种管理模式反映出不少弊端，主要是由于受到利益驱动，不易形成合力，难以达到综合管理之目的。应该说，城市管理是一种政府行为，不是部门管理的行业行为，也不是一般意义上的市民行为，更不是经济组织行为。城市政府是城市管理的主体，要通过城市政府统筹、协调，变多头执法为联合执法，变分散管理为统一管理，以树立城市管理主体的权威，提高城市管理效率。

（五）向“苏东坡市长”学习——任职一届，造福一方

旧语道：“为官一任，造福一方”。现今的领导干部是人民公仆，此旧语可改为“任职一届，造福一方”。

我国历史上许多地方官，多有建树，名留青史。李冰父子修建都江堰，白居易、苏东坡在杭州治理西湖，曾巩在济南疏浚大明湖，马臻在绍兴治水，唐代李泌在杭州修六井引西湖水为民用，苏东坡在广州制定了引白云山泉水入城。谈起城市规划，特别要歌颂苏东坡，他不仅是政治家、文学家、诗人、书画家，他还是卓有建树的“市长”。在他任期内不仅整治了杭州西湖、惠州西湖，造福后代，他还利用当时的“高科技”策划创建自来水工程……

“自古太守多诗人”。这句话可发挥一下。为规划好、建设好、管理好城市，人们要求市长必须具有诗人的情怀、旅行家的阅历、哲学家的思维、科学家的严谨、历史学家的渊博、革命家的情操……这几近“全才”、“通才”和“完人”的境界，激励着市长们去不断地自我完善。

如今商品的卖点是特色，是品牌。把城市作为市场经济条件下的特殊商品去经营，就必须全力打造这个城市特色，把她的独特性、惟一性和排他性做到极致，做到尽善尽美。山东省招远市的领导者们以其独到的智慧和见解，努力塑造自己城市的独特品牌，将黄金城的品牌做得很亮很亮，亮到光耀世界。这样的结果和好处当然是不言而喻的了。

该市市委书记刘为群曾抽暇专门撰文解读这件事，言之有物，文采飞扬，使人不忍释卷。所以我们说，经营城市绝不是一件轻而易举的事情。我们也希望我们的市长们、书记们能像招远市的领导那样，在城市化和经营城市上，多一点深沉，少一点肤浅；多一点艺术，少一点粗俗；多一点责任，少一点浮躁。把自己所管辖的城市建设好、经营好，写出比刘为群同志更好的文章来。

5. 打造金都品牌　建设特色城市

中共招远市委书记　刘为群

城市的特色，是一个城市核心竞争力的集中体现，也是一个城市的魅力所在。因此，建设城市、经营城市都应当把打造城市的特色当作第一的和最终的追求。只有特色鲜明的城市，才会成为成功的城市。在这里，我想结合招远的实际，就如何建设特色城市的问题谈一点自己的看法。

挖掘城市的特色要有商人的眼光

城市的特色就像是商品的卖点，发现和挖掘这个卖点必须具备商人的眼光。中国现有的城市有600多座，其中不乏有特色的城市。从这些城市特色的形成原因来看，大致有四种：一是，由于历史的原因而形成的城市特色。像古都、名邑、圣地等等。古都的魅力当然是毋庸置疑的。这些千年帝国的政治文化中心，往往是我们民族文化的精华所在。西安、洛阳、北京、南京等都属于这一类城市。名邑有着同样的文化内涵。所谓“名邑”，不妨看作是资格稍差了一点的古都。比如江陵，原本就是楚国的郢都；大同，曾经是北魏的京城，等等。只不过这些政权或者非正统，或者非一统，因此，挤不进古都的系列而屈尊为名邑。圣地可以看作是名邑的一种。在国务院首批公布的24个历史文化名城中，称得上是圣地的有4个，即遵义、延安、曲阜和拉萨。“挽救了革命挽救了党”的遵义和孕育了新中国的延安是革命的圣地，曲阜是影响了中华民族和中国文化两千多年的儒学的发祥地，而拉萨则是藏民族的“圣者的乐园”。二是，由于区域政治或者是军事上的原因而形成的特色。像边关、重镇。边关有着独特的风情。如山海关、嘉峪关、娄山关以及古代和今天的边城。重镇有两类，一类是区域政治文化中心，如省会城市；另一类是军事要地，如拱卫京畿的天津、雄踞天险的重庆、力扼三江的武汉、虎踞龙蟠的南京、风声鹤唳的淮南等等。三是，由于特殊的地理位置而形成的特色。如沿江城市、沿海城市等等。这些城市战时是前线，平时是前沿，总是得风气之先，是中国城市中得天独厚的宠儿。四是，由于经济和物产的原因而形成的特色。像商埠、特区、工业基地以及特殊商品产地等等。商埠有老牌的，也有新生的。老牌的有广州、宁波、扬州、泉州，新生的有上海、香港等等。这些城市是“城”，但更是“市”。走进这些城市，扑面而来的总是浓浓的商业气息。特区是改革开放的产物，展示着中国城市现代化的美好前景。工业基地在中国有很多，如钢铁城鞍山、石油城大庆、汽车城长春等等。因特殊物产而成名的城市就更多了，吐鲁番的葡萄哈密的瓜，英吉莎的小刀和田的玉，潍坊的萝卜德州的鸡，景德镇的瓷器个旧的锡，等等。

从上面的分析可以看到，城市特色的产生都是有说法的，或依据地理位置，或依据产业基础，或植根于历史传承，或植根于人文氛围，不可能凭空产生。招远要营造自己的城市特色就应当为自己寻找一个合适的“说法”。从现有的情况看，招远既不是古都、名邑、圣地，也不是边关、重镇、商埠、特区，在海滨城市当中也毫无特色可言。惟一可以做文章的就是它的特殊物产。但是，在这些特殊的物产当中必须有所选择和取舍。招远是中国优质红富士苹果的发祥地，我们可以打苹果牌；招远是龙口粉丝的原产地和主产区，我们可以打粉丝牌；招远是中国最大的产金市，我们还可以打黄金牌。对这三个备选的标的物，我们可以从不同的角度来进行比较：一是看它们在产业结构中所占的比重，黄金占了30%多，而粉丝和苹果都不到3%，后两者都不足以代表招远的产业结构特色；二是看它们历史渊源的深度，招远黄金采掘业的历史可以上溯到春秋战国，粉丝的生产历史只有300多年，而红富士苹果的生产历史还不足30年；三是看它们文化内涵的厚度，黄金文化在人类历史上有着极其丰富的内容并占据着重要的地位，而粉丝和苹果都构不成一种特殊的文化；四是看它们物的自身价值，一公斤黄金可以换取十几吨粉丝和近百吨的苹果。经过这样的比较，我们可以清楚地看到，营造招远的城市特色，应当选择的卖点是黄金，粉丝和苹果只能作为这个中心卖点的陪衬，而不能作为主题。

推销城市的特色要有响亮的品牌

城市特色的形成，既需要客观的基础，又需要主观的认同。只有被大家认同的城市特色才能成为真正的城市特色。因此，在营造城市特色的过程中，必须注意宣传和推销这个城市的特色。而宣传和推销城市特色，又必须选择一个合适的品牌。这个品牌既能够准确地体现城市的特色，又能够充分张扬城市的特色，从而，让人们能够依据这个品牌认同城市的特色。

城市的品牌，可以是城市自身的名称，也可以是另起的别名。比如说拉萨，在藏语里，“拉”是神，“萨”是地，合起来“拉萨”就是神地或圣地。城市名字自身就可以很好地体现城市的特色，完全没有必要另做一块品牌。但对大多数的城市来说，选择一个合适的别称还是非常重要的。

招远，得名于金太宗天会九年，也就是1131年，它有着自身的文化内涵。当时，金朝入主中原之后，为平息战乱，巩固政权，便派了很多的劝农使，到各地去招集流民，恢复生产。其中，一个劝农使在招远圈定了现在的县治区域，招远的取义为“招携怀远”。作为这个名字自身的含义自然是无可厚非的，但它显然不能准确地体现黄金产业的城市特色，因此，必须为我们的城市另外寻找一个别称。

招远原来也有一个别称，叫做“金城天府”。这个名称固然可以准确地体现招远的特色，但是不够响亮。英文的译名是“Land of abundance and town of gold”，从字面上理解，就是资源丰富的产金小镇，这就更加显得小气了。要想充分地张扬招远的城市特色，必须为招远另选一个城市的别名。我们最终选择了“中国金都”作为自己的品牌。“中国金都”和“金城天府”相比较，显然更加大气、更加响亮。它不但准确地说明了招远黄金产业在中国黄金产业当中所占据的特殊地位，而且让这个名称拥有了独占性。“中国金都”，无论是在中国还是在世界，都是惟一的。现在，这个品牌在经过国家的正式认定之后，正在冲出中国，走向世界，逐步地为世人所认同。它将作为一笔无形资产，留给招远的子孙后代，并将作为一面旗帜，引导广大干部群众凝心聚力为建设招远金子般的明天而奋斗。

构建城市的特色要有产业的基础

由于招远的城市特色是由特殊的产业而来，因而，建立坚实的产业基础对于体现城市的特色就显得尤为重要。

这个坚实的产业基础首先是体现在黄金的采掘业上。招远之所以成为中国金都，就因为它是中国的第一产金大市。如果丧失了这个地位，中国金都也就丧失了它存在的依据。因此，我们必须下大力气抓好黄金的采掘业，始终保持中国第一产金大市的战略地位。

发展黄金的采掘业，除了采掘技术以外，更重要的则是一个资源问题。黄金是一种不可再生的资源，只能是越挖越少。世界上有许多矿业城市因为资源枯竭而变成了“死城”。如何突破资源的约束，是所有矿业城市必须面对的课题。解决这个问题，有一个思考方法问题。当空间一定时，那么资源就是有限的；而当空间可以相对无限地放大时，资源也就变成了一种相对无限的东西。因此，放宽眼界、拓展空间是我们解决资源约束问题的关键环节。空间的拓展可以沿两条线来进行：一条线是在自己的境内来拓展空间。目前，我们探矿和采矿的深度只有三五百米，而南非的采矿深度已经到了地下4000多米。在这个区间还有相当大的发展空间。另一条线是到自己的境外去拓展空间。包括国内的其他地方和国外的其他地方，哪里有黄金，我们就把探矿和采矿的触角延伸到哪里，把我们的黄金集团建设成一个跨国性的公司。到目前为止，我们已经在境外并购了3个金矿，其他一些金矿也在接触和洽谈当中。可以相信，经过一段时间的努力，我们拥有的战略资源会越来越多，招远的黄金产业也会成为一颗永远不落的太阳。

建立坚实的产业基础，还应当考虑到黄金的加工业。过去，由于政策的约束，我们没有条件发展黄金的加工业。现在，随着政策的逐步放开，我们已经具备了发展黄金加工业的客观条件，完全应当把这个产业搞起来。这里的加工业包括珠宝首饰、工艺品、旅游纪念品以及工业用品等等。我们的目标是分三步走：第一步，成为中国北方最大的加工基地；第二步，成为中国最大的加工基地；第三步，成为东北亚最大的加工基地。当我们把黄金产业的范围局限在采掘业时，招远黄金产业的产出基本上是一定的。以现有的500吨远景储量和每克90元的价格计算，未来黄金产业的总产出应该是在400～500亿人民币左右。但如果把黄金产业链拉长之后，就应该是几倍于黄金采掘业的产出。在未来的城市发展过程中，黄金加工业的成长一定会给中国金都添上浓墨重彩的一笔。

熔铸城市的特色要有文化的底蕴

对于今天的时代，世界上有三种说法，第一种称之为知识经济时代，第二种称之为信息经济时代，第三种称之为文化中心时代。世界第十八届哲学大会就公开宣称21世纪是文化的世纪。他们认为，人类社会是由政治、经济、文化三种要素构成的。这三种要素的比例、地位和作用，在历史发展的长河中是不同的。18世纪以前是政治中心时代；18世纪工业革命之后进入了经济中心时代；20世纪下半叶或本世纪初开始进入文化中心时代。人类社会发展总要从政治中心时代到经济中心时代再到文化中心时代。对于这种说法，我们且不去评论它是否正确，但有一点是肯定的：在当今的世界上，一个没有文化的城市，不可能成为真正有特色的城市。因此，在发展城市特色的过程中，必须研究城市文化问题。

招远的城市历史不长，文化的发育也不够好，与黄金相关的文化几乎是一个空白。在这样一种情况下，要发展黄金文化，必须采取两种策略。第一种叫做“点石成金”，即对现有的文化素材进行挖掘、整理、创新，使之能够提升到世界级的水准上来；第二种叫做“无中生有”，采取拿来主义的办法，把世界黄金文化的精华部分吸收到招远来。中国金都，是中国的也是世界的，它理所当然的应当成为融合东西方黄金文化的熔炉。

从世界范围来看，黄金文化在人类文化史上占据着极其重要的地位。从网上查阅的资料看，仅在大英图书馆里，涉及黄金的书刊就有2700多种。从黄金文化演变的历史来看，大致可以分为四个阶段：第一个阶段是宗教神秘阶段，主要是在15世纪以前。在这个阶段，人们认为黄金是用手可以触摸到的“太阳”，把它与太阳神一起崇拜，因此，黄金的主要用途是被制成祭器、礼器、法器，当作是与神沟通的器物。皇帝和教皇要佩戴金冠，只有这样才能够更好地和神沟通；他们死后要戴金面具、穿金缕玉衣，只有这样才能够让灵魂顺利地进入天国世界，等等。第二个阶段是绝对财富阶段，主要是在15到18世纪。在这个阶段，人们认为，黄金是最为宝贵的财富，拥有了黄金就拥有了一切。因此，对财富的追求就被简单地归结为对黄金的追求。在这种背景下，导致了西方世界的所谓的“地理大发现”，也导致了疯狂的淘金热和重商主义的产生。第三阶段是货币本位阶段，主要是从18世纪到20世纪末。根据布雷顿森林会议，各个国家都把黄金当作货币发行的依据。黄金承担着一般等价物的职能。第四个阶段是贵重金属阶段，主要是从20世纪末到现在。黄金在继续承担上述职能的情况下，开始从皇宫、神殿和金库中越来越多地走出来，作为一种装饰品、工艺品、纪念品进入了寻常百姓的消费领域。从黄金文化发展的历史可以看出，黄金是神秘、财富、权力、地位、美丽、幸福的象征，我们在建设黄金文化的过程中应当把这些东西浓缩在招远，使之形成特殊而厚重的文化底蕴，并据此来塑造我们的城市性格。如果说北京是“最大气的城市”，苏州是“最精致的城市”，西安是“最古朴的城市”，厦门是“最温馨的城市”，成都是“最悠闲的城市”，广州是“最说不清的城市”，深圳是“最有欲望的城市”，那么，招远的未来就应当是“最为神奇而高贵的城市”。

城市文化的建设有两大载体，一是城市的CI系统，即城市的形象识别系统。我们设计了自己的市标、市旗、吉祥物，拟定了自己的形象推广主题和口号，并对交通工具、路牌广告、服装服饰以及办公用品等等设计了统一的标识。二是黄金旅游项目。目前，我们已经完成了对旅游项目的总体规划，它包括一个主题街区和神秘欢乐组团、加工交易组团、沿海商业组团、温泉度假组团、黄金博览组团、环湖景观组团等六大组团。规划设计的目标是把招远建设成黄金旅游的主题旅游目的地。随着这些项目的逐步建成，未来的招远，不仅会是一个更加富裕的城市，而且会是一个更加有品位的城市。

表现城市的特色要有建筑的风格

建筑是立体的画，无言的诗，是沉积的文化，凝固的历史。建筑艺术是每一个城市生命进程中不可缺少的组成部分。一个有特色的城市总是需要特殊的建筑与之相适应。因此，我们要想真正把招远建设成一个富有特色的城市，还必须注意在建筑的艺术和风格上下工夫。它是城市特色的一种最为直观、最为感性的表现形式。

构筑城市的建筑风格，首先应当注意一般建筑的风格。这种建筑的风格或者体现在建筑的色调上，或者体现在建筑的材料上，再或者是体现在建筑的结构上。它应当是一种特殊的建筑符号，能够在一定程度上传达中国金都的文化信息，表现中国金都的风貌。根据专家的论证，我们初步确定采用米黄或者金黄作为建筑墙体的基准色调，以天蓝色作为屋顶的基准色调，而这两个色调与我们城市市标的两个色调是一致的。

构筑城市的建筑风格，还应当注意标志性建筑物的风格。在世界上，大多数的“都”都有自己的标志性建筑。比如说艺术之都巴黎的艾菲尔铁塔，音乐之都维也纳的音乐大厅，首都北京的天安门、故宫等等，从而使这些建筑成为人们脑海中的特定城市的象征。招远作为中国金都也应当有自己的标志性建筑物。这个建筑物可以是一个单体建筑，也可以是一个建筑群。我们的初步设想是把它放到旅游组团的大型黄金文化博览馆上，力争把这个博览馆建成一个充分艺术化的建筑，以它独特的风姿展示黄金文化，展现招远的城市形象。

除了建筑以外，我们还利用中外黄金文化史当中的著名故事，在城市中设计了一些大型的城市雕塑，以具象或者抽象的手法来表现黄金文化，增加城市文化的深度和厚度，使整个城市成为展示中外黄金文化的窗口和主题旅游目的地。

合肥是一座既古老又年轻的城市，说它古老，是因为它曾作为三国故地，包拯故里闻名于世。说它年轻，是因为改革开放以来，合肥市顺应社会主义市场经济运行规律，坚持走经营城市之发展思路，从而为合肥市发展和进步带来了众多契机，取得了巨大成绩。尤其是在城市化建设方面，世人对合肥的评价是：三日不见，当刮目相看。请看该市副市长倪虹的文章：

6. 古城新韵源于经营理念

合肥市副市长　倪　虹

合肥，古称庐州，位于江淮之间，巢湖之滨。合肥物华天宝，人杰地灵，这片秀美的土地曾养育了包拯、李鸿章、杨振宁等名人。合肥因他们而蜚声四海，游人如织。

合肥以三国故地，包拯故里闻名于世。她那灿烂的文化，丰富的物产，优美的景观令人心驰神往。

合肥作为安徽省会，是安徽政治、经济、文化、交通中心，是全国四大科教基地之一。这里拥有中国科技大学、合肥工业大学和安徽大学等30余所学校及中科院合肥分院等200多家科研机构，这里还拥有20万科技人员，人才济济。

1949年合肥解放时，老城区面积仅为5.2平方公里。

经过50多年的发展，如今的合肥市，辖三县七区，全市面积7266平方公里，人口442万。合肥的变化尤其是近年来更是日新月异：

合肥获得全国首批“园林城市”，“全国优秀旅游城市”等多项殊荣。

合肥城市街道宽阔、交通便捷。

合肥环境优美，景色如画，清清淝水穿城而过，环城公园似翡翠项链镶嵌城市中心。包河公园、逍遥津公园、胜利广场、市府广场等园林景观，似颗颗绿色宝石散落其间。那份“城在园中，园在城中，城园交融浑然一体”的惬意，让人恬然而舒畅。包公墓园、教弩梵钟等人文景观，星罗棋布。徜徉其中，怀古论今，使人流连忘返。

高耸的楼群，“五里飞虹”的灯光灿烂，穿梭不停的新巴士，千姿百态的城市雕塑，无处不彰显着合肥市的城市建设步入健康快速的发展轨道。

强化经营理念

城市建设是一项长期的、复杂的系统工程。城市发展的目标是实现可持续发展。我们在城市建设中，本着以人为本，以“园林城市”、“科教城市”为主题，实现城市布局、经济布局、生态环境要求有机结合，协调兼顾。

如今，合肥市城市建设，以“三个代表”重要思想为行动指南，实行城乡一体，共同发展的城镇化战略，现代化大城市框架已基本建成。城市化率达到46.33%，高于全国7.2%，但合肥的城镇化水平滞后于本市的工业化水平。为此，城建工作者为贯彻落实十六届三中全会精神，开创城市建设的新局面，他们强化“三”个理念，实现“两”个提升，深入“一”项研究，赋予合肥市城市建设真正的内涵。

强化以人为本的理念　人是城市的核心，城市建设始终要坚持以人为本的思想。人民利益高于一切，把一切为了人民利益作为城建工作的出发点，切实解决人民群众普遍关心的焦点、热点和难点问题作为城建工作的切入点；把提高人民群众的生活质量，争创最佳人居环境作为城建工作的落脚点。当前我们正着力抓好以下几项工作：一是以道路交通网络建设为重点。继续完善二环九射加方格网的城市道路骨架，大力优先发展公交的同时，着手规划加快乡村道路建设步伐，实现城乡交通网络化。在规划建设中，特别强调注重盲道、无障碍设施的建设。二是抓好住宅建设。“小康不小康，关键看住房。”住房条件的不断改善是迈入小康社会的重要前提。强调以提高市民居住水平为目标，把危旧房改造当作一项德政工程、民心工程来抓，不断加快旧城区整治、危房改造、廉租房建设等福及于民的工程。在搞好危旧房改造的同时，加快居民新区建设，积极营造精品住宅、绿色住宅、人文住宅。三是结合“西气东输”工程，计划用三年时间建设并完善相关的管网、输配系统，为市民提供高质量的燃气；积极倡导发展集中供热，提高全市集中供热普及率。四是以创建国家环境保护模范城为契机，进一步分解任务，落实责任。继续实施“蓝天白云工程”、“碧水工程”、“绿色工程”、“安静工程”，加强环境保护工作，使合肥市环境质量得到根本改善。

强化经营城市的理念 到2010年，合肥市城建固定资产投资年均约需50亿元，城市建设任重道远。因此，城市建设必须走经营城市的路子，走资金筹措多元化、建设主体企业化、资源利用商品化的城市建设与发展之路，实现城市的自我滚动，自我积累，自我发展。近期经营城市工作，应坚持“政府引导，社会参与，市场运作，滚动发展”的原则：

一是严格实行土地储备制度，盘活土地资产。坚持政府垄断土地一级市场，发挥已建立的市土地收购储备中心作用，统一收购、出让土地，并严格实行拍卖、竞价等方式，使有限的土地资源获得最大的效益。

二是构建城市国有资产营运体系。以资产为纽带，发挥好城建投资控股有限公司的作用，经营好城市国有资产。

三是采取市场化方式，使城市可经营公用事业资本化，产业化。加快城改房屋开发股份有限公司改制上市步伐，积极稳妥地推进公用事业单位改制重组，建立现代企业制度。积极盘活存量，对现有基础设施、服务设施能出售的尽可能出售，以换回资金用于新的建设。

四是运作好无形资产，强化对城市整体形象的策划，注重城市的特色和个性化塑造，尤其是加大对科教基地和森林城的宣传力度，着力打造若干个城市品牌，进一步提高合肥的知名度，通过提升无形资产吸引有形资产的加入。

强化可持续发展理念 城市建设既要满足当代人的需要，又不对后代人满足其需要的能力构成危害。因此正确处理好经济发展与人口、资源、环境的关系很重要。760平方公里的巢湖，188公里的沿岸占了合肥市城区将近1/4。我们在狠抓经济发展的同时，注重对湖的保护，使巢湖和江淮分水岭及其他生态环境一起得到治理和保护。

实现从单纯工程建设向景观建设的提升 优美的城市环境，可以陶冶人的情操，是当地文明程度的标志，也是全面建设小康社会的必然要求。因此，工程建设既要注重实用性，又要注重艺术性、观赏性，把每一项工程都建成一道靓丽的风景，既是要求标准，也是责任。我们对马鞍山南路、合巢路等新建道路，广植大树，提高道路绿化的品位；继续做好“拆墙透绿”、“拆房建绿”、“租地绿化”工作，进一步提高城市绿化覆盖率；启动建设城市森林公园和大房郢水库边岸万亩生态园林工程；做好城市灯饰亮化工程的整体规划，分期分年度加以实施；完善南淝河两岸的灯饰、绿化、雕塑小品及治污截污管网的工程建设，把南淝河打造得更加美丽；加快橡皮坝工程建设和市内河道整治工作，使合肥市的城市血液更清、更净。

实现从追求数量和速度向追求质量和品位提升 城市建设与发展需要一定的速度和规模，但决不能仅仅停留在追求数量和速度上，还要注重工程的质量和品位。我们反复强调：在工程质量方面，牢固树立“精品意识”，坚持质量第一，宁少勿滥，杜绝“豆腐渣”工程，“影子”工程。力求建一件、精一件，让群众满意一件。在提升城市品位方面，关键是注入文化，文化是一个城市的灵魂，有文化的建筑才能成为文化精品流传后世。规划是提升城市品位的关键和首要前提，针对实际，我们首先编制合肥战略规划和23项专项规划，调整合肥近期发展规划，实现城市资源科学合理的配置。在规划中，特别要考虑到合肥市承东启西的区位优势和鲜明的地域文化特色，立足文化特点，营造良好的城市文化氛围。要把丰富的历史文化与现代建筑艺术结合起来，把局部美与整体美结合起来，把地上建设规划与地下空间规划结合起来。要充分挖掘合肥市的历史文化资源，重点做好“三国古战场”文章，打造“包公文化”品牌，恢复李鸿章等历史名人的古建筑群落。要加快推进政务文化新区和“中国合肥科学城”建设。积极创造条件筹建合肥大剧院、博物馆、体育中心等一批高品位的文化设施，完善会展中心、科技馆等标志性文化设施的功能。努力把政务文化新区建设成一个融行政办公、文化娱乐、金融商贸及旅游等要素于一体的高品位现代化政务文化中心。依托合肥作为全国重要科教基地优势，加快推进“中国合肥科学城”工程建设，力争把“中国合肥科学城”建成具有世界先进水平和深厚文化内涵的标志性建筑。

深入一项研究 我们注重加强对城市科学的研究。城市科学是个宽广的概念。城市科学工作非常重要，城市工作的水平，很大程度取决于科学研究开展的广度和深度。特别是如何把城市科学研究工作同政府工作很好地结合，实现城市领导按照城市客观规律办事，是实现城市领导民主化、科学化的主要内容和途径。我们强调，合肥市的城市科学研究不能停留在表面，要建立在科学的数理分析之上，为合肥的城市建设和发展提供科学的依据。

合肥市城建快速发展，形势喜人。如今，城市生活污水处理率已达70.53%，累计城市道路1128.89公里，液化气供应能力6.2万吨，城市燃气普及率为90%。

立足未来大手笔搞建设

2003年，合肥市完成市政公用设施建设投资额达31.8亿元。合肥市城市建设的路桥工程、旅游景观工程、公用设施工程等取得了骄人的成绩。通过城市建设工程的实施，改善了投资环境，带动了相关产业的发展，增加了就业，实践了“三个代表”，产生了良好的经济效益、社会效益、环境效益。一项项工程相继投入使用，完善了城市功能，使合肥市容、市貌焕然一新。

为民修路 立新功 市建委胡正华一班人，不满足已有的成绩，他们不断追求，再立新功，在改善城市投资环境的同时，把为群众办实事，抓畅通工程作为今年城市道路建设的重头戏。今年他们继续在完善现代化大城市道路框架的同时，着重加快了次干道的建设。去年国庆前，合巢路、桐城南路，潜山北路、史河路，阜阳北路，明光路中段等14条路(段)相继竣工交付使用，淝河路、圣泉路、怀宁路等6路3桥目前正在紧张施工。繁华大道、四里河路、临泉路第3路2桥也将在年内动工建设。去年已竣工、在建道路条数之多创历年之最，树立了城建工作者的良好形象。

亮化美化 添风采 白日观景，夜晚赏灯。合肥市民日日夜夜都有着亲身感受。连绵10公里，装有23种类型，8026套灯具的五里墩立交桥、稻香楼逍遥湖曲桥等灯饰工程，每到夜幕降临，五彩斑斓、风情万种。环城公园环北景区的绿化改造，逍遥阁、渡津桥的建成和逍遥墅的整修，使改造后的逍遥津公园面貌焕然一新。南淝河橡胶坝工程已经完工。望塘污水处理厂一期工程建成并试运行。安徽省第一个BOT模式建设的污水处理设施——朱砖井污水处理厂一期工程、王小郢深度污水处理厂工程和中水管网均已开工建设。森林城建设的前期工作也在紧锣密鼓地进行。城市建设好戏连台，合肥比以前更美了，更亮了。

便民利民 增设施 亚里士多德说：“人们为了活着，聚集于城市；为了活得更好，居留于城市。”城市建设的首要任务就是要满足人们的生存和发展。经过不懈的努力，合肥市的公用设施日臻完善：易地建设的可停保500标台车辆的公交二保场的投入使用。由合肥公交集团有限公司与香港白马巴士(集团)有限公司合资组建的合肥白马巴士有限公司挂牌成立，首期已有186辆新颖别致的新车投入营运。天然气门站及管网已完成投资6000余万元，占试供气工程量的80%以上。城市热电联产项目新铺供热主管网5公里。继1999年建成水源联络管一期工程之后，今年又建成了日输水能力20万吨的水源联络管二期工程。合肥市现有的四个水厂已全部使用城市上游的董铺水库源水进行生产，在雨量充沛、董铺水库水量充足的情况下，可确保城市居民全部用上优质源水。

改善住房　抓房产　去年，合肥市地区建筑开工面积1600万平方米，实现产值158亿元，房地产开发投资70亿元，新开工面积500万平方米，通过房产项目的实施，改善了市民居住条件，提高了人民生活质量和水平。现合肥市城市人均居住面积为12.41平方米。

规范管理　高效率　胡正华一班人以“城建为民”的情怀，针对城建工作的特点，聘请了社会各行业的人做监督员，对建委政风建设进行明察暗访和监督检查。与各下属单位签订政风责任书，纳入年度目标责任管理，坚持两月一次考核、测评制度，并排名公布名次，奖惩严明，确保了各项制度、措施的落实。为了提高办事效率，便民服务，市建委减少环节、简化程序，供水、燃气、公交、市政设施管理四个与市民生活息息相关的行业，推行一站式服务，所有审批项目集中办理。实行首位负责制，杜绝推诿、扯皮现象。推行承诺制，原已开展承诺的供水、燃气、公交等单位提升了服务标准，提高了服务效率，扩大了服务范围。

为民服务　做公仆　市建委把处处为百姓着想，事事让人民满意，作为良好愿望和奋斗目标。在工作中，我们牢固树立为民服务的思想观念，改变工作作风。开通热线电话，架设与市民沟通的空中桥梁。去年，为及时解决市民生活中遇到的难事、烦事、不顺心事，市建委在重点抓好供水热线、蓝焰热线、公交热线建设的同时，开通了政风热线并向社会公布，建委系统有的单位就业务工作公布了投诉、举报电话。“在态度、速度、技能上下功夫”，“只让用户打一次电话，用户的事就是我的事”，“热线一响亮，服务到厨房”等公用行业的决心已化为便民利民的实际行动。去年，公交服务合格率达96.9%。燃气集团西园维修站推行了“111”满意服务，即一次电话报修、一次上门完结、一次电话回访，深受用户好评。群众对他们服务质量满意率达到100%。热力公司开通了24小时服务热线电话，承诺按时、按质、按量供热。为总结、推广燃气集团与合肥电台联办“燃气三十分”的成功经验和良好效果，供水集团、公交集团去年分别在合肥电台开办了每周一次热线节目，加强与市民的交流和沟通。据统计，去年7月至9月，燃气、供水、公交3条热线接电话总数达24668次，其中服务类电话23564次，咨询、建议类电话796次，表扬类电话306次。23564次服务类电话就意味着他们的公用行业在短短3个月中就为老百姓办了23564件实事、好事。

市建管局、房地产局、园林局、节水办、热力公司等部门和单位也通过在广场、街头开展宣传咨询活动，面对面地征求用户和服务对象的意见。

立足靓化搞绿化

1995年，安徽省作出“尽快把合肥建成现代化大城市”的战略目标。我们随即提出把合肥建成经济繁荣、科教发达，布局合理，环境优美、园林特色鲜明，适合居住、生活、工作的现代化大城市的奋斗目标。近年来，在市委、市政府及市建委的领导下，合肥市园林局进一步加快了城市绿化步伐。至2003年底，建成区园林绿地面积达4006.9公顷，城市绿地率30.2%，绿化覆盖率35.52%，人均公共绿地面积7.95平方米，城市绿化与城市建设做到了同步发展，绿化使合肥城市神韵十足。

园林绿化　锦上添花　园林绿化是城市生态环境的重要组成部分和景观形态的主要表现形式，是居民接近自然的重要休闲空间。近年来，合肥市建成了花园街、明珠广场、五里墩立交桥游园、和平广场、市政府广场、琥珀潭——黑池坝景区、清风阁景点、徽园等一批重点园林绿化工程。初步建成了合肥植物园、野生动物园、杏花公园和安徽名人园一期工程，改造了逍遥津、杏花公园和环城公园，提高了城市绿化景观质量。“小桥流水”、“鸟语花香”、“亭台楼阁”、“上下天光透水光”、“四面荷花蝶戏鱼”等立体画面相映成趣。

租地绿化　利国利民　1997年合肥市在全国率先开展了租地绿化，租地绿化是合肥市探索出一条加快城市绿化发展的新路子。具体做法是：根据城市绿地系统规划，在城郊结合部结合农业产业结构调整，政府通过租赁农民承包的集体土地进行植树绿化，租地绿化土地性质不变，使用权归国家所有，符合国家的产业政策；以租代征，促进了农业产业结构调整，既有效扩大了城市绿地面积，又缓解了征地绿化所需一次性支付巨额资金的压力，实现了社会获益，农民增收的目的；以绿占地，在沿路、沿河租地绿化，不仅控制了两侧的违法建设，又保护了城市生态环境。目前合肥市已在二环路沿线、南淝河、十五里河两岩、包河大道两侧因地制宜租地15～150米，共完成租地绿化面积约4600亩；栽植各类乔木近70万株，取得了良好的社会效益和环境效益。

道路绿化 稳步推进 道路绿化是城市绿化的纽带，是提高城市绿地品位的重要环节。近年来，合肥市园林局为提高绿化质量，实施了“大树(苗)进城，鲜花上路”工程。重点改造了金寨路、蚌埠路等城市出入口绿化，绿带实行片栽满植。在城区主次干道的分车岛绿带内补植大树1.2万株，扩大城市街头绿荫。在胜利路、寿春路、市府广场、胜利广场等街头绿地内一年四季换植应时花卉，形成大面积、多色彩的美化效果。全长4.1公里的机场路绿化带宽度达60米，占道路用地的60%。9.8公里长黄山路中央设置18米宽的绿化带，并融雕塑、喷泉、疏林草地、组团色块于一体，被市民誉为“园林大道”。长达42公里的二环路绿化，绿地宽达49米。包河大道绿化带宽21米，占路幅宽的42%，加之两侧租地绿化45米，实际绿化宽度达110米，栽植各类乔木12.5万株。初步形成了生态型园林景观大道。

社会绿化 群策群力 在工作中，市园林局拓展城市绿化的路子，调动社会力量积极参与城市绿化。他们大力开展园区绿化美化建设，高新区、经济区、新站区三个开发区均按照40%的绿化用地标准进行绿化。新建住宅小区也涌现出安居小区、阳光花园、银杏苑等一批达标小区。近年来，我们还对32个老旧住宅小区进行综合整治，拆除违法搭盖5.3万平方米，建设社区游园和小型绿地，改善了市民的居住环境。以创建市“花园单位”、省“园林式单位”为抓手，社会单位绿化稳步推进，1993年以来全市有79个单位达到市“花园单位”标准，28个单位获省“园林式单位”称号。同时市园林局积极开展墙体绿化、桥体绿化、阳台绿化、屋顶花园等立体绿化，扩大了城市绿视率。

治老建新 提升品位 城市绿化是美化的基础，美化是绿化的深化，是城市景观艺术的升华。我们为了打造亮丽的城市容貌，在市中心建成了占地400多亩的杏花公园。建成了环城公园的琥珀潭—黑池坝景区。市野生动物园二期工程的百鸟园、猛兽一区已建成开放。占地580亩的安徽名人园已建成了以名人馆、名人广场为主要设施的一期工程。市植物园新建了水景园。占地180亩的民营公园墨荷园、经济开发区南滟湖公园、新站开发区面积500亩的生态公园正在兴建之中。我们还投资2000多万元对逍遥津公园、环城公园、杏花公园进行改造，正在实施“三园”二期改造工程，提升了公园品位和档次。

市园林局还通过依法治绿，强化城市绿化管理等工作，使合肥市的城市绿化今非昔比。

至2005年末，合肥市将形成环城公园、城市二环沿路绿地及城市外环的“三环”绿带，南淝河、四军河、板桥河、十五里河和二十埠河的“五带”绿化带，西北郊风景区、东南向引风林和东北向楔形的“三片”绿地。最终形成翠环绕城、绿地楔入、绿带分隔、点线穿插的城市绿地系统，实现城市人均公共绿地10平方米，绿地率35%，绿化覆盖率40%的目标。

登高远望信心百倍

到2010年，合肥市城市人口将达到300万人。合肥市的城市化水平将达到60%。我们市长郭万清在政府工作报告中，描画出合肥美好蓝图：合肥市将提前八年，率先在全省实现全面建设小康社会的目标。勤劳智慧的合肥人将沐浴着十六届三中全会的春风，不断开拓，使合肥市昂首跻身于现代化大都市之列。我们相信：将有更多的有志之士，到合肥投资兴业、共谋发展；将有更多的海内外人士来合肥观光旅游、休闲娱乐。合肥的明天更美好！

焦作变化之大，大到它已成了中原大地的一颗璀璨明珠。人们不禁要问，是什么使曾一度落后到几乎世上没有多少人知道它的名字的焦作而如今却名声大噪？是焦作市委、市政府乘改革开放之风，走经营城市发展之路，把落后的焦作市变成了世人为之神往的旅游胜地。请看该市原市长、现任书记毛超峰文章：**经营城市使焦作变璀璨。**

7. 经营城市使焦作变璀璨

中共焦作市委书记　毛超峰

焦作，中原城市群中一颗璀璨的明珠。

作为内陆城市，焦作市在推进城市化进程中所采取的战略举措和经营理念颇具特色，给人启迪。“一方山水多灵秀，满城华灯皆灿然，游园亭台富诗意，山水园林赛江南。”这是一位老焦作人赞美今日焦作的诗篇。

焦作城市的变化让世人惊叹。乔木遮荫、芳草铺地、花灌点缀、墙披绿衣、山清水秀、鸟语花香、城乡一体。短短几年，一个基础设施完善、城市功能齐备、人民安居乐业的山水园林城市已具雏形。

总长 43.6 公里的焦作至郑州高速公路如期建成通车，使地处河南一隅的焦作到省会车程不到一小时。

投资 4.8 亿的黄河公路大桥如期建成，两岸的人民从此结束了“茅津唤渡、柳岸寻舟”的艰难经历。

穿越太行山的焦作至晋城高速公路的建成，使得“北上太行山，艰哉何巍巍，羊肠坂诘屈，车轮为之摧”的古怀州，呼唤古人重改诗句。

城市变化　日新月异

焦作市位于河南省西北部，北依太行，南临黄河。地处太行山脉与豫北平原的交接地带。焦作之名来源于开窑挖煤、烧制瓷器、石灰而设的作坊，以焦姓作坊为地名，简称“焦作”。

早在春秋战国时期，这里就发现有丰富的地下煤炭。唐、宋时已有开采。元朝的集贤太学士许衡(今焦作李封村人)称这里是“卧牛之地、日进斗金”。解放前，焦作所产的“香炭”为英国王室专用。

由于解放初的焦作没有按照区域性中心城市的规模来规划和建设，在很大程度上限制了城市的发展，以致在相当长一个时期内缺少应具有的功能。再加上焦作中心城区地处太行山南麓的煤炭矿区，城市建设受制于采矿造成的地表塌陷，主次干道断头路多、丁字路口多、卡脖子路段多，难以构成网状环流格局。

面对尴尬的现实，焦作的市民着急，作为焦作市的领导，我们更着急。

在总结过去经验教训的基础上，1995 年，我们市委、市政府确定了“依托老城、开发新区、环形扩张、滚动发展”的建设指导方针和立足高起点规划、高水平建设、高质量管理的思想。焦作市中心城区建设开始转移到以路桥建设为重点，坚持路、水、气、绿化配套建设，改善城区路网结构，提高城市综合功能，改善城市环境的城市基础建设上来。

一个全新的发展思路，带来的是焦作市中心城区建设的全面发展。1995 年至 1999 年，陆续实施了 25 项城市路桥改造工程，新修铁路立交桥 5 座，新增道路面积 160 余万平方米，新修 3 个绿化精品游园，完成市区6条“绿色通道”的绿化工程，城市滚动扩张约20平方公里。

道路是城市的骨架，管网是城市的血脉。三年来，我们焦作市累计投入资金60多亿元，加快了道路交通、城市基础设施建设、景点景区开发建设步伐。2002年以来，又投资3亿元对市区27条主要干道及路政设施进行了全面整修完善。塔南路改造，东环路、民主路、西环路延伸，与高新区五条东西干道形成“四纵五横”的城区道路格局，增加城区发展空间25平方公里。这一切，为城市建设向高层次发展奠定了基础。我们还大力提高供水能力和供气能力，使市区自来水普及率达99%，煤制气、矿井气、液化气率达75%以上。

城市拆迁 扮靓焦作

在推进城市化、现代化的过程中，改变城市落后面貌，树立城市新形象，拆迁改造是一条必由之路。2002年7月以来，焦作市开始实施史无前例的城市拆迁工作。20多名市级领导分包路段，广大干部群众协同作战，不到两个月时间，全市共拆除违章建筑和影响城市影观的建(构)筑物1108处60多万平方米。

拆迁之后，新规划城市绿地游园234处，新增城市绿地30余万平方米。目前，全市绿化覆盖面积2362.64公顷，绿化覆盖率42.19%，绿地总面积2018.88公顷，绿地率36.5%，公共绿地面积439.3公顷，生产绿地面积233.33公顷，道路绿地面积222.22公顷，人均公共绿地8.2平方米。

让焦作亮起来、美起来是焦作市民的心声，也是我们焦作市委、市政府确定的目标。在投资2060万元之后，焦作7条主干道形成了一路一灯，一路一景的道路景观；市区主干道40座标志性建筑物划出了7个亮化区域，统一安装射灯、轮廓灯、霓虹灯等。夜晚的焦作，流光溢彩，真正成了一座“不夜城”。

城市建设“以人为本”

“以人为本”是现代城市建设的立足点和出发点。给市民提供更加舒适、方便、宜人、康宁的生活环境，始终是市委、市政府和城建工作者追求的目标。

近年来，市委、市政府每年向群众承诺要办的实事中，有关城市基础设施建设及其相关内容的项目要占80%以上。我曾不止一次地对我们市的干部们说，实践“三个代表”重要思想，就是要把焦作的事情办好，把市民关心的事情办好，以群众满意为最高标准。基于这一指导思想，我市近年来先后实施了“蓝天工程”、“畅通工程”、“环境治理工程”、“绿化工程”、亮化工程、“旧城改造工程”等一系列改善人居环境的民心工程。取缔、搬迁、关停、转产了30余家对大气环境和水环境造成严重污染的企业，规划建设了废气治理项目175个、污水处理厂1座，并基本取消了燃煤取暖设施。同时采取挤地补绿、拆房建绿、见缝插绿，加大绿化美化工作力度，实施了北山绿化、绿色通道建设工程，促进了人与自然的和谐统一，创造了优美的工作生活环境。

“12345”为民服务中心的成立是焦作市“以民为本”思想的集中体现。随着城市建设的发展，提高城市公共服务水平已成为现代都市经营的必然要求。为此，市建委结合本市实际，自我加压，大胆创新，以“便民、务实、快速、高效”为宗旨，建成了以先进的电子通讯设备直接与规划、城管、园林等部门和供水、公交、客运、燃气、市政、解放区建委、山阳区建委等21家城市服务单位相互连通的焦作市“12345”为民服务中心。该中心自2002年元月1日成立以来，已经为市民解决难点、热点问题2万余件，受到广大市民和各级领导的高度赞扬。河南省委书记李克强视察中心后深有感触地说：“你们给市民办了一件大好事”。河南省建设厅厅长查敏视察后题词：“12345服务中心，是政府与市民的连心桥”。

2001年8月1日，市政府投资650万元对人民公园、月季公园、雕塑公园进行改造，拆除了围墙和栅栏，增设了多处进出口和停车场，并对市民免费开放，还绿于民。

2002年，我市掀起的一场“厕所风暴”在整个中原大地引起不小的震动。我们市委、市政府认为，公厕是人人都必须去的地方。公厕设置、管理如何，是一个地区、一个城市文明程度的标志和窗口。开放并大踏步走向世界的焦作，必须把标志和窗口做得更好。这个问题，一开始虽在一些人中产生了某种非议，但由于我们注意讲明道理，做好工作，所以，不但很快统一了大家的思想认识、还进一步增强了大家的自觉行动。10月1日国庆节，我市30座星级公厕、40座旅游公厕投入使用。星级公厕不仅有着现代的建筑风格、典雅的内部装修、一尘不染的环境，而且喷香机、洗手机、毛巾、香皂一应俱全，在厕所休息室，甚至摆放着电视机、VCD机和饮水机，并且一律免费开放。

在实施上述一系列工程的基础上，市委、市政府又从全面改善环境质量的角度出发，提出了建设山水园林城市、创建中国优秀旅游城市、国家卫生城市、文明城市的目标，为城市向高品位、高质量发展勾画了新的蓝图。

城市经营 前景辉煌

经营城市是市场经济条件下一种全新的城市建设理念。根据这一理念，我们注重对城市资产进行集聚、重组和营运，实现了城市资源的优化配置。

2002年，我们组织带领有关人员南下深圳，北上河北，先后与深圳市水务(集团)有限公司、新奥控股燃气有限公司、中国燃气建设投资有限公司进行广泛接触和洽谈，相继与深圳水务(集团)有限公司、中国燃气控股有限公司(香港)、中国燃气建设投资有限公司签订了城市供水、城市燃气合作协议。不仅盘活了现有资产，引进了资金和先进的管理经验，而且减轻了政府负担，提高了公用事业服务水平和质量。

在取得成功经验的基础上，2003年我们又开始筹划市政、公交行业、建筑企业、污水处理、地下管网集约化建设等城市公用事业、建筑业的体制改革，经营城市工作正在扎实推进。

1999年以来，伴随着城市建设步伐的快速发展，我市首次面向全国公开招标，编制了高新技术产业开发区城市设计方案，并聘请国际著名规划建筑大师日本的黑川纪章先生编制了焦作总体发展概念规划，将共生理念、以人为本的思想引入城市建设；完成了中铝方庄工业区总体规划的初步方案和高新区10平方公里起步区的控制性详细规划；完成了旧城改造重点小区的详细规划；完成了山水园林绿地规划、北部太行山22平方公里的绿化规划以及南水北调城区段景观特色规划。

“环境就是生产力，形象就是竞争力”。目前，我市人民正以昂扬的斗志，满腔的热情乘借西部大开发的良机投入到现代化建设的伟大洪流，相信在不长的时间内，太行山下的古城焦作必将焕发出勃勃生机，焦作的明天将更加灿烂辉煌！

当党中央把战略眼光瞄准我国西部地区的时候，全世界无不为之惊异，西部人民更是为之感奋不已。但却有一些人认为，西部之落后在于人们的观念。果真如此吗？读了《宁夏经营城市的发展思路》一文，实在让人难以认可这些观念。大家都知道，经营城市的理念从大连、青岛等城市先后推出后，至今已10多年了，但是有哪一个省级党委以一届党的代表会议正式确立这样的战略举措？虽不敢言没有，但可以说是少之又少。然而这为数不多的省级单位中，就有宁夏回族自治区党委。笔者断言，有宁夏区党委的如此气魄，必会有宁夏未来的大发展。请读：

8. 宁夏经营城市的发展思路

宁夏回族自治区政府研究室

宁夏回族自治区党委九届二次全会明确提出了实施经营城市的战略。经营城市就是把城市作为最大的国有资产，用市场经济的思路去经营，从中获取收益，并把收益重新投入到城市建设中，走以城养城、以城建城、以城兴城的城建市场化之路，实现城市的自我积累、自我增值、自我发展的新模式。这一重大决策，对于宁夏加快基础设施建设，推进城市化进程，实现社会经济可持续发展都有着十分重要的意义。

一、宁夏经营城市的实践

宁夏在实施经营城市方面起步较晚，在四个地级市中，银川市率先走出了探索经营城市的道路。首先是成立银川城市建设投资控股有限公司。重点是开发基础设施资源，盘活公用设施的资产存量，将市政公用设施投入市场，按照统一管理，加强养护，保持完好的原则，采取BOT投资方式，通过市场竞争，有期有偿地转让部分市政公用设施经营权。如户外广告经营权、公共汽车候车亭建设经营权、工交线路经营权、停车场经营权及城市道路命名权等。2002年，已有两个停车场拍卖；新市区南部给水工程已安排城市建设投资控股公司采用BOT方式引资建设，目前正在编制招标文件；城区西部集污与污水处理工程已布置城市投资控股有限公司编制世行或亚行贷款项目建议书，准备采取向世行或亚行贷款建设；北塔公园和民运村工程已委托城市建设投资控股公司公开招标承建单位，采取市场运作，筹措资金建设。

二、经营城市中存在的问题

银川在经营城市的实践中取得了一些成效，但与国内先进城市相比，经营城市的思路创新、规模、效果等方面并不十分理想，没有取得大的突破，与先进城市相比还有很大的差距。总结银川市经营城市的经验，考察全区城市经营的现状，普遍存在的问题主要有以下几个方面：

1. 经营城市的观念滞后

在传统习惯思维中，城市只是给人们提供生产、生活条件的无偿服务型、共享型的公共产品，政府对它只投入、不收益，只建设、不经营。没有用经营城市的理念和用市场的眼光来认识和审视城市。没有将城市建设作为一项重要的“产业”来经营，充分运用政府的权力，通过发挥城建、国土、规划、城管、交通、水电等职能部门的作用，有效地调节和积聚社会收益，更多地用于城市建设。从目前情况看，宁夏城市建设机制仍然难以适应21世纪经济发展的需要，存在着“重建设、轻经营”的现象，没有形成投入—产出—再投入的良性循环机制，造成城市资产闲置浪费或变相流失，这与我们缺乏理论研究和正确的思想指导是分不开的。

2. 城市基础设施建设投资没有摆脱传统城市建设困境

由于城市建设事关国计民生，投入大、周期长、公益性强，因此，城市建设长期以来都是政府包揽包办，单一投资，形成了许多弊端。政府投资终究是杯水车薪，一些工程虽然得以上马，但工程建设资金到位不及时，导致“工程马拉松，投资无底洞”，使城市建设陷入了一方面建设资金严重短缺，一方面工程投资不断增加的恶性循环。而且，随着经济社会的发展，人们对拓展城市骨架，提升城市品位，完善城市功能的要求越来越高，城市建设所需资金越来越巨大，依靠财政搞建设的路子已越来越艰难。这既导致了对城市基础设施的浪费性甚至破坏性使用，也使得城市基础设施改善缺乏资金来源，无法进行正常的建设和维护管理。

3. 城市管理不尽科学、合理，重建设轻管理的旧思想依然存在

目前，从城市建设的体系上看，市场化程度很高，形成了一些机制，但还需要完善和深化。目前城市的管理还处于计划经济时代，市场的管理办法还不多，传统的城市管理办法必须打破，必须研究按市场规律管理城市，必须引进企业管理机制、市场管理机制去管理公共事业，彻底解决重建轻管的问题。不然会造成重复建设严重，损失浪费严重，群众的意见越来越大。

4. 缺乏以市场运营城市土地资产的理念

土地是城市最大的国有资产，是调节城市经济社会有序发展的决定因素，也是财政收入的一大来源。加快城市化进程，首当其冲的是资金保障，这一点沿海经济发达省、市给我们提供了有益的经验，就是不能只等政府拨款，要经营好城市土地资产，走“以城建城，以城兴城”的市场建设之路，实现城市的自我滚动式发展。过去，政府长期把国有土地当作资源来管理，忽视了其资产价值，经常是抱着金碗要饭吃。对开发土地也只是片面追求眼前利益，错误理解“以地生财、以地建城”的应有涵义，大量批租，零星开发，造成了城市资源的浪费，也给城市建设带来一系列问题。另外，在国有土地管理中还存在土地出让交易透明度低，国有土地通过市场配置的比例不高，土地资产价值难以充分实现，划拨土地随意经营，隐性交易仍未根绝，国有土地收益流失的现象尚未根本遏制等。

5. 城市无形资产的潜在经济效益尚未广泛挖掘

应当看到，城市是国家长期巨额资金投入的结果，是资本的实物形态，实际上就是政府最大的一笔有形国有资产，而城市无形资产也是城市资产的重要组成部分。我们过去研究资源配置有很大的局限性。比如在盘活资产存量问题上，往往盯着某个企业、某个局部，而不是着眼于整个城市资产。在搞活资产的办法上也是局限于行政手段。既没有充分显示延伸资本的市场价值，运用市场经济手段，对构成城市空间和城市功能载体的自然生成资本(如土地)与人力作用资本(如路、桥、花坛)及其相关延伸资本(如路、桥、街、站、校、场、花坛冠名权)等进行聚集、重组和运营，逐步走出一条以城建城、以城兴城的城建市场化之路。也没有通过发挥市场机制的作用，把市场经济中的经营意识、经营机制、经营主体、经营方式等多种要素引入城市发展之中，从而使有限的城市资源没有尽可能地发挥最大的效益，来实现城市建设资金投入产出的良性循环机制。

三、经营城市的发展思路

宁夏发展城市化的任务十分艰巨，资金短缺的问题尤为突出。解决这一问题的根本出路在于深化改革、大力创新。经营城市是市场经济条件下发展城市的一种新手段，它把城市作为最大的国有资产来规划、建设、管理和经营，通过营造城市好的投资环境和居住环境，创造城市品牌，增强城市的辐射力和带动作用。在此，提出强化宁夏经营城市的发展思路。

1. 解放思想，全方位经营城市，把城市资源经营作为推进城市经济社会发展的重大战略决策

政府是经营城市的主角，特别是在目前没有法律统一规范的情况下，政府的行政管理职能已成为经营城市的主要推动力。要充分认识到宁夏城市的资源现状和特色优势，把握城市(如银川)未来发展趋势，明确城市经营的重点领域和重要方向，运用市场经济、可持续发展的思路和手段，夯实基础，强化特色，大胆创新，整合协调，发挥城市资源经营在城市发展中的主导作用和基础作用，提升宁夏城市的品位和形象，增强宁夏城市(尤其是银川)的综合实力。

2. 制定城市市场化的经营城市的整体规划

城市规划是城市发展的蓝图，规定了城市的发展目标、性质和规模、总体布局、功能区分以及重

点建筑、主要基础设施的明确位置，展示了城市各个区域的发展前景，客观上对相关土地的近期价格和远期开发价值进行了评估。正确运用规划的这一特殊功能，政府不仅可以从出卖土地使用权中收回大笔的出让金，而且还创造了许多商机。规划城市的目的就是为了城市这一最大的国有资产实现最大增值，提高城市的品位，完善城市的功能，保留城市的风格和功能。经营城市只有在城市规划的指导下，才能保证其整体利益的实现。因此，政府一定要注意规划先行，在经营城市的过程中必须围绕实施城市规划来进行，从城市整体利益出发，遵循城市规划的各项要求。当然，要以规划为先导，首先要制安兼有科学性、经济性、艺术性、前瞻性及体现城市个性的高水平的城市规划。在经营城市中扩张资源，在扩张城市资源中增强城市实力。真正实现投资主体多元化，经营管理市场化。

3. 建立多元化的投融资渠道，不断扩充城市建设的资金来源

在资金运作上，要敢于打破传统的思路和做法，积极探索运用民间资本完成政府目标的新途径。把有投资回报有收益的项目更多地让给社会资本去完成，降低经营成本，节约政府投资。推动联合开发、冠命权、BOT、TOT 等符合市场原则的手段，到市场上去找钱。对营利性的基础设施可部分或全部出售转让。政府投资应该讲求效益，但这种效益应站在宏观的角度，站在全社会公共利益的角度来考虑，而不能单纯地一味谋求经济效益，一味与民争利。应将土地、基础设施、公用服务设施等城市资本推向市场，滚动经营，把依靠政府进行城市建设改为投资主体多元化，逐步形成以政府财政投入、银行信贷投入、企业投入、社会投入、经营收益二次投入的多渠道融资的城市建设投资新格局，最大限度地盘活城市资产存量，扩大城市资产增量，从而推进城市建设加速发展。

4. 创新城市建设管理方式，推进无形资产的“有形化”运作

大胆探索，更新观念，用市场经济的手段经营和管理城市。一是盘活有形资产，把凡是可以投入市场运营的城市基础设施、生态环境，如公园、绿地、景点、雕塑、桥梁、道路、公厕、垃圾场、候车亭、供水厂、公交站点、人行天桥、环卫设施等使用权和经营权大胆推向市场，能卖则卖，能租则租，能抵押则抵押，把实物形态转化成价值形态，把死钱变成活钱。同时，将冷饮摊点、书报亭、治安亭、网点亭、售票亭等零售服务设施的经营权全面推向市场，公开拍卖，收益用于弥补城区建设管理经济不足。二是经营无形资产。要把从有形资产中衍生出来的大量无形资产，包括户外广告标牌经营权、公共汽车线路经营权以及公路、桥梁、雕塑冠命权等等。对这些无形资产，要进行深入控制和深度开发，进行有形化运作，可通过转让、拍卖、租赁等形式使其进入运营状态，达到盘活资产、优化资源潜在价值、筹集城市建设资金的目的。三是城市管理事业的企业化经营。将城市公共事业管理权与经营权、具体作业权进行有效剥离，对占道权、垃圾清运权、街道场地保洁经营权等投入市场化运营，也是充分发挥城建资金效益的重要途径。

5. 最大限度地利用好土地及地域空间，使之升值，以地生财，推进建设

在社会主义市场经济条件下，土地是城市最大的存量资产，是政府最大的财富。最基本的出发点就是，要改变单纯行政划拨土地或协议出让的做法，通过建立土地收购储备制度，由政府垄断土地一级市场，放开搞活二级市场。对规划用地进行投资，完善基础设施，优化投资环境，将生地养熟，再以拍卖方式出让地块使用权，收益归政府财政。这一运作方式目前已得到广泛认可。但是，更重要、更难以操作的就是通过调整土地存量使政府获得更大土地收益。这就需要解决好两个问题，一是如何在旧城改造中通过经营土地，凝聚财力，加快改造步伐。比较理想的选择是：将土地出让和旧城改造相结合，两类项目分别价值量化、拍卖招标、货币结算。政府通过土地出让拍卖获得了最大的土地收益，然后以此收益对旧城改造项目资金定额补贴进行招标，从而吸引开发商参加投标。二是如何在城市道路建设中运作好两侧土地，增加政府收益。目前对于城市道路，主要是由政府使用财政资金或贷款投入建设，建成后除高速公路可通过收费实现投资回收外，其他投入均属无偿，而对道路建成后两侧的土地及房地产大幅度增值产生的收益却考虑不多。从经营城市的角度看，这完全是政府收益的流失。因此，要对城市道路两侧土地进行规划控制，纳入政府土地储备。对易于开发、短期内升值预期较大的地块，由政府组织成为道路两侧土地升值最大收益者，使土地资产经营收益成为城市建设资金的重要来源。

6. 重视信息、网络、品牌、形象、文化、人才、社区等还未被充分利用的现代城市资源

实现从主要经营城市传统资源向大力开发现代城市资源的转变。组建全区统一的信息网络公司，解决目前信息分散、重复投资建设等不利格局，实施网络设施、信息资源的标准化、共享化市场经营；实行城市公共服务领域的公开招标，提高城市维护保养水平，提高公共服务水平，改善市民生活质量；加大城市品牌和城市形象的整体策划、宣传和操作力度，把城市品牌和城市形象建设当作一项重要的工作去做；提高宁夏城市的文化品位，营造一种更深层次吸引投资的人文环境。

都说曾给新中国做出过巨大贡献的东北地区在改革开放后的今天落伍了，使一直对东北人心存感激的人们深深为之担忧。其实东北人并不落伍，他们的思想、他们的觉悟、他们的聪明才智，并未被企业转轨造成的暂时困难阻止。齐齐哈尔市从杨信当市长时起，不是在企业转轨的困难面前怨天尤人，而是按照市场经济运行法则，扬经营城市之帆，做环保文章，打“绿色”品牌，使鹤城——齐齐哈尔市闻名遐迩。经营城市为齐齐哈尔市人民带来的巨大变化和进步，实实在在，鹤城百姓有口皆碑。请看该市市委书记杨信撰写的文章：

9. 经营城市的理性思考与实践

齐齐哈尔市委书记　杨　信

经营城市是市场经济条件下城市建设与管理的一次创新，也是一个实践性很强的重大课题。我市通过实施经营城市战略，探索出了一条经济落后地区加快城市建设的成功之路，在理论和实践上带来了许多有益启示。本文就经营城市的内涵、意义及我市经营城市的实践进行研究和思考。

一、经营城市的内涵及意义

（一）经营城市的起源。就全国而言，经营城市通常说法起源于1992年。最初是由大连市进行探索并实践的。当时为解决大连城市建筑破旧、交通不便等百姓不满意问题，薄熙来就任市长伊始，就提出“让环境产生经济效益”的观点，进而提出经营城市的理念。而土地经营要更早一些，1987年，处于全国改革开放前沿的深圳率先走出了国有土地使用权有偿使用的第一步。继而国家修改了宪法和土地法，成为经营城市的基本动力和依据。近年来，经营城市在全国已成蔚然之势。继大连之后，青岛、西安、杭州、南宁、上海、石河子、芜湖等大中城市，都有了较为成功的实践。经营城市已成为全国建设城市、发展城市的共识，成为城市政府解决建设资金问题及改善城市环境、增强城市吸引力的重要手段。

（二）有关经营城市的理论研究。在发达国家因市场经济发育较早，对经营城市的理论研究已有20余年。具有代表性的是美国著名营销大师菲利普·科特勒教授提出的“国家营销”和“地区营销”概念。在我国则随着经营城市实践的不断深入而逐步展开，开始多出自官方的政论，后来学术界也开始给予关注。较有代表性的是，青岛市举办的“经营城市促进周”活动和北京密云县举办的“经营城市与区域经济发展”市长论坛。密云县县委书记、北京理工大学客座教授王洪钟著有《经营城市》一书。中国管理科学研究院区域发展研究所所长张乃剑《关于经营城市若干问题的思考》一文较有权威性。可以说，有关经营城市的理论研究方兴未艾。

（三）经营城市的含义。由于经营城市的理论研究刚刚起步，加之各地实践的差异性，对经营城市的理解各不相同。综合现有的研究和实践，经营城市的内涵主要包含以下内容：政府主导；整体而不是单一地经营城市资源；对城市资源进行整合；资源的保值增值；强调高水平的规划、建设和管理；采取市场化手段；以改善城市环境、增强城市功能、提高城市综合竞争力为目的；土地是最重要的资源和经营对象等。张乃剑所长作出的定义是：经营城市，就是把城市作为特殊商品，运用经营手段，将城市纳入市场化运作，通过市场无形的力量，提高城市的区域平台价值，从而增强城市资金流、人才流、物资流的吸引力和凝聚力。他还提出城市经营的六要素：土地等自然资源、企业资源、人力资源、人类文化遗产资源、制度资源（行政资本资源）、良好的形象资源。

我们理解，经营城市可以简略地概括为：在政府的主导下，运用市场化手段，对城市资源进行整合，实现经营效益最大化，从而改善城市环境，增强城市功能，提高城市的综合竞争力。也可以说，由政府对城市的垄断建设、管理，转变为政府主导下，以政府宏观调控与市场化运作相结合的方式建设和管理城市。理论上讲，经营城市已不仅是“以土地增值换资金、以环境改善求发展”的含义，而是在市场经济条件下，政府管理、建设、发展和完善城市的最重要、最具有时代感的一项基本职能。

（四）经营的对象和范围。经营城市的对象和范围可以总括为有形资产和无形资产两个方面。有形资产包括自然资源、人文的实物资源；无形资产主要指那些可经营的公共权力，如土地一级市场开发权、公用设施广告发布权和冠名权、公益事业的专营权、冠以地域品牌名称的社会活动举办权等。由于作为经营主体的政府其特殊性主要在于掌握大量的公共权力，因此无形资产成为城市经营的重要内容，而且绝大部分有形资产的经营也是通过使用权和经营权的转让来实现的。可以得出这样一个结论：经营城市的本质是经营城市的无形资产，是对城市建设和管理权力的经营。

（五）经营的手段。政府经营城市，通常采取以下四种手段：一是储备，如土地的储备；二是置换，如用土地使用权换取建设资金；三是出售，含有形资产和无形资产的定价出售和竞价出售，主要采取竞价出售的方式；四是体制更新，政府经营城市本身就是一种体制更新，具体指对公共事业和基础建设的市场化运作、社会化管理和多元化融资。广义上讲，高起点的规划、高标准的建设和高效能的管理，也属于经营城市手段的范畴。

（六）经营城市的意义及作用。经营城市的实践在全国风行十年来，取得了重大成效。一是增加了城市政府的收入。有资料显示，截至 2002 年上半年，全国已收取土地出让金 6000 亿元。2001 年全国(除西藏外)通过对国有土地实行招标拍卖挂牌总价款达 492 亿元。我省 2001 年实现地产收益 56 亿元，2002 年突破 75 亿元。大连市 2000 年一年就从土地出让中收益 17 亿元，大连市政府可支配财力由 1992 年的 21 亿元达到 1999 年的 90 亿元，新增的资金主要是靠经营城市得来的。有这样一个例子，堪称经营城市的经典之作。1999 年大连建市 100 周年，当时要建造一座纪念碑，根据方案纪念碑上要留下 500 个人的脚印，模铸在铜板上永久留存，当时估计造价 250 万元左右。薄熙来提出，能不能有价征集脚印，每人交 5000 元。方案一公布，报名者愈万人，最后根据年龄选择了 500 人，政府没花一分钱纪念碑建成了。陕西省体育场的冠名权以 13 亿元成功地转给了西安交大瑞森公司，等等。这些都是经营城市的大手笔和大制作。二是改善了城市环境，提高了城市综合竞争力。大连市实施经营城市思路的十年间，在全市建造了 40 多个广场，所有新的建筑都处处用心、精雕细刻、富有创意。专家称大连的建筑和建设有“三性”：整体性、协调性和浪漫性。青岛市很善于经营城市品牌，如政府利用青岛啤酒这一企业品牌，一年一度地举办啤酒节，2001 年参加人数超过了 100 万，大有向慕尼黑啤酒节(每年 700 万人)冲击之势，商业利益越积越大，城市平台越搭越高。再如广州“广交会”、哈尔滨“哈洽会”、深圳“高交会”、杭州“西博会”等都是利用会展增强城市吸引力的成功典型，上海、北京则通过举办大型国际盛会来增强城市的吸引力。物资流、资金流、人才流、信息流通过城市品牌的经营不断聚集、壮大、充盈，使得这些城市的竞争实力节节攀升。三是促进了城市政府在市场经济和 WTO 背景下的职能转变。市场经济和加入 WTO 客观上要求各级政府必须尽快转变职能，以适应经济变革和时代变迁的大趋势。政府不转变职能就很难搞好城市经营，很难获取更大的经济效益和社会效益，就会在新一轮城市竞争中沦至落后境地。这样，几乎所有的实施经营城市的政府管理经济职能，都在实现着由计划经济微观管理向宏观调控的过渡，由行政主导型向管理服务型过渡，由计划指令型决策向依法依市场经济规律办事过渡，而这正是中国行政管理体制改革的方向，符合需要，顺应历史。更为重要的是，由于经营城市在方式上要实行统一的、公开的招标，要按照国家的法律、法规规范运作，一定程度上遏制了腐败。经营城市对于建立廉洁、高效的政府起到了催化剂的作用。仅以沈阳和大连作比较，在同一省份、同一时期内，慕绥新领导的沈阳市政府批租土地 3300 万平方米，获得出让金 7000 万元，而薄熙来领导的大连市政府批出的土地要少得多，但得到出让金达 17 亿元。

二、我市经营城市的实践与成效

在全国有关经营城市的实践及研究的推动下，我市从2000年起开始了经营城市的探索和实践，并在多个领域取得了突破，获得了明显成效。在实践中我们体会到，经营城市，首要是为了激活城市资源特别是土地资源，使其创造出更大效益，实现“以地生财、以地聚财、以地养城”，并围绕重大举措、重点工程、重要载体加以实施。核心是建立土地资源储备制度。土地是城市最大的存量资产，是城市最大的财富。经营城市要以经营土地为核心，最大限度地盘活土地资产。为此，我们成立土地储备中心，明确了政府对土地的一级垄断权，创建了“一个渠道进水、一个池子蓄水、一个龙头出水”的土地市场运行新机制。在具体操作中，实行“三个统一”。一是统一收购储备。按照“近期储备、中期运作、远期作为”的原则，采取实地储备、规划储备、信息储备等方式建立土地储备库。近期实现储备土地90宗，面积107公顷；中期可实现储备土地70宗，面积280公顷；长期储备和预开发嫩江两岸等地段113宗，总面积7960公顷。二是统一整合包装。对所收购、储备土地上的建筑物统一组织拆迁，完成基础、环境配套设施建设后，对地段进行项目包装，变“毛地”为“净地”，变“生地”为“熟地”，变“闲地”为“俏地”，实现土地的大幅度增值。如我们投资2.6亿元对总面积320万平方米的劳动湖水系实施了综合治理，使昔日“齐市龙须沟”变成湖清水碧，两岸树青草绿的休闲游览场所，周边变成了房地产开发的“黄金海岸”，地价大幅上升，是治理前的2倍多，出让沿岸土地总价约3.5亿元，土地增值近1亿元。三是统一调控供应。明确规定今后无论新增建设用地，还是存量用地，除国家《划拨用地目录》规定予以划拨外，都要纳入土地有形市场，并按总量调控和布局调控的要求，确定供应规模、位置和时间，有计划地以公开拍卖、挂牌交易等方式，供应土地。

经过实践探索，我们在经营城市上形成了自己的运作模式，概括起来就是“统一规划、总量控制、连片开发、一级垄断、净地出让、招标拍卖”的土地运营规则。成立了城市运营机构，建立了城市经营管理委员会，成立了土地储备管理中心，并制定了一系列较为完善的条例、制度和法规等。确保了经营城市的“阳光工程”。在实践中，创造了“无底价招标”的新模式，即，在严格监管、保证质量的前提下，凡是政府收益的项目，谁出钱多就用谁，凡是政府投资的项目，谁要钱少就用谁。通过招标竞标，两年来节省道路建设资金30%、绿化建设资金56%、路灯建设资金50%，共8200万元；劳动湖治理改造工程节省3000万元。通过经营城市战略的实施，我市从多方面获益，起到了“一招解千愁”的功效。

（一）通过土地经营获得资金，达到了政府增收的目的。我市经过探索和实践，土地资产管理实现了“四个转变”，即国有土地使用权实现了从“无偿、无限期、无流动”的划拨使用向“有偿、有限期、有流动”的出让使用制的转变；对已取得的划拨土地使用权实现了按年度支付租金制的转变；国有土地资产管理手段实现了从成交时的被动行政管理向实行高度垄断、收购储备、政府管理与市场运作相结合方式的转变；土地出让方式实现了由单一的协议出让向招标、拍卖等市场配置方式的转变。在土地出让方面，2000年到现在，我市出让项目74个，总面积298万平方米，土地出让金总额达21亿元。在储备土地方面，我市将198个开发项目列入项目库。特别是2002年我市将二厂东墙的5400平方米、40分部门前的4000平方米、原劳动湖用于儿童公园建设的24万平方米、原糖厂20万平方米等四块土地，出资2520万元用于拆迁，先建绿地并储备起来。在土地置换方面，我市利用市委、市政府原址置换所得118亿元资金，在沿江选址兴建了78万平方米、高20层新的党政机关办公中心。市委、市政府的迁建，不仅还我市中心黄金地段以商贸区功能，也带动了沿江地带的房地产开发和风景区建设，而且使在原址兴建的中环广场周边及沿江地带的土地明显增值，对我市经济发展和城市现代化建设产生了深远的影响。此外，昂昂溪区机关及公安分局、检察院旧办公楼通过置换，新建了一座6000平方米和一座3500平方米的现代化办公楼，建华区的21中，把临街的一座2600平方米的旧教学楼置换成了5700平方米的新学校；富拉尔基区也用土地置换办法，新建了能容纳万余人、6万余平方米的体育场。这些，都是近年来我市通过土地来经营城市的有益探索和成功实践。

（二）通过基础设施和公益事业的经营扩大融资，取得了减轻财政负担的效果。一是通过加快基础设施建设争取国家资金，改善了城市环境。我市紧紧抓住国家实施积极的财政政策，加大基础设施建设这一历史性机遇，1999年，以劳动湖西侧开发黄金地段担保，对中心城区道路扩建工程和劳动湖综合治理工程这两个项目进行了整体包装，争取国债资金和银行长期贷款3亿多元。用这笔资金建设和改造了联通大道、中华路、新立街等28条主要街路、37条巷道和次干道及站前广场；并对劳动湖水系实施综合治理，带动了沿湖房地产开发。锦州嘉富集团投资动迁改造了劳动湖东岸的老卜奎棚户区，兴建的王仔花苑，一期工程绿化率达46%，一个生态型、智能化小区已初步形成。王仔花苑更以其"新理念、新技术、高标准"成为东北地区的经典楼盘，并被建设部授予"旧城改造突出贡献奖"。二是通过市场化运作融通社会资金，解决了城市建设难题。坚持"人民城市人民建、人民城市人民管"，广泛吸引社会资金投入城市建设。几年来，我市在公交线路经营权拍卖、人防工程建设和使用权出让等方面都进行了成功的实践，有效地减轻了政府负担。特别是近两年来，我市开展了市政设施认养工作，358个机关、企事业单位及个体户认养了城区的4万多棵树木和近10万平方米的绿地。不仅增强了市民爱绿护绿的意识，更节约了近百万的管理维护资金。利用国营林场每年间出的6至10年的松树苗实施百万株大树进城计划，树木所有权不变，政府只投入迁移费，可节省苗木费等资金约6500万元。出售东出城口道路冠名权给联通公司获得1000万元；通过招商引资160万元，将全市所有的公交车站站牌和候车长廊更换一新；采取出让广告权的办法，筹集近500万元的路灯和路桥建设资金。三是通过体制创新活化资金，减轻了财政压力。截至目前，我市的供水、供气、供热、房地产开发、公共交通等城市基础设施和公益事业管理单位均已按企业化运作，政府只实行财政和主管部门宏观管理，给予一定的政策倾斜，并将国有资产作为政府投入给予扶持。1999年市规划设计院和勘察测绘院两家事业单位也实行企业化运作，全部退出财政供养，每年减少财政支出100多万元。2002年对环卫系统采取了人权、事权、财权同步下放到区的改革措施，也起到了减负增效的作用。

（三）通过打造城市品牌，增强了我市的融资潜力。打造城市品牌，既是经营城市的重要目标，也是经营城市的重要手段。两年来，我市通过对城市发展重新定位，浓墨重彩地绘就了一幅经营城市品牌的画卷。主要表现在以下三个方面：其一，通过打造"绿色食品之都"品牌，扩大了招商引资成果。2001年，我市依托所处地区良好的空气、水、土壤等自然条件，抢抓国家大力发展绿色食品产业的有利时机，争得了"中国绿色食品博览会"的承办权，并成功地举办了三届。依托"绿博会"这一平台，实现了招商引资的新突破。2001年吸引外来资金518亿元，为前四年的总和。2002年，引进资金到位681亿元，比上年增长了313%。2003年到位资金83亿元，同比增长219%，亿元以上项目36项。尤为重要的是，通过经营"绿色"品牌，使得"绿色"成为齐齐哈尔的新特色，"绿色食品之都"的品牌效应使得齐齐哈尔对外影响力和吸引力大为提升。其二，"中国大湿地、世界鹤家乡"的品牌得到巩固和提升，旅游业转好。为了巩固"鹤乡"的美誉，扩大"湿地"的名气，我市通过参与争创全国优秀旅游城市活动，实施了一系列的保护、宣传和建设活动。2002年，由于扎龙湿地严重缺水，影响了鹤类的栖息繁衍，我市采取应急措施，在省政府的支持下，先后两次补水3亿立方米。这一重大举措，保护了世界重要湿地，维护了鹤类栖息地的生态环境。特别是为我市今后的可持续发展奠定了基础，为旅游产业的繁荣创造了条件。应兄弟城市之邀，丹顶鹤先后在长沙城运会和武汉黄鹤楼庆典上进行了两次飞行表演，既取得了收益，又宣传了齐齐哈尔。近期在网上评选国人心目中的国鸟时，丹顶鹤一鸣惊人，荣获榜首。丹顶鹤的魅力吸引着越来越多的国内外宾客前来鹤城旅游观光。2001年我市共接待国内外游客4484万人次，2002年为5195万人次，2003年为5800万人次，分别比上年增长36%、15.8%和11.8%。2002年"十一"期间还首次接待了来自北京的800余人的大型旅游团。其三，"生态市、园林城"的城市定位极大地促进了城市环境的改善。我市从2000年起始倡建设生态市、园林城。生态市发展思路的提出基于齐齐哈尔所在地区良好的生态环境基础，以及人们的生存质量对环境的需求和区域经济的可持续发展。园林城的发展定位既是建设生态市的客观要求，又是为城市建设寻找新的出路，改变旧有形象，形成新的风格。尽管这一发展思路和城市定位提出仅有三年多的时间，但我们紧锣密鼓地实施了高起点规划、高标准建设、高效能管理和高效益经营等一系列措施，我市的城市面貌发生了显著变化。两年来，市财政拿出560万元经费聘请专家来帮助研究、设计和修编城市的总体规划，并形成了城市中轴向嫩江平移的远景规划。以党政机关办公中心为代表，一批有带动力和影响力的建设项目移师嫩江沿岸。碾北公路、齐甘公路、联通大道、电信网管大楼、移动通讯中心、中环广场、市党政机关办公中心第一批大项目相继竣工。尤其是劳动湖水系得到了彻底治理和全面开发，不仅使这一地区环境大为改善，更使周边地区地价整体升值。王仔花苑、三中北及第一医院西小区分别以高出底价1500万元、168万元和571万元的价格拍卖成功，政府获得6009万元的纯收益。两年来，全市植树705万株，栽花种草214万平方米，城区绿化覆盖率达到了27%。按照“四化”（净化、绿化、亮化、美化）标准，大力实施“四消除、五整顿”和“拆扒建绿”行动，城市交通秩序、立面容貌、环境卫生明显改观。大手笔、大动作、大气魄的生态市、园林城建设及成果有力地提高了我市的知名度和吸引力，为更好地经营城市打下了良好的基础。

三、我市今后经营城市应采取的对策

经营城市是经济社会发展中的一种新现象，是摆在城市政府面前的新课题，必须以积极的态度和创新的精神来推动此项工作的深入开展。

第一，要在观念上创新。目前，我市在经营城市上，尽管取得了一些成效，有了一个良好的开端，但从总体上看，认识还不到位，进展还很不平衡。对经营城市这一概念，许多干部了解还很少，对其内涵的把握还不够准确全面，对经营城市的重大意义和作用认识不足。市区经营城市工作开展得比较好，县一级则进展不快，有些县尚未破题，还没有一个成功的经营城市的实践。各有关部门经营城市的责任需进一步明确，部门之间的配合需进一步加强。很多具有经营潜力的部位需要深入挖掘，经营行为需要进一步规范。全市尚没有一个经营城市的总体规划。这就要求我们必须更新思想观念，调整思维方式，树立赶超意识：一要树立经营意识。随着改革的深入，政府除了必要的管理、服务之外，已不再直接经营企业，经营城市便成为政府的重要职责。城市的中心区域、周边区域及行政区划中的所有资源都应经营起来。市场经济条件下，所有资源都不是一成不变的，要使资源流动起来，创造价值。甚至传统意义上的包袱如垃圾等，如果经营起来，同样可以产生财富。要把原来理解的城建领域属投资领域，转变为是可以产生更大效益的经营领域。特别是土地，经营好了是一笔大财富。要树立城市既是招商引资的重要环境，更是招商引资载体的理念，城市整体是载体，每个部分、每个项目都可能是载体，必须经营好、建设好，充分发挥城市在招商引资中的重要作用。二要树立使命意识。经营城市是新世纪新阶段赋予城市政府的新使命，是改变城市面貌，形成“洼地效应”，实现城市可持续发展的新手段，是确保城市如期迈向小康社会的新举措。因此，务必把经营城市作为各级政府及各有关部门一项新的工作任务认真抓好。三要树立紧迫意识。经营城市已在全国各地广泛实践，许多城市通过走经营城市之路，综合实力和竞争力跃居全国前列。我市应抓紧时间，迎头赶上，以确保在新一轮城市竞争中立于不败之地。四要树立机遇意识。目前，国际及国内资本为避免经济泡沫更愿意投向有着稳定收益的基础设施建设，外地及我市经营城市的成功经验，我市通过环境建设所打下的良好基础，都为今后经营城市大大拓展了空间，形成了巨大的发展潜力。我们要抓住这一难得的历史机遇，尽快制定出我市经营城市的总体规划，采取有效措施，把城市全方位地经营起来。

第二，要在思路上创新。经营城市的最终目的，是通过实现城市资源的经济效益最大化，改善城市环境，增强城市功能，实现城市资源的最优化组合和可持续发展。在这一思路指导下的经营城市工作，必须遵循以下四个原则：一要遵循规划先行的原则。城市规划是政府经营城市的首要任务和重要依据，其本身就是一种重要的城市经营方式。任何一座高品位的城市都把规划放在第一位。一个城市的总体规划规定了该城市的发展目标、性质和规模、总体布局、功能分区，以及重点建筑、主要基础设施的明确定位，向人们展示了这个城市各个区域的发展前景，客观上对相关地段土地的即期价格和远期价值进行了评估，从而创造了许多商机。薄熙来讲，“设计属于未来，一个不好的设计，不出五年就后悔”。我市提出的“富规划、穷建设，紧规划、慢建设”的原则，就是对规划在城市建设中的重要作用深化认识的结果。其基本含义是：现在虽然比较穷，但要按富有来规划，将来富有了再干或让后人来干；规划必须抓紧、超前，建设则可以适当放慢，达不到规划设计要求的坚决不开工建设。因此，我市的城市规划应在经营城市思想主导下，更加强调高标准性、系统性、超前性、科学性、艺术性和权威性的统一，更应体现个性化，避免与其他城市趋同，缺乏特色。一个富有特色的规划，必然可以创建和经营出一个富有特色和吸引力的城市。对于那些体现历史文化的建筑应加以妥善保护和保留，对于那些具有明显特点的区域和部位应给予认真研究和重构。同时，必须强调依法执行规划的观念，坚决维护规划的严肃性和权威性，避免领导意志就是规划和人为改变规划、破坏规划的现象，使规划成为城市经营和发展的“基本法”。二要遵循高标准建设的原则。建设好一个城市，重要的是要有精品意识，并不是有钱就能堆出一个美好的环境。一个建设项目建成后往往使用几十年甚至上百年，因此必须保证建设质量，体现独特风格。要严格执行项目责任制、终身负责制和监理制。今后应明确规定：没有创意的建筑不准开工，达不到质量标准的不予验收，不符合生态市园林城要求的必须杜绝。城市建设在赋予其使用价值的同时，还要赋予其艺术气息，体现以人为本、面向未来的理念，为更好地经营城市积蓄条件。三要遵循效益、环境、可持续发展相统一的原则。经营城市的初衷在于创造更大的经济效益，在于建设和发展城市。但效益的取得、功能的完善、城市综合竞争力的增强，不能急于求成，更不能以破坏环境为代价，走先建设后治理的老路，必须遵循经济规律和城市发展的客观规律，边建设、边保护、边发展、边治理，确保城市可持续发展。四要遵循与城市总体定位相一致的原则。我市经营城市工作，必须在“生态市、园林城、绿色食品之都、装备工业基地、生态旅游之乡”城市定位的总体框架下实施，确保生态环境得到保护和治理，园林城市的建设得到有效实施，绿色食品产业和装备工业的优势得到充分发挥，生态旅游业得到长足发展。

第三，要在内容上创新。根据外地和我市的实践，城市经营的内容丰富，空间广泛。就我市实际，应主要从以下三个方面入手：

1. 做好经营土地这篇大文章。一要做好土地储备工作。根据我市土地利用总体规划和城市总体规划控制规模，我市中心城区可实现储备各类土地面积为29861公顷。其中包括，近期储备7268公顷，中期储备8728公顷，长期储备13865公顷。另外，按照新修编的城市规划，嫩江西岸还有待开发土地25730公顷，可作为远期储备。土地管理部门已作出较细致的分类。下一步应尽快将近期储备的土地纳入当前我市经营城市的总体规划之中，根据地类、位置等特点的差异，确定更为明细的使用和出让规划。二要建立健全土地转让机制。核心是实现政府高度垄断一级市场，放开放活二级市场。严格执行国家有关法律法规，认真做好土地的招标拍卖工作，依法由中介组织进行拍卖，从而规范土地转让的运作。三要控制土地出让规模。政府应根据市场的需要及本地经济发展实际，适时地将土地购入、放出，适当地调整地价，这样既可维护土地使用和开发建设的秩序，又可通过土地经营来调控市场，促进可持续发展。

2. 进一步拓展基础设施和公益事业的经营空间。对基础设施和公益事业的经营，必须解放思想，放手放胆，在经营项目上要有新突破。道路、桥梁、广场、绿地乃至码头、公园等公共设施和基础设施，都可以对其冠名权进行拍卖；公交线路、地下工程、公共厕所、环境卫生保洁、城市绿化等公用事业的经营权都可以实行有偿转让。还包括户外广告权的出售、城市树木绿地的认养、汽车牌号的拍卖等。同时，对文化、教育和卫生等社会事业，在确保其先进方向及义务教育和基本医疗的基础上，也要放开经营，真正实现社会事业社会化。对基础设施和公益事业的经营，既可以多渠道地筹措城市建设资金，减轻政府压力，增强城市管和建的效能，又能够提高投资主体的声誉，是一种通过经营城市实现双赢的手段。

3. 城市品牌的经营需要深化和扩展。我市已经成功打造了三个城市品牌，今后还需进一步张扬和完善。要通过更高水平地举办“绿博会”，提高“绿色食品之都”的品牌知名度；通过多方面、多角度的宣传和推介，以及加强保护和治理，扩大“鹤乡”、“湿地”的品牌影响力；通过坚持不懈地实施绿化、美化、净化和退耕还林还草还湿工程，提高“生态市、园林城”的品牌美誉度。并通过实施一系列产业升级手段，壮大“装备工业基地”品牌的声势。同时，我市具有显著特点的关东文化、流人文化、冰雪文化都要进一步挖掘和打造。城市品牌不仅可以整体打造，还可以局部经营。在我市范围内，以劳动湖为中心，已经形成了具有一定文化艺术氛围和投资吸引力的品牌性区域。今年“五一”前，市委、市政府决定把东北地区最大的园林公园龙沙公园免费向市民开放，这样做的意义有四点：一可使龙沙公园周边地区整体升值，园内经营更趋活跃；二可使龙沙公园不再孤立存在，与整个城市和谐一体，达到“楼在树中、人在园中、城在绿中”的理想城市建构；三可使市民自由出入龙沙公园，实现龙沙公园不只供观赏，而成为人们休闲的乐园，体现城市公园的应有功能和以人为本的建园目的；四可使我市园林城建设实现重大突破，堪称经营城市的一大创举，仅此一举足以使我市名扬天下。

第四，要在体制上创新。经营城市是市场经济条件下的产物，要求政府的经营手段必须与市场经济相适应。政府对经营城市的领导不是纯粹的行政领导、行政命令，而是要按照市场经济规律对城市资源进行整合的行政主导行为。新成立的城市投资公司和土地储备管理中心，要按照公开化、规范化、企业化的原则运作，并可赋予其更为全面的经营城市职能。政府经营城市，实质也是在经营政府本身。在经营城市的过程中，政府必须转变职能，强化服务，从经营一个个企业转变为经营整个城市，从直接插手具体社会经济事务，转变到完善法规制度、搞好宏观规划决策上来，做到每一次干预都在为下一次的不干预做准备。政府的各个部门更要协调一致，理顺关系，为经营城市大开方便之门。在政府直接管理的事业和产业中，要加快推进管理机制和运行机制的改革。如在公益事业的管理和基础设施的建设中，要鼓励和引导社会投资的进入，放宽准入大门。按照“谁投资、谁经营、谁受益”的原则，积极探索 BOT(建设—经营—交还)等国际通行的融资模式，让全社会来参与城市的建设和管理。再如高新技术产业开发区的管理，外地已有多年“封闭管理”的成型成功的经验，完全可以借鉴施行。这样，就可以达到政府更超脱、环境更宽松、市场更活跃、城市更有吸引力的境界。

总之，经营城市是一个大题目，内容极其丰富，我只不过是结合所在的齐齐哈尔市城市建设和管理实际做了一些尝试，而且所取得的成绩也是众所公认的。这就足以证明经营城市的巨大生命力，足以证明经营城市对我国经济和社会发展的巨大指导性意义。我们将依据变化了的实际，不断总结经验，不断深化和提高认识，继续将经营城市这篇大文章做好，以期推动我市更大的进步和发展。

经营城市对城市化建设的加速度效果已不容置疑，但是，城市化建设对于各地历史文化的冲击和破坏，却时有发生，这也是今天人们一方面欢迎城市大刀阔斧进行“老城改造”，一方面又大声疾呼“要保护古城文化”的矛盾心理交错而反映出来的痛苦挣扎。湖南省湘乡市原市长廖继良专门撰文，谈了他在担任市长期间，是如何认识和处理这个问题的，很值得一读。请看：

10. 用“三个代表”重要思想指导经营城市

湘乡市原市长　廖继良

在现代文明高度发达的今天，城市，已经超出一般意义上的政治、经济、文化中心的范畴。人们更加注重的是它的居住功能、环境功能和发展潜力。因此，在规划、建设、管理城市的实践中要贯彻江泽民总书记“三个代表”重要思想。我们推进经营城市战略，重要的是盘活城市资本，提升城市品位，最终目的是不断满足人民日益增长的物质文化生活需要。

一、经营城市，要适应先进生产力的发展要求

城市是生产力最发达最集中的地方，经营城市要适应现代化城市发展的要求，为先进生产力的发展提供科学合理的、可持续发展的空间和环境。

首先，要科学编制城市规划，拓展城市经营空间。增强城市的吸纳功能和辐射能力，就要有科学的城市规划作保证。湖南湘乡地处上海至云南瑞丽的高速公路中端，辅有320国道，沪—黔电气化复线铁路、洛—湛铁路大动脉作支持，为湘乡经济的跨越式发展奠定了坚实的交通基础。城市规划要抓住这一区位优势，为支柱产业提供发展空间。湘乡有比较雄厚的工业基础。韶峰、湖铁、湘铝、湘啤等工业集团，冶金、建材、皮革和制造业较发达。要合理布局，实现城市的规模扩张。

规划要有超前意识，要能适应经济规模的跳跃发展。我市人口已超过90万，城市人口15万，国内生产总值达56亿元。做大城市，是生产力规模和人口规模发展的必然要求。城市规模面积应扩大到50平方公里左右，能满足30万以上城市人口的发展需要。要合理布局城市规划，老城市店铺林立、人口密集，宜规划为商贸区；铁路以北，是高速公路出口，地域辽阔，交通便捷，可布局为高新科技产业区；森林公园与涟水河之间环境优雅，应规划为政治、文化、居民居住区。还要适度控制上游老工业区规模，调整皮革企业到下游皮革工业区。城市规划为先进生产力的孵化成长提供保障，经营城市就有不竭的动力、潜力和活力。

其次，要盘活城市存量资本，创新城市经营机制。城市是国家长期投入的结果，是最大的有形国有资产。要打破城市建设“只投入，不产出”、“建设靠财政”的计划经济思维方式，走出一条自我积累、滚动开发的城市建设的新路子。要树立经营城市的理念，垄断土地一级市场，实行土地所有权、经营权和使用权分离。既要会吃“老本”盘活资本，还要敢花子孙的钱，为子孙造福。要有偿出让土地使用权，建立完善土地储备中心，适度控制旧城改造，批量开发土地资源，激活房地产市场。要盘活城市人力作用资本和相关延伸资本，实行城市基础设施有偿使用。提倡道路、桥梁、街道、广场冠名权、广告权和城市清扫保洁权有偿转让，为城市建设集聚资本。

第三，要拓宽城市投融资空间，促进城市建设投资多元化。要建立起政府投资引导，拉动社会投入的城市建设投资体制。深化城市建设投融资体制改革，实行经营主体、投资主体多元化。可以组合城市有形资本，成立城市建设投资公司，面向国际国内资本市场融资。招商引资建设湘乡大桥、城市污水处理和专业市场等大型公共设施，促进城市品位的提升。湘乡有30多亿民间资本，要引导群众投资经营城市园林、市场、公厕、垃圾站等公用事业，多渠道多形式融通资金，促进城市建设步伐加快。

第四，要改善城市环境，走可持续发展之路。经营城市，要珍惜和合理利用土地资源。建设布局合理、功能配套、环境优雅、生活舒适的生态城市。东台山国家森林公园，是湘乡城市之“肺”，要重点保护。要规划建设韶山北灌渠、涟水河两条东西向绿化带，疏浚美化欧家港河。综合治理城市污水，使湘乡天常蓝、山常绿、水常清。要提高城市化水平，引导鼓励农民进城。据测算，城市化水平提高 1 个百分点，可拉动国内生产总值增长 1.5 个百分点。通过城市化的集聚和规模效应推动工业化进程，建设适应农业产业化、农村城镇化发展要求的小城市体系，促进城乡一体化发展。只有着眼长远，夯实经济发展基础，推进城市经营与产业经营的良性互动，才能使城市经营走向健康发展的良性循环。

二、经营城市，要适应先进文化的前进方向

江泽民总书记关于中国共产党要始终代表先进文化的前进方向的论断，将党的前途命运与文化联系起来，标志着党在新的历史条件下的文化自觉性和文化使命感的增强，也标志着党的执政思想的进一步成熟。城市是文化的积淀和文化的标志，是人类文明传承的载体。经营城市要保护中华民族的灿烂文明，也要弘扬和发展社会主义先进文化，使我们的城市既有中华文明的深邃烙印，又与时俱进，吸收先进的现代科学文化营养。

要保护历史文化遗产，保护风景名胜，保护人文景观。湘乡历史悠久，文化底蕴深厚，是祖先留给我们的宝贵遗产。要打击文物走私盗窃活动，保护好文化景观和 5000 余座战国古墓，划定保护范围，严禁取土、垦荒、烧砖和违法建筑。要开发千年古刹云门寺、文庙、文塔和南宋官窑遗址，整旧如旧，“延年益寿”，延缓文物的历史痕迹。

要加强城市景观建设，塑造城市特色。城市景观是城市亮丽的风景线，是城市规划建设的点睛传神之处。规划设计独具特色的城市景观是培厚文化根基，散发文化气息，提高文化品位的重要措施。要下大力建设好云门寺文化广场，配套完善文塔景观，在城市入口广场和滨河休闲广场、黄公略广场等市民休闲之处，建设有文化特色、有艺术品位、有人情味的雕塑景观，不断丰富文化营养，陶冶市民道德情操。

要开发利用文化资源，发展旅游事业。湘乡文化发达，风景名胜古迹甚多，是重要的历史文化名城。2000 多年的县治历史，是湖湘文化的重要组成部分。蜀汉大司马蒋琬开凿的伏虎井，唐朝大书法家褚遂良留下的洗笔池，牛形山的战国古墓遗址；素负盛名的云门寺千手千眼泥塑木雕观音菩萨，填补南宋官窑历史空白的棋梓窑遗址。曾经培养过毛泽东、陈赓、张天翼、萧三、蔡畅、蔡和森、毛泽民等一大批无产阶级革命家的百年名校东山书院，还有中国近代史上的著名人物曾国藩等构成了湘乡独特的文化景观。

湘乡自然资源同样丰富。东台山森林公园，200 平方公里的水府庙风景区，青龙洞钟乳奇观等，已成为人文、宗教、生态、旅游的著名景点，是打造旅游精品，经营城市的宝贵资源。

经营城市，要重视文化基础设施的建设，重视互联网、移动通讯、数字传输、数字城市等现代化科技文化建设和文化体育场馆建设。一个有文化含量，有艺术氛围的城市才更具有投资潜力和经营魅力。

三、经营城市，要代表最广大人民群众的根本利益

经营城市要坚持群众利益高于一切的观念，确立“以人为本”的规划理念、建设理念、管理理念和经营理念。要最大可能地满足人们的生产需求、生活需求、生理需求和心理需求，不断提高人们的生活质量。

一要构筑便捷的城市交通网络。拓宽城市道路，拉开城市骨架，以满足城市车辆不断增长，缓解城市交通问题。要合理布局城市管网，使供电、通讯、电视、多媒体能同轴传输到户，满足数字化、信息化、办公家庭化给人们带来的快节奏生活方式对基础设施的要求。

二要塑造优美舒适的家居环境。打造城市居住环境精品，为群众提供优质的生活空间，是经营城市的目的所在。要合理布局住宅区，使生产区与居住区相对分开又有机结合，避免过去工业区与居民区的大的功能分区给交通和生活带来的不便。引导工业入园，商贸入场，住宅入区。要完善住宅小区功能，方便居民托儿、入学、就医、购物、运动等生活需要。不能只求开发效益，不讲人居环境质量。要使城市绿化覆盖率达到40%以上，建设人与自然和谐相处的家居环境。要健全社区组织，加强物业管理和治安管理，为群众提供一个既可以享受现代城市的繁华文明，又脱离喧嚣、享受安全与宁静的天地。

三要整治市容环境，净化、亮化、美化城市。湘乡市城区人口密度大，交通拥挤，摊担乱摆、车辆乱停、垃圾乱倒等不文明现象较普遍。要结合过去集中整治的经验，强化部门职责，依法管理。要学习其他城市先进的管理经验，分割部门职权，强化城管监察队伍，实行城市管理综合执法，以专业执法的手段，解决过去“八个大盖帽，奈何不了一个大草帽”的矛盾。要规范市场秩序，居民小区与商业区相对独立，改变“条条街道建商场，家家门前做生意”的局面。实行归店经营，取缔游街摊贩。归口管理广告行为，禁止乱挂、乱贴、乱插广告。在适度控制旧城改造的同时，招商引资建设南正街商业步行街。美化亮化大正街、解放路、新湘东路，培育亮街、精品、书店，建设高品位建筑、高市场气息的商业街区。只要我们认真贯彻“三个代表”重要思想，就能把我们的城市建设成为经济、社会协调发展，人与自然和谐相处的可持续发展的现代化都市。

经营城市的最终目的并不只是为解决城市建设和管理资金匮乏，而是在于拉动这个城市及其所辖区域的经济和社会的综合发展，湖北省荆门市市长许克振等人应该是真正懂得“经营城市”理念真谛之人。请看：

11.“一市多城”格局源于经营

——荆门市市长许克振谈经营城市

湖北省荆门市近几年来积极导入经营城市理念，运用市场运作手段，加快城市基础设施建设，使城镇面貌发生了天翻地覆的变化。据统计，5年间，该市中心城区累计投资11.5亿元，其中多渠道筹资近8亿元，完善了交通、通信、水、电、气等公共服务设施。通过努力，该市先后被评为“省级园林城市”、“全国城市环境综合整治优秀城市”和“全国造林绿化十佳城市”。

“美容工程”使城市的脸日益靓丽

据该市市长许克振介绍，目前，该市老城区主要街道改造已顺利完成，南城区道路建设、凤凰旅游区开发建设步伐加快。天然气主管网工程、广电通讯网络工程相继完工，天鹅广场、月亮湖广场、东宝广场先后建成；园丁小区、金宁居住区、石化小区等住宅小区投入使用，亿达世纪花园、葡萄园小区正在建设之中；经过综合整治的竹皮河已成为中心城区的一道景观。中心城区南扩进程加快，城区面积达到40平方公里，城市人口达到33万。开展城市生态环境综合治理，绿化、美化、亮化工程成效显著，城市管理进一步强化。以县城为龙头，加快城镇化进程；小城镇建设规模和水平逐步提高。中心城区、钟祥城区、京山城区和胡集镇、后港镇、漳河镇分别获得全省城镇规划建设管理“楚天杯”荣誉称号。

以城带乡　以乡促城

许克振表示，今后5年，是荆门全面建设小康社会，加快推进现代化建设的关键时期。为此，该市将以建设“生态园林城市”为目标，不断提高城市化水平，并努力推进城市建设和管理现代化，形成以城带乡、以乡促城、城乡互动、共同繁荣的局面。

谈及这方面的具体目标，许克振说，他们将进一步完善市域城镇主布局，加快中心城区、县（市）城区的建设和发展，积极培育小城镇，努力形成“一市多城、众星拱月”城市格局。到2007年，荆门南城区的格局基本形成，中心城区建成区面积力争达到50平方公里，城市人口达到43万。

为实现上述目标，该市将继续坚持走“经营城市”之路，提高城市建设的生态品位、文化品位和艺术品位，建设一批具有现代化水平的标志性工程和城市精品，塑造优美的城市形象。一是加强城市基础设施、公用服务设施和信息网络设施建设，加快路网、电网、燃气管网、供水管网、广播电视通讯网、信息网“六网”建设，提升城市综合服务功能。二是加强交通基础设施建设，完成襄荆高速荆门段建设工程，抓紧荆宜高速门段开工建设，力争荆（荆门）—东（东西湖）高速及早动工，争取经过京山的随（随州）—岳（岳阳）高速纳入国家建设规划。境内主要干道建成二级以上公路，乡乡通油路，村村通公路。三是坚持产业立镇、工业兴镇，努力建设一批基础产业好、服务功能全、带动能力强的小城镇。四是牢固树立“环境效益”理念，实施城市环境综合治理工程，继续加大环境保护力度，采取有力措施，改善中心城区环境质量。五是深化城市管理体制改革，推行综合执法，完善城镇管理体系和市场化运作机制。

抓好中小城区建设的同时不忘发展小城镇

今后 5 年的城市建设和管理目标确立以后，2003 年将把工作重点放在：

——突出抓好中心城区建设。按照“扩展南城区、完善西城区、提升东城区”的思路，引导基础设施建设向南城区转移。主要抓好“一区”：南城区东区；“二场（厂）”：第二垃圾处理场和南城区污水处理厂；“三街”：襄沙北路、白云大道、荆钟路；“三园”：东宝山公署、金龙泉植物园、楚文化园；“六个居住区”：葡萄园居住区、广场周连居住区、金都花园居住区、果园居住区、亿达世纪花园、天鹅山庄；“十条道路”：207 国道城区段和高新区段、阮家坪路、兴化大道、凤凰大道，果园一路和二路、象山大道南段、军马场路、海慧路中段等道路的新建改造扩建和开发配套建设，以及东宝山隧道、三水厂管网配套等重点项目的后期建设。坚持创新城市建设投融资机制，吸引社会资本和外资参与城市建设。完善土地收购储备制度，规范土地交易行为。加快供水、燃气等企业改制，推进市政、园林等城市公用事业改革。

——进一步提高城市管理水平。大力开展城市环境综合整治，抓好市容卫生、交通秩序、清临拆违、占道经营等专项整治，消灭脏乱死角，加大绿化力度，美化城市形象。下移城市管理重心，逐步建立“统一领导、各司其职、规范管理、强化基层”的城市管理格局，形成依法管理、群众参与的城市长效管理机制。

——加快交通基础设施建设。完成二级干线公路网建设，加快县乡快捷通道和乡村公路建设，做好襄荆高速公路的协调工作，抓紧荆宜高速公路开工建设。

——加大城镇建设力度。加强县（市）城基础设施建设，突出发展县城和中心镇，培植重点镇，建好口子镇。规范小城镇建设用地，深化城镇户籍制度改革，拓展投融资渠道，抓好小城镇综合改革试点，鼓励和支持农村人口向小城镇集中。

如今，这些工作都已顺利实现，其所形成的经济效益和社会效益都已出现。在此基础上，荆门市对 2004 年应抓的几项重点工程也在紧锣密鼓的实施之中。这些措施和建设全部完成之后，荆门经营城市必将会营造出一片更新的天地。

都江堰自从李冰父子凿离堆成就千古伟业以来，就注定它成了世人膜拜不衰的神秘名城。现如今，都江堰儿女，乘时代新风，走经营城市之路，使得都江堰这座历史古城更加英姿勃发。请看该市市委书记张宁生和市长刘俊林的文章：

12. 走经营城市之路　扬历史文化名城魅力

都江堰市市委书记　张宁生　市长　刘俊林

历史与现实相融，古老与现代激荡。近年来，都江堰市坚持统筹城乡发展，走新型工业化道路；依托世界遗产，全力打造旅游精品，建设中国西部休闲度假第一城；全面实施经营城市战略，积极推进城市化进程……

青山绿水谱新篇

八百里青城，两千年古堰，都江堰市因这青山绿水而闻名。

在这片神奇的土地上，古有李冰父子，凿离堆，成就千古伟业；今有古堰儿女，探新路，谱写时代华章。近年来，都江堰市委、市政府团结带领全市63万人民，认真实践“三个代表”重要思想，围绕全面建设小康社会的目标，牢牢抓住发展主题，大力推进“三个转变”，加快城市化进程，促进了经济社会的健康协调发展，获得了一系列世界级、国家级、省级品牌和荣誉：青城山——都江堰成功列入《世界遗产名录》；获得首批中国优秀旅游城市称号，连续荣获全国卫生城市、全国绿化先进市、全国文化先进市、国家园林城市、全国农村中医先进县市称号，获得首届中国人居环境范例奖和联合国“迪拜国际改善居住环境良好范例”奖，都江堰和青城山两大景区被评为全国文明风景区、国家级AAAA景区；被评为全省双拥模范城市，获得成都市“长寿之乡”称号，步入全省县级经济综合评价10强县（市）行列。2003年，全市实现国内生产总值80.1亿元，全口径财政收入4.95亿元，分别比上年增长13.3%和24.8%。

新年新目标，新年新步伐。都江堰市的构想是：主动融入成都中心城市核心经济圈层，以推进城乡一体化进程为主线，以打造中国西部休闲度假第一城为载体，以经营城市为战略措施，努力建设具有最佳人居环境和最佳创业环境的四川经济强市、全国文化强市。

三大走廊融入成都中心城市核心经济圈层。实施成灌高速公路出口开放整治工程，打通成灌高速走廊；与温江区、崇州市协作修建跨越金马河的沿江大桥，建成贯通成都新光华大道的走廊；与郫县协作，启动成都沙西线都江堰延伸段公路建设，建成沙西线走廊，通过建设快速通道，主动承接成都辐射。

三大平台助推城乡一体化。按照“项目进区、企业进园”的原则，做大都江堰科技产业开发区，构筑产业集聚、产业支撑的平台；按照强化极核、培育支点、发展轴线、带动全域的思路，构建市、镇、村“三位一体”的城镇发展平台；运作好新组建的兴市投资公司、新城公司，优化多元化的投融资平台。

三大举措打造“西部休闲度假第一城”。一是优化旅游布局，整合旅游资源，建设以水文化为主的城区景区一体化旅游片区，以道家文化为主的文化旅游一体化旅游片区及生态旅游一体化旅游片区。二是优化产品结构，把都江堰、青城山建成水文化、道家文化的展示之地、体验之地；高水平举办好消夏夜啤酒节等大型节庆活动，大力发展会展经济。三是完善基础设施。抓紧实施S106线都江堰段旅游交通示范综合整治工程，着力打造全省旅游交通道路第一路。

前路漫漫，任重道远。我们将深入学习贯彻“三个代表”重要思想，坚持科学的发展观，以更大的决心和坚强的信心，开拓进取，与时俱进，抓紧每一秒，干好每一天，走好每一步，谱写都江堰市更加美好的明天。

经营城市的理念由于讲的是把城市作为商品来经营，以促进其建设和管理更加现代化，所以，注定它一开始就在备受关注的同时，也成了备受争议的问题。好在大家记住了邓小平同志的教诲：无需争论，干起来再说。各地实践已陆续证明，不搞无谓的争论是对头的。湛江市副市长阮日升的文章表明，一旦把经营城市的思路引入城市建设和管理的决策中去，其效果是最有说服力的。请看：

13. 经营城市是前瞻性决策

湛江市副市长　阮日升

湛江市“十五”计划纲要（草案）中明确提出了实施经营城市的战略。经营城市就是把城市作为最大的国有资产，用市场经济的思路去经营，从中获取收益，并把收益重新投入到城市建设中，走以城养城、以城建城、以城兴城的城建市场化之路，实现城市的自我积累、自我增值、自我发展的新模式。这一重大决策，对于加快基础设施建设，推进城市化进程，实现社会经济可持续发展都有着十分重要的意义。

一、经营城市的必要性和现实性

城市是一定地域的经济、政治和科技文化中心，具有强大的集聚和辐射作用。近年来，市委、市政府从战略高度来深化对城市建设重要性的认识，牢固树立城市建设也是生产力的观念，把城市建设作为加快湛江市经济发展的“龙头”来抓，使湛江市的城市建设得到了迅速发展。城市框架、功能、设施等已基本完善，正逐步发挥着城市效益。但从目前情况看，湛江市城市建设机制仍然难以适应21世纪经济发展的需要，这与我们缺乏理论研究和正确的思想指导是分不开的。我们必须进行有益的探索，并且借鉴外地的成功经验，大胆创新和尝试，走出一条城市建设市场化的路子。为了有效解决当前严重制约城市发展的问题，我们要把市场经济中的经营意识、经营主体、经营方式等要素引入城市建设，运用市场经济的手段，对构成城市空间和城市功能载体的自然生成资本（如土地）和人力作用资本（如路、桥）及其相应的延伸资本（如街、站、校、场的冠名权）等进行集聚、重组和运营，实现城建资金投入产出的良性循环机制。

要解放思想，开阔视野，实现“三个转变”：一是从长期的建设城市转入到经营城市上，把经营城市放到城市建设的首位；二是从城市建设为主转到管理城市为主，把城市管理提高到一个新水平；三是从政府投资为主，转为招商建设为主，要大规模开展招商引资工作。也就是说，市政府要转变依赖国家搞城市建设和把城市建设单纯看作是社会公益事业的旧观念。将城市建设作为一项重要“产业”来经营，充分运用政府的权力，通过发挥城建、国土、规划、城管、交通、水电等职能部门的作用，有效地调节和集聚社会收益，更多地用于城市建设。

二、经营城市必须遵循市场经济规律

把市场机制引入城市建设，无疑是对传统基础设施投资理论的强烈冲击。过去，人们一方面把基础设施投资视为“非生产性”，其在全社会投资安排中，只能居于次要地位；另一方面，公众可以低价甚至无偿得到城市基础设施所提供的服务。这既导致了对城市基础设施的浪费性甚至破坏性使用，也使得城市基础设施改善缺乏资金来源，政府财力有限，无法进行正常的建设和维护管理。这需要人们在实践中更新投资理念，适应市场经济的运行规律。

经营城市应按照产业化发展、企业化经营、社会化服务的方向，依法拓宽筹集资金渠道，减轻政府财政负担，提高基础设施的自我积累和发展能力。经营城市管理机制应坚持三条原则：一是市场供求原则。按价值规律办事，建立有效的投资回报机制，促进城市建设的良性循环。二是“谁投资，谁受益”的原则。打破道路、桥梁、水、气、公交等国有专营格局，动员和依靠全社会的力量，加快市政基础设施建设。三是政府择机适时调控原则。市场不是万能的，投资和建设领域往往会出现“市场失灵”的现象，政府必须实施灵活而有效的调控。

通过经营城市各种措施的落实，将土地、基础设施、公用服务设施等城市资本推向市场，滚动经营，把依靠政府进行城市建设改为投资主体多元化，逐步形成以政府财政投入、银行信贷投入、企业投入、社会投入、经营收益二次投入的多渠道融资的城市建设投资新格局。

三、依法经营、统筹管理是实现可持续发展的有力保障

改革开放以来，湛江市城市建设发展速度较快，城市形象也发生了巨大变化。但也导致和加剧了诸多城市问题，如环境污染、人口膨胀、交通堵塞、土地过度开发、建筑物杂乱、市容卫生状况不佳等，影响了城市可持续发展，这些问题的产生很大程度上归根于城市建设的随意无序。要实现可持续发展战略目标，城市建设法制化是重要前提和保障。社会主义市场经济是法制经济，市场经济条件下的经营城市必须走依法治市的道路。

1. 建章立制，把经营城市纳入法制轨道

在城市建设和管理方面，国家已颁布和实施了一系列的法律、法规和规章，但经营城市工作刚刚起步，尚处于摸索阶段，还存在着立法滞后的现象。据报载，最近，辽宁省鞍山市人大通过了《鞍山市城市房产管理条例》，规定公有住房使用权可以有偿转让，开创了全国的先河。湛江市人大、政府也要结合一些经营城市项目的实际情况，加快研究制定一批配套的规范性指导文件，以积极推动经营城市朝着健康有序的方向发展。

2. 依法经营、统筹计划、规范管理

经营城市工作一开始必须从大局出发，稳步前进，先易后难，不可盲目追求经济效益，一哄而上，四面出击。市政府要成立“经营城市办公室”，专营城市资产经营的公开拍卖出让工作，使招标拍卖工作规范管理，统一指挥协调，严格按照计划和规定抓好实施。

经营城市，要着力打好“四张牌”：一是打好“土地牌”。实现土地使用权出让，由协议为主向招标拍卖为主转变，建立政府土地收购储备制度和土地招标拍卖制度，通过“一统一、三公开”（统一规划设计，广告、报名、竞价三个公开）的办法，建立起土地交易市场。可首先把容易开发的“东新路”作为试点，以出让该路段开发使用权的方式，公开向社会招商引资，解决建设资金问题。二是打好“股份牌”。深化公用事业、企业体制改革，促进投资主体多元化、社会化，经营管理企业化、市场化。三是打好“经营牌”。将可以投入市场运营的城市基础设施投入市场经营。如水厂、道路、桥梁、垃圾转运站等所有权与经营权剥离，采取能卖的卖、能租的租、能抵押的抵押，促使城市资产重新配置和组合，扩充城市资金来源，实现城建资金投入的多元化。四是打好“无形资产牌”。公开拍卖户外广告经营权，公益设施冠名权等，促进城市建设良性发展。

在城市建设中，要坚持基础设施先行一步，政府调控要规范化。首先，围绕城市总体规划，对基础设施建设实施规划控制。其次，维护城市建设市场秩序，努力保持持续、协调、健康发展，避免出现排浪式投资热潮及由基础投资引起的大起大落。再次，营造宽松的外部环境，让建设主体平等，自由竞争，并保证开发者的合法权益。

3. 严格执法，加强对经营城市的监督制约力度

市城监支队是城市建设管理的综合执法队伍，对经营城市工作要加强检查、监督。比如，城市土地，经公开拍卖出售，对不按规定时限、不按规定要求、不按规定用途、超过时限不用的，政府将无偿依法收回或征收高额闲置费。同时加大查处力度，严禁非法交易，杜绝违法用地和“炒地皮”行为发生，对重大的土地违法案件公开处理和曝光，以保证建设单位加快速度，按时、按规划要求完成项目建设。

通过依法经营城市，谋求城市经济、社会、人口、资源、环境的健康协调发展，既为当代城市进步创造条件，又为未来城市发展奠定基础。只有站在整体的高度和时代的前列，才能运用战略的眼光、创新的精神和务实的作风，积极稳妥地启动经营城市工作，去建设和管理好我们的现代化海滨花园式城市！

历史久远的冀州具有骄人的“九州”之尊的称谓。冀州的先人们未敢有辱这位居第一的头衔，西汉孙敬用“头悬梁”的苦读精神，为华夏一代又一代学子树立了楷模。东汉良将邳彤，东晋高僧释道安，北魏女改革家冯氏，隋朝天文学家刘焯，唐朝的“竹溪六逸”之一孔巢父，甚至今天的北京“全聚德”烤鸭创始人杨寿山等都用自己行、谋、德、智、才为华夏历史留下了一笔又一笔浓烈厚重的色彩。然而，人们不禁会问：改革开放以后的冀州，尤其是撤县设市以后的冀州怎么样了？

冀州儿女一如他们的先人那样，从未敢有一丝一毫之懈怠。该市市委书记纪青哲和市长于国义著文告诉世人说，在市场经济大潮翻涌的今天，他们高擎经营城市之大旗，把冀州建设得更加美好了。请看：

14. 拼搏铸辉煌　发展再扬鞭

冀州市市委书记　纪青哲　市长　于国义

冀州，充满希望的地方

冀州，位于河北省东南部，毗临国家级湿地和鸟类自然保护区衡水湖。辖 7 镇 4 乡 412 个行政村，人口 37 万，市域面积 918 平方公里。

冀州，物华天宝，人杰地灵，素有“华夏第一州”之美誉。相传上古时期，黄帝划野分州，冀为“九州”之首。冀建州始于公元前 201 年的西汉时期，距今已有 2200 多年的历史。1913 年废州设县，1993 年 9 月经国务院批准撤县设市。冀州历史悠久，人才辈出，代不乏人。《三字经》中“头悬梁”之孙敬即为西汉时期冀州人；东汉良将、药王邳彤，东晋高僧、佛教奠基人释道安，北魏女改革家、文明太后冯氏，隋朝天文学家刘焯，唐朝“竹溪六逸”之一孔巢父以及近代的北京“全聚德”烤鸭创始人杨寿山等也均为冀州人，区域内有省级以上重点保护文物 8 处。

十年拼搏写春秋，十年奋斗铸辉煌。建市 10 年来，全市人民致力于打造“实力冀州”、“活力冀州”、“魅力冀州”，使冀州发生了翻天覆地的变化，实现了历史性跨越。与建市前相比，GDP 增长了 3.2 倍，财政收入增长了 3.9 倍，固定资产投资增长了 4.7 倍，农民人均纯收入和城市居民人均可支配收入均增长了 3 倍，居民存款增长了 3.5 倍，城镇化率增长了 21 个百分点，1996 年冀州市在全省率先跨入小康市行列。如今的冀州，农业生产结构不断优化，“一红一白”（辣椒、食用菌）两大特色产业异军突起，先后被命名为“中国辣椒之乡”和“中国食用菌之乡”；工业生产成绩显著，形成了采暖制造、林板家具两大支柱产业和化工、玻璃钢制品、医疗器械、汽车配件、农产品加工等五大优势产业；城市建设日新月异，市区面积达 15 平方公里，全市城镇化水平达到 38%；对外开放日益活跃，目前，冀州已同世界上 40 多个国家和地区建立了贸易关系；教育体系不断健全，形成了普教、职教、成教、师教、幼教、特教“六位一体”的全民教育体系；有线电视村村通工程全面实施，农村卫生改厕工作正顺利进行，其他各项社会事业长足发展；全市上下社会治安稳定，人民安居乐业，一个青春靓丽、充满希望的新冀州正在迅速崛起。

好风凭借力，携手奔小康。站在新的发展平台上，我们市委、市政府决心牢牢抓住新世纪的发展机遇，树正气，讲团结、求发展，紧紧围绕全面建设小康社会这个总目标，以结构调整为主线，以改革开放和科技进步为动力，以提高人民生活水平为根本出发点，深入实施以工业化为主导、以城镇化为依托、以产业化为重点的“三化”战略，与时俱进，开拓创新，确保到 2015 年提前五年实现全面建设小康社会的宏伟目标。始终坚持把项目建设放在突出位置，为全面建设小康社会不断注入新的生机和活力；大力推进产业结构优化升级，为全面建设小康社会提供强大的战略支撑，逐步形成以优势工业为主导，现代农业为基础，发达服务业为依托的经济发展新格局；积极推进对外对内开放，为全面建设小康社会拓展新的空间，努力营造优惠透明的政策环境，高效优质的服务环境，公开竞争的市场环境，规范严明的法治环境和健康向上的人文环境；加快城镇化进程，为全面建设小康社会构建更加广阔的发展平台，今后5年城建总投资将超过10亿元，全市城镇化水平提高到48%。

古城今更靓

冀州是一座有着数千年历史的文明古城，又是北方平原地区稀有的临湖城市，还是全国首批对外开放市。为此，冀州市按照“前瞻、科学、协调、个性”的原则，在城市规划建设中，坚持做到布局求特、设计出新、绿化亮化添彩，按照历史文化、生态旅游、行政办公、商贸居住、高新技术工业园区等分区建设，从而形成了分区合理、布局科学的规划体系。同时，先后聘请上海、石家庄、青岛、苏州等地高资质的设计单位，在总体构思的基础上进行单体设计，仿古式、欧式和现代化设计风格融为一体，使各项建筑在布局、风格、色彩等方面协调组合。

冀州市以城市经营为手段，盘活资源，整合资本，把推进城镇化与筹资市场化相统一。通过政府引导，市场运作，相继建成了信都、西苑、长安等一批高标准住宅小区和综合性迎宾市场，促进了冀州市社会和经济建设的更快发展。在城市主干道绿化上，坚持“一街一景，一路一貌”的原则，因路选景，因景配绿，做到远、近景搭配，动、静景结合，步移景易。在城市亮化上，累计投资1000余万元，在市区主干道两侧建筑物上安装了造型各异的轮廓新灯、镭射灯和霓虹灯，在主要街道、十字路口及广场、市场等地安装了彩虹桥、礼花灯、广告灯箱等。在城市绿地建设上，投资2000多万元，先后建成和平绿地休闲广场和信都音乐广场。其中，今年新建的信都音乐广场由苏州园林设计院设计，利用江南造园手法，新颖独特，为市民消夏、娱乐、健身提供了理想场地。1993年，经省政府批准建设的冀州市省级高新技术产业开发区，吸引了一批大、高、新项目入园建设，已成为带动冀州城建腾飞的新的增长极，带动了城市建设的“提速”，推进了冀州城镇化进程。城市基础设施不断增强，城市功能不断完善。目前，市区道路里程达85公里，绿化率达26%，供排水网络实到7万户，固定电话用户增加到6万户，以宽带网为主的网络数据服务正在蓬勃兴起。

建市10年来，冀州市以建设“园林化、生态化、现代化”城市为目标，致力实施“产业兴市”、“工业强市”战略。十年间，冀州市城市建设总投资达到25亿元，城市建成区面积由5.4平方公里增加到15平方公里，市区常住人口由不足5万增加到11万，2个城市广场、4个活动中心、6所综合医院、12所各类学校等服务设施一应俱全，全市城镇化水平提高到38%。

阡陌变通途

冀州市地理位置优越，对外交通便捷。北距北京300公里，东距天津270公里，西距省会石家庄110公里，近临石德、京九两条铁路干线，北京至开封的106国道纵穿其境。建市10年来，冀州市公路建设总投资达6.2亿元，新建、大修高等级公路200多公里，其他公路500多公里，全市公路总里程达920公里，公路密度由0.4公里/百平方公里上升到0.99公里/百平方公里。一条条精品路、优质路先后投入使用，一个四通八达、五级联网的冀州公路交通网已经形成。

建市前，冀州市仅有6条县级以上公路，乡级公路里程为86公里，通柏油路的村庄只有75个，占村庄总数的18%，全市公路通车总里程为261公里，乡级以上公路好路率仅为55%，严重制约了冀州的经济发展。1993年冀州撤县设市后，对乡级以上公路进行了全面改建、新建和大规模的升级改造，相继完成了106国道一级公路改建工程，冀码线大修一期、二期工程，北入市口、南入市口、衡杨线以及郑昔线等工程，构建了冀州市高等级公路网的新格局，1997年实现了村村通硬面路和五级公路联网。

10年来，冀州市新改建及大修公路工程均达到优质工程标准，其中国道一级路建设和赵码线大修工程被评为全省“精品”工程。公路建设的快速发展，大大改善了冀州的交通运输能力，而且随着五级联网、四通八达的公路交通网络建设，冀州的投资环境大大改善，对外开放优势进一步增强，畅通了人流、物流、信息流，“走出去”、“引进来”畅通无阻，许多外地客商纷纷到冀州投资置业，10年来累计利用外资6812万美元，引进内资20亿元，使冀州的经济发展步入高速发展的快车道。

工业奏强音

建市10年来，冀州市走“以工强市”之路，工业主体地位进一步突出，企业规模、装备水平、技术含量和市场竞争力明显增强，骨干企业运行质量显著提高，工业在一、二，三产业中比重达57%，今年预计完成工业总产值116.6亿元，增加值实现23.1亿元，分别是1993年的6.3倍和5.1倍。

增上大项目，培育优势产业。10年来，相继建成和开发了一批大、高、新立市项目，形成了采暖制造、板材家具两大支柱产业和化工、玻璃钢制品、医疗器械、汽车配件、农产品加工等五大优势产业，工业主体地位进一步突出。10年来，全市工业累计投资70亿元，新上和技改超千万元项目144个，其中超亿元的12个，先后建成春风炼铁厂、可耐特公司、华林三条中纤板生产线、热电厂连续技改、春风暖气片技改升级、晨虹油漆系列新产品开发等一大批规模项目。建市10年来，是冀州历史上投资规模最大、建设项目最多的十年。全市骨干企业运行质量明显提高，春风集团、华林板业、银海化肥、热电厂等企业，围绕“做专、做强、做大”，市场竞争力大大增强。春风暖气片、大地纤维板、晨虹油漆、银星胶辊、中意玻璃钢等产品叫响全省乃至全国，部分产品出口海外。目前，全市销售收入超亿元企业达到20家。

扩规模上水平，打造支柱产业。冀州市以现有骨干企业和优势产业为基础，培育发展具有比较优势的林板家具和采暖制造两大产业。林板产业以华林板业公司为龙头，企业不断向多品种、系列化、深加工等产业链条延伸，初步形成“速生林—板材生产—加工—家具制造”的龙型经济格局。总投资5亿元的林板一体化项目全面实施，其中：投资5000万元、年产10万立方米中纤板生产线已投产运营，投资2亿元引进国外高密度板生产线项目已经省计委批复立项，投资1亿元的15万亩速生丰产林已完成10万亩，投资1亿元的华林家具城总体规划已完成，吸引了近百家家具制造和销售的客商入驻。目前，一个北方最大的板材和家具专业生产批发中心正在形成。

以中国春风集团为龙头的采暖行业，目前已形成以春风冀暖股份公司为龙头，拥有87家企业，总资产达7亿元的产业群体。春风集团跻身“全国最大企业500强”、“世界行业500强”、“中国金属制品行业乡镇企业第一名”，产品由单一铸铁片发展到钢制片、铝制片等17大系列，100多种型号，全国市场占有率八分之一，出口量占到全国同行业的80%。如今，春风集团正积极开发电采暖、气采暖、油采暖等换代产品，筹建春风工业园，建成国内规模影响最大的采暖业生产经营中心。

建工业园区，搭建发展平台。2002年6月，冀州市快速启动了省级高新技术产业开发区的新一轮建设，吸引一大批企业入驻园区。目前入园企业达57家，累计投入20多亿元。投资2亿元的高密度板生产线项目、投资1.78亿元的热电厂技改项目和投资1.2亿元的升达纺织公司5万纱锭项目等8个超亿元规模项目近期相继入园。企业以开发区为发展平台，聚集、提升、隆起，不仅在规模上有了大的突破，而且经营理念、技术含量、市场竞争力都有了大的跨越。高新技术产业园区成为冀州经济发展的又一新亮点。

农业唱新戏

建市10年来，冀州从长远着眼，突出特色产业，大力调整农业种植结构，建市场、拓销路，努力靠科技求发展，向科技要效益。今年农业生产总值将完成9.8亿元，第一产业增加值8.26亿元，分别是建市前的3.3倍和2.5倍。

调整粮经比例，壮大特色产业。冀州按照“优粮、稳棉、兴牧、强特色”的思路，加速结构调整，建设现代化农业，农产品质量效益和竞争力大大提高，促进了农业增效和农业增长。立足本地优势，大力发展“一红一白”两大特色产业，全市粮经作物比例达到了1∶2，粮食种植面积稳定在30万亩，总产量2.1万吨，经济作物达到62万亩，其中棉花37万亩，辣椒15万亩，食用菌大棚3万个。形成了以冀州为中心，辐射周边市县的华北最大天鹰椒生产基地、全国最大姬菇生产基地。目前，冀州市农业实现了由单一的粮棉生产，向农、林、牧结合的现代循环农业转变，粮食作物与经济作物协调发展的生产格局已基本形成。

推行标准化生产，提高农产品质量。冀州先后与河北农大、西北农林大学等科研单位建立了长年协作关系，全市农业技术推广普及率达到90％以上，优种覆盖率达到95％以上。“冀州小椒”种子异地繁育、提纯复壮获得成功，并以其椒形好、色泽艳、辣度高、香味浓等特点被评为“河北省名牌产品”。“玉姬”牌姬菇被中国食用菌协会评为“全国十佳名牌”之一，并授予“河北省无公害农产品”认证标识。前不久，以食用菌、辣椒为主的八个蔬菜品种，顺利通过了北京市食品放心工程协调小组办公室的审核批准，获取了进京销售的“绿色通行证”。

加快产业化进程，促进多元增值。围绕优势农产品，冀州市积极发展深加工，新建、扩建了华林、华鑫、永生和三等农业产业化龙头企业，组织带动能力明显增强，其中，投资5亿元的“林板一体化”项目可为农民年增收2000多万元。近年来，冀州累计投资4500万元，先后建设了周村辣椒市场、漳准食用菌市场等农产品专业集散中心，形成了辐射能力强、功能健全的销售加工体系，其中，周村辣椒市场年交易额达3亿元，成为华北最大的辣椒专业批发市场。为提高农民的组织化程度，全市共建立各类经济合作组织210个，参与专业化经营的农户达2.4万户，占全市农户的27％。目前，在冀州产、加、销一体化的产业化体系初具规模，产业化经营率达到52％。

农业项目建设成效显著。冀州市大力发展项目农业，逐步加大对农业的投入力度，先后建设完成了三河（滏阳河、滏阳新河、滏东排河）相通、省级林木种苗示范基地、利用世行贷款加强灌溉二期、全国节水增产示范市等一批农业工程项目，改造中低产田25万亩，新增和改善灌溉面积32万亩，植树造林1.16万公顷，林木覆盖率达40％以上。

历史在发展，冀州在前进。在市场经济的大潮中，经营城市的理念也在不断创新。我们有决心、也有信心把物华天宝，人杰地灵的冀州建设成名副其实的“华夏第一州”。

对历史文化名城而言，城市建设、环境保护和旅游发展之间的关系如何处理，一直是困扰当地政府和人民的难题。特别是近些年来，随着我国城市化步伐的加快，许多城市在城市化进程中，一味求新求变，只注重拆旧建新，结果在丧失自身特色的同时，又破坏了本地区的人文景观和生态环境，使得人与自然和社会环境的和谐关系被打破，也使得本是支柱产业之一的旅游业失去了发展的后劲。此外，一些地区和城市在发展旅游业的过程中，为了一时的经济利益，使得本地区在发展旅游中失去了自己的特色，走入城市建设、旅游开发与环境保护相互对立的困境之中。然而在云南的丽江，当地政府和人民却用他们的所思、所想和所为，为我们展现了一幅城市建设、环境保护和旅游开发和谐发展的图景。那么他们是怎么想和做的呢？丽江市市长和自兴应邀撰写此文。请看：

15. 在开发中保护　在保护中发展

丽江市市长　和自兴

丽江自古就是茶马古道的重镇。在悠悠的历史长河中，其作为一个多元文化交汇的地方，沉淀了许多绝世仅有的历史文化，也创造了许多独具特色的少数民族文化。特别是今日的丽江古城，以别具一格的整体布局和建筑风格，展现了一幅古朴、典雅、幽静的画面，纵横交错的巷道，鳞次栉比的民居，如虹跨波的小桥，鸟语花香的庭院和家家房前流水、户户门前垂柳的景致，是人与环境和谐相处的完美体现。

城市化过程就是加强保护的过程

今天，随着交通、通讯条件的改善和旅游业的发展，丽江已不再是被阻隔在重重大山之间一个毫不起眼的边远之地。丽江作为有着几百年历史的文化名城和世界文化遗产所在地，如何做到既尊重历史又向前发展？为此，我们市委、市政府提出了以古城区为核心的城市规划、建设、经营和管理的思路。以旅游业带动城市化，在城市化进程中加强旧城的修缮、保护和改造工作，经过三至五年的努力，将丽江市建设成规模适度、规划科学、功能健全、环境整洁、特色独具、具有较高民族文化品位和较强经济辐射能力的区域性经济文化中心；把四县县城和一批建制镇发展成为带动能力更强的县城经济中心和现代化小城镇；运用市场机制搞好城镇建设，以城市化带来工业化，以工业化促进城市化，并以此来优化农业和农村经济结构，为三次产业的长远发展拓展新的市场空间。我们的具体做法是：

坚持环保第一的观念，走可持续发展之路。我们坚持从本地区城市资源、城市环境的实际出发，适当控制城市化的进程，避免由于人口的大量快速集中和工程的大量建设带来的环境污染、资源浪费和生态失衡；坚持环保一票否决制，对新建拟建项目，必须确保环境保护措施的落实；对已存在环保问题的企业，严格整治措施，环保不达标不得恢复生产、建设。不允许以牺牲环境的代价换取一时的经济发展。实现所有工业项目和城市生活污水的达标排放，全面推行污染排放物总量控制，加强城区及景区大气污染、水污染、垃圾污染和噪声污染的综合治理。采取有效措施，治理“白色”污染，从2003年7月1日起，在古城区辖区内严禁生产、销售和使用一次性不可降解泡沫塑料包装物。实施城市油烟净化工程，加强环保宣传和环境法制建设，增强人们的环保意识。

把生态环境设施建设放在城市发展的首位。在城市建设中，我们努力做到着眼于未来，增强可持续发展的能力，不走“先发展，后治理”的老路，一开始就高度重视城市生态环境保护，高起点抓好环保设施建设。以可持续发展原则为依据搞好规划，坚持先规划、后建设，先地下、后地上的原则，搞好供排水、交通、环保等城市基础设施建设，把开发土地资源的收入全部用于搞好地下环保设施的建设，以创造最佳人居环境为中心。立足当前，注重长远，切实解决在城市建设中面临的安全、环境、基础设施配套三大问题，促进城市资源、生态环境、文化等的协调发展，保持丽江人与自然和谐统一的特色。完善基础设施配套建设，提高城市人居和生态质量。以城市排污工程为重点，认真总结过去的经验和教训，特别吸取在新城区建设中忽视地下排污管网建设、缺乏城市防洪设施等造成城市建设工作被动的教训。针对市区在建项目主管太小、管网不配套和没有兼顾城市防洪功能等问题，我们的举措是市区排污建设至少做到 50 年不落后，主管道要达到 2 米管以上，主管与支管一并设计，做到统一规划、分步实施。不只考虑一时一地的需要，不只考虑自己的利益，各行其是，不搞重复建设。管道建设做到一次到位，不让过几年又重新开挖建设的情况发生。抓好上水、下水工作，增强丽江市区供水保障能力，同时把做好水的文章与做好“桥”的文章结合起来，把桥作为玉龙县城建设的一条靓丽风景线来抓，突出自身的个性和特色，新建设的桥梁，注意突出地方的文化特色，并与环境景观相辅相成，建成精品，成为标志性建筑。切实搞好世界文化遗产丽江古城的保护和管理工作。高质量地实施好“三线两管”一条路工程，全面完成古城排污管网扩建工程、路面修复改造工程、供水和消防管网改造工程、绿化工程，改善古城环境质量。实施亮化工程，为古城的每一条街巷安装路灯，并用城区灯光美化环境。实施“拆墙透绿、拆临还绿、拆违建绿、拆旧添绿”为重点的城市绿化工程，形成“点线面环相结合，乔灌花草相辉映”的多层次、开放式、高质量的绿地系统。探索组建城市绿化公司，把市场机制引入城市绿化工作。在 2003 年 9 月之前完成城市显山露水、穿衣戴帽、拆墙透绿工程。加大古城保护的执法力度，正确处理好旅游开发与遗产保护的关系。对古城内的经营活动实行准入制度，统一核发《云南省风景名胜区准营证》，对经营户实施总量控制，进行商品结构调整，规范古城经营行为，淡化古城现代商业气息。严格规范古城建筑行为，积极采取有效措施，确保顺利通过联合国教科文组织对丽江古城的第一次五年定期检测评估。

树立经营城市理念，科学合理地推动城市化进程。我们认为经营城市的前提是搞好城市规划，核心是经营城市资源。在城市建设过程中，采取“保护一块、拆迁一块、改造一块、整合一块、拓展一块”的办法，按照“扩大规模、完善功能、优化资源、提高品位”的建设方针，认真实施玉河生态走廊、旅游文化商城、祥和丽城、世界遗产论坛中心、束河茶马古镇、市政排污管道续建等城市建设项目，搞好新城水系规划工作。完善路网结构，美化城市河流，改造旧城旧村，不断顺畅城市交通，塑造城市特色，改善人居环境，全面提升城市形象。进一步健全城市功能，更新和补充卫生环保设施，逐步完善和配套娱乐、休闲、健身、购物等面向大众的公共服务设施。积极培育物业管理企业，创新物业管理方法，建立统一开放的物业管理大市场。

树立城市经营理念，不断提高城市经营水平。建立政府引导、市场运作、企业承办的发展模式，对城市土地、道路、建筑、广告设置、市政公用设施等有形无形资产实施有效经营。明确经营城市的核心是经营城市资源，经营城市资源的核心是经营城市土地资源，经营城市土地资源的核心是政府垄断一级市场、开放二级市场，运用市场机制，实现土地资源的最佳配置和土地利用效益最大化。根据国家对城市土地资源的有关规定，做好经营土地的工作，做到“三个一”，即“一个渠道进水，完善土地储备制度；一个龙头放水，建立和健全土地的集中供应制度；一个平台流水，建立规范完善的土地招标、拍卖、挂牌交易制度。”推进城市建设投融资体制改革，制定优惠政策，改善投资环境，想方设法吸引投资者。通过大力推行委托管理、特许经营，形成市场化的竞争机制和管理机制。用市场手段，建立健全供水、污水处理、垃圾处理企业的成本监督制约机制，吸引社会资本投入城市建设和经营。盘活存量资产、用活增量资产、激活无形资产、降低开发成本，走“政策引导、市场运作、多元投资、滚动发展”的建设路子。

把综合整治市容市貌、交通秩序、社区建设、管理和服务作为城市经营管理的主要内容。依法拆除违章建筑及设施，对占道乱放车辆、随地倾倒垃圾和污水、乱涂乱画等影响市容市貌和环境卫生的行为给予严厉查处。规范环境卫生管理和服务工作，依法收取城市垃圾清运费，走上“谁污染、谁付费”的轨道。建立健全文明施工合同制度，严肃查处环卫二次污染。采取有效措施，严格控制城市噪声污染。重要街道禁止鸣号，商店、摊点、音像店不准使用喇叭招引顾客。加强城市管理执法力度，组建综合执法检查队伍，统一查处各种违章违规行为，并建立长效机制。

以发展旅游业为契机，推动社会全面进步

丽江旅游业发展起步于20世纪90年代初期，1994年下半年云南省人民政府在丽江召开滇西北旅游规划会议以后，丽江地委、行署提出了“旅游先导”战略，旅游业得到快速发展。“九五”期间，丽江海内外游客以年平均28.1%的速度增长，旅游综合收入年平均递增41.7%。同时，抓住1996年丽江“2·3”大地震恢复重建和1999年昆明世界园艺博览会的难得发展机遇，加大旅游基础设施建设力度，加强旅游宣传促销工作，突出特色，树立丽江旅游品牌。“九五”末至“十五”期间，丽江已成为全国十大旅游热区之一，世界100个游客向往的旅游目的地之一；玉龙雪山和丽江古城形成了很好的旅游卖点；东巴文化和摩梭风情的神秘，广泛吸引着海内外游客。人们逐渐把丽江作为心中向往的詹姆斯·希尔顿在《消失的地平线》中描绘的雪山草甸、森林湖泊、牛羊成群、人们幸福安详的香格里拉世外桃源。

在完成了一定的积累以后，我们丽江地委、行署审时度势在2001年下半年及时召开了全区旅游工作会议，适时提出了丽江旅游的“二次创业”，实现旅游业发展由规模数量型向质量效益型转变。今天丽江旅游业发展的“二次创业”已开始起步，主要表现为：一是旅游综合收入增长明显高于游客增长。2002年，旅游综合收入同比增长7.4%，游客只增长4.6%。二是海外游客和外汇收入大幅增长。2002年海外游客和外汇收入分别比上年增长35.9%和35.6%。三是纯粹旅游人数明显增加。四是行业管理走向规范，行业风气大为改善，成为全国的典型，树立了丽江良好的旅游形象。五是旅游从业人员素质明显提高。六是旅游客源市场结构得到了有效调整。海外游客大幅增加，高星级酒店的客房入住率明显提高。七是旅游环境明显改善，游客投诉大量减少。

目前，基于旅游业发展已有的成绩和还存在的问题，我们又提出了“一个目标，二个重点，六个转变，六个结合”的发展定位和工作思路。

“一个目标”就是要把丽江建设成为国际精品旅游胜地。丽江以玉龙雪山、老君山、泸沽湖、长江第一湾、虎跳峡等为代表的丰富的自然资源和以纳西东巴文化、摩梭母系风情、普米韩规文化、彝族毕摩文化、他留风情等为代表的独特的人文资源，为建设国际精品旅游胜地奠定了基础。丽江古城于1997年12月4日列为世界文化遗产，东巴古籍文献成为世界记忆遗产。三江并流（核心区为老君山片区）申报世界自然遗产已成功，今后将把宁蒗泸沽湖及泸沽湖畔的人类母系社会的最后遗存——摩梭风情申报为世界自然文化遗产，将丽江宝山石头城申报为世界文化遗产，加上搞好丽江古城和新城区建设，使新老城市交相辉映。“两个重点”就是使丽江成为中国香格里拉生态旅游的中心和示范区。丽江历史上就是茶马古道的重镇，宴当、滇藏、西夷、滇康四条历史上重要的古道交会丽江，是滇西北的中心地带。丽江处于香格里拉生态大旅游环线的交会点，利用民航体制改革的机会，大力发展国内外直航，加大铁路、公路建设力度，努力改善通达条件，进一步扩大丽江知名度，充分利用丽江旅游品牌，使丽江成为滇西北乃至云南省的游客集散中心。作为示范区就是要使丽江旅游的环境和管理及旅游城市建设要走在全省、全国的前列，发挥带动示范的作用。“六个转变”是推动旅游业发展的工作思路和方式适应发展社会主义市场经济的要求，改变传统的引导方式和工作模式，实现以下转变：一是推动旅游业发展由政府主导型向市场主导型转变。在量的扩张阶段以政府主导型为主，在质的提高阶段以市场主导型为主，而政府起指导、协调、服务和调控的作用，具体的运营由市场主体按市场机制运作。基础设施、公共设施以政府主导型为主，经营性项目以市场为主导。二是旅游资源开发由资源开发型向知识文化型转变。三是旅游品牌的树立从单点品牌向区域品牌转变。四是旅游开发的投入由硬件投入型为主向软件投入型为主转变。五是旅游目的的营造由观光旅游型向休闲度假会

议旅游型和体验旅游型转变。六是旅游业发展由分散创业型向联合发展型转变。与其他地州和省份走联合发展的道路，取长补短，优势互补，形成合力，共同发展。“六个结合”即一是与扶贫攻坚相结合。丽江四个县中有两个国家级贫困县，按新一轮扶贫标准，丽江尚有贫困人口 45.3 万人，占全区总人口的 40.9%。旅游线路的建设和旅游要素的配置做到与扶贫攻坚相结合，同时与城镇贫困人口的脱贫相结合，为全面建设小康社会做贡献。二是与城镇化建设相结合。在城镇化建设过程中改善和提高整体旅游环境。三是与文化产业发展相结合。依靠旅游业寻找文化产业市场，依托文化产业增加旅游业的内涵，开发一批像《丽水金沙》、《纳西古乐》那样成功的典范之作。四是与生态环境相结合。结合天保工程、退耕还林工程加强旅游景区和旅游沿线的生态环境建设，强化环保，控制污染，提高旅游生态环境质量。五是与再就业相结合，发展旅游而创造更多的就业机会。六是与一、二产业发展相结合，促进整个经济的发展。

结合提出的工作思路和发展定位，我们在旅游业方面正着手抓八个方面的工作：一是抓新景区的开发和老景区的挖潜提升工作，重点抓云杉坪、牦牛坪、白水河景区经营行为的整顿和规范工作，提升玉水寨等景区的硬件设施档次和水平，理顺牦牛坪索道、玉龙雪山高尔夫球场的经营、建设关系，在严格控制宾馆酒店建设的同时，加快旅游景区（点）开发项目的招商引资步伐；二是加强对旅游企业的管理和引导，高起点、高品位地做好旅游项目开发，积极开展诸如风光摄影展、学者笔会交流会等旅游节庆、会展活动，刺激旅游消费；三是进一步理顺和完善玉龙雪山、泸沽湖、老君山等景区的管理机构和职能，加强景区的保护、管理和开发建设工作；四是完善旅游管理，提高旅游服务水平，实施好欧盟支援丽江的信息网络建设工程，完善旅游“一卡通”管理系统，尽快开通丽江旅游管理部门及三星级以上酒店的网上订房、网上查询业务，为国内外游客提供人性化服务；五是加大旅游宣传促销力度，在去年 12 月在香港成功举行了丽江旅游宣传促销活动的基础上，加大对东南亚地区的宣传促销工作；六是进一步加强旅游从业人员的教育、管理，提高从业人员的素质，树立丽江良好的形象，加强对行业协会的管理，规范行业自律行为；七是做好重点景区、重点文物保护单位的防火、防盗等安全保卫工作；八是抓紧做好丽江旅游规划的编制及评审工作，做到高起点、高标准，为丽江今后 10～20 年的旅游开发工作提供科学的指导依据。

发挥旅游业的带动作用

丽江旅游业经过多年的发展，在当地国民经济中支柱产业的地位基本形成，现在我们丽江市委、市政府正积极筹划发挥旅游业对一、二产业的拉动作用，鼓励多种经济成分办旅游，大力发展旅游相关产业。围绕旅游业创造的市场需求，有重点地建设一批农产品基地、旅游工艺品生产和加工基地、餐饮服务基地等。鼓励社会各方面围绕旅游“吃、住、行、游、购、娱”六要素搞服务，形成旅游主导型产业链和产业群。推动农产消费品和旅游工业品与旅游业发展需求相结合，调整产品结构，最大限度地以地方特色产品满足游客消费需求，提高游客在餐饮和购物消费中地方产品的比重。同时研究开发农业生态旅游示范园建设。如选择交通方便的地方建设规模化的梅园和苹果园，园内作旅游观光，园外安排果脯等购物；又如建设百草园和高山药物花卉园，园内观光，欣赏各类药材植物，园外购买地方中药材。通过旅游的带动，促进当地群众脱贫致富奔小康。

目前我们按照大旅游观念，正科学合理地搞好保护与开发工作，积极努力使丽江成为人类理想的精神家园，把丽江建设成为世界一流的旅游胜地。我们相信丽江的明天会更好，一个世人向往的地方——中国的丽江、世界的丽江将在滇西北高原上更加灿烂辉煌。

经营城市如果最终不能做到发展，那不叫“经营”，而是简单的“卖”。而卖的结果往往就是一次性的消费，如果真这样，那这座城市可就惨了。而安徽省淮北市在经营城市中充分注意到了这个问题，该市市长李忠金著文为证。请看：

16. 奏响经营城市的发展强音

淮北市市长　李忠金

淮北市第五次党代会确立了把淮北市建设成为现代化工业、商贸、旅游城市的战略构想。安徽省委、省政府已把淮北市规划为百万人口城市。围绕上述战略构想与目标，我们淮北市以城市转型为抓手，以经营城市理念为指导，调整产业结构，优化产业布局，强力推进城市建设，以城市大发展促进经济大跨越。实践证明，我们的目标是对头的，我们的定位是准确的，我们的思路是正确的，我们的举措是得力的，效果是明显的。经营城市使淮北出现新气象，也为我们今后如何加快淮北未来城市化建设壮了胆，拓宽了思路。

第一，立足于一个“转”字，转变政府职能，把经营城市的强音奏得更加响亮。

加入WTO后，政府的主要职能就是提供“公共物品”，提供优良环境。我们要主动适应这一转变，把政府职能真正从管理企业转移到管理城市上来。牢固树立抓经营城市就是抓经济建设的战略观念和“环境就是生产力”的意识，进一步加大经营城市的力度，以经营的眼光规划城市，以经营的手段建设城市，以经营的方式管理城市，通过全国文明城市创建和国家园林城市创建，全力打造城市品牌，盘活存量，提升总量，使城市资产最大化增值，发挥城市资源最大效益。坚持城市建设与经济建设同步发展、适度超前，通过环境的改善，“筑巢引凤”、“以柔促刚”，以优质的环境来促进经济发展，以经济发展反哺城市建设，形成城市经济的良性循环。

经营城市的关键是要建立一个“强政府”的形象。为此，我们主要是通过机构改革和行政审批制度改革，实现了强化政府管理城市的职能。这样做的结果，既理顺了关系，减少了环节，提高了效率，又保证了政府在城市发展上把握大方向，抓重点，出思路，有权威，政令畅通。

第二，立足于一个“准”字，准确城市定位，把城市的蓝图描绘得更加美好。

城市规划是城市的基石，基石不正，城市难立。城市规划的关键又在定位。根据所确定的现代化的工业、商贸、旅游城市和百万人口大城市的要求，力争到2010年，把淮北市建成苏鲁豫皖四省交界处最适宜创业和居住的百万人口大城市和国家园林城市。围绕这一目标，在规划的理念上，我们从“技术规划”转到“经济规划”上来，以城市发展纲要为指导，以经营的眼光规划城市，科学规划，整体运作，力求创造最佳经济效益。在规划的重点上，突出优化布局，合理分布产业和人口，优化用地结构，着重加强二、三产业，特别是商贸、旅游产业，优化生态环境，提高市民生活质量；优化城市基础设施布置，支持协助经营城市，完善城市整体服务功能。在规划的层次上，注重规划的系统性和协调性，建立起以总体规划为纲，以分区规划、专业规划、控制性详细规划为目的、相互衔接的城市规划体系。在规划的方法上，体现公开、公平、公正，推行“阳光”规划，公开竞标，大胆借用外脑，广泛吸收国内外的专家和群众参与。

第三，立足于一个“精”字，实施精品工程，把城市建设得更具个性。

要把城市的规划变为蓝图，必须按照规划先行、量力而行、分步实施、精心设计的原则，把淮北建成以人为本、青山碧水、绿色清静的美丽城市。为此，我们坚持五个“两手抓”。一是一手抓基础设施，一手抓形象工程，完善功能、提升形象。重点抓好城市区域供水、城市燃气、污水管网、垃圾处理和填埋工程以及城市路网建设，进一步完善城市功能。二是一手抓山，一手抓水，实施“青山碧水”工程。重点抓好相山山体绿化以及闸河、新濉河治理，南湖、东湖、化家湖的综合治理，大力实施“水利进城”、“林业进城”，通过退耕还林、塌陷地造林，使相城“显山”、“露水”、“透绿”，力争2～3年，建成山水相间，林带相连，花草相依的国家级园林城市。三是一手抓绿化，一手抓亮化，实施道路改造和广场建设工程。四是一手抓规划，一手抓规范，大力实施小区建设工程。按照超前规划、适度开发原则，逐步建立起统一规划，成片开发，组团建设的小区建设模式，杜绝住宅建设中的小、乱、散现象。五是一手抓建设，一手抓保护，挖掘城市文化内涵、积极做好柳孜隋唐古运河码头、临涣古城墙、汉画像石、濉溪老城石板街等文物景点的保护和开发工作，提升城市文化品位。

第四，立足于一个“管”字，构建长效管理机制，把城市管理得更加有序。

吸收沿海发达城市管理的先进方法管理城市，使城市管理更科学、更规范、更有效，使要素流动更顺畅，人民生活更方便，这是政府管理城市的根本点和出发点。我们主动适应城市发展的需要，实现城市管理的“四个转变”。一是实现由突击性、应付性向经常化、法制化转变。积极开展各项专项整治，使城市面貌有个根本改观。在此基础上，由死看死守、重罚严管逐步走向依法管理、文明管理。二是实现由行政管理为主向市场运作为主的转变。积极稳妥地推进城市管理体制改革，实行政企分开、政事分开、管干分离，引入市场机制，提高城市管理功效。三是实现由对环境的管理向对人的管理的转变。坚持以人为本，创建学习型城市，提高市民环境意识、家园意识。四是实现由管理型向服务型的转变。在管理中服务，在服务中管理，在服务和管理中密切党群干群关系。

实践也使我们进一步认识到，经营城市的理念不仅能解决城市建设资金上的困难，为城市的大发展提供巨大的资金支持，促进城市硬件发生巨大的变化，还会使人的观念发生巨大的变化，实现加快城市两个文明建设的巨大进步。

同是那座城池，同是那方山水，为什么会在仿若一夜之间就能发生出人意料的巨变？霍州市市长梁若皓的文章给人以很深的启示。请看：

17. 霍州脱颖而出在于经营城市

霍州市市长　梁若皓

霍州市地处山西省中南部，位于临汾市的北大门。全市总面积765平方公里，辖3乡、4镇、5个街道办事处，有187个行政村、13个居委会，总人口28.5万，其中城市、城区人口12.8万，占总人口的44.9%。霍州历史悠久，有近3000年的文化积淀；区位优越，处于东西结合部、南北交汇处，承东启西、引南接北；交通便利，南同蒲铁路、大运公路、霍侯一级路和祁临高速公路纵贯南北，霍桃公路和即将开工的霍沁公路横跨东西；资源丰富，既有诸量达62.8亿吨的优质低硫肥煤和二氧化硅含量达99.65%的石英砂等20余种矿产资源，还有华夏惟一的州级衙署和五岳五镇之中镇霍山等丰富的人文自然旅游资源，是山西省重要的能源重化工基地之一，也是一座新兴的优秀旅游城市。

霍州市一直是以工业基础雄厚而著称的工业型城市，曾经为临汾、山西乃至全国经济建设做出过突出贡献。但是随着市场经济体制的建立和完善，霍州传统的重型工业体系在市场竞争中逐步失去优势，到上世纪经济曾一度下滑，各项经济指标位于临汾各县、市倒数第一。2000年5月，新的市委、市政府领导抓住霍州政治、经济、社会各方面的突出矛盾，深刻反思，提出了“在劣势中寻找优势，在困难中看到希望，在开拓前进中排除阻力，在奋起实干中解决矛盾”的指导思想，结合霍州实际，经过反复讨论，抢抓西部大开发的历史机遇，及时提出了今后全市发展的三大思路：一是在总体上确立了“以调结构上项目，培育新的经济增长点为中心，以旅游开发和城镇建设为重点”的“一个中心，两个重点”的发展思路；二是在旅游开发确立了“以霍州署综合开发为中心，以七里峪、陶唐峪强力开发为两翼”的“一体两翼”的发展思路；三是在城镇建设上确立了“以旧貌古的老城为中心，以现代气息的东西新区建设为两翼”的“一体两翼”的发展思路，并提出了“一年打好基础，二年初见成效，三年实现赶超，五年全面振兴”的奋斗目标。围绕上述发展思路，通过连续三年强力度组织实施以“解放思想造洼地，实施环境优化战略；扩大开放造声势，实施旅游带动战略；东出西进找人才，实施引老板战略”为主要内容的“三大战略”，使霍州经济开始走出低谷，有了新的变化。截至2002年年底，财政总收入实现16973万元，比2000年翻了一番，平均增速达到40.85%，并且由1999年在全临汾市倒数第一跃升为平川县市第一、全市第二。全市国内生产总值实现18.36亿元，比1999年增长31.6%，平均增速达到9.57%；与上年同比增长14.1%，其中工业增加值完成8.3亿元，同比增长24.7%，乡镇企业增加值完成4.7亿元。同比增长38.3%，农民人均收入达到2935元，同比增长6.2%；城镇居民人均可支配收入达到5579元，同比增长26.5%；社会消费品零售总额为4.1亿元，同比增长12.9%；全市银行存款由2000年的12亿元、2001年14亿元、2002年达到17.26亿元，年增18%。三次产业结构为6.7∶65.4∶28.5。

经营理念使产业调整出新招

加快调整产业结构是适应WTO要求、适应市场竞争、快速推进经济发展的必然选择。前几年，霍州市整体经济出现下滑现象：一是因为工业企业机制落后、产品粗放单一、历史包袱沉重；二是因为农业经济一直存在着“主导产业不突出、特色经济不明显、龙头企业未形成、农民增收困难大”的状况；三是第三产业规模小、带动力弱，尤其是城市建设相对滞后、功能弱，发展极为缓慢。有鉴于此，我们提出了“精一强二壮三”的产业结构调整思路。三年来，通过精选、快引，速建了一批调产项目，该市一、二、三产产业结构内部均出现了前所未有的变化，并出现新的特色。

优势在资源，束缚在观念。在工业结构高速中，我们没有放弃优势找优势，但也绝不守着优势不创新。三年来，我们按照“传统产业在调整中提高，新兴产业在创新中发展”的思路，一方面对煤炭、煤焦、化工、冶炼等传统优势改造整合、扶优扶强，做大规模，形成新的整合优势；另一方面积极引用高新技术，在精细化工、医药、铸造、电力上求新的突破。具体实施中，我们认为，调产难首先是选项目难，其次是融资难，更重要的是缺企业家人才。但反过来一旦引进一个成功的“老板”，他不仅能够带来项目，还可带来资金、技术、管理和市场等，项目建设的一切难题就都有机会迎刃而解。正是基于此认识，我们强力实施了“引老板”战略。市委、市政府领导亲领有关部门负责人多次上北京、下广州、闯上海、赴浙江组织招商引资会，参加项目洽谈会，多跑关系，广交朋友，诚引老板。到去年底，已有上海、广州、浙江、北京、沈阳、太原、临汾等地的20余位“老板”到霍州投资办企业，协议资金达45亿余元，完成投资8亿元。其中，由省二轻交通公司投资5600余万元建设的交通公司万吨钾盐生产线，已于2001年建成正式投产，实现了我市高科技企业零的突破；由中冶捷成公司、首钢、省煤运公司、霍州煤电集团投资5.2亿元的中冶134万吨机焦项目，一期工程已于2月18日点火烘炉；由广东韶钢冶联公司投资2.4亿元建设的80万吨机焦项目，一期工程也即将点火投产，构筑全省最大的机焦基地；由台湾鸿鑫贸易和天广泰工贸共同投资的鸿泰镁业2万吨金属镁项目正在加紧建设；由临汾老板投资3000万元的民康药业将填补我市医药化工空白；由沈阳客商投资1500万元的东晋冶炼有限公司冶煤项目已投产，二期5000吨V法铸造项目正加紧实施。还有由山西省地方电力公司、山西省电力公司共同投资120亿元的兆光发电厂300万千瓦发电项目一期工程和由山西晋能源发电公司、霍州煤电集团、山西串能电力实业公司共同投资4.5亿元的2×50MW环保型热电厂项目等，前期工作基本结束，近期即可动工兴建。与此同时，市化工公司投资4000多万元完成了10改20万吨尿素改造，增强了同国际先进企业竞争的能力。民营企业在环保行动中，从几乎全军覆没到重振雄风。目前，我市工业结构目趋合理，基本走上了规模型、科技型、环保型的新型工业化发展轨道。“引老板上项目”的发展模式被誉为“霍州模式”。

在农业产业结构调整中，“用最好的地种植高效的作物”、“千斤田变万元田”等一种新理念取代了传统的、封闭保守的旧观念。东坡小流域治理和大张日光节能温室的高收益为农业发展做出了成功示范。我们围绕临汾市种植业调整“121”工程，而确立的种植业调整“4252”工程，即建设4万吨优质专用小麦基地、25万亩枣粮间作基地和2万亩精细果菜基地工程，已迈出大步伐。目前已投资250万元建成10万吨枣粮间作基地，投资500万元建成200亩日光节能温室大棚和近千亩红提葡萄、油桃、中华寿桃等珍稀水果示范基地，还有总投资1450万元的日元贷款5万亩生态林业工程，投资450万元的11万亩天然林保护工程，投资830万元的6万亩退耕还林工程等。三年后，我们霍州市森林覆盖率可望由目前的21.3%提高到60%以上，接近发达国家水平。在畜牧产业上重点实施了“双十工程”，即10个规模养殖大户和10个规模养殖小区。目前，已发展了千头猪场5个，万只鸡场3个，其中5万只鸡场1个，规模养殖小区4个，基本形成了“沿山生态、沿路干果、沿河畜菜”的三条带发展格局，全市农业正在向高效农业、精品农业、观光农业迈进。

以经营为理念旅游开发出亮点

霍州历史源远流长，文化底蕴深厚，西周时曾为霍叔处的封地，称“霍国”。历代帝王将相、文人墨客都曾驻跸游览霍州，留下许多著名的诗文和遗迹。霍州自然人文景观丰富，旅游资源得天独厚。全市现有国家、省、市级文物保护单位110处，其中尤以隋末中郎将宋老生的军中幕府、唐初大将尉迟恭的帅府行辕、金元明清四朝州衙——霍州署和具有独特文化风格的霍山风景区品位最高。

霍州署是全国惟一保存完整的州级衙署，现存建筑就包含元、明、清三代不同风格，被我国古建研究专家梁思成先生称为“消稽绝伦的建筑独例”；出自明代霍州学正曹端之口的著名官箴“公生明、廉生威”更得到朱总理的极力推崇。霍山在颛划九州时曾作为冀州的镇山称为“中镇”，是史书记载的华夏“五岳五镇”十大名山之首，它所包含的“两峪三山”五个景区各具特色，魅力无穷。

七里峪风景区林海松涛，遮天蔽日，花簇草铺，景似塞外，云蒸霞蔚，气象万千，植被覆盖率高达95%，景区内大气环境质量超国家一级。中国社科院旅游研究中心副主任李明德教授、周乃斌教授等6位旅游专家考察七里峪后，称其为“天然大氧吧”、“华北的绿肺”、“北方的张家界”、“生物多样性宝库”。在1992年就被列为国家级森林公园，由老一辈无产阶级革命家薄一波同志亲笔提写园名，去年又被列为“省级自然保护区”。七里峪景区总面积90万亩，可游览面积36万亩，置身其中，就如置身于林海、云海、花海、草海之中，能够使您留恋忘返，来了不想走，走了还想来。

陶唐峪山雄水奇、谷幽石丽，据专家考证，尧王曾在此避暑，现有众多上古遗迹，是考察研究尧文化者必到之处；悬泉山风光绮丽，山势险峻，以山前一挂落差90余米的泉水而得名，山顶悬泉阁曾为五湖十六国夏王赫连勃勃的避暑山庄，有小华山之称。所有这些都为霍州发展旅游提供了得天独厚的便利条件。但长期以来，由于只强调文物保护，忽视开发宣传，致使众多的旅游资源“藏在深闺人未知”。

2000年5月，我们广泛深入地调研后提出“旅游兴市”的口号，把旅游开发作为霍州对外开放的窗口，调整产业结构、推动经济发展的突破口，按照“政府引导、社会兴办、市场运作、全民参与”的工作方针，提出了创建“全国优秀旅游城市，历史文化名城，国家级风景名胜区”的三大目标。通过近三年的不懈努力，取得初步成效。在基础设施建设上，先后完成了霍州署一期开发，陶唐峪、悬泉山整体开发和两条旅游线路的拓宽硬化，七里峪总体规划、旅游度假村建设等58个重点项目建设，为旅游发展奠定了坚实的基础。在景区的宣传推介上，我们重点实施了四大宣传活动：一是由中央电视台、山西电视台拍摄播放了《霍山风》、《霍州门神》、《走进霍州》等旅游专题片；二是开通了北京西——韩城的“霍州号”旅游专列；三是成功举办了“中华姓氏园选址专家考察论证会”，通过数十位国内知名专家从历史的、文化的、经济的多角度论证，使“中华姓氏园”得以真正落户霍州；四是连续成功举办了三届“中镇霍山·华夏州署”旅游月活动，并且三届分别打出三大亮点，极大地提高了霍州的知名度。在首届旅游月上，发起并成功举行了霍州署与北京故宫、河北保定直隶总督府、河南内乡县衙旅游景点对接活动，隆重推出了体现中国古代从中央到地方官文化系列的“中国四大古代官衙”国际旅游专线；在第二届旅游月上，以“五岳五镇”十大名山之中镇霍山为重点，发起并成功举行了与东镇沂山、西镇吴山、南镇会稽山、北镇医巫闾山的“华夏五大镇山”国际旅游专线联袂对接活动；在第三届旅游月，策划并成功举办了霍州青年杨向东驾汽车跨霍山的“世纪险越”活动。这些活动分别经过全国几十家媒体报道，尤其是中央电视台、香港凤凰卫视、山西卫视、中国城市经济杂志社等媒体的参与和众多从中央到地方各级领导的关怀支持，使霍州市声名鹊起，知名度不断提高。在文化挖掘上，市成立了霍山文化研讨会、曹端文化研讨会，并广泛开展学术交流活动，研讨论证出“霍国遗址在霍州、天下霍姓出霍州、中华门神源霍州、威风锣鼓根霍州、中国历史纪年始霍州、大禹治水首霍山、尧山避暑在霍山、秦始皇先祖在霍山”八大成果，丰富了霍山文化，提升了旅游品位。三年来，我市共接待包括美国、英国、日本、新西兰、挪威在内的国内外游客100余万人次，直接旅游收入200余万元，综合经济效益5000万元以上。更重要的是，通过旅游宣传，让霍州走出山西，走向全国，吸引巨大的人流、物流、信息流、资金流，对霍州发展起到了巨大的推动作用。

目前，我们正在全力打造“华夏州署”和“中镇霍山”两张王牌，组织实施三大重点工程。

一是霍州署综合开发工程——精雕中华惟一。作为国家级重点文物保护单位的霍州署，总占地面积为3.85万平方米，现只有1.87万平方米对外开放，大部分为市政府办公占用。为使这一历史文化瑰宝以全貌向世人展示，我们正在运作将霍州列为全国50个城市市场改造试点之一，由原国家国内贸易局商业网点建设开发中心提供3000万元建设资金，在东城区建一栋高十五层的政府办公大楼，将政府迁离州署大院，然后实施霍州署全貌恢复工程，修复二堂、后宅、花园等原有建筑，充分展示其丰富的文化内涵和独特的建筑风格，使这一民族瑰宝重现唐元魅力。

二是七里峪旅游风景开发工程——建设生态旅游极品。我们瞄准建设国家级风景名胜区这一目标，分两步实施开发。首先，聘请中国城市规划设计院专家完成100平方公里游览区总体规划、控制性详规和部分修建性详规，争取省级立项，列入省“1311”规划，为下一步市场运作，招商引资，实施大规模开发建设奠定基础。其次，实施霍沁路建设工程。总投资2.5亿元，建设一条长43公里贯穿七里峪腹地的国家二级公路，目前已与泰中荣丰集团达成投资协议，一期工程将在本月底动工建设。

三是中华姓氏园建设工程——再造新的世界之最。“中华姓氏园”是中国沿海与中西部县市区长和地市经贸委主任第十五次联席会议推出的由六省、市激烈争夺，最后霍州代表山西全力争回的大型旅游开发项目，它聚旅游、文化、艺术、生态环境、高科技、度假、经贸多项功能为一体，集博物馆、纪念堂、主题公园三大内涵于一身，拟总投资60～120亿元，占地18～28平方公里。2001年9月，沿中联会议秘书处组织有关专家论证，正式选址在中镇霍山自然风景区脚下。工程计划分三期十年内建成，一期建设项目以中华百家姓主题标志性建筑为核心内容，二期建设项目以我国56个民族具有代表性的家族衣、食、住、行特色文化标志性建筑为核心内容，三期建设项目以海内外杰出华人馆建设为核心内容。中华姓氏园项目的建设，无论从经济、政治、文化角度看，都将是一个世纪杰作、世界之最，它将中华民族五千年的文明史立体地展现在世人面前，凝聚和激发华夏儿女爱国之情，必定成为炎黄子孙寻根之圣地，旅游之佳境。

现在，我们已按计划实施并完成了中镇霍山的标志山——悬泉山，设计并建设中镇霍山之标志性建筑——中镇庙，还按计划展开了其他一系列开发建设工程。

以经营为指导规划城市建设

夯实城市基础，加快城市化进程，是承载经济快速发展，扩大对外开放成果，树立现代城市形象的必然要求，也是全面建设小康社会的必然要求。霍州城市建设历史欠账较多，基础设施不完善，目前在不足4.7平方公里的城区内集聚着近13万人口，人口密度在全国县级城市中是少见的。为此，我们将城市建设纳入全市工作的重中之重，以规划为龙头，以加速发展建设为龙身，以强化管理整治为龙尾，强力度实施城镇扩张战略，基础设施建设与形象建设齐头并进，着力打造功能设施齐全、承载力和辐射力较强，既有旧貌古韵特色、又具现代文明气息的新型城市。

在城市规划上，按照“老城旧貌古韵、东西新区现代气息”的“一体两翼”总体要求，完成了《霍州市城市建设20年总体规划》的编制，并已通过山西省政府审批。在此基础上，请省城乡规划设计研究院相继编制了东城区控制性详规、城北工业园区控制性详规和老城区部分街道的拓宽改造规划。目前规划面积达3.09平方公里的东城区控制性详规已完成，正在实施；规划面积达4.5平方公里的城北工业园区控制性详规初稿已完成，正在进行修订。

在开发建设方式上，我们改变以往由政府投资建设的做法，树立市供水一、二期工程，彻底改变了城市居民“吃水难”和城市各业“用水难”问题；完成了集中供热一、二期工程，新增供热面积14万平方米，使城区集中供热覆盖率达到了30%以上，集中供气用户占到市区总数的40%。同时，由太原宏昌房地产开发公司投资5500万元，总建筑面积60000平方米的大众路拓宽改造工程，去年上半年动工以来，已完成部分楼座建设，有一座商场已于今年元旦期间开张营业；由太原老板投资建设的滨河小区，已完成了一期7栋商住楼32000平方米，并投入使用，大部分楼座用地已拍卖完毕。

2003年，是我市实现“三年赶超”目标的决战之年。在城市建设上，我们响亮地提出2003年为“城市交通年”，要在去年铺开战场的基础上，大刀阔斧，攻坚破难，通过大动作，大工程，实现大变化，大改观。重点实施十大工程建设：一是完成开元街二期建设。该工程去年已拆迁220米，今年完成13幢楼建设；二是启动开元街二期工程和世纪路山期开发工程。开元街全长2034米，今年全线贯通；三是北环路西拓工程突破围城；四是大众路改造全线竣工；五是进士巷通向南环路建设明清风格商业步行街。该街全长300米，需拆迁面积160000平方米，总投资4100万元，建筑面积18000平方米；六是鼓楼南街改造工程，全长330米，总投资6000万元；七是滨河小区二期工程和总建筑面积20000平方米的华怡商场工程；八是全长43公里的霍沁二级公路，从城南通过铁路、108国道及汾河的三跨桥与霍侯一级路接通，中部与大运高速公路连接线接通，向东穿越七里峪国家级风景名胜区与沁源县灵空山接通；九是实施工商广场改造工程；十是建设日处理2.2万吨污水处理厂，该项目最近已与挪威火龙公司达成协议；两个月内完成规划设计和可研报告，有望半年内资金到位，开工建设。自此，我市城市建设将势如破竹步入发展的快车道；城市化进程将进一步加快，旅游开发、城市建设将比翼双飞。

霍山脚下，汾河岸边，一个新型工业旅游城市正在崛起。在历史的长河，三年只是短短的一瞬间，然而，从霍州市迈出的战略破题——战略实施——战略推进的“三级跳”中，我们决心紧紧围绕十六大的战略部署，瞄准全面建设小康社会的奋斗目标，脚踏实地、开拓创新、与时俱进、奋力拼搏，为临汾市实现“建设中西部经济强市”做出贡献！

提到经营城市，不少城市的领导者往往表现出一种无可奈何的样子。尤其是一些欠发达地区的城市，他们在面对着自己的土地资源时，摇头感叹：这些土地要是放在沿海开放地方就好了。言下之意，由于他们城市不处在沿海开发地区，这些存量资本无法形成真正的资本。发展本地经济、利用城市土地资源他们无力回天。但四川省南充市领导不这么认为，市委黄顺福书记的文章可能对上述一些城市的领导不无裨益。请看：

18. 欠发达地区照样可以走经营城市的道路

中共南充市委书记　黄顺福

2002年以来，南充市认真贯彻“三个代表”重要思想和省委“三个转变”要求，大力实施经营城市战略，把先进的经济思想和经营理念融入城市规划、建设、管理之中，加快城镇化进程，实现土地出让收益9.24亿元，是1993年建市以来土地出让收益总和的8.8倍，实现土地融资10.5亿元，居四川全省第二位，完成城建投资9.5亿元，拓展市区6平方公里，城市化水平提升了2.8个百分点，初步探索出了一条欠发达地区经营城市，努力实现可持续发展的路子。

突破观念“瓶颈”，树立大城市带动大发展的战略思维

南充是经济欠发达地区，农业人口占78%，人均GDP全省倒数第二，城市化水平仅为22%，分别低于全国、全省15.7和6.2个百分点。南充又是川东北中心城市，劳动力资源丰富、科教实力雄厚，是四川省“十五”规划建设的大城市之一。随着三条高速公路、两条铁路、一个机场、一条黄金水道的陆续建成，南充将与成都、重庆构成独特的三角经济圈，发展大城市的区位优势和基础条件已经具备。

长期以来，南充的资源优势没有很好地形成经济优势，其重要原因就在于观念滞后，缺乏先进的经济思想和经营理念，在于城市化进程缓慢。去年以来，我们先后邀请了国内外知名专家、学者来南充讲学，组织相关单位负责人到大连、浙江、上海等地考察学习，深入开展“经营城市”大讨论活动，增强“大城市带动大发展”的观念、“用活城市资源遍地是黄金”的观念。

观念一变思路宽。我们重新审视新形势、新情况，决定抓住西部大开发历史机遇，把加快城市化进程作为改变城乡经济结构、促进城乡互动共融的突破口，作为推动工业化、加快现代化的切入点。我们高起点修编了第六次城市总体规划，确立了“以江为轴、北拓南延，跨江东进、拥江发展”的城市发展方向和“一心、三环、八轴、六园”的大城市骨架，将城市定位为“川东北中心城市、交通枢纽、商贸和科教文化中心，融山、水、城、林为一体，具有优美舒适人居环境的生态型园林城市”。

全市围绕“一年一变样，三年大变样，五年建成大城市骨架”的发展目标，大手笔拓展了城区，提升了城市发展质量和竞争力，打造出了滨江大道、北湖公园、松林小区等一批独具特色的城市精品。北湖公园原是市中心最大的封闭式公园，但园内脏、乱、旧十分严重。我们顶住压力，通过“拍卖新建的公园营业房解决了3000万元建设资金，通过招标保洁的方式和拍租公园经营、游乐设施的办法解决了运营管理问题，通过改革、改制解决了原有人员分流和就业问题。改造后的北湖公园品位高、环境美，游人络绎不绝，被市民称为“民心工程”。人们透过北湖公园的“破墙”之举，引发了一场思想解放、观念更新大讨论，看到了南充在经济思想和经营理念上的一场交锋和一次突破。

突破资金“瓶颈”，加速城市资源向城市资本的转变

合理配置资源，提高资源的利用效率，是经营城市的突破口。我们牢固树立城市大资源观，找到了发挥资源最大效益的新途径，把潜在优势转变成为现实优势，把“死钱”变为了“活钱”。

一是树立规划效益观。规划能够出形象，出效益，出生产力。我们将城市规划和城市经营的价值取向统一起来，用详规来显示各个区域的发展前景，涵养极差地价，造就增值预期，提升土地增值水平。清泉坝新区土地过去每亩10万元无人问津，规划为市政府办公区后，地价飙升到每亩25万元，实现土地增值数亿元。二是树立土地资本观。我们把土地资源资本化作为经营城市的核心，高度垄断土地一级市场，规范土地二级市场，改协议出让为公开竞价出让，尤其对经营性用地和商品房用地百分之百采取了公开招标挂牌拍卖，最大限度地盘活了城市土地资本，使之成为推动城市建设的“第二财政”。去年，通过土地竞价出让，市本级出让土地收益同比增长10.5倍，总收入居全省第二位，平均地价居第一位。今年上半年，市本级出让土地金总额是去年同期的2.5倍，再创历史新高。三是树立资源（资产）商品观。视经营性城市资源为“特殊商品”，有效剥离其所有权公开竞价拍卖顺庆、高坪、嘉陵三区河道砂石开采经营权，收益1018.9万元，比上年增加5倍以上。今年上半年，我们严格实行“准运证”制度，出让矿产开采权，收益518万元，同时加强矿产资源税费联合统一征管，收取矿产资源补偿费600万元，既保证了矿产资源的有效管理，又为城市建设积聚了资金。我们还将城市无形资产进行“有形化”运作，建立了特许经营权的收益机制。去年以来，通过公用设施冠名权、广告权出让，成功修建了四座城市天桥，价值700万元。四是树立置换增值观。通过“腾笼换鸟”，实现城市资产的流动增值，我市将位于市中心的环形体育场拍卖，收入8020万元，实现了在新区建设一个三倍于原体育场的新体育场、市中心建设一个休闲广场和一个现代商城的收益。五是树立多元投入观。根据“谁投资、谁建设、谁所有、谁受益”的原则，把市场机制引入城市建设，打破政府垄断城市建设，特别是公用基础设施建设和经营的旧模式，探索股份制、合资合作制等市场化多元融资方式，使城市建设从以往简单的生产过程变成为资本运营过程，形成了政府主导推动、多元主体参与、社会公开运作的城市经营格局。去年完成城建投资5.5亿元，同比增长52%。

突破体制“瓶颈”，构建经营城市的效率机制

城市经营的核心是把城市作为人格化的经济实体和市场主体，以政府拥有的公共权力优化配置资源要素，实现城市的保值增值、良性发展。2002年以来，我们下决心理顺体制关系，坚持规范运作、统放结合，形成了一套合理、有序的城市经营管理机制。

一是建立规范的科学决策机制。健全了公众参与、专家评审、政府决策“三位一体”的规划审批制度，构建了城市总规划指导下的分区规划、控制性详规、法定图则和修建性详规相配套的城市规划体系，城市详规覆盖率达55%。二是建立土地集权管理机制。成立了以市长为组长的土地资产管理协调小组，严格坚持土地经营集体会审制度，改经常性审批为定时性集体研究审批，有效地防堵了国有资产流失。建立城市土地统一规划、统一征用、统一储备、统一开发整理、统一供应、统一监督管理的“六统一”制度，确立了由市国土资源局惟一代表市政府经营土地的职能，使土地市场步入了依法、规范的轨道。加大土地隐形市场整治，去年以来，依法收回闲置土地面积594亩，价值超亿元。三是建立土地储备、整治和融资机制。在确保实现耕地自求平衡的基础上，去年储备土地3500亩，今年已经储备8000亩。坚持售熟地、不售生地，售整体、不售零块，通过控制总量、“饥饿”投放，有效调剂土地市场，始终保持土地市场旺盛的发展活力。南门坝原为低洼的河滩地，经过修堤和“三通”改造后，地价由过去的每亩10万元升至27万元。加大土地融资力度，形成“借、管、用、还”的土地资产运作机制。去年，市本级完成土地融资1.5亿元，今年上半年已经实现土地融资9亿元。四是建立投标约束机制。试行“无标底合理低价”的招投标机制，采用报名、审查、评定机构完全分离的方法，公告招标项目，严格资质审查，按投标报价从低到高排出中标候选人，通过答疑陈述其低

价的合理性，评定“最合理的低价”为最终中标人。去年以来全市共节约城建资金1.2亿元，仅清泉坝新区建设就节约5000多万元。五是建立城市管理的整体联动机制。管理是一项重要的城市资本，是经营城市的重要组成部分。我们健全了两级政府（市、区）、三级管理（市、区、乡或街道）、四级网络（市、区、街道或乡镇、居委会或村）的城市管理运行机制，相对集中行政处罚权，逐步实现综合执法，使城市管理向现代化、法制化、规范化迈进。

突破产业“瓶颈”，打造城市发展的经济支撑

城市发展的基础是经济发展，直接体现是产业的积聚和支撑。作为生产力水平较低，产业优势不突出的欠发达地区，必须把做强支柱产业作为经营城市的基础和先导。南充是著名的果城、丝绸之乡和轻工业基地，传统产业占据很大比重，随着经济全球化和市场竞争加剧，产业支撑作用越来越弱。去年以来，我们坚持把“产业兴城、产业兴市”放在首要位置，确立了“做强工业、提升农业、壮大三产、经营城市、加强党建”的发展思路，提出了产业互动、城乡共融、五业并举”的产业化发展重点，通过改造传统产业、培育优势产业、激活微观主体、实施龙头带动，大力提升了以商贸、房地产为重点的服务业，以丝纺、食品为重点的轻工业，以炼油、生物制剂为重点的石化业，以医药、电子为重点的高新技术产业及以教育、医药卫生为重点的文教卫生产业等城市骨干产业。一年来，我市工业化、城镇化进程加快，二、三产业提高了2个百分点；高新技术、水电、医药等新兴产业比重上升，科技对经济的贡献率增大；名牌企业和名牌产品不断涌现，诺玛特、肯德基、麦当劳等世界知名企业的引进和“春飞”、“庞大”、“嘉纺”等知名品牌提升了南充的美誉度。

产业的强化和振兴，又带动和推进着城市化进程的加快和提升。产业的快速增长和发展，不仅为经营城市积累了资金，为城市提供了就业岗位，也促进了地方经济的发展和人民生活的改善，解决了许多长久都未解决的社会难题。去年，我市GDP在连续5年两位数增长的基础上增长10.6%，招商引资、基建投入、旅游收入等均以两位数的速度增长，全市城镇居民人均支配收入增长了395元。今年上半年，我们克服非典和干旱影响，GDP增幅达到11.3%，规模以上工业企业产值同比增长32.6%，社会消费品零售总额增长14.3%，固定资产投资增长79%，地方财政一般预算收入增长25.7%。经营城市走上了大投入、高产出、高效益的良性循环之路，一个充满生机、独具个性、蓄势待发的现代化大城市在产业的带动下呼之欲出。

经营城市绝不能只着眼于卖地。许多专家学者一直在做经营城市的诠释甚至是启蒙式的工作。强调经营城市是一种理念，一种意识，一种思想。有了这种理念、意识和思想，工作方式、方法就不一样。鄂尔多斯市市长和书记，在著文谈该市经济和社会发展时，都没有谈到他们是如何经营城市土地的事。然而，通过他们的“推进鄂尔多斯经济社会跨越式发展”的一系列举措，我们都从中读出了“经营城市”的底蕴和韵味。请看：

19. 用经营城市理念推进鄂尔多斯经济社会跨越式发展

鄂尔多斯市市长　刘　锦

鄂尔多斯市位于中国的正北方，雄浑的黄河用壮美的身躯将其三面环抱，8.7万平方公里的地域上生活着近140万各族人民。市辖7旗1区。境内资源富集，煤炭探明储量1244亿吨，约占全国的1/6，已开发的主要有准格尔、东胜、万利、西卓子山煤田，2003年煤炭产量可达8000万吨，近年来我市安全生产率一直远远低于有关部门下达的控制线；黄河万家寨水电站、达拉特电厂一、二期、国华准格尔电厂等发电装机总量近300万千瓦；我国最大的世界级整装气田——苏里格气田，探明天然气储量7504亿立方米；煤层气、天然碱、食盐、芒硝、石膏、石灰石、高岭土等矿产资源储量也十分丰富。耕地面积623万亩，可利用草场7000多万亩。鄂尔多斯集团羊绒生产加工、销售量占全国的1/2、世界的1/3。鄂尔多斯民族文化独具特色，蒙古民族传统风俗礼仪保留较为完整。境内有成吉思汗陵、银肯响沙、恩格贝、阿尔寨石窟等旅游景点。

改革开放以来，我市有效实施资源转换战略，国民经济特别是工业经济焕发出前所未有的活力，实现了以农牧业经济为主导向以工业经济为主导的历史性跨越，初步构筑起了能源、绒纺、化工、建材、高载能、农畜林沙产品加工、生物制药、高新材料等8大支柱产业，走出了一条特色鲜明的区域经济快速发展之路。2003年，预计全市国内生产总值265亿元，财政收入28.5亿元，城镇居民人均可支配收入7200元，农牧民人均纯收入3000元。经济总量已跃居内蒙古自治区第三位。

鄂尔多斯市是中国西部大开发的重要战略平台之一。党的十六大和十六届三中全会犹如一股强劲的东风，掀起了中国改革开放的新高潮，全国各地百舸争流，竞相发展。作为国家重要的能源战略基地，鄂尔多斯市抢抓机遇，奋勇争先，力争到2010年，全市GDP超1000亿元，财政收入超100亿元，农牧民人均纯收入超1万元，城镇居民人均可支配收入超2万元，把鄂尔多斯建设成为国家中西部地区的现代化经济强市，与呼和浩特、包头市并驾齐驱，成为拉动内蒙古自治区经济发展的第三个火车头，率先实现全面建设小康社会目标。

实现“四个超一”奋斗目标，我们将牢牢把握发展这一第一要务，统筹城乡发展，统筹经济社会发展，以更高的目标、更大的步子、更快的速度，大力推进新型工业化、农牧业产业化和城镇化进程。

坚持“工业立市”，牢牢抓住工业这一主导，举全市之力，加速推进工业化进程，重点构筑“大煤田、大煤电、大化工、大载能”四大能源重化工产业，到2010年，力争建成2亿吨煤炭基地、3000万千瓦以上电力基地、1000万吨煤化工和天然气化工基地、500万吨高载能产品基地，使鄂尔多斯市成为国家重要的能源基地、高新材料基地，成为世界级的重化工基地、高载能产业基地、绒纺工业基地。

按照“建设绿色大市、畜牧业强市”的农牧业发展思路，尽快做大做强畜牧业总量，不断提高畜牧业在一产增加值中的比重；继续调整生产区域布局，着力建设沿黄河、无定河高效农牧业经济增长带，促进优势产业向优势区域集中；坚定不移地实施禁牧、休牧、划区轮牧和退耕还林、退牧还草，加大生态建设力度，实施生态移民，实现可持续发展；加快培育龙头企业，推进农牧业产业化进程，促进农牧业增效、农牧民增收；充分发挥工业吸纳农村牧区富余劳动力强的有利条件，有针对性地开展就业培训，使更多的农牧民从事二、三产业，致富农牧民。

结合生产力布局调整，全力构筑“一个中心组团、两级发展主轴”的城镇结构网络，形成以东胜、青春山开发区、阿镇为核心的区域性中心城市和以109、210国道沿线重点城镇构成的“十字型”发展主轴，集中全市85%以上的城镇人口；加快交通基础设施建设，构筑呼、包、鄂“金三角”环状高速交通大动脉，新建呼准铁路、准神铁路、东乌铁路，形成横穿东西和纵贯南北“十”字相交的铁路大通道，新建鄂尔多斯机场，形成公路、铁路、航空立体交通网络；加快青春山开发区建设，尽快实施政府搬迁，拓展城市发展空间。通过加快城镇建设，为构筑“四大”产业集群搭建平台，为农村牧区富余劳动力创造就业机会，从而聚集人口，促进消费，拉动三产快速发展。

将社会事业摆到与经济建设同等重要的位置予以高度重视，使之与经济的快速发展相适应。深化教育体制改革，抓好义务教育阶段教育，积极发展高等教育。强化卫生基础设施建设，构建较为完善的基层卫生服务网络。大力发展公益性文化事业和文化产业，丰富和活跃城乡文化生活。高度关注民生，促进就业和再就业，努力提高城乡人民生活水平。

充分发挥鄂尔多斯市资源、区位等比较优势，优化开放环境十分重要，加快对外开放步伐，扩大招商引资规模，不牢固树立经营意识，就难以做到大开放促进大发展。新的发展形势要求我们，在加快自身发展的同时须以更加开阔的视野和更加开放的姿态，以经营理念为指导，做好区域间的交流与合作，只有这样，才能获得持续发展的不竭动力。真诚欢迎海内外各界朋友前来我市投资开发，共创伟业，我们将以宽松的政策、一流的服务为广大客商营造良好的投资发展环境。

经营城市离不开“诚信”二字。邯郸人认为，市场经济是契约经济、信用经济，做买卖、搞合作都离不开“诚信”二字，自古就有一诺千金美誉的邯郸人，在运用经营理念指导城市化建设过程中，是如何把祖上古训运用到经营城市中来的呢？该市市委书记董强、市长张力有专文。请看：

20. 弘扬诚信美德经营好邯郸古城

邯郸市市委书记　董　强　市长　张　力

邯郸是国务院批准的甲类开放城市和中国历史文化名城。这里曾是战国七雄之一赵国的都城，西汉时期为全国五大都会之一。新中国成立后，古城邯郸重新崛起，如今已成为辖 19 个县（市）区，总面积 1.2 万平方公里，人口 844 万的晋冀鲁豫接壤区中心城市。

改革开放以来，特别是党的十五大以来，邯郸和全国一样进入了发展的快车道，综合经济实力、人民生活水平和社会事业都取得前所未有的发展。全市国内生产总值年均递增 10%，今年预计达到 653 亿元；财政收入年均递增 9.6%，今年预计达到 50.8 亿元；城镇居民人均可支配收入年均递增 4.3%，今年预计达到 6200 元左右；农民人均纯收入年均递增 4%，今年预计达到 2745 元。邯郸国有企业改革稳步进行，涌现出了邯钢这样的国企改革与发展的先进典型。邯济铁路、邯峰电厂、邯钢薄板坯连铸连轧等一批重点项目相继建成投产。邯郸农业也有大规模发展，辖区内建成许多国家农产品批发市场、农业科技示范园区和一批产业化龙头企业。基础设施建设快速升级，城市面貌发生了新的变化。

进入新世纪之后，邯郸市自觉按照市场经济规律办事，把城市发展经济建设等自觉置于“经营”理念之中，坚持以发展为主题，以结构调整为主线，以改革开放和科技进步为动力，以提高人民生活水平为根本着眼点，全面实施科教兴市、开放带动、可持续发展三大战略，努力把邯郸建成特色突出的名优农业基地、结构较为合理的基础工业基地和辐射力强的商贸物流集散基地，实现全市经济的跨越式发展。

实现大的跨越，邯郸有许多优势：一是独特的区位优势。邯郸位居四省交界，是东西两大经济区结合部“较大的市”，历来是交通要冲和人流、物流集散地。邯郸形成了“四纵三横”的铁路、公路交通框架，距北京、天津和黄骅港、烟台港都只有 4～5 个小时的汽车路程，邯郸飞机场即将开工兴建。二是资源和产业基础优势。邯郸地处北纬 36°～37°，日照充足，温湿适宜，农业基础较好，发展潜力很大；以“两黑两白”等资源为依托的冶金、煤炭、电力、建材、纺织、陶瓷等工业产品在全省乃至全国占有重要位置。三是体制创新的优势。邯郸国有大中型企业较多，省部属大企业、科研单位实力较强，随着社会主义市场经济体制的确立，体制创新的潜力将会得到进一步的发挥。同时，邯郸的城市功能进一步完善，城镇面貌有了新的变化，社会各项事业取得了长足进步。我市连续四届被评为全国“双拥模范城”，是河北省创建文明城市先进城市。这些优势，为邯郸的发展奠定了良好的基础。

在市场经济环境中，如何真正做到公平、公正、公开？如何确保童叟无欺，使到邯郸投资兴业者具有安全感？这是我们市委、市政府一直紧抓不放的工作。作为全国历史文化名城，邯郸文化底蕴深厚，重诺守信的传统美德为历代所尊崇。特别是应对加入 WTO 后区域经济发展竞争的新形势、新挑战，市委、市政府坚持把优化经济发展环境作为系统工程常抓不懈。我们围绕“建设诚信邯郸、打造诚信品牌”的主题，着力营造配套先进的基础环境、高效透明的行政环境、文明优质的服务环境、公平竞争的市场环境、规范严明的法制环境、健康向上的人文环境。在硬环境建设上，以完善城市功能、提升城市形象、营造优美的人居环境为目标，连续四年实施城市建设与管理攻坚战，城市功能日臻完善，管理水平不断提高，向着创建国家园林城、卫生城、优秀旅游城、模范环保城和国家级文明城市的目标扎实迈进。在软环境建设上，市委、市政府把建设高效透明、公正廉洁、与国际惯例接轨的行政环境作为重中之重来抓，在河北省率先推行了行政审批制度改革。建立了项目审批中心、收费中心、投诉中心等五大中心，实行“一条龙办公，一站式服务”。投资1000多万元建设电子政府和数字邯郸，构建了以市长公开电话为龙头，108个市直部门和19个县（市）区互联互通的邯郸政务网。同时强化对优化环境工作的行政监督、新闻舆论监督和社会监督，在全市53个执纪执法机关、经济管理部门和社会服务单位开展了以“树立行业新风、优化经济环境”为主题的行风评议活动。

市场经济是契约经济、信用经济，做买卖搞合作，靠的是一个“诚”字。邯郸自古有一诺千金的民风，今天更把“诚信”作为自己闯市场、求发展的无形资产。“‘诚信的邯郸人’是我们城市的名片”这句话已成为全市人民最响亮的口号。市委、市政府提出了鲜明的目标：把邯郸建成一个商业机会多、比较成本低、投资回报大的城市；建成一个社会秩序好、市场环境优、具有安全感的城市；建成一个让人感觉舒适方便、心情舒畅、诚实可靠的城市。

今天，“诚信的邯郸人”以经营城市的理念为指导，诚邀八方有志之士，来邯郸投资兴业谋发展。这片古老的热土，定会给您一个全新的感觉，定会给你一个实现希望和抱负的机会。

北京作为首都，它的一举一动总是备受世人关注。该市国土资源和房屋管理局局长苗乐如“经营城市土地，推进市场建设”的文章，让我们眼睛为之一亮。请看：

21. 经营城市土地　推进市场建设

北京市国土资源和房屋管理局局长　苗乐如

经营城市，作为一个全新的理念，随着城市迅速发展，以及不断提高城市自身品位的实际需要，不仅为越来越多的城市管理者所认识，而且还在实践中不断地深化、创新。

我就经营城市土地，推进市场建设这一内容结合北京市的工作实际，谈一些认识和体会。

一、各级国土资源管理部门肩负着崇高的历史使命，是机遇，是光荣，更是责任

经营城市实际上是要控制城市发展的制高点，掌握城市竞争的主动权，实现城市建设与经济的可持续发展。城市土地作为城市最大的资产之一，必然成为经营城市的重要内容。为此，党中央、国务院及各级人民政府对土地经营管理给予高度重视，寄予极大期望。

2001 年 4 月国务院颁布了《国务院关于加强国有土地资产管理的通知》。今年年初中纪委七次全会和国务院第四次廉政工作会议明确提出要建立经营性土地使用权出让，实行招标拍卖挂牌等制度。为贯彻党中央、国务院部署，今年 5 月 9 日，田部长签发 11 号部令，明确规定经营性土地出让实行招标拍卖挂牌制度的实施时间、政策等。

北京市委市政府非常重视城市工作和土地管理工作。贾庆林书记在今年 5 月召开的市九次常代会上的报告中提出率先基本实现现代化的宏伟目标，与之相适应，提出北京市要高标准规划城市，高质量建设城市，高效能管理城市，高水平经营城市……，有序推动土地、基础设施等城市资源的市场化进程。刘淇市长在 7 月 19 日的市委市政府 2002 年上半年经济形势分析会上的讲话再次提出要做好土地收购、整理和储备，搞好土地一级开发，实行土地招标拍卖，抓紧制定住宅建设的中长期规划，加强房地产市场调控……稳步推进经营城市，有序推动土地、基础设施等城市资源的市场化进程。

今年 1 月 31 日北京市人民政府批转《市国土房管局关于加强国有土地资产管理建立土地储备制度意见的通知》（京政发〔2002〕4 号），4 月 30 日市政府下发《北京市人民政府关于印发北京市第二批取消和调整行政审批事项目录的通知》（京政发〔2002〕16 号），6 月 28 日北京市人民政府办公厅转发《市国土房管局等五部门关于停止经营性项目国有土地使用权协议出让有关规定的通知》（京政办发〔2002〕33 号）。明确从 7 月 1 日起，取消了商业、旅游、娱乐、金融、服务业、高档住宅等经营性项目国有土地使用权协议出让。这些文件的出台，为全市加强土地管理，建设土地市场提供了强大的制度保证。为了贯彻落实上述工作，我们正在抓紧制定相关的配套政策，如《北京市招标拍卖挂牌出让国有土地使用权暂行规定》、《北京市土地交易市场管理暂行办法》、《关于经营性项目用地在入市交易中有关规划管理问题的通知》等法规文件。

二、抓机遇，深化土地经营制度改革，加快土地市场培育发展

与其他城市相比，北京市的土地经营工作和市场建设起步较晚。杭州市于 1997 年就建立了土地收购储备制度，上海市 1996 年成立了土地发展中心，启动了土地收购储备土地。深圳、武汉等地的工作开展的都比较早。

按照部的工作部署和市政府的要求，去年以来，我们加强土地经营制度改革的研究和各项工作准备。抓住当前的历史机遇，积极推进土地储备制度的建立，加快经营性项目用地由协议出让向市场化招标拍卖挂牌出让方式的转变。

今年上半年，北京市经济增速达到9.1%，其中房地产开发投资累计完成338.9亿元，增长36.2%，占全社会投资的比重高达55.2%。良好的经济发展形势和房地产市场形势为土地经营和市场建设奠定了良好的基础。

北京作为国际化大都市，不仅吸引着全国各地的资金，还吸引着大量国际资金。尤其是在中国加入WTO和申办奥运成功以后，给国内外资本运作带来了广阔的前景。在市委、市政府的指导下，我们抓住机遇，克服各种困难，在土地经营和市场建设上实现了历史性突破。

首先在土地储备方面，我们成立了北京市土地储备中心。中心的职责是依法对国有土地收回、收购、置换和对房地产等经营性项目需使用集体土地的进行统一征地；建立市政府土地储备库；对政府以“熟地”出让的土地组织拆迁和基础设施建设等前期开发工作。

在市场建设方面，我们在今年2月28日成立了北京市土地交易市场。土地交易市场的职责是：受政府和其他单位委托，具体实施国有土地使用权出让、转让的招标、拍卖和公开挂牌交易；定期向社会发布本市土地使用权供求信息、市场行情和指导价格；为政府主管部门对土地使用权出让、转让、土地登记发证和税费征收以及中介机构现场服务，实行“一站式”办公，提供服务“窗口”。我们今年上半年成功地组织了两次土地招标。一个是广渠门外东五厂国有土地使用权出让招标。该项目规划占地面积48.7766公顷，其中宗地出让面积42.7283公顷。这次招标于2月28日开标，有四家单位参与了投标，评标委员会最终确定广州富力地产股份有限公司为中标人，中标总价315889万元。这次招标为今后北京市的工业企业搬迁起到了良好的示范作用。另一个是西红门经济适用住房项目土地出让招投标工作。西红门经济适用住房项目建设是北京市人民政府2002年为北京市民承办的60件实事之一。总建筑面积规模为1583900平方米，其中，商品房629010平方米、经济适用住房面积700000平方米。在满足招标底价17.65亿元的前提下，经济适用房最高报价不得超过2600元每平方米。6月25日投标开标，有四家单位参与了投标。最后评标委员会经过客观、公正的审查，确定湖南电广传媒股份有限公司（联合投标）为中标人。此次招标创造了北京市经济适用房的最低价，每建筑平方米2280元，在社会上引起了极大的反响。另外，挂牌出让海淀欣园4宗地拍得7.68亿元，成交2宗。

目前，我们还正在组织实施北京奥运公园2.91平方公里的土地一级开发任务。计划组织一批新的土地入市交易，正在和一些大的公司和企业集团商谈，争取在近期推出。与之相适应的是，我们还加强了闲置建设用地的回收处理力度，已处理27宗共占地227万平方米，清查的划拨后闲置地15宗75.54万平方米，征用后22宗，558.27万平方米，进行第二次出让后闲置土地清查，加强集体土地管理和使用权流转政策的研究，依法查处违法用地，稳定用地的程序。

三、深化土地经营制度改革，必须坚持制度创新，努力探索国土资源管理的新机制

首先，全面认识经营土地的内涵和规律。经营土地，是指城市政府运用市场经济的手段，对构成城市空间和城市功能载体的自然生成资本——土地，进行集聚、重组、运营，在政府的宏观调控下，按照市场机制和市场规律，以市场化的方法取得最优化的社会、经济效益的过程。进而言之，从政府的角度出发，土地经营就是对土地资源进行资本、资产运作和管理，但必须看到这是土地经营的一般性运作原则，并没有反映土地经营的目的、过程和效果。也就是说，在推进土地经营过程中，不能仅仅把其目标确定为城市建设资金的筹集上，否则，容易产生社会误导。比如，因追求资金筹集，可能会导致追求短期资金收入而对土地资源进行过度开发、不合理开发和破坏性开发，从而造成土地资源的破坏和浪费。因此，必须坚持高举保护耕地或者保护土地资源和加强国有土地资产管理两面旗帜。

其次，推进土地经营，必须坚持制度创新。

研讨会把“经营土地与提高城市综合竞争力”作为主题。深刻反映出经营土地与改善城市与提高城市综合竞争力的内在联系。必须看到，经营土地，经营城市，既包括经营土地等城市自然资源硬环境，也包含相应的城市功能、城市环境等软环境，从而全面体现城市生产、生活的质量和成本，体现城市、部门对生产、生活的综合服务能力，体现一个城市的综合竞争能力。从经营活动的客观规律应该看到，经营土地是城市政府对土地资源的市场化运作。从运作主体和运作过程而言，实际上具有纯市场行为和政府行为的两面性。因此，我们必须在实践中善于认识和把握哪些是由市场来运作，哪些是市场无能为力（环境改善用地——绿地），必须由政府来操作，哪些是我们现有职能能够做到的，哪些需要我们职能创新。要充分认识到，建立完善的有效率的土地市场服务体系是形成城市综合竞争力的重要组成部分，是推进土地经营改革不断深入的必然要求。

第三，积极探索和完善土地经营新机制。

土地经营涉及到多个部门，包括规划、计划、建委、市政、交通、园林、工业等等，因此必须做到各部门相互配合，相互支持。由于多种原因，目前土地开发经营在许多程序、环节上还有待进一步理顺，完善土地市场服务体系的建立还需大量工作要做，如统一计划问题。土地经营首先要有土地供应计划，否则，实施土地收购储备，规范土地市场都无从谈起。我们考虑由计委牵头，会同国土房管局、规委等部门共同提出土地供应计划，完善征地收购储备、规划条件、立项等相关审批手续的程序。

统一市场问题。经营城市土地，政府应该建立统一的市场，实行统一规划、统一收购、统一拆迁、统一出让、统一资金使用。但是由于历史的原因，现在还没有形成一个统一的市场。比较突出的一个是经委系统破产企业的土地，目前由产权交易中心处置；一个是涉案企业土地由法院拍卖。这样的局面，不利于建立全市统一的土地交易市场，不利于规范企业的用地行为，不利于政府制定土地供应计划、调控土地市场和经营城市。同时，市交易市场如何处理和远郊区县的分市场的职责分工也需要研究。

统一规划问题。目前我们正与规划委联合起草有关文件，解决土地开发中的规划条件，在土地出让之前，首先申办规划条件。政府在经营土地的同时，一方面要考虑国家利益、民众利益，另一方面还要努力为投资者创造良好的投资环境。

开发资质问题。目前建设部门对投资者竞买土地使用权时的房地产开发资质还有不同意见。问题的关键是先办理开发资质后才有资格购买土地使用权，还是购买土地使用权后再办理开发资质。我们认为，根据国家法律法规，国内外符合条件的企业和个人都可以购买。这样的程序有利于减少投资障碍，改善投资环境。

可供应土地量的问题。由于历史的原因，许多土地都集中在国有大中型开发企业手里和市区两级的国有大开发公司手里，有些已由相关部门连带项目批出。相对而言，目前可以收购储备的土地很少，政府调控土地市场的能力还有限。如何解决土地来源的问题，是今后我们需要下大力气来抓的一件大事。

资金问题。目前，我们已与建设银行北京分行、光大银行、市商业银行签订了88亿元授信协议。前几天，我们又和市农行签订了50亿元授信协议。下半年我们还要与国家开发银行、工商银行、交通银行、中国银行、中信银行、华夏银行等银行落实贷款资金，预计可以到位约300亿元，银行的资金为我们开展工作提供了巨大的支持。但是，另一方面，使用银行贷款是要支付利息的。巨额贷款将来面临的还息压力也非常大。因此我们必须思考如何减轻筹资成本，降低经营风险。

北京市土地经营制度深得部领导的高度重视。6月25日李元副部长亲临现场视察、指导了西红门经济适用住房项目土地出让招投标。7月23日，田部长和李元副部长再次亲临视察了北京市土地整理储备中心，听取了我们的工作汇报。田部长站在资源保护和经济建设相互协调发展的高度，提出“小市场要做大文章”，对北京市土地管理、土地市场寄予了很大期望。建设部汪光焘部长对北京市房地产市场培育和发展多次做出指示。

我们一定要认真学习兄弟城市、地区经验，不断推进北京市土地管理水平，为落实北京市“十五”计划目标和率先基本实现现代化提供国土资源保障。

祝研讨会圆满成功，欢迎到北京指导。

九江，这座具有2200多年历史、积淀厚重文化底蕴的城市，如果不是因为上个世纪一场特大洪水，不少人甚至很难有多少时间会走向她。然而事情就是这么怪，灾难为这座古城造成了损失，却同时也把发展机遇给了她。现如今的九江沐浴改革开放春风，走经营城市之路，到处呈现出一派蓬勃向上的朝气。该市市委书记刘积福的文章："强化经营城市观念，振九江雄风"，读后令人荡气回肠。请看：

22. 强化经营城市观念　振九江雄风

中共九江市委书记　刘积福

九江要在江西率先崛起，首先是城市要率先崛起。在新形势下，强化经营城市的理念，用市场经济的办法建设城市，是加快提升九江城市化水平，扩大城市规模，提高城市品位，增强城市聚集和辐射能力的必然选择。

一、突出特色，张扬个性，塑造知名的城市品牌

特色是城市的灵魂，没有特色的城市就不可能有永久的魅力，世界上的著名城市之所以能名扬天下，无不是因为其设计者们能根据城市的地理环境、人文景观、历史文件和民俗风情等来规划城市，从而凸显其特色与个性，因此，要做好城市经营文章，首先就必须用经营的眼光规划城市，重新审视城市资源，挖掘城市优势，张扬城市个性，根据历史变化和城理区位特征，塑造个性化的城市形象。九江是一座具有2200多年历史的文化古城，集名山、名江、名湖、名城为一体，自然风光秀美，文化底蕴深厚，区位优势突出，同时又是江西的"北大门户"，惟一的对外开放和外贸港口城市，所有这些都为九江塑造风格独特的城市品牌、个性鲜明的城市形象奠定了基础。在城市规划和建设中，要体现"不求最大最好，但求风格独特"的原则，十分注重保护和发展九江在自然、文化、经济等多方面存在的特有品质和内韵，不断强化城市的个性，塑造风格独特的城市品牌。

第一，突出山水特色，建设生态名城。九江东临鄱阳湖，西靠八里湖，南依庐山，北拥长江，神奇的大自然赋予了九江十分优越的地理位置和雄美壮观的山水胜景，城内丘陵起伏，又有泊水湖、南湖、甘棠湖、琵琶湖镶嵌城中，可谓"不出城郭而有山水之怡，身居闹市而有林泉之致"，具备建设生态城市的优越条件。要善于将自然要素融入城市空间，吸取自然精华，建设城市景观，充分利用长江和内湖水体，创造反映九江风貌特征，具有强烈视觉效应的滨水景观，形成山、水、城一体，"城在山边、水在城中"的城市风貌。要注重保护生态环境和自然景观，加快"两湖"治理步伐，实施"蓝天、碧水、青山、绿地"和"绿化、美化、亮化、净化"工程，创建环境优美，城市空间与自然空间有机融合，人与自然和谐相处的城市环境，使九江真正成为居住者自豪、旅游者羡慕、投资者向往的江南生态名城。

第二，突出资源特色，营造旅游热点。九江旅游资源十分丰富，自然、人文资源种类齐全，密集度高，市域星罗棋布着300余处景观点，呈现出一幅山川秀美、人文荟萃、胜迹如林的画卷。"九派浔阳郡，分明是画图"正是古往今来人们对九江的赞誉，特别是作为世界文化景观的庐山，以其雄、奇、峻、秀而享誉中外。要充分挖掘九江深厚的文化底蕴，延伸城市文脉，保护历史文化遗产，通过实施旅游精品战略，大力整合旅游资源，拓宽融资渠道，搞好宣传包装，推出王牌产品，形成以庐山为中心，以市区为集散地，以长江、鄱阳湖水上旅游带和京九、景九、昌九陆地旅游带为空间通道，以奇特山水、绿色景点、古色文化、宗教胜地、候鸟王国、休闲佳境为特色的旅游产品形象，使九江真正成为旅游热点城市。

第三，突出交通优势，培育物流中心。九江城处京九中段，长江之滨，托京九接南北，依长江承东西，水陆交通十分发达。九江港是长江流域十大港口之一，是赣、鄂、皖、湘的货物集散地和换装港，京九、武九、合九三条铁路及昌九、景九两条高速公路在此交会，形成综合立体的交通运输体系，是重要的交通枢纽。自古以来九江就是著名商埠，早在晋代就是“七省通衢，来商纳贾”的通都大邑，明清发展成为“三大茶市，四大米市”之一，具有建设现代物流中心的优越条件和良好基础。要充分发挥区位、交通优势，重塑商埠新形象。加快改造客运码头，西迁外贸码头，扩建专用和公共工业码头，建设九江新港区和港口工业区，改造武九铁路，建设铜九铁路，重组九江机场资产，理顺不同运输方式的合作关系，为物流企业发展拓展市场空间。要加快市场体系建设，培育壮大京九农副产品批发市场、华东装饰材料市场，建设生产资源中心批发市场、鄱阳湖水产批发市场、南方稻米交易中心，扩大棉花、粮食、成品油、液化气等生产、生活资料仓储，形成辐射湘鄂赣皖的仓储业，形成区域性的现代物流中心。

二、转换机制，搞活经营，开辟全新的城建筹资渠道

随着社会主义市场经济体制的建立和完善，城市已成为各种交换关系汇集的中观经济单元，成为市场配置资源的重要单位，曾在计划严格控制下的人流、商流、物流、资金流、信息流开始自由流动，成为城市之间争夺的目标，城市、企业和投资者之间计划配置关系逐渐转变为市场机制作用下的双向选择关系。在新背景下，城市建设不再仅是一种公共事业，更多地具有产业属性。因此，建设城市就必须走经营城市之路，用经营的手段来实现城市发展目标，彻底打破城市建设“政府一家出钱，万家无偿使用”的计划经济模式，按照“投资主体多元化，资源享用商品化，项目运作市场化”的要求，运用市场经济手段，对构成城市空间和城市功能载体的城市资产进行聚集、重组和市场化运作，使城市资本实现“投入、经营、增值、再投入”的良性循环，真正以城建城，以城养城，走出一条“政府一毛不拔，事业兴旺发达”的城市建设新路子。

第一，经营土地，以地生财。土地是最大的城市资本。用经营手段运作土地资本，显化土地资产价值，实现土地资本效益最大化，是做好经营城市文章的关键。一是坚持土地有偿使用制度，垄断土地一级市场。改变单纯行政划拨土地的做法，对不符合划拨用地条件的项目，一律实行有偿使用，禁止集体土地、农民宅基地和划拨土地直接进入市场交易或用于房地产开发。加强经济适用住房用地管理，防止开发商以开发经济适用住房为名牟取不正当利益。同时加大闲置土地处置力度。二是实施土地储备制度，增强政府调控能力。通过实施土地储备制度，来实现土地的集中统一供应和限量供应，克服多头供应土地和大量低价批租土地，造成国有土地资产流失现象，真正实现国有土地“一个渠道进水，一个池子蓄水，一个龙头放水”。积极探索土地储备融资机制，采取以土地使用权抵押贷款、发行城市土地债券等多种有效方式，筹措土地储备运营资金，增强储备能力。三是推行土地招标拍卖制度，建立土地有形市场。严格限制协议用地范围，减少协议用地比例，同一块土地有两个以上意向用地者就必须实行招标、拍卖，对确需协议出让的，要严格审查出让价格，并向社会公开结果。四是搞好土地前期开发，提升土地资产价值。要通过企业“退城进郊”来盘活存量土地，通过开发新区，完善基础设施，营造良好环境，变生地为熟地，提升土地资产价值来搞活增量土地。同时积极探索“以地换路，以地换场”的融资模式。

第二，经营资产，以资聚财。城市是资产的聚合体。在城市可经营性资产中既有大量有形资产，也有由有形资产衍生出来的大量无形资产。经营城市就是要按照市场化的要求，通过盘活存量资产，搞活增量资产，激活无形资产等方式对城市资产进行市场化经营和运作，以资产换资金，以存量换增量。一是搞活有形资产。政府在城市建设中的长期投入，形成了大量国有资产，要运用市场规则对其进行盘活，使之最大限度地用货币形式表现出来。政府要对这些资产进行摸底评估，对可用于经营发展的资产进行归集和重组，实行所有权和经营权分离，组建新的城市主体或授权城市投资公司代表政府行使管理、使用、经营和收益权；加快市政共用设施产权和经营权的出让和有偿使用，使政府尽可能将投资从可经营性的城市公用设施项目（如供水、供气、公交）中退出来，将获取的资金用于基础设施的再建设、再经营。同时，将国有存量资产中的优势资产进行重组，创造条件上市融资。二是激活无形资产。对无形资产进行深入挖掘和深度开发，通过转让、拍卖、租赁等方式，使户外广告经营权、公共汽车线路专营权、道路桥梁冠名权、可经营性项目的收费权以及冷饮摊点、书报亭、停车点等零星服务设施经营权进入市场，达到盘活资产，显化资产价值，筹集城市建设资金的目的。树立注意力也是无形资产的观念，加强对居民及社会注意力的"有形化"经营，通过发掘和利用九江历史文化、人文自然景观等特有城市内涵来增加九江知名度；通过举办环太平洋中小企业家论坛等活动，来聚旺人气，把庐山这座风云变幻的政治名山变为左右逢源的经济名山。

第三，经营项目，开发引财。城市基础设施建设的根本出路在于建设项目商业化经营和市场化运作。要转变观念，将城市基础设施由公共产品转变为公共商品，积极创造条件赋予其资本属性，加快其市场化进程，尽快将供水、供电、供气、市场、园林、排水、环卫、污水处理、市政管网、公共交通、城市路桥、公共广场等项目建设推向市场，打破公共事业政府垄断局面，按照"谁投资，谁经营，谁收益"的原则，积极鼓励社会资金、民间资金及外资参与建设经营，形成多元化主体结构。发挥城市投资公司作用，通过市政公用设施项目有偿使用和经营收入抵押方式，争取发行债券和银行信贷资金建设城市。同时，探索BOT（建设——经营——转让）、TOT（转让——经营——转让）以及建设项目总承包等建设方式。

三、深化改革，创新体制，营造宽松的城市发展环境

有利于城市发展的体制和政策环境是城市化战略顺利实施的保障，经营城市要求我们用经营的方式来管理城市，通过创新体制，调整政策，强化措施，创造有利于城市发展的环境和机制。

第一，转变政府职能。积极探索在政府管理中引入企业精神和经营理念，加快政府由领导者向服务者，由直接投资者向建设引导者，由项目经营者向城市设计和项目实施监督者转变，着力塑造服务型的政府，为经营城市提供组织和体制保证。

第二，调整行政区划。进一步理顺城市管理关系，扩大城市区划空间，合理调整行政区划，推动九江县和九江开发区设立街区建制，把瑞昌的湓城镇、九江的沙河街镇、湖口的双钟镇、星子的南康镇纳入卫星城市规划建设，构建以现有城区为依托，以昌九、九星公路沿线为两翼的"V"字型城市框架，为实现百万人口城市打下基础。

第三，转换经营机制。按照"政企分开，政事分设，建管分离"的改革要求，全面转换市政公共事业经营机制，打破条块分割、垄断经营、效率低下、以费养人的传统管理模式，全面推进建设系统事业单位向企业转制，实行政事分开，凡能以企业机制运行的转为企业，属中介性质转为中介组织，属政府的职能交还政府部门。将市政维护、清扫保洁、绿地养护实行管养分开、招标竞拍和定额发包的市场化运作机制；城市供水、供电、供气等公共事业大胆推向竞争领域，使其真正成为面向市场，自主经营，自负盈亏的法人实体，要建立完善政府投入和市场补偿相结合投资体制，改革价格、收费制度，对凡能确定受益者并能计价的项目，要调整价格和收费，逐步形成投资、经营、回收的良性循环机制。

第四，改革户籍制度。传统的户籍制度，严重阻碍着农业人口和外地人口进城落户，是推进城市化的"拦路虎"。要抓住城镇居民生活资料已相当丰富，并完全市场化，就业、升学、就医等公开竞争的市场化机制已基本形成有利时机，放开户籍管理，破除限制人口流动的户籍壁垒，实行按居住地划分城乡人口，按职业确定身份的户籍登记制度。通过改革户籍制度，敞开大门，引农进城、引商进城，加速城市化进程。

今天，各地都在建自己的中心城市，都在努力发挥中心城市在经济和社会发展中的辐射作用。其实，中心城市不需要人为地做一种勉强的工作，也不需要刻意再去造一座什么中心城市，只要按照市场经济的经营理念精心做好本省省会城市就足够了。不少地方到处建中心城市，却不见这些城市发挥“中心”作用，这是很可悲的。让我们还是来好好读读谢玉堂同志的文章吧：认真做好经营省会城市的大文章。

23. 认真做好经营省会城市的大文章

济南市市长　谢玉堂

在制定济南“十五”规划的过程中，我经常思考这样一个问题：今后两年、五年以至十年，如何更快地把省会济南建设好。作为一个市长，这是我的责任；作为省会城市，全省人民也有这种愿望。围绕这个问题，我也翻阅了国外一些资料，考察了国内一批建设比较好的城市的做法，并回顾了我任市长八年来济南城市建设的经验和教训。我的总体看法是，“九五”以来，特别是近三年来，是济南城市建设史上最好最快的时期。这个好，不仅表现在城市的整体形象比过去有了重大变化，也反映在我们对城市建设规律的认识和把握上，在认识城市、研究城市过程中从领导到市民的观念转变上，都与过去明显不同了。但是，我们存在的问题也不少，中间有许多应当认真总结和汲取的教训。跨入新世纪，济南的城市建设进入了新的历史时期：“五年大变样”在时间定位上只剩下不到两年，城市面貌的大变样成了我们向省委、省政府递交合格答卷的关键试题。2010 年基本实现现代化的宏伟蓝图，要求我们必须加快城市现代化的步伐。面对这样的目标、使命，我们必须解放思想、转变观念、创新思维、变革机制。为此，我要求市政府研究室、市建委和济南日报社共同组织开展“经营城市大家谈”讨论活动，以广泛吸纳各方真知灼见，为市委、市政府决策所用。借此机会，我也发表一点我思考的意见，作为这次大讨论的开篇。主要谈一谈我推进城市化进程的决策和实践中实现“四个转变”。

一、在观念上，要从建设城市转变到经营城市上来

要建设好城市，确立正确的观念极其重要。改革开放以来，特别近三年来，我们在建设城市的过程中，对城市的认识，对城市的研究都进入了一个新的阶段，经营城市这一观念开始影响我们的决策。但是从总体上看，我们的观念仍然重建设、轻经营，经营城市还停留在必然王国阶段，城市这笔庞大雄厚的资产没有得到充分利用，城市建设资金短缺这个制约城市建设发展的最大难题难以破解。因此，进一步转变观念，把我们的思想从建设城市为主转变到经营城市为主上来，显得特别重要。经营城市，就是按照市场经济的规律，综合运用土地资本、地域空间及其他经济要素，从总体上整合城市资源的配置，在整个城市范围实现效益最大化运作城市经济。作为省会城市，济南是全省的政治、经济、文化、教育、信息和区域性金融中心，本身就为做好经营城市这篇大文章提供了良好的前提条件。发达完整的产业体系和川流不息的人流、物流、资金流、信息流为经营城市提供了不竭的动力；新建的绕城高速路拉起的济南在 21 世纪中期的城区框架，把市区面积由 100 多平方公里扩大到 500 多平方公里，广阔的地域空间资源使经营城市变成可能。我们应当把经营意识贯穿到城市规划、发展、建设、管理的全过程，推动城市经济进入新的发展阶段。

二、在政府职能上，由以建设为主转到建管并重上来

从现在起到“十五”末，乃至本世纪的前十年，是济南城市化进程飞速发展的一个重要历史时期，我们要推进主城区、三个辅城及四个卫星城等的建设，基本建立起职能分工明确、空间布局合理、等级规模有序的城镇体系，人口城镇化率达到65%左右，城市建设的任务很重。而且城市规模、城市建设水平与沿海发达城市都有很大的差距。如果在近十年内，我市城市建设的步伐放慢，不仅“十五”计划的目标有可能落空，更为严重的是会带来一系列巨大的后遗症。因此，以更大的气魄，更大的投入，更高的档次搞好城市建设，这是我们的工作重点所在。对于这一点，不能动摇。

建设城市是重要的，管理城市也是同等重要的。在一定意义上讲，管好一个城市比建设一个城市更困难。纵观人类城市的发展史，可以说，自从有了城市便有了城市管理的实践。如果说在经济不够发达时期，城市管理的重要性不像今天这么突出的话，那么在今天，现代化的科学管理已经成为文明都市生存和发展的必要条件。到过新加坡的同志，都感叹城市建得美，更钦佩管得好，这就是管的作用。这些年来，特别1997年以来，我们在加快城市建设的同时，也加强了城市管理，相继实施了容貌工程、蓝天工程、铁路沿线的综合整治、大环境绿化和“一环九射”造绿工程等，城市管理工作明显加强。这些年，省委、省府和中外游人对济南的评价越来越高，这是我们加强城市建设管理的必然结果。

不仅如此，加强城市管理还可以较少的投入获得较好的美化城市效果。1998年，我们实施了容貌工程，许多旧建筑经过粉刷，面貌焕然一新，城市变得美了起来。花较少的钱换来美丽的市容，能得到人民群众的拥护。因此，管理城市的观念应当强化。

管理城市，要按照市场经济的规律来转变政府职能，把该政府管理的事情明确起来，把政府职能的行为强化起来，政府主要搞好城市规划、建设、产业布局、资产的管理和法制建设、依法管理和精神文明建设；对于物业管理、公共绿地、环卫保洁等，则依靠市场机制和社会机制来配置资源，更多地依靠赢利性组织和非赢利性组织进行委托管理或授权管理。政府必须承担起积极扶持、培育社会机制和市场机制的责任。要加快与国际惯例的接轨，为城市管理营造良好环境和提供高效服务。

三、在资金来源上，从地方财力为主转变到吸引更多的国内外资金上来

建设城市，一是资金投入庞大，二是投资回收期较长，并且相当一批资金投入公益事业不能回收，因此要加快城市建设，必须有巨大的资金来源作支撑。过去，我们研究城市建设资金，眼睛盯着自己手里有多少钱的时候多，但地方财力就那么大，用于城市建设的资金不可能太多，算来算去就那么几个钱，许多项目往往因为算不出账来就拖了下去，还有一些项目因为没钱建设而导致低档次、低水平。

城市建设要大发展，就必须跳出这一思维，拓宽融资渠道，面向国内外、省内外进行大规模的招商引资，把更多的国内外资金吸引过来。应该说改革开放以来，招商引资的路子是成功的、行之有效的。“九五”期间，我市城建资金主要靠银行贷款和招商引资，大头靠招商引资。像近年来我们吸引鲁能集团开发南苑新区、三联集团开发舜湖社区、香港新世界集团开发新世界阳光花园等都是很好的做法。但是，招商引资还有很大的潜力没有挖掘出来。“十五”期间，我们一定要把这一潜力充分挖掘出来。

济南市城市建设正在蒸蒸日上，众多的国内外客商纷纷表现出浓厚的投资兴趣。我们要充分利用好这一有利时机，利用经营城市的手段，筹集建设资金，加大直接融资的力度，吸引更多资金，保证建设资金的需要。加大引进外资的力度，采取BOT、TOT、ABS等多种灵活的融资方式，吸引国内外客商、国际财团投资城市公用设施、环保设施建设，允许国内企业、个人和境外资本参与城市基础设施开发投资，实现城市建设投资主体的多元化。

四、在机制上，从大投入转变到大收入上来

城市建设，必须有大投入。没有大投入，不会有城市面貌大变样。“十五”期间，我们投入城市建设的资金不会少于几百个亿。这笔资金的很大一部分，应当用经营城市的大收入来保证。

要实行这个转变，首先要解决一个思想认识问题。城市建设有没有大投入，会不会实现大投入？我认为，如果不能激活城市资产，显然不可能有大收入；如果能够激活城市资产，实现增值滚动，不仅可以实现大投入，并且还能持续实现大收入。事在人为，关键看我们如何运作。回顾这些年来我们在腾笼换业、旧城改造等领域的实践和结果，这个答案是明确的。现在的问题不是会不会实现大收入，而是我们能不能实现大收入。

现在，我们有些同志可能有这样的思想，感到一些好的项目回收期不太长，自己经营也能较快地集聚新的建设资金，有惜售惜租的心理。问题是，回收期再短，也需要一个过程，并且不可能一次收回来；出售出租一个好项目的经营权，可以一次增值回收资金，可以再建新的更好的项目，这样才能进入良性循环。现在，我市有一大批很好的建成项目，市区黄金地段还有一些企业需腾笼换业，40多个旧城区片要改造，新城市规划把城市建设的空间大大扩大，只要我们做好运作的文章，就一定会加快城市建设。

实现经营城市的思路，还要靠群策群力的探索。无论如何，思维创新必将推动机制变革和体制改革，解放思想永远是我们向现代化省会城市目标迈进的最大动力。

可以毫不夸张地说，现在各地不少开发区都是经营城市的产物。问题是，开发区建起来之后，如何继续按“经营城市”的理念做好这篇文章，却是很值得认真思考的。鞍山市开发区冯刚同志注意到这个问题，他的文章也许能让你引起这方面的思考。请看：

24. 引入“经营城市”理念加快鞍山高新区的建设和发展

鞍山市开发区　冯　刚

经营城市，是世界上发达国家和地区在实践之中逐步探索出来的成功经验，而且已经形成了独具匠心的经营理念。

今年以来，鞍山高新区把经营城市理念自觉地付诸实践和工作之中，在管理体制、运行机制、设施建设、招商引资、主导产业、创新孵化、人才资源、盘活资产等多个方面，通过紧锣密鼓、紧张有序、卓有成效的运作，取得了丰硕的成果。正是由于这种经营城市理念的渗透和逐步建立，也可以说正是这种充满生机活力的“绿色经营”，为鞍山高新区带来了勃勃生机，为高新区处于初创时期的后期，向实现跨越式发展，着手实施“二次创业”奠定了坚实的基础。也为积极探索出一条符合社会主义市场经济规律，建设有中国特色的高新技术产业发展之路，建立完善的“绿色”“经营城市”理念，提供了较为客观实际的实践佐证。

及时总结、探讨和研究鞍山高新区的实践经验，建立和完善“经营城市”理念，并使之向纵深发展，对于高新区“实现跨越式发展，塑造高新区新形象”具有十分重要的战略意义和现实意义。本人就在鞍山高新区工作近十年的体会以及过去对全国部分高新区的实地考察和了解，整理如下，供同仁参考。

一、建立一种经营整体高新区的理念，打造高新区品牌

“经营城市”就是通过现代化建设，市场化运作，加速城市发展，实现城市这一最大国有资产的保值增值，增强城市凝聚力和吸引力。鞍山高新区是改革开放的产物，是实施改造、提升传统产业与发展高新技术产业相结合发展战略的载体，是赶上世界科技发展潮流、占领高新技术前沿的坚实阵地。因此通过现代化建设，实施市场化运作，推动鞍山高新区的快速发展就显得在当今世界科技进步一日千里、飞速发展的时代更加迫切和重要。对于鞍山高新区来讲，鞍山高新区整体本身就是十分重要的资产，这一点认识对高新区的建设和发展是重要的。只有把鞍山高新区这一最大的国有资产经营好，使之保值并达到增值，才能增强它的凝聚力和吸引力，更好地向努力把鞍山高新区打造成城市先进生产力高地的目标冲刺。因此，就需要我们转变过去头脑中已有的一种想法，一提起国有资产，首先就是想到国有企业，而且往往把国有资产和国有企业等同起来。为了发展经济，跑部跑省争取项目，走遍金融界寻找贷款，齐心协力开办工厂，认为只有这样，才能出产品、上产值、争利润、增税收。但事实上，由于市场竞争日趋激烈，新办的工业项目，往往面临诸多风险，搞不好，辛辛苦苦办起来的企业，不仅不能挣钱，还可能背上债务包袱。然后不得不争取财政的资金，即纳税人的钱去堵窟窿，就会造成一种恶性循环的现象。鞍山高新区的建设发展，首要责任就是抓好高新区整体，集中精力把高新区事情做好，把软硬环境建设好，把当地群众安顿好，高新区才能较顺利地走向良性发展的道路。

国有企业是国有资产，城市本身也是国有资产，政府挣钱，不仅可以通过企业纳税增加税收，也可以通过经营城市来使财政增加收入。

高新区本身是国有资产，是值钱的，而且也可以通过经营的手段，使这份大的国有资产保值增值。这方面大连经验就是一个十分成功的范例。事实证明，城市不仅值钱，还可以增值，而且这个过程并不是遥遥无期的事情。一方面，总体规划是十分重要的，做好做美鞍山高新区，最重要的是总体规划和精品意识。鞍山高新区有自己的“天时”“地利”，鞍山高新区是全国53个国家级高新区之一，被重视的程度越来越高。鞍山高新区作为新开发区域，可以在这块区域内描绘新美好的蓝图。年初，定位高新区的建筑风格为欧式、现代、田园风光，目前这一形象已体现出来这是不争的事实。另一方面，我们也要清醒的看到，鞍山高新区的发展是受客观经济规律制约的，不是自己想发展到什么程度就一定能够发展到什么程度，大，不一定特别有魅力、有吸引力，不怕不大，就怕平庸。鞍山高新区不仅需要高新技术产业群落，还需要用鲜花、绿地、广场、喷泉表现蓬勃的朝气，与那些规模大的高新区相比，鞍山高新区是一个小弟弟，但是我们可以做个干净、漂亮的小弟弟，人见人爱的小弟弟。打造出有高新区特色的品牌，提升鞍山高新区的整体知名度，促进和提高鞍山高新区的建设和发展。

二、运用经营理念做催化剂，加速环境建设与引进资金两个方面的化合反应

鞍山高新区是重要的国有资产，而且是可以经营的，可以增值的。但是具体如何经营，如何把鞍山高新区这份国有资产做活，这是一个十分重要的课题。主要应该是两个方面，一是靠良好的环境，二是靠吸引资金。环境加资金，就能够发生化合反应。有效运用经营理念做催化剂，高新区就能增值。所讲的良好环境，我感觉，应包括良好的基础设施，完善的城市功能，以及优美的自然环境，也就是说，既要有比较完善的我们常讲的“七通一平”，又要有鲜花、绿地和广场，形成一种文化氛围，以及比较完善的开放政策和法规。比如说，通过实施ISO 14000环境质量管理运作，使鞍山高新区成为国家高新区示范区，在环境管理方面与国际接轨，为招商引资特别是吸引国际大公司、大财团入区投资办企业，创造良好的环境条件。也是为高新区加快实现从注重硬环境建设向注重优化配置科技资源和提供优质服务的软环境转变，把改善软环境放到更加重要的位置上来，克服软环境建设滞后于硬环境的发展。营造良好的环境条件，是吸引国内外资金的前提，而外来资金的涌入，高新区自然就增值，环境优势就转化为经济优势。高新区本身的整体增值，就会使生活在这里的所有企业、单位和个人都受益。这样才能形成一个加快发展频率的良性循环。

三、运用经营理念，促进构筑环境经济、发展高新技术产业、调整经济结构三个方面的有机整合

构筑高新区的环境经济，加速发展高新技术产业，从而为调整高新区的经济结构起到导航作用，引导作用，也要求我们正确地运用经营理念来实践。

高新区的建设在高新区的经济和社会发展中具有重要的位置。搞高新区建设，钱从哪里来？从高新区现在的财政状况看，完全由财政拿钱可以说几乎不可能。这就要求我们另辟蹊径，把高新区当成“资产”来经营，方式方法很多。我认为，在很大程度上靠我们“资产运作”的结果。我省有的城市拍卖土地收入了几亿元的方法可以借鉴，这块“资产”做好了，将为高新区建设创造一个非常好的前提条件。只有把高新区建设好，使这里的人居环境优美，投资环境优良，对外商和各方面人才才能有较大的吸引力。这即是打造高新区品牌结果。

高新区建设与发展高新技术产业密切相关，前者搞好了，可以为后者创造十分有利的条件。发展高新技术产业对改造、提升传统产业，赶上世界先进科技发展，占领高新技术前沿阵地具有十分重要意义。因此，就需要利用经营理念，提高洞察力，了解、熟悉具有长远发展前景的能够形成有生机、有活力并在市场经济中产生巨大效益的高新技术，为其引入创造良好的环境，促进其迅速发展壮大。同时，还要清楚地认识到，我市这个传统工业比重较大的工业城市，改造、提升传统产业与发展高新技术产业相结合，是参与国际市场竞争的必然要求。基于这两个方面，加快高新区建设，提高和发展有自己“特色”的主导产业，突出优势，形成突破，打造特色产品，形成特色品牌，参与国际市场中的交换和竞争，拓展和扩大生存发展领域和空间，是我们的重要任务。加速发展高新技术产业，促进鞍山高新区的经济结构调整。鞍山高新区是大力发展环保、新材料两个新兴产业和积极培育生物医药、电子信息、精细化工、自动化技术的重要基地。因此，就必须把进区的企业放到国际市场竞争这个大环境中进行分析、透视，看哪些企业具有较强竞争力而应重点发展；哪些企业和高新技术项目具有潜在竞争力而应着力培育和孵化；哪些企业在可预见的将来难有竞争力而应“积极放弃”。也即是说，要搞“锦上添花”，不搞“雪中送炭”。这也是市场经济的客观要求。进而推动产业发展规模由小而分散向集中优势发展特色产业和主导产业转变。对于区直属企业单位，也应如此，在高新区建设和发展过程中提高生存的能力，提供更加优质的服务。

四、运用经营理念，从提高高新区“四个能力”入手，加快鞍山高新区的建设与发展

一是尽快着手实施知识产权战略，培养和提高区内企业的自主创新能力。我国加入 WTO，要按照国际规则办事。高新区是我国改革开放的窗口和前沿，就应积极去面对和正视，从这个意义上讲，加速鞍山高新区高新技术产业的发展，尽早树立实施知识产权战略的意识，着手实施知识产权战略就显得迫切和重要。知识产权是高新技术企业重要的无形资产，是创新能力和竞争力的核心和要素。我们应该充分提高认识，强化产权知识相关的法规、有关国际惯例方面的传播和普及，使区内企业和广大科技人员树立正确的知识产权观念，在尊重和保护他人知识产权的同时，更重要的是提高自我知识产权保护能力和正确运用管理能力。主动地顺从经济全球化的要求，建立完善的高新技术企业知识产权经营策略，把发明专利、技术秘密等知识产权作为有效的高新技术产业扩张、市场开发、拓展的重要武器。

二是强化和完善创业服务中心功能和大力发展各类型科技企业孵化器，进一步提高鞍山高新区自己创新企业培育能力。高新区的特色是创新孵化，高新区保持持续竞争力也是创新孵化。科技孵化器是实现科技成果转化和高科技企业成果的“育婴室”。鞍山创业服务中心，这个综合企业孵化器，在为创业者提供必要的孵化、成长的环境条件等综合服务功能作用方面，越来越强。已经成为高新区孵化体系的重要支撑。继续完善创业服务中心的功能作用，特别是建立“种子基金”、“孵化基金”，可通过经营手段，为在孵企业提供小额且必要数量的资金，而加速科技成果转化的功能建设方面，应给予强化，形成“双赢”，从而提高创业服务中心的整体孵化能力，形成良性循环。要进一步加大创办如软件园等专业类型孵化器，鼓励和吸纳国内外机构、大中型企业、民营科技企业创办各种类型的孵化器，如鞍山软件园、托普软件园等，促进孵化器向多样化、多元化和网络化、国际化方向发展。从而逐步实现从注重招商引资和优惠政策的外延式发展向依靠科技创新的内涵式发展的战略转变。

三是切实提高高新区对传统产业的牵动作用和辐射能力。高新区发展高新技术产业的基地作用，一方面体现在区内经济的快速发展，但更重要的是要体现在对区域经济特别是对传统产业的辐射带动作用。鞍山高新区近年来进行了积极探索和运作，盘活资产、资产重组、借壳上市，注重发挥高新技术产业基地和人才队伍的作用，加强与地方企业及鞍钢这个特大型企业的接洽。客观看，高新区发展空间有限，区内产业发展资源有限，只有充分融入地方发展中，形成与周边经济互补的格局，高新区才能在高新技术产业发展中发挥更大的作用。为充分发挥高新区对传统产业的牵引作用和辐射能力，也要求我们积极引导和鼓励高新区企业基于市场原则，采取经营手段，以最终实现通过技术转移、技术合作、兼并、并购、战略联盟和资产重组等多种方式，加强与区外企业的结合，发展高新技术产业。这也是我们今后着重探索研究的一个重要课题。

四是努力提高高新区的国际化能力。伴随着全球经济一体化进程的加快和中国加入 WTO，高新技术产业不可避免地被推上国际竞争舞台。鞍山高新区作为高新技术产业基地和对外开放的窗口，也必然要适应国际竞争的要求，走在国际化方面的前列。竞争是经营的结果，经营的目的就是在竞争中获胜。所以，要充分创造利用和发挥鞍山高新区的整体优势，大力吸引国外先进技术，进行消化吸收和创新。同时，积极帮助区内企业，特别是高新技术企业，做好包装，走出国门，走向世界，向逐步实现跨国经营发展迈进。

美丽的桂林城曾接待了无数个中外游客，但是，这些游客中的许多人总是来了还想来，为什么？因为桂林每次给人的感觉都是新鲜的。尤其是改革开放以来，桂林市政府坚持用经营城市的理念指导城市建设，不但使甲天下的桂林山水更加流光溢彩，也使得桂林的经济建设有了长足的发展，反过来，又进一步推进了桂林城市的建设，这种互动性的良性效果，更加增强了桂林人坚持城市经营的理念。请看：

25. 经营城市使桂林更加魅力四射

桂林市发展计划委员会主任　章熙骏

随着城市化进程的日益加速，“经营城市”作为一种全新的城市建设和发展理念，正在纳入人们的视野，并成为大家的共识。尽管“经营城市”的思想是近两年才刚刚出现的，但是由于这个在市场经济条件下应运而生的新理念，为我们突破城市建设资金紧缺的瓶颈，实现城市建设事业的持续快速健康发展提供了一条有效途径。以城市基础设施和城市住宅建设为中心的城市建设活动，不仅可以提供就业机会，吸收工业产品，促进规模效应，进而拉动地方经济增长，因而，经营城市，推动城市化进程，受到中央和地方决策者的高度重视。

一、城市建设活动已经不再是消费，而是一种生产手段

所谓经营城市，就是运用市场经济的手段，对构成城市空间和城市功能载体的自然生成资本（如土地、自然风景名胜等）、人力作用资本（如路、桥等）及其相关的延伸资本（如路、桥的冠名权、广告经营权等）和其他经济资源要素等进行集聚、重组和营运，即将城市可以用来经营的各种资源资本化，实现资源在容量、结构和秩序上的最大化和最优化，以提升城市价值，实现城市有形和无形资产的保值增值。它的含义可以更进一步地理解为：城市决策者把城市当作一个特殊的、综合的、多元的、规模宏大的集团或经济实体，以城市的发展、社会的进步、人类物质与文化生活水平提高为目标，一方面以业主管理者的身份将城区的土地、基础设施、公用服务设施等资源推向市场，从市场经营中获得利润，为城市发展提供源源不断的建设资金；另一方面，通过加大城市建设管理体制改革和市政公用事业运行机制及经营机制的改革，引入市场竞争机制，打破地方、行业和部门保护主义的壁垒，增强市政公用事业人员的危机感、责任感和使命感，使其出于本能地、自觉地管理好、维护好城市，这种利用城市自身功能吸纳资金，合理利用、优化配置城市的自然资源和社会资源，并力求取得城市建设中经济效益、社会效益最大化，促进城市可持续发展的做法，叫做经营城市。

由于城市经营理念的出现，促使我们对“城市化”含义的理解发生了根本的变化。过去，我们对城市化的理解大致包含了两个方面的内涵。其一是，城市化是一个人口居住形态（包括这些人口的工作、生活方式和土地使用方式）从非城市向城市转化的过程，而这个过程，是经济发展的结果。其二是，城市化是对人口居住形态和土地使用方式转向城市的程度的度量，通常用“在城市地区工作、居住的人口占总人口的比例”来计量。由于人口居住形态、生活方式以及土地使用从非城市向城市转化而引发的城市建设活动，被认为是一种消费活动。

今天，城市化已被理解“成为新的经济增长点”，城市化已不再是经济发展的“结果”，而是造成、带动经济发展的一个“原因”。城市建设活动已经不再是消费，而是一种生产活动，其产品是城市化的空间，包括城市空间“量”的增加（非城市空间向城市空间转化，包括原有城市建成区的扩大，以及新城市、城镇的增加）和“质”的提高（原有城市空间质量的提高，包括旧城区空间的重组和改建)。城市化建设这种生产活动，已被赋予“拉动经济发展”的重任。

桂林市经营城市的实践证明，经营城市已经成为拉动地方经济增长的重要手段。

地处中国西南部的桂林市是世界著名的风景游览城市和历史文化名城。长期以来，由于多方面原因，桂林的经济发展严重滞后。1998 年，受亚洲金融风波的影响，桂林经济发展一度步入低谷。

从 1998 年下半年开始，桂林市的决策者紧紧抓住了中央实行积极财政政策的有利时机，及时启动了大规模城市建设和环境保护两大工程，得到了国家和自治区的大力支持。从 1998 年到 2001 年，桂林市共获得城市基础设施项目国债资金 8.62 亿元。相继开工建设了解放桥重建工程、中山路改造、环城南一、二路、“三湖”治理、第四污水处理厂、城市防洪堤、城市电网改造、桂林国际机场专用道路二期工程等市政骨干项目，拉开了桂林大规模城市建设与改造的序幕。

从 1998 年 9 月份开始，固定资产投资止跌回升，经济发展速度明显加快。1998、1999、2000、2001 年，全市完成固定资产投资额分别比上年增长 16.30％、23.89％、19.02％和 18.91％，其中基建投资分别增长 19.90％、21.39％、30.21％和 27.79％；全社会固定资产投资完成额也分别增长 7.81％、10.50％、13.42％和 11.72％；国债资金与项目到位资金之比为 1∶19.2，财政性资金与项目到位资金之比为 1∶9.7。据测算，桂林市每投入 1 元国债资金可拉动约 12 元的其他资金到位、每投入 1 元财政性资金可拉动约 6 元的社会资金到位。由于房地产、建筑业、建材业、商贸业四个领域建设步伐加快，直接拉动了市区国内生产总值增长约 2 个百分点。

城市环境的改善和城市形象的重塑，吸引众多国内外游客到桂林观光旅游，促进了旅游业的兴旺；同时，增强了投资者和消费者的信心，带动了房地产业的快速发展。1999 年到 2001 年，接待旅游人数年均增长 7.87％，旅游总收入年均增长 12.83％，2001 年海外入境游客达 93.26 万人次，比 1998 年增长 127.46％。房地产竣工面积分别达到 44 万平方米、50.3 万平方米和 60.5 万平方米；商品房销售价格每平方米增加 300～500 元，房地产市场出现供销两旺局面。

经营城市，增加了城市居民的收入和消费。调查结果表明，从 1999 年至 2000 年上半年，桂林市从事城市建设与改造工程的城乡居民增加劳务收入 3.27 亿元，平均每户每月增加收入 864 元；市区拆迁的居民获安置及补贴 1.18 亿元，平均每户补贴 1.74 万元。由于收入增加，也刺激了消费，从 1999 年至 2000 年上半年，市区消费品零售额同比增长了 11.84％，其中有 5.01 个百分点是因城市建设与改造拉动的；与此同时，由于城市片区改造的拆迁安置，解决了 10000 多缺房户（人均居住面积低于 4 平方米）的住房问题，搬迁户的住房面积由原来平均每户 47.7 平方米增加到了 72.8 平方米。

二、经营城市，能够极大地丰富和创新经济活动的内涵，极大地改善城市面貌，提高城市的品位

经营城市对经济拉力的大小，关键在于经营什么样的产品，以及这些产品处于什么样的档次。

按照我们对“经营城市”内涵的广义理解，一切可以由城市政府管理部门直接运用市场和政策手段进行整合，有利于城市建设与发展，有利于城市知名度、美誉度提高和形象提升，能够资产化、资本化的城市资源，都是城市可以经营的产品。依据这一定义，城市产品的内容和类型，可以作以下划分：一是城市实体产品。具体包括：城市名优产品；城市支柱产业；城市特色建筑（包括道路、桥梁、生活小区以及人造景观等旅游设施）；国有企业资产；城市土地和矿产资源；城市自然风光等。二是城市无形产品。具体包括：地理位置；气候环境；会展节会；科教文化；精神文明；政策制度；经营理念等。由此可以认为，凡是城市拥有的可以资产化、资本化的资源，不管是物质的还是精神的、无形的还是有形的，只要它有利于增加城市的吸引力和影响力，有利于筹集城市发展资本，有利于增加市民福利，有利于城市可持续发展，有利于城市保值增值，我们都应当引入城市经营理念，尽可能利用市场手段和经营思想对其进行整合与优化配置，以发挥城市的系统效果和整体优势，并注意用各种方式和渠道对这种效果和优势进行宣传，以树立起良好的城市整体形象。为此，桂林市的决策者开展了大刀阔斧的尝试，并取得较大的成效。

1999 年新开工解放桥重建、“两江四湖”等城市基础设施和环保建设重点项目 33 个，当年完成滨江路等 6 条路改造、城市中心广场、文昌桥、城北防洪堤、虞山公园共 13 个；2000 年新开工 18

个，续建24个，完成中山中路、环城南一、二路、正阳路步行街等8个。2001年重点建设项目52个，竣工的有解放桥重建、机场路立交桥、桃花江路等30个。在加快道路、桥梁、广场等市政公用设施建设的同时，把城市公交、供排水、电力、通信、园林、绿化、美化、夜景灯光、生态环境建设和保护以及旅游休闲设施建设、历史文化保护开发等纳入城市建设与改造系统工程。以“两江四湖”（即漓江、桃花江、杉湖、榕湖、桂湖和木龙湖）项目为重点，治理、美化环城水系环境，做好“水”的文章。启动了新世纪军民共建绿化行动，把市区的部分景区的石山头绿化起来，做好“山”的文章。并在大规模的城市建设中，特别注重挖掘保护好桂林历史文化。建成了象山景区、鸟语林公园、愚自乐艺术园、桂海碑林等山水旅游和历史文化项目。桂林市先后荣获了“全国园林绿化先进城市”、“绿化十佳城市”、“全国创建文明城市工作先进城市”等荣誉称号，在国家环保总局公布的全国46个重点城市环境综合定量考核中连续三年名列第一，并提前完成“一控双达标”环保任务。城市面貌、城市功能、城市生态环境与其“两顶桂冠”荣誉称号相协调的步伐进一步加快。

三、经营城市，能够推进城市资源资本化的进程，拓宽投融资渠道

我国城市建设长期存在着一些突出的弊端，主要表现在两方面：其一，只讲投入，不讲效益，城市建设长期依靠城市维护费和公用事业附加费，结果一是资金投入形成恶性循环，投入的资金大量沉淀，新增资金又青黄不接，政府包袱越背越重，城建路子越走越窄；二是首先由于城市资产所有者代表行政化和多环节，谁都可以伸手而谁都可以不负责任，导致城市资产大量闲置浪费或变相流失；其二，城市产业的结构性弊端丛生，重生产而轻管理，导致住房难、上厕所难、倒垃圾难、乘车难以及环境污染等一系列“城市病”。

而经营城市的目的是拓宽投融资渠道，关键措施是实现城市资源资本化，因而能有效地克服上述弊端。城市资源资本化是一种机制和过程，它是以社会和经济效益最大化为目标，把政府所拥有的各种有形和无形的资源，转化为可以增值的活化资本，赋予其资本属性，在政府和市场的作用下，通过流动、组合、裂变、出租、转让等多种方式进行优化配置和有效运作，最大限度的实现增值、获益和盈利，实现再投资再循环，产生“滚雪球”效益，从而实现其经济效益和社会效益的最大化。由此可见，实现城市资源资本化，能够为国民经济的发展注入新的“血液”，为投资渠道的畅通，吸纳外资、商家及社会闲散资金铺平道路。

桂林市在经营城市的实践中，对城市产品的经营，主要通过实现城市资源资本化，达到拓宽投融资渠道的目的。

一是实现土地资源资本化。在计划经济时代，土地使用制度是无偿、无限期和流动的，任何人不得侵占、买卖、出租或者以其他形式转让土地。在传统城市土地使用制度下，城市经济的发展受到了极大限制：土地浪费严重，土地使用紧张，许多必要的经济活动对土地的需求得不到满足；土地行政划拨，用地手续繁琐；土地利用缺乏效率，意味着城市经济在低效益下运行。在这种制度下，城市建设资金不能良性循环，用于城市基础设施的投资不能通过地价或地租收回，其结果是政府投资开发的土地越多，财政的负担越大。同时，城市基础设施投资的效益也不能通过这种投资使地价或地租的作用得到检验。

在市场经济条件下，土地是城市最大的存量资产，是政府最大的财富。经营城市，就要最大限度地盘活土地资产，把自然资源变成滚滚财源。在确保耕地总量平衡和严格控制人均建设用地标准的基础上，尽可能地满足城市建设用地。对城市建设用地，实行政府统一规划、统一征用、统一管理、统一招标拍卖。除国家有明文规定外，企事业单位建设用地一律实行使用权转让、拍卖，通过土地转让、级差地租、土地隐形收入等获得建设资金。如1999年，桂林市在实施中山路改造工程时，有一块3.8亩土地通过公开拍卖，中标价高达850万元，平均每亩地价高达223.68万元，开创桂林市单位土地价格最高记录。又如，2002年6月，桂林威达集团公司试行“退二进三”，有一块地57.6亩，招标起点价为3500万元，经公开拍卖，竞标价格一路攀升，最后以4360万元成交，超出起拍价860万元，为我市国有企业“退二进三”，盘活土地资源提供了成功范例。

为了充分利用土地，土地的短期出租也相应受到重视，原已无偿划拨给各使用者使用的土地，逐步纳入到新的土地使用制度中。如向土地使用者征收地租，允许土地转让；或根据土地使用权出让年限的规定，到期后土地连同土地上的建筑物由政府无偿收回，在此期限内，土地使用者可以分年向国家交纳地租，也可以购买该使用年限的土地使用权，并允许土地使用权有偿转让。同时，鼓励离乡进城农民将原承包的土地使用权有偿转让，作为进城定居和创业的启动资金，允许农民带地折股进城开发，允许农民以土地与房地产商联手开发。

二是实现人力资本、延伸资本以及其他城市产品资本化。在经营好土地资本的同时，桂林市在经营好人力资本、延伸资本以及其他城市产品方面，也取得了较大成功。

桂林市的财政长期是吃饭财政，1997 年以前，平均每年财政预算内资金的基建计划仅为 1500 万元左右。为配合项目建设，桂林市开源节流，集中财力，从 1998 年开始，市本级财政预算内基建资金每年尽管有较大的递增，但依然远远满足不了大规模城市建设的需要。通过经营上述城市产品，却获得了大量的城建资金。如：采取“以房带路”的办法，由房地产商建设改造城市道路，以获取等值的土地使用开发权。如通过地上的公益投资由地下的商业收益弥补的办法筹资 1.5 亿元建成了城市中心广场；把自古以来就有商业气氛的正阳路策划为商业步行街，对外公开招标拍卖建设经营管理权，结果有一企业出资 9800 万元成交，建成桂林市第一条集旅游、休闲、购物功能于一体的商业步行街，政府未出一分钱，反而由此增加 231 万元税收。采取地上的公益投资由地下的商业收益弥补的办法，吸引民间投资 1.5 亿元建成了城市中心广场，实现了建设和管理完全市场化运作的目标。

桂林市机场路二期工程中的一人行天桥，原工程总投资概算为 500 万元，市政府委托计委、财政局、审计局等综合职能部门联合对其设计和概算进行审查，将总投资降至 120 万元，公开招标后减少到 104.5 万元。人行天桥竣工后，市政府又公开拍卖该桥的冠名权和桥两端广告点位经营权，最后以 101 万元成交，市政府实际上仅花 3.5 万元建成。

中山路将其两边的华灯及附属设施，通过出让路灯广告经营权，由企业投资 1000 万元建成。该路的竣工通车和亮化、美化，带动了桂林文化大厦、桂林大世界等 27 个沿线房地产业和商贸业项目的建设，总投资达 30 亿元。将 12 艘漓江游船经营权面向全国公开招标拍卖，筹集资金 2200 多万元，用于城市建设。

赋予城区建设、管理城市和社会发展的职能，1998 年，把市区的七星路等 5 条路交由四个城区改造和建设，顺利竣工后，四个城区初尝经营城市的甜头后，主动请缨承担乐群、西门、虞山等旧城片区改造和解放东西路、西门桥路等道路改造项目，为市政府节省了巨额城建资金。

通过市场化运作，将桂林市公交公司进行改组改造，投入 110 辆公交车，于 2002 年 5 月 1 日，开通了 8 条免费公益车线路，覆盖了 80%以上的市区，在全国引起了强烈反响，受到广大市民的交口称赞。

通过采取规划控制、土地价格调节、政策引导、项目建设带动等调控手段，规范房地产市场，防止泡沫经济。如对全市重点项目以外的房地产项目暂停审批，对全市重点项目免收除法定以外的各种费用，组织实施大学生公寓城等项目，控制企事业单位和个人在城市中心区集资建房，对成片规模改造开发的房地产项目给予优惠，使政府在经营城市的过程中，真正成为主导者和受益者。

将商业网点与公共厕所“捆绑”销售，通过公开招标等市场化运作方式，仅用半年时间，在桂林市区、主要旅游景区和 8 个县新建、改建、扩建了 500 座公厕，并在全国率先实现免费开放，在海内外引起积极反响，由此引发了一场以改善如厕条件，提升城市环境品位为目标的“厕所革命”。

在经营城市的实践中，桂林市的成功经验，主要在于对城市产品的理解，针对不同产品采取不同的经营策略。根据其市场化属性，桂林市把城市的人力资本、延伸资本以及其他城市资源大体上分为三种类型：（1）基本上属于市场化的类型，如高速公路等具有竞争性质的行业，在政府统一规划和规范管理的前提下，采用 BOT（建设 - 经营 - 转让）、TOT（转让 - 经营 - 转让）模式，或者在城市建设领域引入股份制、股份合作制，通过市场机制引进社会资金，逐步形成投资、经营、回报的良性循环机制。(2) 半市场化的类型，如市区内桥梁、隧道、公共交通、自来水、煤气、污水处理等大部分市政设施，一般以政府投资为主，但同时逐步引入和扩大市场竞争机制，吸引有实力的国内企业和外商参与投资，同时探索吸引集体、个人投资，通过产品价格和服务价格改革给予市场补偿，使投资者在一定期限内得到投资收益。(3) 基本上由政府投入的类型，如城市道路、公共停车场、园林、绿化消防等，从根本上说是公益性项目，其建设资金主要是政府征收各种城市建设税费和投入部分经营性项目收益来解决。从现实看，这些公益性设施，往往是投入多，管理不好。如建设一座公厕，政府投资好几万元不说，每年的收费连守厕人的工资都难以维持，政府倒贴维修费用还管不好。但政府如果作为业主身份，将其独有的公益事业方面的管理权、经营权及使用权（如公厕保洁、城市道路保洁、路灯维护、街心花园整修、公共停车场管理、旅游线路、旅游车船、旅游景区景点、公交线路、出租车等的经营权、公共建筑物上的冠名权、广告发布权以及冠以“桂林”名称的各种社会性活动的举办权等）加以拍卖，这些物化资产就转化成为资本，新的所有者从追求利润最大化和躲避风险的本能出发，会千方百计去经营好、处理好，从而实现政府投资最小化，社会效益最大化。通过这种方法筹集资金，已经成为城市管理的主要资金来源。

久不去广西，偶尔走进南国边城南宁，却不由得精神为之一振。这里高楼林立、市场繁荣、街道整洁，尤其令人振奋的还是这座城市淹没在一边绿色树林花草之中的感觉。南宁被称为“中国绿城”，名副其实。今天的南宁在经营城市理念指导下，招八方贤达，纳四海之财，“绿城”浑身洋溢着一种发展和向上的活力。请看：

26. 强化经营城市理念　努力建设“中国绿城”

中共广西区委常委、南宁市委书记　李纪恒　市长　林国强

南宁市是广西壮族自治区首府，是我国华南沿海和西南腹地两大经济区的结合部，是大西南出海通道和华南、港澳地区西进的枢纽城市，区位独特，风光宜人。

改革开放以来，特别是“八五”以来，南宁市委、市政府抓住机遇，围绕“绿色”和环保做文章，立足于资源优势、区位优势和中心城市的辐射功能，以建设大西南出海通道枢纽城市和“中国绿城”为目标，以提高城市整体功能为内容，以加快基础设施建设为重点，以整治市容环境为突破口，城市面貌发生了较大变化。特别是通过争创卫生城市、文明城市和园林城市活动，城市文明程度和市民的文明素质有了新的提高。近几年，南宁市先后荣获“全国卫生城市”、“全国城市环境综合整治优秀城市”、“全国双拥模范城市”、“国家园林城市”、“中国优秀旅游城市”、“全国创建文明城市工作先进城市”、“联合国人居环境改善良好范例奖”等称号。今年1月荣获首届“中国人居环境奖”，更标志着南宁市的城市建设管理工作跨上了一个新台阶。

21世纪是城市发展的世纪。我国加入世贸组织，促使各种资源和生产要素以及人才加速向大城市、中心城市聚集和流动，使城市发展面临新的机遇。由于经济全球化的推进，以城市特别是大城市为中心的经济竞争将日趋激烈。可以说，所谓经济的全球化竞争，许多是在城市与城市之间展开的，因此，21世纪必定是城市发展和竞争的世纪。要赢得经济竞争主动权，必须把城市发展提升到重要的战略高度，强化经营城市理念，激发城市活力，加强基础设施，进一步完善城市功能，改善城市环境。

为此，南宁市委、市政府按照自治区党委、政府关于把南宁建设成广西特大型城市以带动周边地区发展的要求，以国家实施西部大开发战略为契机，以建设“中国绿城”为目标，提出了加快城市建设、加强城市管理，实现“一年小变化、三年中变化、六年大变化”的“136”目标，并把今年定为“城市建设管理年”。目的是要拉开城市框架，拓展城市空间，打通城市干道，完善配套设施，推进旧城改造，加快新区开发，强化城市管理，不断完善大西南出海通道枢纽城市和区域综合性核心城市功能，营造良好的生态环境和投资环境，提高市民的居住水平和生活质量，塑造少数民族地区首府城市新形象，促进城市建设与经济社会协调发展，努力建设具有民族特色和亚热带风格的现代园林城市，最终建成“中国绿城”，实现“联合国人居环境奖”目标。

在具体工作中，充分运用国家关于加速西部地区基础设施建设、加强生态环境保护和建设的优惠政策，加快“中国绿城”建设，改善城乡基础设施、生态环境和居民生活条件，实现可持续发展。我们将进一步加大城市规划的管理力度，发挥规划在城市建设中的调控作用，提高规划管理水平，全面开放规划设计市场，引入竞争机制，从源头上确保建设的高水平、高质量，并加快“中国绿城”建设的规划研究，提出创建“中国绿城”的政府行动纲领。通过地方立法，把每年3月定为“全民植树月”，推动全市植树绿化工作。加快新区开发和旧城改造步伐，加大“拆违建绿、拆墙透绿”工作力

度，在全面推进城市基础设施重点工程建设的基础上，突出解决一个难点，抓好四个亮点。

所谓“一个难点”就是按照“打通断头路、形成快环道、建设主轴路、形成放射线”的思路，着力解决城市交通拥堵问题；抓好“四个亮点”，一是4条城市主干道的绿化美化亮化工程；二是南湖及其周边环境的整治；三是邕江两岸的堤路园建设；四是青秀山风景名胜旅游区的开发建设。要围绕“四个亮点”拓展城市开发建设空间，带动城市建设的整体推进，塑造城市形象，实现城市整体升值。特别要加快邕江两岸的堤路园建设，把它建成坚不可摧的防洪线、畅通无阻的交通线、商贸繁荣的经济线和环境优美的风景线。按照“大、精、深”的要求，加快城市的绿化美化亮化步伐，“大”，就是要做到大气魄、大规模、大手笔、大覆盖面；“精”，就是要上档次、出精品、树形象；“深”，就是要富有民族特色，丰富文化内涵，提高科技含量，做到完成一个工程，造就一个精品，每个作品都要体现创意，别具一格，使南宁成为绿城系统完善、生态系统良好、地方特色鲜明的现代生态园林城市。

树立经营城市理念，用市场经济的手段建设和管理城市，是我们必须做好的新课题。清除过去把城市建设管理看成是单纯消费、只花钱、少产出的误区，把城市建设管理作为重要的经济增长点来抓。在继续完善土地储备制度、控制好土地一级市场、对经营性用地实行拍卖的基础上，建立政府城市建设投资公司，把城市建设纳入市场化运作的轨道，建立起多元化的投资机制，逐步改变城市基础设施建设由政府包揽的做法，从改革中找出路，到市场中找资金，从而在经营城市中扩张资本，在扩张城市资本中增强城市实力，真正实现投资主体多元化，经营管理市场化，盘活现有存量，为城市建设管理筹集大量资金。

任重道远，前景诱人。我们将牢牢遵循“三个代表”重要思想，集全市之智，举全市之力，奋力实施“136”构想，把南宁建设成中国西部最富魅力、北部湾畔最宜居住的名副其实的“中国绿城”。

二、纪　实　篇

走进贵州，走进中国大西南苗岭山脉腹地，一座美丽的小城——都匀市赫然映入眼帘。从GDP统计上看，贵州是省级单位的倒数前几位，因此，在人们的感觉中，贵州简直就是贫穷落后的代名词。然而，都匀市却让世人眼前一亮。都匀市无疑是闪耀在贵州的一颗最为璀璨的明珠。都匀市的发展给了人们更多的启示，更多的联想，人们从都匀的发展变化中又一次记起了国人千古之训：成事在天，谋事在人。都匀市的再度辉煌确确实实验证了这一千年古训。有了党的改革开放的条件和环境，再有一个像周建琨这么一位精力充沛、才智过人、乐于奉献的市委书记，天大的困难也会踏于脚下。请看：

1. 一个书记与他所在的城市

——记中共黔南州委常委、都匀市委书记周建琨同志

一个地处祖国大西南苗岭山脉腹地、市级财政连续8年赤字总额达1000余万、政府负债总额达2亿多元的县级贫困市——都匀，在短短4年间调动各种形态的社会资本25亿元投入城市经营，从而甩掉贫困帽子，一跃成为中国优秀旅游城市、贵州省“经济强县(市)”创建市和贵州省南部大城市创建市，这远远超出了人们的想象范围，不是小说的杜撰，不是梦中的幻景，周建琨一班子人硬是靠“资本置换”思路创造了这个伟大的奇迹！

此刻，周建琨刚刚送走出席都匀市承办的“第十四届全国中小城市研究会”的全国政协副主席万国权，著名经济学家于光远，全国政协常委、中国城市发展研究会理事长厉有为，中国城市发展研究会副理事长兼秘书长朱铁臻，上海城市发展研究中心主任江锦康等尊贵的客人，信步回到自己的办公室，推窗远眺，美丽的都匀青山环抱，绿水悠悠；新建的高楼鳞次栉比，亮丽多姿；宽阔的剑江中路人来人往，车水马龙；古老的石板街红墙黑瓦，古色古香……而周建琨的脚下，则是都匀市运用“资本置换”方式刚刚建成的规格位居贵州省地、州、市办公楼第二位的都匀市综合办公大楼。

面对眼前的一切，周建琨思潮翻滚，感慨万千：这成功的一点一滴，饱含了党的关怀，凝聚了人民的期望，浸透了他和班子成员的心血和汗水，是多么地来之不易啊！

功过得失，苍天可表；是非成败，历史为证。周建琨所作的贡献，党看在眼里，人民看在眼里，1999年初，贵州省人民政府嘉奖周建琨为一等功臣；2001年5月，中宣部、司法部又授予了周建琨“全国‘三五’普法先进个人”光荣称号。

周建琨用自己的智慧和实践，在漫漫的历史长河中，刻下了一行深深的足迹……

严 峻 挑 战

1998年3月27日，对于地处贵州南部的一个极贫困的县级市——都匀来说，是一个极不平常的日子。这一天，都匀市九届人民代表大会第十次会议的217名人民代表，经过反复酝酿，郑重地选出了都匀市九届人民政府市长——年仅37岁的周建琨同志。人民对这位年轻的市长充满了信任！寄予了殷切的期望！！但面对极其严峻的形势，周建琨却不敢有丝毫惊喜，不敢有片刻松懈，他觉得肩上的担子很沉、很沉……

周建琨，这位毕业于贵州财经学院，先后任过副厂长、副主任(副县级)、副县(市)长、副书记、代理市长、市长的身材魁梧的河南汉子，在都匀工作和生活了十多年，对都匀的市情太清楚了：

都匀坐落在云贵高原苗岭山脉南侧、总面积2274平方公里，是贵州省继贵阳、遵义之后的第三个建制市，黔南布依族苗族自治州首府，中国十大名茶——都匀毛尖之乡。“明永历皇帝陵”就坐落

在都匀市区的高塘山上。距都匀不远，就是邓恩铭烈士和冷少农烈士的故乡。抗战时期，叶剑英同志及徐悲鸿、田汉、于光远等各界知名人士曾到过都匀；解放后，国家先后将电子工业部第三十八研究所总部及许多兵工厂设在都匀莽莽苍苍的崇山峻岭里；历届国家领导人江泽民、萨空了、乔石、胡锦涛、李铁映、司马义·艾买提、胡启立、温家宝、吴邦国等先后到都匀进行过视察和慰问。

然而美丽的光环却掩饰不了贫穷与落后的严峻事实，过去的辉煌随着改革的深入和市场经济体制的确立而慢慢消失，加上地缘环境的限制，观念的落后，思维方式的固化，使经济生活中的很多困难和压力以加法乃至乘法的速度扩散到了各行各业。

到了 1997 年，城市面貌已破烂不堪，在当时建成区 13 平方公里的土地上，超过 10 层高的楼房还不到 10 幢，绝大多数地方还是低矮、破旧、阴暗、潮湿的木瓦房。城市道路窄小破陋，大多数都只有五六米宽，最宽的剑江中路平均也不过 10 余米，加上路况极差，晴天是“扬灰”路，雨天是“水泥”路，因此交通壅塞和交通事故频繁已成正常现象。城市供水、供电、电讯等基础设施也严重滞后，停水、停电等现象时有发生。

工业经济运行步履艰难，当年全市的 59 家国有企业中，已有一半以上停产、半停产，近 7000 名职工下岗待业。曾以生产数控火焰切割机等产品替代进口并出口到欧洲、亚洲 9 个国家的国家二级企业——东方机床厂，一夜之间濒临倒闭，2000 多名职工下岗；投资近两亿元兴建的都匀刨花板厂，刚刚投产就受到了市场经济的迎头一击，非但不能盈利，政府每年还得忍痛从极其紧张的财政中划出 900 多万元去偿还利息；“六五”期间建起来的毛纺厂、棉纺厂、针织厂等 10 多家轻工企业，在给都匀赢得“贵州纺织城”荣誉不久，就开始一步步走向衰落……

而在农村，情况更不容乐观，在所辖的 20 个乡镇中，还有 6 个省级贫困乡，在这 6 个乡的 114 个贫困村中，人均医疗费用不足 3 元钱，有的家家徒四壁，所有家产不足 100 元。在阳和水族乡，还有 2 户 14 人居住在山洞里；而在杨柳街镇黄河村一个 12 户人家的寨子里，有 10 户专靠卖血来维持生活和解决孩子读书费用……

尽管都匀经济举步维艰，但由于该市是由原来的都匀市与都匀县合并而成，财政供给人员已多达 1.3 万，为同等县市的两倍以上，从而加重了财政负担，市级财政收支矛盾更加突出。1997 年，全市财政总收入为 1.15 亿元，支出 1.25 亿元，收支相抵加上历年滚存赤字，赤字总额已超过 1000 万元，成了贵州省九个地、州、市所在地中惟一的赤字市。

面对如此严峻的挑战，周建琨深沉冷峻，连眉头也不皱一下。他说：“党和人民选择了我，信任我，把发展都匀的担子交给了我们这一届班子，我和我们班子没有理由在困难面前退缩下来，因为我们是人民的勤务员，是为人民服务的。因此，对于组织的安排和人民的选择，我义无反顾，一往无前，无怨无悔。如果有一天，我有负于人民的重托，我会自觉地、主动地将头上这顶帽子摘下来，郑重地还给人民。”

机　智　突　围

周建琨上任之时，北起贵州贵阳，南至广西新寨的贵新高等级公路正抓紧建设，这条公路是贵州省实施“南下、北上、东联、西进”全方位开放带动战略的重点工程，是西南出海最便捷的黄金通道，非但通过都匀，还给都匀规划了三个匝道口，一经修通，到本省贵阳龙洞堡国际机场只需一个小时，而到广西北海也只需十个小时左右。

这是一个千载难逢的发展机遇！周建琨决心要抓住这一机遇!!

都匀过去因丧失机遇而带来的沉痛教训周建琨记忆犹新：20 世纪 70 年代，湘黔铁路与黔桂铁路的交会点设在都匀，工程已经上马，但因抓得不力，湘黔线最后还是从本省的贵定分岔了；80 年代，中华振华公司拟将总部迁往都匀，并将中国电子工业大学建在这里，最终这个计划因地方原因而搁浅；进入 90 年代，都匀在全省建制市的排名已由原来的“老三”排到了最后，中心城市地位被无情地削弱……

都匀需要发展，都匀再也不能重蹈历史的覆辙。而要抓住这一机遇，又该怎么办？

一个难题像一块沉重的巨石压在了周建琨一班人的心头。周建琨为此常常寝食难安。当时作为市委书记，曾在中央党校攻读三年研究生，并先后任过副市长、县委书记、州委秘书长、副州长、中共中央办公厅副局级调研员的年仅 41 岁的蒙启良，对于如何发展都匀亦是心急如焚。

共同的使命和责任，使他们在历史与现实的碰撞下，在困难的压力和机遇的挑战面前，带领和组织决策层的领导共同学习、思考、研究、共同寻找都匀发展之路……不知度过了多少个不眠之夜，决策层形成了一个共识：从旧城改造打开入口。大家认为，从贵阳到新寨的高等级公路即将修通，都匀作为西南出海的这条最近的黄金通道的中间站，有着其他城市无法比拟的区位优势。如果能够抓住这一机遇，做好城市这篇文章，南下北上的人流、物流、资金流、信息流就会在此汇集，从而产生“通道效应”和“洼地效应”，都匀就能大发展；否则就只能产生“通过效应”，重蹈其他城市的覆辙，非但不能聚集人流、物流、资金流、信息流，而且连原本具有的优势也会随之丧失，从而导致经济衰退，城市变得更穷，人民变得更苦。

可是，众多项目所需的巨额资金来源在哪里？困难的财政连吃饭都困难重重，“负债经营”的前车之鉴已让人敢想而不敢为。

怎么办？向专家请教，找学者要“方”。著名经济学家于光远应邀来到都匀，为山城都匀的经济“号脉”、“开方”。于老用他远见卓识的头脑，一针见血地指出：“贫困地区基础设施建设常常面临资金困难的问题，投资思路就应该有所突破，不能有多少钱办多少事，而应该要办多少事去筹多少钱。因为我们是现实主义者，穷就先用‘穷办法’来搞。”

周建琨一班人聆听了于光远先生的一席话，获益匪浅，感触颇多，于是他们的目光开始投到了庞大的国有资产存量上。他们经过一次又一次的认真分析，终于认识到了都匀经济社会生活中存在的问题和困难，主要是计划经济时期形成的资产难以在市场经济条件下变成通过流动不断增值的资本。因此，促进经济活动良性循环的切入点，应当是把现有的可以纳入生产经营范围的有形的、无形的资产都赋予资本的属性，通过资本重组，达到资本扩张的目的。马克思曾经生动描述说：“资本的生命在于运动。”而要真正坚持马克思主义，就必须在实践中发展马克思主义，而发扬的关键在于创新，正如小平同志所说：“不以新的思想观点去继承、发展马克思主义，不是真正的马克思主义者，墨守成规的观点只能导致落后，甚至失败。”江泽民同志也一再强调：“创新是一个民族进步的灵魂，是国家兴旺发达的不竭动力。”因此，只有创造性地将庞大的国有资产存量挖掘出来，用“资本”的眼光去认识它，让其流动并与其他外部资本要素进行组合，实行资本化经营，才可以形成新的生产力，从而解决发展中所急需的资金问题。

基于这样的认识，都匀市在总结浦东、深圳等地“以地换房，以房补路”的旧城改造经验的基础上，结合都匀实际，于 1998 年 6 月创造性地提出了一个“以穷治穷”的法子——资本置换。

如果说蒙启良是“资本置换”的提出和倡导者，那么周建琨就是“资本置换”的具体实践者。“资本置换”思路提出后，周建琨积极配合市委书记蒙启良对全市干部进行培训，常在各种会议上生动地讲解“资本”、“资本置换”，详细地阐释“级差地租”、“政府角色重塑”等等，促进了全市干部群众观念的转变。与此同时，以周建琨为班长的都匀市政府还成立了“市政府法律顾问组”，专门负责对出台的各类地方性文件进行把关，确保依法行政；并制定出台了《都匀市城镇国有土地使用权出让和转让暂行办法》、《都匀市房屋拆迁管理办法》等 6 个涉及旧城改造的文件，为“资本置换”的实施铺平了道路。

一切准备就绪。都匀市决策层决定以路面狭窄、车辆拥塞、横贯城市南北、连结“贵新”公路的城区主干道——1000 多米长的剑江中路为旧城改造的突破口。时间定在 1998 年 6 月 18 日——都匀市建市 40 周年纪念日，旨在用剑江中路改造开工作为建市 40 周年庆典的献礼。而剑江中路改造所需 1400 余万元资金，则是用地处都匀市区繁华地段 4.5 万平方米的小吃街片区的开发权及剑江中路广告设置权与投资者进行置换所得。

开工之日，我国著名经济学家于光远在青年作家刘学文的陪同下参加了开工仪式，仪式仅用了10分钟。至此，都匀市运用“资本置换”经营城市战略正式拉开了序幕。

“资本置换”这个新鲜词语，通过新华社、《西南经济日报》、《贵州日报》等20多家新闻媒体很快传遍了大江南北、长城内外。中共贵州省委重要刊物《当代贵州》连续两期刊载了新华社贵州分社专稿《为都匀经济号脉——访著名经济学家于光远》、《第三只眼睛看都匀》，为“资本置换”的实施提供有力的舆论支持。

短短100天时间里，福建、云南、重庆、贵阳等省市和地区的几十家房地产开发商闻讯先后携款而来，一个个项目顺利实施：供销社片区由贵州金榕房地产公司开发，政府以开发权置换各种形态的建设资本300万元，调动社会资本3000余万元；裤裆街片区由贵州马房地产公司开发，政府以开发权置换各种形态的建设资本610万元，调动社会资本1600余万元，市政府大院片区由贵州英德房地产公司开发，政府以开发权置换各种形态的建设资本1000多万元；调动社会资本3000余万元……

随着“资本置换”项目的相继开工，各行各业蓬勃发展，捷报频传。截至1998年底，都匀市的旧城改造共拆除面积6.7万平方米，设计建设面积已达20万平方米，相当于1998年前15年的总和；财政总收入迅速增长，不仅抵掉了连续8年赤字滚存的1000多万元欠债，还结余421万元，实现了收支平衡并略有节余的预算目标，开创了财政工作的新局面；农民人均纯收入比1997年净增了100元；全市私营企业、个体工商户比1997年增加了244户……

都匀市的成功做法引起了社会各界的广泛关注。1998年12月，由中共贵州省委政策研究室、贵州省政府发展研究中心主办，《当代贵州》杂志社承办的贵州省“资本置换”座谈会在都匀市风光旖旎的剑江河畔隆重举行。中国著名经济学家于光远、董辅礽、王珏分别发来贺电，卫兴华、薛永应、张泽荣等著名经济学家参加了会议。会上，蒙启良书记和周建琨市长分别作了《资本置换的由来与实践》和《深化资本置换认识，探索改革发展之路》的专题报告，引起了强烈反响。薛永应、卫兴华等专家和学者对“资本置换”思路给予了很高的评价。新华社、中央人民广播电台等60多家中央、省、州、市各级新闻单位均派记者对此次座谈会进行了报道。

都匀以锐不可挡之势冲出了重围，顺利完成了一次历史性的飞跃。

广 泛 延 伸

都匀市运用“资本置换”进行旧城改造取得了重大突破，但周建琨一班人并不满足。周建琨认为运用“资本置换”进行旧城改造只是经营城市的试金石，用“资本置换”经营城市的终极目标应该是盘活城市资产，实现城市的可持续发展，达到资源的有效整合和城市区域经济的协调发展。为形成理论用以指导工作实践，他挤时间写出了《贫困地区有效解决城建资金的理论——“资本置换”理论在都匀市市政建设中的运用》、《运用“资本置换”理念经营城市》、《实施“资本置换”，加快经济发展》等一系列理论文章，在供都匀市干部群众进行学习交流的同时，还陆续发表在《国际日报》、《中国经济时报》、《城市经济》等国家级大型刊物上，这一系列理论文章均获得了省级以上期刊及科研部门颁发的经济类优秀成果奖，受到了社会的广泛关注和好评。

为发挥“资本置换”的巨大潜能，都匀市将1999年定为都匀市“建设年”，并把“资本置换”范围开始延伸到了市政基础设施、工业、农业、体育、文化等领域。与此同时，都匀市工业领导小组、农业领导小组、依法治市领导小组等相继成立。有了理论指导，有了组织保证，都匀市各行各业步入了有序发展的快车道。

旧城改造方面：西苑大世界改造开工，占地22万平方米，总投资2亿元；胜利路片区改造开工，占地12.6万平方米，总投资6000余万元；人民广场改造开工，占地1.4万平方米，总投资4000余万元；庆云宫小区开工，占地1.3万平方米，总投资5000万元……

市政基础设施方面：省级文物保护单位——百子桥经营权让渡，每年置换维护资本18万元；省级风景名胜区——剑江市区河段经营保洁权让渡，每年置换建设资本6000元；市区10所公厕经营保洁权让渡，每年共置换建设资本 21 万元；剑江中路防护栏广告经营权让渡，置换总长 2500 米的不锈钢人行防护栏；集休闲、娱乐、观光于一体的开放式公园——文峰园(田纪云、刘炳森题字)建设开工，总投资 1500 万元；剑江南路改造开工，总投资近 1000 万元；都匀的标志性建筑之一——剑江大桥建设开工，总投资 1200 万元；中巴及的士经营权让渡，每年获得基础设施建设资本近 1000 万元……

国有工业企业方面：市羊毛衫厂以闲置厂房及部分设施、门面等进行让渡，置换生产建设资本 1000 万元；市内衣厂以闲置厂房及部分设施、门面等进行让渡，置换生产建设资本 1200 万元；贵州八大名酒——都匀酒厂经营权让渡，置换生产建设资本 500 万元……

农业方面：采用在不改变家庭土地承包责任制的基础上，农民出土地、劳力、管理、农家肥占 6 股，投资单位出资金、技术、化肥、农药占 3 股，乡镇出面协调解决有关问题占 1 股的“631”模式，吸引了各地企事业单位 16 家的 380 万元资金开发了经济果林近 10000 亩；鼓励农户利用土地合理流转，利用自己的荒山荒坡资源引城市资金下乡入股、租赁发展农业产业化，先后共流转责任田 5000 多亩；引奥都绿色工程公司资金 120 万元发展无公害蔬菜生产，形成了“市场联公司，公司联农户”的生产经营模式……

随着“资本置换”的广泛运用，都匀的经济总量不断做大，都匀的城市地位日益提高，受到了贵州省和国家有关部门的高度重视。1999 年 2 月，贵州省委、省政府将都匀列为全省经济强市创建市；5 月，贵州省体改委将都匀列为全省城市管理体制改革试点市；6 月，国家旅游局将都匀列为“中国第二批优秀旅游城市”创建市……

看到都匀日新月异的变化，周建琨脸上绽放出了奕奕的神采。

顽 强 拼 搏

周建琨是一个爱学习，善思考的年轻市长，每年一百多个双休日，他难得有几天休息；一年三百多个夜晚，他办公室的灯光难得有几天不亮到深夜。他要率领政府一班人正确地操作好市委的每一个发展决策；他还要重视解决好每一个来自基层的问题；他更要阅读和处理好每一期“市长专线电话”反映的问题和每一封普通百姓的来信——因为他深爱着都匀这座城市，深爱着都匀市 48 万各族人民。

2000 年江总书记的“三个代表”重要思想提出后，周建琨更是没日没夜地潜心研读，他要从“三个代表”中寻找到“资本置换”在经营城市中的连结点。经过认真思索，他终于得出了一个精辟的论断：用“资本置换”经营城市是“三个代表”的重要实践。

他说：“无论是代表先进社会生产力的发扬要求，还是代表先进文化的前进方向，最终目的都是为了更好地代表最广大人民群众的根本利益。用‘资本置换’经营城市的根本目的是盘活城市资产，实现城市的可持续发展，达到资源的有效整合和城市区域经济的协调发展，人民群众得到最大实惠，这无疑是代表了广大人民群众的根本利益。从另一方面看，经营城市的最大收益者是资产的所有者和资产的使用者，享用者，也就是说，人民群众作为资产的使用者、享用者，都是最大的受益者，这也说明经营城市是落实‘三个代表’要求的具体体现，完全代表了人民群众的根本利益。”

周建琨将这一研究成果结合都匀当前工作重点，撰写了《用“资本置换”经营城市是“三个代表”的重要实践》、《经营城市是建设经济强市的必由之路》等理论文章，很快就被新华社《内刊选编》、《贵州日报》、《贵州政报》等全文刊发，受到了省和国家有关领导的重视。他因此常常被邀请参加各种全国性高层论坛会议，他的发言总是赢得一次又一次热烈的掌声。

理论是指导实践的有力保证。都匀市在“资本置换”运作中认真实践“三个代表”，事事处处始终代表先进生产力的发展要求、先进文化的前进方向、最广大人民的根本利益，使各项工作得到了健康、有序、快速的发展，全市上下呈现出了一派生机勃勃的繁荣景象。

然而，2000 年 6 月 7 日晚至 8 日暴发的那场四百年一遇的特大洪灾，却使都匀苦苦经营了三个年头的城市建设几乎毁于一旦。

那次持续了 12 个小时的特大暴雨，使都匀 29.5 万人受灾，在全市范围内造成交通、通讯、供电、供水中断，山体滑坡、房屋倒塌、工厂停工、学校停课，造成直接经济损失3.9亿元，间接经济损失5亿元。

然而就在6月7日下午，周建琨的妻子带着患病的女儿到省城复查传回不好的消息，女儿再一次被诊断为不治之症——肺癌。获此消息，他跌坐在沙发里，两行热泪慢慢地滑落在这个刚强汉子的脸上。只有在这时，他才觉得自己实在太对不起妻儿了。上任两年来，妻子一直默默地支持自己的工作。就连岳母去世，妻子也毫无怨言地按照自己的要求，把老人的灵堂设在远离市区的殡仪馆。刚才妻子电话里的哭诉，分明告诉自己：妻子实在无法一个人承担这么重的打击了。周建琨立即向组织请了假，准备放下工作，第二天就赶到贵阳。谁料，当天晚上的特大暴雨却导致了四百年一遇的特大洪灾。他不及多想，立即抓起电话与其他市领导联系，在通知公安、消防、武警作好一切应急准备后，这位茶米未进的一市之长，又一头扎进了暴雨中……第二天，直到在省城的市委书记余学强赶回来指挥救灾后，周建琨才匆匆赶到贵阳和妻儿一起赴北京作最后的确诊。在北京忙了几天，把女儿安排住进了医院，周建琨又“飞”回了都匀，看着瘦了一圈的市长，不少干部、百姓暗暗感到心痛。

都匀的老百姓因为有了周建琨这样一批优秀的领导干部而由衷感到幸运，对都匀的未来充满了信心。当洪水刚刚退去，文峰园里、剑江河畔、大街小巷上便出现了数万人的清淤大军，从白发苍苍的老人到胸佩红领巾的少年，谁都不需要召唤。不到一个月，这座灾后的山城又恢复了亮丽的英姿。

都匀以“三个代表”指导“资本置换”经营城市，并战胜四百年一遇特大洪灾的成功实践，愈益受到了高层专家和领导的重视。这一年，于光远先生第四次到都匀指导工作；国务院专家组莅匀对“资本置换”进行考察；贵州人民出版社和中国改革出版社分别出版了介绍“资本置换”成功经验的《资本置换——西部大开发前奏曲》和《西部之光》两本书籍；“资本置换”一词及其理论被写入了贵州省委书记刘方仁所作的《经济工作报告》和新编的《中国经济学词典》里；由国务院发展研究中心和《中国经济导报》社主办，都匀市委、市政府承办的“西部大开发都匀模式——资本置换高层研讨会”在都匀隆重举行，国务院有关领导出席会议并对“资本置换”给予了很高的评价。从此，“资本置换——都匀模式”一词与久负盛名的“温州模式”、“苏南模式”等一道频频出现在专家学者的重要文论上；周建琨同志以“资本置换”理论经营城市的一系列理论文章被收入《中国改革文存》、《在党旗下》、《学习“三个代表”宝典》等中央级大型文献里。

乘着“三个代表”春风，都匀的历史又翻开了崭新的一页。

走向辉煌

2001年是跨入新世纪的第一年，也是实施国民经济和社会发展第十个五年计划纲要的第一年，是充满竞争和希望的一年。

跨入新世纪，周建琨的“资本置换”理念更加成熟。他在研究资本置换的启示时作了这样精彩的阐述：“目前，都匀市采取‘资本置换’的资本运营机制，已使城市形象有了较大的改观，这条路，今后我们不但要走下去，而且要将这一创造性的市场化思维理念，作为我们的工作思路之一，循着市政建设→房地产开发→创收农业→绿色产业→荒山产业→企业改制→人才开发→旅游产业→教育产业→文化产业→体育产业……这条路子拓展其范围和领域，为都匀市经济建设发挥更大作用……中国的改革，特别是缺乏资金以及资本市场未建立或健全的西部欠发达地区，需要重新建立一种新的经济逻辑，而探求这种逻辑，首先需要探求经济规律中最本质的核心——资本。而对资本的认识和探索，对资本置换的探求与实践已取得一定绩效的都匀，理应责无旁贷的在今后的实践中以海纳百川的气魄，不断深化和完善资本置换理论，使之成为欠发达地区促进生产力发展的理论之一。”

沿着这一思路，周建琨率先垂范，带领班子成员和全市人民做了大量卓有成效的工作。一分耕耘，一分收获，都匀市靠“资本置换”创造了和正在创造着“都匀奇迹”!

截至2001年的四年时间里，都匀市运用“资本置换”思路共调动了社会资本25亿投入都匀的各项建设，城市面貌发生了巨大的变化，城市化水平达到了44%，比1997年提高了将近7个百分点。

通过“资本置换”，都匀市主要经济指标均保持了两位数的速度增长，超过了全国、全省、全州的增长速度。截至2001年底，国内生产总值、市属工业总产值、乡镇企业营业收入均比1997年翻了一番；全社会固定资产投资比1997年翻了五番；农业生产总值比1997年增长了12.44%；农民人均纯收入比1997年增加了549元；财政收入1997年增长了53.27%。通过“资本置换”，1999年贵州省实施“建强”战略以来，都匀市每年度的“建强”战略以来，都匀市每年度的“建强”指标均顺利完成，增长幅度居于全省领先位置。

通过“资本置换”，都匀旅游事业得到了蓬勃发展，经国家旅游局认真审核，2001年10月1日，都匀市被授予了“中国优秀旅游城市”称号。

都匀市运用“资本置换”经营城市的伟大举措，再次受到了国家有关领导人和中国城市发展研究会的高度重视，2001年7月，第十四届全国中小城市研讨会在匀召开，全国政协副主席万国权到会祝贺，于光远、厉有为、朱铁臻、江锦康等各界人士出席了会议。来自全国各地的60多个城市300多名代表参加了会议。全国政协副主席万国权对都匀市运用“资本置换”进行城市建设的做法给予了充分的肯定；著名经济学家于光远对“资本置换”给予了很高的评价，他说“运用市场经济手段，采用‘资本置换’的运作方式，齐心协力建设新都匀的热火朝天的景象使人很受鼓舞。”全国100多家新闻单位派出记者对此次会议盛况进行了广泛报道，都匀的知名度得到了极大的提高。

都匀成功了！都匀人民感到无比的骄傲和自豪!! 在这成功里，有周建琨洒下的心血和汗水。党看在眼里，人民看在眼里：1999年初，贵州省人民政府给周建琨同志记了一等功；2001年5月，中宣部、司法部授予了周建琨同志“全国‘三五’普法先进个人”光荣称号。

面对荣誉，周建琨没有丝毫惊喜，他感慨地说：“这些成绩不属于我自己，应该属于集体，属于党和人民。我是一个平凡的人，如果说我为党和人民做了一点贡献，那是因为我有幸遇上了一个好时代，有幸遇上了州委何永康书记和蒙启良、余学强两任市委书记，有幸遇上了市委、市人大、市政府、市政协这样精诚团结的班子，有幸遇上了都匀市48万智慧而勤劳的人民。是他们给了我勇气和信心，是他们给了我理解和支持，没有他们，我将一事无成，我衷心地感谢他们。”

2001年6月，周建琨同志受组织的安排，就任中共黔南州委常委、都匀市委书记一职。走上新的岗位，周建琨感到任务很重，担子很沉，但为了都匀这片神奇的土地，为了都匀48万人民的美好憧憬，他决心把“资本置换”不断引向深入，带领都匀人民走上更加壮丽的旅程……

齐齐哈尔这座国人心目中的老工业城市，今天的再度辉煌却是由于经营城市使然。该市的领导人高举着经营城市的大旗，独辟蹊径，做环保文章，抓住湿地和仙鹤特色，竟然使世人记住了鹤城就是齐齐哈尔市。经营城市使湿地扩大了，仙鹤翩翩成群，四面八方来投资的人多了，老工业城也在改革开放的今天英姿勃发了。

2. 经营使鹤城振翅高飞

黑龙江齐齐哈尔市是一座有着300多年历史的老工业基地城市，建国50多年来，经济发展缓慢，大工业、大农业的城市结构矛盾十分突出，城市环境长年得不到改善。大面积棚户区、众多大企业处于市中心，与繁华的商业闹市形成巨大反差。2000年，在新一届领导班子的带领下，齐齐哈尔虚心学习靠经营城市取得经济飞速发展的大连、青岛、西安等城市的先进经验，针对其自身条件，探索出了一条经营城市之路。

在实践中，齐齐哈尔严格执行市场化运作程序，创造“无底价招标”的新模式。凡是政府收益的项目，谁出钱多就用谁；凡是政府投资的项目，谁要钱少就用谁。原市党政机关办公地，位于市中心黄金地段，但房屋破旧，由于资金短缺，一直难以改造。2001年，市委、市政府决定将这一黄金地段进行竞价拍卖，最后以1.18亿元的金额出让，后又在沿江选址新建了7.8万平方米、高20层的党政机关办公中心，这样既改善了办公环境，又腾出了黄金地段，带动了新建地段土地的升值和沿江地区的开发。市委、市政府在财政紧张的情况下，又投资2.6亿元对总面积320万平方米的劳动湖水系实施了综合治理，使昔日的“龙须沟”变得湖清水碧，两岸树清草绿的休闲游览场所，周边变成了房地产开发的“黄金海岸”，土地增值近1亿元。由于劳动湖的整治，吸引来外埠开发商在其沿岸兴建了“王仔花苑”智能化小区，带动了全市住宅建设的提档升级。

通过近三年的努力，已初具现代城市规模的齐齐哈尔，又把城市定位扩展为“绿色食品之都”、“装备工业基地”、“生态旅游之乡”。通过这一系列的变革，使政府直接受益4.15亿元，仅2001年就吸引外来资金51.8亿元，是前四年的总和；2002年引进到位资金68.1亿元；全市GDP同比增长10.5%，首次实现了两位数增长。

齐齐哈尔市委书记杨信说：“2003年2月，黑龙江省政府又将我市定为全省首批经营城市试点城市。国家已将我市定为中国绿色食品博览会的永久举办地。我们将依托丹顶鹤栖息于此的优势，把‘中国大湿地，世界鹤家乡’的品牌叫响全国，推向世界，早日实现‘全国建设小康社会’的宏伟目标。”

（高婧、张弛）

漫步武汉三镇，迎着阵阵扑面而来的精神文明之风，实在是让外地人流连忘返。置身武汉，你才真真切切地感到，武汉不愧全国精神文明之城的称号。武汉有句至理名言：创建精神文明就是在经营城市。细细品味，细细观察，这句话不但在武汉甚至在整个荆楚大地似乎都能找到这种感觉。由于这一理念指导，湖北城市的一砖一瓦一草一木都变成了财富。你看：武汉城绿、楼高、路阔、风光无限；黄石花团锦簇，空气清新；宜昌更是崛起一座"世界水电之都"……我们耳畔不时响起荆楚大地阵阵拍卖槌声，这槌声唤醒了沉睡的城市资源，这槌声引来了投资者无数，这槌声给了城市决策者以勇气、睿智和信心，这槌声给了老百姓以看得见摸得着的好处。让我们记住吧：创建文明就是在经营城市。

3. 创建文明就是在经营城市

华中特大中心城市武汉，自 1992 年提出"治城育人"，把创建文明城市的目标融入广大市民的工作和生活之中以来，始终将文明创建作为发展先进生产力的"基础工程"，作为树立文明政府形象、发展先进文化的"龙头工程"，作为为广大群众办实事、谋利益的"民心工程"来抓，与时俱进，不断开拓，在发展物质文明、政治文明和精神文明方面进行了一系列卓有成效的探索，给现代文明城市创建工作赋予了崭新内涵。10 多年坚持不懈的文明创建工作，促进了武汉城市面貌全面改观、城市功能进一步完善和经济社会的协调发展。

近年来，武汉先后获得了中国优秀旅游城市、全国双拥模范城、全国城市环境综合整治先进市、湖北省文明城市、全国创建文明城市工作先进市、全国社区建设示范市等荣誉称号，涌现出了吴天祥小组、百步亭花园社区、民意派出所等全国精神文明建设先进典型，最近又被中央精神文明建设指导委员会确定为文明创建的先进典型。

很多武汉人说，不记得有什么活动像创建文明城市这样持久深入，这样普及广泛，这样深刻而显著地改变着这座历史名城——从物质到精神，从经济到政治，从城市的面貌到人们的生活。

文明城市创建活动，在武汉三镇已扎下根来，与这座城市一起蓬勃生长。翻开武汉市党政机关和政府职能部门今年有如"军令状"般的《目标管理责任书》，作为一项共性考核指标，"文明创建"都赫然在目。对于武汉人来说，文明创建和整个的社会发展、城市建设、群众生活息息相关。

"我们始终把发展作为创建文明城市的第一要务，以发展的办法来解决城市文明创建中的问题，以创建文明城市来推动城市的快速发展"。

这是武汉市委、市政府的创建方略，而它的背后，承载的是 800 万江城人民对重振"大武汉"的呼唤与追求。

在历史与现实的碰撞中定位新的支点

武汉，3500 年的文明史引人遐想。高山流水的佳话，白云黄鹤的咏叹，"晴川历历汉阳树"的情致，至今余韵犹存。

至近代，得天时地利的武汉，更有令人瞩目的辉煌。李鸿章在这里倡导和发起洋务运动，张之洞在这里"办学堂、开工厂、修铁路、筑大堤"，把一个两江交汇的商埠码头建成了我国近代民族工业的发源地。

革命先驱孙中山，对武汉的发展也雄心勃勃："要把武汉建成纽约、伦敦之大，要建设成东方的芝加哥。"

从此，武汉和上海成了中国仅有的两个被冠之以"大"的城市。

新中国成立之后，"大武汉"仍不失光彩。国家在这里投资建设了 20 个重点工程项目，武钢、武重、武锅、武船等一批全国乃至亚洲最大型制造企业，使"武汉制造"称雄中外几十年。直到上世纪

80 年代初期，拥有 70 多个国优名品的“武汉制造”和以此为依托的外贸出口还在全国颇有名气。1984 年，武汉的工业总产值还仅次于当时的 3 个直辖市而位居第 4。

然而，随着东南沿海诸多城市在改革开放大潮中的迅速崛起，未能踏上这一轮开放节拍的武汉，在日趋激烈的市场竞争中连年落伍，工业总产值在全国 19 个副省级以上城市中逐步下滑到了第 13 的位次，历史上曾 20 多年一直“驾乎津门，直逼沪上”的外贸出口，也被 10 多个城市甩在了身后。

曾经的辉煌令现时的落寞感更加强烈。一时间，武汉似乎不那么可爱了：经济发展相对滞后，基础建设缓慢，城市面貌难以改观；大型国企举步维艰，企业员工大量下岗，就业和社会保障困难重重；群众生活水平提高较慢，市民素质参差不齐，水患的压力日益严重……

大而乱、散而闹，成了许多人对武汉的突出印象。

难道“大武汉”的风采就这样像昔日的黄鹤“一去不复返”？一位心有不甘的市民给市委领导写信呼吁，“提升城市功能和市民形象”，“重振大武汉”！力透纸背的诤言，奔涌着武汉人心底的激情。

振兴武汉经济，提升武汉形象，得到了中央政治局委员、湖北省委书记俞正声、省长罗清泉的高度重视。

湖北省委副书记、武汉市委书记陈训秋对写信的这位市民称道不已：武汉历史上不是个守旧的城市，武汉人素来敢开风气之先。从洋务运动到辛亥革命，武汉都曾引领时代。即使在改革开放之际，武汉也创造了许多全国第一：最先打破城市壁垒，最先开始产权交易，最先建立技术人才交流市场等等。

历史关头敢为人先的武汉人，有一个支点，就会创造奇迹。

“创建文明城市”，“用发展促创建，以创建促发展”——江城人民在历史与现实的碰撞中选准的这个支点，是群众呼声和政府意志的高度统一。

在传统产业的振兴中谋求新的突破

“治城、育人、奔小康”，一个明了的口号升华了武汉文明城市的创建活动。作为这个特大城市的主人，武汉人在实践中深刻体会到，一切都离不开“发展”这个大主题。发展，是文明创建的基础和动力，文明创建是发展的重要内容。前武汉市委书记罗清泉深入武汉考察后认为，武汉的文明创建活动，揭示了一个简单的物质与精神的辩证法。

如何促进武汉的发展，怎样才能更快地发展，多少人为之殚精竭虑。“武汉曾多次到东南沿海发达地区考察，学习、借鉴、推广其发展民营经济的经验，但收效并不明显。”陈训秋说，武汉的领导班子深刻认识到，发展，要立足于自身的条件和优势。雄厚的工业基础、便捷的交通通信、活跃的商业贸易、发达的科学教育，这些都是武汉重新崛起的资本，也是振兴武汉的必然选择。

调整产业结构，改造传统产业，发展高新技术，全面提升大型国企竞争能力，成了武汉在新阶段谋求新发展、新突破的突出重点。

随着东湖高新技术开发区、武汉经济技术开发区、吴家山海峡两岸科技产业园三大国家级开发区的建成和神龙汽车城、青山钢铁石化城、阳逻开发区的崛起，武汉沿 88 公里的中环线初步形成了以制造业为主的新经济增长带，现代高新产业与传统制造工业在这里实现了新的融合。

科学的决策，带来巨大的效益。“九五”期间，武汉的国民经济走出低谷，持续增长。2002 年，武汉国内生产总值达到了 1493 亿元，已占全省的 30%以上。到 2005 年，全市人均国民生产总值将突破 3000 美元。

重新焕发生机的制造业，为武汉经济的发展注入了新的活力。去年，武汉工业销售收入、利税、利润的九成以上来自制造业，财政收入的 60%以上也来源于制造业。

“看准了就要大干实干。”在当地工作了几十年的市长李宪生，对武汉的优势与不足，认识尤为深刻，谈及武汉新一轮的发展与突破时胸有成竹。市委今年确定的“企业优先”、“市场优先”等 4 优先原则，将使“武汉制造”如鱼得水，如虎添翼。

目前，钢材、轿车、光纤、机械、医药化工、环保、食品、纺织服装、造纸与包装印刷、家电等

10大主导行业，已被列为武汉发展的重中之重。今后5年，武汉将在制造业投资800亿元，其中，已有85个项目开始付诸实施。“做强做大武汉，核心就是要增强优势企业的竞争力、吸引力和辐射力”，这已成为武汉人的共识。

在服务与创新中提升城市功能

“过去一谈经营城市，就是出售、出租土地。其实，文明创建是对城市最好的经营。”李宪生上任虽刚过一年，对此已有很深的体会。

现代经济和社会的发展，对城市功能的要求越来越高。文明的秩序、优美的环境、周到的服务本身，都是推动生产力的催化剂。世界著名的快餐连锁店肯德基，在武汉先后开了18家分店，每到年检就要抽人分别跑8个部门办理手续，最快也要20天。这样的服务，无法适应城市发展的需求。

1998年，为创新武汉的投资和经营环境，联合办公中心应运而生。审批、咨询、收费、年检、受理投诉等5大功能集于一体，30多个政府职能部门、2个行业管理部门和10个社会中介服务机构集中办公，形成为投资者寻求项目、项目促进、项目审批、后期服务等一条龙服务体系，大大优化了服务内容和效益。把像肯德基这样的企业年检压减到一天内完成。今年，武汉又新开了电子政务，企业人员足不出户，在网上就可办理企业年检手续。

“紧走慢走，一天走不出汉口”的民谚，可能有些夸张，但还是反映以往三镇交通的诸多不便。“九五”以来，武汉城市交通的发展，已获得了413亿元的投资。曾因“一桥飞架南北”而令世界刮目的江城，如今已有4座长江大桥、6座汉江大桥建成通车，同时还有5座大桥正在建设或规划之中；为改善城区交通条件，方便市民出行，武汉投资14亿元，对20多条干道实施改、扩建和路面改造，并在年内完成原计划3年改造完的1635条背街小巷泥巴路。耗资82亿、耗时3年、总长223公里的7条高速出城公路，也在紧锣密鼓的兴建中。

长期以来，因水而聚的武汉三镇，也因水生弊、因水存患。如今，经济实力的增强，使江城水患得到了前所未有的根治。曾是千里堤防险中之险的龙王庙，经过彻底治理改造后，已成为市民和游客流连忘返的新景点；一向又脏又乱的江滩，如今成了最受市民喜爱的亲水平台；一度因污染严重令人痛心的东湖，经过大力截污、植绿，重现清波荡漾。令市民备感舒爽的是，中心城区平均每年新增240多万平米绿化，已使武汉城区的绿化覆盖率超过了34%，水域面积占25%的江城，已是“一半在绿中，一半在水边”了。

伴随着基础建设的加强和生活环境的改善，提高人的素质也提上日程。“人人都是投资环境”的大讨论，在全社会形成了“亲商”、“安商”、“护商”、“富商”的良好氛围。政府创造的公开、透明、与国际惯例接轨的法律环境，更受到中外客商和投资者的好评。

城市功能的提升，究竟给武汉带来多少商机，也许很难说清。但国际权威机构联合国工业发展组织对武汉进行为期半年的考察评估后宣布，与长江中下游的所有城市相比，武汉是除上海外投资环境最具优势的城市。这一组织在公布30多项评估指标后认为，“谁投资武汉，谁就占据了中西部大市场的制高点。”

这样的评价，决非虚话。武汉在引进和利用外资方面，已连续9年雄居中西部地区各大城市之首，今年又新批准直接利用外资项目94个，项目总投资35.4亿美元，增长幅度远远高于全国平均水平。全球500家最大跨国公司中已有49家在武汉投资兴办企业。把武汉建成“世界工厂”，让“武汉制造”走向世界，也许并不遥远了。

令人可喜的是，在新一轮的思想解放中，武汉人已摆脱过去对中部不“东”不“西”的嗟怨，推出了利用地处东南与西北两大经济地理扇面中心点的优势，依托湘鄂赣豫4省30个城市形成的武汉经济协作区，构建以武汉为核心的长江中游城市经济圈的宏伟规划。

随着江城人民追求文明城市的脚步，一个全新的大武汉正在向我们走来……

（新华网熊金超、曲志红）

宁夏回族自治区在改革开放的今天成了聚“银”之川，令人振奋。看到银川今天的发展，人们自然就会想到自治区党委曾经为引入经营城市理念做出的选择。有这样的深具远见卓识的党委领导，银川聚“银”聚“金”就是自然而然的了，未来的整个宁夏亦将会成为祖国的最大的聚宝之盆。

4. 聚“银”之川——大银川

——宁夏建设“大银川”战略纪实

银川，是宁夏回族自治区的首府，位于宁夏平原引黄灌区中部，西有巍巍贺兰山屹然挺立，阻挡西北寒流和风沙侵袭；东有滚滚黄河绕境而过，造就塞上江南秀美风光。银川是国家商品粮基地以及水稻、小麦等农作物的优质高产地区之一，还是古丝绸之路上的商埠重镇和新欧亚大陆桥沿线重要商贸城之一。近年来，随着西部大开发战略的深入实施，改革开放步伐不断加快，以各类贸易中心和批发市场为主体的开放型流通网络覆盖全市，辐射宁夏和周边毗邻地区，金融、房地产、人才、劳动、科技、信息市场日臻成熟，高新企业如雨后春笋般茁壮成长。

银川市始建于唐代，至今已有1300多年的历史。悠久的历史为银川留下了丰富的历史文化和人文景观。沿贺兰山东麓的贺兰山岩画、西夏陵、镇北堡西部影城、华夏珍奇艺术城、贺兰山苏峪口国家森林公园、滚钟口、三关口明长城、拜寺口双塔组成的西夏陵风景名胜区，是国家公布的重点名胜区之一。市区有东晋时重建的海宝塔、西夏时修建的承天寺塔和明清两代的玉皇阁、钟鼓楼等，是历代古建筑艺术的一个缩影。有纳家户清真寺和南关清真寺、伊斯兰教经学院，反映了伊期兰独特建筑风格和民族特色。还有闻名遐迩的灵武市水沟遗址、古长城遗址和新兴金水旅游区。

在宁夏全面推进城市化战略中，银川市脱颖而出，实现了跨越式的大发展，大银川都市圈已具雏形。

先看一组数据：2003年银川市国内生产总值同比增长14.2%，地方财政投入按可比口径计算增长24.3%。城市建设跨越发展。全社会固定资产投资同比增长65%。开工50多项城市基础设施项目，完成的工程量是前4年的总和。工业增加值增长16%，工业项目的改扩建投资是前6年的总和。签约招商引资项目183个，合同投资额70亿元，是2002年的10倍，外贸出口总额增长21.9%。

这是自2002年宁夏启动实施“大银川”战略后，给银川市带来的巨大变化。这不论对宁夏来说，还是对周边来说，都具有重大的意义。

“经营”银川　打造王牌

据有关权威机构研究分析，大银川包括宁夏、内蒙古的乌海市、阿拉善盟和伊克昭盟的部分地区、陕西的定边、靖边和甘肃的环县等毗邻地区，正处于西安、兰州、包头三大城市的引力平衡点上，吸引辐射范围约500公里、1000万人口，经济增长的潜能和发展的空间很大。

宁夏回族自治区主席马启智在讲话中，几次提到“经营城市”的概念。他说：所谓经营城市，就是以城市发展为目标，运用市场机制，对城市中的自然资源、基础设施资源、人文资源进行有效聚集、优化整合和市场化运作，拓宽城市建设融资渠道，加快城市建设步伐，提高城市管理水平，增强城市竞争力。而做大做强银川市，建设大银川都市圈，是自治区和银川市两级党委和政府“经营城市”的成功实践。

银川市是陕甘宁内蒙古周边地区最大的区域中心城市，1998年自治区领导在银川市调研时提出，要把银川市建设成为西北地区靓丽而富有魅力的中心旅游城市，以充分发挥银川市在全区经济发展中的辐射带动功能。尔后，自治区领导不断提出要求，银川市要与国际化水平看齐并努力与之并轨，力争与国内先进城市处于一个发展平台，在较短的时间内实现从都市化向现代化迈进的历史任务，把银川市建设成为现代化大城市。自治区领导认为未来的银川，应当既具有民族特色，也具有时代风貌，不仅要形态靓丽、布局合理、功能完备、环境优美，而且能透过具体的建筑布局和形象，反映出银川乃至宁夏的精神风貌、文化追求、价值取向和经济发展水平，向世人展示出新宁夏的新形象。自治区领导强调要用全新的理念、更高的要求和标准来关注大银川建设，高起点规划，高水平建设，高品位发展，全力打造大银川这张“王牌”。

记者在采访自治区领导时，马启智主席对建设好“大银川”提出了四条原则：一要坚持以人为本。人是城市中的灵魂。随着经济的发展，人们对城市的功能定位提出了更新更高的要求，城市不再是一般意义上的生产中心、工作中心和居住中心，而是一个以人为本，以服务于人为最高准则，达到人与自然相互亲和协调发展，能为人们的生活、工作、学习和交往等提供最舒适、最方便、最可靠、最安全环境的人居中心。二要注重打造特色。所谓城市特色，简言之，就是一个城市不同于其他城市的鲜明特征与风格。特色是城市的形象，也是城市的灵魂，展示着城市特有的历史文化风貌、自然地理风貌、民族民俗风情、经济发展形态和发展水平。规划建设大银川，一定要善于发掘个性，培育特色，构建特色城市、品牌城市、精品城市。要从多方面来考虑构筑银川市的特色风貌。在地理形态上，要充分借用大漠绿洲、九曲黄河、贺兰屏障所形成的特有的塞上江南景观；在建筑风格上，要立足于现代审美要求，包容传统，面向未来，体现伊斯兰风情，注重时代特征，培育形成造型美观、功能现代、形式多样、色彩协调的新时代建筑风格。三要富有文化内涵。银川市是一个历史文化名城，有着丰富的历史文化遗存，又有现代城市的基本特征，现代文明对古老文明的渗透和兼容，引导着银川市向现代化城市迈进，并已深深烙印在银川市建设与发展的各个方面。城市发展应既体现出历史底蕴，又展现出现代人文气息；既体现出民族风情，又展现出当代文明，成为展示宁夏人文历史发展和现代文明进步的窗口。四要坚持可持续发展。必须考虑经济发展与人口、资源、环境的协调与匹配，在城市规模的合理确定、市政设施建设、产业规划布局、市民工作和起居等方面，注入大生态大循环理念，注重城市的产业升级，注重提高城市的市场化水平，走持续协调健康文明发展之路。

五大方略　发展立市

在推进大银川建设中，遵循跨越式发展这一目标，坚持“生态立市、特色建市、工业强市、人才兴市、依法治市”五大方略，加快城市化、工业化和农业产业化三个进程，使银川市经济进一步提速增效，步入了加速发展的快车道。

做强脊梁产业。工业是大银川的脊梁。银川市坚定不移地实施“兴工强市”战略，狠抓招商引资、技术改造、扶优扶强、园区建设，取得了明显成效。市财政从2003年起连续三年每年安排3000万元支持工业园区的基础设施建设、重点项目建设。目前市辖的6个园区实现了“七通一平”，新增入园企业170户；通过技改扩建和加强管理，40户骨干企业的规模正在做大。2003年全市完成工业投入40亿元，是前6年的总和；完成工业增加值48.6亿元，增长16%；规模以上工业实现利税8亿元，增长23%，结束了多年来工业拖全市经济发展后腿的被动局面。

夯实基础产业。农业是稳定人心、稳定经济、稳定社会的基础性产业。各级党政组织在指导农业和农村工作中，狠抓结构调整、科技兴农、市场开拓，在确保优质粮食生产的前提下，加大设施农业、养殖园区建设和渔业开发的力度，积极推进农业产业化经营，加大资金投入，重点支持农业和农村经济发展。全市新增各类温棚25万间，是前5年的总和，新增无公害蔬菜基地5.3万亩，畜牧业占农业总产值的比重从35%提高到40%，为更好地解决农业增效、农民增收走出了新的路子。

做大服务产业。信息、金融、科教、旅游等服务业关系大银川的繁荣和兴旺，关系城市聚集辐射功能的强弱。银川市以打造“购物在银川”等六大品牌为切入点，2003年投入10亿元，开辟了丽景街市场带，新建了西夏建材城等一批较大规模的专业市场，投入是前5年的总和；吸引并支持国美、大中等全国知名企业设立分店，推动了连锁经营、物流配送等现代流通业的快速发展；加快了交通运输、金融保险、房地产业的发展，2003年房地产销售收入比去年增长233%；提升了西夏王陵、西部影视城等景区基础设施的功能，开工建设了纳家户回族风情园等一批旅游项目。第三产业继续快速发展，完成增加值67亿元，增长10.7%。

壮大县域经济。发展县域经济是大银川建设的重要内容。银川市加强对全市县域经济发展的研究部署和检查考核。引导支持各区县各找各的优势，各探各的路子，各打各的品牌，加快了城镇改造、园区建设和结构调整，形成主动加压、竞相发展、你追我赶的发展态势。在2003年10月份自治区公布的排行榜上，银川市大部分区市县的主要指标都排在相应组别的前列。

创新发展环境。环境是生产力，环境是竞争力。银川市始终把创新经济发展环境作为提速大银川建设的重要保证，规范市场秩序，减少审批事项，提高行政效率，加强信用建设，放宽户籍政策。来银投资考察的客商大幅度增加，2003年签约招商项目130多个，实际引进资金10.5亿元，接近2002年的3倍，其中引进外资3200万美元，创历史最好水平。

浓墨重彩　靓丽“湖城”

加了加快大银川的建设，银川市下决心解决了城市区划调整、征地拆迁和土地清理三大难题。各级党政组织和广大干部创新思路，攻坚克难，只争朝夕，抢抓机遇，高起点规划，高标准建设，高水平管理，高效益经营，以大手笔、大气魄干成了一批事关银川市长远发展的重点工程，城市面貌日新月异，正在发生着历史性变化，受到了广大市民群众、各级领导和国内外客商的一致好评。2003年共投入资金33亿元，建成了50里北京路、大团结广场等50多个标志性工程。城市化进程明显加快，2003年新增城市市民8万多人，城市化率从52%提高到60%。大银川的可喜成就，使大家看到了大银川的希望与美好未来。

他们按照50年不落后的要求，确定了城市发展的新规划。规划是大银川建设的总纲，特色是大银川建设的生命。银川市立足于打造“塞上湖城”品牌，在规划上体现“塞上江南、回族之乡、西夏古都”三大特色，注重在详细规划上求完善，在具体规划上求领先，在总体规划上看发展。根据大银川建设“四个率先”的要求，着眼长远，把市区控制面积从原来76平方公里扩大到370平方公里，近期人口规模从70万提高到100万左右，远期人口由100万扩大到200多万，力争使银川真正成为辐射带动周边500公里、1000万人口的现代化区域中心城市。

他们以举行全国少数民族传统体育运动会为契机，组织实施了城市建设四大系列工程。一是以城市东西大通道为重点的市政基础设施系列工程。开工建设城市主干道28条，新增道路100公里，特别是50里北京路、黄河路等5条城市行车道的基本建设，使大银川的主框架初步形成。二是以骨干道路林带建设为重点的“绿色银川”系列工程。实施了三大绿色屏障和机场高速路、北京路、丽景街、金波路等道路的绿化工程，建设了唐徕公园、丽子园等8大公园、7大广场，人均公共绿地面积增加6平方米，被建设部评为全国“园林绿化先进城市”。在2003年的秋季造林中，仅市内栽大树大苗就达7万多棵，是2002年秋季栽植的6倍。还开挖了北月海与西湖以及银新景观水道的连通工程，审定并开始实施宝湖、北塔湖等湖泊湿地的开发方案。三是以亮化净化、美化、艺术化为重点的提高城乡品位系列工程。成立了首府亮化工程领导小组，全面指导城市亮化工作。市区主要街道新安装各类造型精美的路灯3.7万多盏，比以往所有路灯的总和还多。还动员市区内400多个机关、企事业单位在建筑物上安装了霓虹灯，使银川成为西北最亮的城市。四是以标志性建筑为重点的城市形象系列工程。开工建设了市行政中心、人民广场、西夏广场，并制作了一批具有一定审美情趣的城市雕塑，大大丰富了城市的内涵，提升了城市的文化品位。

强化市场化运作理念，城市经营实现了新突破。为了解决城市建设起步阶段的资金瓶颈问题，银川市大做经营城市的文章。一方面，在用足有形城市资源上出实招，集中开展了土地清理工作，共回收违法和闲置土地510亩，收购储备土地3956亩，挂牌公开拍卖20家市级机关的办公场所和部分矿产资源，有偿转让市自来水公司的部分股份，在北京等地召开新闻发布会，面向国内外经营城市，产生了积极的影响。一方面，在用足无形城市资源上想办法，拍卖转让部分停车场、广场公园公用设施的经营权和唐徕渠部分桥梁的冠名权，盘活了资产，开辟了筹集城市建设资金的新渠道。今日银川，成为我国西部一道靓丽的风景。

有诗曰：春江水暖鸭先知。经营城市的理念在神州大地迅猛发展，最先感知这个时代到来的应该说当属房地产界。据说当年薄熙来同志在酝酿这一理念的时候，就曾与当时的中房公司老总孟晓苏彻夜长谈过。2003 年《中国房地产报》利用该刊创刊 10 周年之际举办了由当今房地产界的精英们召开的一次峰会，共同感知这个时代的到来。记者董怀武和尹春秀的报道无疑使我们同享这份“认知”。请看：

5. 认知经营城市

经营城市是市场经济深入发展的产物，也是中国城市化快速发展的必然课题。在市场经济和城市化进程的背景下，政府职能也随之改变，从建设城市到管理城市，再到经营城市，如何才能让土地最大限度地增值？让城市更好地发展，更富有竞争力？

城市是现代社会发展的中心。当今世界最活跃的生产力总是集中于城市，然后再逐渐向乡村转移，所以，城市的发展对于整个经济和社会的发展起着龙头作用。有人预言，20 年后，中国将有一半人生活在城市。当前，“中国进入城市经营时代”成为吸引市长、开发商和老百姓共同关注的焦点话题。

1 月 8 日，来自全国各地的房地产业界精英汇聚北京，借《中国房地产报》创刊十周年暨“中国房地产卓越贡献 100 人”高层峰会，围绕“土地与城市”这一主题，就“中国进入城市经营时代”和“超越传统开发模式”等内容进行了深入的探讨。

“经营城市时代”的来临

近一个时期，经营土地、经营城市的话题不绝于耳，这个话题从何而来？

“可能是从天上掉下来，不是从娘胎里带来的”，本性幽默、善喜调侃的万通集团主席冯仑忍不住又要“滑稽”几句。

“这主要是去年建设部、国土资源部等部门对土地问题有一些敏感的发现，一些地方出现‘圈地热’等问题，加上用地手续不规范，造成了房价、成本的提高，所以从去年 7 月 1 日开始实行土地招标拍卖，引起了全国开发商对土地问题的高度重视。”

“政府之所以对土地更重视，是因为政府的资产和功能发生了变化。过去政府权力较大，主要在立项、审批、投资、就业、保障、贷款、上市、司法等方面。现在企业逐渐改革，卖得差不多了，资产变成了土地，卖地收入变成财政收入非常大的部分，于是政府特别关注，特别需要用土地收入来经营城市，地方政府财政更多地依赖土地。”

“还有一个从民间角度看，王石去年在地产十年论坛上有一个很好的演讲，其中最重要的一点就是土地有泡沫，圈地有泡沫，高层领导对此也做出批示，建设部也专门组织过调研，于是这个话题就成为今天的重要议题。”

著名经济战略专家王志纲先生认为，“经营城市”是市场经济不断深入的结果，也是中国城市化进程快速发展的必然课题。政府的职能从建设城市到管理城市，再从管理城市到经营城市，是政府运营城市的必然选择。第一个阶段是建设城市。改革初期，我们经常听到的市长政绩就是“架了一座桥”、“建了一幢楼”、“修了一条路”等等。这一阶段主要是从“点”的方面发展城市，衡量一个城市好坏的标准也很单一。现在来看，这种观念早已不能适应城市的发展。第二个阶段是管理城市，就是大搞草地工程、花园工程、广场工程、亮灯工程等等，包括城市沿江沿海的治理、旧城改造等等。这是“线”的做法，这种方法在目前的许多城市还在进行之中。第三个阶段是城市运营的高级阶段，即从“点”、“线”到“面”和“体”，也就是用系统的眼光和思维来寻求城市的发展之路，即我们所说的“经营城市”。这时候的市长考虑更多的是：既然城市是一笔资产，怎么发展才能让其最大限度的增值？既然城市是一个战略节点，怎么才能在城市化的浪潮中，使其更有个性，更富有竞争力？既然城市是区域经济的龙头，怎样才能牵一发而动全身，从而带动周边城市和地区的发展呢？

“经营城市”的诞生和内涵

我们常说的“经营城市”一词是如何诞生的呢？中房集团总裁孟晓苏道出了其中奥秘：

应该说经营城市这个概念，最早是薄熙来向社会推开的，我也是提出‘经营城市’的参与人之一。

在2000年7月份，杨慎会长在大连主持房地产会议，邀请我们过去谈一谈。薄熙来对房地产业充分肯定，他认为中房集团在全国各地开发很有成就，我跟他讲大连在这方面成就卓著，在这方面我们两个老同学干的事有相似之处，我们都是在开发城市的地产。薄熙来被称为当时大连最大的“地主”，我跟他讲，你不仅在管理城市，而且是在经营城市，经营这个城市的土地，土地就是你们大连最大的资产。薄熙来当市长9年来，大连城市土地增值5倍，农村土地增值10倍，大连有50万人下岗，大部分在城市建设和新的领域就业了。由于资金、劳动、包括大连市政府、人民以及薄熙来这些人的智力投入造成了土地增值，薄熙来说，这就是马克思引证的劳动是其父，而土地是其母，土地是财富之母。从我们谈话中引出经营城市的概念。两月后他给我寄来大连市委的工作总结，就是关于大连市经营城市的情况。

对城市经营这一提法，王志纲也表示赞同，他在《迎接城市经营时代》的演讲中指出，说起经营城市，不能不提到先行一步的大连。大连最大的贡献就在于让世人认识到，城市是可以经营的，尤其在城市形象和城市环境方面，为后来者树立了一个样板，其示范意义功不可没。但随着经济形势的变化以及城市竞争的加剧，经营城市的理念和内涵也发生了深刻的变化。

那么，“经营城市”包括哪些内容？经营城市与经营土地又是怎样的关系呢？

孟晓苏说，经营城市的概念不能外延无限扩大，不能把经营城市变成一届政府的炒作，出现很多不必要的面子工程。外延无限扩大，变成文化经营，什么都经营，都纳入到这个筐，会出现城市建设中又一轮不正常的面子工程、首长工程这样一些泡沫行为。经营城市的本源就是经营土地。经营城市的概念在各地接受后，随即出现两个问题。一是很多城市的市长把经营城市越打扮越漂亮，给它戴上很多花帽，经营城市就不光是经营城市土地了，是经营城市的文化、品牌、金融、人才，还经营城市无形资产等，这么多花里胡哨的东西进来后，他们倒否定经营土地，说经营土地如何不好，我觉得这是问题的一个方面。

另一方面，就是现在有些城市把经营城市片面理解为就是抬高地价，怎样把土地收益更多拿到政府手里，光看到了土地批租存在的问题，但是没看到在土地竞标和拍卖上出现的问题，这些问题已经造成了人们议论地产泡沫的一个重要方面。

北京最大的房地产开发公司——北京城市开发建设集团总经理赵康认为，中国城市化进程的加快，对房地产提出了一个更高的要求。20多年来，城开公司大面积开发居住区。一个居住区由一条街、一个区的概念，变为一个城的概念。一个城市随着开发建设，其地图也在不断改变着。北京市的地图以前是一年都不变化的，现在每个月甚至每个星期都有新的居住区、新的道路、新的市政设施建成。我认为要开发新城，开发居住区，首先要做好规划。北京总体规划沿四环、五环有十个大规模居住区，如望京新城居住区，此外还有东坝、南苑、清河等大的居住区，今后几年将要大规模建设。建完后，北京的城市人口可以疏散，形成意义上的特大城市。对于其他地区和中小地区来讲，随着城市化的进程，与政府的关系越来越密切。关键的一条是，经营城市得从一个地区一个地区做起，做好一个地区的规划，做好市政基础设施，保证这个地区有稳定的十年或十年以上的发展，使这个地区的建设规模都在百万平米左右。今后随着政府经营城市，土地的招标和拍卖，将有更多的开发商进入这个领域来。

冯仑非常赞成这个观点，认为城市要经营，首先要在规划上建立一个比较好的前提，如果没有很好的规划前提，土地拍卖、招标，最后钱是拿了，但城市可能仍然经营不好。

对这一问题，王志纲的研究更具系统性，他说，城市运营首当其冲的是城市定位，也就是要回答好“我是谁”的问题，要按照惟一性、排他性、权威性的原则，找到城市的理念与灵魂。国内外的专家普遍认为，中国的城市“同质化”严重，近千个城市，广场一样、绿化一样、建筑一样，根本看不出个性。原因就在于，我们把城市经营理解为一步到位的城市规划，没有从更深层次来考虑城市的个性与定位。

第二步就是城市发展战略的制定，要回答“我到哪里去”的问题。城市发展战略考虑的是城市长远的计划，着重体现城市与环境变化的关系。在新的形势下，城市的经营者和决策者开始的是一次惊险之旅，理想与现实，进步与妥协，生存与发展的博弈无时不在。

制定城市的发展战略，离不开对城市产业要素的梳理与整合，要弄明白“我有哪些资源”。城市经营好比是下一盘棋，不只是“布局”，还有‘中盘’的综合运作。

接下来才是城市的空间布局与规划，也就是要搞清楚“我将如何成长”。一个城市有三种形态：经济形态、文化形态、空间形态，我们经常说的山水城市、园林城市，都是空间形态。城市经营应该首先确立它的经济形态，并挖掘它的文化形态，充分利用产业和文化资源，制定发展战略，然后才是城市空间的布局与规划。城市规划侧重于务实，通过具体的空间布局来落实城市的理念和发展战略，但是它必须在城市定位、城市发展战略确定之后，只有在大的方向确定之后，城市规划才能做到有的放矢、持之有据，否则会导致城市规划“中看不中用”，脱离实际。

经营城市还有城市形象的包装与推广，也就是“我将如何让世人认知自己”。城市形象的背后必须要有足够的内涵作支撑，必须注重培育相应的产业链，否则“皮之不存，毛将焉附”？

经营城市就是在明确的城市定位和城市发展战略指导下，以可持续发展的眼光确立城市的先导产业，强化支柱产业，积极、有序地推进城市的扩张，打造城市的综合竞争力和核心竞争力，并在此基础上进行城市形象的塑造和推广，最终达到使城市不断增值和可持续发展的目的。

关于城市运营的最终目的，今典投资(集团)有限公司董事长张宝全这样表述：城市运营的最终目的在于提高城市的竞争能力。这几年城市化发展非常迅猛，造成了房地产很大的发展空间。建设发展到高级阶段时就会打破城市之间的隔绝，可以把两个城市的资源共享，发挥资源优势。再搞小而全、大而全的就会造成浪费。这是城市经营时代中出现的一个城市区域合作，包括城市区域间的经济互补。将来肯定是以城市为核心建立的一个统一的市场平台，城市区域间的合作和资源共享，发挥各自的区域文化资源和优势。如现在提出的“大北京”概念，北京没有出海口，但邻近的天津有，京津唐经济互补，形成一体化，整合资源，聚集合力，自会出现1+1大于2的发展优势。

经营城市与运营土地

运营土地，应是经营城市中最重要的内容。国土资源部第11号令发布之后，大家都非常肯定了这一点，积极推行土地招标、拍卖，同时加强行业的规范自律以及透明度，完善竞争秩序，这些都是经营城市非常必要的制度基础和行业发展走向。但这种新的“游戏规则”又当如何运作呢？

孟晓苏认为，大量新的投资人成为土地拍卖的主要客源。不少新的企业对这事还缺乏判断，虽说价高者得，但高地价肯定有推升房价的因素。房价有上涨空间，供求又会压住房价，减少房地产商盈利，最后受害的是参与拍卖的企业，所以这些问题都得提出来。针对这个问题，杨慎和我建议实行土地年租制，而不是一把交清地价来进行土地的销售。这样可以有效抑制地方政府片面地推高地价，过量供应土地，以地生财。在最近中央提醒不要搞房地产过热的时候，我们提出相应的观点，就是说过量拍卖土地，会造成房地产今后发展过热的源头，要防止土地拍卖造成过量供应。作为开发企业，我们感觉到，不仅过量供地会带来一些问题和潜在的问题，而且由于各个城市都急着要卖地，土地资源是有限的，造成这个规划很不严肃，已经给我们带来很多麻烦。有的城市前任市长城市发展规划是东扩，到了这一任市长，东扩的土地没了，规划是西进，又把西边的土地炒热，我想再下一任市长城市规划就应该是北上或者南下了。很容易弄成一个陷阱，使房地产开发商特别是新投资人进去受伤。

冯仑提出，现在有这么一个观点，我们在土地政策上很多是借鉴香港的做法，就是说，高度的集中垄断，通过招标拍卖不断提高地价，扩大财政收入来源，改善城市建设，这是基本的思路。但是大陆这么大的地方，跟香港不一样，香港是呈立方体，政府垄断土地很容易。另一方面，香港开发商高度垄断，五大家企业控制70%的市场供应量，两个垄断博弈的结果，城市地价不管多高，房价水涨船高，一定能卖出去，因为你垄断。在大陆出现的情况，更像美国，就是土地无限供应，轨道到的地方都要盖房。通一条轨道至少够你干20年，周边要盖满。土地无限供应，所以政府对于地价想通过拍卖节节上升，关键的问题做不到。为什么？有3万家地产公司高度分散，你拍卖贵了，谁买这个地房价涨不上去，于是后来参与拍卖游戏的人就越来越少，现在基本上外地的“二杆子”来拍卖，在深圳是宝安去，南京深圳去，北京深圳来，也就是说，离远了看都是美好的，跟找对象似的，大家对价格的感觉不一样。但带来的后遗症是什么呢？拍卖后由于获得了高地价，但是产品又没有相应的涨价，实际上就经营不下去。究竟我们能不能按香港模式经营城市，我们是不是要更多注意一下美国的方式？

还有，由于实行土地拍卖、招标，付款压力很大，很多开发商拿不出这个钱，他们就运作银行，于是出现土地按揭，这样就出现无证办贷款的情况，于是央行又开始在查这个问题。

中房集团郑州公司总经理李国和说，经营土地有中国的实际，就中国的房地产来讲，比较大比较强的还较少，不管管理经验还是人才方面。实行拍卖以后，很难做房地产开发，开发企业各方面竞争很大。还有土地价格问题，我们认为土地作为政府资产经营是可以的，但是谁来控制？它需要垄断，但垄断容易产生暴利，土地价格太高，开发商的利润和房地产价格会造成一定的矛盾。

冯仑指出，通过这种土地制度提高了地价，但房子的售价没提高，而且还在打压房价，这样就会抑制对土地需求。这就好比少男少女在学校只是拉了下手，便要孩子承认是早恋，大家也说，家长也说，于是没处呆就上床了，便说果然不出所料。现在这个市场也是这样，本来泡沫还没出现，只是有很小的苗头，大家都说，把需求说没了，结果供应冒出一大块，都卖不出去，便有人说早就看见有泡沫，都变成了伟大正确。很难判断高潮的时候哪一滴汗水是多余，只要发展一定有多余的东西。现在的市场土地招标拍卖就像有这样一个“早恋”的开始，开发商跟城市的经营者是早恋，是一个苗头。大家千万不要乱说，如果说给他定性，然后乱讲，最后会害了这样一个好好的“孩子”。

孟晓苏针对“地价提高究竟能不能促进市场的完善”指出：单一从地方地价来说，可能由于售价不提高会抑制一个市场的需求。因为地价高了，如果售价也高，需求就会得到抑制。抑制以后供需出现矛盾，地价高吸引很多人参与这个游戏，所以不断增加供应者，这样要注意避免打破这个均衡。土地的供应制度发生变化以后，会引起一系列市场均衡的变化，但是目前政府可能还比较多关注土地方面，而对市场方面的措施有一些矛盾之处，这是一个担忧。

通过一级开发的高度垄断，通过招标、拍卖抬高了地价以后，我们是不是能使售价相应提高，如果售价不能提高，政府经营城市的初衷可能就达不成，而由于我们高度分散的地产市场，没有国家形成垄断的时候，供应的土地价格高，不能保证销售的产品价格同样高升，参与游戏的人就会减少，来拍卖土地的人，实际上不可能是很踊跃。我们做了全国的调查，相当多竞投的土地跟政府吃倒账，买的时候特别贵，当时成了新闻，最后产品又不能这么贵，怎么办，跟政府赖账，让政府提高容积率，让银行给支持，政府规划再减少绿地，等于私下做补偿的工作，市场最终是我们的老师，拍卖师只是我们的助教，拍卖师不能决定市场，这也是一个担忧的问题。

中远房地产开发有限公司董事、总经理李明说，在全国各地很多地方，土地拍卖实行比较早。我认为第一解决的还不是说政府想从中获取多少收益，第一问题是解决一个公平、透明的问题。因为房地产开发经历过很多阶段，到现在这个阶段只有公平、适度的竞争，才能够真正地推动行业的发展，才能保证它的健康发展，靠任何手段都是暂时的。

从需求角度来看，客户过去选房子，进到屋里还得关心院里，看了院子还要开窗户看周边怎样，空气怎样，这不是一个开发商供求关系能决定的，自然要站在城市的角度，从运营、开发的角度看待房地产，要考虑项目和区域的关系。

深圳泰华房地产中国有限公司总经理倪创忠认为，深圳作为土地拍卖较早的城市，实践证明此法是可行的，也是应该的。从中国房地产市场去看，还是比较公开、公平。通过拍卖政府对整个土地出让作好计划和规划，拿到市场公开拍卖或招标，不通过这个途径就拿不到地，如果真能做到这样，规范整个市场是很必要的。我们公司拿到的地基本上从拍卖和招标市场上来，比其他地价可能会高一点，但是做起来还是较好。首先，通过拍卖招标拿来的地，手续就好办多了，虽然拿的价格相对高一点，但如果把这个时间节省下来，我认为还是值得。另外对销售方面也有一定的促进，大家买房一看是通过拍卖招标来的，手续全部都是完善的，很放心。从政府来说，钱收多了，可以投入市政、道路建设之类，提高整个城市的环境。土地使用权出让采用拍卖招标，是整个房地产界前进的方向，这样对整个土地的控制，对开发商的公平竞争，对市场的规范能起到一定的作用。

西安紫薇地产总经理段先念认为，经营城市就是多元化经营，过去我们没有经营城市的观念，城市建设只有投入，没有产出。结果，财政包袱越背越重，城市环境建设欠账太多。经营城市意味着在市场机制下城市建设更具灵活性，改变由政府大包大揽的城市建设发展格局，建立在市场中寻找城市建设和发展出路的市政建设体制，投资、融资体制，招投标体制，从而使城市建设形成良性机制。

但在城市经营中，我们要明确所担当的角色。城市建设与改造不要像苹果，“留着好的，吃烂的，吃着烂的，烂好的”，而要根据目前城市的现状规划，拿西安来说，要集约土地，拉开建设，开发区先行，带动老区，城市南扩，产业北进，两翼发展，带动全局。

领舞的“城市运营商”

政府固然是城市经营的主体，但不能既当运动员，又当裁判员，应借助市场的力量来开发和运营城市。现在，开发商一般通过竞标得到土地，肯定要以市场和自身利益为先导，难免出现敲骨吸髓，建筑拼命往天上长的现象，而城市运营商的出现，恰恰弥补了二者的不足。他在吃透政府宏观意图的前提下，充分运用市场化的机制和手段，通过开发成片大面积的土地来带动城市和区域经济的发展，既以经济利益为导向，又注意兼顾长远的社会效益。从某种意义上说，正是因为“城市运营商”的崛起，才标志着中国的城市经营进入了一个崭新的时代。

对此，张宝全很有同感。他说，过去是以计划经济为主，那不叫开发，不是市场化动作，开发就是面对市场。我们以前是在混乱状态，现在只能说刚刚开始建立中国房地产开发的模式，初步形成，初步建立这种体制。改变以前没模式的混乱状态，政府的职能就是要给最好的产业构架、产业政策、产业保障，调整产业的平衡性，来提高城市的竞争能力、竞争优势。我们要充分地提高城市的土地经营价值，提高城市的经济竞争力。政府增加财政收入不是光靠实地，单纯以地生财这是最短浅的眼光，也是一种农民眼光。对一些比较落后的地方只要不违反政策，应该以优惠的土地政策，把经济带动起来，增加财政收入。在这种过程中，政府绝对不能介入。

有人说，经营城市是一种理念；也有人说，经营城市是一种实践；还有人说，经营城市是一所大学校。谁进入了，谁就会有意想不到的收获和进步，哪个城市一旦进到了这个大学校，哪个城市的变化就会是日新月异。成都在西部悄然崛起，给了一直关心、关注它的人以惊喜，同时也给了观察它的其他城市领导者以启迪。我们有意把《人民日报》发表的成尚轩的文章与《经济参考报》记者任鹏宇等人的文章同时收编于此，以期互为印证。请看：

6. 成都悄然崛起

近年来，成都市紧紧围绕“三个转变”(加快土地资源向土地资本转变，加快民间资金向民间资本转变，加快人才资源向人才资本转变)，坚持以城市发展、社会进步、人民物质文化生活水平提高为目标，以观念创新、体制创新和机制创新为动力，以经营土地为核心，在加快城市化进程等方面作了很多有益的探索和实践。

探索之一：聚土成金

运作土地：资本“魔法”

1999 年底，在全国最早建立土地储备制度之一的杭州，五个外地人敲开了杭州市国土局的大门。成都市五人考察组行色匆匆——当沿海少数城市启动土地储备制度的时候，远在西南内地的成都也把加强土地宏观调控、实现政府对土地市场的集中统一管理作为全市投融资体制改革的重要着力点。之前，成都市征地供地主体众多，政府根本无法真正有效地调控土地市场。与此同时，成都土地市场对形成统一的供地市场要求强烈。

2000 年 5 月 10 日，成都市土地储备中心和拍卖中心同时成立，实行多年的土地协议出让制度终于“破土而出”。2001 年，成都市政府发布《关于加快成都市投资体制改革的决定》，明确提出政府高度垄断土地一级市场，放开激活土地二级市场的管理思路。2002 年，成都市成立土地储备管理委员会，出台了《成都市土地市场管理办法》等系列规范性文件，从法律上明确了市政府是中心城区土地征用和供地的法定主体，并从政策和监察机制上确保了土地储备制度的顺利实施。去年以来，成都市各市(区)县都建立了土地储备机制，土地市场步入规范化、法制化的轨道。

经营城市的关键是经营土地，市场化运作就要讲成本、讲盈亏。成都土地储备中心的思路是，政府从土地收益中拿出部分资金作为土地收购的滚动资金，其余部分通过银行融资。土地储备中心还牵头对地块进行初开发，委托相关部门面向社会招标实施“生地变熟地”，然后进入公开市场。

今年 1 月 16 日，成都市东郊首家整体搬迁企业——原前锋集团的地块拍卖会在市土地拍卖中心如期举行。竞拍异常激烈，每亩地成交价竟达到了 178 万元。通过拍卖，前锋集团比协议转让整整多赚了 1900 万元。去年 6 月，成都市规定东郊企业搬迁后，土地处置由政府统一组织拍卖，市政府收取一定的出让金后，土地款全部返还给企业。通过土地经营，整个东郊“升值”，同时带动了企业的产品、产业结构的升级。牵一发而动全身，东郊巨变，“魔法”乃资本使然。

三年来，成都市土地储备中心从银行融资 90 亿元，投入资金 40.7 亿元，收购了各种性质的存量土地 3328 亩，启动储备新征土地 8055 亩，根据市场需求来调控供地数量，为基础设施和重点工程建设提供了用地保障。

经营城市：规划为先

规划就是生产力。城市可持续发展的关键已从战术选择转为战略规划。当我们打开成都这本书，便能从那些纵横交错的城市规划地图中看到这块西部“高地”的抱负。

成都市城市总体规划，从 1995 年至 2020 年，横跨 25 年。市委、市政府决定成都的城市发展有重点地分设两个副中心，向东向南发展，其目的是将成都原有的一个“核”变成三个“核”。

成都锁定向东向南发展战略，中心城区辐射带动作用凸显。随着人民南路南延线的贯通，华阳镇房价从每平方米七八百元涨到2000多元，未来的城市副中心早早进入了“状态”。

在前瞻性的规划中，成都市紧紧围绕“亮点”抓住“重点”，然后各个击破。以市长挂帅的危旧房改造指挥部，制定了在3年内完成二环路内410万平方米危旧房改造的目标，其宗旨是对拆迁土地进行经营式开发。

启动实施的东郊工业结构调整规划和沙河综合整治拉开了旧城更新的序幕，将使近28平方公里的用地性质从传统的工业区转变为具有综合性功能的城区。用规划资源引导资本流向，城市经营得心应手。新的规划把春熙路和盐市口连成一片，百年老街焕发生机，为投资者展示出“市中心最大的商业区”的美好前景，黄金地段商铺租金上涨了一倍多。

在未来三年内，将投入10亿元打造市中心区快速交通网，提高进出中心区交通效率。2002年初以来，成都市在中心城区集中实施畅通工程，新建道路面积约30万平方米，桥梁面积4.2万平方米。明年将形成中心城区完整的“井加环”道路交通系统(四环加十二条放射性道路)，机动车也将提速，主干道将达到30～60公里/小时。

实施沙河综合整治和中心城水环境综合整治，实现中心城区污水完全截流，全面整治中小河流。到2005年，成都市生活污水处理率将由现在的40%提升至80%，达到国内同等城市先进水平。

规划先行，大片绿地矗立在城市的肌体上。自2002年起，三年内新增绿化覆盖面积34.91平方公里，绿化覆盖率超过30%，完善了城市生态环境。

魅力成都：丰碑矗民心

通过实施土地经营，成都市在推进土地资源向土地资本的转变中，筹集了大量的城市建设资金，有力地支持了东郊工业结构调整、旧城改造、中心城区畅通工程等总投资约600亿元的一批重大工程的实施。道路总长116.40公里，桥梁91座，工程用地12281亩，拆迁房屋面积200多万平方米，总投资104亿元。以三环路为代表的“五路一桥”工程写下成都历史辉煌的一页，并给成都的消费市场直接创造了约15亿的消费需求。

通过经营土地，大大加快了成都市的城市化进程。成都中心城建成区面积由2000年的244平方公里扩大到2002年的283.86平方公里，以中心城市为核心，卫星城镇为纽带，远郊区域中心城镇和小城镇为依托的都市群框架基本形成。

经营城市的核心是经营土地，通过经营土地来推动整个城市的可持续发展。“持续”二字，说的是一个城市健康的肌体，不仅包括骨血肉，更包括精气神。

几年前，人们一提起立交桥，马上会联想起“藏污纳垢”。卖麻辣烫的、卖歪影碟的，甚至屎尿横流臭气熏天，与城市文明极不协调。治桥，成为成都市文明进程中迫在眉睫的一大重任。短短一年时间。桥下的风光便有了质的变化——南立交桥下的民俗公园，成温路三环立交桥下的“川剧脸谱长廊”，营门口立交下的大片绿地，玉带桥下的车流，九眼桥头的清爽……桥，正成为成都的新亮点。

成都市在全市范围实施的“三治一植”，将治水、治尘、治脏和植绿几大战役合为一体，积极创建国家环境保护模范城市，目的就是要还群众一个水清天蓝的人居环境！据环保部门监测，2002年城区自然降尘浓度平均值较2001年下降了8.8%，成都摘掉了“尘都”的帽子。

成都从2001年起先后完成了城区范围内278条，总长度约300公里的街道环境综合整治。近年来成都老百姓从怀疑到真心支持，再到自觉参与的现代文明意识的变化，是成都经营城市中矗立起的一座无形丰碑！

探索之二：“四两拨千斤”

成都城市建设陆续启动沙河整治、中心城区畅通工程等六大重点项目，以此提升城市形象。六大目标前景诱人，但是，要完成这美丽的画卷，项目需要的600亿的巨额资金从何而来？

一道难题摆在了成都市委、市政府主要领导的面前。

“要大力探索多样化融资方式，开辟城市建设资金新来源。”7月4日，省委常委、成都市委书记李春城在一次进话中说，吸引民间资金投向基础设施项目，是改变城市建设管理单靠政府投入、社会无偿使用的旧模式，解决城市建设管理资金紧缺的有效途径。大胆地“放”，积极地“扶”，愉块地“融”，成为成都大力推动民营经济发展的“试金石”。

大胆地“放”：民企大潮起

2001年，成都的春天，被媒体称为“软硬环境革命”的风暴。以投融资体制改革和削减行政审批事项为核心内容的软环境革命，从约束与规范政府自身的行为做起，促进民间资金向民间资本的转变，给民企发展“放”出一片自由驰骋的沃野。

随后，12个着眼于“放”的文件陆续出台，将软硬环境革命推向高潮。这12个配套文件，就是保护企业发展的12道“护身金牌”。熟知内情的人评价说，这是成都市投融资领域有史以来最深层次的体制改革，在全国也属领先。同时，软环境革命的力度也是最大的。

与此相呼应的是清理行政审批事项。

从2000年9月至今，成都共进行了5次行政审批事项清理工作，共取消(调整)行政审批事项658项，其中，改为备案事项85项，合并事项34项，下放区(市)县事项26项，改为联合审批事项7项，完全取消事项513项。把不该政府管的事全部交给市场，进一步强化政府的服务职能，长期缠绕在民营企业身上的种种束缚都将被相继打破。

2003年，成都民营经济进入大发展的新一年。2月，成都市委、市政府正式出台的《关于进一步加快个体私营经济发展的意见》明确提出了四“放”：在市场准入上放得更开，经营领域上放得更宽，经营方式上放得更活，注册条件上放得更松。

“放”的实质是还民企以应有的“国民待遇”。

数字说明了“放”给成都民营经济带来的机遇：去年，非国有投资占到了全市固定资产投资的52.7%；今年1～5月，这一比例增加到了60.9%。

尽心地“扶”：民企大提速

扶持民营经济发展，就要从根本上解决民营企业发展中的具体困难。为此，成都从破解民营企业的融资难题等问题入手，切实扶持民营企业发展。

2002年12月26日，成都市委、市政府发出了《关于推进中小企业融资工作的意见》，正式设立了政府扶持中小企业融资发展专项资金。市政府财力安排的8000万元专项资金让成都的中小民营企业看到了希望!

“推行中小企业融资工作，成都走在了全国的前列。”市中小企业局局长、成都市推进中小企业融资工作领导小组办公室主任向世勇如此评价这个跨越了2002和2003年两个年度的“意见”和5个配套文件。据介绍，截止到6月，在全市100户试点企业中，通过专项资金，已有53户企业获得了贷款，总额近2亿，目前，2003年的试点企业申报工作已经全面展开。

鼓励民营企业重组改造国有企业，正是政府服务到位、扶到实处的具体表现。几年来，成都诞生了希望集团收购湔江化工、迪康集团收购成商集团、汇源科技收购川长江等经典案例。这些民企收购改造国有企业，都创造了良好的经济和社会效益。最重要的是，在民营企业重组改造国有企业的过程中，创造出了双方企业和政府三赢的局面。据不完全统计，近五年来，成都市的民营企业，协助市委、市政府完成兼并企业200多家，改制企业1000多户，盘活的存量资产达180多亿。扶上马，送一程。做大做强无疑是现今民企发展的最强音。民营企业的做大做强，更离不开政府实实在在的扶持。

成都把扶持发展民营企业集团纳入全市企业集团发展规划，鼓励有条件的私营企业进行股份制改造，支持企业做大做强。一部分私营企业通过股份制改造或对上市公司收购，在沪深股市上市，获得了新的融资渠道，使企业资本运营能力提高，同时也使企业组织结构在多方面监督之下不断优化。

据统计，1998年，全市个体私营等非公有制经济实现国内生产总值占全市GDP的比重达到36.19%，4年后的2002年，这个比重达到了42.1%，比1998年增长5.9个百分点。

积极地“融”：民企大奇迹

2002年，成都公开拍卖6条公共汽车线路的特许经营权，首次实现了公共汽车线路资源的市场化配置，吸引了约4500万元社会投资。民间资金入围成都公交，成了经营城市、促进民间资金向民间资本转变的一个范例。

2002年5月，在市委、市政府的强力推动下，成都市政公用局组织实施了公共汽车线路特许经营权市场化配置试点工作。一场允许民间资金参与，打破公交长期垄断的攻坚战展开了。

2002年10月，成都市委、市政府正式决定实施成都市水环境综合整治工程，同时批准组建国有独资企业成都市兴蓉投资有限公司，作为水环境项目建设的业主并承担投融资职能。

于是，总投资60亿的水环境大项目开始了成都历史上第一个向民间融资的崭新模式。

2003年1月16日，西部首个集合资金委托贷款项目在蓉启动。成都市内的建行网点向市民推出融资额度为2亿元、名为“水环境项目”的首期投资品种，其项目业主为兴蓉公司。一时间，这种“委托贷款”在成都掀起民间投资热，2亿元民间资金也完成了一次“从资金变成资本”的飞跃。

从民资入围公共交通到市民争相委托贷款，创新融资方式，拓宽融资渠道，依靠市场化配置特许经营权，民间资金参与城市经营的一幕幕好戏正在成都上演。仅去年一年，成都城市建设与维护即吸引民间投资5.7亿元，较2000年增长8倍。两年来，成都公交、自来水、天然气、出租车、环卫、园林绿化以及路桥设施冠名权等采取特许经营的办法，吸纳民间资金近4亿元。

这正是成都采取多种融资方式促进民间资金向民间资本转变的初衷和最根本的目的。“九天开出一成都，万户千门入画图”，成都有悠久的历史，得天独厚的自然条件，勤劳智慧的人民。上述成功的范例以及即将在成都上演的融资大戏将证明，在“三个转变”思想的指引下，一个又一个奇迹和神话，将为此诞生。

探索之三：知识创造财富

人才资源向人才资本转变是“三个转变”的关键。近年来，成都市以市场为导向优化人才配置，以科技产业为载体促进人才资源向人才资本转变，完善人才创业和成果转化服务体系，由藏龙卧虎的人才资源大市，向龙腾虎跃的人才资本强市阔步迈进。

体制创新　让人才资本在市场增值

近年来，成都市构建了多元化人才培养体系，并从去年起陆续推出一系列新的引才政策：副高以上职称人才不占用人指标；“海归”人员简化手续，来去自由；不愿入户的优秀人才来蓉工作可发给“引进人才专项居住证”，享受常住人口一切待遇；两院院士、国家级专家、省部级专家每月给予生活补贴；取消指标限制，以准入条件代替入城指标……外地人才纷至沓来，到目前共引进各类人才4200多名，其中研究生以上学历、副高以上职称的高级人才2000多名。

截至去年底，成都市人才总量达到68.23万人，人才年递增率为8.9%。如何避免这些人才闲置、贬值？成都市提出用先进的经济思想、经营理念和经营体制来开发人才资源、经营人才资本。

激励是能量释放的催化剂。几年前，市政府就开始实施科技人员奖励制度，已评出480项科技成果转化奖，发放奖金584万元。从2000年起，每两年拨出80万元专项基金，重奖两名杰出科技人员。迈普数据通信公司科技人员薪酬标准与深圳最优秀IT企业看齐：新进本科生年薪5万元，硕士8万至10万元，博士12万至15万元，中层骨干15万至30万元；公司岗位每年都会公开竞争，25岁的罗鹏因此成为公司最年轻的副总。

是资本，就要在流动中增值。成都市把职工占到全市事业单位职工总量80%的教育、卫生两大系统人事改革，作为消除人才流动体制性障碍的突破口。从今年起，市直属学校新进高校比业生实行聘用制，人事关系由市人才流动教育分中心代理。目前，全市所有医院职工档案都已移交市人才交流中心卫生分中心实行人事代理。

人才市场是优化人才资源配置的重要渠道。国家级人才市场——中国成都人才市场经过10年发展，已成为西南地区惟一的区域性人才市场。全市还有市(区)级人才市场24个、民营人才市场13个。近年引进的7.6万人才中，通过人才市场引进的有4.1万人，占53.9%。

机制创新　用市场培植人才资源

人才资源向人才资本转变、科技成果向生产力转化，其载体是科技产业园区。

67平方公里的成都高新区，1平方公里范围内平均有75位博士或硕士，每100人中有42名专业技术人才。这里堪称成都市聚集人才的试验区、示范区。其人才政策的灵活性和超前性，与深圳高新区大体相当，而异地人才引进程序还更简便。自1998年以来，逐步完善了一整套特殊的人才政策：凡本科以上外地生源毕业生，只要落实了单位，均予接收并免收城市增容费；高级人才前来工作可不转关系、户口，来去自由，享受本区居民待遇；对来区工作的博士后，补助10万元经费；每年由财政出资100万元设立高级人才创业基金，出资300万元设立高级人才创新奖励基金；今年5月出台高级人才专项奖励办法，年薪在10万元以上的高级管理人员和技术人员，另给予3000元至4.5万元不等的奖励……

全省惟一的国家级经济技术开发区——成都经济技术开发区，喊出一个响亮的口号：人才立区。开发区出台了高级人才免收城市增容费、子女优先就近入学以及“让位子、加担子、壮胆子”等一系列优惠鼓励政策。1998年被批准为国家级高新技术产业开发园区的海峡两岸科技园，今年再发“英雄帖”，面向社会公开招聘16名高级管理和技术人才，对有突出贡献者在政治上重用、经济上重奖。

这一个个科技产业园区，既是聚集人才资源的强磁场，更是人才资本裂变的广阔空间。

在成都高新技术开发区，只要你有好项目，哪怕没有钱也可办公司。这里创造出的“人才资本神话”，可以列出一长串来：迈普以一项在自行车棚里研发出的通信技术，由10年前的5000元启动资金催生出今天的4亿元产值；国腾1997年仅1年实现产值由零到千万元的突破，5年后年销售收入10亿元；地奥由50万元借款起步，而今资产已达18亿元；拓能1999年以一项尖端技术入驻创业园，目前已占领国内70%的市场份额，产值上亿元……

高质量建设大学科技园，是成都市利用在蓉高校人才和科技优势的有效途径。目前已有8所在蓉高校建立了大学科技园(其中四川大学科技园、电子科大科技园为国家级大学科技园)，引进企业106家，实现销售收入9.4亿元。

观念创新　让智慧接轨人才市场

2002年初，成都市提出了“高科技成都”行动计划：在2002年到2010年的8年内，实现4个全国“一流”——全国一流的研发水平、一流的高新技术产业群、一流的科技创新人才、一流的创新创业环境。

成都市科技局局长门生告诉记者，“高科技成都”行动计划的核心就是为科技企业搭建起优质高效的服务平台，推动科技成果向生产力的转化。

对于科技产业而言，没有一套完善有效的孵化机制，是难以想象的。

“海归企业”亚联高科技集团公司年产值已接近7000万元，但3年前入驻高新区博士创业园时还只是一个名不见经传的小企业。公司董事长钟娅玲回忆：企业初创时，政府根据高科技企业孵化机制，给予了手续办理、税收、贷款等方面的大力扶持，“几乎是足不出户，政府就为我们解决了各种问题。”

截至2003年5月底，全市已经建立各类企业孵化器24个，孵化面积达到100万平方米，累计培养科技创新创业人才2200余人。

资金是企业的血液。自1997年市科技风险开发事业中心挂牌以来，科技风险引导资金从当年的2570万元增加到2002年的1.15亿元，吸引社会资金50多亿元，投资科技项目109项，犹如一根无形的杠杆，撬动了海内外巨额风险投资基金，为成长型科技企业撑起一片蓝天。

来自南充的蒲郸铭充分感受到了政府“点金术”的神奇力量。由市技术产权交易所牵线从美国一家专业投资公司引来的1亿元风险投资，使蒲郸铭完成了从发明家到企业家的深刻嬗变。

到2002年末，全市通过科技成果转化建成的高新技术企业达到786家、实现总产值399.56亿元、销售收入278亿元、工业增加值116.51亿元，利税79.68亿元、出口创汇1.61亿美元，分别是1998年的3.48倍、27倍、26倍、31倍和27.8倍。

成都，正以优质的服务体系为四海之内的科技精英们营造发展的环境平台，吸引更多的科技成果进入市场，以市场的力量铸就更强的城市核心竞争力。

（任鹏宇等）

加快城市化建设步伐，不断提升城市的品牌效应，这是今天任何一座城市领导者们煞费苦心的事。但真正做得很好的，成都市是其中之一。究其原因，当然很多很多，而成都市的领导者们把经营城市的理念运用到了出神入化的地步，不能不说是一个最重要的原因。谓予不信，《人民日报》发表的成尚轩一文可以为证。请看：

7. 用“资本”推进城市化

——成都市实施城市经营战略

2003 年的春天，有两条新闻启迪成都，并可写进成都的发展史——

第一条新闻：成立成都市兴蓉投资有限公司，负责“中心城水环境综合整治工程”的实施。它突破了过去实施重大项目单靠政府拨款、银行贷款、土地批租的融资模式，而是采用市场运作模式，通过多种金融工具的功能，通过规范化运作，用政府投入的有限资金来撬动社会资本。

第二条新闻：成立成都市执法局。春节后的第一个工作日，上午 8 时 30 分，锦江大礼堂广场内气氛庄严而热烈。归并多个部门行政执法职能的成都市执法局挂牌成立。相对集中行政处罚权，组建统一的综合执法队伍，是成都市委、市政府加强城市管理的一项重大改革。

这不是简单的“合并同类项”。针对一些部门而言，这是利益的调整，针对整个成都市而言，这是经营意义上的管理。它从本质上告别了过去那种“八个大盖帽”管不了一顶“破草帽”的尴尬局面。

阳 光 政 府

资本进入的一道闸门

先经营意识，再经营观念，最后经营资源。让资本说话。

2003 年元宵节这天，初春的蓉城阳光明媚。

上午，在外企工作的王梓鸣先生带儿子到购书中心购书，意外地被一本小册子吸引了。这本囊括成都市 63 个政府部门和团体服务项目、办事程序、服务时限、联系方式等内容的小册子，是成都市政府一次完整的政务大公开。

“以前时常托朋友打听事情该哪个部门管、联系方式是什么、办事程序和时限如何，伤透脑筋。现在翻翻这本小册子，许多问题都解决了。”王先生连声称道，“太好了!”

这本带着阳光味道的黄色封面小册子，是春节前夕刚刚出版的《成都便民指南》。成都市政府有关负责人表示，该《指南》不仅是一本服务书，也是一个明确信号——成都将把审批制度改革、政务公开、规范化服务型政府试点等政务改革工作坚定不移地推进、深入下去。

行政审批是计划经济体制下政府管理经济的主要手段，随着政府体制从计划经济管理模式向市场经济模式的转化，其影响甚至制约经济发展的问题日益显现。为此，成都市委、市政府决定从精简审批事项入手，切实转变政府职能。

2000 年 11 月，成都市首批取消行政审批事项 343 项。2001 年 4 月，成都市委、市政府作出了《关于加快成都市投资体制改革的决定》。7 月，12 个配套文件相继出台，一场具有深远意义的投融资体制改革全面展开。截至目前，成都市共进行了 5 次行政审批事项清理工作，取消(调整)行政审批事项 658 项。

“规范化服务型政府”的试点是成都市建立阳光政府的又一项重要改革。此次改革的主要内容包括树立“以民为本、以客为尊”的政府服务理念；规范政府的服务流程与标准，构建“顾客导向型”的服务模式等6个方面。改革首先在市工商局、市公安局、市政公用局试点，逐步完善后将在全市推行。

“规范化服务型政府试点工作，是成都市继大幅度削减行政审批事项、改革投融资体制和政府机构改革后的又一项重大改革措施，目的是提高政府效率，改进政府服务，把全心全意为人民服务的宗旨具体化。”2003年7月28日，中共四川省委常委、成都市委书记李春城在调研规范化服务型政府试点工作时如是表示，并对此寄予厚望。

人 才 成 都

吸引资本的“强磁场”

劳力流、智力流、产品物资流、消费物资流、流通物资流、信息流，这一切，让城市本身承受巨大的压力，有时甚至逼迫它改弦易辙，寻求新的规则和秩序。

与发展需要相比，成都需要更多的高科技、复合型、创新型人才。成都市对症下药，短短几年收到奇效。让我们看一看这个奇效清晰的“轨迹”——

1995年，市政府与国家人事部共同组建中国成都人才市场，8000平方米的人才市场综合楼当年12月投入使用。成都人才市场自开办以来，入场单位2.8万多家，进场人数75万人次，为750余家单位进行了人事代理。

2000年，成都市取消了对本科以上毕业生的落户限制，市外生源的研究生可实行“先上户、后择业”的办法，并建立与国际相接轨、绩效优先的人才收入分配机制；

2000年，全国第一家国家级留学人员创业园——中国成都留学人员创业园成立；现有留学人员企业84家，运作项目219个，留学回国人员126人，成为国家级示范园之一；

从2001年起，设立“成都市科技杰出贡献奖”，获奖人员由市政府颁发“成都市科技杰出贡献奖”奖励证书，每人给予一次性奖金40万元；

2003年3月的最后一天，成都市做出“取消指标限制，以准入条件代替入城指标”的重大决定，再次降低入户门槛，加大人才引进力度。消息传开，反响热烈，外地人才纷纷加盟成都；

……

成都市人才总量达到69万人，其中大专以上学历人员所占比例为56%，专业技术人员50万人，每年人才的递增率为8.9%。

为什么孔雀如今偏爱西南飞？这与成都市良好的硬环境和软环境密不可分。为了让真正的人才有创业空间，几年来政府为创业者开辟了三个国家级开发区，高新区已经成了真正的“高薪区”，孵化出的“创业园”和“孵化园”都从一定层面上搭起了人尽其才的平台。

经 营 城 市

资本运作的成功范例

20世纪50年代的人民南路到今天仍然是成都市的一条形象大道。这就是“眼光”。

从城市经营的角度讲，成都市“五路一桥”的建成，特别是三环路的建成通车，总体上大大提升了成都的城市价值：总投资66亿元、全长51公里的三环路是目前成都市最大规模的城市道路，其建设资金一部分来自贷款。据业内人士预测，三环路使沿线土地出现大约200亿元以上的升值空间。经营的观念正深入到政府的各项工作之中。

从成都府南河工程的建设记录档案中，可以清楚地看到，当时社会资金的来源包括社会团体、社区协会、学校、教育研究机构、私营房地产开发商、国有机构和建筑公司等大大小小几十家。有专家分析说，从府南河工程资金运转的状况看，选择投资主体多元化无疑成为解决资金问题的关键。

2002年春天，春熙路西段中新街上一块面积为4.0912亩的土地走向了拍卖台。由于此前，春熙路一期改造接近尾声，因此经历过脱胎换骨改造后的土地身价倍增，净用地起拍价每亩高达1100万元。而现场18家房地产开发商的竞相举牌，则给拍卖会带来了极为浓烈的市场气息。最后，春熙路的这块黄金宝地以每亩1520万元的价格成交。

实施城市经营战略，一方面通过基础设施建设和环境整治，做美城市形象，提高城市品位，改善城市环境，降低投资的硬性发展成本；另一方面通过政府职能的转变，促进政企分开，使政府职能更多地转移到为广大企业和投资者提供优质服务上来，营造一种宽松、自然、和谐、优美的城市投资软环境，降低投资的软性发展成本，从而形成一个聚集各方生产要素的区域中心，促进城市经济的发展。

城市经营的核心和关键就是经营土地。成都市在经营土地方面也是硕果累累。仅去年一年，成都市就办理国有土地使用权出让2000余宗，面积2.4万亩。同时，全市共举行土地拍卖19次，拍卖地块46宗，面积为1900亩，分别比上一年翻两番。此外，成都还在中心城区和部分区(市)县启动了挂牌出让，运用市场机制配置土地资源取得了历史性突破。2002年，成都市连续出台了三个政府规范性文件，经营土地日渐有章可循，步入规范有序。

谈到成都的工业就不能不提东郊。成都东郊是全国闻名的老工业基地。新中国建立以来，国家在此布局了大批电子、冶金、化工、机械类企业，共聚集了169户规模以上工业企业。这些企业总资产达322亿元，从业人员15万余人。随着城市建设的发展，过度集中的工业企业，使东郊的“三废”突出、“热岛”效应明显，城市功能难以配套完善，企业发展也受到严重制约，40%的亏损面，使东郊成了困难的代名词。

成都，正是在东郊这堵厚重“高墙”上，舞出了市场经济条件下城市经营的“大手笔”——东郊结构调整。

东郊调整思路新意盎然：通过灵活运用土地资产处置政策，实行“腾笼换鸟”、“退二进三”、“活地兴企”等工程，实现了产业结构和土地利用结构的双优化，既盘活了土地资产，促进了城市经济布局和结构的调整，也改善了城市功能。

两年经营，东郊一片兴旺。截止到2002年，共有4批、累计59户企业启动搬迁改造，占东郊应搬迁企业总数的52%。其中，32户企业新厂建设已经开工、27户企业新厂厂房建设基础超过“正负零”的启动标准、10户企业完成了搬迁改造。

《成都市东郊工业区结构调整的思路与建议》中说，投资300多亿、历时5～10年，东郊调整完成时的“蓝图”：工业用地从现在的30%降到11%左右，东郊将成为交通发达，学校、医院、文体等设施完善，功能齐全，由若干各具特色的居住小区组成的环境优美、空气清新的东部新城区。再过几年，让我们共同感受这份美丽。

民 间 资 金

资本崛起的精妙良方

人们常说，良好的城市环境是城市最大最有效的“招商广告”，是进入21世纪国际社会的“通行证”，是城市可持续发展战略的初始要求。

如果有一个权威评估部门来为成都的品牌估价的话，那么我们可以毫无疑问地说：成都，你还有巨大的发展空间！

7月28日17时许，航天新路501路公交车起始站点，几位候车乘客说，“以前这条线路没有公交车，很不方便。现在10分钟就有一班，才花2元钱”。

501线路是2002年成都市进行公交线路有偿转让后，新开6条线路中的一条。这一方式打破了长期以来国有公交企业的垄断经营，吸纳了民间资本，同时政府减少了购车、支付管理运营费等上千万元的开支。

这是全国首个省会城市进行公交线路拍卖，外资企业可参加竞拍更是开全国先河。

2002 年 12 月，成都市《关于促进和引导民间投资的若干意见》正式出台。《意见》指出，继续开放民间投资领域："凡是国家法律法规没有明令禁止的行业和部门，都要对民间投资开放；打破所有制界限，鼓励和引导民间投资参与经营性的基础设施和公益事业项目建设……"

从民资入围公共交通到市民争相委托贷款，创新融资方式，拓宽融资渠道，依靠市场化配置特许经营权，民间资金参与城市经营的一幕幕好戏正在成都上演。

——西部首个集合资金委托贷款项目在蓉启动。成都市向市民推出融资额度为 2 亿元、名为"水环境项目"的首期投资品种，其项目业主为兴蓉公司。

——三环路"建绿"通过市场运作，吸引了 72 家企业和个人投资 4238 万余元。

——红星路下穿式隧道冠名权 380 万元起拍，开始了对地名资源进行市场化运作的尝试。

2003 年 2 月，成都市委、市政府正式出台的《关于进一步加快个体私营经济发展的意见》，明确提出了四"放"：在市场准入上放得更开，经营领域上放得更宽，经营方式上放得更活，注册条件上放得更松。

大量民间资金抢滩成都城市建设与经营的各个领域，城市经营因为有了民间资金的参与将呈现出前所未有的生机和活力，民间资金也将因此找到极其广阔的发展空间而迅速发展壮大。

融资大戏在成都，才刚刚开始。

2003 新年伊始，四川省政协九届一次会议在蓉城隆重闭幕。中共四川省委书记张学忠在闭幕式上响亮地提出要"加快土地资源向土地资本的转变，大力推进城镇化进程；加快民间资金向民间资本转变，加快发展非公有制经济；加快人才资源向人才资本转变，充分调动和发挥科技人员的积极性和创造力"。

成都市正是用这种理念，牢固树立经营城市的品牌意识，深化城建投融资体制改革，最大限度地盘活城市资产存量，扩大城市资产增量，增强城市的辐射力和吸引力，用"资本"大力推进城市化进程。

（成尚轩）

经营城市是一种理念也是个机会。说它是理念是因为它是指导城市建设与管理的科学认知和理解。说它是机会，因为一种科学的认识与理解也是要只争朝夕的。改革开放了，但不少人的认识还是1984 年前的思维定式。试想，经营城市的理念无论多么好，对他来讲又有什么用？苏州的今天差一点就是扬州的今天，幸运之神曾经差一点降临扬州，然而，阴差阳错使扬州失去了这个机会。而扬州为什么没有成为苏州的今天？个中三昧，只有扬州人清楚。经过苦苦反思，扬州现任市委书记孙志军、市长季建业发誓绝不能让机会再次失去了。请看：

8. 直挂云帆下扬州

如果你在 1992 年前后到过苏南，那么你一定会感到，今天在扬州沿江开发区内看到的景象与当年的苏州似曾相识：一条条道路纵横交错，把一片片土地划分成一块块网络，网格里树立的指示牌上标明着投资企业的名称；这边一台台推土机在轰鸣着平整土地，那边一座座标准厂房拔地而起……

人们跟你说的、请你看的，不再是运河怎样，而是长江如何。这一切，预示着扬州一个新时代的开始。

运河时代的辉煌

扬州，这座有着 2500 年历史的文化名城，它的辉煌一直与大运河相伴相随。

扬州兴起于春秋时期。吴王夫差战胜越王勾践以后，于公元前 486 年在扬州西北蜀岗筑邗城、开邗沟，沟通江淮，目的是进军中原，与晋国争霸。邗城就是扬州古城的滥觞，邗沟后来成为京杭大运河的关键段落。扬州在古代曾经有过两次辉煌。一次在唐代，一次在清代。在唐代，扬州在中国经济的地位相当于现在的上海。扬州和时称益州的成都，是全国经济最发达的两大城市，对中央政府的贡献有“扬一益二”之称。当时，长江入海口距扬州不远，扬州位于长江三角洲的中心，为中国东南第一大都会，是中国四大贸易港口之一。鉴真东渡日本从扬州出发，所乘船只也是在扬州制造的。圆仁和尚等 390 余名来中土求法的日本僧人，也选择在扬州登陆。扬州城内，波斯、大食等来扬州贸易的阿拉伯商人，到处可见。至今，扬州仍有被称作“波斯村”的阿拉伯后裔聚居地。

清代康乾盛世是扬州历史上另一个鼎盛时期。究其原由，也和运河有关。盐业生产和运销，关系到清朝的国计民生。两淮是当时全国重要的盐区。乾隆时期两淮每年的赋税占全国商业税收的一半，其中主要是盐税。刺激扬州经济社会发展走向鼎盛的另一因素是漕运。钱粮漕运关系到朝廷的国用开支，因此康熙皇帝亲政不久即把治河、漕运、平三藩列为最重要的 3 件大事，“书而悬之宫中柱上”，以志时刻不忘。漕、盐、河为“东南三大政”，扬州“地兼三者之利”，成为最为繁盛的商品交易市场和集散地。从 1684 年到 1784 年，整整 100 年间，康熙、乾隆各自六下江南，都经过扬州，还多次在扬州驻跸。扬州聚集的一大批富甲天下的盐商粮贾，推动了扬州服务业、建筑业、手工艺和文化事业的繁盛与兴旺。

然而，进入近代，随着生产力的发展，盐税对政府财政收入已无足轻重；特别是海运、公路、铁路取代运河交通，以上海为龙头的长江三角洲经济崛起，扬州在中国的经济地位一落千丈。

因此，人们把扬州以往的辉煌称为“运河时代”。事实也正是如此。翻开扬州地图，我们可以看到，扬州的城市布局是以古运河为纵轴展开的，而市区与长江之间 20 公里宽的广阔空间，是郊县，是农田。约 80 公里的长江岸线，除了港口和一些零星分布的造船业，对扬州经济与社会发展没有发挥其应有的贡献。

开启长江时代

扬州市辖区面积6638平方公里，人口467万，下设广陵、维扬、邗江3个区，辖高邮、江都、仪征、宝应4个县市，与南京、镇江隔江相望。无论从地理位置还是经济发展水平上看，扬州都属介于发达的苏南与尚欠发达的苏北之间的“苏中”板块。

改革开放以来，扬州得到很大发展。近5年来，国内生产总值连上两个台阶，1998年超过400亿元，2001年超过500亿元。2002年达到558.93亿元，人均国内生产总值1.23万元，与1997年相比分别增长60.6%和58.1%。但是，扬州与苏中其他省辖市一样，存在着很大的危机。在江苏13个省辖市中，扬州经济总量列第九，仅为排名第一的苏州的26.9%，人均GDP为苏州的32.8%；财政收入55.61亿元，仅为苏州的19.1%。在发展速度上，苏南各市超过扬州1个百分点到3个百分点，差距越来越大；苏北一些城市增长很快，工业增加值、利用外资等一些关键性指标的增速甚至超过扬州，显示出咄咄逼人之势。不能尽快融入苏南板块，扬州就有沦为江苏“第三世界”的危险。新一届扬州市委、市政府是一个奋发有为的领导集体。面对21世纪头20年的重要战略机遇期，他们对扬州进行了一番重新审视。年轻的市委书记孙志军在一篇文章中写道：厚重的历史孕育了扬州浓郁的文化，浓郁的文化哺育了扬州的文明与繁华。扬州文化既有以“鉴真东渡”为代表的开放性，又有“南秀北雄”为特征的兼容性，还有以“扬州八怪”所表现的创新性，应该说扬州文化的主流是积极向上的，是体现时代特征的。但由于扬州长期是一座消费城市，受历史上盐商生活习性的影响，人们易于产生孤芳自赏、安逸休闲的文化心态。在加入WTO、经济全球化的大背景下，面对市场竞争更加激烈的新态势，扬州文化的负面影响，成为扬州人奋发进取的羁绊。因此，在规划未来的发展时，需要理性地反思扬州文化，突破自我，大胆创新，塑造以与时俱进、奋勇争先为主要特征的扬州时代精神。

扬州市委提出，要立足长江三角洲的大背景，在区域竞争与整合的新格局中确定自己的战略定位。如果说是古运河给予扬州历史的辉煌的话，那么长江孕育着扬州更加美好的未来。沿河、滨江、通海，是扬州的资源，也是扬州的优势。只有用更加开放的胸怀，越过运河看长江，依托长江观四海，在更大的范围内寻求资源配置，把扬州放到大的产业链中去谋划，放到大的市场体系中去思考，放到大的都市圈中去定位，才能再造扬州的新辉煌。

来自昆山、曾经在苏南那块改革开放的热土上带领人民创造发展奇迹的扬州市市长季建业，今年年初在扬州市第五届人民代表大会上作政府工作报告时明确提出，扬州今后经济发展的潜力在沿江。扬州要抓住沿江开发这个历史性机遇，打造沿江经济带、产业群，推动扬州经济从“运河时代”走向“长江时代”，把扬州建设成为古代文化与现代文明交相辉映的名城。

打造“跑道”，迎接国际资本降落

扬州人认为，时代为他们提供了难得的历史性机遇。这就是国际资本和产业正向长江三角洲转移，以上海为龙头、以江浙为两翼的长江三角洲正在通过推进区域经济一体化，来迎接这种转移，同时进行新一轮的产业结构调整、升级。在这一历史性机遇面前，江苏确定了实施沿江开发战略，促进苏中在接受国际资本和产业的转移与上海、浙江、苏南的产业扩散和梯度转移中，尽快崛起，融入苏南、带动苏北，实现率先全面建成小康社会、率先基本实现现代化的宏伟目标。

扬州市人均GDP已达1490美元，按照经济发展的规律，正处于经济结构、产业结构、消费结构大变动时期。扬州人为自己规划了美好的前景：到2007年GDP达到1000亿元，人均2.2万元，折合2650美元。到那时，扬州GDP相当于苏州市1996年1007亿元的水平，但人均水平则比苏州当时1.7万元要高25.7%，与苏州1999年2.3万元的水平大体相当。其实，苏州改革开放初期，起点并不高。按照当时的统计口径，1992年，苏州国民生产总值不过359.7亿元，仅为扬州的1.59倍。是乡镇企业的“异军突起”和外向型经济的突飞猛进，才把苏州推向今天的辉煌。完全有理由相信，沿江开放，一定会给扬州人带来创造奇迹的机会。

扬州市市长季建业有一个形象的比喻：目前急于向长江三角洲转移的国际资本和产业，像在天上盘旋的飞机，如果扬州很快把跑道打造好，它就会在扬州降落。这其实就是苏南从上世纪 90 年代初起就常说的一句话：改善投资环境。

从上世纪 90 年代起，富有远见卓识的江苏省高层领导，就开始有计划地把交通基础设施建设投资向苏中和苏北倾斜，为实现苏中崛起和苏北发挥后发优势，做了切实的铺垫。现在扬州交通设施建设，大大缩短了接受国际资本和产业转移，及周边发达地区产业扩散的空间距离。

从大交通网看，京沪高速公路、宁(南京)(南)通高速公路在扬州交汇；2002 年开工的国家一级铁路宁启(东)铁路扬州段、2000 年开工的润扬长江大桥，都将于 2004 年竣工营运。沿江高等级公路扬州段日前已开工建设。扬州到南京只需 1 小时，到上海不到 3 小时，到北京也缩短为 8 小时。长江港口形成以扬州港为龙头、仪征港和江都港为两翼的国家一级开放口岸，拥有万吨级杂货码头和多功能码头 11 座，年吞吐量 2600 多万吨。被列为沿江开发规划的 1086.8 平方公里内，已经形成三横六纵公路交通网。沿江各开发区的道路建设也基本完成。

如果说 IT 产业需要紧靠国际空港，以便快进快出，那么大用水量、大吞吐量的化工、造船、冶金等产业，需要的是江海港口和能与之对接的产业基础。而扬州沿江地区是纺织、化工、汽车、船舶等重点产业的集聚地和制造业的重心，为接受国际资本和产业转移及周边发达地区产业扩散，奠定了良好的产业基础。按照规划，扬州沿江地区将形成纺织、化工、汽车、船舶、高科技信息产业、生态农业与林业、物流旅游服务业 6 大产业板块和沿江产业园区群、港口群和城镇群。到 2007 年，沿江地区创造的 GDP 可达 700 亿元以上，占全市的 70%以上，相当于现在全市 GDP 的 1.25 倍；财政收入可达 80 亿元以上，占全市的 80%以上，相当于现在全市的 1.45 倍。

扬州市县沿江开发协调领导机构都已建立，按照“统一规划、分级开发”要求进行的沿江大开发，正在有序地展开。从正在编制的《扬州市沿江开发总体规划纲要(草案)》看，这次沿江开发，人们更加理性，更加成熟，更加强调科学规划，提出了“区域集中、能量集聚、产业集合、开发集约”的原则，不搞“村村点火、处处冒烟”的低水平重复建设、不走“先污染后治理”的弯路，有明确的沿江地区空间功能定位与布局，岸线利用、岸线整治、岸线保护和城市防洪排涝结合起来，把产业开发和城镇空间布局与功能定位结合起来，把沿江开发和生态环境建设结合起来。

沿江 1000 多平方公里内，接受国际资本和产业转移及周边发达地区产业扩散的载体日臻完善。1998 年到 2002 年，扬州直接利用外商投资 5.3 亿美元，其中 2002 年 2.56 亿美元，比上年增长 2 倍多。利用民间资本也出现良好势头，2002 年引进民间资本 45 亿元。个体私营经济投资占全社会投资的 25%，其中生产性投入占 45.3%。

更加可喜的是，扬州与南京的联动开发已经初见端倪。以经营对外贸易为主的上市公司江苏舜天国际集团，与扬州江都共同投资 7000 万元，建设舜天江都工业园，在那里设立了制衣公司和工具公司。南京金陵造船厂以 2759 万元收购了濒临破产的仪征真州船厂，利用真州船厂的深水岸线，使金陵船厂克服了受长江大桥控高限制的弱点，生产能力提高一倍以上，定单应接不暇。规划中的扬州化学工业园利用产业优势和地域优势，实现了与南京国际化学工业园对接，共同打造宁扬重化工产业带，计划 3 到 5 年，产值达到 1000 亿元规模，成为国内最大的化工基地。

“腰缠十万贯，骑鹤下扬州”。如果说历史上人们是为了享受消费而到扬州的，那么今天，恐怕更多的人是来这里投资的。扬州，正在成为长江三角洲上又一个投资热点地区。

改革开放前，浏阳河的出名，是因为她与一位缔造新中国的伟人毛泽东有关系。浏阳河这块激昂沸腾了近半个世纪的热土，在改革开放春雷炸响的初始阶段，人们几乎以为她的脚步已经蹒跚了，所以，置身于滚滚洪流般改革大潮的中国人民，除了特殊情感迸发时高歌一曲《浏阳河》外，人们也几乎并不打算对她再作什么期求，毕竟她对中国人民已经作出了功勋彪炳的贡献。然而，浏阳的人民，尤其是浏阳市的领导者们，他们不甘心于浏阳的寂寥。于是，他们快速追寻改革开放的鼓点，高举经营城市的大旗，呼啸着追上来了！这里，我们特意选了两篇关于浏阳经营城市的文章。请看：

9. 春风激荡浏阳河

湖南东部浏阳，巍巍的大围山孕育了一条有特殊意义的河，并由此诞生了一首动人的歌，永远在世人心中传唱。这就是《浏阳河》。

浏阳河畔，是一块红色的土地，革命战争年代，年轻的共产党人升起中国工农革命第一面旗帜，演绎着惊天动地的故事；更是一块沸腾的土地，新时期的创业中，自强不息，敢为人先的浏阳人撑起中国老区发展的大旗，奏响着改革与创新的强音，使一个曾以红色根据地闻名的老区，一个经济落后的贫困县，成为财政收入进入全国百强，外贸出口雄居全省榜首，40多项工作跻身全国先进行列的湖南省经济综合实力二强县市。

（一）

在区位优势不如东部的老区，要追赶发展速度，必须基础设施先行。

2003年4月，浏阳大地已是生机盎然。通往城乡的路上正在进行着一场前所未有的公路大建设，全市的四条公路主干道同时拉开了建设的序幕。

因为，没有什么比路更能牵动浏阳人的心。

在漫长的历史岁月里，地处内陆的浏阳一直就是一个“出门难”的地方。翻开浏阳的地形图，连绵起伏的连云山脉、罗霄山脉横贯东西，5007平方公里的区域被崇山峻岭层层包围，造物主在造就了举世闻名的浏阳河的同时，也让浏阳人饱尝了出行不便的苦头。公路成了浏阳人外出的惟一选择，也承载着浏阳人全部的希望。

而浏阳联结长沙惟一的主干道——319国道，随着长永高速公路和浏永高等级公路的修建，第一次让浏阳人感觉到了与世界是如此地接近，更直接地是让浏阳人感受到了交通对经济的巨大作用。它不仅使浏阳到省会长沙的旅行速度加快了4倍以上，而且建设过程中每年为全市经济发展贡献20%的经济增长率。

自此，浏阳迅速甩掉了全国贫困县的帽子，经济总量由1992年的全省县市中下游跃升到2002年的全省二强，创造了被誉为“浏阳现象”的发展奇迹。

但一个现实却将站在改革风口浪尖的浏阳推到了尴尬境地：走进东南西北四乡，到处坑坑洼洼，浏阳的公路在经济大发展的巨轮下呻吟，甚至已成为了绊脚石。

发展的机遇，绝不能丧失在路上！

面对如火如荼的竞争态势，一直以“自强不息，敢为人先”而自豪的浏阳人，当然不甘人后。新一届浏阳市委、市政府果断提出实施“开放带动、交通先行、三足鼎立、人气东聚”战略。

浏阳人开始大手笔进行交通建设，从2002年9月起，通往东南西北四乡的浏东、浏跃、永杜、大文四条公路主干道相继破土动工，将投入16亿元进行的“四路一环”公路建设，比过去五年投资多了整整6亿元！

短短几个月时间里，市委、市政府领导不下十次亲临“四路”工地现场办公，为公路建设排忧解难；沿线群众也积极支持建设，正是有了群众的支持，永社公路在半个月内就完成了拆迁任务。

浏阳百万干群正用热情和汗水，全力托起“交通先行”这轮喷薄而出的“朝阳”。正是在这轮“朝阳”的照耀下，浏阳城市建设也得到了快速发展，浏阳城越变越大，越变越美。

2003年1月，宽60米的世纪大道通车；4月，投资1.2亿元的体育会展中心主体工程竣工……成为新世纪浏阳城市跨越式发展的重要标志。

浏阳的城市建设所取得的成就，引来了关注的目光。全国中小城市发展研讨会择址浏阳，100多位市长研究“浏阳经营城市现象”。国家开发银行第一次与一个县级市“握手”，投放贷款1.1亿元支持浏阳城市建设。

2003年，浏阳城市建设将投资10亿元，完成体育会展中心，浏阳河花炮文化城、花炮观礼台等工程，改造嗣同路、南市街等旧城区，完成城区25万平方米住宅建设；浏阳还积极开展了小城镇和中心村建设，投入5亿余元让小城镇建设提质扩容。

与此同时，浏阳的电力、通讯、信息建设都在高速发展，县级电网结构排在全省的首位，固定电话和移动电话用户数均位居全省县级市前列。信息化建设更是突飞猛进，宽带互联网不但已进入了千家万户，而且已把政府部门、乡镇街道、主要企业联系在了一起。“中国花木之乡”柏加乡的花农在家轻点鼠标，与世界各地客商网上交易，去年实现花木销售收入1.2亿元。

浏阳的路越走越宽，浏阳的城越变越美，引得“孔雀浏阳飞”，人流、物流、信息流涌向湖南东部的这个山城，形成了“人气东聚”这一独特现象。

去年，来浏阳旅游的人达77万，旅游收入达2.2亿元。

还有许多人把浏阳当成了自己的第二故乡，著名作家张扬，今年春节把家从省会长沙搬到了浏阳，永久地定居下来。每年都有500余名非浏阳籍大学生涌向山城。

这些，只是浏阳人创新求变的一个缩影，只是浏阳人超越自我的几朵浪花。

市委书记李亿龙在浏阳市第九次党代会上提出：要紧紧围绕跨越式发展目标，把浏阳建设成为华中大三角密集都市群中的区域性中心城市，使之成为富裕的经济强市、秀美的山水名市、文明的现代都市、安全的法治城市。

这是浏阳未来更高的目标，更壮美的画卷。

这一天离浏阳并不遥远！

（二）

发展，需要开放带动。在迎接开放的实践中，浏阳人有了更开阔的眼光。

2003年4月11日，浏阳市滨河路。尽管天下着雨，一大早，就有成群结对的人涌向正式启用的湖南县级第一家“政务超市”——浏阳市政务服务中心。

当天，全市37个部门172个审批项目全部进入中心。

第一批进入政务服务中心办事的大围山竹木加工企业业主张华长真真实实地感受到这里快捷、优质的服务，更改企业名称从资料审查、申请报告到最后办结，仅仅花了半个小时。当他走出大厅时，不禁伸出大拇指：“以前办理同类证件需要7天，没想到现在只要30分钟，政务服务中心确实效率高，服务好。”

浏阳市委书记李亿龙是这样为政务服务中心定位的，政务服务中心是政府形象的窗口、服务经济的载体，要建设成为转变政府职能、改进工作作风的试验田；提高办事效率、服务招商引资的连心桥；优化经济环境、推进廉政的阳光台；让人民放心、群众满意的顺心港。

这正是基于浏阳现状和未来的思考。

浏阳铆足了劲，修路、架桥、搞电网、上电信，争基础设施跻身一流水平，但封闭的内陆意识像影子一样附着在这块老区的土地上。一家中外合资企业因为周边环境差，“外商”变成“内伤”后，“移师”广西北海。

一个项目要经21个部门，一些部门凌驾于企业之上。

李亿龙书记曾语重心长地说："发展，需要开放带动。在区位优势比不上东部的老区，要追赶发展速度，惟有在优化发展环境上付出更大的努力，否则，别无他途……"

在浏阳，优化发展环境正成为全社会的行动，正释放出巨大的潜能。收费公开化，企业收费项目张榜公布，全市裁减收费项目52个，降低收费650万元；执法公正化，掌握政策的人总能感觉背后监督的目光。近两年处理处置相关干部67人，纠正影响发展环境的问题380多个；服务公平化，衙门作风和部门利益被遏制，建立和完善服务制度320项。

文家市煤矿拖欠不少电费，要是往常，电力部门法儿简单得很，停电催费。现在，他们利用各种关系疏通销售渠道，仅去年一次就销售原煤6000余吨，解困与收费一举两得。

浏阳市委市政府推行优化环境首问制活动，谁对企业的合理要求说"不"，纪委管理部门就会迅速掏出"黄牌"。

一段时期以来，改革中存在的矛盾都集中反映在银政关系上，这一问题在县域经济金融中尤为突出，银政双方各唱各的调，各吹各的号，结果金融活不了，经济也难发展，导致金融风险的扩大和恶化。

"金融的魅力在于信誉，有信誉就有市场、有资金；政府、银行、企业有信誉，就有了立足之本"。浏阳人悟出金融与经济良性互动的真谛，在全国率先创建金融安全区，成为第一个"吃螃蟹"的人。

市政府成立了工商、法院、司法等25家有关单位负责人参加的金融债权维护领导小组，对恶意拖欠银行债务的不守信用企业和个人，实施联动制裁和黑名单制度。

一项项过硬措施掷地有声，一部分多年拖欠银行债务的"老大难"企业自觉清息还贷，或主动落实了债权。据统计，浏阳市150多家企业改制过程中涉及的1.8亿元银行贷款本息，全部得到落实，其中归还贷款近亿元，利息2000多万元。

目前，浏阳四大商业银行家家盈利，成为金融安全运行的一片"绿洲"。金融对经济的支撑作用日益加大，近三年来，金融机构累计投入43.3亿元，大力支持花炮、医药、信息等产业的发展，促进了企业的发展壮大和市场的繁荣。

高水平的服务需要高素质的人才，浏阳市超常规启动人才储备战略。去年一个县级市要了500个大学生，今年引进硕士学位以上的研究生达20名。

经济部门职能"转"了，党委部门也不闲着，干什么？淳化民风。这项工作声势浩大，近几年从没间断过，市委市政府明确得很，人人都是开放形象，个个都是投资环境。

天长日久，春风化雨。

鑫多利是一家养殖业的科贸公司，投资1000万，在北盛镇鳌江村征地100亩进行农业综合开发。村里的一个50亩水面的水库就包括在内，但这个库两年前已承包给一个农民，合同期还有一年。镇里的负责人为此伤上了脑筋。

"只要他肯解除合同，我负责双倍赔偿"。鑫多利公司慷慨地交出了一副底牌。

然而，令镇干部和鑫多利公司没有想到，这位农民却主动终止了合同，二话没说地将水库腾出让给了外商，甘愿自己承担损失。像这样的事，在北盛镇能找出一串，在浏阳市能说出一箩。

从封闭走向开放，是一场用开阔眼界去面对、去接纳的实践。在这场实践中，浏阳人有了更开阔的眼光。

2003年3月23日，浏阳的市直单位，乡镇街道主要负责人在市委书记李亿龙、市长赵建强的带领下，分别来到江、浙和广东地区，感受沿海改革与发展的涛声。

面对着呼啸的工业文明，面对着敞开的全球化大门，每位浏阳人思索着同一个问题：浏阳尽管在全省处于领先地位，要追赶沿海先进地区发展的脚步，优化发展环境上还需进一步引向深入，不断转换政府职能，提高执法行政的水平，增强政务服务意识。

考察归来，市委、市政府端出了筹建政务服务的方略，与市场经济全面接轨，服务“一条龙”，窗口围着企业转，政府围着窗口转，部门围着政府转，行政方式找准了转换的途径。

不到一个月，浏阳市政务服务中心投入运行。

启用短短一个月，中心窗口办理审批、服务事项4951件，平均每天办理165件。

良好的开放氛围，优越的招商环境，使浏阳变成了投资者青睐的宝地。

今年2月15日，天马山及城市基础设施建设和行政中心融资建设洽谈成功，创下一天签约3.5亿元的招商引资新纪录。

在刚刚落幕的全国大中型城市民营企业(长沙)合作交流会上，浏阳4个开发建设项目找到新的“主人”，引进资金7.8亿元。

站在新起点上，浏阳终于有了更高层次的接纳开放的底气和能力。

（三）

浏阳优势在花炮，强势在生物医药，传统产业与现代工业文明的成功对接，正展示着新的经济奇迹。

4月的巴西已进入盛夏时节，里约热内卢市的新巴西公司大楼内，来自中国湖南浏阳市一个花炮考察团的代表在一份合作协议上，落下了重重一笔，开创了花炮之乡开拓国外市场的一个全新亮点。

浏阳是中国有名的花炮之乡，至今已有1300余年的生产历史，它和浏阳河一样，名扬天下，誉满全球。

火药文明孕育出了浏阳庞大的传统支柱产业，全市744家花炮企业和22万产业大军构筑起全球最大的花炮产业基地。一组数据显示：全国年产鞭炮烟花4500万箱，浏阳占据1800万箱，向全球输送的1200万箱花炮中，有830万箱产自浏阳。世界花炮第一般“浏阳花炮”高价入市，创造了高危产业进入资本市场的奇迹。

与许多内陆地区企业一样，浏阳花炮空前繁荣背后是沿袭作坊式的生产模式。浏阳市委、市政府意识到，如果不能实现传统产业的改造升级，浏阳花炮就有可能失去绚丽的光环。

从2002年开始，一场改造升级传统产业的举措在企业中铺开。企业工厂化、生产机械化、产品工艺化、信息网络化，整合提升，花炮企业脱胎换骨。

一年后，在浏阳的山沟坡地，冒出了12549栋颇具现代气息的工业厂房。一批具有世界领先水平的花炮机械进入了生产车间，代替了人工作坊式生产。30余家花炮企业与全国高等院校、科研机构建立了长期的技术合作关系，开发花炮新产品836个；全市大型花炮生产厂家率先使用AVS安全防爆系统，实现了电脑监控。浏阳依靠“提升科技含量、完善安全措施、开拓国际市场”三张王牌，营造出了鞭炮烟花的一方绿洲。

浏阳传统产业与现代工业文明的成功对接催生了浏阳新型工业腾飞的翅膀。

在浏阳与省会长沙之间，有一座现代化的工业新城悄然崛起。它就是被许多新闻媒体称之为“中国药谷”的浏阳国际医药产业园。

这是一个连许多发达地区也不敢奢求的高新技术产业。信息产业、生物医药产业是21世纪两大公认的象征性产业，浏阳选择了其中之一，这相对一个经济尚欠发达的浏阳来说，需要具有惊人的胆略。而浏阳国际医药产业园从全国众多工业园中脱颖而出，依靠的是知识品牌、国际品牌两张王牌。

浏阳国际医药产业园是湖南两大省级医药留学人员创业园之一。6000平方米的创业园孵化大楼和1万平方米的“金凯来”留学生公寓，体现了浏阳国际医药产业园与其他众多工业园不同的品牌。而即将建成的医药科技中心、科学家花园别墅、专家会所直接与入园众多医药企业对接，催生了一批科技型、知识型医药企业的诞生。

湖南然原医药高科技蛋白线有限公司董事长曾永修教授，历经十余年潜心研究的纯生物蛋白缝合线，获国家发明专利，创造了国际先例，填补了世界空白。如今，该公司投资6000万元，占地20亩的生物蛋白缝合线生产基地已在园区开工建设。

浏阳国际医药产业园依托知识、国际两个品牌，成功引进了40多家高科技企业，拥有59个国家级新药，占全省新药品种的70%。浏阳医药产业园靠3000万元投资起步，逐步摸索走出一条以医药产业为主导的专业园区发展之路，使园区成为仅次于上海张江开发区的全国第二大医药专业园区。

生物医药产业园开发建设的巨大成功，进一步坚定浏阳市委、市政府走新型工业化道路的决心，于是，借助生物医药产业园的品牌优势，扩大园区规模、增加产业平台，规划一个产业结构布局合理的高科技、生态型、国际化的现代化工业新城跃上了浏阳的工业版图。

一个创建现代化浏阳工业新区的全新战略构想呼之欲出。

对接沿海扩散企业和省会长沙外迁企业的创业平台浮出水面。

市委、市政府果断决策，按照高科技、生态型、国际化的发展定位，以生物医药园为龙头、以浏永公路为主轴，以永安、洞阳、北盛、蕉溪为支点，以生物医药、信息产业、健康和现代制造业为主体，创建浏阳工业新区，力争5年实现总产值50亿元，税收4亿元。

新世纪，新浏阳。花炮、生物医药和商贸旅游正构建起“三足鼎立”的新格局。

这里的山山水水，持续演绎着市域经济中的“浏阳现象”，演绎着具有浏阳特色的开放现象。

浏阳经济，将以跨越式发展的璀璨光芒，不断光彩浏阳这块红色的土地。

（戴建文、李　斌、罗旭阳、陈　江）

天地造化，孕育了这条传奇的浏阳河，一路高歌奔向湘江。

岁月钟情，击节出一曲优美的《浏阳河》，传唱大江南北。

十年弹指一挥间，而对于浏阳，十年是沧海桑田辉煌历史的跨越。1993 年撤县设市时，还戴着“国家级贫困县”帽子的浏阳，短短十年一跃而起，外贸出口居湖南全省榜首，经济实力进入全省第二强，40 多项工作跻身全国先进行列……

金秋十月，在浏阳撤县设市 10 周年之际，记者再次踏上这块神奇的土地，试图解读“浏阳现象”。

10.“敢为人先”十年路

——浏阳经济发展纪实

经营城市，打造华中大三角区密集都市群中的区域性“都市明珠”

在漫长的岁月里，浏阳一直是一个“出门难”的地方。莽莽苍苍的罗霄山脉横贯东西，将 5007 平方公里的区域包围在崇山峻岭之中，也把浏阳人所有的希望困在了“山间”。公路成了浏阳人“走出去”的惟一选择，承载着浏阳人全部的梦想。

1992 年底，从山那边传来喜讯：浏阳联结长沙惟一的主干道——319 国道的那一端，将修建长永高速公路。浏阳人敏锐地意识到其中蕴涵的千载难逢的机遇，做出了延伸长永公路至县城的决定。1993 年 3 月，全长 35 公里的浏永公路在浏阳撤县设市的鞭炮声中破土动工。浏阳人民在 1000 多个日日夜夜里，以愚公移山的精神，前后共挖土石方 356 万立方米，架设桥梁 36 座，打通了当时名列全国第二的公路隧道——3940 米长的蕉溪岭隧道。浏阳人第一次感觉到了与世界如此地接近。它不仅使浏阳到省会长沙的旅行速度提高了 4 倍以上，而且建设过程中每年为全市经济发展贡献 20%的经济增长率。

一时间，从乡镇到浏阳城区，逢山开路、遇水架桥。公路建设的大步跨越，使浏阳迅速摆脱贫困的影子，综合经济实力在三年后即跻身全省四强行列。2002 年 10 月，深谋远虑的新一届浏阳市委、市政府，再次提出了“开放带动、交通先行、三足鼎立、人气东聚”的发展战略：对浏东、大文、永社、浏跃四条国省道全面升级改造，启动“四线一环”重点公路建设项目，一个总长 1300 多公里的“一小时快速通道”倏然形成。

然而，构建交通网需要的 16 亿元建设资金从何而来？浏阳人举目四顾之后，将目光落在民营资本的身上。

社会资本的聚集，为浏阳城市建设找到了融资的“阀门”：1992 年，浏阳圭斋路临街土地拍卖，敲响了湖南全省国有土地使用权转让的第一锣。随后，浏阳山城锣声不断，2000 年 11 月 8 日，在浏阳城建投资公司投资近一亿元改造的新文路、人民路两厢土地拍卖会上，新文路 1-E 块地以每平方米 14808 元的“天价”成交，成为当时湖南全省最高的地价。长南路、北正南路、浏阳河路等街区的改造均通过拍卖等方式，使 10 亿余元社会资本迅速进入城市土地市场。原来长南路是城区最长的主干道，年久失修路面损坏严重，浏阳人出让冠名权，引进长沙卷烟厂 1000 万元改造资金，对全线实行硬化、亮化、绿化，更名后的金沙路成了一道亮丽的风景。从 1999 年起，浏阳大胆进行投资体制改革，组建浏阳城建投资公司，把公用配套设施建设推向市场，从资本市场筹集城市建设资金，通过市场运作整合浏阳的城建资源。短短三年时间，城区建设融资近 30 亿元，新建改造街道 10 余条，面积扩大到 15 平方公里，人口由原来 8 万增加到 15 万人。近几年，浏阳市仅仅经营城市土地就拿回

2000万元，房地产开发商近30家，新建建材、花炮、工业品、农副产品等专业市场10余个。与此同时，水利、电力、电信等基础设施也大有改进：全市建成各类水库180座、变电站14座，供电能力居全省县市之首，城乡实现通信交换程控化、传输光缆化。

市委书记李亿龙兴奋地告诉记者，目前由武汉、长沙和南昌形成的华中大三角城市群正在崛起，浏阳刚好处于华中大三角腹地，并已经成为华中大三角都市圈中成长能力最强的城市之一了。浏阳将依托长株潭的发展平台，以交通和城建为切入点，用鲜明的主导产业优势吸引投资，朝着华中大三角区域“都市明珠”的方向迈进。

科技领军，品牌造势，在提升传统产业与现代高新技术产业的成功对接中，新型工业展开了腾飞的翅膀

“工业化是浏阳实现现代化的必由之路。加快浏阳工业化进程，关键在于以专业园区聚集支柱产业企业族群，不仅要注重改造传统工业，更要重视发展高新技术产业，还要着力培育和打造产业品牌和产品品牌。”市长赵建强如是说。

“浏阳花炮响天下”。根据史料记载，浏阳作为中国花炮的发源地，“始于唐，盛于宋”，清朝嘉庆年间开始发展成一项产业，当地90%的农户从事花炮生产。“中国花炮之乡”浏阳本身具有潜在的品牌优势。然而，传统的手工作坊工艺并没有给当地经济带来更多的实惠。哪怕到了上个世纪90年代，浏阳花炮的销售额也只占到国内的20%、国际的10%，“火药桶经济”更是伴生了一系列的恶性爆炸悲剧。

1994年，如同当年小岗村18户农民在大包干“合同”上按下血手印一样，文家市18户农民石破天惊地在全国率先敲响了湖南乡镇企业产权制度改革的第一锣。由此拉开了以拍卖产权方式对乡镇企业产权制度进行改革的序幕。

与此同时，浏阳强制性取缔了近万家非法生产的家庭作坊，扶植优势企业，加强技术改造升级，引进国际一流花炮机械设备500多台(套)，聘请专家进行技术攻关和改造，使90%以上的花炮企业获得湖南省标准证书，30多家企业通过ISO 9000国际质量认证制定花炮企业强制性安全生产标准，还率先使用AVS安全防爆系统实现电脑监控，为行业发展“系上安全带”；投资5亿多元，按照国家标准新建了12549栋厂房；通过引进外资，“集中优势兵力”，组建了金生烟花集团等大型企业，品种由原来的2000多种增加到3000多种。在美国芝加哥国际博览会、加拿大蒙特利尔国际音乐焰火大赛、摩纳哥第21届国际焰火大赛等林林总总的大赛上，浏阳烟花均以“安全可靠”的良好品质一举夺魁，“浏阳花炮”成为了烟花爆竹业的王牌。

目前，浏阳花炮产品行销全球100多个国家和地区，销量占到全国市场的80%、世界市场的60%以上，花炮企业达到744家。2001年世界花炮第一股“浏阳花炮”高价入市，一路攀升，创造了高危产业进入资本市场的历史。

“一支生物药品可以抵一箱花炮”，精明的浏阳人在花炮业演绎“浏阳奇迹”的同时，掉过头来，把目光投向高附加值的高新技术产业。1997年5月，投资2.7亿元、建设占地13.4平方公里、控制区域面积60平方公里的浏阳国际医药产业园横空出世，并成为联合国工业发展组织在中国惟一的生物医药生产基地。

技术密集型生物医药产业的引入，以及全新的机制、管理模式和良好的投资环境，使浏阳区域经济发展风生水起。“中国药谷”的美誉不胫而走，各路医药诸侯纷至沓来抢滩浏阳。

截至2003年6月，进驻生物医药园区的高科技企业已经达到63家，总投资近30亿元，拥有59个国家级新药，包括2名院士、28名博士在内的138名高工以上专业人才。

随着大部分药厂的相继投产，到2005年，预计园区工业企业销售收入将达到50亿元，成为仅次于上海张江开发区的全国第二医药专业园区。

深掘内涵，张扬特色，整体“营销”浏阳山水，谋划长株潭区域的“后花园”，再造经济增长“新极地”

一曲《浏阳河》之歌，让人们对浏阳这块红色土地充满无限向往。

然而，浏阳山水旅游何时才能为区域经济谱写出“锦绣华章”?

浏阳“偎依”着湖南经济最具活力的长株潭城市群，这些优势使得浏阳的决策者们很快有了“畅想”：融入省会长沙，依托长株潭三大城市进行内涵式深度开发，通过产业链，形成菱形经济格局，为浏阳提供广阔的市场空间，使浏阳成为长株潭区域的“后花园”。

按照“政府主导、市场运作、整体营销”的原则，浏阳人端出了一顿顿丰盛的旅游“大餐”：“国际烟花节”、“长株潭十万姐妹浏阳游”、大围山观光休闲旅游、花炮文化观光游、森林生态游、红色之旅、农家风情游等特色各异、主题鲜明的旅游精品，带动整个旅游业的发展。

旅游产业的发展离不开品牌的包装和资源的市场整合运作，浏阳决定打造旅游品牌。

为了包装山水，浏阳聘请旅游专家进行实地考察，提出合理化建议和策划，挖掘深层次旅游品质。

今年该市又初步构建出“一河(浏阳河)、一城(浏阳城)、两湖(万丰湖、赤马湖)、三山(大围山、道吾山、石柱峰)、三基地(文家市传统教育基地、城区历史文化基地、石霜寺佛教文化基地)”的旅游格局；引进成功的管理模式，与张家界旅游股份有限公司达成协议，对道吾山、周洛古文化度假村等景区实行所有权和经营权分离的开发模式。

目前，浏阳有旅游资源类型实体1268个，拥有旅游景区18处，旅行社12个，定点企业22家，直接或间接从事旅游业的人员超过24000人。

2002年来浏阳旅游的人数达到77万人，旅游收入达2.2亿元，旅游产业正成为浏阳经济发展的“新极地”。

市场作主，政府引导，巧打农业“特”字牌，优化农产品区域布局，浏阳人初尝小康甜头

浏阳素有“中国红榉木之乡”的美誉，在苗木、烟草、蔬菜和优质稻等作物种植方面有独特的优势。然而，很长时间以来，这些优势并没有得到充分发挥。

面对市场经济迅猛发展的新形势，浏阳市委、市政府果断地作出了以“调优、调特、调大、调强”为核心的产业结构调整的战略决策，实行多元化种养结构，挖掘和培育优势种植业，并且按市场模式运作。

经过一番调整，全市种植的烤烟达到9.5万亩、优质稻60万亩，蔬菜23万亩，药材8万亩，花木10万亩，粮食和经济作物的比重达到4.5比5.5，种植结构逐步实现了专业化。

种植结构的调整给农民指明了方向，也为农民带来了实惠。与江西万载交界的文家市镇，走高效特色农业之路，该镇目前已建立药材、果木林等基地30余个，镇上最大的药材基地玉泉村，村民蔺代洪家一户去年就种了10亩黄姜，加上种的60亩其他药材，一年收入至少也有20万元，家里还买上了小轿车。柏加镇花木种植面积目前达到2万亩，占耕地面积的98%，1200多个花木品种畅销全国和10多个国家、地区，年销售额达到1.2亿元。

新一届市委、市政府因势利导，决定将优化农产品区域布局作为农业产业结构调整的战略举措来抓，重点建设以西区为支点的百里花木长廊、万顷苗木基地的彩色产业带；以北区为支点的烤烟金色产业带；以东区为支点的蔬菜优质米绿色产业带，进而带动了一批大规模、高效益的农产品产业带和产业群。

与此同时，高效、优质地建设东部丘岗高效林业综合区、西部生态农业区、北部富税农业区、南部综合加工高效区、中部流通贸易区，形成地域优势突出和产业特色明显的现代大农业格局。

经济重镇古港与沿溪开辟出浏阳现代农业科技园，促使农业产业由传统的资源依附型向现代智能型转变。“公司+农户”的产业发展模式在这块希望的田野上焕发生机。

执政为民，推行干部人事制度改革，建立全省县市第一家政务服务中心

经济发展，人才是关键。然而，随着改革开放的深入，陈旧、僵化的干部人事制度已经成为阻碍浏阳经济向纵深发展的“绊脚石”。

在浏阳市委看清楚了改革发展中人才的匮乏与发展目标之间的巨大反差后，浏阳人勇敢地将改革的触角伸到人事制度改革，先后制定了领导干部任期制、试用期制、岗位聘任制、末位淘汰制、自愿辞职制、任期经济责任审计制等相关制度。

为了突破人才的“瓶颈”，将最优秀的人才聚集到浏阳河畔、充实到干部队伍中来，浏阳市委将改革的着力点首先放在“突破用人禁区”上，通过多种渠道，招聘一批，提拔一批，淘汰一批。

1995年，浏阳率先在全省范围内招聘了9名科局级干部，紧接着，又打破地域、职业和身份的界限，将人才招募的大网撒向全国，先后7次从来自广东、上海等地的1560名应聘者中公开招聘117名科局级干部。1999年，浏阳举办首届“相约浏阳河”人才供需见面会，吸引了来自全国35所高校的千余名毕业生，126名本科生和研究生最终落户浏阳。

1997年，浏阳市委市政府制定24条精细、严格的考核标准，首先让一批因循守旧、无所作为者下马，结果18名领导干部被就地免职，131名公务员被确定为不称职。针对部分干部论资排辈、服务意识淡薄等问题，浏阳大胆打破旧体制下所谓编制、属性的限制，为乡镇之间跨部门竞争大开绿灯，使全市300多名职工竞聘走上了干部岗位，26名职工担任乡镇党政领导职务。

在浏阳，“认能力，不认资历，以政绩用干部”是人事制度改革中一贯的原则，沙市镇现任党委书记孙进就是一个例子。1995年毕业于东北大学的孙进，毕业时舍弃大城市的优厚条件，扎根浏阳基层，凭着突出的政绩和良好的群众基础，不到3年就被破格提拔为镇党委书记成为乡镇一把手。“不拘一格用人才”的用人体制，使一批想干事、能干事的人有了用武之地，跑官、混官者失去了市场。

为了简化办事程序，方便群众，浏阳市委、市政府在创新工作模式上面倾注了大量的心血。今年4月，浏阳筹备建立的湖南省首家“政务超市”——政务服务中心正式投入运行，拥有行政审批职能的37个部门单位的172个服务项目首批进入中心，实行“一门受理、窗口运作，统一收费、承诺办结、代办服务”的运作模式。

政务服务中心自启动以来，现已办理各类审批服务29865件，组织清理行政审批服务923项，保留350项取消222项，不列入351项，深受群众欢迎。

市委书记李亿龙是这样为政务中心定位的：“政务中心是政府形象的窗口、服务经济的载体，要建设成转变政府职能、改进政府工作作风的实验田；提高办事效率、服务招商引资的连心桥；优化经济环境、推进廉政建设的阳光台；让人民放心、让群众满意的顺心港。”

制度创新，成为当地经济跨越式发展的不竭动力。

经过十年的改革发展，浏阳大步朝小康社会迈进，各项工作走在全国前列，2003年GDP将达到100亿元，财政收入有望突破8.5亿元，年均增长率双双达到20％。

十年来，浏阳人民迸发出前所未有的建设热情，将《浏阳河》演绎成一曲“天翻地覆慨而慷”的时代凯歌。

2003年9月15日，风光旖旎的德国东部城市新鲁宾市秋高气爽，阳光灿烂。市委书记李亿龙与新鲁宾市长奥托·梯尔两只手紧紧地握在一起，两市缔结为友好城市。这是继巴西贝尔德朗市之后，浏阳与国外缔结的又一个友好城市。开放的浏阳正走出国门，融入世界……

（罗　霄、余春晖、赖廖辉）

一座人文历史极其厚重，一座融名山、名江、名湖于一体的得天独厚之名城，却长时间背负着落后的恶名，不是那次九江崩堤，驰行于改革发展热潮中的人们，大概谁也无暇顾及一下它。如今，在新一届市委、市政府领导下，他们舞动如椽大笔，坚定经营城市理念，愣是将曾被历史尘埃弄得一塌糊涂的九江市，建设得流光溢彩，风光无限。由于该市建设局长王忠生应中国改革报记者之约，我们才有幸读到今日九江之容貌。请看：

11. 请君听我说九江

合理规划　组建城市组群

王忠生局长用一句话打开了话匣子——“九江要在江西率先崛起，首先城市要率先崛起。”他说，“今年我市的城市建设按照市委、市政府的总体思路和‘五·一前有看得见的变化，十·一有明显变化，元旦后有大的变化’的具体要求，与时俱进、齐心协力、真抓实干，基本上实现了以上的奋斗目标，城市面貌发生了质的变化。”截止目前，九江市共组织实施了滨江东路、十里大道延伸段、抗洪大道、长虹大道等 20 多项城建工程，工程总概算约 10 亿元。累计已完成建设投资 1 亿元，新增绿地面积 8.7 万平方米，新增道路面积 1.6 万平方米，改造道路面积 5.1 万平方米，新增路灯 1622 盏。这些成绩的取得，得益于科学合理的规划。

“规划是城市建设的龙头和依据。要把城市做大做强，就必须科学规划、合理布局。”他强调，“过去的经验和教训警示我们：规划的浪费是最大的浪费，规划的失误是历史性的失误，规划的损失是无法挽回的损失。鉴于此，我市将高起点、大手笔、着眼未来作为城市规划的大前提，来进行城市规划，并为此邀请了国内著名的清华城市规划设计研究院、同济大学和美国著名的规划权威机构，编修城市总体规划和城市详细规划，结合九江区域位置、资源环境、人文历史等因素，做长远和近期规划。构建以现有区划为依托，以昌九、九景公路为两翼的‘V’字型城市框架，把湖口、瑞昌、九江县纳入卫星城市规划建设，打造半小时城市圈，壮大城市群。精心编制荷花垅、环岛周围地区、九江火车站以南地区、九江火车站外广场及周边地段、九威大道两侧地区、九江综合工业园等控制性详规。总规和详规同时进行，确定三到五年内城市建设的重点项目分期分批进行，使城市建设逐步做大、做强、做优、做美。把九江建设成为现代化的花园式港口生态旅游城市和江南名城。”

加快建设　提升城市品位

科学合理的规划，加快了九江市城市建设的步伐。说到这儿，王忠生局长欣慰地告诉记者：近两年来，我市的城市建设可谓一年变个样、两年大变样，发展势头相当喜人。特别是今年市委、市政府对城市建设提出“五·一”、“十·一”、“元旦”的变化目标。通过实施荷花垅绿化美化，九威大道、长虹大道的绿化亮化，滨江中路人行道、李公堤、甘棠公园通道、湖滨路、庐山路人行道改造，环湖绿化、亮化，庐山南路行道树更换、城市绿化补植，以及滨江东路、抗洪大道、长虹大道、长城路、浔南大道、金凤路、青年南路、火车站广场等 20 余项城建工程，实现了“变化看得见”的目标要求，城市面貌日新月异，城市品位上了一个档次。

王忠生进一步阐述了为提升城市品位所做的努力。他说，城市的生命力和活力在于绿色。近 2 年来，我市大力实施“蓝天、碧水、青山、绿地”工程，其主要项目有：一是今年“十·一”期间建成了总投资 1860 万元，占地 98 亩(其中绿化面积 65 亩)的白水湖公园。该公园独具特色，与雄伟的九江大桥交相辉映，令游人流连忘返、回味无穷，成为九江城的又一亮点；二是去年在市区新植树木 2500 株，摆花造景近 10 万盆，新增绿地总计 29700 平方米；三是开展了声势浩大的拆墙透绿活动，全市主要道路临街围墙均已拆除，实现了绿地共享；四是沿湖美化、亮化，兴建了南湖民俗园。民俗园集体闲娱乐及游客观光于一体，成为又一园林景点。

经营城市　壮大城市规模

九江市由于受长江和京九铁路的影响，城市框架没有拉开，城市规模相对狭小，制约着城市经济的发展。王忠生为此特别向记者介绍了应对的策略。他强调：做大做强区域中心城市，关键是解决城市规划、建设、管理等投入不足的问题。

王局长告诉记者，目前，我市采取了如下的方法来应对：一是适当的财政倾斜政策；二是走出以往单一依靠财政投入的传统模式，多种渠道进行投融资，健全和完善土地储备中心，垄断土地一级市场，放开搞活土地二级市场，严格控制经营性出让的区域和数量，避免土地出让金和建设规费随意减免，防止建设资金变相流失。对此，我市已经成立了土地储备中心，按照城市总体规划，对开发建设用地实行统一储备、统一供应。根据市场需要公开招标，竞价出售；三是扩大城市公用设施有偿使用范围。公用设施无偿使用是计划经济的产物，这种无偿使用，有投入无回报的状况，最终会导致城市建设渠道越来越窄、政府包袱越来越重的被动局面。市场经济条件下，变无偿使用为有偿使用，已成趋势。为此，我市采取了通过招商引资，采取 BOT、TOT 等多种形式，做好经营城市这篇文章；四是完善城市经营机制。城市建设政企分开，调动社会力量，吸纳社会资金参与城市建设，增强城市自我“造血”功能，促进城市规模发展壮大。

目前，土地融资一项，已达 2 个亿以上。其中，中国银行、建设银行又对我市城市建设授信 95 亿元，可随时贷款用于建设工程和开发建设，这是我市经营城市的一个重大的突破。对壮大城市规模，具有重要的意义。

突出特色　打造城市风格

王忠生局长在接受记者采访中，不时有人来找他，采访常被打断。即使如此，因其素有的表达功底，对于九江市的城市特色，王忠生的介绍显得凝练而精彩。

“特色是城市的生命和灵魂。”王忠生开门见山、直达主题，开口即是警句。他说，“要想做大做强九江城，必须充分利用九江城资源、发挥城市优势、张扬城市个性，根据九江地理区位和文化特征，塑造特色鲜明的城市风格。”

不过，王忠生局长转开了话头，“要介绍九江的城市特色，必须先介绍一下九江市的基本情况。”

九江市的基本概况如下：

九江市位于长江黄金水道与京九大动脉交汇处，是一座具有 2200 多年历史的文化名城。它集名山、名江、名湖于一体；自然风光秀美，文化底蕴深厚，区位优势明显。市区规划面积 118 平方公里，建成面积 48.4 平方公里，市区人口 52 万。城市基础设施优良、水陆交能发达、邮电通讯便捷、电力资源充足，城市基础设施建设水平较高。王忠生感慨道：有人把特色称为城市的生命和灵魂，没有特色的城市是苍白的，不可能有永久的魅力。世界上著名的城市之所以名扬天下，无不是因其设计者能根据城市的地理环境、人文景观、历史文化和民俗风情等来规划城市，凸显其特色和个性。因此，在未来的城市建设中，必须利用城市资源、发挥城市优势、张扬城市个性，根据历史文化和地理区位特征，塑造特色鲜明的城市形象。

“发掘特色、培植特色、打造特色，是一个长期的系统工程。”王忠生对此做了详细的介绍，他说：“为了打造九江名城特色，采取了三个措施，简单来说是三个突出。”

他列举道：第一是突出山水特色，建设生态名城。九江东临鄱阳湖，西靠八里湖，南依庐山，北傍长江。神奇的大自然赋予了九江十分优越的地理位置和俊美灵秀的山水胜景。城内丘陵起伏，白水湖、甘棠湖、南门湖、琵琶湖镶嵌城中，可谓“不出城郭而有山水之怡，身居闹市而有林泉之臻”，具备了建设生态城市的优越条件。有了条件，如何善于做好山水这篇文章，这成了重要问题。我们的做法是将自然要素融入城市，吸取自然精华，建设“显山露水”的城市景观。要充分利用长江和内湖水体，反映九江风貌特征，使城市具有强烈视觉效应的滨水景观，形成“城在山边，水在城中”，山、水、城一体的“江南水乡”城市风貌。加快“两湖”治理二期工程建设，注重保护生态环境和自然景观，大力实施“蓝天、碧水、青山、绿地”和“绿化、美化、亮化、净化”工程。创建城市空间与自然空间有机融合，人与自然和谐统一的城市优美环境，使九江真正成为让居住者自豪、旅游者羡慕、投资者向往的江南生态名城；二是突出资源特色，打造旅游名城。九江自然、人文资源种类齐全，旅游资源十分丰富。市域星罗棋布着300余处景观点，呈现一幅山川秀美、人文荟萃、胜迹如林的画卷。“九派浔阳郡，分明是画图”，正是古往今来人们对九江的赞誉，特别是作为世界文化景观的庐山，以其雄奇、峻、秀而享誉中外。充分挖掘九江深厚的文化底蕴，延伸城市文脉，保护历史文化遗产，通过实施旅游精品战略，大力整合旅游资源，拓宽融资渠道，搞好宣传包装，推出名牌产品，形成以庐山为中心，以市区为集散地，以长江、鄱阳湖、柘林湖水上旅游带和京九、景九、昌九陆地旅游带为空间通道，以奇特山水、绿色景点、古老文化、宗教胜地、候鸟王国、休闲佳境为特色的旅游产品形象，使九江真正成为旅游名城；第三是突出区位优势，培育商贸中心。九江城地处京九中段、长江之滨，托京九接南北、依长江承东西，区位优势十分明显，水陆交通相当发达。九江港是长江主要港口之一，是赣、鄂、皖、湖的货物集散地。京九、武九、合九三条铁路及昌九、景九两条高速公路汇集于此，形成综合立体的交通运输体系，是重要的交通枢纽。自古以来，九江就是著名商埠，早在晋代就是“七省通衢，来商纳贾”的通都大道，明清时期与汉口、福州同为中国“三大茶市”，与无锡、芜湖、长沙同为中国“四大米市”。九江具有建设现代商贸中心的优越条件和良好基础，为了充分发挥区位、交通优势，重塑商埠新形象，特出台了一揽子相应的措施。

其具体的一揽子计划是：加快改造客运码头，西迁外贸码头，扩建专用和公共工业码头，建设九江新港区和港口工业区，改造武九铁路，建设铜九铁路，重建九江机场，理顺不同运输方式的合作关系，为物流企业发展拓展市场空间。加快市场体系建设，培育壮大京九农副产品批发市场、华东装饰材料市场，建设生产资料中心批发市场、鄱阳湖水产批发市场、南方粮食交易中心，扩大棉花、粮食、成品油、液化气等生产、生活资料仓储，形成辐射湘鄂赣皖的仓储业，最后形成区域性的现代商贸中心。

塑造形象 展现城市风采

“前面介绍了我市城建工作的一般情况和取得的成就，接下来我介绍一下我市城市建设的基本思路。”王忠生局长把话题指向了更深的层面。他说：近年来，我市城市建设的基本思路是全面贯彻“三个代表”重要思想，与时俱进、开拓创新，以规划为龙头，以经营城市为突破口，加快基础设施建设步伐，提升城市品位，促进经济发展，大力推进我市城市化进程。基本做法是：

一、紧密结合经济发展，充分体现先进生产力的发展要求。城市是经济运行的重要载体，城市建设对经济发展有巨大的拉动作用。九江要在江西率先崛起，首先城市要率先崛起。由此可见，城市建设在九江率先崛起的全过程中具有举足轻重的作用。近年来，在城市建设过程中，我们始终把是否有利于九江经济可持续发展作为落脚点和出发点。例如，九威大道的建设断断续续，前后历时9年。新一届市委、市政府领导班子充分认识到九威大道的重要地位和作用，再下决心、集中力量，仅花了7个月的时间实现全线贯通，进一步拉开了城市框架，拓展了城市发展空间，缩短了九江与庐山之间的距离，大大促进了旅游业和全市经济的发展。滨江东路、滨江西路、环八里湖大道的建设，为九江带来新的经济增长点，形成新经济区，增添城市的经济实力。

二、塑九江新形象，充分体现先进文化的前进方向。九江地处长江中下游，是长江、庐山、鄱阳湖孕育出的一座江南历史文化名城，地理位置十分优越，资源相当丰富，自然具有得天独厚的发展优势。为使九江在新世纪里有新发展新辉煌，在城市建设中，我们处处注重城市形象建设。城市形象既是吸引力，又是生产力。为塑造九江历史文化古城新形象，必须积极地发掘九江自身的文化底蕴，营造浓厚的地方文化氛围，提升城市品位。我们一方面积极兴建琵琶亭、浔阳楼、米都大厦等一大批有历史文化特色的标志性建筑，同时，今年重点实施了拓宽浔阳东路及公路跨铁路立交桥工程和长虹立交桥亮化、美化、绿化工程，大大改善了城区东南出口的周边环境；对滨江中路进行了美化改造，精心打造恢宏大气的形象大道和沿江窗口大道；对浔阳东路、庐峰路正在进行临街建筑装饰美化工作，精心打造九江的迎宾大道，工程将于春节前完工。注重张扬九江的文化特色，建设更多的具有文化内涵的建筑，用凝固的音乐语言艺术，展现文化名城的风姿，将是我市城市建设长期的坚定的方略。

三、营造优美人居环境，充分体现最广大人民的根本利益。我市提出了“要把九江建设成为居住者自豪、旅游者羡慕、投资者向往的江南生态名城”的口号，围绕这一目标，在城市建设中，我们努力为人民群众创造优美、舒适、怡人的生活条件，不断改善人居环境。近 2 年来，九江市对“两湖”及其周边进行净化、美化、亮化，并开展了规模空前的创建全国文明卫生城综合整治市容环境活动。市民总动员，共建花园城，取得了显著成效，市容市貌发生了质的变化。市政道路建设方面，新建或改造完成了九威大道、环城路、浔阳东路、环城东路、九瑞路、三里街、塔岭南路、玉兰路、西一路东段等一大批城市主次干道，去年对浔阳路的路灯全部进行了升级改造，新装各类路灯 603 盏，对市区所有边街小巷进行了硬化，今年对浔阳路、浔阳东路、环城路等主要道路重新铺设了彩色人行道板或花岗石，增设了无障碍残疾人专道，对城区前进西路、一支路、人民路等 12 条次干道重新安装了路灯 202 盏，基本保证了“路平、沟通、灯明”。公交方面 2 年来投入 1000 多万元，更新了 120 余台公交车，新辟 4 路、19 路、20 路、21 路 4 条公交线路，城市公交旧貌彻底改变，如今已变得舒适便捷，大大方便了市民和游客出行。园林绿化方面主要完成了白水湖公园、新桥头精品园，以及正在建设的南湖民俗园等。

在未来的城市建设中，我们仍要坚持“以人为本”的思想，给广大市民创造良好的生活、工作、学习和休闲环境，努力提高市民的生活居住质量，保障和维护人民的根本利益，使九江成为经济发展的热土、文化事业发达的都市、人民安居乐业的乐园。

（雷　山）

经营城市，建设城市，应该对子孙后代负责，没有钱或资金暂时不足并不可怕，可怕的是有的人打肿了脸充胖子，硬要上马，硬要开工，建一个低标准“瓜菜代”式的砖头水泥垃圾工程。齐齐哈尔始终坚持不降低标准，不留遗憾。这既是一种情怀，更是一种情操。当年的齐齐哈尔市市长、如今的市委书记兼市长的杨信同志以“对得起子孙后代”的政治责任感和历史使命感，高起点规划，大手笔运作，把齐齐哈尔建出了特色，建出了品位，提升了齐齐哈尔市在世人心目中的地位。请看：

12. 做子孙工程　建精品城市

高楼林立，道路宽敞，街灯明亮，大树摇曳；整洁的环境，靓丽的城市，旺盛的人气。

一条新建路，冠名权卖了1000万元。

房地产商争先恐后搞开发，市政府攥紧土地，待价而沽。

两年多来，招商引资累计120多亿元。

鹤城的“身价”越来越高了……

今年2月，齐齐哈尔市被省政府批准为全省“经营城市”试点城市。

“五一”期间，中共中央政治局常委、中央纪委书记吴官正视察齐齐哈尔市时，充分肯定了他们近两年的快速发展。

鹤城的“身价”是怎样抬起来的呢？

5月13日，齐齐哈尔市经营城市工作会议，揭开了这个谜底：“经营城市”重生了齐齐哈尔。

高起点大手笔规划鹤城

2000年9月，时任代市长的杨信召开的第一次政府常务会议主题就是讨论城建问题，提出城建是政府的重要职能，是全局工作，而不是战线工作、部门工作。

2000年底，齐齐哈尔市确定了建设“生态市、园林城”的城市发展目标，明确提出了“经营城市”理念。

“城市基础设施差，棚户区和平房多，这种情形下搞拆迁改造，要比动迁高楼大厦成本小得多。差距孕育潜力；劣势是优势。”市领导在各种场合为全市干部群众鼓劲。“再穷不能穷规划”，“建园林城，不建水泥城”，“道路宁宽勿窄，广场宁大勿小”。在财政十分困难情况下，该市拿出1000多万元，高起点、大手笔制定城市发展规划。“我们没有钱可以不建，留给后人再建，但不能降低标准。要建就建精品工程，不能留遗憾，要对得起子孙后代。”

在管理体制上，齐齐哈尔市成立了由市长任主任的城市经营管理委员会，并在此基础上成立了城市发展投资公司，具体负责各种城市资产的运营和保值增值。

以经营为支点撬活整个城市经济

土地，是城市的最大资产。

2001年，“老卜奎棚户区”竞拍，砸响了齐齐哈尔市经营性土地使用权拍卖第一槌。该区历史久远，房屋破旧，总拆迁面积36公顷，拆迁户近千家，需拆迁费1.9亿元。政府根本拿不起这笔钱，这也是历届政府的一块心病。引入市场机制后，这块地在拍卖开发权过程中举牌竞价174次，以2.38亿高价出售给锦州嘉富房地产公司。扣除拆迁成本，政府还净赚4800万元！过去城市土地都被无偿划拨或低价转让，如今政府把它作为最大资本来经营。原市委、市政府办公楼位于市中心广场，占地4.68公顷。为了挖掘这黄金地段商业价值，改善机关办公条件，经过多次专家论证，以1.18亿元将开发权出售给外商。外商投入5亿元兴建了中环广场。如今，中环广场已开张营业。这个集写字楼、商厦、公寓式办公楼、步行街、绿地为一体的现代化建筑群，成为齐齐哈尔市一个标志性景点。同时，政府利用原地出让金，在嫩江东岸建起了一个占地7.8万平方米、高20层的党政机关办公中心。新办公中心的迁建，带动沿江地带土地大幅升值。与中心毗邻的府南小区，原地价400元左右没人问津，现在一下子升到802元。仅此一项，政府就多收入1281万元。更为重要的是，它起到了表率作用，树立起了一个经营城市政府形象，使经营城市观念深入人心。

为了实现土地资源效益最大化，齐齐哈尔市还建立了“土地资源储备制度”。即将待开发的土地提前动迁，进行“包装”，待价而沽。劳动湖是个原本引人入胜的风景区，由于财政困难，变成了令人掩鼻的大臭水泡子。每到夏季，附近居民连窗都不敢开，过往行人惟恐避之不及。对此，市里筹措2.6亿对该湖水系实施综合治理。如今的劳动湖恢复了她往日的靓丽风采。昔日的臭水泡，变成了房地产开发的“黄金海岸”。仅一期工程所涉及的沿岸土地总价就达3.5亿元以上，增值近亿元。二期工程竣工后，沿岸两侧土地增值将达5亿多元……

杨信的信条是：“思路就是出路，点子就是票子”；“只要肯动脑筋，城市里就没有什么是不可以经营的”。他们在突出土地经营的同时，注重城市其他资产的盘活，变包袱为财富。

原设计三层楼的永清市场，仅盖两层就开张营业了，生意红火，安全却成了大患。经营方不出资消除隐患，市政府更拿不出这2000多万元。2001年招商引资中，一外商看好永清市场，并接受了在原址再接一层楼、产权归其所有、负责整个市场安全设施投入的条件。如此，既吸引了外资、消除了安全隐患、改善了经营环境，又繁荣了市场，一举数得，令前来检查的省安全部门负责人大为折服。

齐齐哈尔东出城口，路宽仅10余米。不仅常年塞车，两侧破旧的建筑也严重地影响了市容市貌。2001年，他们在争取到省里的支持同时，又以1000万元的价格，将道路冠名权卖给联通公司，将道路拓宽成百米宽“联通大道”，使东城口设计标准高、建筑质量好、绿化面积大，成为该市一道亮丽风景线。去年，朱镕基同志到齐齐哈尔视察时，称赞这条路建得好，齐齐哈尔市变化大。

“年年栽树不见树”，是诸多城市市政建设的老大难问题。齐齐哈尔用“买活”解决了这一难题。即当年只付给部分苗木费，其余分两年按成活率给付。这不仅缓解了资金紧张矛盾，而且克服了以往“年年栽树不见树”弊端，收效颇佳。道路、路灯养护也在公开招标中得到解决。原堆积如山的垃圾场也通过经营变成了国内第一家市内滑雪场了……

重中之重：增强城市核心竞争力

2001年9月，首届“绿博会”在齐齐哈尔市隆重举行。同时，该市被确定为绿色食品博览会的永久会址。

翌年8月，第二届“绿色食品博览会”如期举办，有18个国家和地区、26个省(市)的609家生产企业、6000多中外客商云集。

这年再传喜讯：齐齐哈尔荣获了中国历史上惟一的一个“中国绿色食品之都”称号。2003年4月，经过近三年的准备，齐齐哈尔市庄严地接受了“国检”，为创建“中国优秀旅游城市”，向国家旅游局验收工作组递交了一份精彩的答卷。

齐齐哈尔经营城市战略得到省委、省政府及相关部门的肯定和支持。省政府将该市定为全省首批经营城市试点城市，国家开发行今年给予5亿元贷款支持，总贷款额将达到27亿元。

齐齐哈尔的城市形象越来越丰满：“生态市”、“园林城”、“绿色食品之都”、“装备工业基地”、“生态旅游之乡”……佳誉美名，顶顶桂冠，平添了齐齐哈尔的荣耀。然而，更令人欣喜的是其品牌效应连连显现：两年里，吸引外来资金高达120多亿元，再加房地产增值，更彰显了齐齐哈尔的活力。在政府没花一分钱的情况下，两年多的时间，齐齐哈尔市通过经营城市，使城乡建设投入高达94.7亿元，政府直接收益7.97亿元。修筑改造市区道路78条，面积80万平方米，拉动GDP1.9个百分点……

以“中国大湿地，世界鹤家乡”闻名于世的齐齐哈尔，在用可持续发展的眼光确立城市的先导产业，强化支柱产业的同时，正积极有序地推进城市的扩张，打造城市综合竞争力和核心竞争力，并在此基础上进行城市形象的塑造和推广，最终达到使城市不断增值和可持续发展的目的。

无怪乎市委书记、市长杨信一再强调“经营城市”的重要性，他说：那是重要财源，政府一把手要亲自抓。只要抓好了，“死物变活物，包袱变财富，满地都是金，何愁不能富”?!

四川省的德阳市地处川西平原中心，被世人誉为天府明珠。可改革开放前，这颗明珠曾一度光彩不再，甚至到1983年建市时已是百废待兴了。

如何使这颗明珠在改革开放的火热年代里大放光彩？历届市的领导人费尽心机，尤其是以李成云同志为代表的新一届市委领导人挺立于市场经济潮头，引领德阳人民开拓创新，到如今，德阳经济总量一跃居全省前三名，使这颗天府之国的明珠熠熠生辉。请看：

13. 市场机制使明珠德阳更加夺目

被誉为天府明珠的四川省德阳市，地处川西平原中心。从1983年建市时百废待兴，如今经济总量居全省第三，可谓突飞猛进。其间，德阳人民也书写了农村经济体制改革的壮丽篇章。1987年，所辖广汉市被国务院批准为全国农村改革试验区。

近两年多来，德阳更是风雨兼程，擂响了打造重大技术装备制造业基地的战鼓，在全市经济增长点不断涌现、经济总量持续攀升的同时，又吹响了加快推进工业化、城市化、现代化，建设现代工业化山水园林城市的号角。

昔日破旧狭窄的市区主干道“泰山南路”，在完成拓宽绿化工程后，变成了一条样板路；文庙广场建成开放……日新月异的城市变化，使德阳成为成都后花园的梦想逐渐成真。

经济成绩更是喜人。2002年，全市国民生产总值实现315亿元，工业增加值实现55亿元，分别比2000年增长21.5%、22.9%，农民人均收入达到2630元。

成绩来自不竭的开拓创新精神。从“三星堆”博物馆一领青铜时代制造业的辉煌，到石刻艺术城看全国最大的石刻艺术墙；从重装基地的建设，到机械、化工、食品工业三驾马车并驾齐驱，人们感受到这种精神扎根在千百万德阳儿女中，一脉相传，生生不息。

德阳市委书记李成云称：如果说德阳建市是因为她的重大技术装备制造业，以及第二重型机器厂、东方电机厂、东方汽轮机厂厂址设在德阳，那么德阳立市、兴市则应归功于人们在理念、思路、举措上的不断创新。

沐浴着改革开放和西部大开发的春风，如今的德阳更是活力迸发。

用现代理念找准自身优势

1983年，依托第二重型机器厂、东方电机厂、东方汽轮机厂等三大制造企业，德阳成立了地级市。三大企业曾使德阳在我国重大技术装备制造领域独领风骚，并先后为宝钢、鞍钢、攀钢、武钢等国家大型钢铁企业和龙羊峡、葛洲坝、三峡、二滩等重大水利、火力发电工程提供了一大批重大成套设备。

然而，近年来，德阳的重大装备制造业发展步履蹒跚。和重大技术装备制造业一样，德阳的传统优势产业如化工和食品工业也面临产业升级和产品换代。同时，由于缺乏新的经济增长点，德阳在实现跨越式发展中后劲乏力。

重大装备制造业究竟是德阳经济腾飞的拖累，还是希望？2001年，新任德阳市委书记李成云到德阳6个县市区搞调研。在与有关专家、企业领导、职工、农民进行深入交谈后提出，德阳要实现新跨越，首先要找准着力点，要用新理念、新思路找准德阳的自身优势。

经过广泛深入的调查研究，德阳的决策者们很快形成了共识：一、由三大厂引领的重大装备制造业无论在政治上还是在经济上都有其他产业不能替代的优势。二、资源优势。德阳有丰富的自然、文化资源。其中包括我国著名的磷矿基地和举世闻名的三星堆博物馆。三、区域优势。德阳地处成都绵阳经济带，与成都相距仅40多公里，经济互补性强。四、人心优势。德阳人民自古富有创新精神。在新时代下，其思变、思发展的强烈愿望是宝贵的力量源泉。

找准优势就找准了德阳发展的新方向。但如何将现有优势转化为推进德阳跨越式发展的现实生产力？

德阳市委、市政府在千头万绪中找准了主要矛盾，明确了实现新跨越的主要目标和任务：建立重大技术装备制造业基地，完成重大技术装备制造产业带布局；利用三大厂的集聚效应，积极吸纳国外、境外和东部沿海地区零部件、元器件和成套设备等装备制造业的转移，形成沿108国道德阳境内装备制造企业聚集发展的产业带；围绕基地建设延长产业链，大力发展中小零配件生产企业；充分利用自然和文化资源培育新的经济增长点，在机械、化工、食品三大传统支柱产业的基础上，打造医药产业、旅游业等新的支柱产业。

新理念、新思路、新举措为德阳腾飞插上了翅膀。承前启后，德阳的发展谱出新篇。

用市场运行机制攻坚克难

市场机制为德阳发展增添了活力。德阳的决策者深知，只有注入市场运行机制，用市场这只无形之手来撬动德阳各项事业，德阳的发展才能攻坚克难。虽然有很多自身独特的优势，如果没有资金、新技术和新的管理理念的支撑，德阳的发展只能是一条腿走路。

破解资金、技术和管理理念瓶颈，招商引资成为突破口。

两年多来，德阳市根据自身资源优势、产业布局、结构调整，按国际惯例收集、整理、主题定位包装后推出了各类较大的招商项目99个，涉及机械、化工、食品、生物制药、旅游、电子信息等多个领域，投资总额达200多亿元。其中，4大装备产业片区分别以重工业、动力装备、国际石油钻采装备、电气装备、零部件加工等装备产业为主打造主题工业园区，并在市场专题调研的基础上，筛选出82项有市场前景的项目。在招商引资中，这些项目由于主题定位明确、相关配套完善而受到国内外投资者的青睐。

以市场营销的理念为项目推介注入市场运行机制。为此，德阳通过在网站上发布“招商投资信息库”、走南闯北上门推介等市场化手段，使许多项目得以“高价售出”。今年1～6月，全市引进内资项目335个，到位资金16.7亿元，同比增长71.5%。

由于缺乏资金，德阳的城市建设一直落后于经济建设的需要。为破除资金瓶颈，2002年，德阳提出了用市场理念来建设城市的战略，打响了城市经营的攻坚战。

城市经营的核心和关键在土地经营。2002年7月，德阳市成立了土地收购储备中心，将土地的管理权全部收归政府，并从今年3月1日起完全停止了经营性用地的协议出让，全部采用招标拍卖、挂牌出让的方式。目前，全市清出闲置土地107宗，面积1774亩，依法清理土地违法违规行为137件，面积2374亩。

为提升土地价值，德阳市提出了“规划铸造城市品牌”的规划先行原则，请来国内外知名院校专家学者为城市规划、包装，从而整体提升了城市建设的档次。在每宗土地的出让中采取先制定修建性详规的方式提升土地价值。同时，在城市基础设施建设中采取“无标底招标，低价中标”的方式降低建设费用。两年多来，修建性详规的实施使德阳土地收益由每亩几万元上升到十几万元，商住房售价平均每平方米提高上百元。随着庐山公园、文庙广场、孔子文化长廊等一批城市公用设施相继落成，“无标底招标，低价中标”模式更为德阳节约建设资金上千万元。除利用出让景观建筑开发权、经营权、广告权等方式吸引民间资金投入城建外，2002年至今，该市还通过土地储备项目获得了7亿元城建贷款，其中1.9亿元已投入城市建设。

作为老工业基地，德阳的国有企业数量众多，但由于存在体制性障碍，许多企业亏损严重。立足实际，顺应市场，德阳制定了三大措施。一是以国企改革为契机，通过产权制度改革和企业办社会职能剥离，让老企业焕发新生机。截至目前，全市国有商业企业改制基本完成，各县市区也基本完成了国企退出工作。20所学校和13家医院已基本实现与企业剥离。二是结合重装基地建设发展关联产业。2002年，德阳市规模以上装备制造业完成工业总产值78亿元，实现工业增加值20亿元，销售收入75亿元，利税3亿元。三是依托优势农业发展新兴工业。利用中药种植产业化大力发展医药产业。目前，德阳已引进遵生药业、康福来药业、三九药业等医药企业。医药产业正成为德阳第四支柱产业。

8月的德阳，走马广大农村，处处都能感受到丰收的喜悦：澄黄的金花梨沉甸甸地压弯了枝头，无公害蔬菜种植地里，鲜亮的樱桃番茄如一粒粒红宝石缀满绿色的天空。农业结构调整和农业产业化实施正给广大农民架起致富金桥。

中江的蚕茧、罗江的梨子、什邡的鸭子、广汉的种子、绵竹的生猪、旌阳区的蔬菜，6个县市区，各具特色。

无公害的绿色蔬菜、生(仔)猪、小家禽、肉牛羊、蚕桑、食用菌、观光农业、出口瘦肉型猪、中药材等10大农业产业化基地已初步形成。禽苗、水果、蔬菜、牲畜、食用菌5大农业专业市场初具规模。

“龙头带农户”、“协会连农户”、“公司＋基地＋农户”多元化经济格局成效显著：2002年全市有龙头企业200余家，带动农户60万户；各类农产品营销组织8000多户，实施订单农业50多万亩，连接农户7万余户。其中20个重点龙头企业实现产值8.9亿元，农民人均增收180元。

德阳市在推进跨越式发展中，思维跟着市场转、政策围绕市场定、工厂围绕市场办，紧紧抓住市场这只无形的手做文章，使经济工作充满生机和活力。

用优良的作风作保障

为了了解政府部门的服务情况，市委书记李成云曾以一名办事员的身份，用电话方式向有关部门咨询人才引进、企业污水排放、开办企业等问题，结果，这些部门有的推三阻四，不予回答；有的不等他说完就挂断了电话。在第二天召开的全市非公有制经济发展工作会上，李成云对这些部门的工作作风提出了严厉批评。

今年，通过多次深入群众征求意见，德阳成功完成了长期未能解决的老大难问题：国安局河东主干道两旁的拆迁工作。

一前一后两件事，折射出德阳政府部门工作作风的转变。这也是德阳以新作风推进新跨越的一个缩影。

2002年，德阳开展了“改善发展环境年”活动，以此为契机，围绕德阳跨越式发展，在全市开展作风整顿工作，切实解决全市党员干部在思想作风、学风、工作作风和生活作风上存在的突出问题。

同时，德阳市还通过强化各项措施，从根本上铲除不正之风滋生的土壤：2003年，政府清理全市行政、事业单位账户679个，消除了单位小金库现象；依法回收闲置土地12宗；对违规违纪干部公开从重处理……

2002年，德阳市各级干部围绕落实市委提出的新跨越目标任务，转变观念、转变作风，出现了“六减少、六增多”的好势头：因循守旧的在减少，开拓创新的在增多；夸夸其谈的在减少，深入实际抓落实的在增多；不思进取的在减少，奋发努力的在增多；人浮于事的在减少，讲事业心、责任心的在增多；闹个人意气的在减少，讲团结顾大局的在增多；以权谋私的在减少，为群众服务的在增多。

好作风带来全市经济社会发展的好形势。据统计，今年上半年，全市规模以上工业企业累计完成工业总产值158.37亿元，增长22.5%；实现工业产品销售收入147.48亿元，增长25%；实现利税22.36亿元，增长13%。

在取得物质文明进步的同时，德阳也在建设着精神文明。2003年，德阳成为四川省惟一获得省目标考核三连冠的城市。

（刘裕国、何　文）

在新旧世纪之交的1999年底，正当一些城市在争取经营城市的发明权的时候，真正首先提出经营城市理念的大连人却高兴得笑了。谁都知道，经营城市最先是由大连提出来的，当年薄熙来在“只做不说，不求最大但求最好”的思想指导下，大连按照市场经济法则创造性地率先将经营理念引入城市建设和管理，使大连变靓、变美，变得GDP飞跃提升，变成举目瞩目。当年作为大连姊妹城市的青岛市领导人俞正声心照不宣。他带领青岛“一班人”亦步亦趋学大连，居然后来者居上都没有去争经营城市的发明权，那些远远落在青岛之后的城市却妄称自己是经营城市的发明人，足见经营城市之魅力。

但胸襟广阔的大连人并不在乎这一点，他们感到，当初他们敢为天下先的举动能为祖国城市化建设带来启示，这是他们的义务，也是他们的责任，大连人应该有这种奉献感。让他们争去吧！如今大连人在经营城市的实践中又诠释出一种新意：“环境经济”。为此，他们在跃马扬鞭，再创佳绩。请看：

14. 大连城市建设一路高歌远航

上个世纪80年代的大连，在中国城市群中无论是规模还是名气都不很大，但进入90年代，大连的名字却渐响，名声也渐大。大连率先在中国城市中开展一场大规模的城市建设和环境革命，通过这场城市建设和环境革命的实践，探索总结出经营城市的理念，从而较好地解决了一个时期中国城市发展中所存在的经济、环境、社会相互协调的问题，走出了一条环境建设与经济发展相互促进的创新之路。如今，这些城市建设和环境革命的丰硕成果，不仅提升了城市功能，增强了城市竞争力，而且还提高了市民的生活质量，使人们奔小康的劲头更足。

城市建设带来了经营城市的新思路

可以说，大连大规模的城市建设和环境建设起始于上个世纪90年代，当时正逢我国改革开放进入新的发展时期。如何在新一轮的改革开放中抓住机遇，取得新的发展？审时度势后，大连市委、市政府领导决定从城市建设和环境改造入手，提高市民的生活质量，改变城市的面貌，增强城市的竞争力。对于环境建设，大连市委、市政府领导总结说，最初是“摸着石头过河的”，是在实践中逐渐深化认识的。开始搞环境建设，一方面出于对老百姓的感情，希望大家生活居住的环境好一些，是一种非常直接的需要；另外一方面是招商引资的需要，对于外商来说，没有良好的环境，是不会来投资的。正是出于这些想法，进而在城市中实施了一系列的城市创新建设，才尝到甜头，才感受到环境建设带来的好处。多年的实践表明，城市环境建设可以挣钱，不仅光有投入，而且还有产出，由此更坚定了大连走“环境立市”、“生态立市”的道路。

“良好的城市环境是进入国际社会的通行证”。“一个城市”，路比楼重要，绿地和广场比路还重要。“不塞车，既是交通管理的重要指标，也是经济改革的指标，又是城市建设的指标”。“一个城市不怕不大，就怕平庸，就怕没特色，城市只有有了自己的风格，才会让人们记住它”。在当时的大连，市民们常会听到和读到这样一些创新思想观念的城市建设新理念，在这样的城市建设新理念的带动下，大连市掀起了一场轰轰烈烈、持之以恒的环境革命。

通过这场环境革命，大连成为全国各城市中率先把城市作为国有资产来整体经营的城市，并通过十年的实践取得了四两拨千金的显著效果。

把城市作为国有资产来整体经营，就是把城市本身当作国有资产来看待，一个脏乱差的城市用经济眼光来看，就意味着悄悄地贬值，就是国有资产的流失，而通过城市建设、环境改造和城市经营，就会使土地增值，使城市增值，从而提高城市的竞争力，提高城市的对外辐射力。

大连的城市经营就是从城市建设和环境革命入手的。有人把大连十多年的城市建设和环境革命，概括总结为“拆、引、新、建”。“拆”就是敢于对旧城市和落后工业企业动大手术，善于通过城市的总体规划和运用市场经济规律经营城市，勇于用极少的实际投入，还城市于自然，建城市为美丽。“引”就是吸引资金，建立政府与企业“双赢”模式。“新”就是大力发展新兴产业，改造传统产业，选出具有带动作用的支柱产业，以新工业格局和高增长性产业群，建立多功能的工业园区，促进大连市的工业化、城市化和现代化发展。“建”就是用科学的规划和管理，建设现代化和国际化的新大连。

一个“拆”字拆出了环境经济。城市建设重在拆。这是大连城市建设实践中的基本经验。实现中国城市现代化目标，首先要敢于拆，就是要破旧立新。拆墙透绿、拆临建整治环境、改造城市旧区、搬迁污染企业。正是这个“拆”字，使大连在上个世纪末就完成了市区内 34 处低洼区和 24 处棚户区的改造，实现了百万市民迁新居，百家企业搬出市中心。搬迁腾出的 300 多万平方米的企业用地变成了城市的广场和绿地及新型住宅小区。可以说，大连市内的大搬迁，搬出了四赢效果：中心市区优化了生态环境，广大市民改善了人居环境，第三产业赢得了扩张环境，传统工业提升了发展空间。

一个“引”字引出循环效应。对去过大连的人来说，赏心悦目的环境是带给他们的最直观的感觉。许多人会问：大连的城建资金从哪里来？回答这个问题，复杂又简单。大连的财政不富裕，但大连的决策者却找到了最撬动大连城市经济发展杠杆的有力支点，这支点就是招商引资和盘活城市资产——土地。几年来，大连招商引资来的近百个大型公建项目中 85%是外资筑起的，目前又一轮外商投资项目：投资 3 亿美元的金石滩主题公园、投资几亿元的虎滩极地馆、星堡艺术馆等城建旅游项目都陆续启动和完成。如何运营土地，是新时期城市建设者们的新课题。

——土地是城市建设的“第二财政”。1993 年，星海湾还是一片荒滩和垃圾场，地价只是每平方米 1000 元。经过近三年的填海造地，完善基础设施，美化环境，使如今的星海湾地价每平方米上升到一万元。这里诞生的星海会展中心使展览业成为大连崛起的新兴产业，成为完善城市开放功能的重要组成部分。而这一切得益于城市经营的良性循环链，即通过科学规划，美化环境，土地出让获得级差地租，然后把级差地租投入城市建设中，促使城市增值。增值后的城市又吸引了更多的外资、更多的旅游者、更多的人才、更多的高新技术项目回报给城市。如此循环往复，不断积累，滚动发展，于是有了“土地是大连城市建设的‘第二财政’”，“城市环境也是重要的国有资产”等城市建设的新观点。可以说，大连已基本跳出了单靠财政拨款搞建设的旧模式，树立起城市建设也要讲产出，基础设施和环境建设就是生产力的新思想，走出了一条有偿使用，合理分担，多渠道、多元化投资城市基础设施和绿化、净化、美化城市环境的产业化新路。

——用最少的钱建最好的城市。大连靠土地、靠招商引资为城市建设融资，钱来之不易，花钱就显得特别重要。大连建设者的观点是，用最少的钱建最好的城市。要做到少花钱，多办事，关键在于机制创新和“市场化”运行。几年来，大连城建项目建设紧盯国际先进经验，建立了工程项目统一管理制，一改计划经济下卫生局建医院、教委建学校、门外汉搞工程的弊端，各行业的建设项目由建委统一进行工程管理。建立的工程项目资金预算审核制、工程招标制和污水处理场、垃圾处理场及旅游项目的社会化运作，更为财政节省了大笔资金。正是这一系列的机制创新和市场化运营，才有了大连的美丽景色，才有了与世界同行的大连。

——“软”、“硬”两手都要抓。环境包括硬环境、软环境两个方面，对于一个国际化城市来讲，标志性的建筑、高等级的公路、发达的信息网络等硬环境是城市发展的基础。除此之外，城市的软环境，如办事效率、服务态度、人际关系、市民素质、社会风气等也不可或缺。新世纪初，大连在强化硬环境的基础上，还在党政机关开展了开门评议和建立服务型政府的软环境建设活动，使简化办事程序、热情周到服务、实施一条龙审批成为各部门自觉的行动。

一个“新”字新生出新兴产业。在产业结构调整和优化升级的实践中，不同城市有着不同的策略选择。大连作为全国城市环境最好、知名度最高的城市之一，平均每年都有 1000 家外商在大连注册，目前，外商企业总数已达 8000 多家，投资总额已达 100 多亿美元。大连 20 层以上的高层建筑也已达几百座，五星级酒店已有5家，沃尔玛、家乐福、百盛等国内外驰名商家也相继落户大连。同时依据城市环境平台，大连还吸引了众多软件、信息、旅游及高新技术的企业和人士落户到大连的双D港、软件园、金石滩旅游度假区。

一个“建”字使大连朝着区域性航运中心、商贸中心、旅游中心和信息中心迈进。从实践升华到理论，可以说，十几年的经济城市引发的环境经济是大连人用实践总结出来的新的经济理论。大连运用环境经济，走出了一条高速增长、可持续发展的城市发展之路。因此，环境经济是跨越式发展的新经济，是可持续发展的新经济，是高增长，高就业，低通胀的新经济，是以人为本的新经济。

城市建设带来了市民奔小康的新实惠

大连原来并不是一个花园城市，而是一个典型的重化工工业城市，正是大连人靠十几年的创新城市建设和环境革命，才有了国家卫生城，环境保护模范城，国家园林城市，全国优秀旅游城市，亚太地区环境整治示范城市，甚至一举为我国摘取了首枚联合国环境规划署颁发的“世界环境500佳”的荣誉奖牌，才有了大连人民安居乐业，奔小康的劲头和勃勃向上的城市精神。

大连市委、市政府领导认为，创新精神是一座城市不断发展的动力，一个城市失去创新意识和开拓精神，就一定不行。因此，十多年来，大连率先提出的很多创意成为其他城市可资借鉴的经验。这些创意化作现实，带给人们的是城市越来越美丽，就业的路子越来越宽广，衣食住行更现代，更便捷，人们越来越富裕。

“拆墙透绿、搬迁增绿、垂直挂绿、屋顶造绿”这些形象又生动，通俗又易懂的造绿口号，蕴含着多少智者的思考，多少新、旧观念的撞击，多少辛勤的汗水。自1994年以来，大连按照“显山、露水、辟绿、去污”，丰富城市文化底蕴的创新思路，改造了所有公园，拆掉了沿街的实体围墙，新建了280多处游园、绿地和20多个广场，使大连成为没有围墙的城市；在城市外围和交通道路两侧实施了围城植绿、绿色长龙和栽大树工程，使市民时刻感受生活在绿色的花园中。“扒小房、还欠账、增绿地，让居民走出家门就进花园”，使久蒙尘埃的特色建筑从私搭乱建的棚户中凸现出来，重现风采，更使市民的人居环境得到了大提升。取缔“马路市场”，实施“退路进厅”和“电线杆落地”，使大连市民感到路畅了，路洁了，市容美丽了。“只要不挑不拣，48小时让你就业”，大连编织的就业网，让百姓感到就业的路子越来越宽了。引碧入连、引英入连工程，黄海大道、城市快速轨道工程，机场扩建、火车站和青泥洼、天津街、西安路商业区的改造，污水处理厂的建设，北三市的大开发，城乡“三纵三横”黑色路面的公路网的建成，以及两小时城乡经济活动圈的形成，带给市民的是城市功能更加完善了，生活质量大幅提高。

不仅城市基础设施建设让市民感到了城市发生了巨大变化，而且建设的美景也让大连人乐不思走，利用假日感受城市日新月异的变化。世界一流，国内独有的老虎滩极地海洋动物馆；披着神秘轻纱，载着异国风情的“奥丽安娜”号主题游船；浓缩了百年历史，高贵典雅的现代博物馆；在昔日垃圾场上诞生的亚洲第一大广场——星海广场；经过十年建设，集阳光、沙滩、森林、特色旅游项目于一身，已显示出勃勃旅游度假生机的金石滩国家旅游度假区；世界排名第六，惊险无比的金石高尔夫球场；还有颇具看头的森林动物园；风光无限的35公里长的滨海观光路。这些瞄准世界一流的旅游项目，不仅令市民和游客应接不暇，更给市民增添了无数的精、气、神，这种美景和环境的熏陶，给市民带来的是润物细无声的行为变化和爱家乡的自豪感。从防止绿地被践踏的铁栅栏被撤掉，到国际服装节数万人在广场集会寸草未伤；从防止横穿马路而设的铁栏杆被撤掉，到宽阔的马路再也很少有本地人斜穿；从过去外地人说大连人语言“土”且“粗”，到现在的外地人夸大连山美水美人更美。巨大的反差，深刻的变化，谁也不能排除这是城市绿化美化带来的潜移默化的影响。在大连，还有一幕又一幕更感人的画面。在认亲工程中，全市发动伊始，就自愿结成2.7万个帮扶对子；在星期日义务奉献中，从1996年至今，全市党政机关利用星期六开展的义务奉献日活动，每月一次，活动内容常换，但参加的人数始终不减；在青年志愿者活动中，全市组成了2300多支青年志愿者小组，30多万人参与其中；大连是个缺雨的城市，全市上千万平方米的绿地，块块都有护绿使者，其“司职者”是十多万市民。让我们更加感动的是和城市建设有关的一桩又一桩可称为奇迹的市民之举。市体育场正门前修建奥林匹克广场，正月里动迁700户居民，时间仅有7天；新建民兴花园，动迁1170多户旧区居民，时间仅有10天。这是市民爱家乡的行动表现，更是城市的希望所在。

可以说，让百姓“知情、理解、支持、参与”是大连市委、市政府进行城市建设和环境革命不断取得突破的法宝。无论是“拆”围墙，铺草坪，还是扒小房，搞物业，大连市委、市政府都是通过多种渠道向市民宣传、解释，从而取得了市民的支持和参与，使当初这些市民想不开理解不了变为市民主动积极参与行动，并取得一个又一个战役的圆满成功。

在进入新世纪之年，大连市委、市政府又提出了建设学习型城市的号召，广大市民又以极大的热情投入到学科技、学知识，提高自身素质，适应社会发展，为城市多作贡献的热潮中。可以说，十几年来大连不仅建设了极富人格化的生活环境，而且也营造了充满现代文明的精神家园。

城市建设带来了生机勃勃的新大连

虽然数字有点枯燥，总结亦显抽象。但透过数字，我们可以获得一些形象的认识。十几年来，大连通过大调整提升了工业化水平，大投入完善了基础设施，大气魄根治了环境痼疾，大思路经营出效益。据不完全统计，自1992年以来，大连城市建设的投入以年均超过20%的速度递增，完成环境基础建设项目和重点污染治理项目300多项。到目前，全市拆除旧房2000多万平方米，城市人均居住面积达到16.5平方米，在全国率先达到了小康居住水平和适宜人居环境的佳绩。全市新增绿地1500多万平方米，使全市人均公共绿地面积达到9.2平方米，城市绿化覆盖率达到41%；城市生活垃圾处理率达到100%。通过这场艰苦卓绝的城市建设和环境革命，打塑了一个全新的大连，联合国有关官员称，大连在优化人居环境方面堪称模范城市。在“全球环境500佳”颁奖大会上，联合国环境规划署官员毫不吝惜对大连环境建设与保护的赞美，他说，近些年大连成功地进行了工业污染物的治理和产业调整，实施了污染企业的搬迁改造，同时大力开展植树造林等绿化活动。大连的成功经验应在世界各地得以分享和推广。更令人瞩目的是，改革开放以来，大连市作为第一批对外实行开放的沿海城市，不仅城市建设取得了显著成绩，同时也有效地带动了高新技术产业、现代商贸业、会议展览业和新型旅游业等新兴产业的发展。大连的GDP总值，连续八年保持在10%以上的增长速度。城市旅游业更是依据环境平台，实现了旅游发展的三级跳。1999年，大连接待海外游客26万人次，旅游创汇1.8亿美元，实现旅游总收入74亿元人民币，相当于GDP7.4%；2000年，全市共接待海外游客33.8万人次，旅游创汇2.3亿美元，实现旅游总收入90亿元人民币，相当于GDP8.1%；2001年接待海外游客43万人次，旅游创汇3亿美元，实现旅游总收入110亿元，相当于GDP9%；2002年1至9月，接待海外游客3.7万人次，旅游创汇2.56亿美元，旅游总收入102.7亿元，相当于GDP10.2%。还有家乐福、沃尔玛、麦得隆等一批世界知名的商业连锁盟抢滩大连，使大连的开放色彩更浓。

迎着新世纪的曙光，大连市委、市政府又把城市建设和环境经济理念延伸到农村县区。一个“北三市大开发”的口号迅速在城市乡村传开。而北三市大开发的重中之重，就是城乡基础设施建设。2001年3月，横跨北三市的东西大通道永青路动工兴建了，经过广大建设者半年多的艰苦奋战，于当年9月顺利通车。东西大通道的建成，使作为瓶颈制约因素的北部山区交通问题得到根本解决。它对于促进沿线小城镇的建设和发展，推动农业产业结构和产品结构调整，将北部山区的资源优势迅速转化为经济优势和发展优势，具有重要的意义。它与1998年建成的黄海大道一起，被北三市特别是山区群众誉为脱贫致富的光明大道、富裕大道和希望大道。

今年7月15日，由庄河市与韩国大宇建设株式会社合资兴建的大连庄河港正式奠基，这是北三市大开发战略的又一重大基础设施建设项目。庄河港是距韩国、日本最近的出海口，它的建成，将扩大大连及其周边地区与韩国、日本之间的经贸往来。

从1995年开始在县区开展的城镇建设“五个一”工程，使小城镇建设又发生了历史性变化。同时在改变城市面貌、完善城市功能、加强城市在区域经济中的地位等方面，也产生了重要作用。

有投入就应该有效益。而政府的投入不仅要产生效益，更重要的是发挥导向、示范和辐射作用，带动全社会的投资。在北三市大开发中，政府的有限投入得到放大，引来了国内外各方面的投入向北三市聚集。据统计，按市财力与项目投资额相比，拉动效应为1∶6。即财政每投资1元钱，可带动全社会各方面6元钱的投入。增长幅度如此之大，这在过去是不可想象的。2001年，瓦房店市新批外商投资项目26个，合同外资1.2亿美元，完成固定资产投资17.6亿元，比上年增加2.2亿元，增长14.3%；庄河市新批直接利用外资项目49个，其中超千万美元项目2个，合同外资1亿美元，实际利用外资5900万美元；完成固定资产投资16.8亿元，比上年增加1.8亿元，增长11.7%；普兰店市新办内资项目208个，总投资11.8亿元；外资项目26个，实际使用外资5600万美元；完成固定资产投资13.8亿元，比上年增加1亿元，增长7.8%。瓦房店市永宁鸿杨公路建成后，目前已有4家外资企业、11家民营企业进入园区内投资建设，总投资额达2.4亿元。以基础设施先行带动的北三市大开发，其区域经济实力明显增强，招商引资和对外开放的力度明显如大，同时也为北三市实现经济与社会的持续发展奠定了坚实的基础。

2002年8月，为落实“5·31”讲话精神，牢牢抓住新世纪头一二十年的城市发展战略机遇期，实现大连的跨越式发展目标。大连市委、市政府从生产力布局，从大连快速发展的经济对城市空间的需求，从居民居住条件的改善等方面出发，提出了建设“大大连”的城市发展战略思路。“大大连”的内涵包括“量”和“质”两个方面。从“量”的方面讲，就是城市规模大和经济体量大；从“质”的方面讲，就是城市功能强和综合效益高。归结到一点，就是增强城市综合竞争力，使大连发挥在区域经济中应起的功能和作用，承担起主导大连，影响辽宁乃至东北地区经济发展，连接国内外两个市场的重要作用。

目前，大连市正结合城市总体规划构筑大连城市发展战略规划和大连市新区发展规划。相信新世纪的大连一定能与时俱进，不断创新，向着2010年率先基本实现现代化的目标迈进。

（仇宝红）

当大连将经营的理念引入城市建设和管理之后，他们的步伐并未仅仅停留在城市楼高、路宽、水净、草绿、花红和环境美上，他们知道，仅此，并不能确保大连的可持续性发展。像大连这样的城市，如果没有大批量生命力极强的企业予以支撑，是绝对不可想象的。大连之所以保持了经久不衰的旺盛发展活力，就在于充分发挥众多企业在经营城市中的中流砥柱的作用。没有发达的港口产业、旅游产业、医药产业和大批新兴的高科技产业，大连是无法走出一个港口小城市而成为知名度颇高的国际大都市的。由此，我们更有理由相信，有了这么多企业的烘云托月，未来的大连会更加美好。请看：

15. 大连的明天更美好

从空中俯瞰，美丽葱茏的辽东半岛恰似一艘巨轮憩息在太平洋的臂弯里，而其船头就是大连。

驱车大连，首先映入眼帘的是公路入口处的大型“金钥匙”牌子。大连开启世界大门需要钥匙，世界各国投资大连也需要钥匙——于是，大连人在最显眼处摆放了这把“金钥匙”。

来到市中心，矗立在友好广场的蓝晶晶的球体，寓意着世界五大洲的和睦相处，折射出大连这座海滨城市海纳百川的开放胸怀。正是这种开放胸怀推助着大连这艘巨轮扬帆远航，驶向更加美好的明天。

梦想在这里实现

大连，东濒黄海、西临渤海、北倚东北三省和内蒙古腹地，与山东半岛、天津隔海相望，素有“京津门户”之称。

登高远眺大连港，只见桅墙林立，说得出名字和说不出名字的各色国旗令人目不暇接。作为闻名世界的天然良港和东北最大的出海口，大连港果然“门庭若市”。据介绍，她拥有泊位 70 多个，其中万吨级以上泊位 40 个，与世界 160 多个国家和地区的 300 多个港口有运输往来。

以港口功能的提升增强城市功能和综合竞争能力——目光深邃的大连人真切感受到发挥港口优势的迫切，以港兴市遂成共识。近年来，大连围绕着建设区域性国际航运中心，带动金融中心、商贸中心、旅游中心和信息中心兴起，可以说不遗余力。作为大连港改造建设的开端，25 万吨级矿石码头和 30 万吨原油码头建设正如火如荼。

与港口的忙碌相对应的是大连城市的优美。到过大连的人都说，大连整座城市就是一个海滨花园。漫步花园，灵动的现代城市音符跳跃在楼宇广场之间，轻柔的小步舞曲回旋在花团树草丛中，霓灯妩媚，光影流溢，展示着大连的浪漫与美丽。品味花园，欧式建筑与现代艺术的完美结合，古典情怀与浪漫情调的和谐统一，人与自然的相谐成趣，体现着大连的开放与魅力。

短短几年间，大连由一个小港城市一跃成为国际化都市，并先后荣获 1999 年联合国授予的“人居奖”、2001 年联合国授予的环境“全球 500 佳”城市和全国绿化先进城市、全国环境综合整治十佳城市、国家卫生城市、国家级园林城市、国家环保模范城等荣誉称号，获建设部“中国人居环境奖”，被联合国确定为亚太地区环境治理先导城市。

城市变美了，带动着大连旅游业和会展经济的勃兴。在碧海青山间穿行 35 公里的滨海路，沿途尽收大连南端秀丽的水光山色，棒槌岛、老虎滩、秀月峰、燕窝岭、傅家庄、白云山、星海湾、黑石礁等景观异彩纷呈。地处大连以北 58 公里处的金石滩，是一处 9 亿年前风雕神塑的稀世瑰宝。在绵延 8 公里的海岸线上，林立着数不尽的嶙峋怪石。这些只是大连秀美风光的一隅。而一年一度倾城之恋的大连国际服装节、万人空巷的烟花爆竹迎春会、芳香醉人的赏槐会等大型活动，融经济、文化、旅游为一体，享誉海内外，给城市发展带来了无限商机和活力。据介绍，2002 年大连旅游人数达

1400万人次，其中境外游客49万人次，创汇3.3亿美元，旅游总收入达135亿元。

异军突起的展览业成为大连的新经济增长点。星海会展中心设施先进，1996年落成以来成功地举办了中国大连进出口商品交易会、大连国际服装博览会和汽车、家电、家具、五金、渔业、电子通讯产品等展会56个，总展出面积达42.3万平方米，实现成交额306亿元，有65个国家和地区的1.6万家企业参展。

在旅游、会展快速发展的同时，大连的金融业和商业正是“风景这边独好”。截至2002年底，14家外资银行和金融机构在大连开设了分行或设立了办事处，在连金融机构已与世界150多个国家和地区建立了结算网络，大连已成为中国北方最大的国际结算中心。大连商品交易所是目前中国三大期货交易所之一，也是亚洲最大、全球第二的大豆期货市场，2002年期货成交额突破2万亿元，占全国期货市场总成交额的53％。

大连正在向现代化国际商都迈进。大连通过对旧的商贸业的整合重组，现已形成了国有、非公有制、外资商业相互促进，购物中心、大型超市、连锁店交相辉映的现代商贸业发展态势。许多著名的商业国际跨国公司，如美国的沃尔玛、法国的家乐福、德国的麦德隆、马来西亚的百盛等都已落户大连。电子商务、信贷消费等现代营销方式也在大连兴起。

百年前的大连是一个没名没姓的小渔村，20年前的大连是一个名不见经传的小港口城市，现在却是一座引人注目的窗口城市。就在这漫长、坚定的跋涉中，一代又一代大连人的梦想在这里实现。

光荣在这里飞扬

有人说，大连20年创造的价值相当于再造几个大连。的确，改革开放的20年，大连以加速度向前发展。如果说，辽宁是共和国的“工业长子”，大连则是这个长子的掌上明珠。在共和国的成长岁月中，这颗明珠曾经有过耀眼的辉煌，但在经济体制和结构的调整中，这颗有些黯淡了的明珠如何才能重放光彩？

大连从支柱产业入手，以龙头企业的改造为突破口，装备制造、石油化工和电子信息崛起为大连工业经济的三大支柱产业。机械、石化、电子三大产业在2002年大连市规模以上工业实现的1245亿元总产值中，分别为355亿元、325亿元和347亿元。

作为目前国内工业制冷设备制造业和通用机械行业的龙头企业，大连冰山集团以平均每年20％以上的增幅跨越发展，今年上半年出口创汇更创下历年最好成绩。与大连冰山集团相映成辉的是大连的机床集团、瓦轴、辽宁特钢、新船重工等装备制造骨干企业，它们在今年上半年的增速均保持在20％以上，对全市工业的贡献率超过六成，拉动工业增长14个百分点。最新统计数字显示，今年上半年大连装备制造业完成工业总产值132.7亿元，保持了两位数增长。

数字视听、通信设备、网络设备、车(船)用电子设备、计算机外部设备、电子元器件、医疗电子和模具与精密加工等，撑起大连市电子行业。而资产规模达130亿元的大连电子行业，占全国总规模的1.7％左右，年工业总产值占全国总量的3％左右。去年大连这一新兴产业实现销售收入235亿元，出口达169亿元，分别占全省同行业的63％和69.4％。中国华录集团、辽无二集团、大显集团作为大连电子产业的三大诸侯正竞相壮大。

以大石化和西太平洋石化为代表的石油产品和以大化、大染等企业为代表的基本化工原料、化肥以及精细化工产品构成了大连石油和化工行业产品体系。整个行业资产规模304亿元，占全国总规模的2.4％左右；年工业总产值118亿元，占全国总量的1.1％。大连石化产业发展的方略已定：通过发展中下游化工产品，拉长产业链，形成1000亿元产值，200亿元以上的增加值，力争经过10年时间，使大连成为全国最大的炼油基地和石化产品深加工基地、东北亚地区的油品转运中心、国家主要石油战略储备基地和国内主要的油品交易市场。

以高新技术改造传统产业、传统产品，实现产品的升级换代，成为大连进行老工业基地改造的重头戏。前几年连“吃饭”都成问题的大连机床集团，与国际机床行业的强手及高等学府联手后，加速产品升级，新研制的高转速加工中心、五轴联动新概念并联机床等产品引起国内外关注。过去以生产青霉素、红霉素、链霉素原料为主的大连制药厂，改造重组成为美罗大药厂后，用国际先进设备进行药品的深加工，成为辽宁省第一批通过国家GMP认证的药厂，由巨额亏损变为上市公司的骨干企业。像大连机床、美罗大药厂这样用高新技术改造传统产业的并不在少数。5年来，大连国有工业累计开发新产品5580种，投产率为50.6%，新产品产值率达到21%。

以高科技、高人才、高管理为特征的高新技术产业在大连剑锋甚锐，已成为大连的支柱产业。去年大连规模以上高新技术产品实现产值600亿元以上，技术合同成交额11.5亿元。首批国家级高新技术产业园区之一的大连高新技术产业园区，堪称大连高新产业的娘家，它由七贤岭产业化基地、双D港、软件园、黄河路科技城和星海高技术中心等发展区域组成，经过12年的发展，已与世界50多个国家和地区建立了密切联系，累计注册企业1700多家。其中引进美国、日本、德国、英国、澳大利亚等国家和台湾、香港等地区的三资企业500余家，世界500强跨国公司16家。

依托独有的城市优势，大连高新技术产业园区努力打造软件技术、生物工程和新材料的特色产业。以软件企业为例，目前软件企业已达300余家，去年软件销售收入12亿元，出口4600万美元，名列全国第三位，涌现出全国软件出口第一位的华信计算机软件公司、全国惟一整体通过CMM5级认证的海辉科技公司等一批骨干企业。日本软件企业中的前10名均已在园区设立公司。伴随着软件业的发展，智能信息服务业和软件培训教育产业又成为一支新军，蓬勃发展起来。近两年来，已有一批世界知名大企业在高新园区落户，从事信息服务业的人员骤增到2000多人。大连东软信息学院、大连铁道学院信息学院等8所培训教育机构应运而生，目前招生人数已达8000多人。为了将软件产业做大做强，今年年初，大连市委、市政府决定建设大连高新园区旅顺南路软件产业带，一个蜿蜒30余公里、分布于青山翠岭之中的绿色硅谷，不久的将来将显现于世人面前。

“官助民办”成为大连高新园区发展中的一个特色。按照高新产业发展的整体要求，政府规划，非公有制企业出资，共同发展高科技产业，使民间资本大规模流向高新技术产业。全市以“官助民办”为主体的科技孵化器，面积达22万平方米，园区占10余万平方米，“官助民办”的大连软件园一期占地面积达7平方公里，同样性质的东软信息学院是目前全国规模最大的非公有制专业化的软件培训基地。目前民间资本投入到技术创新与转化方面的资金已达15亿元以上，从而为高新技术的发展创造了良好的条件。

未来从这里启航

信步大连的港湾广场，一艘乘风破浪的大船模型给人留下深深的印象：厚重、结实的船身，在风浪的侵蚀下已经伤痕累累，却依然鼓满了风帆。像这种大船模型在大连不可谓少，大连东海公园大大小小的船模环列海边。这个城市的人喜欢船，可能是因为它一个世纪前从海的那边载来了大连的先民，也期盼大连永远像大船一样扬帆远航。

去年，大连市委、市政府按照党的十六大精神，明确了建设国际性制造基地、区域性国际航运中心、商贸中心、旅游中心、金融中心、信息中心和现代物流中心的战略，为这艘大船规划了前进的航向。做强、做大、做富、做美，大连坚定地迈向前方。

以招商引资为重点，加快对外开放步伐。今年以来大连市把扩大对外开放摆在重中之重的位置，坚持以大开放促进经济跨越式发展，出台了向市区县下放外资项目审批、放宽外企人才准入条件、鼓励海外留学人员来连创业、方便外国人子女就学、改革口岸通关检验手续、建立外贸发展基金等一系列优惠政策，从政策上给扩大开放提供了必要的保证。截至去年底，大连市累计批准成立外商投资企业8000多家，其中世界500强企业有近60家落户大连投资建厂。西太平洋石化、固特异、三洋等外资企业还进入了大连市50家纳税大户行列。

实施大项目牵动，大力培育新经济增长点。今年，大连市政府筛选了100个重点产业项目，总投资额为763.4亿元。其中利用外资39亿美元，占投资额的42%。这些大项目集中了大连市的优势产业和优势产品，预计到“十五”期末，一批强势企业和著名品牌将蔚然成势，规模以上工业产值可实现翻一番的目标。

创造良好环境，促进非公有制经济快速增长。大连市认真落实扶持非公有制经济的各项政策，建立统计、信息、担保和法律四个服务体系。以1000家规模以上非公有制企业为重点，推动非公有制企业全面对外开放。非公有制经济已成为大连市扩大就业和经济发展的生力军，目前大连市非公有投资占城镇固定资产投资的比例已达70%以上。

加大结构调整力度，农业现代化建设势头良好。大连市加大农业结构调整力度，全面启动136个农业园区，形成了建设标准高、引进优质品种多、种植方式多元化等特点。

着眼于提升城市总体功能，城市基础设施和环境建设力度加大。今年的城建项目计划总投资114亿元，首批90项城建重点项目已全面展开，中山路综合改造、旧城区拆迁改造、快速轨道交通、火车站和机场改扩建工程、台山热电厂、星海会展二期等重点工程都在紧锣密鼓地进行施工，大连港东区搬迁改造正在进行启动准备。

深化各项改革，服务型政府建设取得新进展。大连市政府狠抓了服务型机关建设，提高行政效率，优化经济发展环境，制定了《政府工作规则》，对各项工作程序作了明确的规定，体现了简化程序、简朴作风、注重效率、公开透明的精神。对公务员在执行公务活动中的行为规范做了具体、明确和严格的规定，强力推行政务公开制度，规定市政府及各部门发布的公文原则上公开并在网站上发布。

海陆空交通发达的大连，与世界160多个国家和地区通航，高速公路和铁路四通八达，周水子国际机场已开通86条国内外航线。便捷的交通紧密了大连与世界的交往。改革开放以来，大连城市的知名度不断提高，先后与日本、美国、德国、法国、英国、加拿大、韩国、俄罗斯、刚果(布)、澳大利亚、马其顿、意大利、古巴、乌克兰等国家的18个城市建立了友好合作关系。大连国际服装节等大型经济文化活动已成为大连与世界交流的靓丽名片。一些国家的元首和政府首脑、国际知名人士，以及50多个国家的工商贸易部长和近百个国家的驻华使节曾经访问大连。2001年，大连成功地承办了有21个国家和地区的780多位代表参加的APEC第三次高官会议。

让世界了解大连，让大连走向世界。坚持对外开放的大连，又迎来了第五届亚欧经济部长会议的贵宾们，这是大连大开放战略的新起点，掀起了大连大开放的新高潮。

一个开放的大连、年轻的大连，满载着“大大连”的光荣与梦想，正扬帆远航！

（王　科、魏宇娜）

经营城市作为一种全新的理念，正成为新世纪青岛市上上下下的一种共识。

曾几何时，东部还是一片荒凉，“老青岛”习惯把这里称之为“浮山村”。1992 年，青岛市委、市政府毅然做出了城市中心东移、构建“大青岛”的战略决策。随着城市东部的开发建设，一座座极具现代化特色的建筑拔地而起，迅速成为大青岛的政治、经济、文化、商贸、金融中心。昔日的荒凉之地，变成今日的改革开放热土。人们在欣赏这片土地的美丽时，会勾起许多回顾与思考：数不清的岁月沉寂，为什么会在几年内崛起为一种激动和振奋、一种自豪与跨越？一个现代化的城区为什么能够这样神奇崛起？这是城市建设的奇迹。

现代化的新城区的崛起，其背后的思路、理念是什么？这就是经营城市。

2002 年青岛东部开发刚好十年。这十年，也是经营城市的十年，为记住并总结这个十年，更为了下一个十年经营城市有更大的突破和跃起，青岛市建委主任罗永明抽暇专著此文，是以为志。请看：

16. 在创新中做好经营城市这篇大文章

经营城市理念是在市场经济的深入发展和城市建设的大量探索实践中提出并达到广泛共识的发展理念。通俗地说，是把城市作为一个资产来看待，把城市资产按照市场经济的原则进行运作，然后吸引外地的资金、人才到这里来搞建设，把城市建设得更美好，这就是经营城市。城市是国家长期巨额投入的产物，它是国家最大的国有资产。市场经济条件下，要盘活、变现这个庞大资产，只能走经营城市的道路。

经营城市是按照市场经济规律建设城市的必然选择

在计划经济体制下，城市的公用设施是给人们提供生产、生活条件的无偿服务型、共享型的公共产品，政府只投入、不收益，只建设、不经营。随着市场经济的深入发展，单纯依靠计划经济年代政府投入进行城市建设的老办法已跟不上时代发展的步伐，因此必须用市场的眼光去重新认识和审视城市，重新认识城市资源的盘活问题，我们完全可以运用市场经济的手段，对构成城市空间和城市功能载体的自然生成资本进行重组、运营，实践城市资源的优化配置，最大限度地盘活存量资产，走一条以城建城，以城兴城的城市建设的市场化之路。因此经营城市是市场经济条件下盘活城市资产的必然选择。

在经营城市思路下建设城市就是走一条全新的道路。随着城市化进程的加快，经济的迅猛发展，对扩张城市功能提出了更高的要求，广大市民对生活质量、城市环境提出了更高的要求。单靠现在的财力，很难达到老百姓的要求。走经营城市的道路成为解决这些难题的“金钥匙”。比如说政府要建一座污水处理厂，政府就要借助外资的力量把厂建起来，然后把收取的排污费和卖中水的钱交到外商手中。这样经过十几年或者更长一段时间，政府就可以把污水处理厂收回，这就是典型的经营城市的范例。我们的公园绿化、市政建设等都面临着同样的问题。在这种情况下，必须运用市场手段收集资金开展城市建设和设施维护。像我们曾经开展的认养树木、草皮，认养动物等，就是充分调动社会各界的积极性和资金优势，参与城市管理、城市建设的一种方式。

我们正在筹备的以“新理念、新实践、新城建”为主题的“2002 青岛经营城市促进周活动”，实际上就是城市经营的一次再发动。即从思想观念的发动，实际工作的发动，让城市建设再上一个新台阶。经营城市不只是城市建设部门的事情，也是社会各方面都需要参与的大事，各行业都存在一个经营城市的课题。“促进周”期间我们有一项活动是经营城市论坛，将邀请国内知名专家学者和先进城市代表，围绕经营城市、城市可持续发展、建设生态城市、奥运与发展等专题深入广泛地进行研讨，高起点、高层次营造经营城市的整体氛围，促进经营城市工作深入进行。“促进周”活动将集中把城市有形资产、无形资产和一批城建项目推向市场，达到强化经营城市理念，挖掘城市资源，整合城市资产，搭建投资平台，广辟融资渠道，打造城市品牌的目的。另外，奥运项目招商推介、土地拍卖等经营城市的成果都将在这次“促进周”期间有所展示。通过“促进周”做到虚实结合，虚的方面就是要进一步认识经营城市的重要意义，实的方面就是在“促进周”期间要有些具体成效，确确实实为我们的城市建设创造条件、积累资金。

经营城市在青岛已有许多成功范例

青岛有着经营城市很好的范例，比如东部新城区的开发。1992 年，青岛确立了新的城市建设指导思想，做出了开发市区东部，实施城市行政、文化、金融、商业中心东移的决策。1992 年 4 月份，以出让老市区繁华地段的市委机关办公楼为标志，拉开了东部开发的序幕。要加快城市发展，拓展城市发展的空间，关键问题是钱从哪儿来？当时我们提出的是：以地生财，以财招商。在北方城市中，青岛当时的做法至少算是先进者之一。

短短的六七年间，一座新的城市中心区建了起来，100 多个区域基础设施和项目的建设，总建设面积 426 万平方米，累计完成投资 122 亿多元，光看不见的地下基础设施就投入了 30 多亿元。整个东部开发工程没有用政府的一分钱，而且还支援了市里几亿元的资金用于重点工程、旧城开发等项目建设。就这样，经过 10 年的努力，顺利完成了青岛政治、经济、文化中心的东移，并且带动了周边区域的发展，走出了一条依靠外来投资实施大规模城市建设的新路子。尽管在当时的认识也许没有这么清晰，但在东部开发的过程中，我们的确是按照市场经济的规律去经营城市的资产。现在回过头来再看东部开发，尽管个别地方还存在遗憾，但是我们还是可以骄傲地说，东部开发的运作模式在当时是超前的，事实证明我们的工作方法是符合市场经济规律的，是正确的。

棚户区的改造也是在经营城市思路下的成功尝试。在政府财力非常紧张的情况下，我们要在短短两年间完成 24000 多户剩余棚户区的改造任务。我们的做法是突破传统的思维方式，变过去的有限产权为现在的完全产权。改造完毕搬到新区之后，老百姓除拥有原来的居住面积以外，新增加的面积按照每平方米 292 元的价格卖给老百姓，就这样从小积累，获得了一部分资金。异地搬迁后腾出来的老城区土地，再通过拍卖等方式出让土地进行房地产开发或者进行环境建设，这也是一次很成功的经营运作。

奥运会场馆建设也是按经营城市的思路进行运作的。2008 年奥运会水上项目比赛将在青岛举行，奥运场馆的建设、运动员下榻的奥运村建设，以及比赛之余要购物、休闲、比赛期间要有很多国内外的游客来参观比赛、旅游，这对青岛的城市建设和市政设施建设提出了全方位的更高要求。政府的财力有限，因此就要按照轻重缓急，分批分期进行建设。直接针对比赛的项目建设大约需要投入 80 亿元左右，另外还有一些相关项目、延伸项目的建设。为此，我们按照经营城市的思路，吸引外资建设奥运项目。

经营城市要做好做足土地的文章

土地作为城市最重要、最珍贵的资本，在经营城市中占有很大分量，经营土地是经营城市的一个重要内容。经营土地是政府加强土地资产管理的新理念，它的实质就是要用市场经济的手段，对土地资产实行市场化运作，实现土地资源的优化配置，从而实现土地资产的价值。

土地的经营是近几年我市开展得比较好的一项工作，通过逐步完善土地出让制度，加大土地储备力度，大力推进了土地使用权招标拍卖工作。截止到 2001 年底，我市通过招标、拍卖出让土地共 4367 宗，总用地面积 5266.74 公顷，总收益 32.37 亿元。2002 年以来，我们把土地储备和经营的范围扩大到五市三区，共拍卖土地 23 宗，拍卖额 4.46 亿元。

“九五”期间，青岛市累计用于居民住宅建设的投资为 172.4 亿元，其中政府投资仅占 10%左右，其中仅剩余棚户区改造工程就投入资金 26.5 亿元，新建住宅 195 万平方米，2.4 万户居民乔迁新居，其中除启动资金外，约 19 亿元资金全部都是通过“经营”得来的。以极小的投资换来群众居住条件的较大改善，提高了居民的住房质量和生活水平。“九五”末，我市人均住房使用面积达到14.5平方米，房地产业增加值占GDP的比重达到3.1%，住宅投资占社会固定资产比重的19.4%，对全市经济的拉动作用明显增强。这些都是经营城市的成果。

有了经营城市的理念，土地资源就会变成土地资产。在东部开发中我们吸引了120多亿元的外来资金来建设新区，就是一个很典型的例子。借外力生钱的例子还有很多，前几年，我们利用亚行贷款9000万美元建成厂煤制气二期工程，青岛电厂热网改造项目和李村河污水处理厂工程；利用德国政府赠款2000万马克及内配资金建成了团岛污水处理厂，促进了城市能源结构向清洁能源的转变，提高了城市污水的集中处理率，改善了城市环境，美化了群众生活环境；2001年，通过努力争取到加拿大政府贷款983万美元，用于建设青岛市生化垃圾处理厂；自来水集团中法水务签订了合作经营我市白沙河水厂和仙家寨新水厂合同。这个项目总投资2.5亿元人民币，双方各占50%的股份，是我市市政公用事业领域目前为止最大的合资项目；与法国威望迪通用水务集团合作建设经营麦岛和海泊河两座污水处理厂，法方将投入约3100万美元用于建设规模为每天14万吨的麦岛污水处理厂二期工程，改造海泊河污水处理厂。

经营城市的下一步的主要内容就是把存量资产盘活，充分发挥其在市场中的作用，具体运作上就是要用经营城市的理念贯穿城市规划、建设、管理等所有环节。目前存在着规划编制不够超前，深度不够，覆盖不高等问题，这就要求我们从经营城市的思路去寻求出路，坚持高起点规划，用经营城市的眼光搞好城市规划，加大城市规划特别是控制性详细规划的编制力度，进一步控制城市土地的出让、转让和开发建设。

用经营城市的手段建设城市，还应该牢固树立精品意识，在建设上要抓好招标、投标，节省建设资金，提高工程质量，坚持高效能管理，继续深化城市管理体制改革，完善二级政府、三级管理、四级网络的体制，采取中心下移、综合执法的模式，把城市管理重点具体作业全部推向市场。我们采取特殊经营权转让、拍卖等形式，把城市管理的具体作业也都推向了市场，从而建立起了城市管理的长效机制。

“家在青岛”是我们经营城市的一个名牌

塑造城市品牌最根本的是培养和保护城市特色，“红瓦绿树、碧海蓝天”等一系列宝贵的自然人文社会资源构成了“青岛”这座城市的独特内涵和品质。今年我们在城市建设中十分注重保护和发展青岛在自然、文化、经济等方面存在的特有品质和内韵，强化青岛城市的个性，培养青岛城市整体品牌，逐步把城市建设的侧重点从量的扩张向质的提高转变，强化发展意识，把城市做强；强化精品意识，把城市做优；强化环境意识，把城市做美，增加了城市的美丽，吸引了越来越多的投资者和外地游客来青岛，促进了城市经营各方面的发展。“九五”以来，外地来青岛投资逐年大幅度增长，仅2002年1～5月份，市外企业来青投资项目741个，合同资金143.7亿元，实际到资金38.7亿元，同比分别增长64.6%、139.4%和93.6%。今年“五一”黄金周期间，我市共吸引外地来青游客116万人，实现旅游收入10.36亿元，创下了我市旅游收入的历史之最，青岛海滨风景区高居全国游客接待量十佳景区第一名。这表明城市品牌的培育和利用，对城市经济效益的拉动作用越来越明显。

在实践中，我们提出“家在青岛”也是经营城市的一个品牌。“家在青岛”不仅是提出一个经济概念，还具备着浓烈的亲情、热土、故土概念，两种概念合为一体，使经营城市有了更多、更强的卖点。这些年来，政府和各级部门做的工作，都是为了我们居住的这座城市更美丽、更舒适，都是在经营这座城市。我们的环境越来越优美，市民素质越来越高，住宅产品质量也有了质的提高，青岛已经成为最适合人类居住的城市之一。我们打出“家在青岛”品牌，就是为了争取让越来越多的外地人了解青岛，选择青岛，投资青岛，择业青岛，将外地的人力、物力、财力引进青岛。因此，“家在青岛”既是我们经营城市的一个名牌，更是我们的骄傲。

（罗永明）

经营一座城市是一件极其浩大的系统工程，要有气魄，也要懂科学；既要立足现实，更要放眼未来。在飞速发展的今天，一个城市的建设者和管理者如果不能立足长远做好规划，不能科学地进行布局，不能精密地实施运作，缺乏创造和创新精神，只会跟在别人屁股后面“学步”、“效颦”，最终将会毁了这座城市。浙江省湖州市占有天时地利之优，更站在科学之颠，以优选优，从而奠定了湖州的未来发展。请看：

17. 湖州市发展创新之路

曾记得有一首歌的名字叫“明天会更好”，这是希望之歌，这是祝愿之歌，这是激励之歌。每个人都期望明天会更好，每个家庭都期望明天会更好，每个城市自然也希望明天会更好。在共和国湖笔文化的发源地，在共和国南太湖之滨，在共和国“海空卫士”王伟的家乡——湖州，人们同样期望着明天会更好。如果说湖州的昨天成为了一段历史的话，那么今天仍然需要湖州人民去把握、去争取，明天就更需要湖州人民去开拓、去创新。

南太湖的一颗明珠

湖州地处浙江省北部、太湖南岸。东邻上海150公里、南距杭州90公里，是苏浙皖的交会之地，因濒临太湖而得名。现辖德清、长兴、安吉三县和吴兴、南浔两区，总面积5817平方公里，人口256万，东部为水乡平原，西部以山地、丘陵为主，俗称“五山一水四分田”。

在中国长江三角洲地区中，湖州是一座重要的对外开放城市，是国家有关部门确定的以上海浦东开发开放为龙头“先行规划、先行发展”的15个城市中的一个。全市国民经济持续、快速、健康发展，综合实力明显增强，人民生活已经实现小康目标。湖州市坚持“接轨大上海、融入长三角”的战略方针，逐步把湖州打造成为上海的“后花园”、“菜园子”和“加工园”。

全国四大避暑胜地之一的莫干山也在湖州境内，莫干山因2000多年前著名铸剑师干将、莫邪夫妇在此铸剑而得名，以竹、云、泉“三胜”和清、静、凉、绿“四优”而驰名海内外，山上星罗棋布的200多幢别墅建筑风格各异，有“世界近代建筑博物馆”之称。

烟波浩淼的太湖孕育了勤劳的湖州人民，通过十几年的建设，南太湖边景色宜人，旅游设施齐全，成为休闲旅游的热点。尤其是在太湖旅游度假区，从1999年起连续举办全国极限运动大赛，并且建成了国家体总南太湖水上运动基地，被中外极限运动爱好者称为“中国极限之都”。

而海拔1587.4米的浙北第一高峰龙王山则有“浙北绿色宝库”之称，是上海的母亲河——黄浦江的源头所在。清冽的山泉就从这里流出，最终流向黄浦江、流向大海。安吉县有“中国竹乡”的美誉，获得奥斯卡最佳外语片奖的《卧虎藏龙》中著名的竹林斗剑镜头就在安吉大竹海拍摄。

湖州是湖笔的故乡，湖笔被列为中国文房四宝之首。相传，秦国大将蒙恬对湖笔的制作工艺作了重大的改进，首创“纳颖于管”，并流传至今。湖笔不仅有“湖颖之技甲天下”的盛誉，而且孕育了具有鲜明地域特色的湖笔文化。湖笔对中华文化的传播、文明的传承作出了卓越的贡献。近50年来，郭沫若、潘天寿、沈尹默、沙孟海、谭建丞等一批文学泰斗和书画大师，都用湖笔留下了珍贵的墨宝，与湖笔结下了不解之缘。

湖州素有“丝绸之府”的美誉，是世界丝绸文化的发祥地之一，4700多年前的湖州先民就已开始种桑养蚕。湖州所产的“辑里湖丝”被指定为清代的皇室贡品。

湖州是著名的“鱼米之乡”，古人云：“苏湖熟，天下足”。至今湖州仍是全国的粮油、蚕茧、淡水鱼、毛竹的重要生产基地，是全国三大淡水鱼养殖基地之一，毛竹的蓄积量占全国的十分之一。湖州人独创的“百鱼宴”和“百笋宴”丰富了中华美食的内涵。近年来，随着传统农业向现代化的转变，各种特种水产、优质蔬菜、名特瓜果、高档花卉等农产品源源不断地从湖州运往上海等大中城市和海外许多地区。湖州也是一座现代化的工贸旅游城市，地理环境优越，邮电通信先进，电力供应充足，交通运输便利，基础设施完善，吸引了大批中外投资者。在新一轮“融入长三角、接轨大上海、建设大城市、实现新跨越”的思想指导下，湖州正在不断地加快融入长三角都市经济圈的步伐。湖州经济在实施“工业立市，工业强市”的战略中昂首迈进。工业结构在改造提高丝绸纺织和矿产建材两大传统产业的同时，已经形成的现代纺织、特色机电、新型建材、精细化工和生物医药四大特色优势产业正在快速发展，其中精细化工被列为全国14个重点培育发展的生产基地。同时，民营经济和区域经济的不断发展，促使湖州形成了以生活消费品市场为基础，专业批发市场为骨干的多层次、多元化的市场格局，南浔建材市场、织里童装市场都列入全国“百强”市场。

湖州交通便利，南北走向的104国道、杭宁高速公路、京杭大运河、“华东第二通道”宣杭铁路，东西走向的318国道、新长铁路、“黄金水道”长湖申航线和在建的申苏浙皖高速公路都在湖州交会通过。建在湖州境内的天荒坪抽水蓄能电站是目前亚洲装机容量最大的抽水蓄能电站之一，为华东地区的电力运行提供了有力的保证。

这是一座市民文明，环境整洁，秩序优良的美丽城市，已经获得“国家卫生城市”、“中国优秀旅游城市”、“全国双拥模范城”和“浙江省文明城市”等荣誉。在“龙潭三杰”钱壮飞、“两弹元勋”钱三强、“新时期铁人”王启民、“海空卫士”王伟等杰出湖州人精神的鼓舞下，湖州正在加快迈向“太湖时代”的步伐，全力优化城市的空间布局，建设经济强市，创建生态市、文化大市的富庶之市，成为太湖之滨的一座现代化大城市。

杭嘉湖的经济强市

在共和国杭嘉湖平原，浙江省湖州市算得上富裕的，虽然与经济发达市相比还有一定差距，但贵在有自己的发展思路，有自己的发展特色，有自己的发展路子。

首先他们在推进农业结构战略性调整，积极发展现代化农业方面进行了有益的探索。

该市通过统筹城乡经济社会发展，更多地关注农村、关心农民、支持农业，把“三农”问题放在突出的位置。进一步调整农业和农村经济结构，发展效益农业，加快传统农业向现代农业转变。继续大力开展农业招商引资，积极实施“强龙”工程。着力扶持15家重点骨干农业龙头企业，努力培育一批年销售收入5000万元以上、税收500万元以上、带动农户1000户以上的“双五一千”企业，启运建设六大食品加工园区。以种子种苗工程为抓手，发展品牌农业。继续大力培育花卉苗木、竹笋、茶叶、果疏等产业和产品，加快发展特种水产、禽蛋、食草动物等养殖业，力争养殖业占农业总产值的比重达到45%。健全农产品质量标准、检验检测和认证体系，推进农业标准化生产。加强农产品安全生产技术指导和标准化管理，开展农业生态保护区划定工作，发展无公害农产品、绿色食品和有机食品，建成无公害基地50个，累计建设无公害农产品基地50万亩。

其二是优化行业结构，全力打造先进制造业基地。

工业立市、工业强市的重点是打造先进制造业基地。认真制定实施打造先进制造业基地规划，突出抓好四大特色优势产业的培育，运用高新技术和先进适用技术改造提升传统产业，发展高新技术产业。着力扶持重点骨干企业，做大做强优势企业，重点扶持特色优势企业78家、全国行业排头兵企业20家，力争形成年销售收入超10亿元或税利超1亿元的大企业4家。强化有效投入，增强发展后劲，确保全社会工业性投入超120亿元。积极推进技术创新，开发新产品400项，其中省优70%以上，力争新建10家以上高新技术研发中心和企业技术中心。积极实施名牌战略，做好名牌产品、驰名商标培育发展工作。加快工业信息化建设，全面启动设计电子化、产品数字化、控制自动化、管理信息化四项企业信息化工程，继续抓好10家信息化建设示范企业和50家推广企业。坚持放手、放胆、放开，大力发展个私经济，千方百计激活民资，使其准入条件更宽，经营领域更广，经营方式更活，发展速度更快，着力培育一大批中小企业，形成更多、更强的区域块状特色产业，促进工业经济大扩张。

其三是加速发展现代服务业，提升第三产业层次。

调优经济结构，着力点在于加快发展服务业。巩固“创优”成果，整合旅游资源，进一步发挥旅游业在经济发展中的重要作用。以挖掘和体现湖州文化内涵为重点，打响“太湖、竹乡、古镇、名山”四大特色品牌，加快各类景区和特色旅游线路建设，争取太湖旅游度假区、南浔古镇成为4A级景区，早日建成安吉黄浦江源自然生态风景区。抓住有利时机，理顺南浔、德清莫干山景区旅游管理体制，探索旅游业快速发展的新机制。加强与周边城市的联合开发，搞好旅游产品的促销，扩大国内外客源市场。加快发展商贸物流业。按照中心城市商贸发展规划，启动建设特色商业街区；加快重点市场建设，引导、支持各类专业市场转型改造，培育商业龙头企业；增强集聚和辐射功能。做好现代物流业发展规划，抓紧启动。精心组织实施“放心肉、放心早餐工程”。积极发展社区服务业，理顺体制，完善功能，提高社区化水平，努力建设管理有序，文明祥和的新型社区。

其四是加快基础设施建设，全力推进城市化进程。

加速城市建设是实现现代化的战略切入点。围绕建设大城市目标和生态市定位，调整修编湖州中心城市总体规划，切实加强规划管理。大力培育城市产业，以产业集聚带动人口集聚。

加强市县中心城市、中心镇、中心村建设，加快改造城中村。集中力量抓好申苏浙皖高速公路湖州段、东西苕溪防洪工程等重中之重项目；开工建设宁甬原油管道工程湖州段、500千伏浙北输变电工程等48个重大项目；中心城市重点完成苕溪路东延、新华路东延、红旗路西延工程，开发建设三环北路、青铜路北延等工程，完成南大门改造工程，启动西大门改造工程。市县区新增城市绿地200万平方米；继续加大以“治太”为重点的水利基础设施建设，完成环城河和长兜港二期拓浚工程，建成导流东大堤标准段21公里，实施以对河口水库除险加固为重点的“百库保安”工程；开展土地详查，完成土地整理20万亩；加强水利、气象防洪减灾体系建设，提高抗灾能力。加强生态环境建设，积极实施“千里绿色通道、千村环境整治、万里清水河道、万顷绿化造林”建设，搞好水冲石矿、城乡结合部等重点区域、重点污染源的专项整治，建设200万亩生态公益林和30万亩平原绿化基地。继续加大农村村庄环境建设力度，农村饮用洁净水普及率达到理想水平，加强城市长效管理，深化各项创建工作，争创省园林城市、国家环保模范城市。

其五是深入实施科教兴市战略，增强经济竞争力。

实现跨越式发展，关键在科技，基础在教育，根本在人才。全面实施科技发展计划，加快新技术的推广应用，建成科技创业(孵化)中心。争取新增省高新技术企业15家，省科技型中小企业、市民营科技企业100家。扎实开展教育强县强区和示范性教育强镇创新活动，提高教育质量，推进素质教育，促进公办与民办、普教与职教等各类教育的均衡发展；大力发展高等教育，毛入学率达到20%；构建终身教育体系，成人教育培训总量达到60万人次。启动“1112”高层次人才引进培养计划，选送优秀青年人才赴国内外高校、科研机构深造，加强人才市场建设，建立健全人才柔性流动机制。

湖州市在发展经济强市的过程中，是想尽了办法，动足了脑筋的，无论农业结构调整，经济结构调优，还是工业立市战略，无一不显示出新一届市委、市府领导班子的求真务实、敢于拼博、开拓进取的精神。一个地方的经济发展需要这种精神，国家的经济发展需要这种精神，全面奔小康更需要这种精神。但愿湖州市的经济越做越好，越做越大，越做越强。

长三角的新兴城市

湖州市在不断发展经济能力，增强综合实力，提高整体竞争力的同时，曾明确提出了一个宏伟的目标：接轨大上海，融入长三角经济圈，推进从“苕溪时代”迈向“太湖时代”。总体目标定位是，顺应以上海为龙头的长江三角洲经济一体化的进程，紧紧抓住上海大都市的发展机遇，努力建设四大基地，实现五个提高，突出一个重点，构筑两个平台，夯实三个基础，取得四个突破。即通过全面接轨上海，加快融入长三角经济圈，着力把湖州建设成为长三角南翼的先进制造业基地、大都市农产品供应基地、现代物流基地和旅游度假胜地，努力使全市的经济实力、对外开放、科技进步、文化交流、人民生活等方面的水平有新的提高。

一是建设长三角南翼的先进制造业基地。紧紧抓住上海世博会及上海工业经济结构调整的战略机遇，充分发挥湖州工业经济的特色和优势，坚持走新型工业化道路，着力培育新型纺织、新型建材、医药化工、特色机电、电子信息、环保设备等六大产业。努力把湖州建设成为长三角中与上海支柱产业相配套，与其他城市主导产业相补充，具有自身鲜明特色和较强竞争优势的先进制造业基地。

二是建设大都市农产品的供应基地。积极推进农业结构战略性调整，大力发展绿色农业、生态农业、都市型农业。推进农业产业化的进程，开展农产品深度加工，延伸产业链，提高产品附加值，使湖州成为长三角大都市圈中重要的农产品供应基地。

三是建设长江三角洲的现代物流基地。充分利用湖州地处长三角南北之间，上海辐射内地重要节点这个独特的区位优势，以商贸流通、公路、水运为依托，整合利用物流资源，努力构建现代物流的市场体系、设施网络体系和信息服务体系，积极培育和发展现代物流企业和产业，使湖州成为长三角面向内地的重要物流基地。

四是建设长江三角洲的旅游度假胜地。充分发挥湖州真山真水、生态良好、文化底蕴深厚、旅游资源丰富的优势，加强旅游资源整合和景点建设，突出“太湖、名山、古镇、竹乡”特色旅游，加大旅游市场拓展的力度，将湖州建设成为长三角旅游经济圈中重要的旅游度假胜地。

除此而外，首先要突出一个重点，加快产业接轨。接轨大上海的最终目的是增强湖州经济综合实力和国际竞争力，最根本的是要靠产业支撑。因此，要始终突出并坚持产业接轨这个重点，各项工作都要围绕产业接轨来展开。第一产业要着重围绕建设长三角大都市农产品供应基地目标，加快建设面向上海市场的农副产品标准化生产加工基地，加快农产品绿色通道建设，提高农产品进入上海市场的组织化程度，增加湖州优质农产品在上海市场的份额。采取多种形式吸引上海的工商企业来湖投资农业，兴办农业龙头企业。第二产业要围绕打造先进制造业基地，以湖州的优势产业为依托，立足改造提升传统产业、发展壮大支柱产业、培育扶持新兴产业，加强与有技术、有品牌、有市场优势的沪苏浙企业的联合和嫁接，争取引进一批上海的企业和项目到湖州落户。第三产业要按照扩大总量、优化结构、拓宽领域、提升层次的思路，改造提高传统服务业，大力发展现代服务业。要充分发挥湖州旅游业的特色优势，借助周边城市旅游集散地的优势，着力打造湖州旅游品牌。加快物流运输网络、物流信息平台和物流园区建设，逐步形成结构合理、设施配套、技术先进、运转高效的物流体系，使湖州成为国际国内物流供应链的重要枢纽和节点。

第二要构筑两个平台，建设南太湖产业带和临杭产业带。打造先进制造业基地，必须要有与之相配套的载体的平台。建设南太湖产业带和临杭产业带，是湖州在新一轮竞争中实现新跨越，赢得新优势的重大举措。今后一个时期，要按照“扩容、整合、提升”的要求，对现有各级各类开发区和工业园区进行系统整合，高起点规划、高标准建设、大力度推进，使南太湖产业带和临杭产业带成为湖州高新技术的集聚区和先进制造业基地的核心区、新型服务业的先行区、现代农业的推进区、体制机制创新的试验区、功能完善的新城区和生态建设的示范区。南太湖产业带，以南浔经济开发区(华侨投资区)、湖州经济技术开发区、长兴经济开发区和安吉经济开发区为核心区，规划总面积350平方公里左右，在现有基础上重点发展特色优势产业，大力培育发展电子、环保两大高新技术产业和现代农业、现代物流业、旅游业等。临杭产业带，以莫干山经济开发区为核心区，规划面积100平方公里左右，重点发展电子、环保、生物医药、服装产业及旅游业等。

第三要夯实三个基础，制定规划、完善政策、建好交通。为全面接轨上海，加快融入长三角提供保障和支撑。一要抓紧制定规划。按照接轨大上海，建设大城市的目标要求，认真编制接轨上海的总体规划和各种行业规划，编制实施生产力合理布局规划，调整完善城市建设总体规划，进一步加大资源整合力度，加快开发区和工业园区建设。二是修改完善政策。进一步修订完善《关于加快湖州与上海接轨的暂行规定》和《湖州市接轨上海奖励政策》，明确接轨的重点和方向，积极引导、支持、鼓励企业参与接轨上海、融入长三角活动，扫除各种影响企业发展的障碍，保护和调动方方面面的积极性，加快推进接轨步伐。三要加快建设交通等基础设施。优先发展交通事业，加快交通设施建设步伐，尽快构建到上海以及周边重点城市的快速通道，统一规划建设区域综合交能网络，连接长三角南北两翼。进一步加大电力、通信、城乡供水、污染治理等区域性基础设施的建设力度，尽快构建与现代化大城市要求相适应的基础设施框架，为更好地接轨上海、融入长三角创造应有的条件。

第四要取得四个突破，在招商引资、扶优扶强、市场开拓、引进人才四个方面取得突破性进展。招商引资是接轨上海、融入长三角的重要突破口，要充分利用上海世博会和跨国公司地区总部多、研发中心多、外商中介机构多的特点，把上海当作湖州招商引资的“桥头堡”和“主阵地”，进一步健全机构，充实人员，加大力度，扩大招商规模，提高招商质量。以产业招商为重点，强化园区招商、企业招商和政府招商，力争通过上海这个大平台，想方设法吸引国内外大公司、大集团特别是世界500强企业来湖投资，推动湖州利用外资上档次、上水平。加大扶优扶强力度。大企业、大集团的多少是地方经济发展水平的重要标志，是带动地方经济发展的重要力量，同时，也是接轨大上海、融入长三角、进而参与国际竞争的重要主体。在接轨工作中，要始终把扶优扶强、培育大企业、大集团放在重要位置，制定出台政策措施，确定“四个一百家”和年销售超50亿、30亿、10亿元企业的培育名单和具体规划。进一步优化企业发展环境，简化办事程序，减轻企业负担，提高服务质量。建立各级领导联系重点企业制度，及时帮助企业解决发展中遇到的困难和问题，支持和鼓励企业上规模、上档次、创名牌，力争尽快形成一批在长三角乃至全国有较强竞争力的“旗舰”式企业。

大力开拓市场，实现市场共享是接轨大上海、融入长三角的重要途径。在继续改造提升湖州现有专业市场的同时，做好上海和周边城市相关市场在湖州的延伸工作，争取到2007年，引进长三角地区连锁经营企业20家。借助上海“贸易中心”的地位，确立面向上海的市场观念，扩大湖州产品在上海的市场份额。积极探索新型流通业态，健全市场流通的渠道和网络，扩大商品流通的规模，整体提高湖州产品在长三角大市场中的市场占有率。认真学习借鉴上海及其他城市市场培育和建设的先进理念，在培育商品市场的同时，大力培育资金、技术、人才、土地等要素市场，进一步完善湖州的要素市场体系，提高市场竞争能力。

在人才引进上取得新突破。要充分利用上海、南京、杭州等地高等院校多、科研单位多、科技力量雄厚的优势，进一步完善人才引进和使用机制，吸引上海及长三角各类高级人才来湖工作，形成人才资源共享平台。搞好与上海人才市场的对接，积极参与上海的区域性人才招聘，引进和聘用一批湖州急需的各类实用人才。建立与上海的人才工作日常交流机制，每年选拔一批科技带头人和企业经营管理者到上海等地的院校进修学习，选送一批优秀中青年干部到上海对口挂职锻炼。积极争取上海等地的知名高等院校来湖设立分校或联合办学，就地培养高层次人才，提高湖州的高等教育水平。

湖州市在“接轨大上海，融入长三角”的进程中，先人一拍，先人一步，表现出了高度的政治敏锐性和经济实效性。搞政治必须要懂经济，搞经济必然要懂政治，开发大上海，实现长三角经济一体化，正是国家有关部门以国家发展大计为重所制定的一个重要决策，政治、经济双重，作为地方政府只有审时度势，坚决执行这个方针、政策，方能找到出路，求得发展。祝湖州这座长三角新兴城市的明天更加美好！

（朱昌华）

春城昆明，无论何时提起，总给人以一种温馨。这种温馨既是自然赐予的，也是当地人民对世人的真诚使然。改革开放后，春城人民沐浴着市场经济大潮的春风。醇厚的民俗，充盈着经营城市的理念，全新的城市规划和建设使一座现代新昆明悄然崛起。请看：

18. 悄然崛起的“现代新昆明”

昆明的城市规划与地产发展从未像今日这样引得百姓关心，引得商人关注。这种关心与关注不仅取决于昆明在西部开发中举足轻重的位置，取决于建立中国—东盟自由贸易区的良好机遇，更取决于昆明城市规划的崭新定位与地产发展的红火局面。基于此，在昆明市两会期间，记者特地远赴该市采访了其主管城建的胡星副市长。

“一湖四环”“一湖四片”构建“现代新昆明”

胡市长介绍说，“一湖四环”和“一湖四片”，是中共云南省委、省政府去年5月30日召开昆明市城市规划与建设现场办公会时，明确提出的“现代新昆明”城市发展思路的内容。“一湖四环”是围绕滇池周围进行的四个不同的功能环建设，包括了拦截污水进入滇池的环湖截污、提供交通便利的环湖公路、成为城市和滇池缓冲地带的环湖生态区以及拓展新经济的环湖新城建设。

而“一湖四片”的开发是指环绕滇池进行的四个环湖新城建设，包括了在滇池东岸的呈贡、南岸的晋城、西岸的昆阳、海口分别建设昆明新城，与现在滇池北岸的主城一道构建有“山、水、城、林”相互交融的城市景观。其中各城的功能定位也各不相同。呈贡新城将形成新兴工业、科研文教园区，以花卉产业为特色的生物产业基地，现代城市物流中心，规划人口95万人，用地100平方公里；晋城新城预计形成组团式发展的新型旅游度假村，规模人口75万人，用地80平方公里；昆阳、海口新城计划形成以磷矿精加工、机械制造、电子仪表、旅游服务为主要产业的工业城，规划人口60万人，用地60平方公里；而现在的主城将继续承担金融、商贸、旅游服务中心的城市功能，扮演昆明城市核心区的角色，规划人口220万人，用地220平方公里。

在谈到“现代新昆明”建设的实施情况时，胡市长介绍，“现代新昆明”建设的各项工作目前全面启动，已成立了呈贡新区管委会和五个指挥部，积极开展了测绘、地质灾害评估、环境影响评价和土地利用规划调整工作。为提高主城和呈贡新区的规划水平，政府已与山东鲁能集团签订了《呈贡新城规划建设合作框架协议》，在新城100平方公里范围内，鲁能集团出资邀请国际知名的规划设计单位对呈贡新城规划进行概念性规划国际招标，并将先期投入100亿元进行投资开发。对近期重点开发的大学城，则邀请了美国规划设计事务所开展招标工作，现正在进行控制性详细规划编制。同时，完成了西山风景名胜区总体规划国内招标。在主城规划完善方面，则邀请国内外4家著名的规划设计单位，进行主城核心区概念规划国际招标，组织完成了“昆明主城核心区概念规划国际方案征集”评审活动，并在此基础上，完成了《昆明主城近期建设规划2002～2005》的编制工作，进一步明确了未来3年昆明主城的发展重点。

在市政道路建设方面，主城至呈贡新城的主干道(昆洛路)改扩建自去年8月份动工建设以来，在不到1个月时间里，施工便道已经全线贯通，创造了“新昆明速度”。与此同时，26公里的环湖公路东段(滇池旅游度假——呈贡马金铺)建设工程也已按计划进行。

同时，政府还着手大力开展了招商引资工作。其中，中华电力、大连万达、四川新希望等总投资达160亿元的18个项目已经开工；世纪金源、鲁能、广东美的总投资达270亿的15个项目准备开工建设；香港威华达公司投资褐煤开发、法国拉法基水泥项目等总投资达90多亿元的11个项目正在积极报批。

对于滇池，胡市长说，政府会坚持正确处理开发新区与滇池治理的关系，正确处理新城建设与实施《滇池“十五”计划》的关系，将《滇池“十五”计划》中确定的相关项目选定在东部新城优先启动实施，为东部新城发展建设提供必要条件，使新区开发与滇池治理互为促进，全面改善环湖地区的生态环境质量。

实现经营城市理念　建立多元化投融资体制

在近期有关昆明建设的报道中，当地政府多次提到“经营城市”的理念。它对“现代新昆明”建设意味着什么？胡市长认为，“经营城市”这种模式的实质就是政府以企业家的角色来管理城市、治理城市，把整个城市作为资产进行有效整合，以达到国有资产保值增值并发挥最大效用的目的。具体到“经营城市”理念的实现方式，胡市长提到了以下几点：

其一努力盘活存量资本。首先是盘活土地资源，完善土地储备制度和交易制度，实现土地收益最大化。其次是盘活已建成的城市基础设施项目。进一步开放基础设施、市政设施、公用事业等领域，采用将市政公用设施以固定资产注入贷款主体，授予项目沿线土地开发权、拍卖项目资源使用权、经营权等方式，与金融部门进行重点工程单项融资合作，增强融资能力，缩短融资时间，降低融资成本，搭建融资合作平台，建立城市建设融资、回收、增值的良性运作机制。目前昆明市交通公司就已拿出两个分公司、一个修理厂与香港新世界巴士有限公司合作，实物资产的评估价值为6000多万元，转让金为7050多万元，转让后港方持有30年51%的股权。如此运作既引进了资金，又实现了国有资产增值。此外，在上海华辰投资顾问公司的帮助下，市自来水总公司也正在制定招商引资的整体方案。

其二全力搞活增量资本。即通过制定优惠政策，营造良好投资环境，千方百计引进国内外、省内外投资者，到新区进行连片开发和基础设施建设。为此，政府加大宣传推介力度，在去年举办的“中国昆明城规划建设博览会”、第十届“昆交会”以及“厦门中国国际投资贸易洽谈会”上，均设立专门展区，以全面介绍“现代新昆明”发展战略及相关项目，并举办了昆明投资情况介绍会。

其三充分利用银行贷款。目前，经过努力，政府已与国家开发银行云南省分行签订了150亿元的贷款协议，与国家建设银行签订了200亿元的贷款协议，与工商银行、交通银行、商业银行、中国银行云南省分行、光大银行昆明分行等也陆续签订了一批贷款协议。而呈贡县政府也与广东发展银行签订了50亿元的融资合作意向书。

其四坚持按照市场规律办事，实行项目公司化运作。当务之急是抓紧调整充实城市建设投资公司、滇池污染治理投资有限责任公司等投资公司，按公司和项目法人责任制进行项目建设招标和项目运营管理，盘活、包装、放大经营管理的资产，投资城市基础设施建设。

促进楼市健康发展　土地供应向普通住宅倾斜

对于昆明的房地产市场，胡市长认为，自从2002年2月30日昆明房地产交易中心成立以来，昆明的房地产交易日趋活跃，下一步，政府将采取有效措施，确保房地产市场持续健康发展。具体而言，一是要进一步简化程序，努力降低入市门槛，引导住房消费。目前尚未开放二级市场的县(市)区要全部开放。二是要进一步健全、完善住房政策和供应体系，加快建立健全房地产市场预警预报系统，解除购房者的后顾之忧，让市民放心买房。三是要规范房产权属登记管理，规范买卖合同和销售行为，规范房地产经营行为，强化商品房预售管理和合同管理，规范商品房面积计算标准和办法，规范中介行为，促进诚信制度建立。

同时，胡市长还特别强调要强化土地资源对房地产市场的调控作用，建立和健全房地产开发用地计划供应制度，严格执行国家经营性土地的有关规定。胡市长说，土地是城市资源的重要组成部分，要进一步搞好城市国有土地资本运营，逐步完善土地收购储备制度，市区范围内凡需盘活的土地必须统一纳入土地储备机制运作，由政府收购，统一拍卖出让，企业不能自行招商。对于一些不急于收购储备，或财力一时无力进行收购的地块要先进行信息储备，搞好储备规划。同时，要做好土地收益分配，调动各方面积极性，规范土地二级市场，凡行政划拨地进入市场的，必须收取土地出让金。房地产开发用地必须符合土地利用总体规划和年度计划，土地供应重点则要向普通商品房用地倾斜。

（任鹏宇、朱 丹）

几乎人人都知道，城市的土地是有限的，不可再生的，然而，在经营城市的大潮中偏偏有一些城市的领导者不但对土地不可再生的道理视而不见，甚至连起码的待价而沽的经商常识也不顾，脑子一热，就把仅有的土地一古脑儿抛售尽净。而浙江省杭州市领导者们却登高望远紧紧把握住市场脉搏，把握住自己，尽管暂时受些损失，但却符合土地大政策，符合土地市场规则。请看：

19. 杭州土地市场扎紧口袋

杭州市政府最近所作的一个举动，一举而惊全国房地产界。这是一次涉及到4203.96亩经营性用地的解除合同行为。

这4203.96亩与杭州市老城区接壤的土地之使用权，在过去约两年时间之内，本已被杭州市余杭区人民政府陆续出让给了杭州市的27家房地产开发商，但在7月里，余杭区政府与27家房地产开发商签署协议，解除了以前的出让合同。

余杭区政府为此将付出不菲的代价：在向开发商退还5.2676亿元土地出让金之外，还得承担开发商所交纳出让金的同期银行利息(约2000万元)，和对它们的前期费用作出大约10%的补偿。

余杭区政府看起来是动了真格，据记者了解，有的开发商已经拿到了这笔钱。

对于全国房地产市场来说，这决不是一个局部、孤立的行动，而是继央行房贷新政策出台后，决策层着力化解房地产市场风险的又一个信号。

事实也是如此，就在余杭区与开发商进行的解除合同谈判结束的第二天——确切日期是7月2日，国家国土资源部治理整顿土地市场秩序督察小组一行4人抵达杭州，督察组对余杭区的做法表示了满意。

督察组仅在余杭呆了半天，就马不停蹄地去了宁波。需要指出的是，这个小组不过是国土资源部派出的第一批10个督察组中的一个。

亿元巨资买“规范”

余杭区国土资源局办公室副主任陈勇向记者介绍说，这次余杭区收回的4203.96亩土地当初全都是以协议出让形式与开发商签订合同的。

而据资料显示，余杭区在1999年到2002年底之间，共出让房地产用地3.6万多亩，其中绝大部分为协议出让，价格大多在每亩7万元至12万元之间。

“要是拍卖的话，价格翻上10倍没有问题。”某业内人士说。实际上，余杭区此次之所以要以不菲之代价回收这4203.96亩土地，原因也就在于此。

事实上，土地协议出让的形式一直不为政府所鼓励，对于余杭区而言，其获利也不如招标、拍卖所得丰厚。那么，余杭区此前为什么要如此作为呢?

“大环境就是鼓励这样的做法的，前几年不是一直在说‘以房地产拉动内需’吗?”陈勇回答说。

陈勇在向记者讲述了房地产项目的上马流程——开发商确定项目、向省政府申请“农转用”审批、征用土地、征完后与开发商签订土地出让合同——之后，反问道：“开发商确定项目时就已经商量好是协议出让，要不然连项目都确定不下来。总不能把项目给了人家，过后又进行拍卖吧，那还算什么把项目给人家呢。”

陈勇的反问不无道理，实际上，以房地产投资拉动当地经济，近几年来已是很多地方的官员表现政绩的一种重要方式。

另一原因是涉及当地政府的管理架构。杭州市国土资源局办公室主任涂冬山告诉记者，余杭区国土资源局的直接领导单位是浙江省国土资源厅而不是他们。

而之所以如此，是因为余杭在2001年2月撤市入区以后仍然享有三年的地市一级部分经济管理权限，因为享有地市一级的经济管理权限，在土地规划问题上，杭州市国土资源局管不了余杭区。

在撤市成区之后，余杭区的土地出让狂飙猛涨，除了协议出让比例过高之外，余杭区开发建设的总体规模偏大也令有关人士暗自担忧。一个数字频频为媒体所引用，成为余杭区受人诟病的最大依据：从1999年到2002年短短4年间，余杭区签订出让合同的房地产用地达到3.6万多亩，已经超过杭州旧城区最近10年的商品房供地量。

浙江省副省长陈加元在7月1日指出，老市区土地供给严重不足、余杭区土地供给过大是杭州市房地产业的痼疾之一。他说应当“加强杭州与萧山、余杭的协调，把萧山、余杭的房地产市场统一纳入到杭州市的大市场中来”。

余杭区主动拿自己开刀，显然是明智之举。国土资源部治理整顿土地市场秩序督察小组没走几天，余杭区政府“亿元巨资买‘规范’”的事就上了《中国国土资源报》的头版头条。

“区里专门向市委市政府汇报过此事，市里也很肯定我们的做法。”陈勇说。

决策层双管齐下

余杭区政府甘愿花费数千万巨资加上“背信”之名加紧整改，实是“11号令”的严辞厉色使然。

“11号令”全称《招标拍卖挂牌出让国有土地使用权规定》，由国土资源部颁布，于2002年7月1日开始施行。“11号令”最重要的条款是第4条，“商业、旅游、娱乐和商品住宅等各类经营性用地，必须以招标、拍卖或者挂牌方式出让”；同时，第24条还规定，“应当以招标拍卖挂牌方式出让国有土地使用权而擅自采用协议方式出让的，对直接负责的主管人员和其他直接责任人员依法给予行政处分”。

“以往并没有硬性规定，‘11号令’出台以后凡是协议出让就全是违规了。”陈勇说。而“11号令”也因此成为余杭区收回土地的一个契机，在此之后，余杭区政府在内部就此事进行多次谈论，并紧接着开始与开发商接触，然后逐个进行谈判。

但其实并非如陈勇所说，让国有土地出让扎上口子的并非仅仅是“11号令”。实际上，“11号令”并非一个孤立的法令，它是决策层近期一系列涉及房地产市场的法章规定之一——正是这一系列法令给持续高温的房地产市场浇上了一盆冷水。余杭区的这一举动只是随之而来的表征之一。

2月20日，建设部与央行在进行全国调查后发布的《2002年货币政策执行报告》中就曾经提到，土地供应量过大是造成房地产金融风险的因素之一。

6月11日，国土资源部更是发布了《协议出让国有土地使用权规定》，直接对存在着众多问题的协议出让国有土地使用权进行规范。

6月13日，中国人民银行下达《关于进一步加强房地产信贷业务管理的通知》，旷日持久的“房地产泡沫大争论”随之明朗。很明显，央行此举正是从资金方面入手化解房地产市场风险的第一步。

短短一月之间，土地使用权协议出让新规定与房贷新政策双双出台，这意味着，决策层着手化解房地产市场风险的态度已经公开。在房贷新政已经掀起风暴的下一步，大力整顿土地市场则是题中应有之义。

钱根收紧，土地的袋口也扎上了，难怪华远地产总裁任志强感慨道：“现在看来，政府控制房地产过热是两条腿在走路，一条是土地供应，另一条是银行信贷。”

隐 忧 尚 存

尽管陈勇称政府与开发商签订的是民事合同，解除合同的行为属于协议解决，但不难想见的是仍然有开发商感到愤愤不平。“这些补偿有什么用呢？我都投入了上千万了。”一位不愿透露姓名的开发商说。

杭州市森淼房产公司的翁总经理说这段时间自己已是焦头烂额，即使在电话里，他也没能抹去声音中的那份疲惫与不耐烦——“各方面我都要应付，日子很难过，你别找我了”。他不客气地挂上了电话。就在大半个月以前，森森房产公司与余杭区政府刚刚解除了土地出让合同，余杭区政府收回了近三年前向森森房产公司协议出让的一块房地产用地，森森房产公司则拿回了当初交纳的1000万元土地出让金。

“政府花的钱不到1亿元，”陈勇认为媒体所说的这个数字有所夸张，他简单地算了一笔账，“那5亿元本来就是别人的；利息也不算，反正那些钱拿来了也是放到银行里；从政府口袋里掏出的只有那10%的前期费用，也就是5000多万元。”

据陈勇介绍，所谓“前期费用”是指开发商在做前期调查、可行性报告、测绘、规划、设计方案等环节时的费用。他承认有的开发商已经向所取得的土地进行了资金投入，按10%来计算“前期费用”可能并不能完全补偿其损失，但是“这10%要尽量保证政府的合理支出”。

“比如说你如果去年年底才把钱交来，是不是也要给你10%呢？这就不一定了。”陈勇说。

“政府才不会做亏本买卖呢。”杭州市某房地产界的业内人士这样说，“反正土地又回到政府手上了，这些土地迟早要进入土地储备中心卖掉的，到时候收回来的钱不知道要多上多少倍。”

如果收回的土地最终会进入土地储备中心从而再次进入杭州房地产市场，那么余杭区开发总体规模偏大的隐忧仍然没有得到解决。毕竟4000多亩土地只占了余杭区被圈走的土地的1/9而已，其余大多仍然闲置未开发的8/9才是最大隐患。

与收回4000多亩土地同时为余杭区政府所提出的还有几条措施：暂停2003年新供房地产用地；对已经省批准农转用而在2002年底尚未供地的，停止供地，取消项目；严肃处理闲置土地的行为。

但这些措施大多限于抑制增量，而如何消化掉巨大的土地存量而不对杭州市房地产市场造成危害，仍然是余杭区政府所面临的难题。

在此之前，余杭区的“圈地运动”也曾经受到媒体与专家的广泛质疑。其中最有力的意见有两条：第一，地价款归余杭区，土地却进入了杭州市的房地产市场，在城市规划不到位、基础设施不配套的情况下，开发商大多以此为由闲置土地，等待地价上涨；第二，土地闲置导致开发商从银行获取的贷款也随之闲置，增加金融危机的可能性。

但在余杭区显然还有人对上述两条意见持保留态度。陈勇说自己也感到困惑，很难去把握，“房地产到底需要多大的一个量，没有一个科学的标准。是不是我们供应了地就会产生泡沫、收回了地就不会产生？我看也很难说。”

当记者问及收回土地的行为是否还会继续时，得到的回答只是“剩下的土地将会按照市场规律进行调节”。

（雷剑峤）

一谈到经营城市，有些人就掰着指头算自己的那二亩三分地。是不是有了土地就能把经营城市搞好了呢？未必！不少城市的领导者们都有过自己的不同教训，湖南长沙市市长就是其中之一。世界500强企业之一的老总提出的四个情理之中的要求，居然难倒了原本在经营城市中想大有作为的长沙市市长谭仲池，以致于使悟性极高的长沙市市委、市府亮出了经营城市的“杀手锏”——经营城市必须从优化政治环境入手。请看：

20. 长沙市把优化投资环境列入基础工程

在不久前举行的全国大中城市民营企业(长沙)合作交流会上，长沙市委书记梅克保把优化经济发展环境称为“基础工程”，表示将以环境招商、以环境留商，表明长沙市的决策层已将营造良好投资环境作为重要的大事来抓。

市 长 被 难 倒 了

在一次招商活动中，长沙市市长谭仲池遇到一家名列全球500强的企业。通过接触，双方有进一步合作的意向，但后来该企业提出的4个要求，让谭仲池难以回答。这些问题是：长沙市是否能提供500名以上的高级工程师？是否能提供1000名以上会说外语的工人？能否提供一个能用多种语言教学的学校？能否提供二个专供外国人居住的社区？事后，谭仲池回忆说：“当时，我对这几个问题思考了很久，但长沙市的实际情况使我无法给出肯定的承诺。”

今年，长沙市招商引资的重点是引进跨国公司、世界500强企业，这些企业引进来后，为其提供良好的配套环境，是长沙市面临的新问题。

“优化办”应运而生

一只手营造好环境，另一只手则护卫投资环境。

2002年5月份，长沙市政协委托长沙市统计局对长沙市私营企业发展环境进行了一次调查，其结果显示：民营企业主对经济环境的总体评价一般和差的占56.4%，认为政策法规落实一般和较差的占67.3%。

其实，在这次调查开始之前，长沙市的主要领导就已意识到了这一问题的严重性，并采取了相应措施。2002年上半年，长沙市优化经济环境整顿和规范经济秩序联席办公室成立，该机构由长沙市纠风办、市整顿规范经济秩序办、市治理经济发展环境办“三办”合署组成。

在“优化办”成立的当天，长沙市政府召开了有市直2000多名干部参加的优化经济环境动员大会。会后，长沙市33个市直重点部门单位，向社会做出了优化经济环境的公开承诺，并通过媒体公布。

案件通报引起强烈震动

在随后的3个月内，“优化办”受理了多起影响经济环境的条件，震慑了扰乱经济环境的有关人员。

去年7月23日，长沙市召开优化经济环境工作通报讲评大会。会上通报了多起影响经济环境的违纪、违法案件。一位与会者回忆说：“当时会议还没有开，那些榜上有名的单位负责人就紧张起来。后来许多干部都不敢再胡来了。”

去年年底，“优化办”再次“发威”，向全社会发放1400多份调查问卷，全面调查33个市直单位部门推行社会公开承诺制度的兑现情况。“优化办”根据调查结果，对33个单位进行排名，预计将于本月向全市通报。可以预料，这记警钟届时又将引起新的“地震”。

从4月9日开始，知道自己排名靠后的长沙市某局就开始了对全局干部职工进行为期一个月的整风，并要求全局所有执法人员在23日之前主动交代自己的违纪问题。如果对违纪问题不交代被查出的，将从重处理，情节严重的将被清除出执法队伍。

优惠政策不等于优良环境

随着经济的发展，单纯的优惠政策已经不再是投资者关注的重点。日前，在长沙市主要领导拜会全国政协副主席、全国工商联主席黄孟复时，黄孟复讲了一番耐人寻味的话：“民营企业都希望地方能提供一个良好的环境，这个环境不仅仅是提供几种优惠政策，而是有利于企业全面发展的综合环境。”黄孟复说，这个环境甚至包括当地的学校情况、市民素质、社区环境等一些看似与企业无关的东西。

（胡　建）

经营城市的理念一旦为有心人所接受，其产生的巨大能量是无法计算的，您看，小小增城市，拥有1800多年文明史，但很长时间该市与广东类似的城市相比就像个棚户区：一条马路穿城而过，来来往往的车辆扬起阵阵尘埃，使这座本该靓丽的城市成了乡村的“大集市”。然而，在市委书记汤锦华、市长朱泽君等人的领导下，增城人民坚持按市场规律办事，认真呵护和经营这座城市，使之出现了奇迹般的变化。请看：

21. 千年古城拥抱现代文明

众山环抱花木葱茏，一江穿城碧绿如蓝，一条条景色宜人的宽阔街道，一幢幢风格各异的现代建筑，一个个环境优美的广场和公园和谐地组合在一起，给人留下适宜居住和创业的美好形象。

这就是增城，这就是一颗正崛起于珠三角的璀璨明珠，一座充满现代文明气息的山水城市。

这一巨变，增城人仅用了3年时间！而巨变的背后，闪烁着增城市委、市政府以民为本的执政意识，以及运用市场经济规律经营城市的非凡理念。

千年古城呼唤现代文明

增城始建于东汉建安6年，至今已有1800多年的历史。历经20多年改革开放的洗礼，增城在全国百强县(市)排名中从58位跃升至第25位，经济建设和社会各项事业突飞猛进。然而，随着城市的不断扩张，人口激增，使传统的城镇格局远落后于经济发展。直到2000年前，偌大的荔城镇没有一条像样的街道，没有一个可供娱乐休闲的公园和广场，以致年轻人抱怨没地方谈恋爱，喜爱健身运动的市民没有一个好去处；而乱搭乱建的违章建筑、随街摆卖的个体摊档、长期存在的卫生死角，犹如一块块贴在城市容颜上的“伤疤”，令市民感到难堪而又无奈。要不是传说中八仙之一的何仙姑、闻名遐迩的挂绿荔枝出自增城，外地人压根儿就不会想起这座风行“马路经济”、看似“大集市”的千年古城。

城市面貌不改，群众难受，文明难求。2001年初，增城市委、市政府振臂高呼：“环境也是生产力”，力争3年内把增城建设成为省级文明城市！市委书记汤锦华在动员大会上说：“增城要谋求更高层次的发展，务必要有一个优良的软硬环境，而创建文明城市就是优良环境的重要标志。只有高效、舒适的城市，才能留住人、吸引人。”

接着，一个以“青山、碧水、蓝天、绿地”为主题，精心打造“一江穿城、众山环抱”的城市建设总体目标付诸实施，增城打响了改造城市的总体战。

市场运作打造民心工程

改造城市需要大笔资金，这对财力有限的增城来说，无疑是一大难题。当地领导经过深思熟虑，决定用市场经济规律经营现代化城市，采取“政府策划、政策推动、市场运作”的投融资新机制，发动社会力量、民间资金参与城市建设。

兴建“增城挂绿”广场，是市政建设的头一项民心工程，能否一举成功，备受各方关注。市领导经过精心策划，决定拆除挂绿园周边的陈旧建筑、搬迁二家酒店，并把周围的商贸城建设纳入广场规划，以“商场换广场，广场旺商场”的做法吸纳民营资本。由于商机无限，一家实力雄厚的民营企业中标承建，斥资5200万元建起了占地45万多平方米，集观赏、娱乐、购物为一体的广场。如今，挂绿广场不仅成了市民最喜爱的休闲购物广场，也吸引着华润、麦当劳、肯德基等众多知名商家前来淘金，使这一带成为全城最旺的娱乐、商业中心。

挂绿广场建设成功，是市委、市政府运用市场经济规律经营现代化城市的大胆尝试，激发了市民的兴奋点，调动了社会各阶层人士的积极性，大大推动了城市改造的进程：仅3年时间，增城市政建设投资高达23亿元，而擅长用市场经济规律经营城市的当地政府，仅花了2亿元的启动资金；增城广场、体育广场、增城公园、增城大道、荔景大道、荔星大道、夏街大道、府前路、东区一环路、107国道新塘路段、荔城大道汇美段、新塘大道、永新一道、永顺大道等一批民心工程相继落成，光亮工程全面完工，形成了“一路一灯、一路一树、一路一景”的独特景观；城市绿化空间不断拓展，实现了“见缝插绿”、“拆违复绿”、“规划建绿”的跨越，使城市绿化覆盖率达到39.7%，人均公共绿地面积为11.35平方米。

在这批民心工程中，最令市民自豪的是规模宏大、气势雄伟的增城广场。它投资5000多万元，占地26万多平方米，设有露天剧场、展览中心、市政广场、历史文化长廊、雕塑群等，囊括了集会、休闲、娱乐、健身诸功能，成为增城人心目中最亮丽的城市客厅。在这里，随处可见打太极、舞花剑、谈恋爱的身影，也能目睹万人共舞的壮观场面；而在荔城东区，增城体育广场以足球场、室内体育馆、网球场、篮球场、乒乓球馆、游泳场等公共体育设施组成的体育休闲广场曾多次承办了国际、国内体育赛事，让市民欢呼如潮，倍感自豪。

美好家园提升市民素质

谈起城市规划和建设的效应，增城市市长朱泽君颇感欣慰：“人改造环境，环境造就人。这几年我们坚持以人为本，打基础，造环境，良性互动，长足发展，最可喜的变化就是广大干部群众思想观念的更新，与时俱进创新精神的提升。”

3年前，由于没有广场和公园，市民没有好去处，于是，沿街可见的麻将台、骑楼下的大排档成了人们茶余饭后惟一的娱乐场所。而今，功能各异、景观雅致的众多文化广场、公园随人所好，让市民享受着美好家园的祥和欢乐。增城人从未像今天这样热爱和珍惜自己的城市，乱丢乱吐、乱停乱放的现象少了，违章建筑、主干道临街防盗网顺利拆除了，许多市民大胆开口说起了普通话，连个别人“穿拖鞋睡衣上街”的习惯也改了。不少人慨叹：“如今市容靓丽、整洁，谁还忍心吐痰、丢垃圾?”可以说，增城人的灵魂深处经历了一场前所未有的洗礼。

早年到增城投资办厂的台湾商人阿龙，亲眼目睹了这座城市的变化。他初来增城时，许多朋友都劝他把厂搬到东莞去，他也曾有过此念，但还是看好增城，最终坚持下来。去年，阿龙增资500多万元扩产，员工从原来400人增加到700多人，生意更加红火。他还把台湾好友引荐到增城创业。而吸引阿龙的不仅是这里有高效务实的政府，还有天天都在发生变化的美丽城市……

（叶德时　等）

城固地处陕西省南部的汉中盆地之中央。城固物华天宝，人杰地灵，人文历史厚重。这里有天然药库美称，生态优势明显，旅游资源丰富。这里是骄人的“丝绸之路”开拓者张骞的故里。目前保存有韩信、韩愈后裔“陕南第一家祠”遗址和“北斗喉舌”李固及萧何、樊哙等诸多历史名人墓葬，及殷商文化遗址“中华第一窑”等。

这里矿藏丰富，一些工矿企业迎着经营城市的阳光雨露拔地而起，各种农副业产品，也迈步走进大市场，一些品牌也逐渐驰誉神州……每当谈到此，城固人民总是非常自豪。请看：

22.“经营”使城固大步向前迈

今年初，在陕西省城固县党代会和人代会上，新一届县委、县政府领导班子明确提出：通过全县人民的艰苦努力，到2020年，全县国内生产总值、地方财政收入等主要经济指标进入全省前10名，在西部12省区县排名中进入前100名，把城固建成西部经济强县。城固是“丝绸之路”开拓者张骞的故里。近年来该县大力弘扬先贤“敢想敢干敢为天下先”精神，以大思路大气魄积极推进“工业立县、农业稳县、开放兴县、法德治县、科教兴县”五大战略，全县经济呈现出快速突进的强劲态势。

挥洒开放兴县大手笔

城固作为中华民族放眼看世界第一人张骞的故里，对“开放”有着深刻的认识和强烈的愿望。城固县委、县政府紧紧抓住西部大开发历史机遇，把进一步解放思想、放活思路、扩大开放作为建设西部经济强县的“切入点”和“突破口”，以“三看城固”的观点，即：站在城固看城固，城固年年有进步；跳出城固看城固，城固差距很大；立足发展看城固，城固潜力无限。教育干部群众，强化“解放思想就是解放生产力”、“让你发大财，促我大发展”意识，让思想冲破牢笼，在全县刮起一股强劲的开放旋风。

今年年初，县上主要领导率70多名部局、乡镇和重点企业“一把手”前往毗邻地区四川省广元市学习考察他们在开放开发、跨越式发展上的经验和做法。全县各机关、企事业单位集中一周时间，讨论落实措施和新年工作思路，在全县掀起“学白河，赶广元，抓落实，促发展”的热潮。

3月初，总投资达1.8亿元的城固县108国道城区过境段拓宽改造和西环四路拓建拉开序幕。其中，108国道城区过境段是城固县门户，代表县域形象，全长3.48公里，宽50米，双向6车道。西环四路长2.1公里，宽30米，两条路上的管线全部实行地埋，在城固县城建设上再次挥洒大手笔。

3月7日，浙江省义乌小商品城第3批客商代表50多人来城固实地考察，城固县委书记赵庆明、县长王永现等主要领导亲自接待，并庄重承诺：“凡外地来城固投资经商、办厂，政府一路绿灯，优质服务，决不欺生，确保财产和人身安全！”

“思路决定出路”，城固县委书记赵庆明感慨地说：“作为张骞故里，叫响‘张骞’品牌，张扬敢想敢干敢为天下先的张骞精神，就是要有冲出盆地的勇气，更要有‘引进来’的胸怀和超越的气魄！”

今年，城固开放兴县又有新招：拿出13.5万元，重奖招商引资牵线人。新出台《城固县乡镇、部门工作目标考核办法》，由“一把手”书记、县长分别与县委、县政府工作部门、乡镇当众签订责任合同，而合同内容均经过部门领导、县上主管领导和书记县长三上三下严格把关，做到了挤干水分捞干的，去掉空话抓实的，操作性强，可量化。同时在年终考核时，实行党建、党风廉政、社会治安综合治理、计划生育“一票否决”制。考核办法规定：对综合考核得分85以下，且名列全县倒数第一的乡镇、部门，其当政领导坚决予以降职或免职。

开放风乍起，考核动真格，上下齐心，内外用力，激荡出全县抢抓机遇，真抓实干，加快发展的生动局面。继世纪腾龙商城浙江成功招商后，陕西秦汉陶瓷有限公司与香港德音有限公司投资8500

万元，合资生产2500吨纳米二氧化钛项目正式签约。5月13日，由中介人引荐，与北京绿园投资有限公司引资2亿元的南沙河名胜旅游区招租开发项目正在顺利洽谈中。到目前，全县已签订千万元以上引资项目合同5个，总投资额达1.99亿元，合同引资1.1亿元。

唱响“工业立县”主旋律

城固县的决策者们有一个鲜明共识：工业化是现代经济发展的必然趋势，也是建设西部经济强县的必由之路，必须特别突出“工业立县”战略的主导地位。

然而进入20世纪90年代，受市场、体制和历史结构性矛盾等诸多因素影响，曾经为城固经济社会发展做出过重大贡献的工业经济一路下滑，以烟、酒、氮、棉为主体的县财政支柱企业相继陷入困境，有的濒临破产，使本就吃紧的县财政雪上加霜，严重阻碍了全县经济社会的快速发展。

如何打破僵局，寻求新的增长点，推进县域经济实现突破性跨越？县委、县政府通过多方论证、分析认为：必须打破传统观念的束缚，敢想大思路，敢干大品牌，敢闯大市场，强力实施工业“二次创业”。

作为陕西省50家建立现代企业制度重点企业之一的陕西城化股份有限公司，同样面临市场萎缩、效益下滑的严峻局面。公司以技术创新为突破口，对尿素生产线进行四改六、改八、改十。2001年10月，该公司大胆试验。“粉煤气化专利技术”获得成功，被誉为“国内首创、达到国际同类气化技术先进水平”，使吨氨成本降低150～200元，每年为企业创利润1500万元，确立了企业决胜市场的优势地位。随后他们采用中科院大连膜分离研究所纤维体氢技术，使日节煤达到32吨，公司陆续完成了变压器增容、造气、尿素系列设备的改造，使公司整体运行质量不断提高，不但增强了企业的市场竞争力，而且实现月月盈利近百万元。

由原城固酒厂改制重组的城固酒业公司，按照“一压、二扩、三转”的思路，对产品结构进行调整，同时不断推陈出新，开发新产品。通过多次试验先后开发出金星级城古特曲、钻石级城古醇，双瓶礼盒张骞礼酒等系列新品18个，这些产品以其纯正的口感和精美的包装、成为市场抢手货。同时，抓销售，拓市场，确立“巩固汉中陕南市场，开辟关中和省外市场”的营销策略，并在市场调研的基础上实施灵活机动的奖励促销政策，对销酒大户根据销量、价格和货款回笼情况奖励股份，将经销商与企业结成了利益共同体，使企业活力大增，呈现出产销两旺的好势头。

目前，全县已形成以食品、化工、建材、纺织、医药、粮油及农副产品加工为主的20多个行业门类、3000多户乡以上企业、100多种产品的工业格局。“城古特曲”系列酒、“张骞礼酒”、“月亮牌”方便面、“张骞牌”化肥、“乐城牌”水泥、“银锋牌”茶叶等40多个名优、新特产品闻名遐迩。畅销国内市场，有的还出口创汇。

经营城市的魅力

近年来，城固县以“撤县建市”为目标，精心“经营城市”，短短10年间，先后新建、拓宽改造东环一路、民主街、汉江路、东环二路和朝阳路等9条主干道路，形成了“五纵六横”的城市主体框架，县城面貌焕然一新。特别是新一届县委、县政府领导班子以超前意识，高起点运作，大气魄、大手笔推进城市建设。建成了塑有“世纪旋律”、“时光隧道”大型不锈钢雕塑，配置音乐喷泉和彩灯、草坪，集绿化、美化、亮化、休闲娱乐为一体，颇具现代化气息的新世纪广场，还有民主街广场、乐城公園等一批精品工程，极大提升了城市品位，使城固成为崛起在汉江上游的一颗璀璨明珠。

20世纪90年代初，城固县城不足3平方公里，一条又窄又旧的主街道，两边房屋破烂不堪，道路坑坑洼洼，整个县城灰头土脸，与改革开放的大环境极不适应。1994年6月，县上拨给城市重点建设指挥部50万元启动金，打响了“经营城市”第一大战役——文化路一期工程建设。县上采取“贷款修路、以路带房、以房活商、以商聚财、滚动发展”的办法，短短两年多时间，一条横贯县城东西、1300米长的商贸一条街展现在世人面前，街道宽阔平坦，两边建筑设计新颖，风格独特，立即吸引了众多商家和居民的目光，营业用房和住宅很快被抢购一空。上级领导高度评价这种做法为“易地生财，让黄金地段产生黄金效益。”如今，文化路已成为城固精品一条街，专卖店、超市、连锁加盟店等高档店铺林立，来自全国各地的商品琳琅满目，宾馆、餐饮、文化娱乐等服身设施齐全。每当夜幕降临，文化路上灯火通明，来这里休闲娱乐购物的居民摩肩接踵，这条路被当地居民自豪地称为“城固的南京路”。

如果说文化路开发建设是该县经营城市迈出的成功一步，那么，汉江路的建设则堪称大手笔。1998 年，县委、县政府决定开发建设汉江路。该路南起城固火车站与 108 国道交会处，北接县城最北端的成龙路，是未来城市的中轴线。建设这条路，共需拆迁 774 间房屋，总面积 1.8 万平方米，仅拆迁安置、道路建设及水、电、通讯配套工程就需要花费 3000 多万元。然而，不到两年时间，一条长 2450 米、宽 52 米的中央大道展现在人们面前。宽阔的大道，加上路面两边整齐漂亮的绿化隔离带、密集型路灯和街心花园高杆灯，把整个大道装扮得分外迷人。省市领导和外地客人无不被她的恢弘气势所折服，赞叹其为“陕南第一路”。此路建成后，大批客商纷至沓来，抢滩投资，兴办实体。现在，路两旁的高楼大厦鳞次栉比，与周围的商城、居民住宅、广场、公园交相辉映，构成了一幅新兴城市的壮美图画。

让农业与大市场接轨

俗话说：“火车跑得快，全靠车头带。”城固县在推进农业产业化进程中，就着力抓住了龙头企业和市场这两个重点。

2001 年 11 月，城固肉联厂与总资产达 11 亿元的北京顺鑫农业集团成功联姻，合资组建汉中顺鑫鹏程食品有限公司。公司成立以来，汉中生猪供不应求，收购价格较过去大幅上扬，带动了整个汉中养猪业，使城固养猪数量由原来的 20 多万头猛增至 50 多万头，并涌现出天味食品厂、天韩林牧有限公司、秦乐保鲜库等一批专门从事生猪、奶牛饲养、经营、加工的企业，形成以龙头企业牵引，公司加农户双赢发展的良好态势，使汉中乃至周边省区的畜禽产品远销北京、广州、深圳等全国 10 多个省市区，并出口俄罗斯、东南亚等国家和地区。

柑橘是城固的传统产业，所产蜜橘受独特的小气候泽惠，具有色亮果硬、果汁饱满、甜中潜酸、口感爽劲的独特品质和风味，深受商家和消费者喜爱。上世纪八、九十年代，城固积极调整农业结构：柑橘种植面积扩大了，市场建设却没跟上，加之品种老化，橘农片面追求产量而忽视质量，市场意识不强，城固柑橘开始出现间歇性“卖难”，挫伤了农民种橘积极性，而且每年橘熟时节，上至县委、县政府，下至乡镇、村，为柑橘销售想方设法，四处奔走，费尽心思。

从拥挤阻塞的车道、混乱不堪的路边市场和外地客商的抱怨中，橘乡人猛醒：大产品需要大市场！县上果断决定：以柑橘主产区橘园镇为中心，沿县道两旁建设串珠式市场带，并由公安、工商、交警、检疫等部门联手共建“柑橘销售绿色通道”。县上还全力打造无公害绿色食品品牌，每两年举办一届规模盛大的柑橘节，广邀全国各地客商洽谈订购。

市场“瓶颈”打开，销售自然火爆，橘价大幅上扬。在 2002 年 10 月举办的第二届柑橘节上，北京、天津、四川、内蒙古、青海等地的数万名客商纷至沓来，先到地头看货，后包园抢购的现象随处可见。客商抢购和市场前移带动橘价一路上扬，由最初 0.8 元/公斤上涨至 1.70 元/公斤，比去年同期翻了一番，日销售量达 1200 多吨，创历史最高记录。中央和陕西许多媒体纷纷报道：城固柑橘卖火了！

山西省古交市是一个以煤和焦炭生产为主的城市，基本上是靠煤炭立市、建市的资源型城市。进入新世纪前，该市虽拥有得天独厚的煤炭资源，但是百姓生活困难，经济和社会发展缓慢，城市化建设滞后，无法带动地区经济发展。在寻求和探讨如何使古交尽快发展、腾飞的过程中，古交市领导班子解放思想，按照市场机制办事，尤其是在城市建设与管理中，积极引入经营城市理念，使古交出现了意想不到的进步，“三年再造一个古交财政”对他们来说已不算梦想。他们的主要经验体会是，不单是要经营城市的资产，而是更注重经营城市品牌，确保“五年财政翻两翻”的新目标实现。请看：

23. 古交腾飞妙法之所在

2001年，山西省古交市的财政收入实现了32.8%的高速增长，2002年上半年增幅高达48.1%，1～8月份就比上年全年财政收入超出113万元，全市经济和社会都呈现良好的发展态势。

市长王建生介绍的古交市遵循市场经济规律，所走的“古交之路”，对世人还是有许多启示的。

启示之一：思路决定出路

思想解放的程度决定经济发展的速度，在实践中明确市场经济意识，增强按照市场经济规律办事的主动性，是区域经济快速发展的根本出路。

王建生市长说：思想解放不解放，体现在对区域经济的现状有没有深刻的认识。针对古交经济和社会发展中存在的矛盾和问题，2001年古交市委、市政府在全市开展并不断引导“站在古交看古交，跳出古交看古交，着眼未来看古交”的“三看古交”解放思想大讨论，带来了古交经济和社会的大变革。

站在古交看古交 全市广大干部群众进一步认清了阻碍古交生产力发展的最主要问题就是解放思想的胆子太小，改革开放的步伐太慢。首先是市场经济的意识还没有在实践中全面贯穿，依然在用计划经济的旧思想看待市场经济的新事物；依然在用计划经济的手段办市场经济的事情。其次是服务型政府建设滞后，发展环境不够宽松。政府还没有找准在市场经济条件下自己的角色，该管的还没有管住管好，不该管的还没有放开放弃，该按照市场机制解决的还没有全面推向市场，政府职能错位、越位、不到位的问题还十分严重。再者是企业改革推动不力，市属企业、乡村集体企业产权制度改革进展缓慢，存量资产的作用还没有较好地发挥出来。另外，经济规模较小，经济总量不大；产业结构单一，产品初级粗放，资源浪费非常严重等问题，依然困扰着全市经济的快速发展。在认真分析自身困难和问题的同时，大家也看到了古交的优势。一是资源优势。古交煤、铁资源丰富，是全国主焦煤生产基地，做强做大矿业经济是提升古交城市竞争力的关键，是加快古交发展的必然选择。二是城市优势，古交是省城太原市惟一的县级市，非农业人口12.1万人，高出农业人口3.7万人，城市基础设施不断加强，承载能力和服务功能日臻完善。以城建城，以城养城，以城兴城，做强做大城市经济，是加快古交发展的重要支撑。三是山地优势。古交是典型的山区，山地面积占全市面积的95%以上，宜林、宜草面积约64万余亩，发展畜牧业有着得天独厚的优势。退耕还林还草，开发“四荒”，发展羊、牛，做强做大生态经济，是古交农业发展和农民增收的关键。

跳出古交看古交 通过与全省119个县市区对比，与发达地区县市区对比，明确了自身国内生产总值、财政总收入等主要经济指标所处的位置，看到了自身的差距，增强了奋起直追的紧迫感。

着眼未来看古交 大家对古交的前途充满信心。作为国家“六五”、“七五”、“八五”重点工程的古交矿区建设，投资达50多亿元。2001年全市确立了35项重点工程、实事工程，投资约11亿元，2002年又上马35项重点工程，投资约21亿元，再加上2002年上马的古交电厂，总投资达50多亿元，相当于又一次矿区建设，古交将成为机焦生产基地和冶炼铸造基地，古交的工业化和城市化进程将大大推进，将进入又一个快速发展的新时期。

通过“三看古交”，使大家进一步明确和坚定了“主攻二产、重抓一产、培育三产”的产业发展思路，使大家充分认识到只有拉长“煤—焦—化”、“煤—电—铝”、“铁矿—冶炼—铸造”三条产业链，实现焦煤就地转化，提高产品的附加值，才能促进古交经济的快速发展。

王建生市长提出，思想解放不解放，体现在是否真正把民营经济的发展放在重要的位置，是否真正把发展作为硬道理，是否真正做到一切以经济建设为中心。他认为，“大发展，小困难；小发展，大困难；不发展，最困难。民营经济是加快社会主义初级阶段发展步伐的一条捷径，是促进国有企业、乡村集体企业改革的重要力量，是古交加快发展，实现跨越式前进的必然选择，是一种成本低、见效快、适应市场经济规律的经济类型，只有把民营经济作为县域经济发展的主体，才能打破资源合理配置的人为障碍。”在实践中，古交市把民营经济作为全市经济快速发展的突破口和活力所在，树立“你发展，我服务；你经营，我收税；你盈利，我高兴；你亏损，我帮助”的观念，只要是纳税人，只要对古交经济发展有利，就大力扶持。做到敢于和善于为民营企业服务，民营企业遇到什么样的问题，市委、市政府就解决什么样的问题，需要什么样的支持就提供什么样的支持；做到舍得感情投入，敢于与民营企业家交朋友，从而使民营经济出现良好发展势头。古交市在全省成立了首家民营经济发展局，加强对民营企业的组织、引导、协调、服务。在2001年、2002年的劳模大会上，对纳税较多的民营企业家进行了大张旗鼓的表彰奖励，由于在全社会大力倡导“依法纳税光荣，发展民营经济光荣，为社会做贡献光荣”的氛围，激发了民营企业家的投资热情，两个“35项实事工程、重点工程”，社会投资占97%以上。

王建生市长说：思想解放不解放，体现在是否敢于坚持改革，是否敢于突破改革的难点。改革是利益的调整，重新分配，不可能不引起一些风波，不引起一些争论，在企业改制问题上，不论阻力有多大，困难有多少，必须毫不动摇地推进。新上项目是发展，企业改制也是发展，而且改制是对企业不良资产、闲置资源的充分利用，是以盘活企业存量资产来求发展，是救活企业的捷径。只有加快推进企业改革，才能更好地维护大多数职工的利益，才能摆脱目前的困难企业的现状，才能使企业在阵痛之后获得新生。古交市百货公司、市水泥厂在改制过程中，少数职工不止一次地上访，尽管如此，市委、市政府仍然坚持推进，最终这两家企业实现成功破产重组。市百货公司公开拍卖1100万元，市水泥厂公开拍卖3500万元，做到了“依法改制、依政策改制、依职工意愿改制”。

王建生市长说：“思想解放不解放，体现在是否能够真正做到按市场机制办事。古交市在城市建设和管理中，引入经营城市理念，促进了城市经济的发展。从2000年以来，改变了过去协议出让的方式，对国有土地使用权实行拍卖，土地收益达1000余万元。同时对违章建筑、过期临时建筑拆除后进行规划，对土地使用权进行拍卖，堵塞了土地资产流失漏洞，增加了国土收益。通过对财政大楼等办公区进行公开拍卖，进行资产置换，合理规划商业区、办公区和居民住宅区，实行办公相对集中化。在城市管理中提出了“人民城市人民管，推向市场搞城管”，对环卫清扫、公园经营管理实行了公开招标承包，使城市管理步入了规范化轨道。

启示之二：项目带动全局

大项目带动大发展，没有项目就没有发展、发展最终必须落实在项目上。古交的实践表明，实施“项目牵动战略”是提升中西部地区县域经济竞争力的关键。

王建生市长说：“投资、消费、出口是拉动经济发展的三驾马车，对于欠发达地区来说，最关键的是实施项目牵动战略，通过刺激社会投资，使各种资源要素活跃起来，在更高层次上实现合理配置，形成经济发展的旺势。”古交市通过实施“项目牵动战略”，形成了四大效应。

效应之一：项目拉动了投资。2001年、2002年古交市分别确立了35项实事工程和重点工程，投资概算32亿元。这些项目涉及工业、农业、商业、城建、环保、科教文卫等各个领域，涵盖了古交经济社会发展的方方面面，是关系古交经济长远发展的龙头性、标志性工程，是落实全市“主攻二产、重抓一产、培育三产”产业发展思路的具体举措，是保证全市“三年再造一个古交财政”和“十五”计划目标实现的基础性工程。70项实事工程、重点工程除公益性建设的投资由政府主导外，占总投资额97%以上的生产、经营性项目均来源于民间资本。再加上2002年9月30日开工建设的首期投资26亿元的全国最大的燃用洗中煤坑口电厂之一——古交发电厂建设，项目总投资达50多亿元。

效应之二：项目激活了内需。古交市2001年城乡居民储蓄存款余额达到16.9亿元，全市1000万元以上的大户达到30余户。古交市通过实施“项目牵动战略”，充分调动这些已经完成原始资本积累的业主的投资热情，想方设法把他们手中的资金引导到经济建设之中。在旧城区改造过程中，鼓励个人开发，政府负责拆迁，想方设法引入社会投资达7000万元。2001年上马的文华苑住宅小区建设，调动了广大市民约5000余万元的资金投入住房消费。通过“项目牵动战略”还带动了建材、建筑等相关产业的发展，仅文华苑住宅小区建设就提供税收200余万元；还扩大了就业领域，仅金业百万吨焦化项目及其配套的150万吨煤矿、20万千瓦矸石电厂就可安排就业人员3000余名。

效应之三： 项目增强了发展后劲。以金业集团公司百万吨焦化项目为代表的五大机焦项目，构建了古交市焦化产业的新型框架，年生产能力达300万吨的机焦生产基地已初具规模；以岚峰、利丰钢铁公司为代表的钢铁企业技改扩容项目，将形成年生产能力150万吨的生铁冶炼铸造基地；古交电厂建成后，古交将成为电力供应基地；L-乳酸、退耕还林等项目的实施，将使替代产业逐步培育壮大。

效应之四：项目鼓舞了人心。“项目牵动战略”的实施，带动了古交经济的大发展，经济发展的良好势头又鼓舞了士气，凝聚了人心，形成了政治安定的良好局面。

通过实施“项目牵动战略”，古交经济发生了两个标志性的变化，一是产业结构、产品结构发生了根本性的变化。随着五大机焦项目等一批调产项目的陆续建成投产，原有土小企业的彻底关停取缔，高科技、高附加值产品比重逐步增大，初级产品、原始产品比重逐步减小。2002年上半年，焦炭行业上缴国税同比增长高达116%，洗精煤行业同比增长86%，生铁行业同比增长高达305%，而原煤行业同比仅增长60%。金业公司一级冶金焦的出炉，改写了全国主焦煤生产基地古交市有焦无化的历史，实现了一级冶金焦生产“零”的突破。二是财政收入等主要经济指标从前两个周期的下滑态势变为递增。纵观从建市到2000年的经济发展走势，大致可分为两个周期，1988年至1992年，全市财政收入增幅从53.6%、21.6%、19.48%，到1992年负增长8.1%，增速呈逐年递减趋势。到了低谷之后，开始反弹，1993年至1999年，财政收入增幅依次为15.22%、46%、30.53%、17.23%、10.83%、7.55%，到1999年负增长19.36%，又回落到低谷。从2000年10月确立“主攻二产、重抓一产、培育三产”的产业发展思路，项目牵动战略正式启动，结构调整开始破题，到目前仅一年多的时间，古交市主要经济指标就已经呈现出一个强劲的增长态势。2002年上半年，全市财政收入完成10470万元，创历史同期最好水平，与2000年全年财政收入(10929万元)基本持平，增幅在2001年实现32.8%高速增长的基础上，2002上半年又实现了48.1%的高增长。目前还仅仅是金业百万吨焦化等部分项目投产，如果项目全部投产达效后，经济发展的后发优势将会进一步显现出来。

启示之三：市长引导市场

在市场经济条件下，市长引导市场，市长经营城市，政府服务企业，是保证经济快速发展的重要前提。政府必须改变过去依靠行政命令管理经济的方式，把主要精力放在宏观调控、市场监管、搞好服务上来，实现“角色归位”。

王建生市长说：“一个城市的经济发展不起来，就是市长的失职”，“市长不能干了厂长的事，政府不能越了企业的权。”

古交市着重抓住了三件事：

一、环保。市里明确提出了“古交的发展，成也在环保，败也在环保”。“小的关不掉，大的上不来”，确立了“抓环保就是抓发展，抓环保就是抓形象”的思路，把环保作为撬动产业结构升级的强大杠杆，作为提升城市整体形象的重要举措，坚决淘汰落后生产力，堵死企业主发展低档次项目的后路，促使具有一定原始资本积累的民营企业家，把资金投入到有发展潜力的规模型、效益型、环保型项目上来，上马了一批大机焦、大铁厂。从2000年以来共取缔土小企业173家，特别是今年“6.5”期间在全省率先关闭、取缔了60家联体焦炉、100立方米以下炼铁炉以及其他环保不达标的企业。机焦规模严格控制在300万吨，生铁规模严格控制在100万吨。企业数量虽然减少了，但素质提高了，不仅没有使税收减少，反而促进了税收的大幅增长，新发展的机焦项目、炼铁项目已经成为古交税收的重要支撑点，仅金业百万吨焦化项目今年就可实现税收2500万元。目前，用环保杠杆橇动产业升级和结构调整，已成为古交经济快速发展的必然选择和全市人民的共识。

二、管理。古交市委、市政府于2001年、2002年连续在全市开展了“管理年”活动，其核心就是整顿和规范市场经济秩序。古交市创造性地建立了《准销票》管理制度，不纳税就领不到《准销票》，煤、焦、铁产品就无法实现销售。通过以票管税，以销查税，依票纳税，宏观调控，公平税负，古交市逐步形成了一整套互相监督、相互制约的税收征管新机制。2001年全市财政收入比上年净增收3586万元，其中，通过实行《准销票》制度加强税收管理就增收2000余万元。2002年上半年，全市纳入协税护税办公室监管的企业共计272户，这些企业上半年实现税收5999万元，占到税收总额的63.4%；通过公路运出去的纳入《准销票》管理的煤炭达150万吨，而去年一年仅有80万吨，大约是去年的2倍。狐偃山矿区是古交市铁矿石的主产区，由于这里地处偏远，过去一直是税收征管的薄弱地区，矿主将生产出来的铁矿直接运出销售，应纳税款大量流失。2001年，古交市下决心在狐偃山设立了协税护税办公室，不仅堵塞了税收漏洞，而且扼制了私挖滥采。仅2001年上半年狐偃山矿区就实现税收213万元，这在过去是无法想象的。

三、服务。王建生市长提出，“该管的管住管好，不该管的放开放活”。目前古交已取消了146项审批事项和收费项目，其中取消审批事项110项，取消收费项目36项。现保留的165项审批事项，120项审核、核准事项，159项收费项目也将根据国家的有关政策法规继续予以核减。同时，还建立了煤、焦、铁运销管理大厅、建筑项目审批大厅、房地产交易大厅、“四荒”拍卖和土地流转大厅等多个集中审批办公大厅。目前正在筹建“古交市便民服务中心”，采取“一门式、一条龙”集中审批方式，把全市28个政府部门所有能集中的审批项目全部集中起来，实行“一门受理、并联审批，一门收费、限时办结”。全市成立了“环境整治举报中心”，对于“吃、拿、卡、要”等现象，一接到举报就立即查处，决不手软。大力整治企业周边环境，对于堵大门、吃大户等阻碍项目顺利实施的违法行为予以坚决打击。在金业百万吨焦化项目建设过程中，古交市委、市政府专门成立了以市长王建生任组长，有关职能部门协同配合的“金业焦化项目服务小组”，随叫随到，特事特办，现场拍板，事不过夜。

（吕修、安翔、梁锋）

马鞍山市遵循经营城市的思路，克服守株待兔的陋习，主动走进大市场，积极主动向外界尤其是长三角宣传自身的优势和长处，亮明自己对外商、外资的积极态度。他们的所作所为，不愧为经营城市的明智之举。请看：

24. 经营城市就应积极宣传和推销自己

长三角是我国未来发展的重要平台，谁能早争取到进入这个平台并在这个平台中占有一席之地，谁就能获得长足的发展。否则，机会一旦失去，将后悔莫及。因此，安徽省马鞍山市将积极融入长三角作为城市发展的重要战略举措。以承接产业梯度转移为重点，2003 年，他们与长三角的对接、合作再度加深。全年引进的 300 万元以上内资项目中，来自江、浙、沪的就占了 75%，资金超过 8 亿元。还与南京市签署了经济和社会发展全面合作框架协议和 8 个专项合作协议，两市道路连接等项目开始实施。马鞍山在融入长三角过程中已得到看得见摸得着的实惠。

自身的优势

为挤进长三角经济发展平台，马鞍山积极宣传自身的优势和强势。他们努力使外界认识到，马鞍山位于长江中下游经济发达的城市密集带中，临江近海，承东启西，是安徽省连接长三角的桥头堡，是南京都市圈的重要城市。融入长三角马鞍山有着明显的区位优势，205 国道、314 省道横贯全境，高等级外环路与宁马、沪宁高速路连为一体，从马鞍山到南京、上海分别为 30 分钟和 3 小时车程，副入长三角，马鞍山有着便捷的交通优势。

融入长三角，马鞍山有着比较完善的基础设施优势，市区主干道 7 纵 7 横 2 环，全部环通。城市排水、供电、供气、污水处理、通讯能力超前建设，市政公用设施达到 80 万人口的承载标准，城市集聚功能已经形成。

融入长三角，马鞍山市有良好经济实力、产业优势。马鞍山市国内生产总值、财政收入、城市居民收入和储蓄等主要人均经济指标连续多年位居安徽省各市之首。产业结构通过近些年不断调整，已初步形成钢铁、专用汽车及零部件、精细化工、生物医药、电力、造纸、磁性材料等支柱产业。上市公司马钢“十五”末将形成 1000 万吨钢的生产能力。星马专用汽车的产销量和市场占有率居全国第一位。马鞍山资源的市场配置成本、物流配送成本、基本建设成本以及产品生产成本在安徽境内城市最低，成为长三角经济圈边缘的成本洼地。

良好的基础

马鞍山市在对外界宣传中，想方设法向外界、外人展示自身的良好基础，近些年来，他们主要抓了四个方面：

一、马鞍山市商贸流通合作成效显著。南京苏果超市在马鞍山先后开办了 30 多家连锁店，2002 年销售收入达 1.3 亿元，从而带动马鞍山商业经营业态的迅速调整和管理水平提高。上海农工商集团投资 3000 万元在马鞍山开设的大卖场，建筑面积 11600 平方米，于今年 7 月开业。马鞍山的农副土特产品在长三角的市场占有率逐步提高。要素流动的规模在扩大，根据金融部门提供的数据，马鞍山仅与南京市资金往来结算以每年 5 个亿的速度增加，2002 年高达 70 亿元。

二、科技合作提高马鞍山企业市场竞争力。借助上海、南京雄厚的科技力量，联合研制和开发新产品，促进了产品结构调整。马鞍山生化制药厂与上海医药研究所合作，马钢股份公司与同济大学等高等院校及研究院所合作，马鞍山金星化工集团与华东理工大学合作，马鞍山星马专用汽车公司与同济大学合作，海狮巾被厂与上海有关科研单位合作，均取得了明显成效。马鞍山先后聘请了南京大学、东南大学等7名专家教授担任市决策咨询委员会委员，聘请的8位担任市政府高级顾问的院士中有5位来自南京高校。马鞍山还与南京大学、东南大学达成全面合作协议，每年拿出200万元奖金作为两校的科技成果转化基金。

三、发展开放型经济，长三角成为马鞍山企业走向国际市场的跳板和纽带。马鞍山的华德制衣、大同清野等都是先在上海发展，再到马鞍山扩张的。南京雨润集团购并马鞍山当涂县肉联厂，发展势头也越来越看好。

四、旅游合作成为重要领域。2000年12月，马鞍山与上海市浦东新区签订旅游业合作协议，从上海来马鞍山的游客明显增多，仅采石风景区，2002年接上海团队2万人次。南京等地的多家旅行社将旅游热线延伸到马鞍山。

喜人的前景

在未来的发展中，马鞍山充分发挥紧邻长三角的地缘优势，积极参与长三角和南京都市圈的分工和合作，精心打造与东部发达地区互动发展的现代加工制造业基地、食品基地和休闲旅游基地。

马鞍山将与长三角经济圈城市开展全面对接。加快规划对接，密切关注长三角地区最新发展态势，按照“错位发展、实现双赢”的要求，主动实现规划对接。加快体制和政策对接，转变政府职能，建立市场经济新体制，构建符合市场经济规律和国际惯例的政策统一平台。加快人才对接，推动科技成果在我市转化，实现高新技术产业化。加快产业对接，全方位承接长三角地区支柱产业的扩散，重点引进高新技术产业，鼓励企业集团以资本、品牌、商标为纽带，通过投资和企业联合，在资源综合开发、旅游产业联合、支柱产业配套、新兴产业发展等方面进行广泛合作。加快公共服务设施对接。加快市场对接，建设区域性资本、劳动力、技术、生产资料、农产品流通市场，逐步融入统一开放的市场体系。

焦作，顾名思义就已经足以让世人想入非非了。就因其历史上是一座以煤为主导产业的资源型城市，所以，它在世人的心目中总是“煤城”烙下的“黑色印象”，是脏、乱、差的代名词。然而，当焦作将世人心目中这些似乎带贬义的印记抛进大海时，却不是用卖土地实现的。尽管他们确实也早就在城市建设和管理中导入了经营城市的理念，但是，他们却按照这一理念独辟蹊径，踏出了经营城市的另外一条黄金路。他们的做法，对那些至今仍蹒跚于经营城市大道上而又成绩不卓者是不是也有启发呢？请看：

25. 旅游使焦作名声大噪

4 年前，河南省焦作市的旅游业默默无闻，旅游经济微乎其微。4 年后的今天，焦作旅游业异军突起，被国内众多媒体、业内人士称作“焦作现象”。2003 年，全市旅游综合收入 31.4 亿元，占 GDP 的比重达 9.4%，旅游业已成为焦作市的支柱产业和优势产业。从大规模开发景区景点到创建中国优秀旅游城市，继而云台山申报世界地质公园通过联合国教科文组织验收，焦作旅游 4 年迈出了三大步，实现了量的扩张和质的飞跃。

焦作旅游如何在短短时间内实现从“资源富市”到“旅游大市”、“旅游名市”的跨越？在全国旅游工作会议召开前夕，作者采访了焦作市市长毛超峰。

毛超峰说，大力发展旅游业，把旅游业作为带动经济社会全面发展的突破口，是焦作市委、市政府审时度势，根据焦作市情作出的果断决策。

焦作是一个以矿起家、因煤而兴的城市。改革开放以来，焦作经济社会发展迅速，已由单一的资源型工业城市发展为以能源、化工、冶金建材为主，机械、轻纺、医药等综合发展的新兴城市。进入“九五”后期，焦作经济的结构性矛盾开始变得日益突出，第三产业发展严重滞后，经济增长的速度放缓，质量和效益下降，外界对焦作的印象仍大多停留在“煤城”烙下的“黑色印象”上，滞后的城市建设和由“煤城”联想到脏、乱、差的外部认知，在很大程度上影响着焦作的对外形象和开放步伐。

大自然的造化和悠久的历史给焦作留下了丰富的旅游资源。她北依太行，南临黄河，在沿太行山绵延 130 公里的风景线上，可供开发的景区景点达千余处。同时，焦作又是司马懿、韩愈、李商隐等历史名人的故里和太极拳的发源地。1999 年底，焦作市委、市政府在充分分析市情，认真研究各方面形势的基础上，果断作出了以旅游业为龙头，加快发展第三产业，优化经济结构，带动经济社会全面发展的战略决策。

谈到旅游景区开发建设，毛超峰说，一流的景区是旅游业可持续发展的基础。市委、市政府提出以景区创 A 为主线，以加快景区开发建设为重点，培育精品景区，打造焦作山水品牌，构筑焦作旅游新格局的工作思路。在具体建设过程中，焦作市累计投入 7.6 亿元，重点开发建设以云台山、青天河、神农山、青龙峡、峰林峡五大景区为主的自然山水峡谷景观；同时开发建设以焦作影视城、龙源湖乐园、森林动物园三大主题公园为特色的城市休闲娱乐景观；以太极拳发源地陈家沟、万里黄河第一观嘉应观、韩愈故里等景点为代表的历史人文景观，逐步形成了以自然山水游为主，历史文化游、休闲娱乐游、体育健身游、科普知识游等配套发展的旅游产品体系。在此基础上，焦作市以旅游道路建设为支撑，加大旅游景区的整合力度，先后建成了连接各主要景区的 14 条旅游景观大道，并自筹资金修建了焦郑、焦晋高速公路和焦作黄河公路大桥，大大增强了城市及旅游景区的可进入性和通达性。到 2001 年底，焦作市不仅形成了点线结合、连线成片的旅游大环线，而且构筑了以“五大景区、十大景点”为核心的旅游新格局，并一举夺得当年全省“五一”、“十一”两个黄金周游客人数和门票收入双第一的佳绩。焦作山水由此声名鹊起，焦作旅游进入了快速发展期。截至目前，焦作市已建成

4A 景区 3 家、3A 景区 1 家、国家级水利风景区 3 家、国家级自然保护区 2 处，景区的品位和档次得到显著提升。

毛超峰认为，旅游业要发展，城市的外部形象至关重要。为此，在大力开发景区景点，建设精品景区的同时，市委、市政府于 2000 年 10 月正式作出了创建中国优秀旅游城市的决定。经过大量艰苦细致的工作，焦作城市面貌彻底改观，外地游客纷纷夸赞焦作变化大，连许多焦作人也感到，自己生活了几十年的地方漂亮得都不敢认了。

街道、马路变宽了。焦作市先后组织了 3 次大规模的拆迁建设行动，共拆除违章和影响景观的建筑 100 多万平方米，动迁 2 万多户，补偿资金 4700 多万元；改造沿街围墙 2.6 万米，更新市区户外广告和商业门面招牌 6136 块；依法取缔了 10 个马路市场、8 个规模较大的夜市和 401 家经营摊点，同时规划建设了 17 个专业市场，使“马路市场”彻底退出了“城市舞台”。

天蓝了，地绿了，空气清新了。焦作市先后出动 20 多万人次，清理城市垃圾、杂草 45 万多立方米。积极推进生活垃圾袋装化管理，沿街门店垃圾袋装率达到 65%以上。加快城市垃圾无害化处理厂建设，全市生活垃圾无害化处理率达到 83%。依法取缔、关停了 30 余家对大气环境造成严重污染的企业，规划建设了 175 个废气治理项目，取消了一大批燃煤取暖设施，城市大气环境质量有了明显改善。新建街头绿地和游园 245 处，城市绿化覆盖率达到 44%。免费开放了城区 3 大公园，投资 3600 万元实施了北太行山绿化等工程，基本实现了“天蓝、水绿、空气宜人”的城市生态目标。

城市亮了。焦作市邀请灯光专家对城市夜景进行了总体规划设计，在中心城区投资 3500 万元，建成了 193 个亮化点和 7 个亮化区域，形成了三路一街四园区的亮化格局，达到了景在城中、城在景中的整体亮化效果。

路好走了。4 年来，焦作市共改造城市道路 19 条，更换铺设人行道彩砖 38 万平方米，新增和更换路灯 1942 盏，安装中英文道路指示牌 284 块，在车站、商场等公共场所设置规范醒目的公共信息图形符号 4000 多块，不仅为外地游客来往焦作以及顺利到达旅游目的地提供了便利，同时也使城市交通更加规范、有序。

厕所上“星”了。焦作市本着“外观景观化、设施星级化、管理规范化、投资多元化”的原则，在中心城区和各主要景区，先后建成 85 座星级公厕、56 座旅游公厕，全部免费开放。河南省旅游局专门在焦作召开现场会，推广焦作市的做法。

游客宾至如归了。为履行“不让一位游客在焦作受委屈”的服务承诺，焦作市从规范软、硬件设施两方面入手，在城区主干道和通往各景区的交通要道设置了充足的景区指示牌，在各景区、宾馆饭店、车站等公共场所增设了公共信息图形符号和旅游信息触摸屏；在市区和景区设立了旅游广告牌和游客服务中心；在市县电视台增加了景区天气预报等栏目，在黄金周期间发布出行参考和信息预报；在各涉外星级宾馆饭店悬挂旅游交通图和山水宣传画等，从多方面为来焦游客提供便利。同时，面向社会公布了旅游咨询电话、投诉电话及旅游服务标准，出台了《焦作市旅游行业诚信服务公约》等相关规章制度，接受社会监督，加强行业自律，维护了焦作旅游业的良好秩序。

2003 年 3 月，焦作市创建中国优秀旅游城市工作顺利通过国家旅游局组织的评审验收，焦作旅游业发展和城市建设掀开了新的一页。

“从某种意义上讲，旅游经济就是知名度经济。”毛超峰说。为打造焦作山水品牌，提高焦作旅游的知名度，推动旅游业快速发展，焦作市加大财政对旅游宣传促销的支持力度。市财政每年拨出 500 万元专项资金，用于旅游宣传促销工作，要求各县市区也要拿出配套资金，对景区进行宣传包装，并不断创新宣传途径，在全省率先推出了旅游宣传“大篷车”，不仅跑遍了豫、晋、冀、鄂等周边省区近百个城市，还先后数次北上北京、东进上海、南下港澳、西赴西安等旅游名城，大张旗鼓地宣传；开通了焦作山水旅游网站，制作了焦作山水邮资信封、VCD 光盘、宣传画册、刮奖式明信片等上百种宣传品。还通过举办各种节会进行宣传，先后举办了“国际太极拳年会”、焦作山水国际旅游节、焦作山水国际摄影节、焦作红叶节等主题节会活动，大大提高了焦作城市及旅游的知名度。去年 3

月，“焦作山水”、“云台山”双双被评为“中国旅游知名品牌”。

毛超峰说，云台山申报世界地质公园，使焦作旅游业的层次得到进一步提升。从2003年6月正式提出申报申请开始，短短4个多月的时间，焦作市按照申报标准和要求，先后完成了地质博物馆的建造、地质景点及标示牌的命名和设置、地质遗迹保护、地质旅游线路基础设施建设、园区生态和环境保护等6大项基础性工作。在全国世界地质公园首次推荐评审大会上，面对10个省11座名山大川的激烈竞争，云台山国家地质公园以申报材料全国第一、光盘解说全国第一、总分103.5的高分、全国第三名而入围。2003年11月13日至14日，联合国教科文组织世界地质公园专家组莅临焦作。在验收反馈会上，专家组组长爱德博士当场宣布，云台山国家地质公园将正式成为首批世界地质公园。世界地质公园的申报成功，极大地提高了焦作山水的文化品位和科学内涵，使焦作旅游从此拥有了第一个世界级品牌，对焦作旅游业今后的发展将产生深远的影响。

据毛超峰市长介绍，4年来，焦作市接待游客人数、门票收入和旅游综合收入每年都实现翻番。云台山景区黄金周游客人数和门票收入连续5个黄金周在全省夺冠。旅游宾馆饭店的日平均客房入住率高达95%以上。全市新增各类旅游企业120家，实现直接就业人数3.8万人，旅游相关产业就业总人数达到22.6万人。2003年，焦作市共接待国内外游客569.68万人，门票收入1.126亿元，旅游综合收入31.4亿元，同比分别增长25.8%、78%、71.6%。全市旅游综合收入占国民生产总值的比重由1999年的不足1%跃居到2003年的9.4%。

焦作旅游业快速发展的同时，也拉动了第三产业的全面发展，调整优化了产业结构，促进了对外开放，增强了城市的影响力和辐射力，使焦作市实现了由“黑色印象”到“绿色主题”的成功转型，城市面貌和投资环境得到了明显改观，城市发展的潜力和吸引力显著增强。

谈及焦作旅游业下一步的打算，毛超峰话语中充满自信。一是整合全市旅游资源，组建焦作旅游集团，加快旅游产业化、市场化运作步伐，尽快实现旅游上市融资；二是发挥太极故里优势，充分挖掘、利用太极文化资源；三是抓住南水北调工程从焦作市区穿过的机遇，以创建中国最佳旅游城市为新的目标，加快山水园林城市建设步伐，高标准规划建设好凤凰山城和龙源湖水城，开发都市休闲游，把焦作建成自然山水游、都市休闲游相互辉映的旅游名市；四是统筹城乡发展，加快城市化进程，到“十五”末、“十一五”初实现县县通高速公路的目标，构建网络式组团型大城市，打造焦作半小时经济圈。

（李　杰、张学文）

提起咸阳，世人自然会想起秦始皇，想起这个为华夏民族带来无比骄傲的古王朝圣地。2000 多年后的今天咸阳又是怎样呢？这是所有流淌着中国人血液的人都极为关注的事情。请看：

26. 八方借力促发展　古都咸阳经营展新姿

素以“九州丰腴之地”著称的咸阳，东连陕西省省会西安，西接国家杨凌农业高新技术产业示范区，地处八百里秦川腹地，渭水穿南、宗山亘北。

咸阳是封建王朝——秦朝建都所在地，也是周、汉、唐等 13 个王朝的京畿重地。历经了 2200 多年的历史，咸阳沧桑巨变；沐浴着共和国改革开放的春风，咸阳又在新的世纪焕发出勃勃生机。

经过 50 多年的建设发展，目前，咸阳已形成了以电子、医药、食品、能源、化工、轻纺为支柱的门类齐全的工业体系，成为西北地区最大的电子工业基地之一，全国闻名的纺织工业基地和医疗保健品生产基地；农业以粮、果、菜、畜四大产业为支柱，是西北地区的国家大型商品粮基地和全国大型优质苹果生产基地。咸阳的第三产业发展迅猛，文物旅游和医疗康复保健业更是享誉中外。

咸阳还是国家级历史文化名城、全国甲级对外开放城市、首批中国优秀旅游城市和全国创建文明城市工作先进市。悠久的历史和灿烂的文化积淀，为咸阳留下了得天独厚的文物旅游资源。全市现有文物景点 4951 处，其中国家级和省级重点文物保护单位 85 处。咸阳北塬上的汉、唐帝王陵与数百座陪葬陵星罗棋布，每年都吸引数以百万计的中外游客前来观光旅游。

党的十六大之后，中共咸阳市委、市人民政府立足咸阳市情，把握发展潮流，及时确定了“高举党的旗帜、强化区位优势、加速‘四化’进程、构建西部强市”的基本思路，作出了实施全面招商的战略决策。2003 年，咸阳市又与西安市、杨凌农业高新技术产业示范区分别签订了西安咸阳经济一体化和咸阳杨凌农业产业一体化合作协议书，东靠西联，八方借力，为加快咸阳的发展开辟了更为广阔的前景。

聚集动力：四轮驱动建强市

为加快建设西部经济强市，咸阳市委、市政府明确提出：以招商引资为推动力，加快“四化”进程，实施四轮推动。

加速农业产业化进程。咸阳农业基础雄厚，果业和畜牧业在全国都具有重要影响，农业产业化经营大有文章可做。当前重点做好农业产业化基地建设，努力把咸阳建成果业、畜牧和蔬菜强市。具体来说就是以增加农民收入为目标，按照“调结构、建基地、兴龙头、无公害、活市场”的思路，大力调整农业内部的产业结构、品种结构和布局结构，积极实施优果工程、畜牧富民工程和蔬菜增收工程，把果、畜、菜三大产业调优做大；加快建设 100 万亩优质出口苹果、100 万亩杂果、100 万亩优质牧草、100 万亩蔬菜、100 万头(只)肉牛肉羊和 50 万头(只)奶牛奶羊基地，形成县有支柱、乡有重点、村有主业的农业产业化新格局。

加速工业化进程。坚持工业强市的指导思想，一手抓存量调整，继续深化国有企业改革，促进民营经济发展；一手抓增量扩张，依托电子、医药、食品、能源、化工、纺织五大支柱产业，通过上市融资、嫁接改造和资产重组等方式，发展壮大和新组建 20 个以上产值超过 10 亿元的大型企业集团，使咸阳成为全国重要的电子信息制造业基地、医药生产基地、西北地区能源化工工业和纺织工业基地。

加速城镇化进程。以把咸阳建成大城市为目标，全力抓好“两河一区”（渭河、沣河及沣河新区）建设，积极实施咸阳城建史上最大的城建工程——“咸阳湖”建设工程，致力于把咸阳湖景区建设成渭河上一颗璀璨的明珠，建成咸阳悠久历史与现代文明相辉映的西北第一城市景观，为把咸阳建成最适合投资者投资和最适合人类居住的地区积极创造条件。集中力量抓好城市道路、环保、水、电、气等基础设施建设，完善城市功能，拉大城市框架，尽快把中心城市做大、做优、做强。同时要配合陕西省“一线两带”建设，以国道、省道公路为主线，加快县级城市和重点中心镇建设，着力构建扇形城镇空间结构，形成一批新的发展亮点。

加速信息化进程。着眼于以信息化带动工业化、产业化和城镇化，重点抓好信息知识普及、信息基础建设、信息技术运用、信息资源开发和信息产业发展。抓住咸阳被确定为国家制造业信息化50个重点市之一的机遇，加快建设和倾力打造“数字咸阳”。同时，不断强化县域经济特色，因地制宜，建设一批产业大县、经济强县和西部名县，形成县域经济竞相发展的良好局面。

提升引力：东靠西联促发展

咸阳地处国家关中高新技术产业开发带和星火产业开发带中部，是陕西省“一线两带”建设规划中的副核心城市。咸阳地理位置优越，交通便利。铁路、公路、航空立体交通网络四通八达。欧亚大陆桥——陇海铁路贯穿东西，西宝、西铜高速公路、312国道、210国道穿境而过。咸阳国际机场是西北地区最大的航空港之一，开通国际国内航线70多条。

独特的区位优势、便捷的交通网络、良好的投资环境，加上当地优惠的投资政策，这是咸阳在新世纪实现跨越式发展，提升综合竞争力和招商引资吸引力，实现后来居上的有利条件和希望所在。

咸阳市委、市政府主动把握咸阳东临西安、西接杨凌的区位优势，着眼于资源共享和优势互补，经济实施东靠西联战略，不断加快“两个一体化”步伐，在经营区位优势中强化区位优势。

全力推进西安咸阳经济一体化，按照“规划同图、交通同网、信息同享、市场同体、产业同步、科教同兴、旅游同线、环境同治”的基本框架，加快制定经济一体化发展总体规划和其他行业规划。目前，两市旅游、科技、教育、文化、广电等部门已经签订了合作协议，全方位协作逐步展开，资金、技术、人才和商品流通的壁垒已大大消除。

咸阳市积极实施咸阳杨凌农业产业一体化，以实现两地农业的规划、资源开发、成果运用、人才利用、项目推广开发、生态建设、交通网络、旅游开发、产品流通等九个方面的一体化为目标，目前，咸阳杨凌农业产业一体化总体规划草案已经确定，市委、市政府9个部门及5个区县与杨凌的对口合作规划全面完成，双方签定的40个合作项目中已经有33个进入了实施阶段，咸阳逐步成为国家杨凌农业高新技术产业示范区的最佳辐射区和最先受惠区。

形成合力：全民动员广招商

实施全民招商是咸阳市委、市政府确定的一项重大战略，是咸阳构建西部经济强市的“加速器”和“总抓手”。2003年春节休假后的第一天，咸阳市召开全市招商引资动员大会，提出全民招商的口号，实行招商引资目标责任制，制定出台了关于加强招商引资、扩大对外开放的四个政策性文件，精心挑选出11大类72个市场前景看好、投资回报率较高的项目，编制成册，重点推介，积极寻求与客商合作。

去年以来，咸阳市深入开展“优化发展环境整治年”活动，下大力气精简行政审批事项，整治城乡卫生环境，整顿和规范市场经济秩序，着力营造诚信经营的社会环境和公平竞争的市场环境。市委、市政府主要领导亲自带队，组团赴珠海和上海地区招商。各区(县)和各部门采取小分队招商、园区招商、会展招商、网上招商和以商招商等形式，在全市上下掀起招商引资的热潮。2003年前11个月，全市共签订招商引资项目739个。合同引资181.45亿元，实际到位资金52.46亿元，分别占年计划的361.67%和216.35%。截至目前，包括鼎盛果汁、声威建材、冀东水泥、大唐集团、香港华润和香港国中控股公司等一大批国内知名企业纷纷落户咸阳，一个高起点、快提速、大发展的生动局面正在逐步形成，古都咸阳迎来了历史上最快最好的发展时期。

483万重实干、思富裕、谋发展的咸阳人民，正以海纳百川的大开放胸怀，共生共荣的合作理念，积极务实的良好作风，热忱欢迎八方客商来咸阳投资、兴业，携手并进，重振雄风，再展古都新姿。

贺州市是一座新成立不久的地级城市，该市成立以来，依托本地丰富的资源优势，以经营城市理念为指导，加快各种资源整合，全方位扩大对外开放，大力发展区域经济，积极引进、扶持壮大一批龙头企业，并把旅游作为主导产业来抓，从而迅速发展和壮大了当地的经济，使这座新兴城市充满了青春活力和希望。请看：

27. 充满活力和希望的贺州市

广西贺州市是2002年6月经国家批准由贺州地区改设的一个新兴城市，辖八步区、钟山县、昭平县、富川瑶族自治县“一区三县”，67个乡镇，总面积11855平方公里，居住着汉、瑶、壮、苗等20多个民族，人口210万。贺州位于广西东部，背靠大西南，面向粤港澳，东与广东省情愿市、肇庆市毗邻，北与湖南省的永州市相连，西与桂林接壤，南与梧州市相邻，是湘、粤、桂三省(区)的结合部，是大西南东进粤港澳便捷的出海通道。改革开放以来，特别是近几年来，贺州以市场为导向，以资源为依托，以发展为主题，确立了强化农业和基础设施建设，建设电力、林化、硅业、旅游、食品五大经济支柱，加快发展二、三产业和非公有制经济的经济发展思路，实现了国民经济的持续稳定健康发展。2002年，全市GDP预计实现108.98亿元，其中第一产业增加值42.33亿元，第二产业增加值28.7亿元，第三产业增加值37.95亿元。

贺州市依托丰富的资源优势，大力发展资源开发、加工型的特色工业，逐步形成了电力、林产、化工硅、食品等优势工业。电力方面，建成了以合面狮电厂、昭平电厂、龟石电厂和中胜火电厂为骨干的独立电网，拥有上市企业——桂东电力股份有限公司，成为全国率先实现农村初级电气化的地区，全市水电经济总收入近6亿元。作为全国率先设立的外向型林业改革试验区，贺州建立了松脂、竹子、纤维材等创汇林业基地，并以这些基地为依托，建立了世界最大的脂松香生产企业之一——梧州松脂股份有限公司和全国最大的硫酸盐漂白木浆造纸企业之一——广西贺达纸业有限公司等一批林产、林化加工企业，全市林业总产值17亿多元，创利税11亿元，出口创汇2000多万美元。与此同时，贺州依托处于湘、粤、桂三省(区)结合部，背靠大西南，面向粤港澳的地缘优势，主动承接粤港澳台的区域经济辐射和产业转移，建立了旺高、西湾、信都、八步高科技等四个工业园区，以开放促开发，以开放促进工业产业结构调整和升级，提高经济增长质量。

贺州交通运输以公路和航运为主，207、303国道和三条省道干线贯通境内。目前已经修好的高等级公路有：贺州至钟山接桂林、贺州至富川、贺州至昭平、贺州至梧州、贺州至灵峰接广东等二级公路，形成了市内高等级公路网络。目前正在建设的桂梧高速公路、富川至麦岭接湖南二级公路以及规划中的洛湛铁路、昆明至汕头的高速公路都与贺州相连接。水运以桂江、贺江汇人西江直通梧州为主，沿江而下，一天便可抵达港澳地区。

贺州作为广西现代农业示范区，积极面向粤港澳市场，调整优化农业产业结构，大力发展外向型农业，引进、扶持龙头企业带动农业开发，大力发展效益高、有特色的瘦肉型猪以及名优水果、无公害蔬菜、优质烤烟、松脂、茶叶等主导产业，建成了广西最大的脐橙、青梅和春烤烟基地，特色农业快速发展。

贺州有着丰富的旅游资源，地处大桂林旅游圈。这里山奇、洞美、水秀、林幽，自然风光十分宜人，有着丰富多彩的自然景观，历史悠久的名胜古迹，多姿多彩的民族风情。近几年来，通过各种途径筹措资金，加大旅游景区景点建设，同时充分利用毗邻粤港澳的区位优势，积极开拓旅游客源市场，以自然景观、生态旅游和瑶族风情为特色的旅游业迅猛发展。特别是以贺州为主要外景拍摄地的香港电视连续剧《茶是故乡浓》、《酒是故乡醇》在港澳播出后，引发旅游轰动效应。贺州姑婆山、大桂山国家森林公园以及路花温泉、客家围屋、贺州石林、玉印浮山、钟山碧水岩、昭平黄姚古镇、富川秀水“岭南状元村”等一批名胜古迹吸引了众多海内外游客前来观光旅游。2002 年，全市共接待海内外游客 155 万人次，旅游收入 6.2 亿元。

21 世纪头一、二十年，对贺州来说是大有可为的战略机遇期。我国加入 WTO、国家实施西部大开发、国家“十五”重点工程洛阳至湛江铁路即将开工建设，我们将紧紧抓住机遇，围绕自治区党委提出的富民兴桂新跨越的奋斗目标，着力“抓好城镇经济、工业园区经济、生态旅游经济、农业企业经济，促进经济结构战略性调整”的经济发展思路，努力实现社会生产力的跨越市发展。一是加快各种资源的整合和开发利用，发展壮大优势产业。围绕洛湛铁路和桂梧高速公路的建设，建立沿路经济开发带，发展通道经济，积极培育和发展电力、农产品加工、果蔬系列食品加工、矿产加工、林产、林化、建材等资源加工型产业，变资源优势为经济优势，以此带动整体经济的发展。二是全方位扩大对外开放，加快推进工业化。充分发挥贺州“承东启西”、“三省交会”的区位和资源优势，紧紧抓住粤港澳台地区产业升级和结构调整的有利时机，积极主动承接粤港澳台劳动密集型产业转移，提高工业经济总量。进一步扶持桂东电力、梧州松脂、灵峰药业、通盛公司、桂东电子、平桂飞碟、方圆塑料、大成食品等企业做强做大，使之成为有一定规模和市场竞争力的企业或企业集团；继续抓好园区经济，完善各工业园区的道路、供水、供电、通讯等硬件配套设施，以工业园区为载体，吸引外来客前来投资开发。三是加快发展城市经济，提升城市品位，增强新的贺州市作为区域性中心城市的经济辐射和拉动能力，努力把贺州市建成花园式、生态型商贸旅游城市。四是通过引进、扶持壮大一批农业龙头企业，做大做强贺州马蹄、无公害蔬菜、富川脐橙、优质烤烟、昭平茶叶等一批特色农产品品牌，建设一批特色明显、竞争力强的农产品基地，提高农业产业化水平，实现传统农业向现代农业的转变。五是继续把旅游业作为主导产业来抓，在进一步改造和完善现有景点建设的基础上，提高旅游产品的档次和品位，做好宣传推介工作，拓展旅游市场。六是加快发展商贸、物流等第三产业，努力把贺州建成区域性商贸物流中心。

在新世纪的征途上，贺州必将以其崭新的姿态重铸辉煌。

以经营理念建设城市、管理城市，不但解决了资金捉襟见肘的窘境，而且还拉动了城市经济的蓬勃发展。这些年来，哈尔滨市的人民已经切切实实品尝到了经营城市的甜头。请看：

28. 以城聚财　以城兴城　哈尔滨把城市经营起来

近年来，捉襟见肘的城建资金与城市建设严重滞后的矛盾在哈凸显，旧的靠政府出资建设和管理的城建体制已走进死胡同。城建部门正尝试走出一条“以城聚财、以城兴城”的新路子——

听说哈尔滨市在筹建城建投资公司，记者闻讯而去。“城建的资金瓶颈可以通过经营城市来解决，组建强有力的城市建设投资公司则是经营城市的关键所在。”谈及待建的“城投”公司，哈市建设局主管此项工作的副局长郭立杰颇有信心。他认为，“城投”将作为城建资金的运作主体、城建资产的运营主体、城建项目的运作主体，它既可以盘活现有存量资产、实现保值增值，还可以实现城建资金的良性循环。建立它，是迫于城建资金与城市建设严重滞后矛盾突出的形势；建成它，则可以实现城市建设的可持续发展。

举步维艰城建贫血

想修路钱不足，要架桥没资金，供水、排水、绿化……这些向来以公共事业著称，以政府投资为生命线的事业，在政府财力增长远远低于城建需求增长的情况下，逐步进入了举步维艰的境地。

记者调查了解到，哈尔滨城市维护税费收入只能维持日常开支；多年建设项目欠债高达 16.6 亿元；大批新建项目苦于投资匮乏，几年不能完工或无法完工。与其他省会城市相比，哈市基础设施落后的状况还未得到根本改变，严重影响着这座城市综合实力的提高和外部形象的改善。

哈尔滨市政府副秘书长、市建设局局长高迎祥告诉记者，根据《哈尔滨市城市基础设施“十五”计划和 2015 年远景规划》，哈市将启动供水、排水、道桥、公交、垃圾处理等 150 多个项目建设，约需资金 280 多亿元，这么大的资金需求和高额欠债的现状，促使城建融资方式必须做出体制上的变革。

转变观念前方有路

据了解，自上世纪 80 年代末期起，为进一步缓解城建资金紧缺带来的压力，国内各城市就相继组建了城投公司，经过十几年的运行和不断完善，已初具规模。

最早成立的沈阳城投公司通过银行贷款、发行债券、城建资产 H 股上市、吸引外资等方式筹集资金近 50 亿元，为沈阳市城市基础设施建设提供了强有力的资金保证。1992 年成立的上海城投公司经过近 10 年的成功运作，其资产总值已由初期的 88 亿元猛增至目前的 1200 亿元。目前，全国已有 40 多个城市设有城投公司，还有 20 余个城市正在筹建。

如此被看好的城投公司，魅力何在?“它是深化城建投融资体制改革的重大突破，对整合盘活国有资产，解决城建国有资产大量沉淀和低效运转问题具有重要作用。”郭立杰这样告诉记者。

以盘活土地资源来拓展筹资渠道，是城投公司运作的主要模式。上海市及时抓住浦东开发的难得机遇，于 1992 年 1 月提出了利用土地资源，有偿转让使用权的筹资思路，10 年来，通过土地批租共筹集资金 1000 多亿元。

将城建存量资产转让给社会投资者，以实现盘活资产筹集建设资金的目的，这是城投公司的又一主要功能。武汉城投公司将宗关水厂、后湖泵站的资产进行重组，以募集方式设立三镇实业股份有限公司上市，募集资金 8.93 亿元，为城建提供了有力的资金保障。

同盘活土地和存量资产一样，采用 BOT、TOT 等方式对不同经营性项目融资，广泛吸纳国内外各方面的资金等方式，也是城投公司必不可少的运作手段。

然而无论何种方式，其成功的前提是城投公司的建立和政府观念的转变。

经营城市柳暗花明

近年来，由哈工大集团投资并取得经营权的机场高速公路的经营建设即是哈市在城市建设上运用市场化手段的成功探索。其他一些城建项目也具有很好的市场化经营条件。有关资料显示，哈市现有供水、排水、道桥、公交、绿化等基础设施存量资产达160亿元，其中可盘活的良性资产近70亿元。哈市尚有大量可开发的土地资源，按城市总体规划，2010年哈市城区需新开发城市用地59平方公里；哈市有工业企业1612家，工业用地总面积4004公顷，城区工业用地比重过大，需要易地搬迁改造。经营城市的土地资源，哈市可谓大有空间。

城市道路长度将达到2200公里，供水能力达到207万吨，污水处理率85%，气化率100%，垃圾无害化处理率100%，这是哈尔滨市的2015年远景规划目标。为此，近年哈市城建将实施磨盘山供水、污水处理厂、城市集中供热、内河治理、轨道交通等一批城建大项，这些项目大都具有可经营性，可作为组建城投公司的基本项目。

高迎祥介绍，2003年，城投公司计划融资5亿元，用于工农大街改造、何家沟改造以及参与城市轨道交通投资，明后两年还将为轨道交通项目筹资8亿元。相信随着城市建设的投融资渠道的拓宽，长期负债的压力必将得到解脱，城建将步入良性循环。

（新华网）

淮北，这座因煤而立、由煤而兴的资源型城市，在改革开放的今天，她是如何按经营城市的思路取得长足发展的？请看：青春靓丽的新淮北。

29. 青春靓丽的新淮北

跨入新世纪，淮北市委、市政府致力于可持续发展，提出并确立“加快发展、城市转型、富民强市”的主题，全市上下聚精会神抓经济，一心一意谋发展，经过不懈努力，各项事业取得重大进展。工业经济稳步发展，资源型的工业城市正以独特的风格向新型工业化迈进；集约化、市场化、现代化农业渐入佳境，农民收入稳步增高；城市规模、功能超常规发展，百万人口现代化城市加速形成；招商引资工作取得重大突破，尤其是人们的观念、引资的氛围更是令人欣喜；精神文明建设硕果累累，继获全国卫生城市称号后，2002 年又被评为全国文明城市创建工作先进城市；社会各项事业全面发展、民主法制建设切实加强、人民生活水平明显提高。淮北，政通人和、经济繁荣、社会稳定、欣欣向荣……

因煤而立、缘煤而兴的淮北市，依托资源求发展、超越传统促转型，正由一座以煤电开发而发展起来的资源性工业城市向现代化工业、商贸、旅游城市迈进。

以煤电为主的经济建设，在为国家做出巨大贡献、增强自身发展实力的同时，也造成了产业结构单一、经济效益较低、环境破坏严重等不良后果。如何实现自我超越，高起点、高定位谋划新一轮的发展，淮北市委、市政府把握大局、审时度势、顺应趋势，大力推进思维创新和思路创新。

在去年 5 月份召开的市第五次党代会上，明确提出“以加快发展、城市转型、富民强市为主题，实施科教兴市、开放带动、全面创新和可持续发展战略构想：到 2010 年把淮北建设成为经济实力雄厚、旅游商贸兴旺、科教文化发达、社会秩序优良、城市环境优美的现代化城市。”根据这一思路和目标，淮北市正奏响一曲与时俱进的城市转型、经济转型的时代乐章。

支柱彰显的如椽之笔：强工富市

原煤产量近年连续突破 2500 万吨；发电装机容量已达 168.55 万千瓦；口子集团 5 年累计销售收入 16.9 亿元，创利税 3.16 亿元；年产水泥 200 万吨的生产能力即将形成；纺织综合经济指标连续 10 年拔全省同行业头筹……。工业不仅成为经济的主导和支柱，而且在改革与调整中不断增强。1998 年至 2002 年，全市规模以上工业企业增加值由 18.87 亿元提高至 38 亿元，总量和效益翻了一番。特别是去年 1～10 月份，规模工业实现利税 10.25 亿元，同比增长 47%，创历史最好水平。

解放思想、大胆探索、深化改革是实现“翻番”的根本动力。坚持有进有退、进而有为、退而有序，国有经济战略性调整和国有企业战略性调整取得实质性突破。组建淮北煤业、飞亚纺织、安徽口子、淮北印染等 18 家企业集团，增强了国有经济的控制力、影响力和带动力；淮北集团、印染集团实施债转股减轻债务 20.3 亿元，优化了资本结构；依法破产红方集团、淮矿集团 3 对矿井等 20 户企业，使一批陷入困境、扭亏无望以及资源枯竭的劣势企业退出了市场；市玻璃厂、啤酒厂等国有中小型企业得到了放开搞活；引进境外、市外的资金、技术和管理，嫁接改造凡尔康公司、天宏集团等国有企业，组建淮北东滋、淮北正虹、光大公司淮北分公司等，招商重组取得了实质性进展。按照“产权清晰、权责明确，政企分开、管理科学”的要求，建立现代企业制度。列入国家计划的 7 户年产值超 3 亿元的大中型骨干企业完成了公司制改造，30 多家企业规范和完善了法人治理结构，近一半的企业产权多元化改革步伐明显加快，企业经营机制转换取得较好成效。企业管理人员能上能下、职工能进能出、收入能增能减的机制初步形成；成本、资金、财务等基础管理得到加强。

以项目为重点，切实增加投入特别是技术投入，是“翻番”的关键所在。一方面积极采用高新技术、先进适用技术改造和提升传统产业，五年围绕增加品种、改善质量、防治污染和提高劳动生产率，对煤电、纺织、建材等产业进行改造，完成重大技改项目48项，技术开发项目400项，累计投资达45.2亿元。其中，2001年投资10.8亿元进行的淮矿集团安全设备等10个重大技改项目竣工投产，新增年产值近10亿元；围绕增强持续生产能力，投资数十亿元上马二电厂及祁东、许町等煤矿，开工建设杨庄矸石电厂、众城水泥二期、印染集团绿色环保清洁工艺生产等国债项目和“双高一优”项目，增强了发展后劲。另一方面积极培育新兴产业，大力发展高新技术产业，提升经营层次和质量，集中力量建设了电子箔材、超细高岭土、华蟾素药业等一批体现国内外先进水平，对淮北工业有较大支撑作用的高新技术项目。仅2001年高新技术产业技工贸收入就达6.8亿元，实现利税7000多万元。

开放双赢的坚实步履：招商引资

淮北市始终坚持把招商引资作为加快发展的第一选择和经济工作的重中之重，各项工作迈出坚实步履，并催生出一些新的增长点。

为扎实推进招商引资工作，市委、市政府确立了“开放带动”战略，并把解放思想、更新观念作为第一位工作和先导工程，引导广大干部群众统一思想。“市外就是外”、“不抓招商就是不抓经济，不会招商就是不懂经济”的意识普遍增强。通过建立领导机制，完善责任机制，严格考核机制等措施，强化了全市上下的紧迫感和责任感，目前市级领导普遍建立了1～2个外商或外资企业联系点。其中市委书记王邦联系的温哥华城项目已开工建设，市长李忠金联系的城市广场重点工程已顺利封顶。

按照“硬环境上水平、软环境创一流”的要求，淮北市把“软件”建设作为招商引资的重中之重，通过推行一站式服务、开通行风热线、开展政风评议、设立投诉中心、出台优惠政策、改进服务方式等措施，增强了对外商投资的吸引力。同时，坚持不遗余力地抓“硬件”，在投资数亿元进行交通、通讯、水电等基础建设的基础上，实施“两区当先，多区联动”战略，重点抓了淮北、濉溪2个省开发区，南洋、烈山、相山3个工业园区以及11个工业小区建设，着力构建招商引资平台。仅淮北经济技术开发区2002年就有4个企业入驻，实际利用外资上亿元人民币。良好的环境不仅吸引了外商，而且留住和发展了外商。2001年，浙江横店集团与市凡尔康电子公司、市热电厂联合组建淮北东磁电子有限公司，当年扭亏为盈，现又出资1.27亿元上马中高压腐蚀化成箔项目，并独立出资1.12亿元新建空调用亲水箔项目生产线。成功收购市水泥厂的北京众城水泥集团，在一期工程获益后，最近又投资9800万元上马一条年产50万吨水泥的生产线。

注重研究国际资本流动和沿海地区产业梯度转移的趋势，及时调整招商策略，已形成由开发区单一招商为主向各地、各部门和企业共同招商；由注重我方自行招商为主向更加注重走出去招商；由企业招商向委托招商转变的格局。今年召开的皖浙经贸合作推介会，签约引资项目9个，利用浙资8.98亿元，其中6个大项目取得重大突破。10月份召开的中国·合肥第二届高科技—资本对接会，又协议引资12亿元。与此同时，淮北市还十分注重把招商引资、企业改制与结构调整相结合，勇于剥离劣势企业的有效资产，交给外商经营，盘活资产存量；善于利用20万亩塌陷地自主开发、电价和劳动力成本较低等优势，吸引外商投资；敢于拿出优势资产、优势企业与外商对接，鲁王制粉、中博陶瓷、光上制革等一批外资企业纷至沓来。其中，利税大户安徽口子集团，最近与长春星辰集团签定合资经营意向，进行股份合作经营。

高大新美的精彩画卷：城市建设

进入新世纪，淮北市瞄准省规划的2010年基本建成百万人口城市目标，并不断丰富经济、文化等时代内涵，坚持城市化与工业化、发展城市与振兴经济、人口集聚与品位提升并重，实施“东延、西进、南扩”，加速推进城市化进程。

树立经营城市的新理念，以改革和市场经济的办法化解建设中的难题，有力地推动了城市的建设与发展。采取争取国债、激活土地资本、盘活国有资产存量等方式多元融资6.24亿元，建设城市路网、基础设施等，仅城市道路就新增82公里。随着东外环路、西山隧道等10路、10桥、1隧道的逐步建成，主城区规划面积已由38平方公里扩展到外环以内的235平方公里，百万人口城市的框架渐趋形成；兴建污水处理厂、垃圾处理厂，加强供电、供水、供气、公交、电信等建设，城市功能进一步增强；市行政中心、体育馆、博物馆以及几个广场等标志性建筑陆续投入使用，城市品位进一步提升。

树立人本意识，创造良好人居和创业环境，既是建设城市、发展城市的出发点，也是根本目的所在。淮北市围绕实现道路硬化上档次、绿化上水平、亮化高标准、净化能达标、管理更配套，狠抓市政工程、园林绿化、环境保洁、公用事业和房地产开发等建设，新建一批公用设施、公用绿地、公用活动场所，进一步优化生态环境、人居环境和休闲旅游功能。城市住房人均面积已达到12平方米，主次干道亮灯率达96.7%，供水普及率达99%，供气普及率达到72%，绿化覆盖率达31.2%。淮北市的确变大了、变高了、变美了。

以民为本的坚实基业：社会保障

近年来，淮北市坚持“以民为本、就业优先”的方针，采取有效措施建立健全社会保障体系，不仅许多工作走在了全省乃至全国的前列，而且有力地促进了全市的改革、发展与稳定。

——注重改革发展与扩大就业互动，下岗职工由生活保障向就业保障转变取得成效。全市上下牢固树立“以发展带就业、以就业促发展”的理念，把经济结构调整与就业结构调整结合起来，着力发展开放型经济、个私经济，增加就业岗位；在大力发展高新技术产业、培植规模经济的同时，注重发展具有较强就业吸纳力的第三产业和中小型企业，拓展就业空间；广泛开展专业技能培训，提高职工素质，增强就业能力。1998年以来，已有4.7万名下岗职工就业，累计安置社会劳动力和下岗失业人员16.6万名，其中第三产业和个私经济吸纳从业人员8万人之多。

——注重落实政策与开拓创新结合，社会保障体系逐步完善。坚持社会统筹和个人账户结合，建立和完善城镇职工基本养老保障制度和基本医疗保障制度，建立健全失业保险制度和居民最低生活保障制度，多渠道筹集和积累社会保障基金，特别是不断优化财政支出结构，在保证支付应付的1/3资金外，对无力自筹资金的困难企业予以保底，确保了“三条保障线”衔接顺利，促进了“五险并举”格局形成。到目前为止，全市参加基本养老保险人数已达16.91万人，比1998年净增8.01万人，养老金发放率一直保持100%；事业保险参保职工28万人，比1998年增加近7万人；参加医疗、工伤、生育保障的人员分别达到23万人、14.6万人和12.6万人；城市低保实现了应保尽保。

——注重面上推动与社区拓展并举，综合服务水平不断提高。在搞好离退休人员、失业人员待遇社会化发放的基础上，全面加强和积极拓展社区针对性服务。仅依托办事处和居委会，就成立了“离退休人员管理服务站”、“失业下岗职工就业服务站”、“劳动保障服务中心”以及“夕阳红”老年艺术团等组织。他们大力开展职业介绍、技能培训、特困托底、待遇发放、社区医疗等服务，较好地发挥了“进一门，穿百线，联千家，解万忧”的作用。

希望田野的靓丽风景：结构调整

广袤的田野播种着希望，收获着沉甸甸的果实，淮北的农业展示出前所未有的辉煌。五年间，全市粮经饲面积比优化为41.7：37.5：20.8，肉、蛋、奶产量分别增长41.8%、71.9%和7倍，农业总产值增长35.9%，农民人均纯收入增长18.6%；农村税费改革在全省率先试行，农民负担总额比改革前减少近三成。煤矿塌陷区综合开发达到世界中等发达国家治理水平，“菜篮子”工程连续12年全省夺魁，农业科教工作连续三年名列全省前茅，绿色长廊工程建设连续三年荣获全省一等奖。

“三项工程”是结构调整的三大重点。实施市场流通工程，全市建成各类农副产品市场182个，年成交额30多亿元，10万多农民参与农产品流通；信息传递普及率达到90%以上，实现了“信息入乡”、“传呼入村”、“电波入户”；实施品牌工程，注册农产品商标200多个，有8个获得国优名牌产品称号，20多个获省优部优称号；实施农业产业化工程，培育各类龙头企业24家，年销售收入超亿元的已达4家。

畜牧养殖是结构调整的重头戏。今年以来，全市已投入资金3亿元，兴建百万元以上的项目34个，新增规模养殖大户1350户，初步构筑了生猪、奶牛等五大产业带。预计全年养殖业的比重将比上年提高6个百分点，农民现金收入的40%将来自于畜牧养殖业。畜牧养殖业不仅形成了上下联动、投入拉动、能人带动、项目助动的局面，而且成为农民收入增加的重要一翼。

科技进步是结构调整的动力。全市重点推广了樱桃蕃茄、早春西瓜、彩色棉、抗虫棉、波尔山羊等一大批优良品种及科技成果，主要农作物良种覆盖率达到90%，科技对农业的贡献率提高到40%以上。以机制创新、成果转化为中心，大力加强农业科技园区建设，投入资金4500多万元，建成省农业科技示范园2个、市级3个、县及县以下20个，园区规模6.87万亩，辐射面积21.6万亩，引进推广新技术300多项，培育推广新品种10多个，获经济效益3亿元以上。

前不久，淮北市农业经济委员会又与上海孙桥现代农业联合发展有限公司签订了技术辐射推广协议书，联合建设出口蔬菜基地，淮北农业已冲出安徽，进入全国，开始走向世界。

提升品位的精彩力作：文明创建

清澈的湖水倒映着蓝天，碧绿的草地镶嵌着整洁的马路，亲切的问候温暖着疲惫的心灵……走进淮北，你便置身于一个花红草绿、赏心悦目的怡人世界。这一切，都得益于文明城市创建活动的有效开展，也为淮北带来了殊荣，今年又被评为全国文明城市创建工作先进城市。

品位源于品质。7年来，淮北市以人的素质全面提高、经济建设全面发展、城市管理全面加强、发展环境全面优化为目标，紧紧围绕市民生活更美好这个主题，制定城市发展规划，完善“一个领导体制”、“两个工作机制”，大力开展治城育人和推进自然生态、园林绿化、人文建筑三大环境体系建设，形成了以文明城市、文明行业、文明村镇创建工作为主体的完整格局。

创建的成功与否，人的文明素质是根本、是关键，一个“感悟文明、理解文明、实践文明”的口号被提出来并付诸实施。在社区建立健全“两级政府、三级管理、四级网络”体系，经常开展“文明家庭”、“文明户”、“遵纪守法户”评选活动；在机关开展“十佳公务员”、“十大杰出青年”的评选；在乡村开展“文明村镇”、“卫生村镇”创建等活动，让群众在参与中自我教育、自我规范、自我约束。目前，各种形式的读书会、帮教小组遍布机关、矿山、农村，300多个市民学校覆盖全市，各种文明条约、市民公约深入社区和家庭。文明创建工作犹如“随风潜入夜，润物细无声”的春雨，滋润和感化着所有生活在淮北的人。

创建重在建设、贵在治理。淮北市积极实施改善市容市貌、提升城市环境的美化、绿化、净化、亮化工程，城市24条主干道实施了全方位的街景整治，建成了丁楼污水处理厂和垃圾处理厂，并对濉河、龙河、雷河和塌陷水面进行了有效治理，今日淮北已基本实现人与自然相融合、山光与水色相辉映，具有自然生态特色的相山公园和老龙脊森林公园，碧波荡漾的南湖水上公园成为淮海地区少见的自然景观，代表城市建设新形象的各项工程拔地而起，东岗楼立交桥、长山路立交桥以及四通八达路网的建成通车，大大方便了全市人民的出行，大大提升了城市品位。

与此同时，文化建设也精品迭出，许多优秀的书画作品、文艺作品多次在全国和安徽省获奖。特别是与中央电视台等媒体合作拍摄的《独立寒秋》、《父亲》、《大哥》等一批政治思想性强、艺术品位高的影视文艺作品相继问世、传播，更为淮北增添了文化的厚重感和影响力。

提起经营城市，国人心目中除了大连，大概就是青岛了。然而，在青岛的羽翼之下的胶州市却在相当一个时间内一片寂然，真应了人们常说的“灯下黑”了。从1998年开始，当胶州市人民意识到这个问题以后，当即抖擞精神，披挂上阵，“把城市当作最大的国有资产进行市场化运作”，从而实现了突破性的发展。请看：

30. 山东胶州市的跨越之变

3年前，逆境中的胶州人勇敢而响亮地提出：苦干3年经济综合实力进入山东省先进县市行列。

3年后的今天，胶州人以跨越式发展的奇迹自豪地说：我们已经做到了。

循着胶州跨越式发展的足迹我们努力探寻着奇迹背后的真谛。

文明与诚信：跨越发展的根基

在庆祝胶州市建市15周年大型图片展上，丹麦贵宾与胶州市委书记张元福共同举杯的镜头格外引人注目。原来，落户胶州的丹麦独资企业青岛欧堡锅炉有限公司生产的超大型锅炉的海港运输遭遇电线、桥涵等路障，时任市长的张元福慨然应诺，并协调各方共投资500多万元辟建了“绿色”通道。公司董事长弗雷德先生感动不已，追加投资1500万美元，以扩大生产规模，并认为这是胶州人重诺言、讲诚信的表现。

在跨越式发展的过程中，胶州正是从打造“诚信”入手，不断提升整个城市的核心竞争力。为跨越助跑，他们在全市开展了轰轰烈烈的“爱民、为民、富民、安民”活动。市里抓热点、部门抓服务、基层办实事，通过实实在在为老百姓办好事取信于民、凝聚人心。在资金吃紧的情况下，投资3300多万元治理洋河水患，去掉了沿河群众的一块心病。成立胶州慈善总会，短短几个月就捐款600多万元，为帮助弱势群体筹集了充足的资金。重塑诚信胶州，更需全民参与。为提高全民整体道德水准，深入开展了群众性精神文明建设活动，大力贯彻实施《公民道德建设实施纲要》。全市评选出“公民道德建设标兵”、“十佳文明市民”、“精神文明建设十佳活动”等先进典型，在全社会形成了做文明市民、文明职工、文明工商户的良好风尚。目前，胶州市已经成为山东省精神文明建设先进市，涌现出省十大孝星等100多位先进典型和6个省文明单位、38个青岛市文明单位和3.8万个文明户。李哥庄镇还被评为全国创建文明小城镇示范点。

企业是经济活动的主体，为大力优化社会信用环境，提高企业信用水平，胶州市对本市企业建立了信用档案，对及时还贷的企业扩大授信管理额度，对不讲信用的坚决给予曝光监督，并积极开展“重合同守信用”企业评选活动，使“不造假、不欺骗、不赖账”的诚信观念深入人心。

随着全民文明素质的不断提高，胶州市开放的经济环境日益优化。在营海投资1000万美元建立现代化养猪场的新加坡客商卢木章先生告诉我们，他是因为胶州人的实诚决定投资落户这里的。青岛东发农产品有限公司的郭光林在今年洋葱价格下滑的情况下，依然按照去年与种植户口头协议的价格敞开收购洋葱，仅此一项就赔了5万元。

诚信生金。1998年全市新增生产性贷款余额仅有7000万元，然而近几年贷款余额却每年以2亿元的规模递增，2001年已经达到7亿元，有力地支持了当地企业的快速扩张。文明也是生产力。1998年以来，胶州市引进外资企业500多家，是前10年总和的两倍多。

机制与活力：跨越发展的保障

发展的高速度离不开完善的运行机制。近年来，胶州市探索建立的考核机制、用人机制、党建机制等，大大激发出“人”的活力。

他们通过完善考核机制，充分释放干部的“能量”，在选人用人上，他们建立“赛马”机制，对股级干部实行竞争上岗，对副科级以上干部则以实绩为依据择优选拔。仅去年以来，该市就选用了100多名政绩突出、群众威信高的干部，调整了40多名政绩平平、群众威信低的干部。不拘一格的选人措施、充满活力的用人机制，在全市干部队伍中形成了勇为人先、不甘人后的进取意识。团市委、妇联也引进了外资项目，偏僻的后屯、九龙、洋河等镇也建起了工业园……

基层组织是“细胞”。2002年胶州市开展了“基层组织建设年”活动。领导干部蹲点调研，“解剖麻雀”，基层干部记写“民情日记”，村村镇镇“民主听政”，强村帮扶弱村……一系列旨在“提高素质、促进发展、保持稳定”的活动在胶州1200多平方公里的大地上陆续展开。市级领导一年到所包村庄不少于15天，下基层时间不少于60天；6000多名乡村基层干部认真落实“民情日记”和“民主听证会”制度；30个全市经济强村、党建先进村与30个后进村结对，2000多位乡镇机关干部、党员户、富裕户与2000多户贫困户结对，尽快帮助他们致富脱贫。中秋节前，胶州市级领导带领市直部门400多名干部进贫困村、帮特困户，带起全市党员实施“双连”帮扶工程。

为帮助更多的村庄“强筋健骨”，2002年胶州市又在农村全面实施了“三百工程”，即“从应届高校毕业生中选拔100名大学生到村庄任职；从市直部门、单位和乡镇机关选派100名年轻大学生到村庄挂职；从农村两委成员和村级后备干部中选送100名参加大专学历教育”。里岔镇河北村的学生村官迟焕兵帮助当地群众改进蘑菇生产技术，使生产成本下降了50%。群众高兴地说，这样有科技头脑的大学生，我们欢迎！

创新与效率：跨越发展的风帆

胶州市通过政府管理模式的创新，努力建设服务型政府，不断提高行政效率，为经济发展创造开放、平等、规范的外部环境。他们清理精简近一半现行审批事项，并把所有审批业务全部纳入行政服务大厅，实行一门式受理、敞开式办公，办事效率明显提高。大厅运行9个月来，已受理申办事项51403项，办结50523项，得到了外商和群众的广泛赞誉。当世界500强企业美国爱默生(中国)电机有限公司在服务大厅仅用1小时就办结了本来两个工作日才能完成的加工贸易业务时，其总经理林德曼先生感慨地赞赏：“这样的效率在欧美也是一流的。”

胶州市还不断创新政府管理模式，让公共权力在阳光下运行。从1999年起实施了政府采购制度、会计委派制度和崭新的财政管理体系。2001年成立了土地储备交易中心，使土地出让全部采用公开拍卖等市场化手段。

“潮平两岸阔，风正一帆悬”。高效的行政效率和诚信的胶州人进一步优化了该市的投资环境，使胶州的发展进入了一个全新的活跃期。短短几年间，城市开放度全面扩大，招商引资跃居全省前列，出口创汇力拔江北县市头筹，2001年涉外税收达3.2亿元，在1997年基础上翻了两番；城市经济总量快速扩张，GDP三年翻了一番，地方财政收入增幅在青岛市由1997年的倒数第一跃为2001年的正数第一，由金融高风险区跨入高信用区；城市建设“突围南进”，新城区拔地而起，城区面积扩大一倍，城市化水平迅增6个百分点，达到42%。

“大开放”助动胶州“大跨越”

从4年前单纯招商引资的涓涓溪流，到今日全方位、多层次、宽领域的大潮拍岸，正是胶州决策者们把“重中之重”的“大开放”作为全市的战略支点，通过大招商、大引进，才实现了胶州的大跨越、大发展。

放眼胶州湾西北海岸，胶州面向胶州湾东南扩展的30平方公里的工业区内园园相接，强企如林，会聚了爱默生、旭硝子、海尔、澳柯玛等近300家中外企业，年工业产值达30亿元，出口创汇达5亿美元。4年前泥水涟涟、草虫唧唧的盐碱滩，如今成了胶州对外开放的前沿阵地和招商引资的强“磁场”。这是胶州市实施大开放带来大发展的一个缩影。

早在1998年，时任市长的张元福审时度势，果敢地提出了“外向带动、园区带动、城市化带动”三大带动战略，适时确立了坚持外经重中之重地位不动摇、发展靠外经的思想不动摇、党政一把手抓外经的做法不动摇“三个不动摇”的开放理念，提前融入国际经济大循环中“热身”，使胶州在开放竞争中赢得了宝贵的主动权和更多的机遇。针对开放初期布局分散的实际，胶州市五指并扰攥成拳，举全市之力发展重点园区。1999年元月，市区东部的“开放试验田”胶州湾工业园正式成立，当年就创造了10个人、10个月引进28个项目、10亿元产值，启动区“当年规划、当年建设、当年填满”的奇迹。2000年初，胶州按照缩短战线、集中投入、滚动开发的思路，选择阜安、北关、李哥庄等7处重点乡镇设立配套区，重点开发“一区八园一长廊”，实行“政园分开，以园为主”的开发模式，走专业化、市场化、集约化的园区发展路子。

为加快开发进度，胶州变开发招商为招商开发，着力探索包片开发、专业开发、配套开发等多种方式，吸引跨国大公司及国内大型企业集团前来辟地建园。海尔、澳柯玛集团相继建起了工业园，韩国工业园、日本工业园、台湾工业园也相继落成，目前全市已吸引22家国内外大型企业开办专业园区，总面积达到11平方公里。

从一个胶州市经济技术开发区到“一区八园一长廊”，再到30平方公里的东部工业区，胶州市的开放载体不断跃上新的层次。仅海尔大道两侧的经济带上就落户220多个项目，实际吸纳外资、内资分别达到6.8亿美元和22亿元人民币，成为青岛重要的开放前沿和工业密集区。

在注重以商招商、委托招商的同时，该市还积极探索节会招商、推介招商新路子。他们在成功举办2000、2001年“胶洽会”的基础上，今年又变请进来为走出去，分别于6月至9月赴韩国、日本及四川成都等地举行了招商推介会，共签约内外资项目60多个，投资额达2.6亿美元和3.25亿元人民币。

随着招商引资竞争的日趋激烈，胶州市不仅注重一招一式的招商方式的变革，更注重城市核心竞争力的增强。他们于2000年投资1500万美元建起集居住、餐饮、娱乐为一体的韩国城，到现在以多伦多双语学校、国际高尔夫球场、诺贝尔山庄为基点的国际社区正在形成，仿真化环境吸引着越来越多的外商，并将胶州的对外开放推向民族文化交流的更高层次。2002年以来，胶州市招商引资势头更加强劲，利用外资屡创新高：截至8月底已合同利用外资4.58亿美元，实际利用外资2.2亿美元；合同利用内资27.6亿元，实际利用内资13.8亿元。涉外税收占全市税收总额由3年前的15%猛增到48%。

发展就是跨越

发展永远是硬道理。在青岛市年度综合考核中从几近末尾到第一，胶州人靠的是开拓创新、真抓实干。目前，胶州市的经济活跃度、经济关联度、经济外向度已经全部跨入全国的先进行列，实现了经济形态、经济结构和经济效益质的飞跃。

胶州曾是全国重要的锅炉“辅机”生产基地，但一直缺少自己的主导产品和核心竞争力。当市场经济大潮袭来的时候，有的企业经营显得步履蹒跚、困难重重。对此，胶州市委、市政府果断对国有企业进行了大胆改革，特别对企业生产力进行了重新布局。所以当国外第一个大型机械制造企业——韩因现代集装箱有限公司落户胶州时，该市调配分流过去的焊工、铆工等技工稍加培训即可上岗操作，生产出的集装箱优良品率达到98%。正是凭借这些优势，胶州市最近先后引进了投资1000万美元的爱恩耐机械、投资1.5亿元的杭萧钢构等20多家国内外机械制造企业。就这样，胶州人才资源与国内外大企业的资本优势、技术优势实现了有效对接，一个更新形态、更新技术的机械产业隆起带正在形成。于是就出现了一个耐人寻味的现象：20世纪80年代曾风光全国的机械制造业，经过改革和市场的磨砺和阵痛，正在重现昔日的辉煌。在“中集”等一批大型机械企业的引领下，胶州形成了上千家中小企业为几十家大企业配套生产的产业链，链条经济正在成为该市经济的一大特色。

“发展园区经济，形成集约优势”，这是胶州加速工业化进程的一项重要举措。该市制定一系列优惠政策，引导遍地开花的乡镇企业向园区集中，实现生产要素的优化配置。“东方铁塔”、“武晓制塔”自从偏远的村落迁移到工业区后，完善的设施、便捷的交通和优越的区位优势，使企业规模迅速膨胀。“武晓制塔”研制出用于西气东输的大口径直缝焊管，年可实现产值20亿元。“东方铁塔”则占领了全国200米以上的电视塔中80%的市场。据统计，全市先后有500多家企业进驻工业园区和农业园区，园区经济已占胶州市经济总量的85%以上。

拉长民营经济这条短腿，也是胶州近几年经济发展的力作。他们按照“铺天盖地”抓总量、“顶天立地”抓大户的思路，短期内打造出胶州商城、向阳市场等6大个私经济板块，个私经济总量翻了1.5番，从业人员10余万人，年税收总额过亿元。个私经济四分天下有其一，有力地优化了胶州县域经济的结构。

着力培植主导产业，是该市的得意之笔。以“海尔”、“澳柯玛”为代表的电子产业，以“世原”、“昌新”为代表的皮革制鞋业、以“农心”、“福生”为代表的食品加工业等七大支柱产业的培育、发展和繁荣，塑造了一个活力十足的现代化工业体系，使胶州经济格局也发生了前所未有的深刻变化：工业已跨入成熟期，农业产业化水平大幅提高，块状经济活力十足，整体经济向园区化、科技化、规模化方向发展。

“金胶州”的城市跨越

从千年古城的经营运作到现代化城区的漂亮一跃，胶州通过“南进战略”的实施，园区与城区的整合，使得城区面积扩大了一倍，真正实现了由：“老城”向“新城”的蜕变。

1998年以来，胶州市把城市当作最大的国有资产进行市场化运作：1999年初建立土地储备制度，由政府垄断土地一级市场，放开搞活二级市场，有计划地进行旧城改造和房地产开发，利用土地级差赚得城市公共设施建设资金。2000年，将向阳市场附近的市委党校和中医院进行置换，扩建了4万平方米的大市场，引来了岛城商业巨头利群集团。用同样的市场运作方式，将市工会大院置换到开发区，开发建设了城区标志性建筑21层的世纪大厦和5万平方米的世纪广场，上市公司青岛国货有限公司在此设立了万米商厦。到目前，该市先后对20多宗国有土地使用权进行市场化运作，获取的5.8亿元资金全部用于城市建设。

2001年，胶州市抓住青岛加重西海岸经济发展的机遇，实施“南进”战略，“一年拉框架，两年树形象，三年成规模”，首先在城区南部建设3平方公里的行政文化中心区，争取用3～5年时间，建成配套齐全、功能完善、居住人口达10万人的现代化新城区，实现与环胶州湾经济带的对接与融合。而一年多来新城区的运作更是神来之笔：政府就像下棋的高手，仅仅是移动了棋盘上的几枚关键的棋子，便轻取胜局。新城区已经投资2.5亿元，而政府仅仅投入了2200万元的启动资金。投资1.7亿元，高17层的新市级机关大楼，经过一年多的建设，现在大楼已经巍然屹立在三里河畔。投资1.2亿元的新一中业已建成。

浮翠园、映月园……一幢幢新颖别致的住宅楼同时在新城区崛起。与此同时，被众多的投资商看好的新城区地价已由一亩地4万元飙升至20多万元。

现在，胶州市已经突破城区每年0.8平方公里和人口每年1万的自然扩张惯性。1998年至今，政府运作的城市建设资金达到12亿多元，建成区面积由20平方公里扩大到40平方公里，市区人口由15万人增加到26万人，城市GDP占全市比重由43.5%提高到69%。城市化水平正以每年3个百分点的速度迅速攀升，一个现代化的中等城市正在古老的胶州大地上崛起。

西部大开发很重要的一条，就是要完成产业升级。西部产业升级除了要借助东部和国外的资源转移之外，本身也要挖掘自己的潜力，发挥自己的特长，走出有自己特色的发展道路。

广西岑溪市正好位于西部的东方，每时每刻都被笼罩在东部经济的强烈辐射之中。这种辐射，既有思想、观念的冲击，也有技术、物流的渗透，更有发展速度、创业环境的悬殊所带来的震憾。岑溪市以一种完全开放的姿态接受一切崭新的东西，并从中悟出了当地农业产业升级的路子。岑溪是个山区市，农业是其立市之本。他们一方面以一种“大市场”的眼光来看待农业产业，把产品、技术搬到一个完全超越地理局限的大平台上；另一方面则因势利导，充分挖掘本地特色产品的市场潜力，在把农民引上致富道路的同时，也为全市下一步的经济腾飞积蓄了力量。

应该说，岑溪市的做法对于西部地区的许多市县，特别是许多以农业为主要产业的地方来说，具有一定的典型意义。请看：

31. 来自广西岑溪市的报告

因为我们的到来，岑溪市委、市政府各职能部门的主要干部们，都提前结束了自己的春节长假。

岑溪的春节，有如这里飘渺的山林一般，虽无狂热气势，但有暗香浮动。

岑溪是广西东南角的一个县级市，正好处在东部地区和西部地区的交接点上，80%的面积是山区。早在11年前，这里就跨入了“广西农村经济十强县”，而且率先成为广西首批“吨谷县(市)”。用当地干部的话说，经济实力确实“不好也不差”。但是，正是这种“不好也不差”，使岑溪人产生了一种非常强烈的紧迫感。这种紧迫感，据我们观察，既受激励于“邻居”广东人那种日新月异的发展速度，也产生自当地干部那种“不辱使命”的政治抱负。

岑溪的干部常说：我们与广东的差距，说到底还是观念上的差距；观念上的差距，说到底还是表现在政策的科学性和政府服务意识的先进性上。正如岑溪市委书记张宣东所言：“政府在农业上的主要职能是什么？除了服务还是服务！因为农民是最讲实际的，如果没有看得见、摸得着的典型引导，没有足够有效的服务，农民是很难转变观念的，农业的发展也将是一句空话。”

正是因为有这样的认识，所以岑溪市在农业发展上，既能够加大政策引导的力度，也能够强化干部的服务意识，在一个资源并不十分富裕的山区里，展开了顽强的经济攻坚战，最终把农民带上了一条真正致富的道路。

抓两“头”让农民有“奔头”

记者到来的时候，岑溪市正在抓两“头”——“牛头”和“木头”。岑溪的奶水牛有很高的知名度，这种特殊的牛是国外进口公水牛与当地母水牛的后代，产出的奶不仅质好、营养价值高，而且奶产量经过两三代的优选优育完全可以赶得上较好的奶牛。目前市里畜牧局正在建设示范基地和酝酿推广模式。专家介绍，鉴于奶水牛的技术要求较高，畜牧部门准备在奶水牛推广以后，在不改变奶水牛产权隶属的前提下，把农户分散的奶水牛集中起来，统一饲养，统一采奶，并建设一定规模的产品加工企业。过不了几年，相信这里会成为一个全国闻名的新型的奶水牛基地。

岑溪的地貌以丘陵为主，境内位于热带季风区，土壤非常适合各种林木的生长，所以，“木头”是这儿的又一特色。近几年来，岑溪市充分利用从外面引进的两大龙头纸板企业，大力推进速生丰产林的建设，目前已形成了一定的规模。他们还开展高脂速生马尾松优良树种的推广种植，利用作为“全国经济林建设示范县(市)”的优势，把经济林香料产业发展成岑溪市林业经济的又一亮点。从1998年至2002年五年间，全市累计实现林业产值11.49亿元，全市农民每年从林业种植上获得的人均收入从348.33元增长到405.73元。

以“特点”展现经济“亮点”

除了两“头”外，岑溪市的特色农业还有许多亮点。始建于1974年的岑溪市外贸鸡场原是市外贸局视之如包袱的企业，可如今已创出连续18年盈利的佳绩，到2002年销售总收入达到4000万元。他们实施用科技提高实力、用品牌抢占市场的战略，精心培育自己的拳头产品——古典型岑溪三黄鸡。岑溪三黄鸡是广西历史上四大优质名鸡之一，具有肉少而精的特点，很符合当前的消费流向。而外贸鸡场开发的古典型三黄鸡更是突出了小巧华丽、肉嫩骨细、味道鲜美的优势。这种肉鸡卖价虽比一般的三黄鸡品种高出2至3成，但仍供不应求。

外贸鸡场将销售市场的主体定位于以广州为中心的珠江三角洲一带，并把这里的酒家、饭店作为主要的销售对象。鸡场通过摸索，建立健全了一套具有鸡场特色的经营机制和经营模式，即“鸡场＋养户＋客户”，突出抓住产、销两个关键环节，把鸡场、农户和客户的利益捆在一起，强化了企业的生存能力，开拓了广阔的市场，也带动了周围的农户。目前鸡场周围的养鸡农户已增加到400户，饲养规模达到150万羽。农户每养1羽商品肉鸡，皆可获得2至3元的利润，已有大批的农户每年从养鸡业中获得数万元的收入。

南渡镇是岑溪市的一个农业大镇，盛产竹子，全镇共有山林面积17万多亩，而其中竹林面积就有3.5万亩，因此在南渡可谓举目皆竹了。凭借此优势，加上政府的正确引导，如今竹芒加工业已成为该镇经济增长的一大亮点，其竹芒制品已远销日本等国，南渡也因此赢得了“竹芒制品之乡”的美誉。

南渡镇为发展起“农业型的工业”，因地制宜地推行两种竹芒加工生产模式，即“公司＋基地＋农户”的经济能人型和以农民股份制为代表的经济合作型。经济能人型即让镇内外那些有资金、技术和市场开拓能力的能人到镇里办厂，并用资金、技术扶持农户种植竹子。农户利用自己生产的竹子，根据企业的品种需求直接生产成半成品，企业收购这些半成品后再加工成成品投放市场。农民股份制主要是利用农民手中有限的资金和自己种植的竹子资源，通过自愿入股的方式共同创建竹子加工厂，工厂出售产品获取的利润再按参股份额分红。事实证明，南渡镇这些通过立足当地资源、抓住优势产业的发展途径是正确的，去年，镇财政收入和农民人均纯收入分别为361万元和1983元，同比增长分别是8％和6.4％。其中，竹芒制品的收入分别占财政税收和农民人均纯收入的31.3％和46.2％。

与南渡镇的竹芒制品一样，马路镇的桂圆肉也闻名遐迩。不过，正如阿拉伯数字并非阿拉伯人发明一样，马路桂圆肉也并非全部产自马路。之所以产生同样美丽的误会，共同的原因大概就是：马路人和阿拉伯人一样做生意很精明。

为解决桂圆的来源问题，马路镇有一支多功能的专门采购队伍，他们分布在两广、越南等地，哪里的桂圆肉质量好、价格低就往哪里跑。他们在采购前会先与销售队伍、加工户联系，弄清情况，再根据市场的需求确定采购数量。通过这支队伍采购回来加工的桂圆肉数量，是本地桂圆产量的上百倍。

加工是马路人做桂圆生意的优势所在，正是程序细致的加工，才使得马路桂圆肉享誉广州乃至全国最大的桂圆肉市场——青平市场。首先，他们把购回的桂圆肉重新分开，用热风干燥机炉风干，然后再挑拣、去掉次品，最后根据市场需要分成各种等级进行包装。如今在马路，桂圆业已不再是20世纪80年代那样小打小闹式的加工了，镇里已成立桂圆肉加工销售协会，也建立了桂圆肉有限公司，并注册了自己的品牌。加工的规模已由原来的三五百斤一户，发展到几十吨甚至上百吨一户。在2001年，马路桂圆肉加工销售量曾经超过5000吨，年产值高达2.5亿元。

工业化带出劳力就地转化

在这些特色产业的支撑下，岑溪的乡镇企业出现了繁荣的局面。据统计，2002年全市共有乡镇企业1.4万家，从业人员近9万人，营业收入达到58亿多元，利润总额为28亿多元。

经过几年的摸索，岑溪市紧紧围绕“农村经济发展、农民增收、财税增长”的目标，立足本地资源和区位优势，合理调整结构，发展特色经济，使乡镇企业的发展登上了新的台阶。

首先，干部观念出现大转变，各级党委、政府和各有关部门始终高度重视乡镇企业的发展，做到早计划、早行动、早部署；其次，各级乡镇企业主管部门充分发挥职能，做好企业和上级有关部门之间的沟通，把问题解决在前面；第三，坚持把招商引资作为加快乡镇企业发展的主旋律，抢抓西部大开发、东部地区产业转移和我国入世三大机遇，不断完善投资环境，转变政府角色，改善地方形象；第四，从实际出发，合理调整和优化乡镇企业结构，让一批传统支柱产业继续独占鳌头，而把一些新兴产业如牙签、毛织、打火机等业，作为乡镇企业新的增长点；第五，调动各个渠道的优势，使生产技术和设备能够不断得到更新，从而提高生产效率和经济效益；第六，放心、大胆、放手发展个体私营经济，积极为经济能人创造条件，引导私企从分散走向联合，去年全市1万多家个体私企的产值就达51.34亿元，占全市乡镇企业总产值的91.22%；最后，在安全问题上不松手，确保了乡镇企业的稳步、健康发展。

如今，很多地方的农民都到外地打工来致富，而岑溪人靠着当地方兴未艾的乡镇企业，使农民离土不离乡，无需远行也能拥有富裕生活，这在当今农村非常有借鉴意义。

党的十六大报告提出，大力推行城镇化，是全面建设小康社会的重要途径。而农业的工业化、农民的就地转化和农村建设的现代化，则是城镇化的重要组成部分。目前，西部许多地区的农民长年在外打工，由此而形成的民工潮在前几年已带来了许多社会问题。这些地区的农民之所以必须出来，很重要的一点就是当地乡镇企业不够发达，有限的耕地已承载不起日益膨胀的农村人口，大量的剩余劳力不得不另求出路。因此，岑溪的发展思路对于广大西部地区来说，是有着一定的典型意义的。

发展无忧还要资金不愁

农民致富除了需要依靠政府的引导和服务外，许多外部的发展条件也是不可缺少的，比如资金就是关键的一环。在全国一些地方的农民普遍为贷款问题发愁的情况下，我们发现，岑溪市的农户在贷款上十分方便。近年来岑溪农信社已成为当地农户致富奔小康路上的得力助手，他们在支农文章上交出了漂亮的答卷。

岑溪农信社一改往日对农户急需的小额贷款不屑一顾的态度，主动走村串户上门办理业务。他们提出，农户只要信誉好，符合贷款条件并且有还款能力，任何时候都能得到贷款满足，且会得到及时办理。农信社还下达小额农贷营销任务，并将其作为考核指标的内容，以促使全体信贷人员主动下村营销贷款。据统计，岑溪市农贷覆盖面已达48%，大部分农民可以在小额农贷的帮助下致富。仅2002年，农信社就累放农户贷款1.3亿元，帮助农民增收近1.6亿元。

另外，农信社还不断完善服务手段，密切社农联系，改善了信用社的形象。现在岑溪市农民到农信社贷款，再也不用隔着防盗网站着办理了，因为已有17个信用社敞开大门，拆掉栅栏，备上台椅热茶，农民可以一边喝茶一边办理。同时，信用社针对农民对小额贷款需求量大、金额小、季节性强的特点，创新了服务的模式，即从简化贷款手续入手，推行“一次核定、余额控制、信用随贷、周转使用”的信贷管理制度，农户凭贷款信用证的信用等级贷款。此外他们还利用多种形式，为农民提供业务咨询，如印制宣传资料分发到各村各户、制作户外广告横幅标语、农闲时节送电影等。农信社这些从思想到行动的转变，提高了工作效率和服务质量，极大地加快了农民发家致富的步伐，自身存贷业务的增长也跃居全市各金融机构之首。

共同富裕才是共同目标

记者发现，在全神贯注地发展特色产业、提高全市综合实力的情况下，岑溪市也不忘扶贫开发工作。岑溪的干部们认为，扶贫开发是一项民心工程，涉及到千家万户；没有贫困户的脱贫和致富，就没有全市人民的共同富裕。2002年，岑溪市获得扶贫项目19个35项，到今年2月中旬，项目已完成 88.9%，扶贫资金 249.46 万元已下拨 200 万元，占 80%。

俗话说，火车跑得快，全凭车头带。岑溪市的扶贫开发办领导小组组织各级干部，一个村一个村地进行调查摸底，查清各地贫困原因、基础设施建设的缺口以及所需投入的人力、物力和财力，从而因地制宜、分类指导地实施产业开发和基础建设。

扶贫开发的对象是贫困村，说到底是贫困户，因此光有扎实的领导班子是不够的，还需要干群的同心合力。岑溪"干部献技发动捐钱不嫌烦，群众出力让山献地不计较"，已形成一个上下联合、干群同心的扶贫局面。昙容镇旺庆村在镇长指挥下，村支书、村委主任走家串户发动群众 200 多人，利用一个多月时间，搬掉近 2.5 万立方米泥土和石头，开出了一条村道，使农用车直通松脂产地和玉桂、八角基地。群众说：扶贫救民到了家，用了一些地心里也是甜的。

为切实抓好扶贫点，岑溪市直各单位定点挂村，实行"领导挂点，部门包村，干部帮户"的制度，每个机关干部特别是党员干部都要下乡村去完成"七个一"任务——联系一户困难户或科技示范户；帮助办一件实事；开展一次乡村调查；写一篇民情日记；献一条致富良策；过一次党的集体生活；组织一次有意义的党员义务劳动。目前，已有许多贫困户在此项措施中受益。

有了特色经济，有了共同富裕，岑溪市的投资环境越来越好，经济发展势头也越来越旺。岑溪市市长张学军透露，政府已对投资管理实行"一站式服务"、"三个一"、"六不限"和"十项制度"，项目审批上尽量减少环节，简化手续，使招商引资工作取得了可喜的成绩。去年，岑溪实际利用外资达到 1389 万美元，超出梧州市下达的任务。全市国内生产总值达到 24.4 亿元，同比增长 8.8%，财政收入(不含基金)同比增长 11.5%，农民人均纯收入为 1963 元，同比增长 6%。另外，岑溪已连续第五年被评为广西"双拥模范城"。

一种好的理念仿佛一股春风，它既可以使桃李芬芳，也可以让碧草葳蕤。经营城市的理念不只是大中城市可以用，小城镇照样能够用。广东省横岗镇淋浴着经营城市之风，振经济腾飞之翅，格外引人注目。请看记者笔下的横岗：“经营城市”激荡在横岗。

32.“经营城市”激荡在横岗——“横岗城·横岗形象推广地产座谈会”报道

“横岗城计划”五大规划要点

● “经营城市”：将以经营城市的理念对横岗进行资源梳理、产业整合、环境重塑、形象再造。

● “系统计划”：本次计划不只是一次地产推广，更涉及社会人文、意识形态、城市发展、产业规划、生态环境、村居建设等多重领域。

● “长线推广”：本次计划时间跨度大、周期长，对横岗的发展给予持续关注。

● “捆绑互动”：本次计划由镇委镇政府直接牵头，各行政村、商会以及地产企业参与协办，合成一股绳，为横岗发展共同做出贡献。

● “从内向循环到外向拓展”：横岗地产目前更多局限在本地消费、本地购买，本次计划关键在于构建横岗的外向消化系统，将横岗放在深圳、香港这个大盘面上进行规划宣传，吸引更多的深圳市区、香港居民关注横岗、热爱横岗、住到横岗。

“横岗城”形象推广活动的推出，在深圳社会各界引起强烈关注

本月25日，横岗镇委镇政府召集中海、振业、卓越、淞江爱地、深冠华、新亚洲、聚龙盛等地产企业和世联、英联、涛益等中介商，就共同关心的“重塑横岗”进行了一场热烈的脑力激荡。

为“横岗城”定标

改革开放以来，横岗这个“横”于“山岗”上的小镇发展神速，尤其在产业规划、文化建设、生态建设、旧城改造等方面，取得了令人瞩目的成绩，先后荣获了“中国乡镇之星”、“全国乡镇最佳投资环境100强”、“国家卫生镇”、“广东省生态示范镇”等称号。但是横岗与中国大多数城镇一样，其城市化的速度明显低于工业化进程。城市化步伐的相对滞后，阻碍了工业化的进一步发展，重新梳理和整合城镇资源，成为横岗当前面临的一个重要课题。

横岗镇副镇长黄志威认为，“在区域竞争加剧的局面下，通过对城市空间的整合来重新拓展发展空间，创造更好的城市发展环境，加快产业结构的优化，增强自身的竞争力，是深圳未来发展的一个大方向。因此，横岗定位为‘龙岗次区域分中心、区域性物流通道枢纽、盐田港后备发展基地，以外向型高新技术产业和现代物流这主导的现代化、花园式城镇’。”

对于以推动横岗地产可持续性发展为核心内容的“横岗城”推广计划，黄副镇长表示出坚定的信心，他认为“这是一次高规格的政府搭台、企业唱戏”的示范，去年中海、振业、卓越等几个大发展商进驻横岗，就充分说明了横岗的优势和地位。近年来，横岗镇委镇政府与时俱进，不断开拓创新，为企业创造了良好的发展平台。为了让城市化的进度赶上工业化的步伐，本届政府给自己提出了一个“三年目标”，即“在三年时间内做到投资发展更具竞争力，经济规模和经济实力再上新台阶，城镇面貌和环境质量继续改善，加快城市化进程，建成最适宜投资创业和生活居住的现代化城镇。”

深圳特区报社广告中心总经理关飞也与会作了重要讲话。他认为“横岗城”计划的启动，将为横

岗的再次腾飞迎来新机遇，横岗的“教育强镇”和“生态示范镇”的地位，将为“家在横岗”提供了最有力的支撑。对于这次由本报和横岗镇委镇政府联合主办的“横岗城”推广活动，他认为，“这不仅是做‘房地产’，而是在做‘横岗镇’，无论从内容深度还是时间跨度上，都将为中国城镇建设和推广树立一个典范。”

“横岗城”，面纱后隐藏的美丽

“横岗城”的规划和计划，与地产商不谋而合。他们普遍认为，多年来横岗一直埋头建设，低调做事，事实上横岗是一个十分美丽的城镇，现在一个重要的任务是“揭开它的面纱”，展示它的美丽，让人们“认识横岗、喜欢横岗、走近横岗、住到横岗”。

水晶之城发展商淞江爱地总经理薛卫东对此感触很深，他说，“人们都说龙岗有很多山，事实上龙岗的山都在横岗境内。比如作为深圳生态标志的梧桐山脉，就横亘在横岗的南面，可以说它的自然环境是其他城镇无法比拟的。”对于横岗的交通，薛十分形象地说，“我从关口开车到淞江爱地公司，只需要15分钟，这个车程是一般居民完全可以接受的。以后地铁3号和11号线，将给横岗带来更多的人流。”

作为“人居”的基本要素，自然资源及地理交通已经成为横岗最具优势的亮点，另外其“教育强镇”地位，将使横岗更加具有吸引力，目前镇内共有中学1所、小学9所，九年义务教育普及率100%，高中教育普及率75%。卓越集团李宁经理认为，“横岗是一个非常注重人文传统的城镇，这里教育先进、民风淳朴，是一个不可多得的居住良乡。”横岗不仅多次获得“国家卫生镇”、“广东省生态示范镇”称号，在最近广东省推荐上报的三个“全国卫生城镇”中，横岗就是其一。

除了自然及人文因素，横岗还有着强有力的工业支撑，这为“家在横岗”提供了大量的就业机会。涛益公司何宝刚总经理认为，“以前来横岗，看见的只是一片片的工业厂房，但近两年横岗的市容市貌和生活配套已经有了很大的改观，一种‘家’的感觉一点点被营造出来，可以预言，将来这里会是一个既适合工作又适合生活的城镇。”

世联地产代表崔滨经理认为，“横岗的规划有很多的独到之处，但更关键的是，首批进驻横岗地产的，便是一些知名的大开发商，这将使横岗在一个更高起点上运作。”

作为横岗的龙头企业，无论是对“横岗城”的认识，还是在计划的实施上，横岗投资股份公司一直保持着高姿态，并成为这一活动的重要推动力量。基于对横岗的深厚感情及多年的深入了解，横岗投资股份公司副总经理王鹏认为，“横岗的产业基础为‘城镇重塑’提供了强有力的保障，而它优美的自然环境，则提供了不可复制的生态资源。横岗无论是新城开发，还是‘城镇重塑’，都将对横岗人文脉络、历史文化进行扬弃，把横岗建设成为深圳乃至珠三角、全国最富岭南文化底蕴的新城镇，是‘横岗城’计划的重要任务。”

为“横岗城”计划支招

本次横岗推广可谓天时地利人和，它的启动也是众望所归。首先，从大环境上，全国都在“经营城市、经营土地”，横岗将是深圳的先行者，从中环境上，深圳的“一市多城”计划已经吹起号角，横岗作为七大卫星城之一，将遵循市政府的规划精神，为城市发展做出贡献；从小环境上，中海、振业、卓越等品牌项目正相继启动，“横岗重塑”势在必行。

事实上，最近横岗镇流行一句话，就是“要给横岗‘穿新衣、戴新帽’”。

一句话从政府文件变成通俗口语，说明了“横岗城”计划的深入人心，而又把这一计划变成实践，则有很多的路要走、很多的困难要闯。中海地产目前在横岗已有40万平方米的土地储备，其助理总经理陈长缨认为，“横岗城计划具有十分重要的战略意义，但它的成功与否，很重要的一条取决于政府的魄力和对企业的支持。”卓越地产的李宁经理认为政府应该增加造血功能和呼吸系统，以地产商为龙头，共同推动这一计划的实施。他建议镇政府：“做好与特区内的联系，比如在地图上标示出与特区里的距离；多增加一些路牌标识，让人们从地理上对横岗有一个清晰的认识。”薛卫东建议搞一个“门雕”，另外要把镇内的道路门面做干净。

振业地产的周欣经理认为，“横岗是一个山清水绿的城市，它本身具有很多的人居优势，它较低的城市化程度和认知度，也为发展商提供了广阔的空间。现在的关键是，要把横岗的优势展现出来，比如到深圳或香港举办一些推荐活动，把这些优势展现给广大的市民和客户。”英联置业的代表表达了相同的观点，“横岗政府应该一方面巩固现有的产品，另一方面还要把现有产品的优势尽量地展现出来。对比其他市镇，把宣传工作做好。”

薛卫东说，“横岗已经有了教育强镇的基础，是否可以考虑引进一些名牌学校，使教育品牌化，从而吸引更多的客户。”目前淞江爱地已经为此做了大量的工作。聚龙盛的陈回英经理认为，“对比政府来说，企业的力量毕竟还是单薄，政府的鼓励和扶持，将为企业带来更大的活力。”

本次“横岗城”宣传推广分三个阶段，历时半年有余，内容除了在报纸上开辟专栏外，还将举办“美在横岗”摄影作品展，组织地产商会、横岗地产沙龙及观摩活动。新亚洲实业的肖冰武及深冠华的朱丽娟经理认为，“‘造镇’是一个大手笔，其宣传更应该是一件长期的工作，这样对企业的持续发展会更加有利。”

代表们的意见和建议，使“横岗城”计划思路更加清晰、透彻。黄志威副镇长在总结发言中，代表横岗政府一一作了解答，给代表们树立了坚定的信心。黄副镇长说，“横岗城建设虽然没有成熟的模式可以借鉴，但是横岗镇政府已经把地产提上议事日程，以地产为龙头的‘横岗城’，将为深圳提供一个成功的模式。”

（李宗苗、罗语萍）

在市场经济的今天，只要真正充分利用市场这个大舞台，什么样的奇迹都可能出现。浙江省绍兴县自古与绍兴市同居一市，过去，无论多么辉煌，总是彰显不出来。然而，自从2000年9月，国务院批准它迁出绍兴市，另辟蹊径，奇迹真的就出现了。他们高擎经营城市这面理念旗帜，创造了一个又一个历史性的跨越，绍兴县一下子把世人的眼光吸引过来了。请看：

33. 历史性的跨越

面对千载难逢的历史机遇，绍兴县委、县政府审时度势，高起点规划，高标准建设，高效能管理，确定了城市建设的工作思路是：一年一个样，三年大变样，力求五年把柯桥基本建成一座现代化的中等城市，把柯桥打造成“国际纺织中心，江南水乡名城”。

建设城市，规划先行。而要搞规划，首先要有明确的城市定位，要科学合理地确定城市的定性、定量、定向和定型，即对城市的性质、发展方向、城市特色、形象和城市规模进行分析确定。

绍兴县在以前的城镇规模中，由于对这些问题缺乏深入的研究，没有很好地把握城镇发展的客观规律，影响了城镇建设的水平。有鉴于此，在柯桥新城区的规划过程中，县委、县政府始终把定位问题作为“重中之重”。

县长冯建荣告诉记者，在一系列的规划编制过程中，始终把握三条原则。一是坚持高起点规划，舍得在规划上花精力、花时间、花本钱。所有的规划都是请国内著名的名家名院编制，前后历时一年多时间。在规划的编制和评审过程中，还得到了国内规划界的最高权威吴良镛院士及建设部总规划师等多名专家的指点和修改。二是严格遵照《城市规划法》的有关程序，依法编制规划、审批。三是认真落实省政府“统规划”的要求，确保新县城的规划与绍兴市的城市规划有机衔接，特别是在城市功能区分、交通、水资源、能源等重大基础设施的衔接上论证仔细、周密研究。

在具体研究中，重视对城市历史文化、城市产业、区位、人口等因素的重点分析，强调以人为本的原则和可持续发展的原则，适应城市社会发展的超前性，既做到严密的逻辑性，又有发展的弹性空间余地，十分注重城市的整体布局和城市设计与城市个性的问题，做到经济效益、社会效益、生态效益相统一。特别是注重城市特色的研究，把城市的个性作为新县城发展的灵魂。

高起点的规划，离不开高标准的建设。

修订完善后的新县城城镇规划体系和城市规划总体方案，确立了“国际纺织中心、江南水乡名城”的城市定位和“北工、中城、南闲”三大板块的城市空间布局，为绍兴县拓展了极大的发展空间。大力加强城市和基础设施建设，才能把蓝图化为现实。

据绍兴县建设局的统计显示，城市建设日新月异。柯北新区建设和柯桥旧城改造目前已经取得重大进展，累计完成投资104.6亿元，其中2002年为32.5亿元，建成区面积由迁址前的11平方公里扩大到现在的22平方公里。柯北新区基础设施、公铁立交、县行政中心、科技会展中心、鉴湖路整治、轻纺城东市场改造、新未庄、鲁迅外国语学校等一批重点工程先后建成。城区撤镇设街和部分镇行政区划调整、新农村建设和社区建设也顺利实施。与此同时，农村电网改造、污水处理、标准海塘、104国道改造等重点工程也相继完成，柯海快速干线、杭金衢连接线、浙东大运河、治江围涂等工程的顺利开展，更使绍兴县的交通网络框架日臻完善。

值得注意的是，绍兴县在城市建设中，引进了市场机制，改革城市建设投资体制，招商亮点频频。在“经营城市”理念下，突出城建融资，围绕城市建设市场化、资金筹措多元化、资源利用商品化、基础设施社会化的目标，采取“政府拨一点、土地筹一点、市场融一点、民资引一点”的方法，走出了一条“以城养城、以城建城”的城建市场化的新路子，真正由“生产城市”转变为“经营城市”。截至2002年底，柯桥城区外来投资项目中，正式落户项目52个，总投资86.38亿元，有效地满足了建设项目的资金需求。

记者在采访中发现，绍兴县在城市化建设的过程中，不仅对城建市场化做了有益的探索，使城市化水平由迁址前的29%提高到33%，更难能可贵的是，对城市的发展也形成了一些新的观点。比如，城市特色就是城市生命。正如每个人有自己的性格特点一样，每座城市的规划建设也有自己的特点。比如，把城市建在花园上。对城市环境绿化的认识，不再停留在见缝插针造几个小公园上，而是从区域角度提出生态绿化系统，城市是自然生态—绿化系统的有机组成，视绿色为生命，创造人与自然和谐的城市规划。又比如，城市是生成的，不是建成的，十分注重遵循城市内在的发展规律，不是想当然建而建，而是沿城市的发展轨迹，依托历史文化，契合自然地势规划建设而成。这就要求城市的建设者和管理者，面对开发与保护、继承与创新、城市与生态环境、实用与美观、改造与发展等诸多矛盾，要有全新的站位和理念，使一座新兴的城市能够真正实现可持续发展。

（王　平、吴高中）

任何一个城市或地区，在其经济建设初期都会遇到一个原始资本积累不足的问题，这往往是那些欲做大事者而又不得不摇头却步的一个死结。他们眼看着幸运之神刚刚眷顾的机会却又不得不失去了，其痛心疾首只有当事者最清楚。福建省宁德市的领导者当然也不止一次遇到过这些情况。然而，当他们一旦运用经营理念，严格按照市场规律进行运作时，他们蓦然发现，钱原来就在自己手里，幸运之神也不总是那么高傲得不可接近。请看：

34. 发展良机欣然眷顾源于理念新

中共宁德市委书记陈少勇日前在接受记者采访时称，福宁、罗宁、罗长高速公路的建成通车，将闽东这段中国黄金海岸的断裂带“缝合”起来，从而为闽东的发展创造了新的机遇。

他表示，宁德市将以此为契机，在进一步激活内部活力的基础上，着重借助外力，让区外的产业、资金等各种要素资源加速在区内聚集，并从冲破“诸侯经济”、增强金融活力和实现产业突围三个方面破题，给经济发展注入新的活力。

据介绍，今年6月28日，随着全长141公里、总投资73亿元的福宁(福鼎—宁德)高速公路的通车，将宁德到上海的车程缩短到7个小时，到温州缩短到两个半小时；即将通车的罗宁、罗长高速公路投入使用后，宁德到省会福州的车程也将缩短到1个多小时。

陈少勇说，“闽东机遇”或者叫“宁德机遇”是经济界人士和我们一起总结的，福宁高速公路以及将要开工建设的温福铁路，为我们构筑了实践“三个代表”重要思想的平台。

谈到冲破“诸侯经济”，陈少勇说，宁德1993年就被国务院定为一类开放口岸，这里拥有三都澳、赛岐、沙埕、三沙、下白石等天然深水良港，尤其是世界著名良港三都澳，水深港阔，不淤不冻，50万吨轮船可随时进港全天候作业，是远洋大吨位中转港和大项目开发的理想区域。目前港口业在两大动力的推动下迎来了自身发展的机会：一是宏观经济的高速发展带动了物流业的增长，从而带动港口吞吐量的增加；二是加入世贸组织后，制造中心向我国转移的趋势越来越明显，外贸出口以及进口均出现了大幅度提升。在这个难得的机遇面前，如果能将这些港口资源加以整合，形成更大的港口区，三都澳港有可能成为连接长三角、台湾岛、珠三角3大经济区域之间的深水良港。下一步，我们将组建港口资产投资营运集团公司，以经营城市理念，实行市场化运作，对土地、码头、航线采取租赁、股份制合作、拍卖、BOT、TOT筹形式进行“捆绑开发”。

宁德拥有太姥山、鸳鸯溪两个国家级风景名胜区，还有大量的自然风景和人文景观，这些景点又“散落”在各个县市。长期以来各个县市以行政区划为界，各自开发，自我发展，缺少协作，形不成整体优势。从今年开始，我们将探索把这些资源由市里统一起来，形成以“海上仙都”太姥山为龙头的大旅游格局，实行一个品牌对外，并按照股份合作的模式整合全市旅游资源，目前启动势头良好。今年6月底在福鼎市举行的中国·太姥山文化旅游节上，签约的大旅游建设项目就有7个，总投资8.36亿元人民币，利用区外资金7.63亿元，其中有太姥山索道及配套建设1.53亿元、霞浦高罗海滨旅游度假区开发项目5亿元等。

宁德过去定位为山区经济，其实海域面积大于陆地面积两倍。随着交通瓶颈的解决，我们已把重点放在海洋经济文化的开发上。目前，市里正进一步进行放权60条的行政管理模式改革探索，赋予一些县相当市级的经济管理权限，使县域经济间能按大的格局“连横合纵”，打破以行政区划为分隔的市场版图，冲破“诸侯经济”的制约。

针对如何激活金融活力，解决原始资本积累薄弱的“软肋”问题，陈少勇说，宁德居民人均储蓄在福建各地市中是最少的，而经济发展却离不开资金的积累。为此，我们将积极推进国有中小企业的改组改制，吸收市内外民间资金参与，去年吸引的市外民间资金实际到位就有30多亿元。同时，针对中小企业贷款难的实际，在一些行业内部成立担保协会，如福安市电机担保公司和船务担保公司。由于会员严格限定在行业内部，大家相互知根知底，自成立以来没有发生一起坏账，对电机产业和船舶制造业的支持很大。

这段时间，我们还要积极探索投融资体制的改革。闽东华佛经济开发区是我们宁德新建的城区，建设初期只有500万元起步资金。5年来，开发区大胆实施经营城市的资本运作策略，累计投入基础设施建设资金3.4亿元，完成固定资产投资15亿元，使开发区获得迅速发展，成为宁德经济增长的新亮点。有关专家对宁德与温州作了比较：温州金融的活跃，一方面是民间资金雄厚，另一方面则是温州在推进金融体制改革方面先行了一步。我们要在金融体制方面，争取“对接”温州，缩小差距。有一些无偿资金的投放，我们也注意到它的使用效果。过去扶贫给点钱、给点粮、送头牛，很难改变面貌。现在用扶贫款资助贫困户子女读职专，一年投资150万元，为企业定向培养学生，择优录用，现已有1000名在上海找到工作，月薪1300元左右，使不少家庭走出了困境。

陈少勇说，积极实施产业突围，对改变宁德基础薄弱、经济落后的现状意义重大。现在沿海经济已逐步走向一体，竞争的过程也将是一个“洗牌”过程，产业结构将逐渐被产业分工和产业互补所代替。沿海经济的冲撞和融合，正是我们宁德经济发展的最大机遇所在。今后在整个沿海的产业布局上，宁德不仅起到一个“通道”的作用，更重要的是一些战略投资者会越来越关注宁德在沿海产业布局中的定位，一些重要产业及其配套产品有可能更多地落户宁德。宁德市及福鼎市先后两次到温州招商，签订投资项目25个，协议投资20多亿元。宁德建设中的“温州工业园”，首期1100亩土地就被温州客商包去进行开发和招商。目前由温州人投资宁德城区、福鼎市两地的在建房地产项目就有数十个，有几十亿元资金在滚动。温州“巨一集团”、“特福隆集团”等大型企业集团已开始将温州的制鞋等产业向宁德转移。“惠泉啤酒”投资一亿多元在宁德设立分厂，看中的也是宁德的战略地位。我们现有的电力、食品加工、建筑建材、医药化工、船舶修造、“三车”配件等工业企业发展势头良好，如福安的电机电气业，去年已实现工业总产值30多亿元，经过整合和产品更新换代，到2006年就可以达到100亿元。当前，我们正在调整自己的工业发展思路，今后将加强在钢铁、石油化工、制造业等大项目上的招商，其中有些项目已在宁德落地。

陈少勇说，“宁德机遇”既是宁德的也是有识之士的，在宁德谋求发展的历史进程中，谁看准宁德发展机遇中的经济空间和经济落差之下的产业转移的巨大商机，谁就能够在配置市场资源过程中获得更高的回报率和“升值空间”。

他说，潮平两岸阔，风正一帆悬。我们虽然曾经是欠发达的山区，但这里的人民是不屈不挠的。在“三个代表”重要思想的指引下，随着交通条件的历史性突破，我们的港口优势，水电资源优势，特别是沿海各经济板块间的产业冲撞和对接所产生的区位优势，都将发出巨大的能量，使我们有条件去追赶时代的潮流，去创造更加美好的未来。

（林小平、王凡凡）

有朋友提醒说：如果研究经营城市，不到黄河三角洲看看，尤其是不到滨洲市看看，那将是一种遗憾，到了滨洲不看滨城区那更是遗憾加遗憾。因为，该区在做经营城市这篇文章时，确实有自己的特色，有自己的高招。请看：

35. 滨州市滨城区创建投资热土

“黄河之水天上来，奔流到海不复回”。奔腾咆哮的黄河蜿蜒九省区后在山东北部注入渤海，哺育了中国最年轻的土地——黄河三角洲。山东省滨州市的滨城区就坐落在这片金土地上。

滨城区是经济欠发达地区，基础差，底子薄，兴办工业、发展经济需大量资金。无米之炊怎么做？滨城区委、区政府在认真审视之后，看到了自己得天独厚的优势：地处黄河三角洲开发带，富含经济开发的各种资源。全区有可供利用土地118.6万亩，其中耕地87万亩，近21万亩的未利用土地有待于综合开发。滨州棉、小营稻米、滨州蚕茧是当地的名优特农副新产品。市区紧靠黄河，水资源充足；境内石油、天然气丰富，是中国第二大油田——胜利油田的重要产区；区内交通发达，过境国道两条，过境省道四条，滨博高速公路横穿南北，是华北、华东南北交通的重要枢纽。

党建工作“虚功实做”

认清了自身优势，中共滨城区委明确以党的十六大精神、邓小平理论和“三个代表”重要思想为指导，紧紧围绕经济建设这个中心，全面提高领导班子成员的整体素质，努力把各级领导班子建设成为全心全意为人民服务、具有较高领导能力和执政水平、能够适应中国特色社会主义现代化建设事业需要、积极进取、团结奋进、廉洁勤政的坚强领导集体，为实现滨城区跨世纪发展目标提供组织保证。

近年来滨城区国有大中型企业相继改制，为确保党组织健全，更好地发挥企业党组织的政治核心作用，区委组织部在推进改制工作时，对改制中的党组织调整、班子配备、党务机构设置等都做出了明确规定，积极推行“双向进入，交叉任职”，确保了改制后的企业党组织健全，党务人员不减，使企业党的工作有了强有力的组织保证。他们先后改革干部选拔任用制度，对乡镇一把手实行“公选”，变“伯乐”相马为赛场赛马，在全区60多名干部中公开选考3个单位的党委(组)书记；围绕企业改革、发展和稳定大力加强企业党建工作，特别是针对改制重组、停产关闭破产和困难企业的党建工作进行大胆尝试，将企业党建工作“虚功实做”，完善为党建工作领导责任制，对企业党建工作制定了具体的考核标准，与企业发展指标同部署、同考核，通过考核，对先进企业党组织大力表彰，对工作落后的予以批评，极大地调动了各企业党组织抓党建工作的积极性。

在农村基层党组织建设方面，区委组织部采取四项措施，实施党员带头致富工程，取得了较大成效。全区涌现出各类党员带头致富户6679家，占农村党员总户数的56.2%，充分发挥了农村党员的“领头雁”作用，树立了共产党员的良好形象，促进了经济持续、健康、快速发展；在以党建促进招商引资中，他们认真落实滨州市“追赶战略”，实现超常规跨越式发展，建设黄河三角洲现代化中心城市的战略部署，提出了“以工为纲、以工促商、以工带农、中间抓商贸、周边搞开发，努力加快城市经济发展”的总体思路，从而推动全区招商引资的步伐。

认真落实“追赶战略”

据介绍，滨州市滨城区位于黄河下游鲁北平原，2000年底原滨州地区撤地建市，原滨州地区改为滨州市，原县级滨州市改为滨城区，版图面积1040平方公里，总人口60万，是滨州市政治、经济、文化、信息的中心。多年来，该区一手抓结构调整，一手抓总量扩张，实现了速度和数量的同步增长，综合经济实力明显增强。工业基本形成了以轻纺、化工、食品、机械为主的产业结构。其中，纺织工业产值、利税都已占到全区工业的半壁江山。农业以畜牧、水产、林果、蔬菜、桑蚕、食用菌为主的六大主导产业初具规模。城区建有副食品、服装、蔬菜、建材四大市场，是鲁北重要的物资集散地。城市功能日趋完善，文化服务设施日臻齐全，城市规划、建设、管理水平不断提高。自1992年以来先后被全国爱卫会命名为国家卫生城市，被国家体委授予“体育先进市”，被国家林业部授予“全国平原绿化先进单位”，被国家科委授予“科技工作先进市”。

安商护商的服务理念

今年，滨城区委再次提出将解放思想，更新观念，从经济和社会发展的大局出发，敢想、敢干、敢闯、敢为人先，以“三个有利于”为标准，心往一处想，劲往一处使，拼搏进取，创一流业绩。为落实“招商引资年”活动，他们掀起了再动员、再发动的热潮，从而形成全区周边大开发的新起点，成为全区经济发展的新的里程碑。眼下，“解放思想见行动，更新观念促发展”，成为滨城上下一致的共识，全区形成了议招商、想招商、抓招商的浓厚氛围。在采访中，记者了解到，他们不仅开辟了“安商护商”110特快通道，而且还设立“纳才安商户”，为外商投资提供良好服务；建立全区招商引资一站式服务大厅，进一步简化审批手续，优化服务环境。截至目前，全区已签订合同项目71个，资金总额1.97亿元，其中资金到位项目58个，到位资金13109.07亿元。目前，泰裕麦业、滨北热电、胜滨石油机械等13个项目正在紧张施工；亚光棉纺、剑杆织布、隆达食品等10个项目现已投产；凤凰住宅小区、新加坡协和汽车用品、金汇玉米淀粉深加工、污水处理厂、华泰建材等5个项目均已奠基；基础设施融资、自来水工程、环保型中密度板等6个项目完成签约；“银杏内脂”系列产品、玉米深加工“太空糖”等7个项目正在洽谈中。由此看来，滨城区大开发、大招商的帷幕已经拉开，大投入、大发展的步伐正在加快。

客户至尊的理想乐园

在采访中，滨州市副市长、滨城区委书记胡炳山说：“栽植梧桐树，引得凤凰来。滨城区这座黄河三角洲上古老而年轻的凤凰城，正以崭新的姿态和风貌欢迎八方来客，以优质的服务和完善的设施笑纳四海宾朋。今后我们将秉承‘投资者是上帝、引资者是功臣’的工作理念，‘项目至上、客户至尊’的服务理念，‘诚实守信、服务到位’的信用理念，以最优惠的政策、最优质的服务、最优良的环境，努力打造一个投资者的最理想乐园。”

最后，胡炳山告诉记者：“我们相信，在滨州市委、市政府的领导下，经过全区上下不懈的努力，在不久的将来，一座现代化的新型城市将展现在世人面前；一个产业结构合理、经济实力雄厚的新型工业基地将屹立在黄河三角洲上；一个设施功能完善、配套服务优良、管理运转高效的新区将呈现在鲁北大地上。”

（吴昀国）

任何一座城市必须抓住自己的切入点才能经营好，汉中市在经营城市过程中，市属汉台区当仁不让，成功运用经营城市理念，全力打造西北优秀人居环境，为汉中市增添了浓墨重彩一笔。请看：

36. 汉中营造优秀人居城市挑大梁

素有“天汉”美誉的古城汉台，在加速建设陕西经济强区，全面推进小康社会的新征程中，正以前所未有的速度建设着环境优美、道路通畅、秩序良好、文明祥和的西北地区优秀人居城市。

突出“汉、绿”特色准确把握城市定位

汉台区位于陕西南部，是陕西省汉中市城市中心区。这里历史文化遗存丰厚、风景秀美、物产丰富、人杰地灵，是享誉全国的西北“小江南”。

改革开放以来，汉台区经济高速增长，城市建设快速发展。特别是近几年，汉台紧紧抓住国家扩大内需，实施积极财政政策和西部大开发历史机遇，积极实施项目带动战略，把城市建设工作作为全区的重点工作来抓，不断加大建设力度，使城市面貌发生了巨大变化，以其突出的自然环境特色、历史文化名城特色、交通枢纽特色和区域经济中心城市特色展示了独特的魅力。

今年年初，汉台区明确了今后五年城市建设和改造任务，进一步强调要用加快城市化进程来推动信息化、工业化和农业产业化，促进经济快速发展和社会全面进步。由此，汉台掀起了新一轮城市建设的热潮。

面对新的发展形势和新的建设任务，如何突出特色，发展个性，适应时代发展的要求并不断创新，是汉台城市发展面临的重大课题。汉中市委常委、汉台区委书记魏建民说：“特色是城市建设和发展的灵魂，汉台的城市特色集中体现在‘汉、绿’两方面。”汉台区是国家历史文化名城，这里历史文化遗产非常丰厚。汉台的文明史可以追溯到夏朝，特别是汉王刘邦以此为发祥地建立西汉王朝之后，汉水、汉中、汉族、汉文化的称谓便一脉相承，褒斜栈道、石门石刻、古汉台、拜将坛等 14 处两汉、三国时期的历史古迹名扬国内外，秦、楚、巴、蜀文化交融汇集，民俗风情独具特色，尤以“汉”文化特色更为突出。汉台地处北亚热带季风气候区，冬无严寒、夏无酷暑，动植物生长环境得天独厚，有“天然植物基因库”和“天然药库”之称，也是重要畜禽和水产品生产基地。汉台旅游资源十分丰富，天台山、哑姑山是全国距离城市最近的国家森林公园之一，兴元湖、莲花池、石门风景区以及宗营花木基地风光宜人，以“绿”为特色的自然风貌十分突出，被誉为“西北小江南”。汉台的城市发展必须在“汉、绿”两大特色上大做文章，充分挖掘潜力，不断完善城市功能，提升城市品位。

立足当前，面向未来，汉台区委、区政府把城市的发展定位为陕、甘、川、渝四省市毗邻地区的中心城市，独具特色的组团式文化观光旅游城市，西北地区重要的服装、造纸、食品、生物化工、机械工业基地和重要的商品集散地及信息、交通枢纽城市。按照这个定位，汉台城市的建设和发展方向始终坚持以“一江两岸”为龙头，中央大道为轴线，以道路建设、综合开发、旧城改造为重点，合理规划商业区、工业区、自然风光区、历史文化区、生活居住区等城市功能区域，以发展的眼光超前规划，同时，按照“组团式”城市建设的要求，加快卫星城镇体系建设，推进城市化进程。今后几年，汉台的城市建设将以汉江两岸开发建设为总体框架，把贯穿汉台区城市南北的中央大道作为轴线，进一步加快城市基础设施建设步伐。在道路建设上，着力实施七纵七横的主干道建设。努力构建城市道路网络；在旧城改造上，坚持新区建设与旧城改造同步进行，重点加强西城开发、东城开发等片区改造；在综合开发上，以加快城区外延建设为重点，进一步扩大城市建成区面积；在区域功能上，突出工业、商贸、旅游三大城市功能，将城市规划为各具个性特色的四大功能区，即西片工业区、北片的

商贸区、南片的历史文化保护区和自然风光区，形成特色鲜明、衔接紧凑、浑然一体的城市格局，充分体现城市建设总体目标的系统性和层次性，使城市的历史文化特色、自然环境特色和经济发展特色更加突出。

坚持经营城市理念 加快城市基础设施建设

汉台区城市建设和发展的得意之笔在于始终坚持经营城市的理念，走出了一条以城建城、以城兴城的城建市场化发展道路。对此，区长郝宗友说："汉台经济发展的优势、潜力和重点在城市。加快城市建设、提高城市化水平是促进经济快速增长的主要动力。汉台城市建设与发展，必须坚持经营城市的发展理念，着力开发城市资源，积极开辟城市建设资金来源渠道，努力使城市财产从公共财产转变为可经营财产，从社会公益性事业转变为资本经营，从政府出资转变成多元化融资。"

汉台区坚持把市场机制全方位、全过程地引入到城市管理、建设和发展中，不断整合和优化配置城市各类资源，加快资源转化和资本的聚集、增值的良性循环，实现了城市资源开发利用效益的最大化。在具体工作中，汉台区充分挖掘土地、公用设施等有形的物质资源和文化、信息等无形的精神资源，运用资本运作的方式，按照多种投资主体参与、社会化运作的原则，积极吸引个人、企业、中介组织等各类社会主体参与城市发展，鼓励民间资本、外来资本投入汉台。广泛引入竞争机制，采用公开竞标、双向选择、等价交换等市场经济手段，进一步提高城市建设与管理效益，形成了政府主导、市场主体、社会化运作的多元化经营城市模式，实现了城市发展的自我滚动、自我积累和自我增值。

近五年来，汉台区累计完成固定资产投资55.47亿元，先后完成了108国道汉台段一期工程；建成了莲湖路、汉江路、南团结街、民主街、虎桥路等15条城市主干道路，共计13公里47万平方米；加快了市政工程和公用设施建设；实施了城乡电网改造，使城乡供电能力明显增强，供电质量明显提高；完成了供水工程建设，配套完善了城市供水管网，使城市日供水量达到6.8万吨；实施了城市净化、绿化、亮化、美化工程，提高了城市品位。积极加快了以铺镇、河东店、武乡、宗营、龙江镇为重点的小城镇建设，小城镇的聚集、辐射、带动功能明显增强，使以中心城市为核心、建制镇为主体、农村集镇为基础的城镇体系更加完善。进一步加强了江河堤防建设，城防设防标准基本达到50年一遇。

几年前，汉台区由于缺乏一条贯穿城市中心的东西向主干道，造成了交通、居民生活、城市开发等一系列困难，特别是给居民购物和子女上学造成诸多不便。为了彻底转变这种状况，汉台区克服重重困难，多方筹措资金3400万元，对该片市民居住稠密的中心地带进行拆迁，建成了贯通城市东西的莲湖路。

2002年9月，第十四届西部商品交易会和第二届城市招商会在汉台举行，汉台紧紧抓住这个机遇，围绕会展，加快了城市基础设施建设步伐，保证了会展的成功举行，并以良好的城市形象，赢得了区内外客商的广泛赞誉。特别是新修的桥头广场，设施完备、设计新颖、功能健全，集商贸与休闲于一体，成为汉台城市建设的一个新的亮点。投资4000多万元建成的汉江路，成为汉台区的精品道路。

以人为本创造良好的城市环境

汉台区始终坚持以人为本的城市建设理念，把为市民创造良好的工作生活环境作为城市建设的出发点和落脚点，积极实施净化、绿化、亮化、美化工程，城市环境面貌发生了可喜的变化；治理城市环境脏乱差是城市建设与管理工作中的老大难问题，汉台区却在这方面取得了显著的成效，被评为全国卫生城市。在具体工作实践中，汉台区经过长期的工作实践和反复探索，找准了城市管理工作的着力点。他们把环卫体制和管理责任作为加强城市管理工作的关键来抓，积极推进环卫体制改革，理清了城建、城管、环保各职能部门和街道办事处、社区居委会、门店主的工作任务和责任，健全了工作制度。同时，积极推进垃圾袋装化，坚持全天候清扫保洁制度，加强对市民的文明意识教育，收到了良好的效果。

按照“出精品、上档次”的园林绿化工作思路，“点、线、面”相结合，下功夫建设好与居民生活区接近的小型园林绿化、街道绿化和主体绿化，根据不同区域的不同特点和自然环境，采取群众喜爱的植物配置进行植物造景，特别是位于城市中心的广场，面积达到3.3万平方米，绿化、美化效果达到了国内先进水平。城区内主要街道四季常青，花团锦簇，充分体现出了“西北小江南”的城市风貌。

2002年，全年共投资约1000余万元完成了6000余盏城区路灯配置，安装彩虹门5道，广泛发动群众对涉及沿城区主要大街的200多个单位设置了建筑轮廓线和彩色射灯等亮化灯具。入夜，几十幢高楼华灯齐放，展现出现代都市的迷人风采。由多家单位参与构划的“璀璨汉台”亮化工程完成后，赢得了广大市民交口称赞，现在的汉台被赞誉为白天是葱郁翠绿的花的海洋，夜晚则是流光溢彩的光的世界。

对城市的卫生死角进行清理，是保持城市净、绿、美的重要一环。汉台区在城市管理中特别强调对水沟、护城河等卫生死角的清理。位于城区东南角的饮马池由于水路不通，经常淤积，卫生条件极差，被居民戏称为“龙须沟”。汉台区委、政府把治理饮马池问题作为城市管理中的民心工程，组织专门力量反复勘查、设计，终于妥善处理好了这一问题，根除了这一城市卫生的“痼疾”。

为了给市民创造更好的生活环境，区委、区政府连续两年为市民承诺办10件实事、好事，并作为一项制度长期坚持，从道路交通、文化娱乐、环境卫生、人畜饮水等各方面改善人民群众的生产生活条件。如今，中央大道、东关历史文化一条街片区开发、体育场迁建、垃圾处理厂、污水处理厂等一个又一个重大城市建设项目正在紧锣密鼓实施之中。随着西(安)汉(中)高速公路的开通和新机场的建成，不久的将来，一个融会古今神韵、人居环境优良的现代化滨江城市，将以其独特的个性和骄人的风姿，展现在世人面前。

地处京东的一个小小迁安市，居然在2003年全年开工建设重点项目达到135个，其中超过亿元的项目就有30个。是什么使迁安这个县级市能比相邻的其他县、市具有这么大的魔力？因素确实很多，在天，在地，在物，在人，关键还是在人。在于有诸如姚自敏、刘桂东这样的决策人，有诸如四体村那样善解人意的老百姓。如果迁安市委、市府领导人不顺应市场经济潮流，不积极主动以经营城市的理念融资引资，迁安就不会有如此大的“磁场”效应。经营城市的理念，更大的意义在于它能成为拓展人的市场经济观念，一旦到了这种程度，那意义可就不一般了。请看：

37. 经营城市的方略加大了迁安市的“磁场”效应

这是一片古老的土地，悠悠滦河水承载着她厚重的文化底蕴；这又是一座年轻的城市，巍巍燕山感受到她那朝气蓬勃的青春活力。迎着新世纪的朝阳，河北唐山迁安市这片沃土，正成为聚财生金、活力四射的“磁场”。

善抓区位优势，促进资源开发

2003年底，迁安市委书记姚自敏在市委三届二次全会上报告了这样的喜讯：2003年迁安市全年开工建设重点项目达到135个，其中超亿元项目达30个，累计完成投资56.6亿元。全市国内生产总值可达142亿元，同比增长20.8%；实现全部财政收入12.39亿元，增长90.8%，是2001年的3倍多；综合经济实力名列河北省县级市30强之首；在第三届全国县域经济基本竞争力百强县(市)评比中，迁安市名列第69位，比上届前移了11位。迁安正进入经济和社会全面、协调、可持续发展的加速期。

迁安市如此迅猛的发展，不仅得益于资源和区位优势，更重要的是迁安市委、市政府牢牢抓住机遇，真正做到善抓机遇。

迁安市资源丰富。现已探明的矿藏有铁、铜、镁、金和石灰石、白云石、膨润土等20多种。其中铁矿资源储量达27.2亿吨，素有“铁迁安”之称。年产铁精粉1000多万吨，连续14年位居全国县级地方铁矿首位。境内有滦河、青龙河、沙河等16条河流，水资源丰富。同时，迁安还拥有板栗、花生、甘薯、牧草等丰厚的农业资源。

迁安市区位优越。处于环渤海一级经济开发区，踞华北、东北之咽喉，境内公路、铁路四通八达，京沈高速公路迁安出口距市中心仅12公里，西距北京市195公里，天津市160公里，东至秦皇岛市75公里，北至承德272公里，南距京唐港90公里，与唐山市相距90公里。境内现有铁路四条：京秦、大秦、通坨、卑水铁路；海运便捷畅通，临近秦皇岛港、京唐港、天津新港三大出海口；电力供应充足，城市基础设施和配套设施齐全。

进入新世纪，面对市场竞争态势的加剧，迁安市决策者们在充分发挥这些客观优势的同时，更把目光聚集在了解放思想、紧抓机遇、创新优势上。党的十六大描绘了全面建设小康社会的美好蓝图，迁安市紧紧抓住北京承办奥运、首钢在迁安建设原料基地和环渤海一带经济日趋活跃的历史性机遇，以惊人的气魄在更大的坐标中找准位置，在更高的目标中谋划发展，确定了到2020年分“三步走”、加快建设中等城市、进军全国50强、率先建成全面小康社会的奋斗目标。第一步，到2007年建成中等城市，全市经济基本竞争力跨入全国百强县(市)前50位；第二步，到2010年提前建成全面小康社会，国内生产总值比2000年翻两番以上，主要经济指标达到沿海发达地区水平；第三步；到2020年，迁安市将率先实现工业化，进入推进现代化建设新阶段。

伴随这一目标的确定和“工业化、城镇化、民营化”三大战略的实施，全市66万干部群众一起将“磁针”瞄准了一个方向——对外开放。

工业强市的“交响乐”引起众多投资者的共鸣

“迁安、迁安，让迁来者心安”，这已经成为迁安市干部群众的一句“口头禅”。

事实的确如此。这种智慧的理念切实展示了迁安人民开明、开放的宽广心胸；而由迁安市委、市政府指挥的工业强市的“交响乐”，更引起了众多中外投资者的共鸣。两年来，迁安市累计实施重点建设项目共计317个，计划总投资300多亿元。其中仅实施工业重点项目就达154个，计划总投资267亿元。全部竣工投产后，年可增加销售收入350亿元、利税86亿元。

早在上个世纪50年代便与首钢合作成为原料生产基地的迁安市，在新世纪初又与首钢第二次“握手”，凭着“依托首钢、服务首钢、发展迁安”的真诚，迎来了总投资47.4亿元的首钢200万吨钢联等四个大项目在这里落户安家，项目全部竣工投产后，年可新增利税16.2亿元。与此同时，迁安市还积极谋划实施了一批为首钢项目配套服务和产业链条延伸项目。目前，全国知名的钢管生产企业——浙江金洲管业集团总投资26.7亿元的钢管项目一期工程，余姚市增洲管业公司投资4亿元的钢管项目等一批超亿元项目纷分驻足迁安。钢铁这一强市产业在这里迅速实现了结构优化、产品升级和链条延伸。立足“提质增效、培育名牌”，迁安市还对其他传统产业进行技术改造。目前，投资7.5亿元的迁化二期改造、投资1.06亿元的华北戴尔特印刷包装有限公司增资扩建、投资1.5亿元的弘业公司机织地毯等19个技改项目正在加紧建设。威豪雾化球型纯镁粉项目被河北省发改委推荐为国家级高新技术项目。通过不断加大项目建设力度，全市形成了冶金铸造、水泥建材、造纸包装、地毯服装、电线电缆、医药食品、化工、金属镁等八大支柱产业协调发展、齐头并进的良好局面。

经营城市的艺术倍添惠民安商的魅力

“思路清、起点高、视野宽、手笔大”，是迁安协调发展、完善城市功能、构建中等城市格局的真实写照。

继1996年撤县设市之后，迁安于2000年、2001年、2002年连续三年跻身全国县域经济基本竞争力百强县(市)行列。

2001年7月19日，迁安市委二届九次全会提出了建设“钢铁迁安、中等城市”的目标。随后，便邀请国内著名科研院所的专家完善修订了《迁安市城市总体规划》和《城市管网规划》、《景观风貌规划》等8个专业规划，一场建设“中等城市”的大会战迅即打响。

城市建设需要资金投入。面对如何破解城市建设的资金难题，迁安市委书记姚自敏认为：把城市作为最大的国有资产来经营，推进城市资源资本化，吸引各类资本投入城市建设。

按照经营城市的思路，迁安市成立了全省第一家县级土地储备中心，并通过放开规划设计和建筑两个市场，大力吸引域外资金和社会投资，实现了投资主体多元化。两年来城建重点项目累计投入38亿元，实施86个城市重点建设项目。除市财政投资8000万元用于城市公益性基础设施建设项目外，其余全部由社会投资。为进一步加大城市投融资体制改革力度，还组建了迁安城市建设投资发展有限公司，采取以滦河迁安市区段大坝两侧土地开发收益还贷的方法，争得银行贷款6.5亿元。

为迅速构建“中等城市—小城市—建制镇—社会主义文明生态村”的发展体系，创造惠民安商的良好环境，迁安市以大手笔、大动作集中力量实施了一批事关全局的城镇重点建设工程。

将滦河作为城中河来规划和发展，以滦河为轴，现有市区为河东区、首钢迁安钢铁基地为河西区，两区之间用高等级城市道路相连接，形成“一河两区的中等城市发展格局，是迁安市委、市政府变废为宝、承前启后的奠基之作，更是惠及后代子孙的最大“德政工程”、“民心工程”。总投资6.5亿元的滦河迁安段生态防洪工程和总投资2.19亿元的连接河东区、河西区的滦河特大桥及引线工程的建设，不仅将构筑起中等城市“一河两区”的骨架，更形成了“一桥连东西、一湖贯南北，桥在湖上、湖在城中、山青水秀、碧波荡漾、绿树成荫”的园林城市、旅游城市景观。

如此一项融经济、生态、防洪、旅游等诸多效益为一体的“民心工程”，其效益的确可观。该工程三期全部竣工后不仅可恢复3000亩水面、新增土地1.8万亩，而且还会成为20万城镇人口、12.5万农业人口、93个村庄7.8万亩土地的防洪安全屏障。正如附近四体村的一位村民所说：过去是晴天风沙弥漫，雨天洪涝成灾、房屋被淹、庄稼被冲。这长桥、大堤、橡胶坝、人工湖都建好了，咱老百姓可真就能放下心来过日子了。再说，来咱迁安投资的无论是国内的、还是国外的，都是咱迁安的客人、迁安的建设者，为他们创造条件、改善环境，应该、应该呀！

为加快城市基础设施建设，迁安市还迅速建起了日处理8万吨的污水处理厂、日供水3万吨的第二水厂，并进行了骨干道路、公园、医院、学校和宽带通讯、集中供热、电网改造工程建设。随着城市功能的日趋完善，迁安市小城镇和社会主义文明生态村建设也扎实起步，建昌营等5个小城市已初具雏形。科学经营城市的战略的确取得了可喜成果，市财政累计实现经营收益1.49亿元，形成了城市建设中“投入—产出—再投入—再产出”的良性循环机制。

良好的投资环境更增强了招商“磁力”

在招商引资工作实践中，迁安市的决策者们清醒地认识到新一轮经济发展的竞争不再是自然资源的竞争，而是投资环境的竞争。围绕建设法制政府、透明政府、责任政府、服务政府、诚信政府和廉洁政府，迁安市近年来成立了经济环境建设委员会，设立了经济110，开通了物流“绿色”通道，不断深化行政审批制度改革，累计取消行政审批事项411项。建设了软硬环境一流的市行政审批服务中心，实行“全程一站式”服务，营造了快捷便利的投资环境；集中开展整顿和规范市场经济秩序活动，营造了公平、有序的市场环境；扎实开展民主评议行业机关作风活动和“阳光行动”，营造了亲商、留商、富商、安商、护商的良好氛围。

“环境就是资源，环境就是生产力，抓环境就是抓发展。为了打造诚信迁安形象，我们承诺凡来迁安办企业的，我们帮办一切手续；凡落户迁安的项目，我们全程跟踪服务；凡发现乱收费和‘吃、拿、卡、要、报’的，我们坚决从严查处。”迁安市长刘桂东的这番话，的确也在迁安众多投资者那里得到印证。

首钢驻迁安矿业公司的一名负责同志深有感触地说，首钢200万吨钢联等四大项目建在迁安，天时、地利、人和，是任何地方无法比拟的。特别是迁安市委、市政府提出“依托首钢、服务首钢、发展迁安”的方针后，从四大班子领导到普通百姓都欢迎首钢项目落户迁安，这是比什么都宝贵的资源，比什么都好的环境。浙江金洲集团驻迁安金京公司经理刘建林说，我们之所以追加在迁安的投资，着实是看中了这里良好的政策环境、产业环境、人文环境和投资环境。

（孔祥华、刘瑞民）

北京是皇城古都，一座北京城，就是一部厚重的中国史；一座北京城，就是一颗璀璨炫目的艺术明珠；一座北京城，就是一部博大精深的教科书。然而，随着城市化进程加快，随着经营城市理念而招来的众多房地产开发商，他们中的一些人看重的并非北京城厚重的历史、文化和艺术，他们为之倾倒的是花花绿绿的钞票。为此，他们用推土机无情地践踏着这部凝聚着华夏5000年的文明史。幸好北京市的领导、学者及众多有良知的人士起来了，他们拼尽全力呐喊：

38. 快拉住疯了般的推土机

“毫无疑问，对北京来说，文物保护现在是最好的时期，也是最危急的时期。”北京的一位文物保护专家说，“好是好在对文物保护单位的修缮动真格了，历史文化保护区的范围划定了；急是急在对保护范围以外的地方，拆得太凶了。”

为落实保护四合院的政策，2003年4月北京市已核减了旧城内的成片危改任务，新开工的项目已被叫停。可是，在那些推土机已经开动了的地方，四合院仍在被拆除之列。随着保护四合院措施的不断出台，推土机也开始了最后的疯狂。目前的情况是，有人踩刹车，有人踩油门。

到底是谁在踩油门呢？主要是那些在建的项目。对于它们来讲，已收入囊中的地皮无异于最后的晚餐，即使是火中取栗，也是要奋力一搏的。从开发商惯常的运作方式来看，这些项目中难免有手续不全的情况，“先斩后奏”在一些城区的危改中也不乏先例，所以如何尽快对这些项目进行清查已迫在眉睫。而对那些手续齐全者，也须出台积极政策转变其投资回报方式。

试以北京金融街为例。按其发展计划，西城区复兴门至阜成门以东地区均要大兴土木，目前这里的拆除行动仍在进行之中。在去年年初的北京市人代会上，西城区就有代表提出，金融街位于老城区，建筑高度受到限制，其他方面也不能自由施展拳脚，金融街的发展有先天不足等问题，希望政府予以支持。

这时，时任北京市市长的刘淇为大家出主意说，可以把约束金融街发展的地方变成有利的条件，比如不少外国人就很喜欢中国的四合院，能不能让大的银行家、保险家在四合院里办公。工作在这里，我们的楼不是最高的，但是位置是最好的，住得最舒适。金融街可以不以高取胜，却可以把传统的文化底蕴优势转化成独特的吸引力，再配以其他的优惠政策，金融街的发展应该有很好的前途。

刘淇的这番话对于今天那些仍在运作的危改项目来说，具有重大指导意义。把传统的文化底蕴优势转化成独特的吸引力，从中获得高额的经济回报，这不但是理想而且是现实的选择。

精明的美国律师龙志安就发现了其中的奥妙。他在北京东城区收购了两个四合院，一个修缮成咖啡馆，一个修缮成旅馆，结果门槛都快被踏破了。这两个四合院均不大，可标准间的收费不亚于星级饭店的水平，价码虽高却难挡顾客盈门。

“拆除四合院简直是自毁金饭碗。”中国文物学会名誉会长谢辰生说，“胡同、四合院这种资源在哪儿找呀？它们是无价之宝，全世界闻名，而且已经稀缺了。把它们经营好该是一笔多么巨大的财富呀！它们不但能够使商家直接获利，而且还能带动全市旅游产业的大发展，并多方面地促进经济增长。这种回报哪是像搞房地产那样是一锤子买卖，它是使城市长期受益的呀！”

“我多次提议，北京市应该把一些四合院，甚至是整条的胡同都修缮成一个横着的旅馆，这是什么劲头！这样的旅馆简直就是世界第一。可是做买卖的人怎么就看不出门道呢?!”中国现代文学馆馆长舒乙说。

同时，大家也发觉，现在再也不能坐而论道了，惟一的是设法把那疯了似的推土机拉住，这需要政府、社会人士包括有良知的开发商们在内齐努力。

推土机能否真正停下来，还在于对既往的经验能否科学地总结。

北京市规划局原局长刘小石说："北京市大规模的危旧房改造是1990年开始的，当初大家认为这是难啃的骨头，肯定赔钱，积极性并不高。可没想到，搞到最后，还赚了钱，劲头一下子足了起来。说到底，拆房子成了一件有利可图的事。"

1992年北京市计委、市危改办权力下放，各区危改办开始有权对本区危改小区可行性研究进行审批，形成了危改立项由开发单位选一块地，然后由房管部门鉴定危房率，即确定为危改区，并随之立项的状况。一时间开发公司纷纷"圈地"，忙于"炒项目"赚钱，其结果是，真正急需改造的危房区未能得到改造，而一些具有较高经济价值的地段则以危改之名进行商业开发。

从1992年下半年至1994年底，北京市共批租土地280余幅，总面积约14至15平方公里。这一数字相当于香港同期批租土地的26倍，新加坡24年批租土地总量的7倍。

如此巨大的土地供应量很快使市场"消化不良"。从1995年起连续数年，北京市的房地产市场出现低迷，危旧房改造几乎是按兵不动，这不但是市场大势所迫，还在于旧城区的黄金宝地早被占没了，剩下的全是"硬骨头"。

让老百姓住在"危、挤、漏"的地方当然不是政府所愿。2003年3月，《北京市加快城市危旧房改造实施办法》试行，一年后试点范围扩大，并规定了危改区内的居民和单位在规定期限内未搬出的，按照"先腾地，后处置"的原则以及《拆迁办法》的有关规定处理。

这项政策的特点是，以政府、居民分担投资的方式，加快危改步伐。居民可选择回迁、外迁，回迁则须买房，房价由房改成本价与经济适用房价组成，享受住房贷款，外迁则可获得货币补偿。

这样，拆迁过程中的政府强制力大大提高，投资方的资金压力也大为减少。危改确实取得了过去10年难以取得的成果，但与此同时，各种矛盾也出现加剧趋势。一些居民表示，生活在危房区的多是低收入者，有的还是下岗职工，如果回迁他们承担房款有许多困难，选择外迁所获补偿又买不起房。南弓匠营的一位住户叹道："我这一辈子不得不为一套房子活着了!"

与这项政策同时执行的是北京市5年完成危旧房改造的计划。按此计划，5年内北京市将拆除改造危房303万平方米，需要成片拆除164片，涉及居住房屋面积934万平方米，动迁居民34.7万户。

对此，北京市的一位城市规划专家评论道，为改造300多万平方米危房，就要用600多万平方米的房屋"陪绑"，这是过热的表现。危改就应该改造那些真正的危房，不应不论好坏，都用推土机成片成片地推。推土机推倒了古街区，也推倒了历史，引发的社会问题是综合性的。

大规模改造的"天敌"是资金问题。世界银行城市规划专家方可在研究中发现，在北京许多危改项目中，真正用于房屋建设本身的建筑安装费用等，仅占建设总投资的10%～15%，征地拆迁费一般约占开发成本的50%以上，而在新区建设中，征地拆迁补偿约占成本14%左右，要低得多。大面积推倒重来的危改模式，是"孩子与洗澡水一块倒掉"，被圈入危改范围的房屋，不论好坏，一律拆光再说，投资成本难以压缩。

推土机停不下来还缘于市区两级政府分灶吃饭的财政体制。一位在老城区登记注册的开发商抱怨道："我们想到外面去发展，可那些区县的领导说你们不在我们这儿缴税就别来了。而我们所在城区的领导也急了，他们怎能让肥水流入外人田呢?"

由于经济指标是考核干部的一把尺子，所有的城区都在为自身经济发展寻找空间，老城区只好向胡同宣战了。一位参与危改项目的建筑师说："区政府把危改计划向市里的职能部门报上去，谁敢阻拦呢？这可是关系到政绩的事情啊!"

政策执行的结果是，各城区各自为政，都在大建自己的商业中心与商务中心，房地产结构雷同，重复建设严重，增大了投资风险。有的城区甚至出现了危改建成的商业设施长期闲置的状况。

近年来，由于各城区均要完成上级下达的危改指标，并且当年就要兑现，这也使得工作方式难免粗糙。危改区内，每家每户的情况不尽相同，特别是经历"文革"等特殊时期，四合院的产权关系复杂，潜伏大量矛盾，这些都需要得到仔细甄别并合理化解，是不可能靠推土机瞬间排除的。

可实际情况是，各种潜伏的矛盾已被推土机碾了出来，并且越碾越多。因拆迁而引发的各类上访、诉讼事件有增无减。

推土机能否停下来还在于对北京城市发展的现状能否予以清醒的认识。长期以来，北京的城市布局以老城为单一的中心，四周以环线扩张。由于商业、办公等城市就业功能过度密集于面积仅占规划市区 5.9%的老城区，近 20 年来，北京市中心区的交通拥堵一直难以缓解。虽然现已建成了二环、三环、四环城市快速路，五环、六环路的建设也已紧锣密鼓，但中心区的交通拥堵并未得到有效缓解。

与此同时，住宅郊区化的无序蔓延又是雪上加霜。京郊现已出现数个可容二三十万人口、缺乏就业功能的巨型“住宅城”，常住于此的人口每日往返市中心区上下班，已使交通设施不堪重负。

经专家论证，北京市区人口规模以 645 万人为宜，人口过量增长会加剧资源紧张、交通拥堵等一系列问题。北京经过 50 多年的建设，市区建成区面积已突破 490 平方公里，市区人口也已达到 610 多万人，已接近市区的环境容量。

清华大学建筑学院的一项研究表明，北京与 12 个同等规模的世界城市比较，用地是最密集的，人均用地是最少的，城市化地区人口密度高达每平方公里 14694 人，远远高于纽约的 8811 人、伦敦的 4554 人、巴黎的 8071 人。这表明，北京市区已不能再无限制地膨胀下去了。

面对这种情况，新的城市能量就必须寻找新的空间加以释放，如仍是一味地在老城上面盖新城，新旧俱损就无法避免。

（王　军）

常言道：成也萧何，败也萧何。其实，经营城市说什么也离不开房地产开发商。一个城市靓丽不靓丽，有没有品位和有没有个性，房地产开发商任重道远。为什么有些城市被大家公认为砖头水泥垃圾，而有的城市建筑则被一致誉为凝固的音符、立体的画呢？说到底，很大一部分是由房地产开发商的素质和品位决定的。毋庸讳言，北京城市建设和建筑曾一度被作为众矢之的，不能说这些批评太苛求，但在这些批评与指责中，北京城建却悄悄地发生了变化，出现了让世人眼睛一亮的景观。请看：

39. 京城楼市“后景观时代”曙光乍现

当房地产市场逐渐成熟的时候，决定项目成功与否的关键，已经不再完全是区位、交通、性价比、户型、外立面等“硬指标”，还包括了社会环境(包括自然环境与人文环境)、社区文化等“软指标”。北京的开发商经历了从开始以堆砌广场、草坪为主，没有景观的“景观社区”到后来以“硬铺装”为主，并开始对水景、林景做概念、做尝试的“景观时代”。随着北京房地产市场逐渐步入成熟与完善，购房者对景观的要求逐步增加，对景观的理解逐步深化，那种单纯的景观优势已不再成为被市场推崇的卖点，而真正符合北方环境特点，研究人的尺度，突出文化特点的“后景观时代”正在悄悄来临。

从“工匠”到“艺术家”

一说起景观，人们想到的往往是小区园林、绿地、雕塑，事实上，构成景观的要素远远不止园林、绿地、雕塑这些，从宽泛的意义上来说，项目所处区域的大环境、项目本身的小环境、乃至建筑风格、社区风貌，无不是构成项目景观的要素；从狭义上来说，构成项目景观的也应该包括广场、雕塑、幕墙、亭台等“硬质元素”和植被、水景、地形等“软质要素”。

要考察一个项目的景观优势，应该是对以上要素的综合评定，在一个没有景观可言的区域中“独善其身”，或者依赖先天环境优势而“不加修饰”，或者只注意到景观构成中的部分元素而忽视其他，都是不可取的。

在以往的项目中，人们常常无奈地看到毫无遮掩的平板的草坪，一年三季废置无用的水景，与社区环境或所处区域完全不搭调的建筑、广场和雕塑，所有这些似乎都在提醒人们，景观设计是一个严肃的课题，从某种程度上说，“后景观时代”的开发商需要摆脱“工匠”的地位，担当起“艺术家”的职责，不仅将项目当作商品来打造，更当作艺术品来琢磨，不仅琢磨社区自然环境，也努力为社区人文环境提供交流、发展的空间。只有这样，才有可能产生真正的精品项目，带给业主真正意义上的高水平生活。

得景观者得天下

景观设计所起到的，往往是“锦上添花”的作用，如果没有项目本身的卓越品质，单凭景观优势，是难以吸引到购房者的。但随着京城楼市的竞争进入“精品时代”，在项目本身各项指标差异不大的情况下，绝对是“后景观时代”的“得景观者得天下”。

当一个项目的价位比同区域同档次的项目高，卖得比其他项目好的时候，“景观优势”绝对是其中功不可没的因素。如果说其他指标更多地体现出项目和开发商的“品质”，那么景观，更多地体现出项目和开发商的“品位”。

品质易得，品位难求。品质是量化的，可参考借鉴和移植的；品位是文化的积累和沉淀，是不可复制的。品质更多的是在物的层面，而品位即精神、文化、理念及一种只可意会难以言传的感觉则渗透进了生活的层面。北京房地产市场发展到今天，一个优秀的开发商，卖的不仅仅是房子，而是生活。他所要经营的不仅是一个硬件，还要有能与硬件相匹配的“软”件。

美丽的错误

北京房地产市场的“景观关注”，在声势上已经具有相当的规模，越来越多的项目，还在沙盘和图纸的阶段，就用“景观优势”为购买者编织出一个又一个景观梦。然而当图纸成为实景、沙盘成为现房的时候，购房者常常会发现，景观梦变了样。

在市场还没有成熟完善的时候，不排除有开发商偷工减料，“景观缩水”的情形产生，比如京城楼市曾经闹得沸沸扬扬的某项目“会飞的湖”事件。可是随着市场的成熟和完善，更多的时候并不是开发商有心在景观上玩弄花招。那些在国外风情万种的“欧陆风情”，移植到北京的项目中也许就变得特别滑稽；那些在南方项目中屡试不爽的景观设计高招，在北京的项目中也许就是不灵；效果图上精彩绝伦的广场和雕塑，实际中也许会显得大而无当，没有人气……，“景观优势”中也许有放之四海皆准的原则，但具体到项目运作上，因地制宜却是关键。

景观——北京的优势与劣势

必须承认，在北京做景观并不具备极大的优势，北京本身的气候条件决定了要把它建成一个美丽的景观城市是一个巨大的挑战，做不了大片的水景，植物生长也受到限制。

越是在这样的条件下，越需要开发商把环境当作一个严肃的课题来探讨，摸索出适合北京的发展规律，而不是做简单的复制和移植工作，因为每个城市都有自己的个性，在房地产发展中保留个性是很重要的。所以在营造项目环境的时候，不应该是选择最好的，而应该选择最合适的，把整个城市看成一个大的环境，切切实实把项目景观融入城市中，使之协调，并与整座城市的景观相得益彰、相映成趣。

从这个意义上来说，北京的某些劣势，在巧妙的运用下，反而可以成为优势。例如分明的四季会使得小区景观随着时节的流动呈现出不同的风貌。北方有冻胀、结冰和蒸发消耗大等问题，那么水景应当更多强调的是示意性。只是听到水的声音，看到一些沿水路的大石头，就可以假设石头下有淙淙的小溪，或者将水道和水底设计成美丽的图案、雕塑，即使在没有水的时候，也是会很好的景观。似有似无，甚至某种时候比有更具诗意。

“后景观时代”的领跑者

正如所有处于起步之初的事物一样，京城楼市项目景观设计，经历了一个“从无到有”的过程之后，开始步入从“有”到“出精品”的阶段，在这个阶段中，不可避免地会出现不同理念的碰撞，理论与现实的磨合，“洋为中用”、“古为今用”的实践等诸多方面的问题，需要开发商、业内人士、购房者来共同关注和探讨。

值得庆幸的是，在当前的北京房地产市场，这样的关注和探讨正越来越吸引人们的视线，一些比较有眼光、有实力的开发商也在“后景观时代”的环境建设中担起了开路先锋的角色。万科星园三期水榭花都就是一例，在社区景观、环境建设上做了新的有益的探索。

该项目西侧200米规划为占地13000亩国家奥林匹克森林公园，是北京市区最大的天然绿肺；更有200公顷生态湖水，上千种生态生物在此栖居，这种无与伦比的生态环境，使这一区域成为北京最适合居住的地区之一，从“大景观”来看，水榭花都可谓得天独厚。

但仅有优越的大景观是不够的，一个项目的成功，不是仅仅躺在这种大景观上卖座，而是将优越的大景观引入到小景观中去，并与之结合，将之发扬，营造出真正符合环境特点、人的尺度的社区小景观。在这一点上，万科水榭花都也交上了一份令人满意的“答卷”，项目景观设计邀请著名设计单位美国贝尔高林担纲，绿化率达到62.55%，数十种水形态的立体水态园林，近5000平米中心水景，使整个社区环境优雅，景色宜人。小区内引入多种树木，绿植种类繁多：长绿灌木18种、落叶灌木

34种、草花13种、长绿乔木11种、落叶乔木19种……遍布小区的各个角落，甚至在半地下车库中，也充分利用了自然采光、通风的优势，通过花架、种植等手段，将园林景观引入地下，可谓煞费苦心。同时万科水榭花都还成功地运用多种水景因素，中央水景区近5000平方米，临水布置景观亭、木平台、特色水景墙、特色水景(水源)……水底为卵石和马赛克，即使在枯竭期也能自成风景，环绕小区的水面时断时续、时宽时窄，千变万化以瀑布、叠水、小溪等不同的形态呈现在眼前，打造出一个真正内外水灵灵，名副其实的“水景住宅”，荣获2001年搜房网“北京十大水景住宅”称号，诚非偶然。

除了在景观设计方面的突出表现外，万科水榭花都也在营造高雅的社区文化艺术氛围上进行积极的探索，早在去年9月，水榭花都开盘典礼上一场欧洲乐团的演出就引发了市场的关注，从那时候开始，项目现场先后组织了众多影视文化名人参加的“意大利文化”主题沙龙、文化艺术活动月等活动，以上种种预示着万科水榭花都在京城楼市“后景观时代”中，担当起了领跑的重任。3月29日下午，北京万科企业有限公司还承办了一场主题为“房地产商与环境艺术的激情碰撞”的研讨会，就“我国南、北方社区景观环境营造之差异”、“北方水景住宅的实现以及对于社区环境营造重要性”和“居住社区景观园林的价值与可实现性”等话题进行了深入探讨，有消息说，万科水榭花都还将在4月份推出环境艺术运动，届时芭蕾舞、戏剧、雕塑展、摄影展等高雅的艺术表演将与优美的社区环境相得益彰，真正体现出社区的文化底蕴与艺术格调，将京城楼市优秀项目的环境艺术营造，推向一个更新的高度，真正揭开“后景观时代”的序幕。

“小”字能做“大”，关键是政府从经营前台站到了本该站的位置，把经营城市的使命让给企业。请看：

40. 小榄何以多奇迹？

有人说，小榄镇是珠江三角洲出口处一颗璀璨的明珠；也有人说，小榄镇是当之无愧的“中国五金产业的明星镇”；还有人说，小榄是中国小城镇工业化建设的典范；也有人说，小榄是开展群众文化体育活动的样板；更有人说，小榄镇是两个文明建设都过硬的模范城。

但造访小榄镇的人，在更多地考察了解小榄后便都会看到，这所有的光环和荣誉加在一起都不能完全概述一个小榄，人们被这里所发生的奇迹震撼了，同时也有了更多的困惑和不解——

六大现象多感慨

首先，在这样一个只有9.3平方公里城区面积、10多万人口的弹丸小城，何以在10年的时间内集聚起4389家工业制造企业，成长起固力、华锋、华帝、圣雅伦、乐百氏、史丹利等诸多中外大品牌？创造出132亿元的年产值？

二是，小榄有何魔力和魅力，吸引着美、法、日、英、瑞典等近十个国家及香港、台湾地区的老牌名企趋之若鹜，前来合资合作或独资办厂？为什么招商引资在国内大多数地方百求而不得，而在小榄镇就似乎显得比较容易？据悉，深圳一知名的工业村，近日十几家企业实施集体大动迁，前来小榄工业区落户。英国电声设计公司“名氏风”音响、美国排名第二的“波士顿”音响和丹麦等一批国际、国内著名音响及DVD、数字音频、激光大型高科技企业连同配套企业计30多家进驻小榄，“音响制造基地”的发展态势逐步凸显。

三是感慨，十几年前，小榄镇还是一个以农业生产为主的农业大镇，何以不到十年时间，就迅速崛起为一个工业销售收入过百亿、拥有几大优势产业且链条配套齐全的工业重镇？目前仅剩不多的小榄农业，也早已不是往日农业的概念——在格外宝贵的土地上，农民们发展的是苗木花圃、热带植物等高科技含量高附加值的作物。其中，最优秀的代表是吴桂昌的棕榈园林，一棵大的棕榈树能卖到10多万元。他经营的公司，已经是我国较大的热带棕榈园林公司之一。

四是惊讶，为什么小榄人一说到做事就都想当“老板”？现在众多中小企业甚至产值过亿的大企业老板，很多是当年从集体企业和合资企业的不同岗位上，跳槽出来自己创业当老板的。有人戏称第一家集体大企业、后来成为中外大品牌的“固力锁具”，就是小榄企业家的“黄埔军校”。小榄又被称为企业家的摇篮。可小榄人的创业投资何以大都能够成功，少了些许风险？

五是惊叹，小榄在投资环境建设方面真可谓大手笔。为了丰富镇上的文化体育生活，增强人们的体质，全镇竟建有4个高标准的体育馆，100多个灯光球场，300多个篮球场。1999年，在小榄体育馆成功举办了第二十届世界男子乒乓球赛。小榄女子毽球队还曾获得了团体冠军。此外，小榄镇还有三个风光迤逦的公园，其中占地13万平方米的龙山公园，是近年搬迁了一个污染大户企业，投资8000多万元兴建的。

六是会感叹，小榄镇的党委、政府何以这样洒脱而又这样敏忙？与其说这里是领导机关，倒不如更像个服务机构。他们独特而又卓越的创造性的工作，总感到与许多地区的政府相比，有些与众不同。整个政府机构，俨然是一架高速有效运转的服务全镇企业发展的多功能机器，产业发展、企业难题以及招商引资等各类棘手的事务，在这里都能够得到快速而有效的解决处理。小榄政府认为，一个镇，一个市，都是由众多企业支撑的，离开企业，靠卖土地去经营，只能是一锤子买卖，缺乏生命力。一个地区要发展，政府观念必须转变，角色必须从亲自经营转到为经营的众多企业服务上来，否则，任何城镇都不能真正发展起来。为了进一步创造一个优质高效的投资软环境，政府成立经济发展委员会及招商协调办公室，实行“一个窗口办公、一站式服务、一个口子收费”，这里没有“公章旅行”，也没有推诿扯皮，更没有哪个部门敢乱收费。把企业推向市场，政府转变职能：是引导而不是包办代替，是服务，而决不是索取。小榄政府观念新，行动早，并且职能早已转换到位。

“鱼水关系”道真情

镇党委、政府何以有这样的观念和服务意识，镇党委书记黄标泉用一个政府和企业的“鱼水关系”理论做了最好的诠释：计划经济时期，政府是“水”，企业是鱼，政府掌管钱财物，政府往往要放水养鱼；而到了市场经济时代，政府要退出竞争，而靠税收运作发展经济。政府和企业就应换位——企业是水，政府是鱼。企业发展了才能多创税利。因此，千方百计根据企业的需要去服务，是小榄镇政府的第一要务。他们最新的一个提法叫：构建服务型政府。

因此，许多小榄企业家和一些知情人士说，要解读小榄镇诸多奇迹诸多现象，简单说，追根求源还是凭仗小榄镇党委、政府的一个好班子，从而创造一个好环境，培育出一个企业家好队伍，创造出几个好产业。

宝地小榄多英才

优良的环境是发展的前提，小榄人的创新能力和发展气魄也善出奇迹。解读小榄上述“六大现象”，镇长黄国庆阐释的几大要素就是：“超前意识，瞄准全球；高起点定位，追求卓越；品牌经营，追求更高、更优、更强。”他说，这不仅是小榄五金等产业崛起的成因，也是小榄再上新台阶的追求。

小榄的企业家们以瞄准全球的战略眼光和挑战魄力，将所有的不可能变成辉煌的现实。人称“华帝七贤”的七位“华帝燃气具”创始人，以 200 万元起家投入，在燃气具市场已经白热化的时候进入该行业，楞是凭仗自己高起点定位的产品打开了市场，今年销售收入可达 7 个亿，市场占有份额连续七年位居全国前茅；“圣雅伦”的崛起更加传奇，梁伯强 1997 年从一则报道朱镕基总理关于我国指甲钳的质量问题话题中激发灵感，发现商机制造指甲钳，几年时间，他把“非常小器·圣雅伦”指甲钳做成中国指甲钳著名品牌，并敢于和世界最好的指甲钳媲美，小小指甲钳创造了逾亿元的产值；享誉国内外的“华锋锁具”，是由“固力锁具”原副总经理何文烈于 1996 年在一个濒临倒闭的锁具企业上创办的，仅 6 年时间，他的“华锋锁具”以较高的美誉度畅销欧美市场，产品出口率达 95%。历数小榄的众多大品牌企业，每一家都有着一部精彩的创业传奇史。

小榄“中国五金制品产业基地”的挂牌，用镇长黄国庆的话说，是“亮出自已的品牌，打出了自己的旗帜”，这对于政府来说是压力，对企业是动力，对于城市发展是势力，这也将标志着，小榄五金制品以及其他产业要实施全面的提升和优化，今后小榄工业的整体将力求由大变强。

（刘惠兰）

经营城市的最大的要求，就是以经营的意识及时捕捉到商机并进而大手笔运作。云南省个旧、开远、蒙自把东盟作为未来的市场而重塑滇南中心城市的做法，正是如此。请看：

41. 面向东盟打造滇南中心城市

从昆明经河口到越南海防，曾经是地处中国大西南的云南省最便捷的通道。从这里，不但可以经越南进入东南亚各国，就是通过海路进入中国内地也比陆路方便得多。今天，当我们来到位于昆明与河口之间的个旧、开远和蒙自三县市，这一地区历史上对外开放的烙印，仍然清晰地展现在我们面前：1889 年建于蒙自的云南第一个海关，修建于上个世纪初、至今还在运行的我国惟一一条米轨铁路以及云南省第一个邮局和第一条对外航运通道等等。自上个世纪 40 年代以后，作为边塞要地，河口曾遭受到了不同程度的战乱影响和战争创伤。直到上个世纪 90 年代初，随着中越关系恢复正常化，特别是 1992 年国务院批准河口为沿边开放城市后，曾经作为军事前沿阵地的河口一跃成为国家一类开放口岸。

做大一县　做强两市

今年 7 月 9 日，历史上曾经作为云南对外开放最重要通道的这一地区，在沉寂了半个多世纪以后，迎来了新的发展机遇。云南省省长徐荣凯率领省政府和省直有关部门的领导，深入个开蒙三县市实地调研，并召开现场办公会，专题研究在西部大开发和中国参与东盟自由贸易区的背景下，如何加快滇南中心城市建设，促进区域经济发展，高起点构建个开蒙城市经济圈，加快红河州和云南省城市化步伐，增强云南省服务和参与东盟自由贸易区建设的能力。通过大量的前期工作，个开蒙——滇南中心城市建设的发展思路已经形成。

个开蒙三县市以个旧市大屯—鸡街为圆心呈三角形分布，三地间的相互距离均在 40 公里左右，围绕着三角海、大屯海、长桥海三座水库，三座水库的总库容 1.27 亿立方米，水面面积 26.58 平方千米。而在个旧、开远、蒙自三城之中，又分别围绕着个旧金湖、开远泸江水系和蒙自南湖，形成了其独特的山水自然环境。

做大蒙自即做大蒙自中心片区，通过尽快撤县设市，实现蒙自扩容提质。红河州府原在蒙自，后迁到了锡都个旧。现在的个旧市区由于处于东西两座高山之间，受地理条件的限制而难以扩展。目前，采用市场化运作高标准建设的红河州行政中心，已经在蒙自建成，州级党政部门将于今年 11 月回迁蒙自，借红河州府回迁的机遇，蒙自人口扩容提质均会出现较大速度的增长。

个旧市和开远市都是工业城市，在现行体制不变的情况下，突出各自特色和重点进行建设，尽快促进两市经济规模的扩张和经济质量的提升。其中个旧市将以老工业城市的提升改造为突破点，实施两大战略即“立足有色、超越有色，立足老城、超越老城”，到 2010 年，形成有色黑色金属并驾齐驱的局面，建成云南省有色金属加工中心和出口基地，加工能力达 50 万吨/年，在原有工业体系的基础上，围绕个旧新的矿石资源进行开发。开远市则发挥工业门类齐全的优势，继续做强化工、能源、建材等工业项目，继续打好对越贸易这张王牌。

同步规划，同步建设蒙自中心片区、个旧片区、开远片区和红河工业园区，通过环湖截污、生态环境保护、大屯海长桥海沟通工程及污水、垃圾处理，形成三海活水系统。通过绿化美化，使个开蒙成为一个集山水、园林、气候、生态四位一体和个性化鲜明的城市，中间的三湖则形成湖林水一体的城市景观核心区。

构建现代化大交通

优先建设三地间的快速交通，形成个开蒙三地半小时生活圈。今年6月，鸡街至蒙自30千米的高速公路已开工建设，3年后就可完工。近期将动工个旧至蒙自高速公路，打通两地之间的大屯隧道工程，即可进入到大屯与昆河公路相接，是红河州边疆各县到新州府的必经之地，也是个旧通往红河工业园区的最短通道，全长近4000米的隧道打通后，两地距离可极大缩短。开远至蒙自高速公路及开远至个旧高速公路，已在进行前期工作，计划2004年和2005年相继开工建设。另外，还将分别建设全长54千米的个开蒙轻轨，通向个旧、开远、蒙自三地。

加紧建设位于蒙自的红河机场、泛亚铁路东线的玉溪—通海—曲江—蒙自—河口铁路、石林至蒙自高速公路、出境通道为蒙自至河口高速公路及个旧至金平金水河二级公路，两线建成后，个开蒙至越南的行程控制在2小时以内；还有蒙自至文山一级公路，弥勒锁龙寺至砚山平远街高速公路，石屏至青龙场公路，上述通道建成后，个开蒙通往周边地区的行程将大为缩短。

形成特色产业支撑

作为云南现代工业的摇篮和老工业基地，红河州在云南具有良好的工业基础，而个开蒙地区则是红河州工业的龙头。在原有工业的基础上，建立地跨个开蒙三县市的红河工业园区。按开远南扩，蒙自西拓，个旧东移，面向东盟的思路，形成5个各具特色的工业区，组合成红河工业园区，总体规划总面积65平方公里。这5个工业区分别为：冶金材料工业区，以铝为主的有色金属冶炼和金属材料加工工业作为主导产业，同时发展相关的化工机械配套产业；化学工业区，以煤化工和生物化工为主导产业，实现煤油转换，同时发展林纸、糖业综合利用和天然农药产品；生物资源加工区，以红河烟厂为龙头，以造纸、酿酒、制药、水果蔬菜加工为主导产业，同时发展保鲜、仓储、运输等现代物流配套产业；出口加工区，以东南亚特定市场为目标，发展我国对东南亚市场比较优势明显的机电、轻纺、食品和耐用消费品。同时配套建设高新技术产业开发区。红河工业园区近期入驻项目规划投资180亿元，完成投产后，年工业总产值可达到171亿元。

按照上述三大构想，个开蒙三县市将投入建设资金近千亿元，通过20年左右的建设发展，个开蒙城市总人口将从现在的96万多人发展到160万人，城镇化率由现在的54.7%提高到81%，GDP达到600多亿元。一个离东盟国家最近、实力较强的滇南中心城市将崛起在个开蒙地区，势必有效提升云南在全国乃至中国—东盟自由贸易区建设中的战略地位。

（周 斌）

经营城市的春风使千年古城杭州西湖碧波愈加潋滟，临湖而居，坐拥西湖的格调追求，使得杭州地价升天，楼价扶摇直上。但是大家也非常担忧，若不采取有效手段，西湖极有可能引发湖水恶化，西湖——这一池杭州镇城之宝极有可能变为脏湖、臭湖。为永葆西湖秀色长驻，杭州儿女正在齐心协力做一个足让世人瞠目的极具文心财胆的系列工程。请看：

42. 西湖图变——做清一池“水”

一道蓝色挡板目前正将西湖的部分景观与游人暂时隔离，挡板内进行的可能是西湖有史以来最大的一次山水改造。这是一个需要有足够的文心财胆做支持的系列工程，它包括西湖南线改造和东岸的新湖滨景区建设、西湖湖底隧道铺设以及引钱塘江水实施西湖水体置换工程在内的湖西综合保护工程。根据杭州市政府的计划，这个预计最后耗资会突破 30 亿人民币的系列工程，将在今年 10 月 1 日以前完成它的绝大部分。

这项注定要进入青史的工程得到了知识界的支持，在政府的号召与资本的策动下，这个城市几乎所有的研究机构和高等院校都卷入到一场“西湖时代与钱江时代”的讨论中来，这一讨论卓有成效地导致整个杭州的城市格局出现革命性的转变。自古以来“三面云山一面城”的杭州城，开始试着将眷恋的目光从西湖的潋滟波光上收回，掉头东扩，企图重新打造一个“一江春水向东流”的钱江时代。

蒙羞的劣五类

在过去的一个月里，西湖的自信心遭受到前所未有的重创。

6 月 5 日，中国环境监测总站一份权威公报宣布：“2002 年度城市内湖水质较差，除北京昆明湖水质达到三类水质外，杭州西湖、武汉东湖和济南大明湖水质均为劣五类。”这条消息立刻触动了杭州最敏感的神经，政府方面对这次公布的结果表示了异议。

6 月 25 日，浙江省环境监测中心站的副总工程师李柱国先生接受本报记者的采访时证实说：“据西湖西里湖北、湖心和少年宫 3 个国控站位的水质监测报告，2002 年度西湖的水质类别不仅全部为五类水体，而且分别存在化学耗氧量、总磷、总氮超标的问题，国家环境监测总站就是根据这一超标，将西湖水质由五类降为劣五类，因为它意味着西湖水体富营养化的老毛病依然存在。”

水体富营养化长期以来都是一个世界级的难题，主要体现为水体当中的氮、磷等指标偏高，导致水体出现透明度降低、藻类异常繁殖等变化，影响水体的生态环境，并最终影响湖泊的继续生存。近年来，我国太湖、滇池、巢湖等湖泊都出现严重的富营养化，这里既有湖泊自然老化的客观原因，也有人为污染加剧的因素，而一旦出现这样的倾向，要再恢复到正常水平，可能就需要较长的时间，同时还要投入大量的资金。

杭州西湖水域管理处副主任吴芝瑛女士认为，从客观上讲，湖泊在进入自然意义上的衰退期、也就是所谓的老年期之后，都会出现水体自净能力差，富营养化程度越来越高的问题，而西湖已是近两千年的“高龄”了……6 月 25 日，这位官员在她推开窗户就能看见西湖的办公室，通过类似的抱怨与强调，非常技巧地向我表述了杭州方面的委屈。

吴女士在此有一刻意回避，目前国内城市湖泊普遍存在富营养化倾向都是由于湖泊的衰老所致吗？这些历史都在千年以上的湖泊为什么会在近几十年突然休克、甚至猝死？

去年我在做昆明的滇池治理报道时曾经了解到：这和经济社会的高速发展带来的生活、生产方式的改变有关。具体地说，抽水马桶、洗涤剂和化肥的大量使用，是造成滇池这样的城市湖泊水质恶化最根本的原因。

有必要在此再次展示云南师范大学化学系李康龄教授的研究结果：人每天排出的粪便中含氮

18.6克、磷1.74克，这个分量如果全部进入水体，足以污染10吨水；而洗涤污水中磷和氮的含量更是高得吓人。这位教授曾经认为，抽水马桶和洗衣机于城市的普及，在给人们的生活带来文明与进步的同时，也带来环境污染的恶梦，类似行为在消耗大量的清洁水的同时，更将大量来不及自然降解的磷和氮冲入城市湖泊。

尽管杭州西湖风景名胜管理委员会的一位官员再三强调，环西湖的点源污染早已做到零排放，类似昆明这样将城市生活污水直排滇池的现象不存在。但由杭州园林设计院提供的《西湖湖西综合保护工程控制性详细规划说明》却有这样的描述："由于没有完善的污水排放及处理系统，居民生活污水、部分单位废水直接排放到金沙港、龙泓涧和赤山溪中，加上农田肥料和农药的使用，对西湖湖西地区区域内水体以及整个西湖水域都产生了污染。"文中提及的金沙港、龙泓涧、赤山溪和整个湖西地区，均处在西湖的制高位置，它们的被污染对于西湖而言无异于"兜头一盆脏水"。

不可否认的是，杭州政府在西湖环境治理方面曾经作出过巨大的努力。据西湖风景名胜管理委员会负责对外宣传的陈炜先生介绍，为了彻底改善西湖生态环境和水环境质量，去年3月，历时4年、耗资2亿多元的西湖底泥疏浚工程刚刚结束，杭州市又接着实施了西湖南线工程，也就是前面那位居民所提及的"南山路改造"，将大量的临湖民居与单位迁移、拆除，政府方面为此支付了巨额成本。陈先生透露说，南线工程的建设资金其实也就9000万，但拆迁费用却高达建设资金的1.5倍。

南 线 精 神

6月26日上午，西湖东北角圣塘闸。

这里是正在建设的新湖滨景区工地，一栋名叫"新丽都"的酒店在这一天被强行拆除，这个与政府僵持了半年之久的"钉子户"的拆除，标志着这片临湖地带原有的3.7万平方米建筑物中最后的215.37平方米被夷平，政府为此作出了怎样的支付呢？陈炜摇着他的巴掌说："10家省、市、区单位，91户住户，花了5个多亿，换回6万平方米的绿地——而新湖滨景区的整体投资也不过7个多亿。"

我们由此不难想象，让那些曾经坐拥西湖胜景的个人与单位退出是怎样地不易与昂贵。

5年前，我曾经在南山路上留连，除了"浙江美院"和"柳浪闻莺"，记忆中的西湖南岸除了民居密布，就是墙垣杂陈；此次重游西湖，南山路已经成为一个类似于北京的三里屯、上海的新天地这样的"酒吧一条街"，其临湖一侧更是化身为一个花草扶疏、古木森森的公园，杭州方面将其视为西湖湖滨整治的样板，官方的宣传口径中甚至有"南线精神"的提法。

什么是"南线精神"？在西湖风景名胜管理委员会，一位官员脱口说了8个字：拆旧还绿，还湖于民。有知情者告诉我，这是杭州前任市委书记厉德馨先生在各种场合念叨的"治湖8字真经"，据说南山路的改造完成，曾令年近八旬的厉德馨先生唏嘘不已。

"一半西湖一半笆，筑笆都是官宦家"曾经是西湖被官商权贵分割蚕食的真实写照。

自南宋建都杭州之后，西湖山水开始为各阶层所认同，沿湖而居也逐渐成为特权者的向往和荣耀。到国民党统治时期，除了一些高官富商沿湖建造私家别墅庄园之外，一些政府机关也踞湖畔之地营造办公场所——这种状况甚至在1949年后也仍然继续。有资料显示，直到20世纪80年代初，在环湖的280余公顷区域面积中，还有80多公顷为工厂、企业、部队、机关、疗养院等单位和居民占用，这些零乱破旧、格调参差不一的建筑物在西湖边形成一道踉跄的墙，将西湖与游人隔开。

1983年，杭州市决策层形成共识，决定"拆墙"。时任市委书记的厉德馨在各种场合呼吁：拆旧还绿，还景于民。1984年，杭州市政府组建了"环湖绿地动迁领导小组"，开始大规模地拆房还绿，建设环湖绿地。然而，西湖周边的住家和单位多有来头和背景，"憾山易，撼尔等难！"20世纪80年代末，在收拾完西湖的东线与北线之后，环湖整治工程在南线遇到了前所未有的阻力，最后到底变成了一个逗号，成为厉德馨留给现任的"未竟事宜"。

6月25日，西湖名胜区管委会主任张建庭在新湖滨景区建设工作会议上代表杭州市政府向建设者提出两点要求：新湖滨景区必须在今年国庆节开放，新湖滨景区必须成为城市建设的精品。"建成的新湖滨要有让市民和游客眼睛一亮、面貌一新、精神一振的效果。”这样的要求表明杭州的决策层已经视西湖湖滨整治工程为政府的形象工程，杭州的面子工程。就像南山路最后被建设成杭州的“三里屯”、“新天地”一样，据说新湖滨景区“特色旅游商贸步行街”的定位，将使这里成为杭州的“王府井”、“南京路”。

厉德馨的“未竟事宜”看来有望在三个月后变成句号。

当西湖沿岸绿地被打通，形成一个精致、绵延的环湖公园时，我们会发现所有的努力仅仅解决了西湖的一个“面子问题”，南线精神照耀下的新湖滨建设，对西湖水质的改变应该说有一定作用，但作用有限——2002年12月正式开工的西湖西进工程，才是被普遍视为能从根本上治理西湖水质的一项举措。

西湖西进

杭州的官方与民间都习惯将“西湖湖西综合保护工程”简称为“西湖西进”。

这项工程的规划设计师却对这一简称感觉不满。6月27日，负责工程总体布局及专项规划的周为先生向我解释说：西湖西进仅仅是湖西综合保护工程的最初出发点，随着该项目的可行性研究不断深入，工程的概念被全面深化，其内涵不仅仅局限于景观空间的塑造，而成为一项传承西湖的发展历史、保持整个西湖地区生态系统良性循环、保持生物多样性、实现该地区社会环境和地域资源全面整治和整合的综合性工程。

这个绕口的解释证实了记者从采访中得到的一种认识：表面上看，西湖西进计划是一项恢复原貌、增加景深的山水改造工程，它的实质却是通过湖体扩张来抑制人居向西湖蜂拥的热情。

在中国，也许没有哪座城市会像杭州这样对一池碧水充满依赖，纵观西湖千年史，湖城之争贯穿始终，依湖小筑曾经是、现在是、估计将来还会是许多中国人坐拥天堂的梦想。遗憾的是承受这一梦想的环境极其脆弱而且有限，这对难以调和的矛盾因此成为西湖一个总也走不出的怪圈——亲近、占有、被污染与破坏，环境持续恶化到不得不治理，然后被美化的环境再次撩拨起人们新一轮亲近与占有的欲望……

据史料记载，西湖现有景观格局，得益于历史上三次重要的整治工程的实施，这三次治湖史发生的年代分别是公元822年、1084年和1503年，对应的代表人物是白居易、苏轼和杨孟瑛，他们在身后为西湖留下的是白堤、苏堤和杨公堤。白堤、苏堤至今荡柳凌波，杨公堤却早已化身西山路，成了西湖的西岸，其曾经的风光和它的制造者一样归于沉寂——西湖西进的一项核心工程就是要恢复杨公堤，并将西湖水域由此西扩4.8平方公里。

湖西综合保护工程之所以会被视为从根本上治理西湖水质的一项举措，是因为它将清源、生态恢复与水体置换等多项措施综合考虑实施——杭州城的决策者看来希望能凭借盛世时期的银库充实，毕其功于一役，一劳永逸地告别“劣五类”这样的羞辱。

作为一个独立封闭的小型水系，西湖与其西部群山之间有着天然密切的生态依存关系，历史上的湖西地区曾经源泉百道，以丰沛优质的水源补给西湖。时至今日，由于人口的膨胀，人们生活生产方式的改变，西湖水源不仅被超量采用，而且常常是在变成污水后再排入湖中，西湖目前的生态极限因此不胜负荷。持续恶化的水质正是这个失衡的结果。

西湖湖西综合保护工程首先要做的工作，就是要疏解区域内密度过大的建筑和人口，进行合理的生态配置与建设。按照规划，被恢复的杨公堤以西4.8平方公里范围内，将被重塑成一个健康的江南湿地生态系统，锦鳞可数、水草丰盈，使西湖的入湖水体在此能得到一次有效的“过滤”。

西湖西进项目中另一项主要工程，就是引钱塘江水置换西湖水。

据杭州西湖西进领导小组办公室副主任徐峰介绍，从2004年起，西湖水将实现一月一换，年引水量将达到1.2亿吨。但引来的钱塘江水必须在两个巨大的预处理池里先行理化沉淀，被处理成透明度达120厘米的水体后才能被注入西湖。这种用类似处理自来水的方式得到的西湖水代价不菲。有知情者透露，杭州市财政将为此每年支付1200万。这笔巨额支付于杭州方面而言也是一种被逼无奈，因为引来的钱塘江水同样存在总氮超标的问题，未经处理就排入西湖，对西湖水质的改变作用甚微。

钱 江 时 代

无论是湖滨整治，还是西湖湖西的综合治理，我们不难发现一个最关键的环节就是拆迁那结盘踞西湖岸边的定居点，舒缓造成环境日益恶化的人口压力——政府为此频频买单。杭州市政府的一位官员曾经对我说：我们之所以肯这样做，一方面表现了我们还绿于湖、还湖于民的决心；另一方面，我们其实也是认可西湖强大的吸附力的，千百年来文化的沉积使今天的西湖成为杭州的镇城之宝，应该说它是无价的……再者说，我们也付得起这笔钱。

浙江的财力雄厚为国人共知，但杭州市政府也委实是敛财有道。

6月24日，在杭州国土资源局曾经上演过一场土地争夺战，一块面积为120亩的地块，在经过40回合的竞价后，以5.5亿元的天价拍出，高出招标底价近3亿元。有开发商当场估算，届时这块地上造出的房子每平方米至少要卖5500元，结论一出，举座哗然——要知道这仅仅是块偏居一隅的城市外围土地，它不仅远离西湖，更与杭州市政府规划的“以钱塘江为轴，两岸共同发展”新杭州思路背道而驰。

2001年年底，地产业策划人王志纲先生在接受我的采访时曾说：“我们在杭州意外地感觉到它的房地产市场购买力之强，这股强大的购买力主要来自于周边广大富饶地区的人们，他们纷纷落户于此，希望终老于西子湖边——这个城市实在是太人性化了，它必将成为人们趋之若鹜的人居城市。”现在看来，王先生的预言开始应验。

毫无疑问，这些投资者都是冲着“三秋桂子，十里荷花”的西湖魅力而去的。经营土地的杭州市政府在与大大小小的开发商们分享红利的同时，也感觉到前所未有的土地资源压力，正是在这样的背景下，“钱江时代”的城市规划新思路逐渐清晰呈现。

有业内人士指出，此次对西湖的一系列山水改造，就是政府变着法儿把人往钱塘江边赶，算是对“钱江时代”概念的一种推波助澜。而“浙江在线”的一位同行反映，最近几年他们曾经组织过多次“西湖文化与钱塘江文化”的讨论，参与者多为政府官员和专家学者，而组织者却几乎清一色的开发商，大家的目的就一个，希望将人们对西湖的兴趣逐渐转移到钱塘江一线。

政府和开发商联袂造势，读书人打着边鼓帮腔……类似的努力已经卓有成效地引导着人们注目钱江。6月27日，记者在钱塘江大桥上看见，杭州人正在宽阔的江面上架设第四座跨江大桥，沿江楼盘林立，据说政府将杭州众多的高等院校和高新技术开发区都迁移、设置到钱塘江两岸，一江两岸的新杭州其实已经显现雏形。

站在水阔天高的钱塘江边和驻足平湖秋月的西子湖畔，视野与胸襟有着很大的不同。有学者因此预言，钱江时代的到来，有可能改变杭州人的地域人格。而一位地产记者对钱江两岸的楼盘观察，则很好地印证了这两种文化间的差异——

钱江北岸的楼盘大都以强化自身内在品质为主，楼层不高，做好楼盘自身的“小景”，然后再争取将自己融入身后青山绿水的“大景”，是典型的西湖文化；而钱江南岸的楼盘在建筑设计上普遍追求高层与现代感，声称“我看城市是景，城市看我也是景”，甚至有楼盘把钱塘江的蓝色作为新人居的底色，宣扬“未来的杭州是蓝色的”这样的新理念，则是典型的钱江时代作派。

作为一个农业为主的城市，怎样运用经营城市的理念？曾身为全国经营城市领头羊的青岛市的卫星城——平度市，她当然是青岛经营城市理念辐射最强烈的城市，平度市经营城市成功的经验和做法，无疑对其他农业市或其他也搞经营城市的城市如何带动起所辖区的发展具有示范性作用。请看：

43. 前进在希望田野上的平度市

山东省平度市是青岛的卫星城市，地处胶东半岛的咽喉地带。改革开放以来，特别是“九五”以来，该市取得了社会经济、政治、文化生活的全面丰收。先后荣获全国教育先进市、全国体育先进市、全国卫生城市、全国文化先进市等称号。2001 年，全市国内生产总值达 134.6 亿元，同比增长 13.3%；实现地方财政收入 45168 万元，同比增长 20.7%。

农业实现“三化”

作为山东省面积最大的农业市，平度市素以农产品种类多、规模大、产量高、品质优著称。自“七五”以来，平度市的粮、油、肉、果总产量就一直保持在全国百强县级市行列，成为全国优质果品、粮食、棉花、油料、生猪等重要生产基地。为保持农业发展在全国的领先地位，近年来，平度市鼎力实施了农业产业化、标准化和国际化三大战略，使农业的核心竞争力不断提升。

他们围绕桑蚕、葡萄、蔬菜、畜牧等优势产业，大力推进农业产业化，而把培育、发展、壮大龙头企业，作为实施产业化战略的核心和关键，凭此提高农业抗击市场风浪的“强度”。为扭转“农业企业个头小，有群岭而无高峰”的局面，他们把培育发展龙头企业作为农业发展的重点，一方面，依托资源优势下大气力引进一批“农字号”大项目；另一方面，从现有的加工企业中筛选确定部分骨干企业，重点培育，全力扶持，使之真正成为加工转化能力强和出口创汇水平高的农业龙头。到目前，该市已发展年加工能力 5 万吨以上的农业龙头企业 20 多家。另外，他们还积极引导建立产业化内部的联结机制。在组织“企业＋农户”、“专业市场＋农户”，“中介组织＋农户”等产业化经营过程中，积极探索建立合同约束、股份合作、利益分配和风险保障等行之有效的联结机制，并使产业化与合作经济组织有机结合。目前，该市已有各种专业合作社、协会 260 个，股份合作组织 820 个，村经济合作组织 1600 多个。

用标准化打造新型农业，是平度市针对加入 WTO 后的新形势所实施的又一重大战略举措。没有标准，就没有质量，也就没有市场和效益。全市各级涉农部门突出抓好农业质量标准体系、农产品质量监督检测体系和农业标准化技术推广体系建设，做到质量有标准、生产有规程、产品有标识、市场有检测、推广有队伍。他们还把标准化知识列为全市“绿色证书”和“新世纪青年农民培训”工程的重要内容，先后有 10 万多人接受培训。同时，他们特别注重发挥基地示范带动作用，进一步抓好良种繁育、优质葡萄和无公害蔬菜三大农业园区建设。各镇按照兴建“千亩农业园”的要求，突出特色，抓好 1～2 处农业示范园，并增加标准化示范项目。目前，全市已建成无公害、绿色食品生产园区 6 处，落实无公害生产基地 27 个，面积达到 19 万亩，并培育出“大泽山”葡萄、“沽河”蔬菜、“蟠桃”大姜等 30 多个农业品牌。

依托全省对外开放的龙头青岛，平度不失时机地实施农业国际化战略，拧紧与国际市场的“关联度”。早在 1996 年，他们就率先建起了国家农业技术市场，并在这里建起全国农业技术和信息网——中国农业技术计算机信息网络系统，连接国家科技部门 VSAT 卫星网络，还通过与有关农业发达国家驻华使馆农业处联机，辐射美国、荷兰、以色列等 20 多个国家和地区。该网络已成为平度农业和农民走向国际市场的“信息高速公路”。今年年初，他们又在南村镇驻地以北规划了占地 22 平方公里的“青岛市农业高新技术产业开发区”中心区，大大提高了对农业大项目的吸引力和承载能力。平度市放眼全球，积极承办了7届一年一度的国际农业科技博览会大型经贸洽谈会，使全市农业的知名度和国际地位不断得到提高。

城市与城镇发展市场化

在农业大市推行现代化中等城市发展计划不是一件容易事。为加快城市建设和城镇化进程，近年来平度市以城镇化发展作为整合优化县域资源和生产要素的龙头，以产业化和信息化作为支撑体系，改造传统产业，他们在布局和规划上，通过打破一、二、三产业的界限，清除城乡二元化结构的壁垒，催生出新的经济增长点。同时用资源特色、产品品牌、生态环境、城镇特色、行业特色和平度人民的精神风貌共同铸造城市这个大品牌，努力实现城市现代化、乡村城市化、城乡一体化的目标。

为克服自有资金不足问题，他们通过投、融、招、引资金推进现代化城市发展，初步建立起城区建成面积19.8万平方公里、道路“五纵六横”网络通畅密集的中等城市框架。同时，他们依托潍莱、青银、同三、206四条高速公路、德龙烟铁路等交通干线，加快小城镇建设步伐，仅2001年，全市小城镇投资就达到3.3亿元，新增建设面积37万平方米，集镇非农业人口突破16万人，已有4个乡镇被定为青岛市重点小城镇，其中同和街道办事处被评为“全国示范小城镇”。为促进小城镇的发展，该市全面启动了交通、通讯、电力等基础设施建设，先后实施了国道、省道主干线路拓宽改造、镇镇通柏油路、村村通客车、普及电话、城乡电网改造等重点工程。目前，全市实现柏油路里程达1235.1公里，覆盖密度达到39公里/百平方公里；电话用户达27万多户，名列山东省县级市首位，并建成全省首家网络镇。

将经营机制引入城市建设发展中。该市本着“谁投资、谁经营、谁受益、谁管理”的市场原则，打破过去由政府投入，无偿使用的旧模式，变一方投资为全民共建、社会共建，放宽市场准入机制，全面推行建设权、管理权、经营权、使用权“四权”拍卖制，而且在投资方式、经营形式、管理体制和资金来源等方面，全面打破“公”与“私”的壁垒，在统一规划的前提下，将城镇基础设施和公用事业推向市场。另外，平度还通过盘活土地，实现土地在城镇建设中的开发增值和合理利用，并通过市场化运作、合理化拆迁、商品化补偿、多元化安置、资产重组、“退二进三”等多种方式，保证了老城改造的顺利进展，盘活了停产倒闭企业闲置的国有土地，相继建设了一批专业市场、停车场和公共娱乐设施。

为提高城镇化水平，平度市还制定了一系列新政策以凝聚人气财气。为适应较大规模的农村人口城镇化趋势，他们进行了户籍管理制度、就业政策和土地流转机制的改革。切实降低农民和外来客商进入城镇的“门槛”，目前，全市城镇人口已占全市总人口的三分之一。随着城镇人口的壮大，有力地拉动了市场消费，并解决了有街无市、有市无店、有店无人的问题。对进入城镇经营的民营企业和个体业户，该市将服务引导与载体建设相结合，坚持从生活安置、证照办理、法律和政策、信息服务等全方位提供服务。在载体建设方面，他们着眼“三个层面”，即着眼消费市场，培植骨干企业；着眼加快民营经济园区建设，吸引有实力的个体私营业者进区经营，走规模化发展之路；着眼依托基础设施建设和城镇化建设加快民营经济发展。他们还深入挖掘公路干线的发展潜力，大力发展“路源”经济、城市经济，拉动建材产业、运输产业、商贸、服务业等第三产业迅速发展。近几年，该市在城镇化建设中，共辟建相对集中的市工业园区4个，镇工业园区28个，建成功能比较完善的专业市场18个。各镇(处)工业园区已发展成为优势产业群体，形成了电子、玩具、丝绸等八大主导产业。

招商引资诚信化

凭借丰富的工、农业资源和胶东半岛连接内陆的咽喉区位及突出的职业教育等“天时、地利、人和”优势，平度市过去的招商引资工作取得了较好成绩，特别是近年来，他们在加强软环境建设方面，突出诚信化招商策略，以诚相待、以信取胜换来了招商引资工作的飞跃发展。到去年底，该市已与30多个国家和一些国内外著名大公司、大财团建立了稳固的联系，累计批准“三资”项目497个，总投资 11.4 亿美元，合同利用外资 8.9 亿美元，实际利用外资 6.9 亿美元。今年 1～6 月份，全市共批准外资项目 81 个，合同利用外资 1.55 亿美元，实际利用外资 7620.8 万美元，分别比上年同期增长 84.1%、79.8%和 58.4%。

建设服务型政府是诚信化招商的必修课。加入 WTO 后，该市政府为适应国际化发展需求，开始了行政职能和行政方式的改革。其中最突出的一点就是削减了大量的行政审批项目，去年一次性取消 285 项，调整 106 项，取消和调整比例为 53.9%，今年还将压缩 50%。成立了行政审批服务中心，以“公开、公正、高效、廉洁”为宗旨，实行一站式办公，一条龙服务，行使监督管理行政审批项目的职能，确定进入服务中心的部门行政审批和收费范围。目前全市已有 16 个部门、160 项审批项目进入到行政审批服务中心。通过这一措施，避免了暗箱操作，“吃、拿、卡、要”等不正之风和违法行为，有效地提高了政府的工作效率，方便了群众，改善了经济发展环境，为全市对内对外开放打下了良好的基础。

“以情感人”是诚信化招商的重要手段。以真情打动客商，平度市在引进项目的洽谈、落实、建设、生产过程中，动真情、办实事，处处为投资者考虑，为客商排忧解难，赢得了广大投资者的信赖。全市上下都把服务放在首位，领导经常到工商、税务、人事、计划部门协调沟通，为外来企业及时办理好各种手续，为解决外来客商就医问题，他们给所有外商发放了就医绿色证书，全市所有的医院开通了“绿色通道”，为入驻企业送去了无微不至的关怀。同和街道办事处针对韩国企业和常住韩籍人员多的实际，根据韩国风俗习惯和居住特点，在生活小区为他们集中建造了住宅楼，使韩商找到了“家”的感觉。韩国三进株式会社社长金平吉为同和人的诚意所感动，在到同和不到两年的时间里，就为同和工业园引进了 10 多家韩资企业，其中包括世界著名大企业 LG 集团。正是这一件件看似微乎其微的小事，真正打动了投资者的心，使外商将平度当作自己的第二故乡，积极投身到平度市的经济建设中。

值得一提的是，平度市的民营经济发展同样进入了快车道。1～7 月份，该市新发展个体工商业户 6581 家、民营企业 245 家，使该市的个体工商业户和民营企业分别达到 2.6 万户和 1722 家，共上缴税金 1.34 亿元，同比增长 30.2%，占全市财政收入的 47%。

（修国华等）

机会，无论对个人、对单位还是地区，都是一样的，就看能不能认准和抓住。但要认准什么是“机会”却是一个硬工夫，是一件很不容易的事。杭州湾上架起一座桥，上虞市站在市场经济高度鸟瞰，从经营的角度来思考，发现商机无限，看到了由于这一桥飞架，使得虞北滩地由废变宝。请看：

44. 彩虹飞处财源滚滚来

——浙江省上虞市杭州湾上虞新区开发建设纪实

风鼓长三角，潮涌杭州湾。

上虞，一桥飞越杭州湾，天堑由此变坦途；一闸轻锁娥江水，江海环拱显英姿；一方滩涂成热土，虞北新城拔地起；经营绘宏图，财源滚滚来。

为挽彩虹来，构筑黄金台。迎接大桥机遇，浙江省上虞市正在构筑起飞的平台。

抢占大桥先机

上虞处在杭甬高速与上三线高速的“T”形交会处，杭甬铁路与329国道穿城而过，交通优势已十分明显。作为浙江“接轨”上海“融入长江三角洲”重大举措之一，绍兴和上虞梦寐以求的钱塘江绍兴跨江大桥，预计于明年动工，2008年通车。这将大大缩短浙东、浙南通达上海与苏南的时程，一举提升虞北滩地的开发价值和级差地租。上虞以处于南北、东西大通道十字路口的优越区位，将拥有沟通浙江与上海、苏南最便利的交通网络。

上虞人如何未雨绸缪，拥抱大桥机遇？

上虞“五山一水四分地”的地表资源，是可持续发展的优良组合和支持载体。五分山地上拥有丰裕的农副产品资源和旅游休闲景地；一分清水不仅为日益增长的城镇人口日常饮用所必需，而且充分保证了快速扩张的工业尤其是高科技工业对优质水的渴求；四分地的重要性、稀缺性更是不言而喻。

全力推进现代化步伐的上虞，胸怀世界，规划未来。

面对波澜壮阔的国际产业转移浪潮，能否敞开海纳百川般的胸怀？能否构筑起经济起飞的平台？紧紧抓住国际产业转移、技术转移和资本转移三大机遇，显然是长三角金南岸上虞市新一届市委、市政府谋求发展的应有之义。

浙江省委、省政府把“主动接轨上海，积极参与长江三角洲地区的经济合作与发展”，作为今后一段时期的重大战略。绍兴市委、市政府在杭州湾南岸，画了一个面积为350平方公里的圈，并把这个圈定名为杭州湾绍兴工业新城区。根据浙江省、绍兴市发展滩涂经济的战略构想，上虞市委、市政府提出了“接轨沪杭甬、融入长三角、呼应大绍兴、建设新上虞”的发展战略。

虞北200多平方公里绝大部分是“一张白纸”，可以为上虞持续、快速的工业化和城市拓展提供巨大的低成本空间——空阔的可开发土地，这在杭州湾金南岸仅此一片。这一片宝地，正是上虞今后浓墨重彩描绘的一幅壮丽画卷，是经营城市实现上虞市跨越性发展的重要本钱。

面对天时之利、地利之便，上虞人怎能不激情飞扬、豪情满怀？上虞市委、市政府正以灵气、勇气、志气、士气四种气概和敢于负责、动真碰硬、吃苦耐劳、只争朝夕的四种精神自励励人，带领全市干部群众为上虞的加速发展多作贡献。这种饱含张力的“人和”环境，正在转化为生产力发展中最活跃、最具创造力和带动性的关键要素和物质力量。

构筑虞北起飞平台

面对千载难逢的历史机遇，上虞市委、市政府作出了“实现经济和社会跨越式发展”的战略决策，虞北沉睡多年的广袤海涂在上虞市党政领导的眼里成了不可多得的优势资源。

上虞人深刻地体会到，跨越式发展需要在发展动力方面实现跨越，即从以往主要以本地内部经济主体发展为主向主要依靠外部经济主体推动的模式转变，也就是从内源式发展向外源式发展转变，这是上虞实现跨越式发展的必然选择。其次应该实现发展理念的双重跨越，即从闭锁经济、本地经济跨越到开放经济和全球化经济，完成从“龙山时代”到“杭州湾时代”的时空跨越，这是一个理念上的巨大跨越，同时也是发展区位上的重大跨越。第三是实现产业发展阶段方面的跨越，完成从小企业集群和特色产品集群的发展阶段到大企业集聚和产业链集聚的跨越。

上虞经济社会超常规扩张发展战略目标是，经过5～7年的建设发展，使上虞成为长江三角洲地区的特色制造业基地、休闲旅游基地、现代物流基地和优质农副产品基地之一。而建设先进制造业基地，是上虞改善经济结构的前提，增强经济实力的基础，提高综合竞争力的手段，建设生态型中等城市的要素。

于是，人们首先把目光投向虞北茫茫滩涂。这里有着广袤的土地资源，200多平方公里海涂地势平坦而人居稀疏。这里有着方便的陆海空立体交通网络，5000～10000吨级海轮可长驱直达，是杭州湾金南岸惟一的出海口；陆路四通八达，距铁路上虞站15公里，至沪杭甬、上三线两条高速公路入口10分钟车程；萧山、宁波两个机场，到达新区只需45分钟。这里有着丰富的淡水资源：年降雨量1500毫米，纵贯全境的曹娥江年径流量达24.4亿立方米，2.5亿立方米的小舜江水库水质达到国家规定的优质饮用水标准。

上苍对虞北分外偏爱，机遇对新区特别钟情。“两桥一闸”的建设将使这块土地区位优势更加凸现：总投资118亿元的杭州湾跨海大桥已经奠基，新区距慈溪桥址不到半小时车程；总投资60多亿元的钱塘江绍兴跨江大桥方案敲定，北起沪杭高速公路与乍嘉苏高速公路嘉兴枢纽，南至新区内的杭甬高速公路和上三线高速公路交叉处的上虞沽渚枢纽，绍兴跨江大桥作为其重要组成部分，全长13598米，按六车道高速公路设计，计划2004年开工，2008年建成。同期建设的曹娥江口门大闸，总投资13亿元，将使滔滔娥江变为一条内河。

虞北，正成为浙江走向上海、苏南的桥头堡；新区，将矗立起碧波荡漾的生态城。不远的将来，这里还是南下福建等南方省市，北上江苏等北方省市的物流中心。

规划接轨未来

杭州湾上虞新区，不仅是上虞起飞的跑道，也是绍兴、浙江乃至长三角发展的一个平台。

杭州湾上虞新区已投入资金1000多万元，委托国内外多家知名规划设计单位着手新区系列规划的编制，力求提高规划的品位和档次，同时把杭州湾上虞新区介绍给世界，吸引国内外知名企业落户上虞，使杭州湾上虞新区不仅仅成为先进制造业基地，而且是高新技术产业园区。

按照“总体规划、分步实施”的开发思路，杭州湾上虞新区将分东、中、西三大产业区块。东区依托现有的杭州湾精细化工园区，规划建设80平方公里的国内一流、国际知名的精细化工城和绍兴重要港区；中区依托“中国伞城”，规划建设60平方公里、以伞业为主的高档次外向型轻工制造基地和杭州湾物流中心；西区依托绍兴、萧山等地的纺织业，建设规划面积60平方公里的集纺织、染整一条龙的大纺织基地。

三个区块建设，是新区在现有产业基础上的必然选择。东区的杭州湾精细化工园区，是浙江省“十五”期间重点培育发展的沿海三大省级化工园区之一，已投入污染处理、水电、道路、绿化等基础设施资金12亿元左右，开发18平方公里，共引进国内外的投资项目112个，引进资金77亿元，今年1～6月份实现销售收入23亿元。中区有已被国家轻工业总会命名为“中国伞城”的崧厦镇，截止2002年底，全镇共有各类制伞企业1050家、个体户3500多户、伞业特色村30个，去年共生产各类成品伞约2.5亿把，约占全国伞生产量的25%。定位为大纺织基地的西区，其西面是中国纺织之乡绍兴和萧山，绍兴市有规模以上纺织企业1000多家，去年销售收入730多亿元，占全省总量的1/3。西区将在萧绍纺织产业的基础上扩充提升、错位发展。

探访化工城，走马崧厦镇，驱车纺织园，杭州湾上虞新区投资项目一路飙升：总投资18亿的浙江新和成科技园项目，一期工程正热火朝天地展开；浙江龙胜集团计划投资15亿元，投资4亿元的一期工程已经完成；昶和纤维(绍兴)有限公司总投资5286万美元，其中投资886万美元的一期工程今年8月就可竣工投产；由外资投建的浙江艾尔威伞城发展有限公司，一期将投资600万美元建一个总占地面积350亩的伞业商贸城。非典挡不住建设的步伐，2003年1～6月份，化工园区已引进项目12个，引进资金23.4亿元。

实现“九通一平”

杭州湾新区，一片激情燃烧的土地；管委会人员，一段难以忘怀的流金岁月。

杭州湾新区管委会，从主任到普通工作人员，都有一种创造历史的使命感，开天辟地的神圣感，时不我待的紧迫感，全身心地投入到这场波澜壮阔的新区建设之中。杭州湾上虞新区，在上虞市委、市政府的直接领导下，在近80万上虞人民关注的目光中，正发生着亘古未有的巨大变化。

走进新区，热热的海风吹动着阵阵建设热浪。投资2.6亿元的热电工程将为新区送去不竭的动能，新围5.5万亩海涂将使汹涌的海潮退避三舍；一个5000吨级至10000吨级的挖入式海港，正在紧锣密鼓的规划之中。

投资18亿元的道路、绿化、排污、水电等基础设施配套工程，今年6月正式启动：总投资8亿元的交通骨架工程全面动工，横贯新区、连接绍兴与余姚的世纪大道，纵贯新区、接通上虞城区的中心大道，双向8车道，路宽100米，给人一种大道如天的爽朗。新区绿化面积将达到40%，绿化总投资在3亿元以上。

新区现在重点对精细化工园区“纵”、“横”勾勒，着绿添彩。横向：双向6车道的纬11路南侧是一片60米宽的防护林，北边又是一条20米宽的防护林，路中是一条16米宽的绿化带；40米宽的中心河南北两侧是各宽30米的景观带，河南40米宽的纬7路又有一条20米宽的防护林，路、河、绿带总宽度达160米。现在两种已完成总工程量的20%，计划于今年11月份全面竣工。纵向：路宽116米的东经7路，北连未来港口，南接世纪大道；对外联系的次干道、连接城区生态大道的经13路，两路已完成工程量的30%。三炉两机的热电厂，现已完成场地施工，计划明年8月竣工；投资1000多万元的固体废物焚烧装置将于年内完工；投资4400万元的110千伏变电所已经动工，明年3月竣工；投资2亿元的第三水厂管线正在设计之中。

据上虞新区负责人介绍，新区将累计投入近400亿元，以建立完善的“九通一平”基础配套体系。重点建设“三横七纵”道路和一条铁路专用线，其中连接温州、台州一条，连接宁波、绍兴三条，连接上虞市区五条。随着新围海涂工程的进行，原有3000吨级杂货码头将变成内河码头，新建的出海港口将形成一个杂货、煤炭、化工液体、集装箱货柜等系列码头。随着娥江口门大闸的建设，新区内河体系将全面打通，大大方便企业的取水和货物运输。

营造服务高地

在杭州湾上虞新区采访，听到最多的一句话是：“服务就是生产力。”

这里，服务是一种制度，一种规范。

在杭州湾上虞新区，我们看到外商手中有一本“绿卡”——“上虞市外商投资一卡通”，上面标有卡号、持卡人姓名和在虞工作单位；一本配套的上虞外商投资“一卡通”服务手册，包括上虞简介、服务承诺、主管部门、联系电话等多项内容。这种“一卡通”给外商在项目审批、证件办理、个人就医、子女就学等方面以绿色通道。上虞定期将多个职能部门集中到一块，对外商投资项目进行联审联批。今年5月份浙江美生环保、上虞丽升、普尔树脂化工等13个外资项目，以最少的环节、最高的效率和最短的时间，办妥了所有审批手续，一周内领到了工商执照，大大缩短了项目引进到正式投产的时间。上虞市最近又设立起外商投资企业服务中心，进一步改进服务方式，提高服务效率，切实为外商投资提供“一站式”全程服务。

新区服务，更是一种心与心的交流。

在上虞新区招商局副局长骆军的案头，一张“化工园区外地企业情况表”吸引了我们的目光，情况表上有企业名称、联系人、联系电话、进展情况及需解决的问题等。骆军介绍说，因为外资企业在上虞人生地不熟，我们就一周打一次电话、一月发一张表格，你不找我我找你，遇到问题报告主任，主任批给某个部门就立即着手解决问题。浙江正裕化工有限公司、上虞洁华化工有限公司等企业，反映房产证办理滞后影响企业融资。管委会迅速与有关部门协调，一周之内为24家企业办成房产证，解决了企业贷款难题，又缩短了项目建设周期。

一段时间里，一些小企业反映贷款难，管委会牵线搭桥，召集银行与企业座谈，银企从“恋爱”到“结婚”，产出一个个金娃娃。金科化工有限公司一个高科技项目遇到资金难题，招商员与企业数次跑到杭州市的深圳发展银行，终获3000万元贷款，项目上马后被评为国家高新技术产业化示范工程。

一家企业的总经理发生车祸，新区招商局立即派人到医院24小时陪护，直到病人康复出院。金腾化工有限公司总经理看中了一块土地，但土地规划还没有调整。新区管委会立即向上级国土管理部门汇报，终于把这块土地调整为建设用地，并为这家企业及时办理了土地审批手续，企业现已正常投产。企业的总经理，送上一面锦旗，上书“服务企业精诚奉献”八个大字。

来新区落户的一些浙江企业认为，上虞新区最大的服务是为企业提供了一个可持续发展的平台。这些企业以前散见于全省各地，治污成本高，信息不对称，资源难共享，外商不敢来合资。现在产业集聚，不仅有环境优势、成本优势，还有信息优势、技术优势和品牌优势。产业集聚，便于上下衔接、原材料互补、基础设施共享。国邦公司排出的废甲醇，三和公司拿走后处理成甲醇钠，又成为国邦公司所需的原料；三和公司排出的氯化硫，被卧龙化工所利用，生产出氯化亚砜，又卖给三和公司，而这一切，企业之间用管道循环来完成，减少了环境污染，又大大降低了成本。

我们现在对上虞杭州湾新区远景开发效益作一番描绘：

——经济综合实力大大增强。年度工业产值将达2300亿元，年度工业性税收100亿元。同时，上虞杭州湾新区的开发建设将进一步扩大市场需求，累计固定资产投入达1300亿元，对上虞周边县市乃至全省相关产业的拉动作用十分巨大。

——城市化发展得到强大支撑。上虞杭州湾新区可集聚100万就业人口，人口、产业的高度集聚将带动商贸、餐饮、运输、文教、医疗等一系列服务业的高速发展，为上虞市发展城市化提供了强大支撑，使上虞市加速向一个中型规模的工业化城市迈进。

——对外开放水平进一步提高。

上虞杭州湾新区的开发建设将吸引大批国内外投资者，经济的外向度进一步提高，对外贸易加速增长，年度外贸出口将超过100亿美元，促进上虞更深层次地向国际市场融合，成为一个国际化的先进制造业基地。

一座桥带来了一片土地的增值，一座桥造就了一个新兴城市的崛起，一座桥带给了上虞市无限商机。真是：满眼风光看虞北，彩虹飞处起惊涛。如果长三角各县市是一个璀璨的星群，那么上虞正在成为越来越耀眼的一颗星。

（江南、梁孟伟）

经营城市贵在诚信，人无诚不信，无信人则不立。“诚信”对一个人是这样，对一座城市而言，又何尝不如此？我们信手拈来三个城市的经营故事，虽为沧海一粟，但其中折射出来的道理，很耐人寻味。请各位读者有空读一读。成功虽各有不同，但原因大都相似；失败者虽各有异，但失信、无诚，往往是原因之一。请看：

1987年8月8日，杭州市武林广场一把大火烧了几千双温州皮鞋。温州人记得这个耻辱的日子。为了不忘过去，从2003年起，8月8日被定为温州市的“诚信日”。温州市委书记李强说：

45. 温州　诚信是重要的战略资源

如今“温州制造”开始成为一个响当当的区域品牌

记者来到温州市委书记李强的办公室。他与记者说起往事：1987年杭州武林广场火烧温州皮鞋，1990年国家有关部委联合到柳市打击假冒伪劣电器。那个时候，温州几乎成了“假冒伪劣”的代名词，全国不少城市商场拒绝温州产品入场，温州不少产品不敢打上“温州制造”的牌子。那段惨痛的教训，对温州人来说，是刻骨铭心的。

在温州市场经济发展的初始阶段，由于信用缺失，全市经济受到市场和名誉的双重打击。我们在痛定思痛之后，开展二次创业，进行现代化新温州建设，实行质量立市，推进名牌兴业，重建区域信用。通过多年的努力，全市崛起了一大批注重质量、注重品牌、注重信用的企业，形成了一大批信誉好、市场占有率高的产品，先后有7个商标获得中国驰名商标称号，占了全省的1/4。全市1000多家企业通过ISO 9000质量体系认证，占了全省1/4强。这几年还建成了“中国鞋都”、“中国电器之都”、“中国制笔之都”、“中国锁都”、“中国印刷城”、“中国金属外壳打火机生产基地”、“中国剃须刀生产基地”等19个“国”字号生产基地。“温州制造”开始成为一个响当当的区域品牌。

技术、人才、资金可以引进，惟独信用不能引进

李强说，建设“信用温州”，是因为信用是支撑温州持续发展的重要战略资源。改革开放以后，我们依靠党的政策，凭借灵活的机制和温州人的精神，使温州经济迅速崛起。在相当长的一段时间里，温州经济保持了20%、30%甚至更高的增长速度，近几年还在以12%以上的速度运行。这种发展态势能否长期保持下去？这是值得我们认真思考的重大的全局性问题。

在新世纪新阶段，我们的发展要有新进展，我们的改革要有新突破，我们的开放要有新局面，技术、人才、资金等经济要素固然重要，但制度文明方面的因素更加不容忽视，信用作为制度文明的核心尤为关键。技术可以跨越，制度很难跨越。技术、人才、资金可以引进，惟独信用不能引进。可以说，信用是一个企业、一个地方乃至一个民族的精神财富和价值资源。信用是我们目前最稀缺的资源，也是今后最重要、最宝贵的战略资源。信用这个资源，具有持久的影响力，“信用温州”建设，事关温州的未来。

信用是经济全球化条件下所有经济活动必备的“通行证”。没有信用这张“通行证”，“走出去”寸步难行，“引进来”更不可能。信用缺失的地方，国际资本不会来，高层次人才不会来，先进技术不会来；信用缺失的地方，就不可能有真正的竞争力，其对外贸易和对外经济技术合作也不可能长期健康稳定发展。我们温州这几年外贸出口之所以保持了比较高的增长速度，一个重要的原因就是我市不少企业在国际市场竞争中，以质取胜，以品牌取胜，以信用取胜。

信用失范不仅是经济问题

李强说，信用是创建文明城市、建设现代化新温州的题中之义。信用是商业文明的核心，商业文

明是城市文明的重要组成部分。一个社会信用失范，不仅是经济问题，还会严重扰乱社会的道德观念和价值取向，损害社会主义文明建设。信用建设，事关物质文明建设和精神文明建设全局，事关经济和社会的健康发展。归根结底，我们创造文明所追求的就是形成和谐的人与人之间的关系、和谐的人与自然之间的关系、和谐的人与社会之间的关系。

目前，建设“信用温州”的工作正在稳步推进。温州市工商局出台措施，给企业设立了“红榜”和“黑名单”。目前，全市有155家信用企业名列“红榜”，享受免年检政策。同时，将违法性质严重、危害性大的失信企业纳入“黑名单”。这些资料都展示在温州红盾网上，为社会提供公开查询。此外，国家鞋类检测中心等一批检测机构也已先后落户温州。

（袁亚平）

广东省汕头市是我国最早设立的四个经济特区之一，但前几年一些企业的失信行为严重影响了汕头的形象。近两年，汕头市卧薪尝胆，从 2001 年 GDP 的负增长，到今年前三季度全市 GDP 增长 8.4%，“信用汕头”建设已初见成效。汕头市委书记李统书说——

46. 汕头　让诚信春风吹遍每个角落

今年 9 月份，台湾一家经济机构出版的 2003 年《中国大陆投资环境与风险调查白皮书》，把汕头列为“值得推荐”去投资的城市之一。而在 2001 年，在相同的白皮书中，汕头得到的评价是“不拟推荐”。此外，国家开发银行最近也给汕头信用评级为 AA 级。谈到这两个对汕头信用的“评级”，汕头市委书记李统书深有感触地对记者说：“成也诚信，败也诚信。汕头的经历有力地说明了这一点。”

诚信建设是发展生产力的必然要求，是发展先进文化的应有之义，也是保障人民群众根本利益的牢靠基础

李统书说，搞好诚信建设是实践“三个代表”重要思想的具体措施和实际行动。不抓诚信建设，实践“三个代表”重要思想就将成为一句空话。

首先，诚信建设是发展生产力的必然要求。汕头开展信用建设以来，致力于改善投资软环境，妥善处理经济遗留问题，逐步形成了良好的市场信用环境和发展环境，其结果是生产力获得了最大限度的解放和发展。

其次，诚信建设是发展先进文化的应有之义。诚实守信，遵纪守法，激浊扬清，这本身就是一种先进文化。一些企业和个人投机取巧、急功近利、走歪门邪道，要有效解决这些问题，必须加强诚信建设。

诚信建设也是保障人民群众根本利益的牢靠基础。我们坚持把开展诚信建设与切实为群众办一批好事实事结合起来，较好地解决了群众反映强烈的问题，做到取信于民。

良好的信用环境使投资者恢复了信心，并且有效地解决了民营企业贷款难、融资难的问题

李统书说，汕头曾经备受信用缺失的切肤之痛。症结出在信用上，就应该首先解决好信用的问题。2001 年以来，我们坚持把“重建信用、重塑形象”作为生命工程来抓。近两年来，重点抓好 6 方面的工作：

一是抓好案件查处，整顿规范市场经济秩序和社会秩序。市委、市政府紧密配合中央先后派驻汕头的两个工作组，严厉查处了一批骗取出口退税、走私贩私、制假售假等违法犯罪案件，惩治了一批经济罪犯。

二是加强诚信教育，营造浓烈社会氛围。制订了《汕头市市民信用公约》，激发全市广大干部群众参与信用建设的积极性。

三是加强社会信用立法和制度建设，规范信用管理工作。先后出台了 10 个政府规章和规范性文件，初步建立起一套信用管理法规和制度，使信用建设有章可循。

四是建立企业信用信息数据库，于 2002 年 4 月初率先开通了全国首家由地方政府主办的信用信息网——汕头信用网，披露企业资信情况。目前上网企业和中介机构逾 10 万家。

五是全面建设信用村，目前“信用村”试点已扩大到 16 个镇，创建信用村 25 个。

六是强化政府自身信用建设。切实转变政府职能，以政府自身的信用建设，推动社会各个层面的信用建设。

汕头狠抓信用建设，营造了良好的环境，促进了经济发展。今年前 3 季度，全市 GDP 增长 8.4%，而 2001 年，汕头市的 GDP 却是负增长 1.9%。良好的信用环境使投资者恢复了信心，前来投资创业的客商日渐增多。开展信用建设有效地解决了民营企业贷款难、融资难的问题，不久前，国家开发银行给予汕头授信额度 80 亿元。

诚信建设是一个长期、复杂、渐进的过程，汕头在社会诚信建设方面将力求实现6方面的新突破

李统书认为，诚信建设不是一朝一夕的事，而要贯穿到各个领域各项工作各个层面。他说，汕头市将力争用3年时间率先在广东乃至全国建成比较完善的社会信用体系。

为此，在社会信用建设上将力求实现6方面的新突破，即：继续开展诚信宣传推介活动，力求从社会信用文化建设上取得新突破；加快转变政府职能，力求从政府信用建设上取得新突破；积极推进信用市场化运作，力求从社会信用服务体系建设上取得新突破；继续做好企业信用信息资源整合，力求从汕头信用网的质量上取得新突破；建立健全信用监管机制，力求从信用法规建设上取得新突破；巩固“信用村”建设，力求从质量上取得新突破。

（侯伟生）

曾经因为“假药案”而闻名全国的福建省晋江市，接受教训后的政府和晋江市企业，诚信已被视作生命一样珍贵。晋江市委书记龚清概说——

47. 晋江　把诚信融入新世纪的城市精神

因为诚信问题摔过跤的晋江市，对诚信有着格外深刻的理解。市委书记龚清概告诉记者，早在1992年，晋江撤县设市时，提出建设“诚信、谦恭、团结、拼搏”的晋江精神，就正式把“诚信”列为“晋江精神”的重要组成部分。

晋江把对诚信的认识上升为一种文化

晋江曾经因为“假药案”闻名全国，可以说在诚信问题上有过惨痛教训。如今过去20多年了，晋江市在诚信建设上作了哪些努力?

龚清概说，对于诚信的认识不能只局限于行为，更应将它上升为一种文化。晋江市在改革开放的20多年进程中，曾在诚信问题上摔过跤。也正因如此，从那时起，历届晋江市委、市政府和晋江的企业家们都把诚信问题视作自己的生命一样看待。

10多年来，在产品质量方面，晋江企业取得长足进步与发展。2002年全市产品质量监督抽查合格率达到86.5%。全市企业共获质量体系认证证书314张、产品质量认证证书89张、环境管理体系认证证书7张、职业安全健康管理体系认证证书2张、5家企业获得原产地标记注册，2家企业通过了HACCP食品安全体系认证。全市还创造出40项省名牌产品、51个省著名商标和4个中国驰名商标及5项中国名牌产品。另外全市还评选出4家国家级、19家省级“重合同、守信用”单位。

诚信在新时代城市精神中有着新的内涵

龚清概说，去年晋江建市10周年时，我们又提出要发展创新“晋江精神”，不断赋予其新内涵。其中我们理解新时代的“诚信”，应该建立在现代市场经济、现代公共管理、现代新型人际关系基础上，融合道德和法律精神。诚信不应仅仅是企业的事，更是政府乃至全社会所应共同承担的责任。

去年，晋江市委、市政府组织一些政协委员进行“如何建设信用晋江”的专题调研。这份调研分为建立企业信用体系、加强中介机构建设、建设“信用政府”、加强晋江信用环境建设等4部分。我们目前基本目标是：以“信用政府”建设为着力点，以经济领域的信用为突破口，以企业信用体系建设为切入点，用3年左右时间，建立以信用管理机构为保证，以信用监督机制为手段，以信用信息网络为载体，以信用中介体系为支撑，以信用法规制度为基础的良好的信用环境。再用几年时间，基本形成与国际接轨的完善的信用体系、信用管理制度和手段。

把信用等级作为考核党政干部政绩的指标之一

龚清概介绍说，在政府信用方面，晋江作为全国创建公共行政体制改革5个试点城市之一，成立了市机关效能投诉中心和市行政审批服务中心。首批183项非选择性的审批事项已全部从各原单位中剥离出来，统一进入中心。同时还将公安局出入境办证大厅，国税、地税服务大厅作为延伸的分中心，由市服务中心统一协调管理。到今年9月30日，中心已运作197个工作日，收到事项34万多件，办结33.8万多件，平均每天办结1718件，当场办结率76.51%，规定时限办结率为100%。另外，晋江市还在政府机构内导入诚信评定机制。把诚信评定机制与行政机制有机结合起来，把一个地区、部门、单位的认用等级作为考核党政干部政绩的指标之一，作为衡量一个地区经济发展环境好坏的重要标准。

在社会诚信方面，晋江市制定了“诚信晋江工程”的工作方案。在全社会开展宣传教育活动，从家庭、学校、单位三个环节入手，分层次展开，让诚信逐步转化为广大公民的自觉行为。

在企业诚信方面，完善质量立市的激励机制。今年5月，市政府明文规定对获得中国名牌产品和中国驰名商标的企业给予一次性奖励100万元，省级名牌5万元；获得国家出口免检产品或免检企业给予一次性奖励30万元、20万元；对获得重要国际认证和环境标志产品认证企业分别奖励3万或1万元。

在这些措施的影响下，晋江市传统产业正不断壮大，已成为全国最大的旅游鞋生产基地、世界运动鞋重要生产基地。

（蔡小伟、赵　鹏）

2003 年举行的中共北京市第九次代表大会上，市领导提出经营城市的概念，所谓“经营城市”是市场经济条件下的产物。长期以来，城市建设由政府包揽包办，计划管理，形成许多弊端。随着社会主义市场经济体制的日益完善，经营城市的理念正为人们所接受。所谓经营城市，就是把城市中的可经营资源如城市土地、城市基础设施、城市生态环境、文物古迹和旅游资源等有形资产，以及依附于其上的名称、形象、知名度和城市特色文化等无形的资产，通过对其使用权、经营权、冠名权等相关权益的市场运作，最大限度地盘活存量、引进增量，广泛利用社会资金进行城市建设，以实现城市资源配置的最优化和效益的最大化，实现城市的自我滚动、自我积累、自我增值的新的城市建设和管理模式。著名策划人王志纲对经营城市历来有自己独特精辟的见解，他对城市如何经营提出的一些见解，无论对城市的决策者，还是对一些运营商来说，都值得一读。请看：

48. 经营城市离不开城市运营商

今天的中国，当市场经济已经较好地完成了个人以及企业的自主经营——即转型之后，经营城市又成了摆在每一个城市管理者面前共同的话题。对地方首脑来说，就好像昨天在长江里行船，突然一夜之间驶出长江口来到了太平洋上，几乎所有的船长都不免有一种昏眩的感觉。我是谁？我从哪里来？我今天在哪里？明天到哪里去？自己的航船有什么核心竞争力？在区域经济中到底应该扮演什么角色？怎样才能扬长避短，脱颖而出？城市与区域的自主经营摆在案头，所有这些问题都可以归结为城市经营的内容，也意味着中国的城市化进程进入了一个新的阶段。

在中国，最早提出城市经营的概念并付诸实践的应该是大连，可以归结为两句话，首先是政府把所谓的城市土地权进行市场转换；其次是用这些钱来强化城市形象、规划的同时进行包装推广。但今天的城市经营显然要更复杂，更多元，更市场化。从某种意义上，城市经营与企业经营有着天然的相似性，既然城市是资产，那么它同样也要追求增值，也要强调走差异化经营的道路，也要有自己的发展战略、经营思路、整合平台和操作手段。

根据这些年我们的探索与实践，我认为，城市经营主要有以下几方面的内容。

首先是城市定位，也就是要充分挖掘城市的各种资源，按照惟一性、排他性和权威性的原则，找到城市的个性、灵魂与理念。道理很简单，没有个性就很难差异化竞争，没有灵魂就没有内涵，没有理念就很难做到可持续发展。比如我们曾经给贵阳的城市定位是“森林之城，休闲胜地”，就是这方面很好的例子。

城市定位之后，就是所谓的城市发展战略。在这个过程中，首先要解决观念和思维方式的转变，即由静态的思维方式转变为动态的思维方式，由线性的思维方式转变为复合的思维方式，由封闭的思维方式转变为发散的思维方式。只有科学的思维方式，才能得出正确的方针与策略。比如我们参与策划的 1999 年云南昆明世博会，就是通过会展经济实施区域与城市发展战略，使云南省利用世博会这个超级杠杆完成由烟草大省、有色金属大省向旅游大省、绿色植物大省的转型，拉动区域经济的快速发展。

在城市定位和发展战略搞清楚之后，是城市的布局与规划。在实际当中，有些地方政府常常注重城市规划，而忽略了城市策划的前期工作，其城市规划也注定是机械的、静态的。城市规划与布局必须在城市理念与发展战略的统领下进行，必须有区域的眼光，正如专家所说，真正的城市规划肯定是区域规划。

城市定位、发展战略、规划与布局之后，城市形象的包装与推广也是很重要的方面。没有具体的包装与推广，城市就无法识别，无法识别也就很难谈得上城市营销。但需要说明的是，城市形象的包装不是简单的 CI，必须有足够的内涵支撑，必须有产业链去支撑。

然而，城市还需要实际的开发、运营和管理。在目前的中国，一场新造城运动席卷大江南北，伴之而生的“城市运营商”正悄悄浮出水面。所谓城市运营商，不同于一般的房地产开发商，顾名思义，是指运营城市或区域的发展商。他们所从事的经营活动已经从常规地产向城市层面延伸，从大盘开发向区域经济延伸。

为什么会产生城市运营商呢？这是城市化、市场化的结果。事实证明，政府主导的区域开发模式(如开发区)已走到尽头，政府经营城市必借助企业与市场的力量，而房地产开发商，特别是实力雄厚的优秀开发商，最具备配合市长开发、经营城市的综合素质与能力；其次，随着房地产开发商实力与规模的迅速成长，房地产竞争进入大盘时代，一些地区已出现房地产企业行为主导的“新造城运动”，这与政府所倡导的城市经营殊途同归。

城市运营商是政府与市场之间必不可少的中间环节。城市运营商要承市长之上，启发展商之下，对所在的区域统一规划与布局，整合各种发展商来投资、经营，用全新的商业模式去打造一个新的区域和城市，这在以前是想都不敢想的。但在珠江三角洲、长江三角洲、大北京地区，甚至是西部地区，这样的城市运营商已初具雏形，而我们亦在这些区域介入有关的实践。

我们有理由相信，在未来的中国城市化进程与城市经营中，城市运营商将会担当越来越重要的角色。而这一角色，将是中国优秀房地产发展商角逐未来的最佳高地。

经营城市理念使不可能成为了可能。浙江杭州宋城集团老总黄巧灵可以说是运用经营城市理念最为成功的民营企业家之一，在这一理念指导下，他屡出奇招，虽不能说招招致胜，但胜多败少是不争事实。最近他身现六朝古都金陵城，再作“景观房产”嫁接术。请看：

49.“宋城”斥资30亿于南京再造“明城”

南京造“明城”?

6月19日，2003中国南京重大项目投资洽谈会一口气推出13个景点景区招商，海内外旅游业者及各路资本趋之若鹜——Sportsmediagroup(英国媒体集团)签订兴建雨花台主题公园意向性协议，项目总投资超过5亿美金；某台资企业也对龙江宝船遗址公园流露出浓厚兴趣，该公园规划用地约18公顷，总投资额将达2.3亿元。

杭州宋城集团老板黄巧灵也不甘落后，派出多员大将赴会，希望获得其心仪已久的金陵大报恩寺重建项目。金陵大报恩寺琉璃宝塔系明成祖朱棣所建，高达80余米，曾被称为“天下第一塔”，1856年毁于战火。拟重建的该景区规划占地9.4公顷，预计总投资4.4亿元，投资者享有20年经营权。据了解，宋城正与南京方面密切接触，并将于近日草签协议。

不过，这也许是黄巧灵在南京打造其庞大“明城”计划的一小步。

其实早在洽谈会前，低调的黄就与南京江宁区正式签约开发“南京旅游新城”，计划打造一个全新的历史文化主题公园“明城”。这座新城总面积约10平方公里，投资额约为30亿元，将新建明城、世界风情园、地中海度假区、南京乐园、威尼斯水城、黑森林高尔夫公园等一系列景点。

看起来，黄巧灵要在南京复制他的成名作杭州“宋城”了。

不过，许多南京人并不十分看好明城项目。尽管南京曾是明朝都城(后迁至北京)，但南京市风华旅行社的张先生认为，南京人以六朝文化为自豪，再加上以前“西游记城”等主题公园落败的前车之鉴，明城能否有市场值得怀疑。

南京青旅一位人士在接受记者电话采访时说，杭州宋城的成功具有不可复制的特定市场环境，20世纪90年代早期国内旅游市场刚刚起步，消费需求较为单一，如今旅游市场发育比较成熟，旅游产品日益多元化。尽管因为南京曾经做过明朝的都城，但黄巧灵不一定做得好。

接受记者采访时，黄巧灵表示，旅游新城不会是杭州宋城的翻版，明城只是其中的一个小项目，它并非传统意义上功能单一、相对封闭的景区。旅游新城与迪斯尼、日本“豪斯登堡”和美国环球影城“CityWalk”相似，将集游乐、休闲、度假、会展、居住等功能于一体，形成国内首个综合性旅游休闲社区。而多功能和旅居结合是最大卖点，众多风格各异的小镇与各种生活配套设施，既是景点又是地产社区，可容纳数万人生活起居或度假休闲。

“旅游的概念变模糊了，取而代之的是一种休闲的生活模式，”黄对记者说，“休闲是一种文化”。

在2002年度福布斯中国首富排行榜上，黄位居第42名，个人财富15亿元。他的公司号称中国最大民营旅游集团，以主题公园及旅游房产等模式而扬名业界。

嫁 接 有 术

记者注意到，明城项目推出的旅游休闲与景观房产的嫁接模式，与黄巧灵以往操作手法如出一辙。

“主题公园与景观房产配套就是创新。”黄告诉记者，其项目位置大多较为偏僻，各种配套相对滞后，投入非常大，如果单纯做主题公园这种特大型旅游项目，而高额门票势必导致大量游客被拒之门外。景观房产有利于降低单纯对门票收入的依赖，分散投资风险。

1996年宋城开业以来，黄在国内率先提出“景观房产”概念，在景区建造公寓别墅，以分时度假形式售出或租赁。其中，投资近4亿元的杭州乐园占地5000亩，参照日本“豪斯登堡”，营造大片绿地湖泊，设置高尔夫球场及独立社区型房产，通过自我造势，100多套景区住宅在短时间内被抢购一空。据介绍，目前宋城集团在华东地区和浙江省等的30多万亩项目中，多是采取这样的开发模式。

事实上，在一些地方政府的支持下，黄巧灵的嫁接模式正在被更大规模地复制。

据消息人士向记者透露，由宋城承揽的2006年杭州世界休闲博览园目前正在紧张施工，该园区占地2000亩，总投资36亿元，因紧邻杭州乐园而被当作其二期工程，包括一个可容纳2.5万人的演艺广场和一个大型绿化广场，以及宾馆、影院、公交车站等，构成社区“城市中心”。

世界休闲博览会素有世界旅游休闲“奥运会”之称，是全球范围旅游景区、度假区、主题公园、旅游设备和休闲商品交易的国际博览会，每两年举办一届。2001年杭州市获得该博览会申办权时，宋城集团作为“独家”承办方接受了由市财政划拨的160万美元前期费用。据悉，杭州市政府将为此项目配套100多亿。

该集团有关负责人表示：“本来这(博览园)都是要政府投资，但政府不给一分钱，只给政策，给非常便宜的土地。这里的地价也是我们带动起来的，当初是5000块钱一亩，现在变成100多万一亩了。宋城先买冷僻生地，通过一个项目把地带旺，生地变熟地，再变热地，有利于加快城市化进程。”

有人对此提出质疑，认为宋城实际上在变相运作房地产项目。黄巧灵指出一般房地产容积率为80%，别墅为40%，而杭州乐园房产容积率低于8%，仍以旅游景点为主，这种配套符合相关政策法规。

“我现在的重点是大型休闲社区，而不是纯粹的房地产。”黄说，“休闲经济是21世纪旅游行业的发动机，无论利润率还是行业外延和前景预期都比传统行业乐观，综合成本也会比传统模式低。而从根本上说，它更符合社会发展的方向，是政府所鼓励和支持的。”

中国社科院宏观经济研究室主任袁钢明认为，到现在为止，旅游业基本上是国有的，大的竞争权是由国家控制的，特别是一些独占的景点，有关其放开的深度和难度的复杂性远远要超过制造业，引入民营资本可以给旅游业的振兴带来机会。

(费常泰)

提起经营城市，不少人总以为这是政府的事，是市长的事。但随着经营城市的深入开展，人们越来越意识到，经营城市的主体恰恰是企业。从长远来看，政府、市长的位置会越来越快地降为其次，直至作为一个为经营城市服务和保障的角色。记得，我们在提出这个问题时，浙江省宋城集团董事长黄巧灵就曾不无感慨地说，终于有人注意到我们企业家在经营城市中的地位和作用了。与黄巧灵同处一个城市的广厦集团公司则义无反顾地用行动表明：经营城市的主体应该是企业！请看：

50. 企业经营城市

——广厦房地产公司一马当先

从建房到“经营城市”，这是广厦集团经营理念的又一次升级。正是在这种经营理念的指导下，广厦集团从单一的工程施工企业向房地产开发、环境与基础设施建设、物业管理和经营“后房产”、“泛房产”时代延伸，真正实现了“广厦房产”从项目经营向品牌经营的跨越，从而在全国房地产界脱颖而出。

2001年9月8日，广厦“天都城”在杭州首次亮相，引得众多市民为求得一个购房号而连夜排队。异常火爆的场面，不仅引起了杭城楼市和购房者的震动，而且从此在国内引入了一个全新的房地产概念——“21世纪中国的现代化样板卫星城”，并由此掀开了广厦“造城运动”的序幕，这是广厦房地产将“企业经营城市”理念付诸于实践的一次崭新的尝试。

应势而生的“天都城”

“天都城”是杭州市区的一个卫星城，整个项目占地6579亩，距离杭州市中心12公里，建成后可以容纳9.8万人居住，拥有1.8万个就业岗位，是一个集旅游、度假、休闲和居住于一体的规模型、功能型、生态型的“城中城”，而且融入了现代社区的理念，把教育、旅游、餐饮、购物等系列化服务功能进行了合理配置和专业化经营。

这种依托大都市，又有独立功能设计、配套齐全的“小城”，既能缓解都市中心区的人口压力，又能满足部分居民想远离城市喧嚣、回归自然的择居需求，同时还有价位低的优势，适应了城市化进程中人口逐步向城镇集聚的发展趋势，得到了政府和居民的一致回应。广厦集团正是抓住这一机遇，从单纯的房地产开发转向城市开发，在参与城市建设和经营中发挥自身优势，增强竞争力。

目前，杭州市区楼价平均始终停留在4500～5000元/平方米，楼价居高不下而且还有上涨的趋势，对许多老百姓而言，能住上一处有好环境、有品位的房是一个难以实现的梦想。而“天都城”是杭州市区罕见的平均单价低于2500元/平方米的大型楼盘，它的出现无疑圆了老百姓心中的住房梦！

由点及面的延伸

广厦集团本着“造城运动”的新理念，借鉴“天都城”规划、定位、开发的成功经验，以“泛地产”各个项目作为城市建设的品牌重塑，采提升城市的品位和档次。

现在，广厦集团已经把这种“造城”理念延伸到全国。在义乌，广厦掀起了义乌城建的“二次革命”，投资了义乌市江南生态园风景区项目；在重庆，广厦再次塑造“广厦经典”，投资了九龙山生态园区的建设；另外，在上海、南京、西安等大城市，广厦集团也都有这种从建设到经营一体化的“大房产”项目。

江南生态园区：掀起义乌城市的“二次革命”。义乌是浙江中部一个新兴的商贸城市。随着小商品市场的进一步发育和户籍制度改革，城市的人口密度越来越大，一些富裕起来的人们开始追求新的居住环境。广厦集团摸准了这一消费需求，并配合义乌市政府计划建成50万人口的大中型商贸名城的举措，在东阳江南岸规划建设了义乌江南生态园风景区。义乌江南生态园风景区项目规划占地6.2平方公里，是集旅游、居住、科研于一体的现代化生态园区，预计总投资将超过20亿元。

广厦集团参与义乌江南生态园区的开发经营，是广厦“造城运动”的又一次实践活动，它将带动义乌城市建设的“第二次革命”，实现义乌市由“小商品城”向“生态义乌”、“绿色义乌”的过渡。

九龙山生态园区：广厦的又一经典之作。位于重庆市九龙坡东南部的九龙山生态园区项目，占地1050亩，预计总开发量近80万平方米，是广厦“造城运动”中由广厦重庆公司运作的另一部重头戏。该地块地势较高，视野开阔，濒临长江，风景独特，具备成为山水园林社区的基本雏形，自然形成山、水、江、城四大景观的和谐统一，极具投资价值。

为了更好地做好这次重庆的“造城运动”，广厦重庆公司先期投入土地款和前期论证策划费用达2000余万元，并聘请了TUT广州本日公司、英国ATKINS公司、香港戴德梁行和加拿大CPC建筑事务所开展项目前期的市场调研、用地分析和规划设计，为尽快进入该生态园区的实质性开发奠定了坚实的基础，也为广厦集团“造城运动”的再一次成功实践打好了基础。

重庆九龙山生态园区的建设是广厦集团在西部大开发的建设过程中对自身品牌的再次塑造。在西部大开发、重庆大发展的历史机遇面前，广厦选择了重庆，同时重庆也接纳了广厦，广厦近三年的发展也证明了当初的选择是正确的。

“巨无霸”的CLD(中央生活区)

随着城市人口的膨胀和工业的高度发展，交通拥挤、污染严重已经成为许多城市的通病。在远离尘嚣、环境幽静、自然景观得天独厚的郊区定居，成为追求田园生活、崇尚自然人士的理想居家模式。居住郊区化已成为许多国家城市化进程中的必然趋势。在我国城市化的进程中，城市愈来愈重视城市形象和生态建设，以体现人与自然和谐共处，并实现可持续发展的状态。同时，随着市民素质和生活水平的提高，人们对家居的选择也日趋理性，开始将目光投向价格低廉、生态环境良好的郊区。面对城市扩容给主城带来的种种压力，一种面向有效需求、面向不同消费层次需求的卫星城项目渐渐浮出水面，开发集住、学、游、创业为一体的CLD(中央生活区)已渐成房地产开发商的新宠。

目前，中国城市化水平刚刚超过30%，而浙江省的城市化水平已达到48.6%。城市化的背后是人口聚集、商业聚集，城市压力大大增强。而在各个城市中，不同的房地产开发商往往“诸侯割据”，开发的房产规模较小，各小片区域独立建设，相互之间缺乏配合，造成了城市景观的不和谐。

而像“天都城”这样的卫星城，既能缓解都市中心区的人口压力，又能满足部分居民想远离城市喧嚣、寻求清静安宁生活的择居需求，同时还有价位低的优势，因此得到了政府和居民的一致回应。

现在，“天都城”的影响已经扩大到了全国，国家有关部委和许多省市纷纷对“天都城”进行考察和参观。最近，建设部已正式批复同意将余杭区星桥镇列入“建设部小城镇建设试点镇”，“天都城”向“中国示范卫星城”的目标冲刺已迈出了成功的一步。建设部有关领导到现场考察后说：“天都城”的总体规划、项目思路、开发模式等都比较超前，符合当前国家关于推进城市化建设的整体要求，有较好的发展前景；要一步一步脚踏实地去做，把‘天都城’做成经典。”

广厦之路前景广阔

自改革开放以来，中国取得了巨大的成就。然而，我们在城市化进程中也走了不少误区，一方面城市土地价格高，限制多，供应量小，已经变得越来越拥挤，而房价也越来越高，什么时候、用什么方式造出既让普通老百姓能够承受的、又有较高品位的居住环境？这是许多人曾经思考过的问题。

另一方面，在中国经济发展较快的地区，农民开始富裕起来，盖房的需求越来越大。但目前来看，单兵作战缺乏规划，建筑质量、风格、立面参差不齐，再加上没有对居住景观进行统一的整体规划，因此很难为中心城市增添一道靓丽的风景线。如果没有统一的规划开发，任由农民自己盖房，一方面将对环境造成破坏，另一方面不能提升小城镇的整体品位，也无从谈起为子孙后代营造一个充满人性化的居住环境；同时也不利于城镇实现在经济上的可持续发展。

两大有效需求结合起来，便有了卫星城这一新命题成立的基础。

而广厦的“造城运动”则是对这一需求最好的回应。广厦“造城运动”的成功，蕴涵着超前的战略经济眼光，它不仅圆了老百姓的住房梦，而且破解了城市化进程中的一个大难题。

这条路，是城市实现可持续发展的道路。对房地产行业来说，这是一场革命。它已经完全超越了房地产“就房论房”的开发模式，已经上升到了一个“企业经营城市”的高度，说明一个小型城市的经营也可以像经营房地产项目一样来操作。

同时，广厦房产的成功运作也再一次深刻地证明，企业的经济效益和社会效益完全可以达到有机的统一。房产公司在开展项目的同时，也应该把社会的责任感和使命感渗入到企业的经营理念和开发思路中去，为老百姓建造理想的安身之所。

（冠莎文）

经营城市必须最终由企业唱主角。一个城市的土地资源必定是有限的、不可再生的，若以土地为主经营城市早晚有弹尽粮绝之时，而能永葆青春之活力的，只能是发育其上的企业。正所谓一个产品救活一个地区，一个品牌做大做强一个城市。经营城市没有可资依据的支柱产业或品牌产业是很难很难的。莫高窟仅凭其厚重的人文历史，本该就把武威市推到今天历史的前台，然而，偏偏未能，个中因由恐怕一时说不清。然而，“莫高”牌葡萄酒却做到了，这其中不乏人文历史的魅力，但如果不建立一个品牌企业，恐怕莫高窟依然被尘封。请看：

51. 走 进 莫 高

——演绎历史与现代的美酒和弦

2003 年 3 月 18 日，甘肃莫高葡萄酒业与香港致高公司签订出口合同：第一年通过致高公司向国外输出价值 200 万美元的“莫高”葡萄酒，以后每年递增 20%的出口量。这是一次具有象征意义的事件，它表明中国可以酿造出受到世界消费者认可的真正的好葡萄酒。

悠悠岁月：秦时明月汉时关

2140 多年前张骞奉汉武帝之命出使西域。正是这趟永载史册的旅行，“凿通”了中西交通的要道——丝绸之路，促进了东西方文明的交流，也于不经意间开创了中国葡萄酒的酿造历史。张骞不仅从西域带回了葡萄美酒，更带回了葡萄种子和酿酒技术，并且因凉州(今武威)地处交通要塞、农业发达、气候适宜，而使引进的葡萄首先得以安家落户，开创了我国葡萄种植及酿造先例。凉州人种植和酿造葡萄酒的历史远远早于欧洲、美洲与澳洲，经过几千年的生息繁衍，葡萄酒文化早已融合为凉州文化中不能割舍的一部分。

千百年来，王翰《凉州词》“葡萄美酒夜光杯，欲饮琵琶马上催，醉卧沙场君莫笑，古来征战几人回。”引发人们对凉州葡萄美酒的几多神往。史书记载，唐太宗收复西域时，凉州葡萄酒的酿造方法已经全面传入内地，并被誉为大唐国酒，受到皇室专宠。《太真外传》上也有记述：“李白进清平调，太真(杨贵妃)持玻璃匕宝杯，酌西凉所献葡萄酒饮之。”“女皇则天，亦十分喜欢饮凉州葡萄酒。”

凉州葡萄酒至汉唐时盛极一时，作为贡品进贡京师，上层人士均以饮用凉州葡萄酒为时尚。

古凉州，今武威，莫高葡萄酒的产地。

物竞天择：沧海桑田多变幻

1983 年。莫高葡萄基地建设启动，宣告了凉州葡萄酒的新生，是当时国家轻工部在全国第一批重点扶持的十家葡萄酒企业之一。

1985 年，第一瓶莫高干红葡萄酒诞生。

1997 年，基地与酒厂一体化的凉州葡萄酒业有限公司成立。

1998 年，企业一期技改扩建完成干酒生产能力达到一万吨，被甘肃省政府列为再造河西和农业产业化重点建设项目。

1999 年，建成中国大型的脱毒苗木母本园。

2000 年，莫高五万亩葡萄庄园扩建工程完成。

2001 年，被国家八部委(行)确定为农业产业化重点龙头企业。

2002年，公司提出“巩固西部、开发东部、拓展国际市场”的战略方针，当年销售收入同比增长200%。团中央、中央电视台举办“莫高杯”全国青年世纪风采电视大赛。

2003年3月，与香港致高公司签订出口价值200万美元、每年递增20%的葡萄酒出口合同，出口量居行业前茅。

……

沧海桑田、岁月变迁。随着新中国的改革开放，湮没于历史风尘的凉州美酒又风生水起了。中国葡萄酒走向世界的梦想历史性地选择了莫高。

海纳百川：一沙一树一菩提

1987年莫高窟被联合国教科文组织授予世界文化遗产证书。

敦，大也；煌，盛也。公元366元，敦煌三危山下，大泉河谷，一个叫乐尊的和尚在此开凿了第一尊佛像。千年敦煌莫高文化就此以一种古老而壮观的方式记载了下来。千百年来，不同国度的人，不同民族的人，不同宗教的人，相继在这里凿窟建壁。希腊文化，印度文化，中亚文化，西亚文化，以及中国的汉藏文化，在这里交汇了，融合了，统一了；佛教，道教，景教，摩尼教，以及中亚粟特人的袄教，都曾在这里一度兴盛和传播。如今敦煌流传下来的遍地文物遗迹，浩繁的典籍文献，精美的石窟艺术，神秘的奇山异水，一直令人心往神驰。

敦煌是全世界的敦煌；莫高是全人类的莫高。

莫高葡萄酒业自建厂以来以振兴中国民族葡萄酒业为己任，积极学习和引进西方先进的酿酒技术，引进意大利的真空气囊压榨机、发酵罐、自动化罐装机、真空膜过滤机、液相色谱仪等20余套先进设备和仪器，聘请国内知名的葡萄种植与葡萄酒酿造专家郭其昌教授、李华博士等，采用国际OIV标准，使传统工艺与现代科技相结合，研究武威地区的产区气候、土壤特点开发生产出具有西部特色的现代凉州美酒——莫高系列葡萄酒。“莫高”梵意为至高无上，尽善尽美；以“莫高”命名，体现了莫高酒业“追求卓越、奉献精品”的理念和追求，也由此实现了莫高葡萄酒文化与敦煌文化的契合，赋予莫高葡萄酒古老、神秘、永恒的文化魅力。

浑然天成：天生丽质自芬芳

茫茫戈壁，漫漫黄沙，长河落日，大漠孤烟，一片宁静幽远的葡萄园，镶嵌在苍山和大漠之间……

莫高葡萄庄园就坐落在这片如诗如画的风景里。这里是一个纯天然的生态园，20多年没有发生过病虫害，栽种葡萄无需洒农药，肥料以有机肥——羊粪为主。这里远离工业污染，没有工业粉尘，摘下来的葡萄无需清洗即可品尝。莫高葡萄酒也因不含化肥和农药的残留物而被命名为“绿色食品”。

“七分原料三分工艺，好葡萄酒是种出来的”。在葡萄酒行业，“选酒看产地”是不二的法则，莫高葡萄酒之所以受到外商的青睐，便得益于其优越的地理气候条件。

莫高庄园所处的武威地区北邻腾格里沙漠，南依祁连山脉，属典型温带干旱荒漠、半荒漠区，海拔1250～1700米，气候干燥，年降水量在200毫米以下，蒸发强烈，昼夜温差大，日照充足，年日照时数长达2730～3030小时，≥10度有效积温2800～3200度。病虫害极少发生，产品无污染，且与法国著名葡萄酒产区波尔多处于同样的纬度，正是世界种植葡萄的“黄金地带”。

目前，莫高葡萄庄园面积已达5万余亩，形成了“园绕酒厂建，厂在园中开”的庄园式葡萄酒产业模式，经过20多年的栽培与酿造实践，筛选并确定了以比诺系列、赤霞珠、梅鹿辄、品丽珠、蛇龙珠、霞多丽、薏丝琳、雷司令等20多个世界名贵葡萄品种为主的品种体系，这些名贵葡萄适宜莫高庄园的地理气候，充分表现了品种特性，实现了原料基地化、基地良种化、良种区域化。建成了全国大型的脱毒苗木母本园，填补了国内空白，实现了苗木无毒化，在通过先进技术提高建园、葡萄质量方面走在国内同行业的前列。

与国内其他葡萄庄园显著不同的是，莫高庄园实行种植、酿造、销售一体化的经营模式，葡萄基地完全采用产业化、集约化管理：统一生产技术、统一田间管理、统一质量标准、统一经营，有效地保证了葡萄的质量。

或许，这就是莫高葡萄酒：纯净旷远、神秘瑰丽，在真实与想象中，架起一座美丽的彩虹。

气象万千：胡天八月即飞雪

十月。

祁连山下。

月落霜满天。

莫高葡萄庄园里的人们顶着月色，冒着零下4摄氏度的严寒在采摘葡萄。这些受到“特殊优待”的葡萄是用来酿造莫高冰酒的。

冰酒是葡萄酒中的珍品，它不仅口味甘甜醇厚，而且酢制工艺非常独特。首先要适当延缓葡萄的采收期，让葡萄经过几次上冻、解冻，造就葡萄内部“贵腐”的复杂效果，并选择一个气温在零下4摄氏度左右的夜晚，将葡萄成串摘下来，带着茎蔓立即压榨，不断滴下来的是已经浓缩了的葡萄浆——葡萄中糖分含量最高、各种香味最浓的部分。榨出这些黏稠的汁液需要施加很大的压力，榨出来的葡萄汁也只相当于正常收获的五分之一，是当之无愧的精华。

因为冰葡萄酒的酿制方法如此独特，冰葡萄对自然气候的要求太过苛刻，所以世界上能够酿制冰葡萄酒的地区屈指可数，而莫高庄园所在的武威地区冬季温长而又来的早，每年的十月份就经常有霜冻，十月底夜里气温会降到零下几摄氏度，白天又是艳阳高照、冰雪融化，仅从酿制冰葡萄酒所需的气候特征来讲这里最适合，而且这里又是中国著名酿酒葡萄产区，因此国内外专家一致认为：莫高冰葡萄酒乃天然造化与莫高原料优势相结合的产物，是莫高高档葡萄酒中独放异彩的珍品。

莫高是幸运的，大自然似乎给予了这里太多的恩赐。

锲而不舍：吹尽黄沙始见金

20年来，甘肃莫高实业发展股份有限公司一直在西北边塞默默地耕耘着莫高酒。直到近年来莫高酒才渐渐走出西部，并逐步走向全国，走向世界。在走出去的同时，莫高葡萄酒也凭借自身过硬的品质，获得了一系列殊荣。

敦煌飞天，一个美丽动人的传说，无数次演绎着你，莫高。

后记：神舞古乐情未了

2003年“中国葡萄酒质量鉴评会暨评酒委员会年会”将于8月11日～8月14日在甘肃武威市召开，此举充分证明了西部地区、武威产区在葡萄酒行业越来越重要的战略地位。随着国家葡萄产业发展重点逐步西移，武威市被农业部规划为我国六大酿造葡萄产地之一；甘肃省政府把武威市葡萄基地建设列为“再造河西”和农业产业化的重点建设项目；武威市将葡萄酿酒为主的酿造业列为该市的三大支柱产业之一。

这对本次大会的协办单位之一——甘肃莫高实业发展股份有限公司来说，更是一次难得的学习和交流的机会，我们相信莫高酒业会以此为契机，加快企业的发展步伐。

历尽沧桑的凉州美酒，藉莫高葡萄酒重塑汉唐辉煌指日可待！

（韩 亮）

常言说的好：艺高人胆大，财大气粗。一个小小的县级市，地阔只不过一千多平方公里，人口远不足百万，居然提出："打造全球特大超市，建设国际购物天堂"，是不是有点狂？然而，只要你看看义乌那一个个魅力四射的企业，你就会感叹：怪不得义乌人有如此豪迈之口气！你会感觉到，企业对于一座城市发展是何等重要。没有企业，经营城市几乎不可能。那么义乌市究竟是一座怎样的城市？企业在经营城市中究竟担当什么样的角色？它的崛起与发展对全国其他城市有何借鉴意义？请看：

52. 建设国际性商贸城市的义乌企业

在全国的省份中，浙江是个小省，却是全国省份中最富裕省份之一。该省有个小市义乌，这个小市却是浙江最富裕城镇中的一个。其综合经济实力居全国百强县市第20位，浙江省第4位，它是全国知名小商品交易中心、信息中心、展示中心、研发中心。中国小商品城成交额连续11年位居全国批发市场榜首。3000多名外商常住义乌，它与170多个国家和地区有经贸往来，8月底小商品出口额12亿美元。它也是全国衬衫、袜业、饰品、拉链、制笔、印刷等行业制造中心之一。

面对新世纪新形势，加快义乌发展，要紧密围绕建设国际性商贸城市战略目标，重点抓好六方面工作。

——**加快建设国际小商品集散中心。**计划投资200亿元，规划建设30平方公里的中国义乌国际商贸城，年出口额100亿美元，成为国际性商贸城市标志性建筑。实施"外贸拉动、贸工联动、名牌带动、群众推动、政府促动"战略，使义乌市场成为商品交易成本最低、信用最好、手段最新、服务最佳、信息最灵的国际小商品集散中心。同时，加快海关、世贸中心、国际物流中心等外贸服务机构和设施建设，使义乌成为世界客商采购小商品首选之地。

——**加快建设国际小商品制造中心。**整合现有"一区十二园"，统一规划开发面积各100平方公里的义西南和义东北两大工业产业带，形成以市场为中心、两翼齐飞的经济发展格局。大力实施"贸工联动"战略，加快专业工业区和标准厂房建设，做大做强优势产业。加强招商引资工作，规化建设16平方公里的外贸园区，大力引进国内外知名品牌、知名企业贴近义乌市场生产。

——**加快建设与国际接轨的现代化城市。**以国际性商贸城市为目标，按照"一个主体、两翼拓展"总体思路，坚持市域"一盘棋"规划，制定分区规划、专业性规划和控制性详规，严格按规划建设。加快城市基础设施建设，五年内基本完成老城区改造，建设400万平方米住宅小区；投资6亿元搬迁火车站，投资2亿元改造义乌机场，投资20亿元打通与杭州、宁波高速通道。争创国家级卫生城市，提升城市品位和美誉度。

——**加快建设现代化的文化产业。**投资15亿元，建设规划面积6平方公里国际文化中心，使义乌成为浙江省重要文化、体育大市之一。做大做强文化产业，通过5年努力，使文化产业产值翻两番，达到100亿元以上。大力发展旅游业，打造全球特大超市，建设国际购物天堂。大力发展会展经济，办好中国义乌国际小商品博览会，使之逐步成为国际知名展会。加强精神文明建设，打造信用义乌，创建学习型城市，加快中西方文化交流与融合，优化人文环境。

——**加快建设现代化的新农村。**按照"路面硬化、卫生洁化、路灯亮化、家庭美化、环境优化"目标，市政府每年安排1亿元资金和2000亩土地指标用于农村基础设施建设，加快城中村、镇中村、园中村、中心村改造，推进农村城市化。按照城市花园、都市农庄标准，加快规划面积6平方公里农业经济开发区建设，大力培植农贸市场和农业龙头企业，推进农业产业化。加快农村劳动力转移和山区农民下山脱贫步伐，促进农民市民化。

——**加快建设高效廉洁的政府。**建立市365便民服务中心，完善市镇村便民服务"三级联动"，做到"村民办事不出村、企业办事不出镇"。进一步加强党风廉政建设和干部队伍建设，为现代化建设提供强有力保障。

一个又一个“加快”，使我们看到了义乌的节奏；这一个又一个“加快”，使我们感受到了时代的律动；这一个又一个“加快”，使我们读懂了两个字“经营”。

美丽的都江堰市千百年来一直是国人神往的地方，因为这里不但风景秀美，人们勤劳善良，而且还因为在这里有我们的祖先曾创造了至今仍被世人惊叹不已的治水工程，有今天的都江堰的人民在改革开放的新形势下，坚持走经营城市之路，都江堰经济和社会发展都取得了长足的进步，神奇而美丽的都江堰灵性更加凸显。请看：

53. 经营使都江堰彰显城市灵性魅力

工业化进程突飞猛进，城市化浪潮呼啸而来，我国已经进入一个城市世纪。到都江堰市，市民一再提醒：看山看水，别忘看看新城。宽 80 米、长 5 公里的都江堰大道横贯全城，漫步其间，浓郁的现代都市气息彰显园林城市的魄力；都江堰广场依水而建，借景玉垒山，市中心平添山水秀色。城市几条旅游通道，青瓦粉墙，绿树蓝天，川西民居风貌让人耳目一新。这一切莫不令游客感叹新城古韵犹存。

都江堰市牢牢把握被列为省经营城市和成都市推进城乡一体化试点市的难得机遇，及时召开经营城市和推进城乡一体化发展大会，全面加大实施力度。编制了城市总体规划、生产力布局规划以及旅游、交通道路规划，在全国县级市中率先完成了城市总体风貌规划设计。数年间，都江堰市先后投入 30 多亿元用于城市建设，大小广场星罗棋布，城区 5 条河流实施了亮化工程，7 条主要街道焕然一新，“山在城中、城在水中、路在绿中、人在花中”的城市特色初步形成，城区房地产价格平均上涨 1 倍以上。

两个比例值得一提：30 多亿投资中，财政投入微乎其微；城市建设投入与升值比例高达 1∶10。推进“三个转变”，经营城市，都江堰着力于城市品牌形象的打造。探索经营城市之初，就向国家工商局注册了以青城山、都江堰为代表的 170 余种商标—牢牢把握品牌资源，耐心培育以期获得更大收益，都江堰市眼光之长远令人赞叹。

这种眼光，植根于多年经营都江堰、青城山两处市域资源的丰富实践中。有此经验，都江堰市经营城市自然先人一步，胜人一筹。

近两年，市政府从经营土地中直接获取收益 7000 余万元，而五、六年前这一数字仅区区数十万元。运用 BOT 模式吸引企业投资市政建设，在政府没有投入一分钱的情况下，耗资近 1000 万元的新世纪啤酒广场平地而起。出租车、小公共汽车、人力三轮车经营权公开拍卖，筹得城市建设资金 4000 余万元……

这，就是走市场化之路，政府与市场“两只手”相握产生的能量，为城市建设注入了源源不断的新鲜血液。

实践经验的积累催生经营城市理念质的飞跃——以前的做法只是缓解城市建设资金瓶颈的手段，还不是真正意义上的经营城市，至少不是经营城市的全部。“从单纯增加政府的财力延续扩展到提高城市的竞争力上，这才是我们经营城市的最终目标。”市委书记张宁生、市长刘俊林对经营城市有更深的理解。

在决策层眼中，经营城市不仅是经营土地，也不仅是盘活一处处孤立的城市资源，着眼整体，该市把经营城市视作系统工程，用市场手段在工业、农业、旅游、城市建设中创出一批产业品牌，打造品牌城市。“都江堰—青城山”成功申报世界遗产更是超前运用品牌战略整体经营城市的一例。整体经营城市理念贯穿品牌战略，都江堰市可谓眼光独到。

而今的都江堰市，更是把经营城市的内容从单一的基础设施投融资扩展到影响城市竞争力的各类项目上，范围从城市内部资源配置扩展到了更大区域范围内的资源配置。推进城市市政公用事业改革，完善以城市道路为载体的市场化管护，实行市政公用行业特许经营权制度，完成供气、供水等公用事业改革……市委书记张宁生、市长刘俊林对深入推进经营城市信心满怀。

“从单一的政府经营扩展到多元的社会化经营上，用创新的思路谋求发展，努力突破资金瓶颈制约，高效益建设精品城市，这将是我们今后一段时期的着力方向”，张宁生如是说。主体明确，捷报频传。2003年，都江堰市组建了兴市投资公司、中小企业融资担保公司，实现融资2.1亿元，国家开发银行已通过对都江堰市6亿元中长期贷款项目评审，这又是都江堰市经营城市战略中的又一步好棋。投融资平台的建设加大了民间资金向资本转化的力度，基本解决了资金瓶颈的制约，通过投资多元化，加快经营城市步伐的底气更足了。

“要融入成都中心城市核心经济圈层，交通是命脉。”都江堰市提出了打通三大走廊、建设快速通道、承接成都辐射、服务中心城市的构想。通过实施成灌高速公路出口开放整治工程，打通成灌高速走廊，只需投入2000多万元，就能把投资10亿元的高速公路变成开发区的物流通道，集约利用两侧土地资源，“亮”出开发区品牌，带动城市整体升值；与温江、崇州协作，在与其接壤的沿江乡修建跨越金马河的沿江大桥，建成贯通成都新光华大道的走廊，使河西片区经济最不发达的沿江、柳街等乡镇与成都市中心域区的里程缩短为不到40公里；与郫县协作，启动成都沙西线都江堰延伸段公路建设，建成沙西线走廊，带动金马河东侧发展较慢的天马、金凤、驾虹等乡镇经济发展。

在经营城市中大力推进城乡一体化也是都江堰市的一个创新举措。该市按照强化极核、培育支点、发展轴线、带动全域的思路，构建市、镇、村“三位一体”的城镇发展体系。今年该市将采取市场化运作模式，加快历史文化复兴工程、“中国水街”、“中国水镇”、天和盛世等重点工程建设。加快城市西区建设，有效承接产业转移和人口转移，推进农村人口向城镇集中，化“农民”为“市民”。根据不同的资源条件、现实产业聚集和比较优势，实施组团式城镇化发展战略，突出抓好以玉堂—大观为重点的旅游休闲度假集镇带，以石羊—安龙为重点的花卉苗木生态农业观光集镇带，以蒲阳—崇义为重点的工贸经济集镇带建设。以建设“村美、户富、班子强”示范村为目标，实施中心村落整治、改造和建设为突破口，逐步打破城乡分割的传统体制，逐步将有条件的村落转化为社区，建设全面小康新农村，实现城乡规划建设一体化。

事实胜于雄辩：该市景区门票收入年年增长；城区地价如今由几年前的每亩10万元涨到近30万元，房价从每平方米750元一路飙升至今欲破2000元大关。综观整体，城市全面升值，打响金字招牌和整合城市资源带来的巨大效益又何止体现于房地产？资金、企业、人流更是源源而来。

思路日渐成熟：都江堰市高起点搞好城市规划，高水平打造城市品牌，高效益建设精品城市，努力打造具有最佳人居环境和最佳创业环境的四川经济强市、全国文化强市！

经营城市，提升城市，千年古堰焕发灵性魅力。

世纪之交，新一轮工业化浪潮拍打着成都平原，兄弟区县悄然崛起。

挑战骤起：一方历史文化厚重的水土，一座工业基础相对较差的旅游城市，如何与澎湃而至的工业化浪潮碰撞、融合，寻求县域经济发展新突破？

能不能大规模发展工业，在不少人思想上还存有疑虑。在审时度势中小心求证。县域经济的要义便是特色经济，特色就是竞争力。历史文化与自然景观水乳交融的生态环境不就是最大的特色？

慎思笃行，“深淘滩，低作堰”，先贤古训在耳，昭示的是堵与疏的辨证。都江堰市委、市政府一班人认真分析市情，认为：问题的关键在于，应该发展什么样的工业，怎样来发展？经济全球化浪潮中高新技术产业的蓬勃发展、西部大开发带来的经济结构调整和优化，使都江堰市优越的自然人文环境作为发展高新技术产业、吸引人才的优势条件愈益凸现。放眼国内，同为旅游名城的青岛、苏州发展历程昭示：工业化并非就是滚滚浓烟、污水横流，而是经济、民生的坚强基石。都江堰市委、市政府果断决策，在整合、改造原有工业企业的同时，加大对外开放力度，积极引进和发展实力强、潜力大、无污染的高新科技企业。

“绝不以牺牲环境为代价发展经济。”斥资2.06亿元整治景区，污染企业48家、“15小”企业80余家或迁或关门，关闭了市域内所有的小煤窑，结束了该市300多年的煤炭生产历史……严格的环保标准更“吓”走了不少投资者和项目——细数此类例子，市委书记张宁生、市长刘俊林无半点惋惜：“任何虽能带来眼前财富，却可能牺牲生态的项目，不是我们需要的‘政绩’”。

“文章”开篇不俗。以例为证，世界500强企业法国拉法基集团控股，投资13亿元人民币建设的环保型水泥厂年税收就达4100万元，并且第二条生产线已上报立项；总投资15亿元人民币、占地1500亩的成都东软信息技术职业学院及产业化基地建设进展顺利，学院已于2003年秋季招生。到2006年，一座包括现代化的信息技术学院、100多家国内外知名IT企业、计算机中心、研发中心、IT会所、信息中心以及图书馆在内的青城软件园即将展现在世人面前。每年培养的大量人才将为都江堰、成都市、四川省乃至中国西部高新企业提供智力支持。仅四川都江堰科技产业开发区全年新引进工业项目13个，到位资金3亿元。去年四川省党政代表团在沿海学习考察期间达成的省级区域合作的惟一平台项目——四川·江苏都江堰科技产业园，成立仅半年，就拥有6个重点项目，总投资规模达17亿元，首批投产能力可达12亿元。双良恒创特种纤维项目一期投资3000万美元如期完成，不日之后将建成世界上技术最为先进、规模最大的氨纶包覆纱生产基地，扬子江海蓉药业完成一期投资1.88亿元，形成15亿元的生产能力，中金医药包装项目完成投资1亿元，形成2.3亿元的产值规模，江苏雨润集团、南京天盛集团、河北亚太管材等成为了开发区的新成员，这些重大产业化项目即将成为领跑都江堰经济的“生力军”。统计资料表明，2003年，机械、医药、新材料等支柱产业实现销售收20.55亿元，税金1.2亿元，分别增长17.2%和36.4%，高新技术产业快速发展，支柱产业初具规模，工业实现强劲增长，运行质量日趋良好。而“扬子江60天汇入都江堰”、“一元钱让地”、“石羊镇春节引来6000万”等招商引资的故事也在投资商中传为美谈。

“环境建设就是竞争力”，都江堰人对此认识非常清醒。都江堰市投入10多亿元兴建道路、通信、城市管网等一系列基础设施，城市配套功能逐步完善，城市经济发展承载力大大增强。都江堰市委、市政府意识到，天下没有十全十美的投资环境，硬件不够政策补，政策不足服务补。市委专门召开工业强市思想解放大会，作出了《关于推进工业跨越式发展实现工业强市的决定》，制定了一系列优惠政策。还在全市范围展开树立创新意识、服务意识、大局意识的大讨论。市委、市政府把发展工业作为经济工作的重中之重，设立了专门机构，简化办事程序，积极推行“首问责任制”和“一条龙”服务。并取消、调整了一批行政审批事项，进一步完善行政事业性收费收支两条线制度，尤其对企业收费严格实行明白卡制度，切实减轻企业负担。有关部门狠抓社会治安综合治理，严厉打击各种违法犯罪活动，为投资者创造一个良好的社会环境。为保证各项措施落到实处，市委、市政府在全省率先设立了软环境建设办公室和经济发展环境投诉中心，市纪委、市委组织部、市监察局等还在媒体上公布了有奖举报电话，对破坏投资环境的行为进行了严肃处理。在都江堰市，“人人都是投资环境，人人都为经济发展作贡献”深入人心，“亲商、安商、富商”已成为共识。

解读2003年的都江堰市，一组组数据令人振奋：全市工业增加值实现35.3亿元，增长17.2%，企业盈亏相抵后净利润增长119.6%，工业经济对GDP的贡献率达42.5%，一、二、三产业增加值占GDP的比重分别为12.5∶44.1∶43.4，自1984年以来，第二产业首次占据最大比重，三大产业实现了重大调整；而在工业经济的支撑下，GDP实现80.1亿元，全口径财政收入的4.95亿元，为1994年实行分税制以来增幅最大的一年。

“努力建设具有最佳人居环境和最佳创业环境的四川经济强市、全国文化强市”，都江堰市人民在全面建设小康社会的大道上一路放歌，步伐自信而豪迈。

（《四川日报》 黄安平 杨源宝 刘成安）

三、纵　论　篇

本文着重针对当前经营城市中的经营要素、经营质量、经营主体、经营策略等方面存在的若干倾向性问题进行深层次的分析，提出经营城市的要素不是经营土地一项，而是要整合六大要素，全方位经营；提高经营城市质量，不能照抄西方经营之道；解决“三农”问题，仅靠“圈地运动”、户籍改制，不是良策，关键要为居民提供充分就业条件，实施“富民进城”战略；经营城市主体要改变政府单元性，推行经营主体多元化格局；经营策略要创新，杜绝人为造市，立足城市比较优势，运用“定位法”、“跨位法”，促进城市可持续发展。

张乃剑所长多年来一直特别关注经营城市、城市化建设和“三农”问题，“大都市圈”，甚至国外零售商进军中国市场等问题也一直在他的视野之内。他深入全国各地调查研究，掌握了大量第一手资料，有些情况让他兴奋，有些情况让他沉痛，有时有些不良情况和现象甚至让他彻夜难眠，忧国忧民情怀不禁使人想起那句位卑未敢忘报国的名句。他在全国一些大的媒体上发表的许多文章和讲话都是在深思熟虑之后，奋笔疾书而成的。所以，他的文章，他的讲话，总是不胫而走，有些地方甚至将他的网上文章下载后自费复印用于学习，有些高校大学生和农民读了他的文章后竟被感动得掉泪。这里，我们收编的是其众多文章中的一篇。请看：

1. 经营城市若干问题的思考

中国管理科学研究院区域发展研究所所长、研究员　张乃剑

“经营城市”理念，已成为当代我国城市化建设理论中被普遍认可并付诸实践的一种全新理念，是我国计划经济向市场经济过渡时期的一种创新理论。随着城市化的发展，经过广大城市建设者的不断实践、总结、创新，这一理念的系统性和科学性正日臻完善，不断提高，已初步显示出强大的生命力。

但是，由于这一理念是在市场经济条件下出现的新理念，人们在实践中因所处的环境条件不同，区域地位不同，而对经营城市理念内涵的理解也不尽相同，经营行为更是各有千秋。经营城市是一种社会性的商业行为，是一种代表人类文明、进步的新思维、新理念、新实践。城市经营好坏，涉及到千百万人的切身利益，关系到每一个城市的兴衰，要使经营城市新理念沿着健康的轨道发展，必须对当前实践中出现的各种倾向性问题进行深层次的思考。

一、整合经营六大要素，走出单纯经营土地误区，全方位经营城市。经营城市的理念在我国提出已有10多年的历史，普遍流行则是近几年的事情。在国外尤其是西方发达国家已经流行20多年，不过他们的提法叫做“营销”，而不叫经营。其理论的代表人物是美国著名的营销大师菲利普·科特勒教授。他提出了著名的“国家营销”和“地区营销”的概念，在国际上，对各国的国家战略和地区战略，产生了极大的影响，其著作风靡全球。上世纪末，我国的大连、青岛等城市，首先引入了这一概念，总结出了具有中国特色的“经营城市”新概念。后来，广州、上海、北京等一批大中城市，纷纷把“经营城市”理念作为本地的发展战略。现在，这一理念已在我国普遍流行，成为各地城市化建设的基础理论。

所谓经营城市，就是把城市当作特殊商品对待，运用经营手段，把城市纳入市场运作，通过市场无形的力量，提高城市的区域平台价值，从而强化城市资金流、人才流、信息流、物资流的吸引力和凝聚力。因此，经营城市的经营要素应该是全方位的，而不是单一的。

由于“经营城市”的理念从提出到完善有一个发展过程，开始有些城市甚至是主管城市部门的高

层决策者，把经营城市的经营内容主要定位为经营城市土地。认识上的片面性，带来行为上的单一性，城市大拆迁、大置换形成热潮，由经营生地向经营熟地转化而一发不可收。这种经营城市土地单一化的倾向，直接导致的后果是，银行贷款向城市房地产领域倾流，农村贷款、企业贷款严重短缺，农村水利基本建设常年失修，多数地方的水利骨干工程还是农业学大寨年代留下的。农产品加工业发展缓慢，农民收入下降。城市一些企业由于银行惜贷，流动资金严重不足，大批中小企业、有发展前途的企业，举步维艰。有的处于停产半停产状态，甚至倒闭，导致下岗职工增加。地方财政被逼向城市基础设施倾斜，社会保障资金、公益事业发展资金，科技、文化、教育投入严重滞后，财政投入回报期延长，城市建设投入成本加大，城市综合发展不平衡。有的地方已出现房地产泡沫化现象，商品房空置率居高不下，银行、房地产商、消费者之间资金链断裂，大量国有资金沉淀在城市水泥森林中。根据国家统计局最新统计，到今年8月底，全国商品房空置率同比增长14.1%。全国空置一年以上的商品房高达4397万平方米。如果按每平方米4000元计算，目前全国房地产沉淀资金达1758.8亿元。同时，房地产炒作还成了孳生腐败的土壤，一批党政官员垮在城市建设的工程中，由此引发的各种社会问题也时有发生。

另外，由于城市土地进行急功近利性的恶性开发，一些党政领导又急于取得短平快的政绩，导致城市趋同化严重，形成了千城万市一个面，失去城市地域特色和文化特色，清一色的火柴盒式高楼将民族建筑文化冲击得面目全非，有的地方古建筑也被破坏殆尽，留下千古遗憾。

总结各地的实践经验，我们认为，在经营城市的要素中，土地经营仅是众多经营要素之一，归纳起来，主要要素有六个方面：一是土地等自然资源，二是企业资源，三是人力资源，四是人类文化遗产资源，五是制度资源又叫行政资本资源，六是良好的形象资源。这六大资源构成了经营城市的主要要素，每项资源开发潜力巨大，而且关联度极强，相互影响，相互依存，互补性强。只有统一规划，统一开发，才能够起到综合平衡发展的效果。经营城市要走综合经营之路，这是今后经营城市的必由之路。

但我们也看到，在一些经济欠发达地区，土地资源的优惠政策已难成为吸引外商投资的主要条件。相反，一些注重良好形象建设，注重制度创新的地方，虽然自然资源优势并不突出甚至是零资源，但那里却成了外商投资的热点，土地等其他资源价值不断提高。因此，我们一定要跳出经营土地单一的圈子，整合当地经营要素，寻求综合经营的亮点和重点，这才是经营城市的前途所在。

二、提高经营质量，防止照抄西方经营之道，防止城市泡沫化，实施“富农进城”战略。中国是世界农业大国，是世界上最大的发展中国家，“三农问题”是影响中国综合国力发展的最大制约因素，也是党中央、国务院感到最头痛的问题。多年来，无论是中央高层决策者，还是专家、学者，都在苦苦寻觅良策。现在最流行的做法就是大力推行城市化，减少农民。按照发达国家的发展模型，城市化水平与GDP增长的关系是正比关系。因此，有些人就以为中国要解决“三农”问题，必须走提高城市化的道路。这一方法便成为当前一些地方经营城市的主要理论依据。正因为有这样一个理论模型，一些地方为了提高城市化发展的增长速度，以解决“三农”问题为目标，人为地将城市周围的县市改区，乡镇改为居委会，农业户籍改为城市居民户籍。这在表面上看，城市化速度加快了，城市化水平提高了，实际上，一些农民还是农民，他们的生存质量和生活质量并没有因户籍身份改变而有实质性的提高。相反，有些地方因城区扩大，耕地被占用，工业又未及时发展，导致那里的区县农民收入不但没有提高，反而下降。在这一方面重庆直辖市最为典型，该市3000万人口中农民占了2400多万，为了加快城市化水平，近几年大搞农转非，大搞城市扩张，在短短几年中有40多万农民农转非，变成了城市居民，但是，他们并没有富裕起来，很多人基本上靠国家低保救济过日子。该市到今年上半年低保居民已达65万人之多，占了全市非农业人口近10%，就是这种现状，重庆市还在规划未来10年内要实现50%的城市化目标，其中新增的30%主要靠农转非。

我们认为，西方城市化发展模型并没有错，但是，西方模型的实践基础和我国的国情却有着本质的区别。西方发达国家城市化水平的提高，是建筑在二次大战后资本主义高度垄断、工业大生产大规模恢复、卖方市场向买方市场快速过渡的基础上形成的。我国是社会主义国家，又是刚从计划经济向市场经济过渡，西方城市化发展的时代背景、社会制度及其他特殊条件等，我国都不具备。因此，我国的城市化道路必须在借鉴西方模型的基础上走符合自己特色的道路。千万不能照抄、照搬。

严格的二元城乡户籍管理制度，是我国特有的管理制度，随着市场经济的发展，未来的户籍管理制度，将不断失去它的历史功能。现在对于农民来说，关键要增加收入，逐步缩小城乡居民收入差距。城市最大的功能是吸纳非农业人口的就业，形成一定区域的劳动密集型的产业和服务业，使一座城市在一定区域成为一定规模人口永久性的集约居住地，成为一个区域政治、经济、文化中心、商贸中心、信息中心、人才流动、物资流动中心。

当前，评价一个城市的城市化水平，固然要看非农业人口的比例，但我们一定要把提高城市质量作为大事来抓，而衡量城市质量的主要标尺就是人口质量，城市人口质量主要看城市居民的生存能力、就业能力、创业能力、贡献能力。实现这一目标，必须有一个长期的发展过程。我们国家城市化水平与世界发达国家相比，虽然差距较大，但发展速度却最快。最近 10 年以年均提高 0.63 个百分点的速度发展，这个速度是二次大战后，世界城市发展史上少有的速度。按照这一速度预测，今年我国城市化水平将达到 35％左右。按照这一速度，在未来 10 年内，我国城市化水平将达到世界发展中国家 38.4％的平均水平，在未来 20 年内，将达到世界 47％的平均水平。

如何看待这一现象呢？根据国务院发展研究中心的研究报告，我国城市化水平要达到 47％的世界平均水平，需要转移农村人口 1.5 亿人，如果要将城市化水平提高到与中国的工业和经济发展相应的水平，则要转移农村人口 2.5 亿人，这里还不包括每年城市将有 800～1000 万左右下岗失业职工的安置问题。按照这一估算，从目前开始，我国未来 20 年内至少要建 1000 万人口的城市 20 座，或 100 万人口的城市 200 座。而联合国统计公布，到 2000 年 12 月，全世界 100 万人口的城市才有 341 座。很显然，以中国现有的经济实力，在近期 20 年内要达到这一目标，是根本不可能实现的。但是，我们奇怪地看到，在相当一些地方，在编制地方“十五”发展规划时，普遍都把实现城市化水平标准定得很高，有的地方已经公布城市化水平达到了发展中国家的水平，有望提前实现世界平均水平。今年上半年全国有 86 个城市宣布要建成国际化大都市。南方有一个县级市竟然提出要在最近几年建成国际贸易中心。我们客观地分析国情，深为这种带有很大水分的城市化风担忧。

解决“三农”问题，根本出路在于发展工业和制造业，推动第三产业，为农民进城提供就业机会。解决这一问题，首先要使农民通过农业产业富起来，运用手中可支配的自我教育和子女教育资金，接受教育，用科学知识武装起来。农民进城首要条件一靠资金，二靠知识，二者缺一不可。如果今天的农民都是鲁迅当年描写的“闰土”式农民，显然是进不了城的。农民没有资金、没有知识，仅靠双手进城出卖劳力，难有长期安身之地。大批无资金、无知识的农民盲目进城，不但会使农业发展倒退，还会引发一系列的城市社会问题。建国初期建城走了农村包围城市的道路，那是以牺牲“三农”利益为代价取得的。今天开城建城必须走“富农进城”的道路，否则的话，解决“三农”问题只是一厢情愿的事情。只有富农进城，农民才能具备充当城市建设主人的资格，与城市融为一体，城市资源才能得到充分利用，城市效应才能得到最大发挥。苏南和浙江一带为什么能出现高密度的繁荣城市群？主要因素是在上世纪 70 年代后乡镇企业的兴起。农民通过办乡镇企业富裕起来了，积累了物质资本和企业经营管理知识资本。有了这两种资本，农民成了经营新兴城市的主力军。城市功能辐射农村发展，农村为城市提供了广阔市场。城乡一体化良性循环，推动了城市综合发展。温州市根据现有城乡人口统计分析，城市化水平低于全国平均水平。因此，有人就片面批评温州城市化水平滞后，温州的非农业人口与城市化发展不相适应。其实，用城市功能加以评价，用城市居民生活质量评价，温州的城市化水平和质量应该是全国最高的。在那里，小城镇功能已代替或超过了城市的所有功能，城市户口已不是农民追求的目标。工厂办到大城市已不是他们的首选地。温州平均每年有 1000 多万人口的流动量，民间资本 3000 多亿流动量，多次冲击上海房地产业，引起房价波动。那里的农村正在走向城市化，农民正在走向市民化，因此，城市规模不在大小，级别不在高低，关键是农民能否充分就业。我们需要高质量、高标准的城市，但决不需要大而穷，空而弱的泡沫城市。

三、扩大经营主体，改变政府经营单元性，推行经营主体多元化格局。现在对于经营城市主体问题的讨论，有一个基本的共识是，政府是经营主体，市长是法人代表。从城市的自然属性上看，它应该属于国家所有；从社会属性上看，它应该属于全体公民即市民所有，政府既是国家的代表，也是人民(市民)的代表，经营城市主体自然属于政府。我们认为，城市一级人民政府充当经营城市的主体，无论从理论上，还是法律上，都是无可非议的。尤其是一座城市在发展初期，政府经营主体的地位和作用，无可替代。但是，随着经营规模的不断扩大和发展，经营方式的不断改变，经营城市主体一元化的现象应该改变。尤其是中国加入WTO之后，经营城市已经融入经济全球化之中。政府在经营城市中除了垄断一些优先发展部门和影响国计民生的重要资源外，其他经营项目和资源将逐步放开。实际上，这种现象已成现实。外来资本大量涌入，多种所有制并行已在规模，并成为未来发展方向。所有制的改变，决定了城市经营主体必须向多元化方向发展。

评价一个城市的能力，有多种标准，但主要有四大标准。一是城市汲取财政的能力，二是贯彻中央政府决定的执行能力，三是行政管理的调控能力，四是公益事业服务的保障能力。在一个城市的正常运作过程中，要想充分发挥这四种能力，不是城市一级政府垄断经营所能实现的。尤其是市场经济深化发展到一定程度，城市一级政府经营的职能将逐步向管理职能转化。从某种意义上讲，政府管理虽然是政府经营的一种变相形式，但是经营的实质已经发生了变化。在政府统一管理下实行多元化的经营，有利于各种资源的合理配置，有利于各种社会力量的优化整合和发挥，从而实现城市社会效益和经济效益的最大化。

如何实现城市经营主体由政府单元性向社会多元性转化呢？在思想认识上必须有创新的突破，坚持能进能退，有所为和有所不为的原则。在行动上，必须放开城市经营准入的门槛，实行平等的公民待遇，鼓励民营资本、境外资本准入，鼓励农民、外国人进城创业。经营主体一旦实现多元化格局，城市将出现生机，出现繁荣。这时候，作为城市一级政府的经营主体地位，不但不会降低，反而会得到提高。政府的职能不但不会消弱，反而会得到加强。经营效益不但不会减少，反而会更加扩大。

在现实中我们看到，一些经济欠发达地区，政府抱住经营主体不放，城市经营项目政府统包承揽。结果，虽然各种政府招商活动搞的很热火，但招商成功率却很低，即使政府承揽了一些项目，生命力也不强，发展后劲不足，造成资源的极大浪费，影响了城市经营的信誉度。相反，在长江三角洲、珠江三角洲一些经济发达地区，政府经营主体主动退出，他们只做一些宏观决策和微观服务工作，多数经营主体角色让位给社会力量。结果，那些地区经济空前繁荣，财政收入大幅度增加，城市化水平不断提高。苏南和浙江一些不到百万人口的县级市，经济总量可以达到我国西部某些省、区的经济总量。这种现象告诉我们，在今后相当长的一段时间内，经营城市主体的转化，是对我们广大城市经营决策者的一场考验，思想解放，制度创新，首先要在城市经营主体认识上解放思想，经营主体制度上创新。这是一种根本性的解放和创新。

四、创新经营策略，杜绝人为造市，运用“定位法”，“跨位法”，促进城市可持续发展。市场竞争直接表现为区域竞争，在区域竞争中，城市竞争的策略定位十分重要。现实中我们看到，一些城市为了尽快提高城市平台，不顾自身特点，对于未来经营策略定的不切实际。他们目标瞄准北京中关村、上海浦东、苏州工业园、广州、深圳的高新技术开发区。不惜代价规划各种工业园区、科技开发区，还有的公开宣传要建中国的电子城、纳米城、生命工程城等。尽管一些地方大片工业开发区、科技园区土地圈起来了，大牌子树起来了，但多年荒芜，无人问津。

我们认为，高起点、高标准经营城市的想法和做法，无可非议，而且十分必要。但是，一定要立足自身特点，寻找比较优势，对自身的区域平台进行准确定位，千万不能模仿别人，一哄而上进行追风。建立工业开发区、高新科技园区，生产高科技、高附加值的产品，不是任何地方都可以办到的事，也不是一朝一夕所能办到的事情。任何一座城市的诞生和发展，总有一个历史发展过程。像深圳这样以魔术师形式出现的现代化城市，今后在中国，乃至世界上也很难出现第二个。因为深圳城市的诞生，是由于特殊时代动力推动，特殊领袖人物倡导，特殊政策支持，特殊主体经营的结果。

因此，我们作为各地普通城市的建设者来说，一定要以平常心对待自己城市的发展之路，按照城市发展的自然规律，经营好自己的城市。经营城市不是做蛋糕，随意能做强、做大的。美国著名的营销大师 A. 里斯、J. 特劳特和艾尔·强森创立了著名的“定位”和“跨位”理论，这两种理论引起了当代商业营销观念革命性的转变。定位理论核心是要求对企业经营、产品营销要进行全程运作环节的定位，确保企业经营有正确方向，产品营销有市场。“跨位”理论则强调企业要明确商品与商品消费者之间的消费差异心理，根据差异导向，找到产品消费区间和竞争区间，创造自己的竞争优势。这一理论引申到经营城市理念，同样具有重要的现实意义。经营一个城市，对于未来的发展方向、目标，一定要科学定位，至于定位之后如何提升区域品位，同样应该运用跨位理念指导，使城市的比较优势得以最大的发挥。根据我们对“定位法”和“跨位法”的研究，结合多年区域发展研究实践，我们总结了三条原则，运用于企业经营和城市经营。这三原则即一是可识别原则，二是可选择原则，三是可供给原则。经营城市运用三原则就是要求城市对有形、无形资源要可识别，城市历史要可识别，城市个性文化要可识别，城市区位优势要可识别，城市特殊资源要可识别，城市支柱产业要可识别等等；有了城市的可识别性才有区域市场竞争的可选择性，没有区域城市竞争可选择性的城市，是一个没有竞争力的城市。只有具备竞争可选择性的城市，城市才能有可供给性即对外竞争输出性。其表现形态就是把城市建成外部资金流、物资流、人才流、信息流的汇集地。通过资金、物资、人才、信息的汇流，物化为本地的巨大财富。

由此可见，对于城市的经营，一定要按照城市发展的客观规律办事，不能拔苗助长，更不能搞泡沫化城市，一旦形成泡沫化城市，城市灾难就会到来。

经营城市是新世纪的新课题，是一项复杂的社会性工程。建设城市、经营城市、发展城市是我国今后发展的必由之路，是落实江泽民总书记“三个代表”重要思想的实际行动。要使经营城市走健康可持续发展的轨道，一定要遵照党中央的指示。2000 年 10 月，党中央十五届五中全会通过的《中共中央关于制定国民经济和社会发展第十个五年计划的建议》中明确提出：“要积极稳妥地推进城镇化”。因此，我们一定要在“积极稳妥”四字上下工夫，经营好我们每一座城市。过去我们有过赶英超美的惨痛教训，今后我们不能再犯这种错误了，我们付不起这种代价，也经受不起这种代价。城市建设投入，城市建设决策，是子孙工程投入和历史性决策，不是一般事业发展投入和决策。我们要在与时俱进中，把握住大原则，制定好大政策，经营好城市，实现我们立于世界民族之林的远大目标。

李梦白先生堪称我国建设部门的权威人士之一，他的许多见解，他的许多文章，都曾给予或正在给予人们以深深的教育和启发。关于经营城市，他也多次发表文章或讲话，内容丰富亦深刻。现将他的“再论城市经营”编进此书，相信大家一定很欢迎。请看：

2. 再论“城市经营”

建设部法制工作顾问　李梦白

近几年来，在我国大陆上逐渐兴起了“城市经营”或曰“经营城市”的热潮。理论界的探讨与论争不断升温。不少城市的城建管理部门，则在对理论界的论争感到迷惘、费解的同时，按照自己的理解开始了经营活动。考虑到理论对实践的指导意义，理论界如能在一些主要问题上早日取得共识，毕竟是有益于实践的好事。因而不揣浅陋，谨就“城市经营”讨论与实践中的若干焦点问题谈些个人看法。相对于过去两年中我就“城市经营”问题在一些学术会议上的发言和已发表的文章而言，本文既有必要的重复，也有新的补充和修正，故题曰“再论”。

1. 我国“城市经营”的理论和实践都正处于探索前进的过程

“城市经营”这一概念何时在我国兴起，我说不准。在城市建设系统实际工作中应用，大约始于世纪之交。2000 年 11 月《中国建设报》报道：“镇江建立城建经营新机制”，可能是其萌芽。约在次年同期，新华社记者郭晓勇、邢路续合写的一篇报道：“城市经营的辩证法——牡丹江市打造引资新理论”，宣告了“城市经营”概念的正式应用。而 20 世纪 80 年代后期，深圳拍卖国有土地使用权，广州拍卖若干设施的冠名权、出让部分公交线路经营权，应都属于“城市经营”之滥觞。

从“城市经营”的理论研究看，自 2001 年 2 月中国城市科学研究会与长春市城市科学研究会在长春市召开“城市经营策略研讨会”以来，中国城市经济学会的几个专业委员会相继召开了关于“城市经营”的专题讨论会，中国城科会城建经济专业委员会更不止一次组织了“城市经营”问题的研讨。不仅许多专家、学者在会议或报刊上发表了许多论文，有些城市政府的领导人如杭州市(当时)市长仇保兴、青岛市市长杜世威、宜昌市副市长刘旭辉，以及不少城市的建委领导人，也都在不同的会议或报刊上发表以“城市经营”或“经营城市”命题的论文。时间不长而成果相当丰富。

从“城市经营”的实践看，浙江、江苏、山东、湖北、黑龙江、辽宁等省的一些城市都有不同程度的动作。其中，杭州市行动较早，而青岛和牡丹江收效比较显著。山东省动作最大——已于 2001 年 10 月份发出文件，要求全省城市都要研究、实行“城市资产经营”。青岛市于 2002 年 9 月初举办了“经营城市论坛”，同期举办了“经营城市促进周”，向国内外招商引资，获得了签约城建和奥运设施项目 124 个、金额达 28 亿元的大丰收。至此可以说，“城市经营”从理论到实践都“极一时之盛事”了。

当然，迄今为止，众多理论工作者和实际工作者在“城市经营”的许多问题上看法并不完全一致。诸如“城市经营”与“经营城市”有无差异，“城市经营”与“城市管理”的关系和异同，“城市经营”的内容与范围等等，众说纷纭。因而有些人对些感到迷惘、费解。其实，这正是一个新的理论兴起阶段的必然现象。近来又出现了“城市经营”的“功能导向”论和“城市生态经营”论，说明“城市经营”理念正在探索中前进。经过“百家争鸣”的理论探讨和“名取所需”的实践检测，大家的认识会渐趋一致，“城市经营”的理论会日益成熟，实践的成果也会日益丰富。为了这一时光的早日到来，理论工作者应当与实际工作部门的同志进行更加紧密的交流与合作。

2.“城市经营”与“城市管理”的关系

研究“城市经营”，必先弄清“经营”与“管理”涵义之异同。“经营”一词，在英文中与“管理”是同一个词，自然其词义也相同。在汉语中，“经营”与“管理”是两个词，虽然有时可以通用或联用，但因其词意毕竟有别，各自所强调的意义和表达的语意不尽相同，所以一般是分别使用。“管理”具有管辖、治理、约束、调控(使其客体符合或达到所要求的方向、秩序、目标、标准等)诸义，语意严肃、郑重，广泛用于政治、经济、文化、科技及地域诸领域。“经营”兼具创建营造筹划营谋、悉力追求优良效果之义，语意灵活、生动，一般只用于经济领域，更多的是用于商业领域。

“城市经营”概念的提出，其主旨在于冲破传统的“城市管理”的思维与模式，用新的“经营”思想和运作方式来更有效地达到预期的目标。这是个“与时俱进”的新思维、新观念。青岛的实践已初步证明了它的有效性，今后必将有更好的发展。

但是必须看到，城市中有许多事物专属管理范畴，是不可能经营的。硬件如防灾设施——防洪堤，只能妥善管理，不可能经营。软件如城市规划，只能要求规划的制定过程要充分考虑经营城市的可能条件，而规划本身也是不可能经营的。所以“城市管理”仍然具有很强的生命力和与城市共同存在的价值，只是需要改革，而不可能消失。“城市经营”与“城市管理”的关系，只应是相融互补，而不是排斥或取代。

3.“城市经营”与城市资产经营”及其主、客体之异同

研究或实施“城市经营”，必须弄清和确定其主体(经营主持者)与客体(经营对象)。

不少论文明确地说：“城市经营的主体是城市政府，客体是城市资产”。

说“城市经营的主体是城市政府”，是正确的。因为城市经营的主持者，除城市政府能够担当外，谁也不能胜任(参与经营者另当别论)。

说“城市经营”的“客体是城市资产”，这一论点如果用来论述“城市资产经营”是完全正确的；但如用来论述“城市经营”或“经营城市”，则有以偏概全之误。因为“城市经营”或“经营城市”所要经营的是整个城市中所有的可经营事物，远非“城市资产”所能包括。例如“城市经营”的首要对象——资源，即包括了自然的、人文的、显性的、隐性的、物质的、非物质的多种资源，显然大大超出“城市资产”所能涵盖的内容，何况有些资源本身是根本不可能成为资产的。

因此可以说，“城市经营”包含有“城市资产经营”；“城市资产经营”是“城市经营”的重要组成部分，可以独立实施，也可以作为“城市经营”的一个实验步骤先行实施。但两个概念要分清，不可混淆使用。

作为政府之举措，我赞成山东省推行“城市资产经营”的做法，内容比较实在具体，也便于实施和考察。作为城市管理理论、谋略之更新和行为方式的改革，我主张以“城市经营”为课题，便于纵横议论，活跃思想，广泛深入地开展研究，有利于产出更多、更好的研究成果，便于政府采纳和逐步扩大经营的范围。

4.“城市经营”主要内容之我见

2001 年 10 月在青岛开会时，我曾这样定义“城市经营”；“城市经营是城市政府广泛运用市场机制和商业手段，来增殖财富，优化城市发展、建设和管理的一种谋略和行为方式”。后来，觉得这个定义过于简单，且有些词不达意。

最近，经过重新思考，作了一些修正补充，重新表述为：“城市经营是城市政府依据城市发展战略，广泛引用市场机制和商业手段，充分挖掘、合理开发资源，组织资源、资产、资本、资金和市场化运营，优化产业发展和城市建设，借以提高城市的总体功能、环境质量和综合实力，实现城市可持续发展的一种谋略和行为方式”。这样，文字长了些，但对“城市经营”的性质、方法、主体、客体、目的、作用等等，大体都照顾到了。是否妥当，有待大家评判。

在这里，我想对“城市经营”的若干对象作些简要的解释。

资源：是城市经营的首要对象。包括自然资源和人文资源，显性、隐性和潜在的资源，物质和非

物质资源等等。其中隐性和潜在的资源，是人们一时看不到、想不到的资源；或为时空所局限，虽然看到了但未能认识的资源。例如建设部副部长仇保兴在他所写的一篇题为《当前经营城市的基本矛盾及对策研究》文章中曾提到："最近欧盟把新一代拟进网络的移动电话入网证资源分为三部分进行招标拍卖，通过拍卖，总的资源价值达100亿美元。"同时他指出："这就是信息时代的一种新资源。但我国还没有利用这种资源，如电信产业的准入完全是审批制而不是拍卖制，这实际上是资源的浪费"。再如人才的培育与集聚，以及文艺制作等非物质资源，大都被纳入工作范畴来进行，而没有作为财富资源来开发。所以本文强调"充分挖掘"，但又须防止竭泽而渔对资源的破坏，所以本文又提出"合理开发"。

资产：是城市经营的实体对象。包括存量资产、新增资产，有形资产和依附于其上的无形资产。资产经营重在盘活存量资产，优化新(增)旧(存量)组合，以保保、增值为中心，进行市场化运作，实现建设、运营的良性循环。但对防洪堤等非经营性资产，则重在维护、保全，不可强作"经营"。

资本：是城市经营的重点对象。因为：第一，兴办任何产业、事业，都需要资本，都可视作资本经营；第二，资源、资产的市场运作，除了优化配置这个意义外，主要就是进行资本经营；第三，利用有价证券等金融工具在资本市场上筹融资金，实质上也是资本经营，而且是直接的货币资本经营。资本经营的重要性不待言喻，但必须依靠资本市场。缘此，政府在实施城市经营过程中，还必须大力培育和完善资本市场。

资金：是城市经营中不可缺少的对象。资金经营主要表现在两个方面：一是利用资本市场和各种金融工具有效地筹集和融通资金；一是通过有效的经营最大限度地提高资金效益。否则便是无效经营。

产业：优化产业发展，包括优化(合理调整)产业结构与规模，提升产品质量和产业水平，提高产业经营、营销能力和市场竞争力。这些是繁荣城市经济的基础性前提，因之也就成为城市经营必须特别关注的对象。

城市建设：优化城市基础设施建设与管理，包括加强项目管理，提高产品质量和科技含量，实现投入产出的良性循环，是优化城市发展的必要前提；对于城市经营来说，既是经营对象，也是经营目的之一，而且是最易显现经营效果和效益的地方。所以这一领域首先受到城建系统的特别关注，并从这里开始了城市经营的实践。

以上各项经营，有一个共同的原则，即：降低成本，提高效益；一个通用的方法；组织社会化的分工与协作。这也可以说是"城市经营"所应追求的一个目标。

城市经营的总目的，或是说"终极目的"，是"提高城市的总体功能、环境质量和综合实力(包括提高城市的竞争力和吸引力)，实现城市的可持续发展"。我们在谋划各类经营项目的时候，尤其是对潜在资源的挖掘与开发，都不要忘记和背离这个总目的。切忌利益驱动，一哄而起，急功近利，追求"短期业绩"，只图眼前得利，不顾贻害长远，只求经济效益，不顾环境效益和社会效益等等贪利行为。所有经营措施及其结果，都要符合总目的的要求。发现错误和漏洞，要及时纠正和补救。

实现合格的城市经营，城市政府还需进行相应的体制改革，并完善法制，这里不再赘叙。

5."城市经营"与"经营城市"之异同

从近两年出现的有关论著来看，有的以"城市经营"命题，有的用"经营城市"立论，大家论述的内容虽有广、狭之分，却全无实质性矛盾。也有同一作者在不同时间、不同报刊上发表的文章分别用两个词语命题的情况(如：仇保兴，在《人民日报》2001年1月23日第9版发表的文章题为《实施城市经营战略的重要探索》，在2001年5月《城市发展研究》第3期"市长论坛"专栏发表的文章题为《当前经营城市的基本矛盾及对策研究》)，二文之论点也全无矛盾，命题的词语似是信手拈来。所以，浙江工业大学张伟和绍兴市建委董敏在他们合写的文章《城市经营与城市建设投资体制改革初探》中评论说："城市经营""经营城市"在内涵上并无大的概念之分，从一定意义上讲，"城市经营"侧重于表示一种理念、一种思想，……"经营城市"则侧重于表示一种行为，一种处理事务的方式"。

我同意这个说法。

引起争议的是，今夏有位专家在自己文章中谈到“理论界对经营城市和城市经营也有不同认识”时，接着写道：“严格地说，经营城市与城市经营是有区别的。如果考察到国外的经验，城市经营……主客体关系是清晰的。……而经营城市，主客体的逻辑关系不是很清楚，不能对城市整体进行经营，不能说经营××城市。”这段文字不长，却留有几个疑问：(1)这段论述看来是以“国外的经验”为立论依据的。那么，“国外的经验”有些什么具体内容，或者说外国学者是如何论述的？(2)经营城市与城市经营的区别究竟在哪里？是仅指“主客体关系”还是别的什么？(3)经营城市的“主客体的逻辑关系不是很清楚”具体表现是什么？这一指责是针对“国外的经验”的还是针对国内的哪些论著或实践？我衷心地希望这位专家能够著文澄清这几个问题，认真介绍“国外的经验”，并对所谓“区别”作出清楚的评论，以免有损清誉。

总之，我们承认“城市经营”与“经营城市”有词形和语义的差异，但不认为其内涵有质的差别。根据国内现有的绝大多数论著来分析，即可看出“城市经营”与“经营城市”是具有相同内涵的概念之两种表述方式，并没有实质性的矛盾与区别。大家尽可随意使用。将来发现确有失误时，再作纠正不迟。不过从理论研究角度讲，我建议尽可能采用“城市经营”一词，因为它同“经济研究”、“城市研究”等概念相类似具有更高的论理性，更有助于思路的开拓。

篇末絮语

本文写完以上各节，似可结束。适友人又介绍一篇新的文章(以下简称“新文”)给我，并就文中两个观点征询我的意见：一是“新文”认为，经营城市的重点和目的是“最终建立符合市场经济要求的城市建设投资新体制”；二是“新文”认为，在“盘活市政公用基础设施等国有存量资产”问题上，“城市政府要从经营中退出来，将国有资产的所有权和经营权剥离，组建新的市场主体”。

我听了友人的介绍，又认真地阅读了“新文”全篇。我的看法是：

第一，关于城市经营或曰经营城市的内容与目的，我在前面已经作了阐述。“新文”所谓“最终建立符合市场经济要求的城市建设投资新体制”应当是城市建设经营的一个目标，全文所论也主要是城市建设经营的内容，是城市经营的一个组成部分。把“最终建立……城市建设投资新体制”作为“经营城市”的重点和目的，显然不够准确。

第二，前文我从城市经营的全局考虑，肯定了城市经营的主体是城市政府。应当补充说明的是，城市经营中既有政府行为，也有企业行为，如前所述，城市经营攸关整个城市的发展前途，其谋划、决策、部署、监督、调控，以及“新文”所谓“国有资产的所有权和经营权剥离”、重组、划拨等等，自然非城市政府不能担当主体。至于具体项目的市场运作，已属企业行为，自应由相关的企业担当主体。目前，我们众多的城建投资公司，就是经城市政府授权，负责市政公用设施部分国有资产的管理与经营，并以多种形式为城市建设筹融资金的一种市场主体，正在城市经营业务中发挥着日益显著的积极作用。当然，在城市经营中，政府与企业一定要职责分开，责权分明，依法依规运作。政府不可包办企业事务，不可任意干预企业运作；但必须总揽城市经营全局，恪尽自己的职责，而不是简单地“从经营中退出来”。

所见当否，敬待大家指正。

经营城市是一个庞大的系统性工程，没有对经营城市理论的深刻认识和理解，要把经营城市的工作做好，一般说来是不可能的。所以，我们非常希望那些做市长、书记的城市领导者们最好能好好读一读李丽萍和彭实铖的这篇文章。请看：

3. 试论城市经营的本质

中国人民大学区域经济与城市管理研究所　李丽萍　彭实铖

城市经营就是采用市场经济的手段对构成城市地域空间和功能载体的自然生成资本、人力资本以及相关延伸资本等进行集聚布局、结构重组和价值运营，以一定的投入取得最大的经济效益、社会效益和环境效益。城市经营是城市发展的内在动力和外部压力共同作用的结果。内在动力来源于经济的高速发展与滞后的基础设施供给和僵化的城市管理体制的矛盾；外部压力来源于经济全球化背景下生产要素的自由流动与城市吸引力不足、竞争力有限的矛盾。这在客观上要求我们对不利于城市在激烈竞争中获胜的落后管理模式进行变革。城市经营不仅仅是对城市管理制度的变革，它还蕴涵着产权制度的变革和城市政府职能的转变。

1. 城市经营是对城市公共物品产权的再认识

在城市经营的过程中，我们通常把城市资产划分为经营性资产、准经营性资产和非经营性资产三类。这样做，不仅可以使人们深入了解不同类型的城市公共物品的产权属性，而且还消除了人们在城市公共物品产权认识上的几个误区，对城市资产产权的归属进行重新界定。

1.1　城市经营打破了政府是公共物品惟一供给者的认识误区，承认了供给公共物品的所有权主体的多元化

在计划经济条件下，所有制结构极为单一，政府掌握了大部分的国民收入，基本上不存在大规模非公有制经济主体。因此，供给公共物品的重任就自然而然地落在了政府的肩上。如今，市场经济已成为国民经济的主体，上述状况也发生了很大改变。随着收入分配制度改革的不断深化，政府财政收入占国民收入的比重急剧下降，非政府主体蓬勃发展，民营经济的比重不断上升。这使得非政府主体承担部分公共物品的供给任务成为可能。

然而，私人供给公共物品与公共物品本身的公共性不可避免地存在矛盾的一面。私人投资主体投资公共物品的目的与投资其他领域的目的一样，是为了获取最大利润，他们始终把经济效益放在首位。而城市公共物品是城市经济发展的基础，是改善城市主体如企业、社团和居民的生产和生活条件，其社会效益远远大于经济效益。因此，私人投资主体在投资过程中出现的机会主义行为以及自私的防止一切外部性溢出的行为与社会成员在合理价格条件下公平使用公共物品的权利之间，必然发生激烈的冲突。但这种矛盾并非不可调和的。

首先，每一方只有在对方取得最大收益的前提下获得的最大收益才是稳定的。公共物品的供给方与需求方作为博弈的双方，它们的利益是紧密联系在一起的。供给方实现最大化利润的前提是满足需求方在某一方面的需求；而需求方要想获得更多的公共产品，就必须进行等价交换，否则，这种公共物品的供给就难以为继。公共物品供需双方的利益在这一点上得到了统一。以教育为例，投资教育的私人主体只有提高教学质量，以培养优秀学生为目标，才能吸引大量的学子；而学生只有付出等量学费，才能进一步鼓励私人主体投资办教育，增加自身受教育的机会。

其次，政府可以通过外在制度来约束私人主体的各种行为，削弱其在经营中产生的负面影响。例

如，对于投资者的垄断行为要加以抑制，允许在公共物品供给领域存在竞争。此外，政府还可以在不影响投资者所有权和收益权的前提下，使非公共物品的外部性漫延出来，使之成为准公共物品，让尽可能多的人享受到这种好处。如上海的“内光外透”工程，大连的“拆墙透绿”工程等。

1.2 城市经营的概念把所有权与收益权结合起来，提出了“谁投资，谁受益”的原则，走出了公共物品不能提供收益的误区

长期以来，公共物品不管其性质和特征如何，都被认定为“非市场产品”。也就是说，公众可以无偿使用一切公共物品。把公共物品与免费品等同起来，这种理解具有很大的片面性。免费品是“所涉及的物品是非稀缺的，使用者无须在使用时相互争夺”的物品，如阳光、空气等。大多数公共物品不具有这种性质，它们是一种共享品，即由集体投资供给的、具有一定稀缺性的产品。

按照集体资金的来源不同，城市公共物品可以分为以下几类：一种是由城市政府通过税收提供的，叫做纯共享品，如公园、道路等；另一种是由小范围的集体靠成员自愿或靠强制手段募集资金来供给的，叫做俱乐部品，如社区的公共娱乐设施。即使是某些纯共享品，其使用也存在竞争，不可能让所有公众同时享用。例如，公共医院的床位是有限的，公园的容量是既定的。同此，对这些物品实行收费享用，能够很好地对使用者数量进行控制，避免公众的抢夺行为。同时，把这些收费集中起来，投入到更多的公共物品的生产经营中去，能在一定程度上缓解公共物品供给“僧多粥少”的矛盾。

俱乐部品虽然不属于私人产权，但它只属于一个封闭的集体所有。俱乐部成员获得这些产品并不是没有代价的，他们要对俱乐部做出某些贡献。而且，俱乐部产品是按照俱乐部成员的数量来供给的，具有极强的稀缺性。因此，俱乐部就不得不对产品的使用机会进行内部控制。外部人要使用俱乐部产品时，要么成为俱乐部成员，为俱乐部做出一些贡献；要么付费使用，这样才能显示出使用机会分配的公平性。

从上述分析可以看出，把经营性资产从城市资产中分离出来，采用市场机制进行公共物品的运营和有偿供给，是完全可行的。

1.3 城市经营提出了将公共物品的管理权承包给私人主体，实现了政府所有权职能与管理权职能的分离，打破了公共物品的所有权必须与管理权相结合的误区，是公共物品管理上的一次革命

传统体制下，公共物品是由政府设立专门机构，派驻专门人员来管理的。我国城市建设的实践证明，这种管理模式的效率十分低下。原因有如下几个：第一，行政管理人员是对其上级负责的，对其管理绩效的评价取决于其上级而不是实际管理绩效本身，加之管理绩效很难用硬性指标进行衡量。因此，管理人员偷懒、工作低效、服务质量差在所难免。第二，行政管理人员的收入是由国家财政固定拨给的，与管理绩效脱钩，因而不可能激发管理人员的工作积极性。第三，在一些公共物品的使用存在激烈竞争的部门中，管理人员以公共物品的稀缺性为契机设租，腐败现象时有发生。

政府通过与承包人签定一个关系性契约，把公共物品的经营管理权转让给私人主体，意味着政府可以从微观管理领域隐退，私人主体在政府的监督下对公共物品进行管理和运营，实际上实现了所有权与经营管理权的分离。其结果，一方面使得政府精简机构和人员成为可能，有利于政府的低成本运作，有利于政府把主要精力放在宏观管理上，节约政府管理微观主体所付出的大量的协调成本和组织成本；另一方面，有利于实现城市资产管理的硬约束，实现低成本、节约化、高效率管理，调动管理者的积极性，提高管理水平。政府在拍卖承包权的过程中，实际上放弃了设租的权力，但把设租所得计入拍卖价格中，收归政府所有，很好地避免了寻租行为的产生。

2. 城市经营意味着城市政府职能的转变

城市政府是在政区内建立起来的、通过政治秩序获得授权、追求一定集体目标的、自上而下的层级式权力机构，它在城市经济发展中处于核心地位。改革开放以前，我国的城市政府参与了宏观管理和微观管理的全过程，成为名副其实的全能政府。而城市政府在本质上是政治主体，其最主要的职能是维护社会稳定，保证社会公平。因此，城市政府运作资源产权的目标与私人主体有很大区别。城市

政府在配置资源时不计投入，轻视回报，粗放经营，导致城市公共资产运营效率低下，公共物品数量不足、质量低下，是公共物品供给远远滞后于城市社会经济发展需要的深层次原因。

2.1 城市经营将市场经济的经营意识、经营机制、经营方式等引入城市规划、建设和管理，这在一定程度上是对以前低效率全能政府的否定

城市政府职能转变是城市经营的客观需要和经济体制改革的内在要求。

首先，政府退出微观经济领域是理顺价格机制的客观要求。市场以效率为目标，价格机制是市场调节的最主要机制之一，完善的价格机制能够实现资源的优化配置。政府作为投资主体在市场上的出现，必然把其实现社会公平的职能带入其中，导致价格机制的扭曲。

其次，政府退出微观经济领域是实现公平市场竞争的基础。公平竞争的前提是各市场主体在市场竞争中地位平等，它要求政府作为裁判员维护市场秩序。政府参与市场竞争，意味着它既是裁判员，又是运动员，必然会利用其特殊地位谋利，从而破坏市场竞争的公平性。

第三，一系列的改革已限定了城市政府的职能，使其不可能维持庞大的全能政府的运作。一方面，国企改革和分税制实施后，城市政府难以再从国企和中央政府获得财政收入和巨额转移支付，因而财政收入锐减；另一方面，金融体制的改革使金融机构独立于政府之外，关闭了地方政府原有的低成本甚至是无成本的融资渠道。政府仅仅依靠财政收入进行大规模城市建设已不可能。

第四，城市管理客观上需要许多专门人才。然而在市场高工资的引诱下，大量优秀的管理人才纷纷“下海”，政府的管理能力大大削弱。这使城市政府不得不面临“有所为，有所不为”的选择，从过去过长的战线中收缩回来，集中力量加强对某些领域的管理。

2.2 城市经营既是城市政府职能转化的结果，又进一步促进城市职能的深刻变革，它要求我们对城市政府职能进行重新定位

2.2.1 应实现直接管理经济向经济制导管理的转变

对城市经济进行制导管理，是指“按照城市经济发展的客观规律办事，‘导顺制逆’，把城市像一个飞行器那样加以控制和引导，使城市经济沿着健康、稳定、高效的道路持续发展”。[①] 城市经济制导管理的内涵是，政府作为宏观经济主体应重点抓好制度的建设与经济秩序的维护，培育城市发展的良好外部环境，从城市经济的大局出发，引导市场主体向有利于增强城市总体实力的方向发展，对于不利于城市发展的行为予以遏止。主要包括以下几项内容：

第一，城市规划的制订和管理是城市经济制导管理的基础。城市规划是一个时期内城市发展的蓝图，也是城市建设和城市管理的依据，在城市的发展中起着协调和引导的作用。因此，制订科学的城市规划是城市政府的重要职责之一。同时，城市政府也有责任将城市规划公之于众，提高规划的合法性和稳定性，增强规划的透明度和公众参与度。

第二，培养统一开放的城市市场体系是经济制导管理的重要内容。地方保护主义不利于地方经济的长期发展，也不符合经济全球化以及世贸组织规则的要求。城市政府要积极的与其他地区和城市政府协商，相互间取消贸易壁垒。同时，扫清阻碍生产要素流动的障碍也是城市政府不可推卸的责任。如在产权交易市场上，要破除对不同所有制企业的偏见，规范企业在产权交易和资产重组中的行为，保证产权和要素按市场规律合理更替、流动。

第三，建立合理的有助于城市经济发展的制度结构是实施经济制导管理的关键。政府的主要作用就是制定游戏规则，超然于游戏之上对游戏进行监督，并贯彻执行游戏规则，为所有主体自由追求利益最大化创造良好的外部环境。城市政府的重要职责之一，就是把过去良好的制度继承下来，并不断加以完善。对于与环境协调较差的游戏规则进行变革，保持经济发展与制度体系的协调一致。

2.2.2 做好公共物品经营的配套工作

在城市公共物品如基础设施的经营中，一方面，我们把某些经营性资产如高速公路的经营权和管

① 柯武刚，史曼飞．制度经济学．217页．商务印书馆，2001

理权转让给私人主体。正如前人所述，从私人动机出发的私人主体必然会做出有损于实现公共目标的行为。因此，政府必须做好对私人投资主体公共物品经营行为的监督工作，减少或消除其负面影响。其中最主要的措施是，防止私人投资主体通过行业垄断来随意制订价格，谋取暴利。所以，政府在公共物品的定价过程中要积极参与而不是放任不管，要牢牢掌握在城市经济发展中发挥重大作用的公共物品的定价权。如法国在特许经营中，规定公共物品的价格由社会咨询公司在预测的基础上计算得出，并要经过市政议会讨论确定，这样政府就始终控制着价格的制订权。

另一方面，我们对非经营性公共设施以及风险巨大、私人投资主体不愿涉足的项目，采用政府贷款和发行市政债券的方式融资建设。因此，应加强城市政府对债务的管理职能，这成为城市政府的一项新的重要职能。首先，要对政府的偿债能力进行精确计算，严格把债务负担控制在偿债能力之内。其次，要注意调整公债的期限结构，促使公债年度还本付息的均衡化，避免形成偿债高峰。第三，要选择合适的债券持有者结构，兼容社会各阶层投资者。第四，加强对债务资金的管理，对债务资金的使用方向要有明确的限制，防止出现腐败行为。

2.2.3 树立城市形象，搞好城市营销

城市政府应将城市作为最大的产品来规划、建设和经营，通过媒体宣传城市的发展战略和发展规划，树立城市形象和城市品牌，激发人们的自主和自觉意识，使城市三大主体——企业、社团和居民形成一股合力，积极关注和支持城市发展和建设大局。

首先，树立良好的城市形象、搞好城市营销是城市经营成败的关键。树立城市形象，就是通过历史分析和区域对比，找出城市的发展方向，界定城市的职能定位，制定城市的总体布局方案，搞好各类基础设施网的建设，为企业的经营和居民的生活塑造一个经济、高效、舒适、便捷的环境。搞好城市营销，就是将已经树立起来的城市形象通过媒体广为宣传，让世人广为知晓，从而吸引资金和人才的流入，使城市经济社会发展呈现蓬勃之势。

其次，企业品牌中包含城市品牌的成份，响亮的城市品牌无疑会增加企业品牌的知名度。如“上海制造”半个世纪以来一直是雄居中国制造业榜首的著名品牌，这在一定程度上得益于上海这个著名国际大都市的良好形象。同样，知名的企业品牌又会增强城市的吸引力，有助于塑造良好的城市形象。如长虹品牌之于绵阳市；海尔、海信品牌之于青岛市。

第三，城市形象的外在表象中包含着丰富的内在气质，蕴涵着由城市的文化底蕴、人文精神等构成的城市软形象。同时，它也是城市在不断发展中演化出来的内在制度即城市居民在人际交往中遵循着的某种可识别模式的体现。在具有良好城市形象的城市进行投资，可以增强收益的可预见性，规避投资风险，减少交易成本，获取最大利润。

总之，城市营销是城市政府的重要职能之一。在城市形象设计和营销中，城市政府要深刻认识到自己的优势和不足，根据可居住性、协调性、超前性和个性化原则进行城市形象设计，培育优秀的城市文化，提炼符合时代潮流和积极向上的城市精神，选择正确的发展模式，明确发展目标，制订颇具特色的城市发展规划和发展政策，采取多媒体、多渠道宣传，扩大城市在全国乃至世界上的知名度，为城市经济和社会发展寻求最大限度的机遇。

综上所述，城市经营是在新的历史条件下对传统城市建设和管理模式的一场革命，其本质是人们对城市公共物品产权归属认识的深化和城市政府职能的转化。“城市经营”的提出具有深刻的历史和现实意义，它必将对城市的未来发展产生重大影响。

参 考 文 献

1. 李丽萍．城市人居环境．中国轻工业出版社，2001
2. ［德］柯武刚，史曼飞．制度经济学．商务印书馆，2001
3. ［美］菲力普·科特勒．国家营销．华夏出版社，2001
4. 王延辉．城市经济制导管理．社会科学文献出版社，2000

5. 桑玉成. 政府角色. 上海社会科学院出版社，2000
6. 谢识予. 经济博弈论. 复旦大学出版社，1997
7. Robbert Zipf. How Municipal Bonds Work. NYIF Corp，1995
8. 徐宗威. 法国城市公用事业特许经营制度及启示. 城市发展研究，2001. 4

我们这个时代热门话题很多，但能像经营城市这个话题热到几乎让每个中国城市的领导人摩拳擦掌的程度，还真的不多。北方网曾就这个话题发表了相关文章，很值得一读。请看：

4. 热门话题：经营城市

北方网

城市经营、城市资产经营、经营城市以及“三分建设、七分管理、十分经营”的提法频现诸媒体，到底何为城市经营呢？

全球经济一体化理念带来各国城市建设管理模式的变革。当前世界比较流行的城市发展模式是“企业家化城市治理模式”，这种模式的实质就是政府以企业家的角色来管理城市，治理城市，把整个城市作为资产进行有效整合，以达到国有资产保值增值并发挥最大效用的目的，这种管理模式从某种意义上说涵盖了城市经营的理念和本质。政府在城市建设和管理中充当主导，是城市经营的主体，而城市的各种资产都是城市经营的客体，也是城市经营的主要对象。

城市经营溯源

早在20世纪中叶，西方一些发达国家就开始出现城市经营思想的萌芽。

20世纪西方兴起城市经济学，运用经济学理论来研究城市土地利用、交通运输、城市环境、住宅建设、公共财政等方面的问题，推动了城市经济社会的发展，这其中就包含了利用市场经济手段进行城市经营的观念。在城市化发展较早的英国，新城基础设施采取了两种模式，一是国家开发建设，二是公私合营进行开发建设。到了20世纪60～70年代进入改革阶段，一是整体出售国有资产；二是国有资产难以整体出售则将其能赢利的一部分资产卖掉；三是把国有企业资产有偿或无偿转让给本企业职工；四是政府通过签订特许权协议方式，把政府承担的城市基础设施项目的设计、施工、融资、经营和维修的责任交给某一公司或国外企业，在建成此项目后的协议期内，通过经营该项目，获得投资回报，协议期满后，该项目无偿转让给政府，即BOT方式进行建设；五是采用政府出资，由私人承包提供城市基础设施产品或进行服务；六是将私人经营原则和市场竞争精神引入国营部门。如此等等，为城市经营理念的形成和运作提供了经验。之后法国、美国、日本、意大利等国家在城市基础设施投资融资方面进行了许多有益的尝试，形成了不同的模式。

我国经济界的专家和学者在80年代中后期就提出了“城市基础设施的经营与管理”、城市土地有偿使用等观点，实际上就是城市经营理念的雏形与起源。90年代以后，国内一些大城市相继在城市建设和管理中探索出了“以路带房”、“基础设施建设带动旧城改造”、“市政设施专营权有期限转让”、“发行城市建设债券”等做法，进一步从理论和实践上肯定了城市经营的理念。1998年9月，中国城市经济学会会长汪道涵在上海召开的纪念十一届三中全会20周年研讨会上明确指出，今后城市现代化建设要走经营城市的新路，“经营城市”和“城市经营”的概念首次在公开的会议上被正式提出，此后学术界又召开了多次研讨会，各类杂志也开辟了专栏，学者、专家管理者和政府管理者各抒己见，关于城市经营的讨论成了新一轮的热门话题。

城市经营——城市发展的催化剂

经济学中有一个重要的“纳瑟姆”曲线，它表明，城市化率在30%以下时城市现代化发展比较慢，达到30%后，城市现代化发展就将进入快速发展阶段，就好比驶入了快车道，直到城市化水平达到70%以上后，又进入了缓慢发展期。

我国目前的城镇化率为37.6%，恰好刚刚进入城市现代化快速发展期，大做城市经营的文章在一定意义上可以起到城市发展的催化剂的作用，具体来讲可以起到五个有利于的作用。

1. 有利于创造城市价值，提升城市竞争力

21世纪既是城市发展的时代又是城市间竞争日趋激烈的时代。发展与竞争成为21世纪城市发展的主题。

城市经营是将城市作为资产，以资本运作的方式来取得一种综合效益。通过对城市自然资本、人力作用资本和延伸资本等不同资本要素的集聚、重组和运营，提高资本要素的利益效率和规模，对城市价值的创造和城市竞争力的提升有着十分重要的影响。

2. 有利于促进城市政府职能的转变，有利于市场经济体制的逐步建立

城市经营理念是市场经济条件下城市建设管理体制改革和机制创新的产物。与传统计划经济体制下城市发展模式最本质的区别是，城市建设和发展资金不再过多依靠财政，而是把整个城市的无形资产和有形资产推向市场去运作、经营，去聚集更多的建设资金。因此，政府的管理理念、管理手段、管理方式以及政府管理部门的各项职能都将相应发生深刻的变革。城市政府的职能实现了由“计划管理”向“市场管理”的转变，由“直接微观管理”向“间接宏观管理”的过渡。因此，城市经营理念在趋势发展中的应用，实质上是促进和体现了城市政府职能的转变，同时有利于市场经济体制的建立和不断完善。

3. 有利于调整城市格局，促进城市总体规划的实施

城市总体规划是城市发展的宏伟蓝图，城市建设和管理各项工作都必须以城市总体规划为前提。在城市发展中正确运用城市经营理念，使城市建设管理能够按照城市总体规划的要求去运作，促使政府加强规划管理，有利于城市总体规划的全面实施。

4. 有利于改革传统的城市建设投、融资体制，建立多元化城市建设资金渠道

长期以来，城市商品的价值属性一直未被明确地提出，城市基础设施全部被视为公共物品，采用单一的政府投资和财政补贴的方式来运作，单一的投资主体，有限的建设资金已影响到城市的进一步发展。城市经营理念是对传统投资体制的摒弃，将城市基础设施中可经营性的设施推向市场，以产权和股权转让、经营权和使用权转让等方式融通资金，逐步形成政府、企业、社会等多元投资主体、多渠道筹集资金的新态势。

5. 有利于实现市场化管理，提高管理的效能与效率

组成城市资本的要素是相互依存、相互关联的，树立整体管理的观念和采用综合治理的科学方法，城市管理才是一种市场经济体制下的城市管理，一种市场化的城市管理。在城市管理中不断运用城市经营的各种手段，提高城市管理的效能与效率，努力去创造城市价值，提升城市竞争力，才能推动城市协调健康的发展。

城市经营模式比较

1. 强化规划，调整布局，提升土地使用效益

一些城市通过科学规划对城市进行合理布局，使资源型、污染型工业得到改造、分流、疏散，城市基础设施得到有序配套，优化城市的内涵质量，提升了城市空间的“含金量”。如大连市在过去7、8年间，将市区内90多家污染严重和困难企业迁入郊区重建，实现再生，既救活了一些困难企业，又改善了市区整体环境，使城市总体增值，给城市带来了丰厚的回报。经过多年的调整，大连的土地价格1999年比1994年增长了5倍，大连市新建城区160多平方公里所拥有的实物资产由1992年的760亿元增长到1999年的2600多亿元。上海最近推出一种新的环境管理模式——排污指标有偿转让，就是实行不同地段不同控制标准和征收排污处理费用标准，促使企业采用先进的污染治理措施，减少了污染物排放量，不但保护了环境，而且能将多余的污染指标有偿转让，获得客观的经济效益。实际上是将环境质量指标、排污标准与企业经济效益挂起钩来，运用经营手段来取代单纯的行政手段。

2. 实行城市国有土地资本运营，促进国有土地资本的保值增值

杭州市在实行经营城市战略时，在深化土地使用制度改革、加强城市国有土地资本运营方面做了积极的探索。从1997年下半年起，就开始建立并实行土地收购储备出让制度。出台了《杭州市土地储备实施办法》，组建了土地储备中心，通过“土地统一收购”和“统一批发权”，实行“政府主导型”的土地储备制度。1994年以来，全市以土地公开招标拍卖的方式，收取土地出让金23.4亿元，比原先拟订的按协议方式出让的金额高出8.4亿元，2000年杭州国际博览会上，累计成交额6.97亿元人民币，扣除土地开发补偿费，净收益3.74亿元，为城市建设聚集了客观的财力。2001年11月，杭州市被国土资源部确定为全国国有土地资本运营的试点城市之一。另外，宁波、温州、绍兴、上虞等市通过土地招标、拍卖的净收益都分别占当年财政收入的30%左右。

3. 充分利用外资，加强城市基础设施建设

上海在城市经营方面，采用7种方式引进外资用于城市基础设施建设：

中外合资共同开发成片土地，包括“七通一平等”；

利用外资建设并经营重大城市基础设施项目，以设施收费收回投资；

中外合资建设城市基础设施项目；

盘活资产存量，向外商转让已建成的基础设施专营权；

外滩金融大楼向外商房产置换；

利用土地级差，向外商出让(批租)土地，获得外资改造旧城区；

采取外资平价内销商品房政策，以“外商出钱、中方出地、限期建设、政府收购、保证收益”形式扩大利用外资。

4. 加快城建投融资体制创新，提高政府财政投资的导向力度和宏观效益

深圳市提出，经营城市是一种企业化行为，主体是政府，政府可组建享有独立法人地位的经济主体如城建投资公司等，但政府必须对项目的选择、资金使用情况和产品服务价格进行严格审查和有效监控，决策重大问题。通过改革投融资体制，在保持政府投资力度的同时，提高政府投资带动社会投资的比率，使有限的财政资金发挥更大的作用。成都市则是建立以“政府投入、市场补偿、社会投资”为原则，具有“自筹、自备、自还”能力的城建投融资体制，由单一的政府投入向地方政府投入、城市基础设施有偿使用(有偿服务)、公用事业合理计价、吸引社会资金和引进外资等多元投入转化。

5. 充分调动民间投资的积极性，广辟城建资金来源

一些城市按照城市经营的理念，采取以政府投资为导向，吸引更多的社会资金来投入城市建设的办法，实行“谁投资，谁所有，谁收益”。

湖南益阳从1996年开始，将市区内所有的路灯、电杆上的广告实行拍卖收费，每年仅此一项收费就达1000多万元；长沙市1997年对累计亏损1亿多元的公交公司通过改变承包经营方式，建立现代企业制度，实行股份制经营，广泛筹集资金，当年5家股份制巴士公司不但没有一家亏损，还新增车辆195辆，赢利250余万元等等。

以上模式都是将城市作为一种资源，将可以用来经营的存量资产和生产要素推向市场，进行重新组合和优化配置，并集中一部分收益，再投入到城市建设的新领域，从而实现了城市资源流动增值和城市建设的可持续性发展。

杨重光教授是中国社会科学院的资深研究员，著名的城市经济专家，为我国城市建设和城市经济发展做出了突出的贡献。这些年来，他的研究领域不断扩展，在城市化建设和新时期城市的管理以及经营城市方面的研究均表现出了非凡的远见卓识。请看：

5. 市政设施是民营企业进入的重要领域

中国社会科学院研究员、中国城市经济学会副会长　杨重光

一、市政设施建设中的突出矛盾

市政设施是城市生存和发展的物质技术基础，是居民生活、工作、学习和休闲的条件和环境。随着城市的发展对市政设施提出越来越高的要求，改革开放以来，特别是近几年以来，虽然我国各城市的市政设施建设取得了巨大的成绩和进步，但是仍然存在一系列的矛盾，而其中最突出的矛盾是市政设施建设需要与资金短缺之间的矛盾。众所周知，城市基础设施建设需要巨额资金，可是由于种种原因，许多城市投资不足，不能满足城市基础设施建设的需要。世界银行曾作了研究，对发展中国家的抽样调查表明，1980～1990 年期间基础设施投资占 GDP 的比例为 2%～8%，占固定资产投资的比例为 20%。据此联合国认为，发展中国家在城市化过程中，基础设施的投入一般不应该低于 GDP 的 3%～5%。近几年，我国每年用于基础设施的投资将近 4000 亿元，尽管对基础设施建设的投资力度不断加大，但我国绝大多数城市基础设施建设投资占 GDP 的比例都只有百分之二点几。即使像上海这样对基础设施建设十分重视，投资力度较大的城市，也只达到 5%。

按照联合国的建议比例，一个五年计划城市基础设施建设总计需要 2 万亿元。

城市基础设施建设资金短缺的重要原因是我国投资渠道单一，过去主要依靠国家和城市政府的财政投资。改革开放以来，这种情况有所改变，但仍然以政府财政和银行贷款为主。在每年投资的 4000 亿元中，国家财政投资包括国债，中央的转移支付占总投资的 5.7%。这是最近几年国债投放量较大的情况下才达到的，如果没有国债投资，中央转移支付只占 1.2%。引进外资参与基础设施建设，最好的年份为 4.3%，城市维护建设费资金只占整个投资的 14.6%。所以，无论是城市维护建设费，还是外资以及国家财政资金，三项合计还不到总投资的 20%，其余 80%的资金绝大部分靠银行贷款。民间资本投资很少，有专家估计约为 10%。经济发达国家的经验表明，社会资金是市场经济条件下城市基础设施投资的主要来源。

城市基础设施建设不仅需要民间资本的参与和进入，而且民间资本拥有极大的潜力和投资需要。据有关资料，目前我国民间资金存量达 12 万亿元。经济发达及民营企业繁荣的省市，民间资金更为雄厚和可观。有人估算，浙江的民间资金余额约为 10000 亿元。但大多数资金处于“休眠”和“半休眠”状态，即民间资金没有转化成资本。其主要的原因是：

其一，政府对民间资金和民营企业参与城市基础设施的投融资活动存在不少制度限制和体制障碍；

其二，民间资金分散，民营企业财力较弱，而城市基础设施项目一般规模大、资金周转周期长、投资量大，或者主要生产公共品，影响民间资本接近和进入；

其三，由于城市基础设施建设，有自己的许多特点，这样使民间资金和民营企业对其了解甚少，因此不得不集中于传统的制造业、商贸流动和房地产业开发等行业。

归根到底，一方面是民营企业对城市基础设施缺乏全面的、深入的了解；另一方面是城市基础设

施本身改革的迟缓，制度和体制不适应广泛吸收居民资金和民间资本投资的需要。

国家统计局发布的一项研究结果表明，中国的民间投资主要有7大热门投向，主要是传统产业升级换代、高新技术、基础设施建设、发展县市经济、西部开发、城市化建设及支持国有企业改革。其中城市基础设施建设是一个重要的领域。所以，一些外资企业和集团开始介入。市政建设需要大量建设资金。

二、民营企业进入市政设施领域的关键是改革

1. 市场化是市政设施建设的必然趋势。城市基础设施是一个非常广阔的领域，通常说是六大类，包括城市道路、交通系统、邮电通信、供排水系统、污水垃圾处理、供电供气供热、园林绿化等，所谓城市开发中的"五通一平"、"七通一平"都属于城市基础设施或市政设施的内容。

经过研究，城市基础设施及其产品，可以分为公共物品、半公共物品和纯私人物品。这三类物品的公共性、共享性、经营性与市场化是不同的，因此不能一概而论，而要作具体的分析。要根据三类产品的属性、特点、可经营性来确定投资渠道、经营方式。况且这三类物品的划分不是绝对的，也不是不变的，决定于时代、环境和国家。某些产品今天是公共物品，由于科学技术的发展和计量技术的进步，明天可能成为半公共物品。城市道路一般是公共产品，可是交通可分为公共交通和私人交通。一般说城市道路不能经营，而交通可以经营。随着生产力的发展和科学技术的进步，以及居民经济收入的提高，市政设施中可分割供应、可经营的、有回报的部分是不断增加的。在计划经济时期，市政设施是政府垄断行业，绝大部分市政设施产品和服务是政府投资建设管理的，是无偿供给城市居民，甚至企业的。即使收费也不是按市场价格收取，有的甚至是象征性的。但这不等于说，这是城市基础设施所必然采取的生产和供应方式，也不等于这是社会主义优越性的体现。事实说明，这对城市基础设施的投资和建设，对城市的发展产生不利的影响，至少是弊大于利。从整体上说，市场化是城市基础设施建设投资的必然趋势。

2. 市政设施投资建设和经营管理改革的不断深化。在改革开放中，为了解决城市基础设施与资金短缺之间的矛盾，为了改变市政设施经营效率低下的状况，为了改变市政设施产品和服务供应分配上的不公等问题，为了使城市基础设施的运行与整个经济社会一致，为了加快城市基础设施建设的步伐，城市基础设施领域的改革不断推进。改革的方向是使城市基础设施的投资、建设、经营和管理，不断地推向多元化、社会化和市场化。从投资来说，主要是实现投资的多元化，从单一的财政投资向间接融资、直接融资结合，最后以直接融资为主的新的格局。中央及有关部门近几年已经出台了政策和措施，允许和鼓励民间资本和国外资本进入国民经济的相关领域，其中包括长期由政府垄断的城市基础设施及项目。党的十六届三中全会通过的《中共中央关于完善社会主义市场经济体制若干问题的决定》明确指出，"清理和修订限制非公有制经济发展的法律规定和政策，消除体制性障碍。放宽市场准入，允许非公有资本进入法律未禁入的基础设施、公用事业及其他行业和领域"。2002年国家建设部提出了《关于加快市政公用行业市场化进程的意见》。在中央的正确方针的指引下，各地已经进行了多方面的改革，创造了许多行之有效的改革措施，取得了可喜的收获。世界银行总结各国民间资本参与基础设施的经验，提出了很多方式，包括经营业绩协议、服务合同、管理合同、租赁、特许经营、BOT和私有化等具体方式。这些方式在我国许多城市进行不同程度的实践，并且在实践中有所创造。这几年，随着经济的发展和城市基础设施建设的需要，在先进理论的指导下，在中央正确方针的指引下，城市进行了大胆的实践，创造了不少行之有效的投融资方式。主要有：

市政设施经营民营化。非政府机构和企业纷纷进入城市基础设施建设领域，在某些行业和部门，甚至成为主流。政府通过政策安排等手段，将公共物品委托给私人企业或民营企业进行建设、经营和管理，不断地创造出许多由私人企业建设和经营城市基础设施的形式和成功经验。

合同承包制。政府或部门与民营企业或其他可靠机构通过签订合同，由民营企业或其他机构承包一定时期内公共物品和市政公用事业的经营维护。政府按工作量和要求支付一定的承包费。承包单位必须接受政府和公众的管理和监督，按质按量完成任务。此种形式适合于垃圾收集与处理、街道路灯管理、道路和公共场所的清扫与管理等。

授权经营。政府将部分城市基础设施和市政公用事业的建设与经营委托给包括民营企业在内的企业。由授权企业进行具体的生产和经营，这种经营可以是单项的，也可以是多项的或混合的。例如，企业经营某一路公共交通，或一路公共交通连同一个渡船码头。在这些市政设施和服务项目中，有的可能有盈利，甚至有较高的盈利，有的可能不盈利甚或亏损，但综合经营的结果，以盈补亏，达到总体上盈利。一方面，政府对授权项目都要经过认真的、详细的核算，使政府和经营者都有利可图；另一方面，政府要采取财政补贴、税收优惠等扶持政策。

公私合营。对某些投资较大的重大工程，回报比较明显的基础设施建设，开展公私合建合营的形式，即在政府投资的同时吸收民间资本，并使之占一定的股份；也可以由民营企业为主，政府参股，既充分发挥民营企业资本和经营的优势和积极性，提高建设、经营和管理的效率，又可保证政府对项目的参与和监督，保证国家资本的保值和增值，以便使政府集中资本于其他的重大项目。

BOT 投融资方式。它是建设——经营——转让，是目前国际上，尤其是发展中国家比较流行的项目融资方式，是融项目融资、项目建设和项目经营于一体的经营方式，具有许多优点。除此之外，还有 TOT、PPP 等形式。

所有这些方式，在不同的地区和城市都取得了明显的收获。上海浦东的开发建设需要大量的资金，是吸收民间资本的重点地区。许多基础设施项目，如污水处理、高速公路、过江隧道等都是依靠吸收民间资本投资建设，或吸收民间资本参股建设。据分析，目前浦东吸收的民间资本投资已超过 1000 亿元。全球最长的跨海大桥——杭州湾跨海大桥，总投资 118 亿元，民间资本占到 50%以上。杭州宋城集团以 17.3%的股份成为民营企业最大的股东。

民间资本进入城市基础设施建设，不仅解决了建设资金的来源问题，而且促进了城市市政设施建设、经营和管理的整个机制，是完善和改进机制的需要，提高了效率，改善了市政设施与居民之间的关系，开创了中国的“人民城市人民建”的新时代。

当然，在多元化投资建设和经营中也存在不少问题，有的还处于试验阶段，尚不成熟。为了真正发挥民间资本在城市基础设施投资、建设和经营中的作用，需要进一步转变政府职能，深化市政公用事业改革，为民间资本投资创造良好的体制政策和服务环境。

三、民营企业积极稳妥地进入市政设施建设

包括民营企业在内的民间资本进入城市市政设施建设是大势所趋，是经济体制改革的需要，是城市基础设施发展的需要，但是城市基础设施建设和经营有自己的规律和特点，同时，许多市政设施的技术要求高，需要一定的专业知识和人才，同时市政设施与城市的日常生产和运行，与居民的生活息息相关，安全性、政策性很强。例如，水、电、气的供应维系城市和居民的生命，是一刻也不能中断的。也就是说，许多市政设施有着特殊的要求。因此对民营企业进入市政设施建设和经营是非常慎重和严肃的经济活动。

1. 实事求是，量力而行。市政设施种类繁多，项目复杂，规模各异，技术特殊。这一方面为不同类型和规模的企业，进入不同的领域，投资不同的项目创造了有利的条件，另一方面也提出了严格要求，必须量力而行。不能超越民营企业自身的资金、技术、人才等条件去投资经营力不所及的项目和企业。否则不仅要冒投资的风险，而且给城市的发展和居民的生活带来严重的后果。这样的教训是不少的。

2. 熟悉城市，掌握政策。一般说，市政设施的产品或服务的市场就是城市，是为城市的日常运行和居民的生活建设物质基础和提供服务的。因此，只有熟悉城市，掌握市场，了解需要，适应特点，才能提供优质的产品和服务，经营管理好市政设施。市政设施的产品和服务不仅取决于自身的性能和质量，而且决定于环境和对象。例如，同样承包一路公交线路，由于区位不同，乘车对象、途径站点、高峰时点、沿途单位、乘客多少等就不一样，差别很大，变化很快，不经过认真的调查和科学的预测，就很难作出正确判断，掌握规律，从而进行决策。特别是本城市以外的企业进行异地投资和经营，一方面掌握其规律和变化更难；另一方面还需要了解熟悉城市的总体情况以及相关的政策、规定和管理。所以，一定要十分慎重。

3. 方式灵活，择优选择。对不同的市政项目的投资和经营必须采取灵活多样的形式。大有大的措施，小有小的办法。我们的资本市场和市政设施融资方式已经为不同的项目创造了不同的方式。例如，对大的项目采取BOT、PPP、公私合资、参股等形式，而对小的项目采取承包经营、特许经营等形式。所以，对民营企业来说，就要根据项目的规模和性质、经营期的长短等形式、自身的条件能力进行周密的选择。对同一项目也可以采取不同的方式来吸引民间资本。不断增加可市场化的项目，进一步扩大竞争的范围，例如冠名权、公交线路经营权，公共绿地养护，街道清洁经营权等；

4. 与时俱进，不断创新。当前是我国城市化迅速推进的时期，是城市加速发展的时代，同时更是市政设施建设突飞猛进的时期。围绕市政设施的社会制度、经济体制、生产方式、供应体系、国家政策等环境和要素，都在剧烈地发展变化，而市政设施各个系统和项目的技术，更是日新月异。通讯技术的进步，效率的提高和新技术的应用、推广和普及就是一个突出和明显的例子。所以，作为投资者、生产者和经营者来说，必须非常敏锐地认识和预测这种变化，要与时俱进，不断创新，追赶时代和技术，树立适当超前的概念。

最后需要强调一点是，城市市政设施建设和投资是经济效益、社会效益和环境效益统一的最典型和最明显的体现，民间资本和民营企业投资市政设施既可获得相应的、较好的经济利益，同时也为城市的社会进步和环境改善，为城市的整体发展、全面建设小康社会作出贡献和力量。

所谓城市经营，就是城市政府对其拥有配置权的各种可经营性资源，用市场经济的手段进行重组和优化配置，达到效率和效益的整体最优，从而提高城市的服务水平和服务功能，提升城市的综合竞争力，促进城市的可持续性的发展。所以，王振有同志认为，保证经营城市效益最大化和持久性，科学规划至关重要。请看：

6. 做好城市经营中的规划和管理

王振有

研究城市经营问题，我们应重点考察城市经营与城市规划和管理之间的关系。

城市经营与城市规划

城市规划是一定时期内城市各项经济设施、社会设施和城市基础设施的综合部署。由于实施规划本身有一个投入产出的问题，应该考虑建设项目的必要性和可行性，审查建设方案的优劣、建设标准的高低、筹资方式的利弊、投资回收期的长短、投资效益的大小以及是否符合城市发展的长远利益等问题。换句话说，就是存在一个城市经营问题。因此，城市不但要规划好，而且一定要经营好。在两者的相互关系上，城市规划必须贯彻城市经营的理念；而一个符合社会主义市场经济体制要求的、科学合理的城市规划，是城市经营获得良好经济、社会和环境综合效益的根本保证。城市规划在城市经营中的作用具体表现为：

首先，城市规划为城市经营奠定基础条件。所经营城市基础条件的优劣，将在很大程度上决定城市经营的好坏。一个布局混乱、交通堵塞、环境脏乱、景观破旧的城市，城市经营将会遇到很大的困难，难以获得良好的经营效益；相反地，一个经过精心规划的城市，有着合理的城市布局、快捷的内外交通、舒适的居住环境、方便的服务设施、优美的城市景观，对人们具有很大的吸引力，为城市经营创造一个良好的投资环境和经营环境。

其次，城市规划为城市经营各项有形资产创造有利条件。对城市来说，土地是城市有形资产中最大的一笔存量资产，而要盘活城市土地，首先就要搞好规划。比如开发利用一些闲散土地、废弃土地，就需要对这块土地与其周围土地的关系，如功能、开发强度、交通、竖向标高、建筑高度、绿化系统和各种管线的连接等做出详细规划，才能使这块土地便于使用，发挥其应有的开发效益。其他的城市有形资产如房屋、道路、桥梁等，可以对其使用权、经营权、管理权采取出让、出租、抵押、转让、拍卖或授予特许权等方式进行经营。但无论采取何种方式，经营者和使用者所关心的这些有形资产的使用功能是否方便合理，外部环境是否和谐舒适，形象景观是否美观大方，亦即能否获取较好的经营效益，无不取决于规划设计水平高低。

第三，通过城市规划开发和积累城市无形资产，提高城市经营质量。城市无形资产是依附于有形资产之上的，因而经营城市无形资产与城市规划有着密切的关系。比如出让经营权、冠名权的市政道路、主体交叉的桥梁，一般都选在主要干道和重要地段，需要有规划较好的环境和景观。城市各个地区的环境风貌规划搞得越好，城市无形资产可开发经营的范围就越大，内容就越多，经营质量就越高。

城市规划是城市经营的基础和前提，而城市规划本身也可以通过经营方式来实现。一个城市的地方政府或规划管理部门完全可以通过公开招标、竞争授权等市场化运作模式，集中规划领域的中介机构和专家，从事城市规划编制和评审工作，从而提高规划水平和节省规划成本，提高规划效率和规划可操作性。

城市经营与城市管理

从范畴上讲，“经营”包含“管理”，按古典管理学代表人物法约尔的观点，企业经营包括六项活动(技术活动、商业活动、财务活动、安全活动、会计活动、管理活动)，管理只是其中的一种活动。管理本身又由计划、组织、指挥、协调、控制五种要素或职能构成。管理的五种职能都要渗透到企业经营的技术、商业、财务、安全、会计等活动中，因此，经营与管理虽是两个不同的概念，但两者又有交叉，经营离不开管理，管理是经营的一部分。

从我国城市发展理论和实践情况来看，我国也在由研究城市管理逐渐向研究城市经营转变，在城市发展上引入市场机制，树立经营的思想。现在我们之所以正式提出“城市经营”的概念，正是为了适应市场经济对城市建设与发展内在运行机制的要求和有效利用其经济价值的要求，以实现由单纯的管理向经营加管理的转变，由眼睛向内转到跳出城市看城市，把城市看作一个开放的系统，把城市各种资源看作是有价值的资源，通过市场化配置，使这些资源的利用达到最优，从而增强城市对国内外各种资源的吸引力，加大城市对其他地区的辐射力和影响力。

在计划经济体制时期，我们一直强调城市政府的主要职责是管理好城市。如今，城市政府、城建部门和理论工作者提出了不仅要管理好城市，而且还要经营好城市。在城市的发展中，管理是灵魂和关键，经营是理念和手段。城市经营和城市管理是城市政府在推进城市发展中不可偏废的两个重要职能。城市经营和城市管理之间是互相促进的关系：一方面，城市经营是城市管理不可或缺的理念和手段，城市经营的理念应贯穿于城市管理的始终，城市经营的手段则是对城市管理的有力支撑。另一方面，城市经营也需要进行科学的管理，城市管理也应是城市经营的灵魂和关键。二者的目标是一致的，即实现城市经济社会的可持续发展。

在城市的发展中，城市规划是龙头和前提，城市建设是基础和重点，城市管理是灵魂和关键，城市经营是理念和行为、过程与结果的有机统一。城市经营和城市管理同时统领着城市的规划和建设过程。城市经营统领着城市规划、建设和管理，是现代城市发展的必由之路，也是现代城市治理模式的精髓。

经营城市的理论好比一台加速推进器，就看谁理解得好运用得好。只要操作得当，无疑能引领当地经济和社会的大发展。所以，有人把经营城市理解为是理念，也是契机。著名策划人王志纲就曾大声向世人疾呼：以经营城市的名义，快跑。很有意思，也很深刻。建议同志们一读。

7. 以经营城市的名义，快跑

王志纲

“经营城市”的大旗招展于2002年的中国，以正在崛起的3个城市群最为惹眼。中国就像一个即将站立起来的经济巨人，头在北京，即所谓的京津经济圈，巨人有两条腿，一条是以上海为龙头的长三角经济圈，另一条则是以香港、广州为核心的粤港经济圈，头不可或缺，两条腿也很重要，独腿将军是站不稳的。

怎样经营城市这把“紫砂壶”？至少要回答5问：我是谁(城市定位)？我要到哪里去(城市发展战略)？我有哪些资源(城市产业要素的梳理和整合)？我要如何成长(城市的规划与空间布局)？我将如何让世人认识自己(城市形象的包装与推广)？

随着“经营城市”的深入，城市运营商开始浮出水面。所谓城市运营商，是指承政府之上，启市场之下的一级半开发商，在吃透政府宏观意图的前提下，充分运用市场化的机制和手段，通过开发成片大面积的土地来带动城市和区域经济的发展。

由吴良镛先生主持的“大北京规划”出台，民间的积极性空前活跃。由于中国经济持续增长的势头和2008年奥运会等宏观利好的支撑，北京就像一个巨人，原有的城市格局已无法适应飞速发展的需要，肥水肯定会流外人田，周边的兄弟城市都纷纷琢磨着怎么分一杯羹。2002年5月，大北京论坛在河北廊坊召开，揭开了大北京地区“经营城市”的序幕。夹在天津和北京之间的廊坊，定位为服务于北京的“休闲CBD”，把头伸进北京，吃北京的粮食，下廊坊的金蛋，从根本上带动廊坊经济的发展。在中国的经济版图上一直保持沉默、缺乏题材的天津，以前成天想的是怎么跳出北京的阴影自谋发展，今天开始掉转方向，主动拥抱大北京的商机。

在城市经营方面，上海更以超前的理念和成功的实践走在了其他区域板块的前面。昔日与上海平起平坐的江苏、浙江省争着向“老大哥”靠拢，连安徽、江西都要做大上海的“后花园”。另一方面，上海的胃口显然还未得到满足，其城市规划早已跳出行政区划的界限，直接把江浙的很多城市囊括其中。不久前，上海政府向世人宣布，要联手江浙15个城市打造世界级城市，大有厚积薄发、引领中国之势。

相比之下，以香港和广州为核心的粤港经济圈同时感到了寒冬的来临，由来已久的粤港一体化问题又摆到桌面上来。广东经济的发展得改革开放风气之先，但也历来有“无为而治、各自为政”的传统，在城市经济带作用日益明显的今天，城市之间必须跳出自我循环的怪圈，重新梳理和整合各自的城市功能与产业，与香港联手共筑华南城市群。广州经过多年的城市建设，去年终于获得了“国际花园城市”的称号，今年又适时推出开发大南沙的战略，意在把南沙打造成广东的浦东，辐射、拉动整个珠三角地区的经济发展。广东省委最近又提出打造大佛山，把佛山建成广东第三大城市，打造广佛都市圈。种种迹象表明，华南城市带的雏形正在形成，在城市经营方面大有文章可做。

遥望西部，各个大中城市“八仙过海，各显其能”。西安构想一手把新城打造成西安的现代“客厅”和“名片”，另一手重塑老城，发展体验旅游，再现汉唐风貌，将上演一出现代“双城记”。谁是西部龙头的悬念鼓噪着西南城市的心房；号称中国“第四城”的成都要把自己建设成为中国的休闲之都、会展之城，带动周边城市的共同发展；后来居上的重庆不甘示弱，在城市建设上要 5 年投资 6000 个亿打造西部枢纽；昆明则凭借 1999 年世博会的成功举办完成了城市的形象定位和经济转型，继续在旅游经济的大道上狂奔；就连体量不大的特色城市——丽江，也要在古城之外别造新城，把自己变成大香格里拉旅游圈的门户和枢纽，倾力打造东方的体验旅游之都。

随着城市中国的逐渐成形，“经营城市”的大门对每个城市来说都是敞开的，机会都是均等的，城市之间的较量与合作将成为现代经济的主流。在此背景下，可以说，一场城市经济和城市竞争力的洗牌才刚刚开始。

新时期党中央提出的科学发展观，其中一个非常重要的问题就是必须坚持以人为本。经营城市要健康地发展，就必须深刻学习和理解党中央提出的科学发展观，把人的问题放到经营城市的中心位置。一个城市的建设和管理，如果只考虑赚钱，漠视人的生存和生活需要，这个城市一定是无法经营好、建设好和管理好的。李津逵先生的这篇文章把党中央的精神和目前经营城市实际结合起来，针对性很强，很值得一读。

8. 以人为本　经营城市

中国综合开发研究院主任研究员、中国城市经济学会理事、哈佛大学—
清华大学中国城市运营商计划首席教练、深圳城市化研究会副会长　李津逵

20世纪90年代中期以来，随着中国城市加入全球城市竞争、随着市场经济和城市化的进程，中国各地城市政府转变职能，以城市经营的理念盘活城市资产，向着公共财政方向改善政府资产结构和负债结构，加快城市基础设施和公用事业的建设。中国城市的投资环境迅速改善、城市面貌有了翻天覆地的变化。

城市经营是财政压力推动下的制度创新，在非常急迫的条件下难免缺乏统筹的观念。各种见物不见人的评价考核指标和城市治理结构内在的缺陷，使得在高速发展的城市建设和管理中，逐渐积累了诸多的矛盾。而去年的“121”文件、今年初“四部委通知”等等从上到下的紧急措施，也说明了我们需要以新的发展观指导城市经营，完成向以人为本的城市经营的路径转变。

一、跑中学走的中国城市

（一）中国城市面貌在过去十年中发生了巨大变化

1. 世行高度评价中国城市竞争力

2002年底，世界银行发布研究报告《改善中国的投资环境》，高度评价中国目前的投资环境，称“中国在宏观经济与政治稳定性、在全球市场一体化以及基础设施方面相对出色”，与其他发展中国家相比，在融入全球经济一体化方面中国所取得的成就尤其突出，是“无可争议的领先者”，其经济增长速度远远高于马来西亚、泰国、印度、巴西等积极融入全球经济的优胜者。

2. 城市基础设施“欠账”局面得以缓解

基础设施的迅速改善是与城市政府投入分不开的。城镇建设资金收入的增长为城市市政公用设施的建设提供了有力的支持。1991～2001城市建设资金共12700多亿元，约是前40年总和的3倍，占建国以来城建资金的80％。

与1991年相比，2001年城市建设固定资产投资占同期全社会固定资产投资完成额的比重，由3.1％增长到6.4％，占国内生产总值的比重，由0.8％增加到2.6％。近十年来，绝大多数城市市政公用设施的服务能力增长了一倍以上，长期受到困扰的城市建设“欠账”局面基本得以缓解，城市综合功能得到增强，投资环境和城镇居民生活质量、环境质量有了很大改善。

城市建设发展迅速的一个重要原因，是各地不同程度地改革了城市建设由政府包揽一切的传统做法，以城市建设投融资体制改革为突破口，以市政公用设施项目分类为基础，以市场化运作为主导，多渠道、多元化地筹集城市建设资金，初步形成“政府引导、市场运作、社会参与”的发展格局。（秦虹，2002)(图1)

3. 中国成为有史以来城市设计最大的舞台

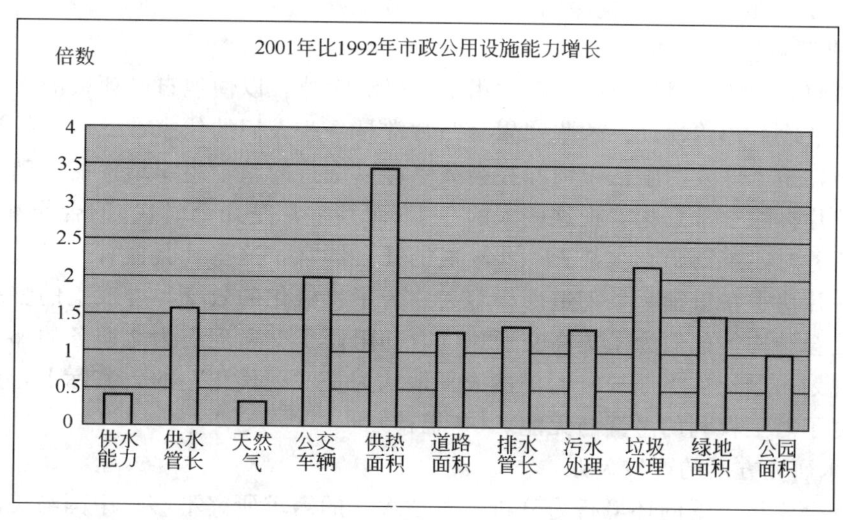

图 1

美国著名学者芒福德曾指出，在城市发展史中有十分难得的“城市黄金时代”现象。吴良镛院士说，中国的城市正在大规模的建设中，可以说已经进入城市的黄金时代。与西方可能有所不同的是，中国可以有若干城市同时塑造它们的黄金时代，“中国建筑师生逢其时”。

有人说全世界著名的设计机构都在中国开展业务。北京每年的房地产开工面积相当于欧洲。

4. 城市公共空间质量迅速提升

户外群众文化活动已经成为中国城市居民特别是中老年生活方式。20 世纪 70 年代以来，北欧和北美用了 30 年时间通过改善城市公共空间培养市民的户外活动习惯，中国则以很快的时间形成了城市公共活动的场景。

城市广场。据说全国建了有几千个(刘秀晨，2002)。

截至 2002 年，全国建成 3531 个“全民健身工程”，配建“健身路径”一万多条(张发强，2003)。

广场舞、太极拳、群众自娱自乐的文艺活动，已经是城市广场的普遍的场景。

（二）在城市建设中我们还有太多的遗憾

上述的巨大成就是与城市经营和城市设计的作用分不开的。城市经营被城市政府高度重视，说明 20 世纪 90 年代中期以来中国地方政府完成了从竞争性产业的主体向公共经济的组织者、公共产品的提供者的职能转换。

2004 年 2 月 23 日，建设部等四部委要求规范城市广场道路建设规划。

1. 不切实际的“形象工程”

一些地方对密切关系群众利益的市政公用设施建设、中低收入家庭住房问题、居住环境问题重视不够，严重超越自身的经济承受能力，不讲投资效益建设行政中心、豪华办公楼、中央商务区、会展(博览)中心、步行街、大草坪、大广场、宽马路、主题公园、高尔夫球场、“亮化美化”等“形象工程”、“政绩工程”（汪光焘，2004)。“低头是铺装(加草坪)，平视见喷泉，仰脸看雕塑，台阶加旗杆，中轴对称式，终点是政府。”(刘秀晨)

2. 缺少个性、缺少对人的关怀(实例)

城市设计专家俞孔坚列举了中外城市美化运动的共同表现：强调气派、规整、几何、装饰的形式美，包括轴线式的景观大道、大型礼仪和纪念广场，纪念性、符号性建筑，附庸风雅的华丽雕琢，大型展览性公园的建设，水系整治的硬化、渠化和形式美化，各种临时性、以礼仪和装饰为目的的街道和公共场所的美化工程。

他指出，“化妆”的本质问题是，人变成了观众，城市居民的工作和生活条件没有得到真正的改善；“你想说的我清楚，我想要的你糊涂”。

3. 破坏性的建设和建设性的破坏

巴洛克规划师们对一切妨碍建设的累赘物用推土机清除掉，以便他自己死板的数学线条式的设计图得以在空荡荡的平地上开始建设。这些“累赘”常常是一些人们的住家、商店、教堂、住宅区、珍贵的纪念性建筑物，是当地人们生活习惯和社会关系赖以维持的整个组织结构的基础。把蕴育着这些生活方式的建筑整片拆除常常意味着把这些人的一生(而且常常是几个时代)的合作和忠诚一笔勾销。在进行“清除”任务时，规划师必须消灭一些珍贵的社会器官，这些社会器官一旦被消除后是不易恢复的，不像重建一片房子和重铺一条街道那样容易。为了机械化的效率和外表上的整齐美观，工程师全然不顾城市的社会结构，他们为了提高交通速度，却阻碍了交通理应为之服务的那些人们的相互聚会和合作。这类规划，尽管被当地长官们仍然天真地认为是“现代化”的，实际上，只不过是和尚念经那样单调地重复了君王权利的愚蠢与无能。(芒福德)

4. 教育和学术研究方面的严重欠账

我们缺少以社会学指导下的环境行为分析。对“人”的需求研究不够。中国与美国两所顶级建筑学院学生实习，中国学生的建筑画漂亮，但美国学生下功夫在对市场的分析。

50 年来专家教育的惯性，使我们的专家以不懂其他专业为天经地义。

形而上学的全盘西式教育使城市规划和建筑学科受到了比其他学科更大的破坏。中国人吃了几千年的中药，今天依旧在吃。可是中国人看了几千年的城市风水，现在不看了。于是中国人摘掉了“东亚病夫”的帽子，但几乎所有的城市都程度不同地害着风水病。

(三) 全球化时代中国城市的世界使命与民族责任

1. 亚洲城市的文化基因在全球化中迅速消解

500 年前，地理大发现时代，欧洲的商品和金融中心从地中海边意大利城市共和国，向大西洋沿岸的民族国家及其中心城市转移。由此开始了至今不歇的全球化进程。资本扩张中产生了近代商业规则，即今天 WTO 的全套游戏规则。

全球化舞台上追光灯从地中海沿岸移向安特卫普、阿姆斯特丹、巴黎、伦敦、纽约，并且从大西洋向南分别向着东西方向，使“物质的和社会的空间均逐步屈从于资本的法则”(雅克　阿达:《经济全球化》)。

从地理上看我们的地球分为五个大洲，从城市风貌来看，美洲和澳洲的城市都属于欧洲。而亚洲非洲的沿海港口城市，像香港、新加坡、上海、大连、青岛、开普敦、马六甲、东京和大阪，都已在得全球化风气之先的同时，在城市风貌上打上了深深的欧化的烙印。如同是经济全球化的一种代价，亚洲城市的文化基因在迅速地消解。全球化在城市空间风貌上的结果，是全球城市风貌的欧化。

荷兰建筑师库哈斯指出，亚洲热带地区涌现出人口达千万以上的大城市，正在成为无特色、无历史、无规划、无中心的“普通城市”(Generic City)。这种城市可以说是自生自灭，无所谓保护，旧了就弃之，因之也没有什么积淀或层次，它随建随弃，追求新奇，建筑学也成了人人可做的事(史建，2002)。韩国建筑师金锡澈也分析了汉城的城市环境，认为由于城市的迅猛而无节制的发展，导致了一种基础设施的超饱和状态，城市街道与外部空间的联系遭到破坏，街道已退化为单一的“从一个地方到另一个地方的通道”。

2. 民族审美自尊有待捍卫

20 年前英国皇家城市规划学会主席帕金森(Ewart Parkinson)先生对我国城市规划建筑界讲过的一段话：“在全世界有一个很大的危险，我们的城镇正趋向同一种模样，这是很遗憾的。我希望你们研究中国的文化、城市真正原有的特色，并保护、改善和提高它们。中国历史和文化的传统太珍贵了！不能允许它们被西方来的这些虚假的、肤浅的、标准化的概念的洪水所淹没。我确信，你们遭到了这种威胁。你们要用全部智慧、决心和洞察力去抵抗它。”(陈为邦，2003)

“不讲究工程，不讲究结构，不讲究文化，不讲究造价……中国的一些城市就这么成了外国的所谓建筑大师或准大师‘标新立异’的实验场。”(吴良镛，2003)

3. 多样化的人类文明呼唤中国城市空间的涅槃

“城市是一本打开的书，从中可以看到它的抱负。”(沙里宁)

以往中国城市缺少广场一类公共空间的传统，中国的美学传统讲究意境、形散神聚、步移景异、曲径通幽。正如中国的诗词是供人体味吟咏，而不是像西方人的诗是在沙龙和广场上朗诵的一样 。

中国的城市空间的确需要更广阔、开放，但其中国的韵味则是世界的瑰宝。中国人有一个使命，就是在快速的城市化中保护弘扬自己的文化，保护自己城市的灵魂。

二、城市经营的显著成绩与突出问题

(一) 是哪些问题，引发“城市经营”这个概念的?

1. 城市竞争——投资环境和生活环境的竞争

WTO时代，作为消费者，我们既消费商品和企业，也在消费着全球各地的城市。当我们乘坐波音飞机，我们就在消费西雅图；当我们使用一台苹果计算机，我们就在消费硅谷。

昨天，一个国家的竞争力主要看是否有在世界上叫得响的名牌产品，今天更多地要看有没有在世界上叫得响的名牌城市。昨天，国家参与国际竞争的代表是企业，今天这个代表是城市。于是，全球的城市在这种消费中处于相互竞争的关系。

蒂博特(1956年)曾经设想，如果有足够多的社区可供选择，那么个人通过选择居住的社区便会显示出自己对公共物品的真实偏好。今天，人们可以通过自由迁移这种“用脚投票”的方式来选择不同的社区服务，不同财政管辖区里公共产品的差别，是人才资本流动的重要原因，因此，增加公共产品的数量，提高公共产品的档次，很像不同的商家为消费者提供不同的商品和服务一样，是城市间竞争的重要内容。对于平均每三四年就搬一次家的美国人来说，用脚投票是寻常之事，而洛杉矶中心区的空心化已经清楚地显示着“点票”的结果。

而在中国，一场从内陆到沿海、从乡镇到县城、从中小城市到大城市的人口迁徙正在进行，招商引资成为各地经济增长的主要发动机，环境的竞争成为城市间竞争的核心。

2. 公共物品短缺——城市政府的竞争压力

城市间的竞争集中在城市的公共物品间的竞争，体现在公共物品组合上的竞争。随着20世纪90年代中期在消费品终端市场上结束了短缺时代，分税制初步理清了中央、地方和城市之间的事权和财权，城市政府的职能开始向公共财政为基础的公共行政转换。能不能提供令投资者满意的环境、令居住者满意的空间、令旅游者心仪的目的地，是政府最关心的问题。

3. 城市政府财政拮据——新账旧账并存

突出地表现在城市基础设施的长期欠账。发达国家的经验表明，在工业化和城市化的发展起飞阶段，保持必要的基础设施建设投资比例是十分关键的。许多发达国家在基础设施已达到很高水平、经济总量巨大的情况下，城市基础设施投资占国内生产总值的比重仍维持在1.5%左右，占固定资产投资的比重6%左右。而我国城市基础设施投资占国内生产总值的比重长期不足1%，最高年份也仅达到1.5%；城市基础设施投资在全社会固定资产中的比重长期不足3%，最高年份亦仅为4.1%。其原因就在于当前各地城市的财政几乎仅是吃饭财政，拿不出钱来搞建设。

4. 公共产品生产和提供效率低下——机制与体制双重问题

不仅造成资源的大量浪费，滋生腐败，而且仅凭预算内财政的盘子，根本就无法满足城市公共产品不断扩大的需求。预算内保吃饭、融资搞建设，成了各地城市的普遍做法。

5. 城市公共资源浪费——价格信号失灵

城市的土地、水面、空间，道路桥梁上的广告位等等，都是城市的公共资源。政府本应以所有者的身份出让这些“场域”使用权而获得租金，但是以往这些资源或是被浪费了，或是被低价寻租了。土地经营是城市政府当前首先着意经营的资源，它所依据的是我国土地法规框架下政府对于土地发展权的垄断。而国家近期在土地市场上的清理整顿，也正是要遏止土地经营中的种种透支。

（二）城市经营，经营什么？

很多人将城市经营的对象分为三类资产：自然生成资产（土地等）、人工资产（如道路、桥梁、地下管网等）和延伸资产（如城市建筑和构筑物的冠名等）三大方面。其实在一个城市中，政府的资产存在于四个象限中。而城市经营就是将政府的资产负债结构转化到一个公共财政的框架上来。

从政府提供公共产品责任的角度，我们可以更清楚地分析城市经营到底做了些什么？

什么物品是公共物品？公共物品是否一定要由政府来提供？这些问题不仅是中国城市经营的问题，也是二战以来西方公共经济学中所要讨论的重要问题。不少学者都从排他性和共同性（可分性、拥挤性）界定了公共物品。

1. 排他性

排他性是指当物品或者服务的潜在用户一旦不满足零售条件便能够被排除。当排他性不可行时，只要有人供给某一物品，任何人都可以从该物品中受益。我们所呼吸的空气是由大自然供给的，因此难以排他。城市的灯光夜景，通常情况下也无法实现排他。

2. 竞争性

非竞争性意味着一个人使用一项物品并不妨碍其他人的使用，且量不少，质也不变。天气预报就是一个共同消费物品的例子，相反面包就不是。

按照物品使用的排他性和竞争性，可以用一个简单的矩阵将所有物品在逻辑上划入四个象限。

私益物品：排他分别使用；

收费物品：排他共同使用；

公共资源：不可排他分别使用；

公益物品：不可排他共同使用。

	竞争性	非竞争性
排他性	Ⅰ. 私益物品： 食品、服装、汽车、理发、书报等	Ⅱ. 收费物品（自然垄断）： 水务、剧院、电话服务、收费公路、有线电视、图书馆、机场等
非排他性	Ⅲ. 公共资源： 土地、电磁空间、地下水、海鱼、地下石油等	Ⅳ. 公益物品： 公共安全、江堤、环保、消防、街道、广场、绿地、天气预报、公共电视、法律、政策等

城市经营就是要重新安排公益物品和收费物品的生产与提供，形成更为高效的配置方式。

（三）城市经营推动了城市资产负债结构和收支结构的优化

大家都在说“最大问题是缺钱”，而不是说“最大问题是用不好钱”。因此在城市经营中第一步都是在开源节流上做文章，也就是向企业学习城市理财。

1. 在竞争领域中“国退民进”已成共识，退而不出焦点转移

竞争性国有企业民营化。地方政府信守“不求所有但求所在”的宗旨，从招商引资寻求经济增长的主发动机。优惠政策中往往将地价作为最重要的砝码。这也就引发了第三象限中的新问题。

当前的投资过热便是由于过度的“行政性的重复建设”导致城市间过度的竞争，是地方政府从竞争性领域中“退而不出”的结果。

2. 公用事业民营化已成大趋势

公共事业民营化，以转制、拍卖吸引其他经济成份对能源、交通运输、供排水等领域投资参股等方式盘活存量，资产变现。

全国 36 个大中城市供水平均价格，已从 1988 年的每吨 0.14 元上涨到了 2002 年底的 1.32 元，但成本也同步上升，全国自来水企业全员劳动生产率高低相差数十倍。公交系统人车比平均为11：1，

高低相差4倍，单位公里成本高低相差7倍。道路和绿化养护实行竞争招标的城市，节约资金均在30%左右，可见，通过改革提高资金使用效率潜力很大。(秦虹，2002)

国营水厂晚上放水，民营水厂晚间提水。

3. 城市资源的价值充分显化

在城市发展中，由于公共设施的投入和环境的改善，一部分街区的级差地租事实上在迅速升值，然而这些街区的土地，由于历史原因，大量的被一些低附加值的产业所占据。于是，城市政府就采用"腾笼换鸟"、"退二进三"一类的做法，通过行政手段、按照市场的取向，对这些升值的土地资源进行再配置。

以土地储备制度、招拍挂制度显化土地的价格信号，使土地收益成为城市财政的重要收入工具。据国土资源部统计，2002年上半年，全国累计收取土地出让金达6000亿元。一些市、县、区的土地出让金收入已经占到财政收入的35%左右，有的甚至高达60%。

4. 城市基础设施投融资体制正在改革

城市市政公用设施投资逐年上升。"八五"期间投资总和是2600亿元，是"七五"期间的5.2倍，而"九五"期间的投资总和约7000亿元，是"八五"期间的2.7倍。2001年全国城市市政公用设施建设和维护投资达到2500亿元，达到当年投资最高水平，比2000年增长了34%。

但同时也应看到，城市市政公用设施建设投资占同期国内生产总值的比例仍然较低，20世纪80年代末，城市市政公用设施建设和维护投资占GDP的比例只占到0.4%，"八五"期间为0.8%，"九五"期间1.7%，1999年首次达到2%，2001年达到2.6%。这一比例与国外大规模建设时期通常占3%～8%相比，仍有相当的差距。(秦虹，2002)

城市基础设施投融资体制改革：运用未来的收益权换取当期投资的BOT、TOT方式，通过国家开发银行、世行、亚行等金融机构的贷款，发行信托凭证等金融工具。

借助高能态的政府信用，为城市建设融资，消除基础设施瓶颈为城市发展赢得时间，"按揭一个新城市"。

(1) 通过"项目捆"方式向政策银行贷款；

(2) 以信托凭证等金融工具融资；

(3) 通过BOT等方式开展项目融资，加快城市建设步伐。

其实质是把政府用纳税人的钱统包下来的服务转为用者付费的机制，然后将这种有稳定收益的项目放到市场上，吸引民间资本。

5. 优化支出推进公共财政体制建设

进入1994年的分税制改革和此后的税费改革，基本理顺了城市政府的财政收入，但并没有解决财政的支出问题。

"十五"时期财政改革的主题是支出改革。财政部在全国推行部门预算、国库直接支付、政府采购制度，并通过国库直接支付，使政府采购行为公开、公正、规范、透明，切实解决重复采购、"暗箱操作"、收取回扣等问题，从源头上和制度上遏制腐败现象。随着政府采购规模的扩大，财政资金的使用效益明显提高，每年政府采购资金的节约率都在11%左右，仅2001年全国共节约资金78亿多元。

政府采购规模也呈现出快速增长势头。1999年全国政府采购规模约130亿元，2000年达到328亿元，2001年扩大到653亿元，2002年预计将突破1000亿元，2003年将在2002年基础上增长50%，达到1500亿元。

《政府采购法》于2003年1月1日起正式实施，标志着我国的政府采购工作已步入法制化管理轨道。

政府采购不仅包括采购物资，也包括采购服务。

国际上的做法：城市清洁卫生承包、雇佣军、监狱服务对外承包。

国内做法：城市清洁卫生承包，如漳州市每平方米街道保洁从0.3元降到0.18元，节省运营成本。

政府将“非经营性国有资产”出租给自己的部门单位，也可以达到“省钱”和“赚钱”目的。南宁市“威宁公司”的做法最为典型。威宁公司经过市国资机关的授权，将全市行政事业单位办公用房集中起来，向全市党政机关出租。使原来的“非经营性国有资产”，因为有了稳定长期的租金回报而成为优良的“经营性资产”。此举杜绝单位部门之间苦乐不均，并且令固定的国有资产流动起来，创造出新的融资平台。

政府对于纯公益物品的投资和运转，对于公共空间的营建，对于教育卫生扶贫等事业的补贴等等，花钱之关键在于花得是否有效率、是否公平。

6. 城市的无形资产经营——包括了城市的品牌经营、广告权招标拍卖、节事权民间经营等等。

（四）城市经营中出了什么问题？

在城市经营的提法之下，既出现了显著的成绩，也暴露了众多问题。其中有些是体制问题，有些则是特定的条件决定的城市经营本身的局限。

1. 资产经营的局限性

资产是可以列在资产负债表上的，但是城市的价值和财富是无法列在资产负债表上的。因此当大家都在关注城市资产增值的时候，也许城市的价值并没有同步增长。华东地区一个水乡城市，把水填了盖成了新房子，无论居民还是企业还是城市，资产都在增值，但是城市再也不是水乡了，城市贬值了。

就像纽约的中央公园，有人计算将其全部盖成房子，纽约整体的房价会下跌。

同样，定海的古城被毁、济南的火车站被拆，在城市的资产表中都没有体现，在现有的城市经营框架中显示不出城市价格的变化。

2. 以物为本的局限性

据建设部信访办统计，2002年1～8月份受理来信共4820件(次)，其中，涉及拆迁问题的占28%。上访1730批次，其中反映拆迁问题的占70%；在集体上访的123批次中，拆迁问题占83.7%。投诉、上访暴露的问题集中反映在长官意志强，法律意识薄，形象工程多，财政能力弱等方面。(刘志峰，2002)

3. 重视效率轻视公平的经营

体现在城市公用事业民营化方面，就是政府规制责任的落实。城市经营不同于企业经营，不能仅打经济算盘。城市的各种公益性需要政府来确保。

4. 失控的透支行为

围绕土地的问题——五个透支：对农民、环境、后任政府、金融(储户)、城市明天的透支。

从国家政策银行的举债的潜在风险：贷款买一条回头路。

5. 公共产品提供中优先性的错置

先修地下还是先修地上、先建管网还是先建处理厂、先治污染还是先建广场，这种优先性的排序体现了不同的政绩观。

三、什么样的城市是以人为本的城市？

正如凯文·林奇所说“一个天真的问题”。

（一）以人为本就是关注人的社会需求

1. 关注人的需求，呵护人的尊严

丹麦城市设计家杨·盖尔在《交往与空间》一书中将公共空间中的活动分为三种类型，即必要性活动、自发性活动和社会性活动。

必要性活动：人们被动自行的活动，上学、上班、购物、等人、候车。

自发性活动：人们主动自行的活动，只有在适宜的时间和地点才会发生，例如呼吸新鲜空气、驻足观望有趣事情、坐下来晒太阳。

社会性活动：在公共空间中有赖于他人参与的活动。互相打招呼、交谈、各类公共性活动。

“质量低劣的城市空间只有极少数活动发生，人们匆匆赶路回家。在良好的环境中，丰富多彩的人间活剧都在此上演。”城市设计思想家们研究人的行为，因此有很多值得城市经营者学习的理论。例如按杨·盖尔研究：大多数人每次步行活动半径为400～500米，人们可能看清别人和活动过程距离在20～100米。所以要“以人为本”，就不需要尺度过大的公共空间、大广场和宽马路。

“人往人处走”；“这个地方有活动发生，是因为这个地方有活动发生。这个地方没有活动发生，是因为这个地方没有活动发生。”（扬·盖尔）

城市的财富隐藏在她的空间之中。什么样的城市空间是美好的空间？

体贴——中国文化的“精气神”

著名红学家周汝昌认为：中国文化的精气神就是两个字“体贴”，这是中国文化的灵魂的灵魂。什么是“体贴”？“己所不欲勿施于人”。中国文化的核心就是处理好自己和他人的关系。

作为红学家的周先生以贾宝玉为例，每当他见到一个人，不是说他对我有没有利，而是他遇到了什么难处、正在经受怎样的困苦，我怎样才能救他，如果救不了怎样才能帮助他减轻痛苦？这就是“仁”，是真正伟大的精神。

17公顷的济南泉城广场中间，是一个蓝色的金属雕塑，刻画出一个篆书的“泉”字，下面大理石拼出的是山东省的地图。又从说明中可以知道，广场的总面积是17公顷，当初搬迁了1700户居民，投资13个亿，历时1年零3个月，在建国50周年之际落成。

向东望去，穿过大面积的大理石铺地，是一个巨大的不锈钢莲花为中心的一个组合型音乐喷泉。再向东是广场的尽头，设计者在这里安排了一个弧形的架空回廊。廊柱之下，从大舜、孔子，直到李清照、蒲松龄，分别塑了十来个古今山东的军事文化名人。

烈日照在光滑的大理石的地面上，热气烤人，广场上绿色是禁止游人入内的草坪，草坪的边缘是半米高的打磨得光光滑滑的供人闲坐的石阶，然而没有树荫，坐上去其热难耐。广场上也有几片树阵，在那中间也有一点宝贵的树荫，但却没有供人小坐的石阶。游人们只得坐在绿地的砖牙上。这就是不体贴人的设计。

意境——空间的“会心处”

人不仅具有生理的需求，作为中国文化的传人还会有文化上的需求。凯文·林奇讲城市“意象”，我相信他如果熟读中国的诗词一定会提出“城市意境”。

建筑大师贝聿铭说：“古代哲学家老子说过，一个容器的精华在于空。一个城市，从某种意义上来说，是容纳人和生活的容器。而城市的精华，正如容器一样也正在其空，也就在于它的公共场地……它的街道、广场、河流和公园。”

长沙五一广场，不同开放度的空间满足了人们的不同社会活动需求。只是南侧入口处是立交桥洞，行人必须弯下腰来才能钻进广场，这是一种没有尊严的进入方式。更多的城市广场在烈日下没有纳凉的地方，人们要坐在路牙上。

2. 尊重人的传统、尊重人的选择

社会现代化是一个公民权利增长的过程，诺贝尔经济学奖获得者阿玛蒂亚·森提出的“以自由看待发展”理论已成为经济学界的主流观点。幸福不简单地等于生活水平。

浙江长兴教育券，把选择权还给贫困学生的家庭。国家把种粮补贴直接补给种粮的农民。

意大利博罗尼亚“将人和历史街区一起保护”的做法，是尊重人的生活传统，尊重城市的文脉。

而遍布深圳特区林林总总大大小小的“城中村”，实际上也在不断地进行着美国人所谓“精明渐进”式的自我更新。我曾经在这样的村里拍了几张照片，给一些搞规划建筑的专家们看，他们看到这样宜人的街道尺度、看到这样兴旺的人流、看到街道两边鳞次栉比的店铺和漂亮的灯光，都认为是政府刻意建设的步行街，其实我给他们展示的，恰恰是在深圳最受人诟病的巴登街。

（二）以人为本就是协调各种人群的利益，做大城市蛋糕

各阶层的人们的欲望从本质上说都是无限的，但城市的资源是有限的。政府、企业、居民和游客要共赢就要做大城市的蛋糕，着眼于提升城市的价值。

1. 整合资源，向整合要价值的增量

为什么相当的城市道路水平下，中国的城市堵车？

为什么人均绿地率上升老百姓感受不到？

华侨城市价值的秘密是什么？

答案：当城市各功能区在空间上打通后，由于资源的共享就产生了因整体大于部分之和而产生的"整合红利"，可供政企民客分享。

2. 关注弱势群体，提供普遍服务

这是公用事业民营化中一个需要政府规制的重要内容。

即使在城市花园广场这样的纯公益物品上，也存在一个普遍服务的问题。

一个30公顷的广场和30个1公顷的广场的差别，在于实现了公共空间的均衡和财政上的公平。上海提出居民出行500米要见到一片大片的绿地。

"小"广场的成功案例

魏玛广场，0.5公顷，五组建筑围合，中间低四周高。在它的周围有教堂、市政厅、博物馆和各式的小酒吧。

步行城市威尼斯，水的大街小巷。大小不同的公共空间，小者几百平方米，大者有几千平方米，直到圣马可广场的3万平方米(有文献说1万平方米，1.8万平方米)。

长沙五一广场4公顷。

香港时代广场不足1公顷；兰桂芳一个街区(含建筑)只1公顷。

旧金山联合广场，整个街区1.4公顷，这个呈阶梯型的广场，下面是停车场，周围阶梯是供人休憩的绿地，上面的硬质地面只有0.4公顷。

3. 错位关怀，各得其所

处于马斯洛不同层次的人们，对不同的需求表现出不同的弹性。例如景观在地产中的价值只有在高收入的人群中才会表现出较高的系数。高收入人群会从其对景观的偏好中动用特定的"心理账户"，为景观付费，从而使政府可以获得一笔增量收益，用于大多数市民的公益性事业。

（三）以人为本就是要依靠市民的主人翁意识

1. 相信人的判断，实现社区自治

世界生态城市库里蒂巴，也是社区自治的模范城市。在《改革政府》中，20世纪90年代里美国地方政府重建的经验也包括了社区自治。

现在对于城市社会稳定、居民日常生活做出最大贡献的不是政府各局委办，而是街道办事处和居委会的大嫂们。她们从条条的财政支出中只分到有限的资源，但却是千条线一根针，无处不干无所不包。"狗带牌儿人上环儿，耗子洞里塞药丸儿"，千家万户千言万语，社会治安计划生育，非常不易。

"以自由看待发展"，社区自治是衡量市民发展水准的一个重要尺度。

社区文化，一种居民自治的社会性活动。

凯文·林奇说："一个场所的质量是由两个因素共同作用的结果，这两个因素是场所自身和使用这个场所的社会。"

长阳广场舞让所有的游人留连忘返。但是长阳文化界多年来整理土家族音乐舞蹈功不可没。那些在城市的广场上普及文化活动的组织者们功德无量。

旧金山联合广场上，至少有十群人在表演，或是管乐、或是电声乐队，此外还有旱冰、滑板、手球等各种体育活动。

圣马可广场的魅力：
1. 周围精美的建筑和雕塑，是威尼斯的上千年文化的积淀
2. 四周回廊内旅游商店特色商品琳琅满目
3. 宜人尺度，令整个广场上人的活动皆在目力所及
4. 广场上的酒吧空间，是“人看人”的好地方
5. 酒吧旁边的小乐队，令广场洋溢特定的情调
6. 教堂钟声，一种统摄整个空间的精神力量
7. 临海的风光和空气，提示特定的地域感
8. 老城中罕见的巨大公共空间，与小巷小桥形成收放对比
9. 来自世界各地不同肤色的游人形成了充满生命力的风景线
10. 广场上的鸽子令整个气氛形成间歇的律动

2. 关注人的收入，关注人的幸福

从创造更多就业机会等方面政府关心人的收入的保障和提升，但是对人的最终关怀体现在对人的幸福感受上。

美国的一项调查显示，全世界最忧郁的民族是俄罗斯人，其次就是我们中国人。该项调查在22个国家总共2万多人中进行，分别从金钱、物质生活、工作、空余时间、宗教、家人朋友关系和性生活等方面评估每个民族的人民快乐指数。调查的部分结果如下(图2)：

用幸福衡量财富。如何提升市民的幸福指数?

国　别	自认为快乐的人	国　别	自认为快乐的人
俄罗斯	3%	印　度	37%
中　国	9%	美　国	46%
英　国	36%		

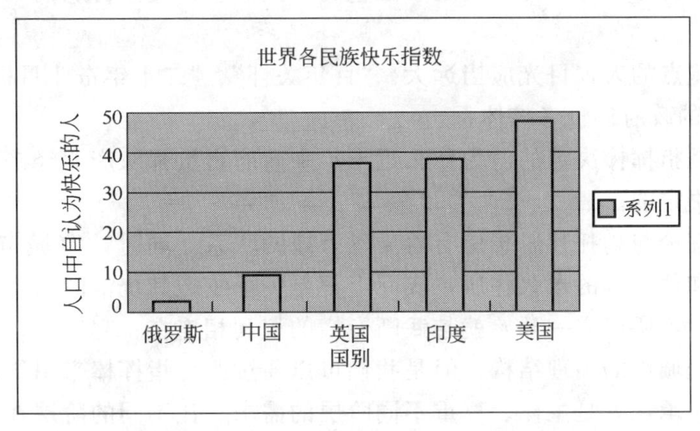

图2

瑞典皇家科学院称，卡尼曼因为“将来自心理研究领域的综合洞察力应用在了经济学当中，尤其是在不确定情况下的人为判断和决策方面作出了突出贡献”，摘得2002年度诺贝尔经济学奖的桂冠。2002年诺贝尔经济学奖获得者、心理学家卡尼曼(Kahneman)带给人们的“前景理论”新方向，一种解释财富现象的新视角——从心理学角度研究经济学。

Thaler 提出的四个原则：

1. 如果你有几个好的消息要发布，应该把它们分开发布。分别经历两次获得所带来的高兴程度之和要大于把两个获得加起来一次所经历所带来的总的高兴程度。

2. 如果你有几个坏消息要公布，应该把它们一起发布。两个损失结合起来所带来的痛苦要小于分别经历这两次损失所带来的痛苦之和。

3. 如果你有一个大大的好消息和一个小小的坏消息，应该把这两个消息一起告诉别人。

4. 如果你有一个大大的坏消息和一个小小的好消息，应该分别公布这两个消息。归根究底，人们最终在追求的是生活的幸福，而不是有更多的金钱。因为，从“效用最大化”出发，对人本身最大的效用不是财富，而是幸福本身。

传统经济学认为增加人们的财富是提高人们幸福水平的最有效的手段。但奚教授认为，财富仅仅是能够带来幸福的很小的因素之一，人们是否幸福，很大程度上取决于很多和绝对财富无关的因素。时间性的比较和社会的比较可以给人们带来幸福感。幸福的另外一个来源是脉冲式的变化。

长期以来，正统经济学一直以“理性人”为理论基础，通过一个个精密的数学模型构筑起完美的理论体系。而卡尼曼教授等人的行为经济学研究则从实证出发，从人自身的心理特质、行为特征出发，去揭示影响选择行为的非理性心理因素，“终极目标是幸福的最大化”的论断，为我们打开了一扇新的视窗。绝对财富的鸿沟无法填平，而幸福感却将可能被每一个人所拥有。

如果用这样的方法来分析当前我们的城市建设，会发现很多时候我们把事情做反了：花园广场一步到位，马路管道却不断地开拉链。

四、以人为本——城市经营与城市设计的兼顾之道

有经营无设计前功尽弃，有设计无经营一事无成。以人为本要使二者兼顾。一个没有足够的城市化经验的国家，一个缺少城市文明洗礼的民族，在一个城市化加速、生态环境迅速恶化、文化遗产岌岌可危的时刻，如何把握城市化的方向，为人们创造美好的城市空间，为后代多留遗产少留遗憾，为世界贡献中国风格的城市空间？

从世界城市发展的规律来看，经济发展水准越高，人们会越关注古老的文化传统，也越会关注自然生态。

因此站在一个起跑点的人，目光应当远大。“百年关怀”、“二十年奋斗目标”、“五年行动计划”。

1. 建立以人为本的政府评价考核体系

城市政府的行为是指挥棒决定的。为什么近十年来政府官员都从产业经济的专家变成了城市建设的专家？这是指挥棒决定的。

同时，城市规划理论与乌托邦思想史有着千丝万缕的联系。同时，“(城市)不论作为君主的军事要塞，或是作为君主和他朝廷的永久住所，实际上都是一个炫耀其统治的表演场所。由于城市规划最初是在这种背景下产生，所以它一开始就与武断专横的权利相连在一起。”(芒福德)

我们一时不能改变城市的治理结构，但是我们可以通过改变指挥棒来引导城市政府的行为。

以人为本的含义：承认人是主体、尊重不同阶层的需求、让不同的阶层在丰富的城市商品中各得其所，并且付出物有所值的费用，使城市建设的成本和收益在人群中作恰当的安排、创造令人享受到中国人审美自尊的空间环境。

2. 以社区自治方式优化治理结构

我们的城市治理结构，是主官“流官制”、班子“承包制”加部门“分封制”，这种体制在公共行政和公共财政中的问题有目共睹，而且缺少一种桑梓情怀，也缺少代际统筹。有多少市领导在有限任期内来得及读本地的地方志？有多少领导会考虑自己调走后的事？

改变不了体制的情况下能否改变运行机制？哪怕是半年换一届政府班子也不影响城市的走向？

社会现代化是一个公民权利增长的过程，这一点，诺贝尔经济学奖获得者阿玛蒂亚·森提出的“以自由看待发展”理论已成为经济学界的主流观点。城市的市民从治理的对象变成自治的主体，就是自由和发展。

3. 以《城市宪章》确立城市思想，以百年关怀做“反规划”

在世界著名的大城市中，几乎都划有若干大片(以百公顷计)的田园城市的生态用地，成为城市之肺。这些绿地都是当这些大城市成长之初规划和建设出来的，因此绿地规划要有百年眼光。

——园中城市式：堪培拉等；

——城中园式：纽约中央公园、悉尼海德公园等。

同样，城市中的文化遗产也要以反规划的方式保护下来。以城市规划的绿线(绿地)、蓝线(水系)、紫线(历史文化街区)的方式明确下来。

经人大审议通过，使绿地、水系和历史文化街区受到法律的保护，任何人都不能在其中做违反规划的建设性开发。

这相当于“不好的消息要统一发布”：什么是不好的消息？大片的绿地不建设，不开发。对于开发商和居住在其中的住户来说是“不好的消息”。但是这种反规划是一个城市长远的发展中都将受益的事情。

这种反规划要能够得到根本的保障，就要依靠法律、依靠全社会的监督。而《城市宪章》就是一种很好的形式。

4. 公共空间改善要精明渐进，基础设施建设要一步到位

公共空间建设改造不求“一步到位”。例如布里斯班的女皇步行街，500 多家名品店、电影院、餐馆、游戏厅、地下有停车场、街道上有“咖啡岛”、有展示窗有表演台等等，经过了多年的多次改造，最近的一次大规模的改造完成于 1997 年前后。其实在基础设施的规划上要有长远考虑，但地面建设过程不必一步到位。

这相当于“好消息分别发布”。

美国旧金山海湾大桥、胡佛水坝和香港新马大桥在建成后都设一个永久的展示。

一个喧闹的工地往往比建成后的建筑更能吸引人们的兴趣。这是人们审美特点决定的。因此我们完全可以让市民从城市建设中体验到乐趣。而城市重要的建设过程，其实也可以向市民开放，作为对公民知情权的尊重，和对市民的科普、艺术普及的好题材。

凯文·林奇说：“我们倾向于只考虑最初的建造成本和使用过程中的利益，而忽略了使用过程中的费用，同时，也忽略了建造过程中的直接利益。似乎建造某个东西只有辛苦，而使用这个东西只有快乐。”

巴塞罗那“圣家堂”已经是第二代的艺术家在继续建造，整个过程都是市民所见证的过程。深圳地王大厦是深圳第一座超高层钢结构建筑，建设中间的施工工艺、清洁生产给深圳市民留下了深刻的印象。

道路管线等基础设施的修建铺设过程扰民，对于市民其建设过程是“坏消息”，因此要一步到位，并确保此后相当长的时间(不少城市规定 5 年)内不得再开“拉链”。

5. 均衡建设公共绿地和公共空间，实现城市经营的“公平”

百姓满意才是最大政绩，公共产品提供的均衡才能达到百姓的满意。

从城市设计的公平原则考虑，巴塞罗那有公共空间 450 个，墨尔本有公园 450 个。而不是像我国有些城市，建设一个数十公顷的广场(森林可以制造氧气，广场只当人们进入才有意义)。这样的广场，由于只有周围的人们才能使用，所以不论从效率还是公平方面都欠佳。

当前在全国各地刮着一股“行政中心风”，各地城市中纷纷出现以行政中心、城市广场为主轴，两边排列科学馆、图书馆、展览馆、体育馆等公共设施的“华盛顿模式”。这种布局极大地提高了视

察、参观的效率，但是对周边土地升值的拉动作用一定是边际递减。对于一定规模的城市，也许“华盛顿”式的布局是适合的，但对更多的城市来说，会造成交通量的过度集中、不同的城市功能间的冲突和多数市民享用公共产品的不便。

6. 慎言拆除“不漂亮的”旧建筑和旧街区

美与丑的评价是有相当主观性的。以深圳的“城中村”为例，其窄街道、握手楼、村内少绿化、各种社会生活混合布局而缺少明确的功能分区，都是人们诟病的理由。其实走进城中村就会感到因年轻人聚集而带有的充沛活力。许多城中村的道路，不就是我们要改造出的步行街么？那种自然形成的尺度，在威尼斯你也可以看到。为什么一定要拆除它们呢？

7. 政府对健康向上有地方民族特色的广场活动给予适当补贴支持。公共空间之美在于人，在于人的活动。

8. 创造城市运营商成长的条件

为确保城市建设的整体性、实时性和永续性，即使是西方发达的市场经济国家，在建设城市问题上，也一定会用好用足政府的公共行政权力。如美国波士顿重建局 BRA，就是集政府规划、土地、建设等各种权力于一体的机构。

同时，城市建设中要更多地依靠民间企业的资金，在英国，撒切尔政府甚至不允许银行向城市建设的公营机构贷款。在波士顿的城市建设总投资中，公私之比可以达到一比十几到三十。

中国以三十年时间完成了国家工业化，决不能用未来的三十年走一条国家城市化的道路。也就是说公共产品的生产者应尽量放手给民间去做。

实践证明，有实力有眼光的企业可以营造出更好的城市环境。这是由其决策机制、运行机制决定的。

现在城市建设用地的出让一律招拍挂，应在这个过程中将城市设计作为一项必须的条件，从而遴选出有实力有眼光的企业。在旧城改造、新城市建设的招标中，将城市设计作为招标的重要条件，不使土地出让的招拍挂简单化为竞价。

9. 在高等建筑教育和科学研究中填补社会科学的空白

首都规划学会牵头，联合清华大学等 6 家单位组成的课题组，从环境行为学的角度，对西长安街街道沿线行人的行为进行调查、分析和研究后发现，长安街还有不少不完善和不合理之处。

课题组指出，长安街有些人行过道间距过长，行人通行不便；沿街公交站点均无候车棚，不利于乘客骄阳下和阴雨天乘车；在长安街不准上、下出租车，不许旅游大客车行驶的规定，不便于游客观光；缺少饮料商亭；公厕数量少且标识不明显；无障碍设施不完善；绿化景观与行人的亲和力不强。因此，课题组建议，要设法增强街道的公众性和亲切感，增强街道的历史文化内涵(据《北京青年报》2003 年 1 月 9 日报道)。

以环境行为学的方法评价城市空间是一个开创性的工作。明天的城市研究的主导学科应当是社会学，是研究人的需求、人的心理的学科。

结语：未来 20 年是中国城市化加速的时期，是人类历史上前所未有的大变迁时期。中国人一定要抓住这个千年等一回的机遇，创造一个中国版本的人类幸福聚落，在民族复兴的同时，为全球化的时代贡献中国式的城市图景。

1998 年诺贝尔经济学奖的理念

——“以自由看待发展”

2002 年诺贝尔经济学奖的理念

——“用幸福衡量财富”

这两种理念在译成中文之后很对仗，恰是一幅对联，用来说明什么是“以人为本”。那么可借孔子的一句话来做横批，表达一个以人为本城市的境界：

——“近者悦远者来”。

经营城市的理念是当今城市建设和发展的创新。但是，不少地方在实际运行中又自觉不自觉地将这一理念“固化”或“定式化”了。其实，马克思主义告诉我们，任何一种理论都需要随着实践的深入而不断发展。所以，经营城市这个创新的理论也需要在实践中不断创新。

9. 经营城市是现代城市发展理念的创新

中国城市发展研究会副理事长 朱铁臻

一、经营城市的概念内涵和理论依据

现代城市不但要求要建设好、管理好，而且要善于经营。城市不是单纯的投入对象、建设对象和管理对象，而且是可供开发利用的主体。经营城市是现代城市发展理念的创新。

经营城市的概念自20世纪90年代以来在我国传播并受到关注。什么是经营城市？目前有不同的概括和解释。笔者认为，所谓经营城市，是从政府角度出发，运用市场经济手段，对城市的自然资源、基础设施资源、人文资源等进行优化整合和市场化运营，实现资源合理配置和高效使用，促进城市功能完善，提高城市素质。其中，自然资源主要是指城市的土地、山水、空间等；基础设施资源主要是指城市的电力、道路、桥梁、通信网络以及市政公用设施等；人文资源主要是指城市的人力资源、文化资源、科技资源和政府资源等。由以上几类资源派生出来的资源还有信息资源、品牌资源、形象资源和注意力资源等，这些都是可供经营的城市资源。随着城市现代化的发展、科技的发展，城市经营资源的内涵和外延还将不断丰富和扩大，新的资源将不断被开拓和产生，经营城市的内容将越来越广泛。例如，有的城市原本一些似乎看来不值钱的城市空间，如果用新的思路去装扮它、运作它，就会改变原有的属性。本溪市东明二路原是一条交通拥塞、嘈杂凌乱的小街，屡清不止，政府用经营城市理念索性把它开发成一条漂亮的商业步行街，结果开发商抢着来投资，并且要建设文化旅游广场，政府不仅不花钱，而且还获得土地出让金500万元。

谈到经营城市问题，不少人提出，它的理论依据是什么？笔者认为，经营城市的理论依据，根本点在于城市是有价值的实体。城市是生产力发展、社会分工和上层建筑、生产关系变革的结果，是人类劳动的产物，是人类文明的结晶。一切构成城市空间和功能的载体，无一不凝聚着人类的智慧和劳动。因此，城市是有价值的客观存在，是社会漫长发展中积聚的巨大财富，城市也是最大的国有资产。经营城市，就是要把城市有价资本要素进行优化组合，使静止的资产富于活力，通过市场化营运，从而达到资产增值，促进城市经济、社会发展。

新中国成立后，由于较长时期实行计划经济体制，城市建设基本上是以政府投入为主，并且形成了巨大的国有资本。随着社会主义市场经济体制的建立和完善，城市作为市场经济的重要载体，人流、物流、资金流、信息流等成为城市之间争夺的对象。城市的土地、公共建设等资源，开始从非经营性资产逐步转化为可经营性资产，市场配置城市资源的范围不断扩大，程度不断提高。按照市场经济规律，政企分开，引进竞争，对大部分的城市资源实行市场化经营，这是市场经济发展的客观要求，也是城市现代化发展的必然趋势。当前，我国城市普遍处在现代化发展的大规模建设阶段，建设资金普遍紧缺。建设资金的来源既靠城市自身的积累，又靠引资借债。但是借债总是要还的，城市不能长期依靠“负债经营”，负债不能超过GDP增长允许的尺度，关键在于实施“以城养城”，这是市场经济规律的必然选择。要通过对现有城市国有资产资源的重组、拍卖、租赁、转让、抵押、有偿使用、冠名等多种经营运作方式，最大限度地盘活存量资产，筹措建设资金，加快城市建设，改善和提高城市居民生活质量，促进城市财富的节约与增长，提高城市竞争力，使城市更“值钱”。

二、大胆探索与实践经营城市

21世纪是城市世纪，城市在经济社会发展中的地位和作用将更加突出。如何经营好城市，加快城市的现代化发展，理所当然地成为当今我国城市普遍关注的、具有深远意义的重大理论和实践问题。许多城市在经营城市和城市资源市场化方面进行了大胆探索与实践。

例如，杭州市提出城市资源经营的基本思路是：把城市资源经营作为推进城市经济社会发展的重大战略举措，充分认识城市的资源现状和特色优势，把握未来城市发展趋势，明确城市资源经营的重点领域和重要方面，运用市场经济、可持续发展和新经济的思路和手段，通过夯实基础、强化特色、大胆创新、搞好整合，发挥城市资源经营在城市发展中的主导和基础作用，提升城市的品位和形象，增强城市的综合实力，使杭州在21世纪成为全国乃至世界体系中，具有较强竞争力的强市名城。杭州市对城市的土地、基础设施和生态环境等基础性资源进行集聚、重组和营运，取得了较好的经济效益、社会效益和生态效益，创造了城市发展的良好条件。在土地资源经营中，他们主要通过建立政府土地收购储备出让制度，对城市土地使用权实行公开招标拍卖，盘活土地资产，确保国有土地资源的收益，推进城市的建设，为企业的发展服务。杭州市还逐步认识到城市基础设施资源的经济价值，开始对其进行市场化运作。一是吸纳社会资金用于基础设施建设。二是实施基础设施经营权拍卖，盘活现有基础设施存量。如对赤山埠水厂的30年特许经营权进行拍卖。赤山埠水厂固定资产为2000万元，以1.2亿元的底价竞拍，最终以1.5亿元竞拍价获得成功。三是组建信息网络公司，实施网络设施企业化经营。四是实行基础设施有偿使用。五是实行城市公共服务公开招标，提高城市维护保养水平。六是对附属在基础设施上的延伸性资源开展经营，对部分城市道路两侧的广告设置权进行拍卖，对城市人行天桥、公园绿地、公交站点等基础设施的冠名权实行有偿使用。同时，对环境、人文资源进行经营，综合利用城市的品牌资源，包括名人品牌、企业品牌等，发展城市会展、旅游、文化、商贸等服务业。

又如，贵州都匀市，自1998年以来，一直是以“资本置换、整合资源”为突破口，解决贫困地区城市建设资金问题，促使各类资源、市场要素迅速整合聚集，推动城市各类资本升值，对该市土地资源、闲置厂房及设备的出让，以及实施旧城建设区域的安置补偿等，均实行重大政策倾斜，先后调动了市内外各类形态的社会资本8亿元，对于改变城市面貌、促进经济发展起着重要作用。都匀市领导深刻体会到，城市经济发展，离不开资本的配置和优化，不仅是投资增量的配置，重要的是投资存量即资产存量如何流动和重组的问题。促进资本流动，实现资产实物形态向资本价值形态转换，是调整资本结构、优化资源配置的主要手段，也是释放经济潜能、促进生产力发展的有效途径。他们在实践中感受到，城市国有资产，只有流动才能具有资本增值的属性，才能获得从资产到资本的转化，产生新的资本价值。这个流动就是他们所说的“资本置换”，这是都匀经营城市的创新之路。

近几年来，我国的许多城市根据不同情况、不同项目，采取不同的经营城市方式，筹集了大量建设资金，加快了城市基础设施和公共设施的建设，推进了城市教育、卫生、环境等社会事业的发展，形成了城市建设的良性循环，有效地促进了城市质量的提高。例如大连市由于巧用经营城市理念，使财政收入大增，1992年全市可支配财力只有21亿元(其中可用于生产建设的资金只有8000万元)，到2000年，可支配财力突破100亿元，可用于生产建设的资金达40多亿元。城市建设水平大幅度提高，既完善了城市功能，提高了人民生活水平，又使土地增值、城市增值。

三、经营城市要处理好几个关系

城市是一个综合的大系统，具有多重的矛盾。经营城市与经营一个企业不同，经营企业主要是搞好生产，提高产品质量，扩大市场，创造利润；经营城市的要求则是多方面的，涉及政治、经济、社会、环境和更多的人、财、物等一系列问题。因此，经营城市必须处理好这样几个关系：

第一，有形资产经营和无形资产经营的关系。经营城市的有形资产，能够在短时间内很快获利，但局限于此是不够的，要注重无形资产的价值并对其开发利用。所以，既要重视经营土地、道路、水、矿产等已被开发利用的传统的有形城市资源，又要重视城市形象、信息、网络、品牌、文化、民俗等还未被充分开发利用的现代城市资源，实现从主要依赖传统的有形城市资源向大力开发现代城市无形资源转变。从城市发展的长远利益着眼，要不断开拓，认真搞好无形资产的经营，谋求城市资产的整体升值。

第二，经济效益和社会、生态效益的关系。经营城市，既要重视经济效益，又要注重经营城市的社会效益和生态效益，实现经济效益、社会效益、生态效益的和谐统一。经营城市是推进城市建设和发展的重要手段，但不是它的全部目标和内容，不能以经营代替所有的政府行为。要正确区分经营与非经营的界限，要区别对待可经营性资源和公益性非经营性资源。在不断拓展经营城市资源广度和深度的同时，政府对一些公用事业要作出无偿投入；对一些不宜市场化的城市资产仍应由政府管理。如保证市民学习、日常休闲活动的公共场所，图书馆、群众文化馆、青少年宫、公园等不能搞承包经营，政府应当拨款，应当无条件地为纳税人服务。至于一些自然、历史文化遗产和著名的风景旅游区更不能轻意出让经营权，应当加强控制管理，合理开发利用，保护是第一位的。

第三，城市局部资源与整体资源利用的关系。城市资源要作为整体概念来对待，要有计划、有步骤地开发经营，不能只顾局部而不顾整体。经营城市，既要重视局部的城市资源的开发和利用，也要重视城市资源的整体、组合式运作，发挥城市资源的集约和综合效应。

第四，城市资源有效利用和可持续发展的关系。城市可利用资源大多数是有限的，因此，既要充分地开发利用资源，又要严格做好城市资源的保护，实现资源利用的可持续发展。经营城市，不能只顾眼前，搞短期行为，尤其是对不能再生的资源要有长远的使用规划。任何一个城市要走出一条经营合理、良性发展的道路，必须要有科学定位，有长远发展战略与规划，重视节约、保护资源，不能光注重经营城市资源的短期效益，要着力于提升城市功能的战略性经营意识。

第五，市场化、多元化与政府主导作用的关系。经营城市是市场经济条件下的必然产物，同时也是城市政府的重要职能。既要充分发挥民间组织、民营企业、私人经济在经营城市中的多元作用，又要突出政府在经营城市中的主导作用。城市空间、城市功能载体是开放式的、公众式的，要通过市场机制吸引多种投资主体参与。但在多渠道筹集资金时，不能完全依赖市场化而忽视政府经营城市整体活动的调控权。在经营城市中，政府不能完全顺着开发商的意愿走，而要体现政府对城市整体发展的战略意图，体现市民的根本利益，考虑市民的承受力，体现城市发展的长远利益。

经营城市起先给人的感觉好像就是出卖城市的土地、城市的不动产等，所以，一些起而仿效者尤其是后来者，以为有了城市就有了土地，就有了不动产，就可以卖出大把钞票来。于是乎一时间造城运动、城区扩张运动在神州大地如火如荼。然而，就是这些砖瓦水泥造起来的所谓城市，却不见有车水马龙，商铺林立，市场人头攒动，投资者纷至沓来。本文以令人折服的论述，指出经营城市，提高城市化水平，必须加快城市建设产业步伐。一座城市如果没有产业支撑，或者说产业不发达，这座城市是没有希望的。建议大家读读陈福军的大作“提高城市经营水平，加快城市建设产业化步伐”，相信会引起你更多的联想。

10. 提高城市经营水平，加快城市建设产业化步伐

陈福军

现在，“把城市作为最大的国有资产进行整体经营”已基本成为我国城市领导们的共识，并取得了很大的成就。特别是在我国已经进入 WTO 的大背景下，政府将只能作为市场规则的制定者，而不能作为市场主体直接参与竞争的条件下，如何提高城市经营水平，用市场经济的思路去经营城市建设产业，走以城养城、以城兴城的城建市场化之路，对于推进我国城市化进程更有着十分重要的现实意义。

一、对城市建设产业化的基本认识

城市建设是城市功能形成与发展所需物质条件的创造、改进过程。概念非常宽泛、综合。一般说来，城市建设的产品包括以住宅为主体的城市建筑产品和基础设施产品两大类。其中，基础设施产业包括城市能源、供排水、交通运输、通讯、环保、教育、文化、福利等设施和系统。它们承载着城市社会经济活动的一切方面，并构成了城市全部物质实体建设的总和。城市建设产业化，就是在市场经济条件下，把城市建设作为一项产业逐步实现市场化的进程。城市建设产业化的主体应该是企业，而不是政府。城市政府要立足于市场经济这一前提发挥自己的职能，按市场规律的要求去积极推动城市建设产业化发展。由于城市住宅在我国已经形成自己的产业，因此，这里的城市建设产业化主要是指城市基础设施的产业化。它是我国城市建设部门转变成为现代产业的一个历史演进过程。

把市场机制引入城市建设是对传统基础设施建设理论的巨大冲击。其理论依据主要来源于人们对基础设施的自然垄断性的重新认识。

20 世纪 80 年代以来，西方经济学家用部分可加性(subadditivity，又译为次可加性、劣可加性)重新定义了自然垄断之后，人们对自然垄断的性质有了重新认识。简单地说，即是把自然垄断分成了强自然垄断和弱自然垄断两种情况。当自然垄断性较弱时，基础设施兼有公共消费和个人消费的特性，处于纯公共产品和纯个人产品之间的过渡状态，即具有很强的“混合产品”性质，可理解为“准公共物品”。对于城市基础设施产品来说，城市的地域性又决定了它的“地方公共物品”特性，使其“准公共物品”的特色更加突出。因此，国外对自然垄断行业的管制，特别是对城市基础设施领域的管制，已经由传统的只要是自然垄断就要管，转变为需要因时制宜。有时要管，有时不要管，要根据平均成本的升降，企业承受力的大小，分别考虑采取不同对策。

由此，作为“准公共物品”的城市基础设施便兼有公益性、垄断性和竞争性的特点。公益性和垄断性的特点，决定了它们提供的产品和服务是社会性的，公众对基础设施的消费不具有竞争性和排斥性。它们以公共产品的身份构成各种经济活动和生活娱乐活动的基础条件，属于“纯基础设施”；竞

争性的特点，则又决定了这类设施的建设可通过市场来实现。如电讯、电力、自来水等，可称为“准基础设施”。它们的活动应当按市场盈利目的，采用市场手段来进行。这样就使得城市建设领域成为公共投资和私人投资的交叉点，使在城市基础设施建设中引入竞争由可能变为现实。因此，政府必须放松管制。过去那种基础设施建设由国家统包下来的做法，从理论上说，在现代的市场经济条件下已经行不通了。

在实践上，最近几十年来，随着社会经济和科技水平的发展，市场规模迅速扩大，也使原来自然垄断行业中的垄断性开始逐渐降低，替代技术(能源)的出现也使细分的行业之间出现了竞争，如电信业等。因此，过去长期被视为公共物品的多数城市设施已发展成为准公共物品甚至是私人物品。在调查、总结了许多国家特别是发展中国家的经验以后，世界银行在 1994 年的发展报告《为发展提供基础设施》中指出，凡是具有以下三个特点的城市基础设施即可进行有效的商业运营：1. 对提供服务有明确的、连贯的目的性；2. 拥有经营自主权，管理者和雇员都对经营效果承担责任；3. 享有财务上的独立性。这样城市基础设施中的准公共物品和服务，就可以分别由公有公营、公有私营、私有经营和社区和使用者提供等四种不同体制和实体来经营。因此，城市建设本身就已经具备了产业化经营的基础，完全可以将城市竞争机制引入城市建设产业之中。这已经成为世界上其他国家的成功经验。所以，加快我国的城市建设产业化可以促进城市经济功能的发挥，提高城市的整体效益。

过去，我国的城市建设只有单一的政府投资渠道。无论是新增设施投资还是原有设施的更新改造，完全由财政拨款来满足。这种体制一方面造成了城市建设资金匮乏，财政枯竭；另一方面也形成了基础设施有效供给的严重不足与有效需要的日益增长的尖锐矛盾。改革开放以来，随着我国城市化进程的加快，城市基础设施短缺问题更加突出。一方面，必须不断建设新的基础设施以适应城市的不断扩张和新兴产业发展的要求；另一方面，又要对旧基础设施进行维护和改造，所以，用于城市建设的资金在迅速增加。但是，作为基础设施资金主要来源的国家财政，其增长速度却远远不能跟上基础设施资金的增长。因此，城市建设资金存在巨大缺口，并已成为制约城市经济发展和人民生活水平提高的重要因素。以上海为例，从 1989 年到 1997 年，基础设施投资增长了 1044.0%，而同期政府财政年支出和 GDP 才分别增长了 485.1%和 382.4%，远远落后于基础设施资金的增长。见表 1 所示。

表 1　上海市基础设施投资额与财政支出和 GDP 关系

年份	基础设施投资额(亿元)	基础设施投资额增长率(%)	政府财政年支出(亿元)	政府财政年支出增长率(%)	城市 GDP(亿元)	GPD 增长率(%)	基础设施投资与财政支出比例(%)	基础设施投资占 GDP 比重(%)
1989	36.09	—	73.31	—	696.54	—	49.23	5.18
1990	47.22	30.84	75.56	3.07	756.54	8.61	62.49	6.24
1991	61.38	29.99	86.05	13.88	893.77	18.14	71.33	6.87
1992	84.35	37.42	94.09	9.34	1114.32	24.68	88.80	7.57
1993	167.94	99.10	129.26	37.38	1511.61	35.65	129.92	11.11
1994	238.16	41.81	196.92	52.34	1971.92	30.45	120.94	12.08
1995	273.78	14.96	267.89	36.04	2462.57	24.88	102.20	11.12
1996	378.78	38.35	342.66	27.91	2902.20	17.85	110.54	13.05
1997	412.85	8.99	428.92	25.17	3360.21	15.78	96.25	12.29

资料来源：根据郭磊《城市基础设施新的融资渠道—引入私人投资》文中数据整理(载《城市研究》，1999.1)

为了满足城市发展的需要，加快城市建设产业化进程，除征收城市维护建设税、城镇土地使用税之外，我国各城市政府近年来采取了多种多样的市场经济手段来为城市基础设施筹措资金，并按照市场经济机制对城市建设设施进行运作。比较常见的有：城市国有土地使用权出让；让房地产开发商为城市基础设施提供配套资金；通过调整城市产业布局来收取城市土地级差地租；提高基础设施服务的价格；承包、租赁、拍卖经营权和使用管理权；授予特许权；对大型基础设施项目进行股份制改造，利用股权融资；发行股票；发行债券；利用外资等多种形式。

以上这些市场化措施，再加上国家近年的一些专项投资，有效缓解了一些城市基础设施建设资金短缺的燃眉之急。并且，更为重要的是，在这些探索过程中，可以利用市场经济手段，在进行城市经营的同时，对城市建设产品进行产业化经营的观点已经被多数城市建设管理者所接受，城市建设已经开始部分形成产业化趋势。只是由于起步较晚，再加上一些主、客观因素，我国城市建设总体水平较低的情况仍未得到根本扭转，城市建设作为一个独立的产业来说，发育还不是很成熟，仍然需要进一步加大产业化步伐。

二、城市产业化对城市经济发展的巨大促进作用

作为城市社会经济活动活动的承体，城市基础设施水平和住宅建设水平集中体现了城市建设产业化水平，对城市经济的发展具有多方面的直接和间接的巨大促进作用。

首先，城市建设产业化能够利用市场竞争机制，优先解决阻碍城市发展的瓶颈问题。长期以来，城市建设资金不足一直困挠着我国城市经济的健康发展。以环境问题为例，现阶段我国城市的主要环境问题表现为交通拥挤、空气污染、城市垃圾、水污染和城市沉降等，但其中的大多数都是由环保基础设施滞后于城市经济发展而造成的。每年因环境污染造成的经济损失在1000亿元以上。并且，我国现在正处于城市化加速阶段，对城市建设产品的需求也越来越大。在前面上海市的情况分析中，我们已经看出城市基础设施投资额的增长速度是同期政府财政年支出和GDP增长速度的2～3倍。尽管上海市每年投入近1亿元资金用以建设垃圾处理设施，但是每天城市垃圾总量高达14820吨，年递增率为7%，远远超过城市设施供应能力。因此，随着今后我国城市经济的快速发展，城市建设资金仍然将存在着巨大缺口，在很大程度上制约着城市经济的发展和人民生活水平的提高。在这种情况下，如果能够利用市场机制，积极拓宽各种融资渠道，并进行产业化经营，必然能有效解决城市建设资金不足问题，优先解决阻碍城市经济发展的瓶颈城市建设项目。上海等城市的成功经验已充分说明了这一点。

其次，城市建设产业化能够减轻城市政府的财政压力，分担国家和城市政府的投资风险。城市建设投资一般都具有资金占用大，建设周期长等特点，可以很好解决有效需求不足问题。这已成为许多国家和地区制定经济发展政策的依据，并成为城市经济发展的政策性工具之一。以上海为例，90年代以来，上海平均投资1元的基础设施能使GDP增加0.5元左右，成为新时期的城市经济增长点。但是政府大规模投资于基础设施建设，尽管可以在短期内达到刺激需求、推动经济增长的目的，但从长远看，庞大资金的占用而又不能迅速回收，则必然导致以后相当长一段时间的资金短缺甚至紧张，对城市经济持续稳定发展非常不利。如果按照市场机制，利用城市基础设施收益稳定，投资风险小等特点，鼓励各种利益主体对一些城市建设项目进行产业化运作，则可以有效盘活这部分城市资产，分担政府投资风险，大量减少城市政府对公共物品生产的投资和各种政府补贴(如价格、经营亏损等补贴)。

第三，城市建设产业化可以有效培育城市建设市场的竞争性，促进城市竞争力的提高。根据郝寿义等人对上海等城市的城市建设对城市竞争力影响的实证和比较分析结果：城市建设对城市社会经济发展起着巨大的带动作用。其中，城市竞争力主要源于城市综合经济实力的增长，而经济实力的增长则源于城市建设的发展-总体城市基础设施和住宅建设对城市竞争力的相关系数为0.908，表明城市建设与城市竞争力高度正相关；而深圳城市竞争力与城市建设的实际变化则表明：深圳之所以在城市竞争中取胜，重点是使用了城市基础设施和住宅建设这一有力武器。说明对于一个新兴城市来说，城市建设对城市的竞争力更有着举足轻重、立竿见影的影响。所以，城市建设产业化有着巨大的效益空间，“生产性”很强。如能很好利用这种蕴含在城市建设中的无限商机，可以有效打破原来的行业垄断，培育市场的竞争性。这样不仅可以有效扩大城市建设规模，并提高其运营效率，极大地促进城市经济的快速发展，增强城市的竞争能力。

第四，城市建设产业化可以促进城市市场建设，利用关联效应，带动整个城市产业群的进步与升级。由于城市建设涉及到几乎所有的城市产业，与其他任何一个单独生产某种特定产品和服务的产业部门相比，它的突出特点是产业群体性，诸如规划设计与形象设计、市政工程建设、电力、热能、自来水、污水净化与排放、园林绿化、花卉、建筑与装饰、环保、图书出版、影剧院、展览馆、博物馆、体育中心、健身房等，都属于城市建设产业群体范畴之内，基本涵盖了城市一、二、三次产业。因此，加强城市建设产业化步伐，可以促进城市市场的发育，并通过产业关联效应，带动一大批与城市建设有投入产出关联产业的发展，如建材、商贸、金融保险、冶金、化工、机械、汽车、房地产、广告设计、法律、物业管理等，培育出多个细分市场，从而带动整个城市产业群的进步与升级，对城市竞争力起着加速器的作用。城市建设这种效果在大连市被形象地比喻为“撬动”城市经济的发展。

第五，城市建设产业化有利于促进城市基础设施的创新，促进城市可持续发展。可持续发展是以人为中心的社会环境综合协调发展，因此，提高城市居民素质是城市可持续发展的保证。一些城市基础设施项目如城市生态环境系统等，它们巨大的外在效益主要是通过城市整体的社会效益和环境效益间接地体现出来。如共享城市基础设施所提供的服务，使企事业部门获得额外的经济利益；容易获得不同层次和各种类型的劳动力和人才；促进信息交流，获得更多商业机会等。特别是在知识经济时代，任何创新都越来越需要一定的知识基础设施平台(如信息网络、图书馆、学校等)，越来越需要公众的参与。从这个角度看，一些经济手段，如发行城市建设债券等可以有效提高城市居民的参与感，有利于提高城市居民素质，从而有效保证积极、正面的外在效益在公共产品的运营中占主导地位，促进城市基础设施的创新。这是提高城市生活质量，提高城市形象，提高城市综合经济实力的重要保证。

三、提高城市经营水平，加快城市建设产业化步伐

城市经营，有时也称为经营城市，一般理解为把城市作为最大的国有资产，用市场经济的思路去经营，实现城市的自我增值和自我发展。它来源于城市管理理念的发展，是对我国近年城市经济管理实践经验的总结和升华。在国外，与城市经营相应的概念主要有城市营销(Urban Marketing)和城市治理(Urban Governance)。前者侧重于城市形象的宣传，后者则侧重于对城市事务的宏观性管理。因而城市治理的内涵更接近于城市经营。从目前世界各国已出现的城市治理模式看，“企业家化治理模式”特别值得借鉴。其特征主要是：①政府官员，尤其是市长以企业家的姿态管理城市，勇于创新，注重实效；②以发展地方经济为目标；③公共决策的形成和实施通过“公—私合作伙伴体”来完成。按照这种模式，就是把城市当作一种特殊商品来经营。在市场经济条件下，城市土地、楼房和各种基础设施既然都是商品，它们所组成的城市理所当然也应是商品，是生产力的具体体现。因此，为了实现和增殖它们的价值，不仅应该“生产”城市，而且更应该经营城市，即按照价值规律将城市空间和功能载体中可以用来经营的存量资产和生产要素推向市场，优化城市资源配置。其中，城市建设产品的经营，即以住宅为主体的城市建筑产品和基础设施产品的经营是其中主要内容。

按照城市管理在时间流程上的划分，城市经营也可以划分为规划、基本建设和日常运行(功能)运营三个环节。其中，规划是城市经营的灵魂；建设是城市经营的主体；日常运行运营则是确保城市规划目标得以实现和建设效益得以发挥的关键，是城市经营的重点。因此，提高城市经营水平，可以从整体上加快城市建设产业化步伐。

首先，战略规划是城市经营的起始点。城市经营水平的提高，可以大大提高对城市建设市场规模、性质等需求因素的预测精度。城市规划作为城市发展战略的重要组成部分，要求从市场需求角度出发，科学确定城市的性质、功能、定位，并为城市建设提供“蓝本”。在市场经济条件下，需求始终是拉动经济发展的决定性力量。城市建设的规模、重点及所需的资金、技术作为城市经济发展需求的反映，它们共同形成了城市建设市场空间大小。因此，科学的城市规划作为提高城市经营水平的首要前提，同时也是城市建设产业化的“先天性”决定因素。城市经营水平的提高意味着可以规划、经营城市建设产业的未来市场。

作为城市经营首要环节，这里所特指的城市规划内容与传统城市规划的最大区别在于把城市建设产品视为商品的观念转变。既然是商品，就必须应有投入产出效益。城市作为生产要素大规模的聚集地，虽然城市建设产品本身不能移动，但在各种城市人流、物流、资金流、信息流的运动坐标下，它们也是在相对运动着的。在这种思维下，过去被视为“纯公共物品”的道路、桥梁、街道(包括路标)、公共汽车(包括站牌)等几乎所有城市建设基础设施，如果在上面冠以各种广告等商业化色彩，则都变成了可以进行商业化经营或运作的“准公共物品”。因而，观念的转变就意味着一种机遇。在这种相对运动的坐标下，城市规划是一种未雨绸缪的经营，它直接影响、决定了城市建设产业化的规模和性质。城市政府就是最大的城市经营者。

另外，在时序关系上，由于其物质承载的地位和作用，城市基础设施建设一般要与现有城市经济发展需求的水平保持适当的超前性，领先于城市经济活动主体设施的建设。所以，城市经营在时序上要在一定程度上超前于城市经济和社会发展水平，并由此保证和促进城市经济发展所带来的整体经济效益的提高。但是，超前多少？在哪些领域超前？等等具体问题的解决则基本取决于城市政府的规划。因此，城市经营的实质在于对城市建设市场的“事前”调控。这与传统意义上出现问题之后再进行的“宏观调控”有着天壤之别。

其次，城市经营水平的提高，体现在城市建设步伐的加快。城市建设既是对城市规划的实施，也是城市功能完善的保障，因而被称为城市经营的主体。按照前述“企业家化治理模式”，城市经营的特征表现为以发展地方经济为目标，政府官员(尤其是市长)以企业家的姿态来管理城市。并且公共决策的形成和实施通过“公—私合作伙伴体”来完成。城市基础设施的地域性决定了它们属于“地方公共物品”，城市基础设施必然体现出以发展地方经济为目标。而在“分灶吃饭”的分权体制下，城市在经济上的自主权决定了城市政府提高本地区利益的行为动机，因此，“政府官员，尤其是市长以企业家的姿态管理城市，勇于创新，注重实效”必然要在公共决策的形成和实施过程中，通过“公—私合作伙伴体”完成。利用市场这只“看不见的手”达到基础设施领域资源配置的帕累托改善目的。

这种“公—私合作伙伴体”在作用形式上，首先要求城市经营者转化过去的依赖国家搞城市建设和把城市建设单纯看作社会公益事业等旧观念，充分运用政府的权力，通过发挥城建、国土、规划、城管、交通、水电等职能部门的服务作用，尽量放松管制程度；其次，在投资体制上，要建立“谁投资、谁受益”的有效投资回报机制。打破政府主管部门对基础设施投资建设的独家垄断，建立起模拟竞争市场，全面引进竞争机制，鼓励国有资本与其他经济成分的资本相互渗透，逐步形成政府财政投入、银行信贷投入、企业投入、社会投入、经营收益二次投入的多渠道建设格局，最大限度盘活城市资产存量，从而推进城市建设产业化的加速发展，达到以城建城、以城养城的城市经营目的。在城市基础设施的建设过程中，“公—私合作伙伴体”强调要发挥企业作为市场主体地位的作用，使其具备内在的激励机制和外在的竞争压力，最大限度地开拓城市建设的运作空间。对于提供纯公共产品的企业，由于其具有规模经济性，如电力工业中的电力传输系统、自来水管道系统等，可以采取公司化改造之后的国有国营形式；大部分非自然垄断和半自然垄断性质的国有基础设施企业则应采取国有民营和私营形式。如电力生产和销售，收费的公路、货运和客运，电信和通讯服务等行业，可通过竞争性招投标，以租赁和特许权的方式实行。如BOT(Build-operate-transfer，建设—经营—转让)等；对于一些私人物品特性(竞争性)较强的基础设施，则可以允许私人进入基础设施领域建立新企业，或对国有中小企业产权转让等形式，实现私有私营以增加供给，提高效率。

最后，与高起点规划、高标准建设相匹配的是高效能的管理。日常运行作为城市经营的最后环节，它是各种城市基础设施产品功能发挥好坏、效率高低的关键，因而也是城市经营的重点，是城市规划目标得以实现和建设效益得以发挥的保证。提高城市建设产品日常运行运营水平，就等于是提高了投入—产出—再投入的城市建设产业化循环效率，这是城市建设产业化经营的目的所在。

过去，我国城市建设领域长期存在着重建设轻管理的倾向，就更谈不上有什么城市经营。城市经营意味着把市场经济中的经营意识、经营主体、经营方式等要素引入城市建设产品的经营活动。运用市场经济手段，对构成各种城市建设产品的自然生成资本(如土地)和人力作用资本(如路、桥)及相应的延伸资本(如街、站、校、场的冠名权)等进行重组和运营。如将道路、桥梁、水厂、垃圾转运站、公共厕所、书报亭、液化气站场、农贸市场、候车亭、公交路线等所有权与经营权剥离，采取能卖的卖、能租的租、能抵押的抵押，促使城市资产重新配置和组合，打好“无形资产牌”，如公开拍卖户外广告经营权，各种公营设施的冠名权等，促进城市建设产业化的良性发展。

在城市基础设施产品的日常运行经营过程中，创造出基础设施产业有效竞争的制度环境至关重要。对自然垄断业务，应建立模拟竞争机制的管理体制。通过经营许可证制度和恰当的定价策略，提高其竞争意识，规范其经营行为。对非自然垄断的企业，则应完全引入市场竞争机制；而要使经营工作有法可依，维护城市建设产品经营市场的秩序，则必须建立和健全完善的法律体系，加强对市场的监督制约力度。目前，这方面的理论还落后于实践，国家和地方政府应该加快研究制定一批配套的规范性指导文件，积极推动城市建设产业化向健康有序的方向发展。

从以上分析中，我们可以看出提高城市经营水平对加快城市建设产业化步伐有着巨大的促进作用。但是，进行城市经营目的在于城市经济效益、环境效益和社会效益的整体提高。这种目的的多价值性又使得城市建设产业化不能全部都以市场经济为出发点。它的公共产品属性和产业化特征，使政府行为和市场行为矛盾冲突表现得更加集中和激烈。这是城市建设产业化有别于其他行业产业化的最典型特点。虽然从国内外城市管理的实践中可以看出城市建设产业化是大势所趋，但城市建设产业化步伐的加快，必须要以城市经营的整体水平提高为基础。只有城市经营的整体水平有所提高，城市建设产业化才能具备健康顺利发展的基础和宽松环境，否则，城市建设产业化只能是理论上的空谈而已。这对城市建设产业化有百害而无一利。

在全国掀起的一股造城热潮中，众多专家学者对那种“千城一面”、互相抄袭的现象进行了严肃的批评，但仍无法阻止这种现象的继续发生。于是，只要在神州大地上走一走，不少人都会有这样的感觉：从张三城走出，到了李四城里，然后再到王五城里，之后再回到自己原来的城市，好像哪儿都没有去过一样。这就是“千城一面”的恶果，是城市缺乏个性的结果。本文涉及到了这个问题，虽然没有专门展开论述，但作者就创城市品牌一说，读后仍会引起一些联想的。

11. 消除经营城市的政策障碍

张国云

应该说，城市是国家长期巨额资金投入的结果，是资本的实物形态，目前全国工业总产出的50%、国内生产总值的70%、国家税收的80%、第三产业增加值的85%、高等教育和科研力量的90%以上都集中在城市。城市作为国有资产的最大集散地，已成为最大的一份有形国有资产。

对城市决策者而言，要经营城市就必需站在更高更远更实的角度，以城市发展、社会进步、人民物质文化生活水平的提高为目的，以业主管理的身份将城区的土地、基础设施、公用服务设施等资源及资本推向市场，实现城市职能合理分工、功能互补，经济产业合理布局，共同构成一种和谐的力量，实现城乡人口合理、有序、快速的流动，促进城市化的迅速发展，推动城市和区域经济的整体协调发展。因此，要积极探索，消除体制上和政策上的障碍。

一、创城市品牌

经营城市与经营企业一样，应有品牌意识和名牌战略，打造城市的个性和特色。如今中国的城市雷同太多，缺乏个性化，让人感觉是走了一城又一城，城城都一个样，成了名副其实的“克隆城市”。经营城市就要求突出重点、规模适度、增强特色、强化功能，根据城市自身的资源状况、自然地理环境、经济基础、文化历史背景，确立有利于城市的独特发展战略。要注意抓现代城市形象创新工程体系，即从城市物质空间环境系统、社会组织系统、市民生活系统等“三大系统”入手。一是城市物质空间环境系统的创新，主要是提高城市空间环境的品位，美化环境，塑造城市新形象。特色是一个城市的灵魂，没有特色，就没有魅力。城市特色的营建需要我们对城市的优势资源的充分认识和发掘。二是社会组织系统的创新包括管理系统及保障措施。“三分建设，七分管理”，要努力营造一个良好的政治、经济和社会环境，建立高效廉洁的城市管理机构和组织管理体系，以及多元化、社会化和企业化的城市管理机制。三是市民生活系统创新，主要包括工作环境、生活环境、市民意识与市民精神的创造，以全面提升城市文明水准。

二、让土地流起来

社会主义市场经济条件下，土地是最大的存量资产，是政府手中最大的财富。经营城市，就是利用市场机制经营城市土地，最大限度地盘活土地资产，把自然资源转化为滚滚财源。首先，要推进城乡土地制度改革。应探索建立健全农村集体土地使用权的有偿使用和合理流转机制，积极鼓励离乡进城农民将原承包的土地使用权有偿转让，既可作为进城定居和创业的启动资金，又能推进农业规模经营。比如，要尊重农民权利，允许农民带地折股进城开发，允许农民进城种树植草搞绿化，允许农民以土地与房地产商联手开发。经营城市应允许农民进城，这样才能从根本上解决“三农”问题，真正把城市做大。其次，政府要在确保耕地总量平衡和严格控制人均建设用地标准的基础上，满足城市建设用地。对城市用地应实行政府统一规划、统一征用、统一管理，让政府垄断城区一级土地开发市场，除国家规定外，企事业单位建设用地一律实行使用权转让、拍卖，通过土地转让、土地级差、土地隐形收入等获取建设资金。第三，概念营建，酿造热点，实施旧城改造。现阶段我国的房地产已不仅仅是建筑一个房子、一个家，更重要的是营建一个社区、一个社会，处于“概念地产阶段”。营建概念，“主题开发”是在经过综合分析市场的基础上，赋予区域开发一个主题概念，从而挖掘需求，营建市场。成片规模开发要求给区域以特定的主题概念。如中关村开发标以“建设中国的硅谷、高科技园区”的主题概念，从而带来中关村的投资热潮。第四，强化耕地保护，挖掘用地潜力。当前应注意城市地下空间的深度开发与综合利用，安排一些适宜在地下的产业或工程项目，如仓储，需要恒温、恒湿、清洁无尘的工厂、实验室、停车场以及战备设施等。要进一步注意完善土地租、税、费以及土地置换，农村宅基地管理，乡镇、企业用地，集体土地流转管理和开发区用地等管理。

三、探索资产经营新模式

积极探索对市政设施在投融资、建设、使用、维护等全过程的体制创新，实现从政府投资行为到企业经营行为的转变：第一，加强城市公用事业的改革，坚持积极探索、稳步推进“行业管、社会办”的原则，在管住管网和线路的前提下，引入竞争机制，促进公用事业的发展，并区分不同类型，实施分类指导。对供水、供气、供热行业，按照建立现代企业制度的原则，积极创造条件，通过独立改制、引资改制、切块改制等形式灵活运作，逐步进行公司改造；市政维修、园林、环卫等事业单位，改组为市政公司、绿化公司、保洁公司，实行有偿服务、代办服务。第二，积极开展市政设施的资产化经营。可选择试点项目，由政府拨出必要的启动资金给资产经营公司，由其向国内外融资完成建设。当项目建设进展到一定程度时，该公司即可转让部分股权套现资金，用此现金又可开工建设另一市政工程项目。进一步扩大市政公用设施有偿使用、有偿服务的范围，转让部分市政设施经营权，推行有偿使用。把市政公用设施上的广告权，路、街、桥等设施的冠名权推向市场，进行拍卖。积极利用外部资金加快城市建设，包括广告权出让、集中供热及供气、园林绿化建设、环卫设施建设、旅游文化区建设等实施招商引资。第三，强化和完善政府对市政设施建设和经营的监督、管理。即明确政府对市政工程管理的职责，对工程建设分阶段管理，做到各司其职。按市政建设与经营程序，协调政府有关职能部门的管理权限，避免重叠交叉或管理脱节现象。

四、积极引入社会投资

要坚持市场化改革，充分发挥财政资金的导向作用，逐步形成城市建设投资主体多元化格局，从改革和完善城市财税体制入手，完善公用事业收费制度，逐步建立规范的城市建设资金保障体系。要合理制定政府投资范围，调整政府投资领域，加大对公益性基础设施和公共设施的投入。深化城市基础设施投融资体制改革，充分发挥市场机制的作用，吸收民间投资参与城市建设。鼓励各种社会资金投资建设和经营城市基础设施，探索特许权经营、BOT、BLT 等多种方式。改革城市供水、供气、供热、环卫、公交等的价格形成机制，引入市场机制，逐步实行企事业分离，形成投资、经营、回收的良性循环，形成经营城市的投融资新体制。

五、加快提高经营城市的综合能力与管理水平

第一，要彻底改变重建设轻管理的倾向。加强整体素质建设，增强服务意识，提高行政效率，全面提高城镇土地、市容市貌、风景名胜、道路交通、社会治安、社区管理等方面的管理水平。要改变政出多门、多头管理的状况，鼓励非政府组织和广大市民参与城市管理，提高城镇管理的社会化程序。

第二，要实现城市经济要素的优化配置。一是对小城市和小城镇，当前要突出解决好农民“离土不离乡”的问题。要注重为农业、农村和农民提供各种服务，吸引农业产业化龙头企业和乡镇企业在市区集中布局，发展农产品市场和加工业，形成本地的农产品加工基地、农产品集散中心和农业信息、技术服务中心。对中心城市郊区可适当调减粮食种植面积，重点发展占地少、效益高的外向型、都市型和生态型农业，建立优质农产品出口基地，率先推进传统农业向现代农业的转变。二是加快传统工业的改组改造，当前着重要突破发展城市就是发展工业、建设工业基地的传统观念。一方面中小城市和小城镇要发展有优势的劳动密集型工业和为中心城市配套的工业，积极吸收中心城市转移出来的加工业。中心城市要在提升劳动密集型产业技术水平的基础上，重点发展高新技术产业、附加值高和就业容量大的制造业以及其他都市型工业，逐步淘汰和转移城市中心区污染重、占地多的工业，因地制宜发展接续产业和替代产业，促进形成新的增长点。另一方面现代经营城市的理念要求我们跳出工业，把加快发展第三产业作为城市产业结构调整的主要着力点，扩大总量，优化结构，拓宽领域，提高第三产业的增加值比重和就业比重。处于中心城市周边地区的中小城市和小城镇，要重视围绕大城市的需要，发展休闲服务、住宅和文化娱乐等服务业。中心城市要在继续促进生活发展的同时，加快改造传统服务业，重点发展金融保险、信息服务、物流配送、专业服务等现代服务业，增强综合服务功能。

第三，要加强城市环境管理。按照国际上对可持续发展的认识，城市综合竞争力必须考虑经济子系统、社会子系统(包括人口)、生态子系统(包括资源与环境)三者的集成和匹配。但是与经济和社会发展目标相比，城市环境愈来愈重要。像东京、纽约、伦敦这样的全球大都市，以及像新加坡、香港、汉城这样的洲际性大都市，都先后提出了21世纪建设生态或循环型城市的战略目标。面对这样的挑战，我们应主动走建设生态城市的发展之路。我们知道，城市环境主要包含生态环境，生态环境，社区环境，这三个层次的管理又是缺一不可的。生态环境的好坏，直接影响城市的生存与发展，是城市环境管理的首要任务。而生态环境是城市个性和特色的具体体现，也就是说，城市建筑要体现民族特色和文化内涵。因此，对城市生态环境的管理是城市管理的重要方面。社区是人与人交往和感情融合的纽带和基础，与社区安定团结紧密相连结，社区环境的管理是社会的稳定器。因此，城市环境的管理，对城市发展、城市形象的塑造、社会安定起着重要的作用。

第四，要打破行政区划经济。不合理的行政区划是阻碍中国城市经营发展的一个重要因素，随着城市通勤圈、通学圈、购物圈、产业分工圈的扩大，行政区划经济对资源的有效配置、城市做大做强的阻碍增大，打破行政区划格局，探索实行以居住证为载体的人口管理制度，并进一步明确各级政府间的分工体制，把职能重点从经济转移到行政服务、社会保障和社会福利上来。

经营城市对我国经济和社会的巨大推动作用已无可怀疑。但是，由于经营城市在一定意义上来说，目前尚未能完全脱离土地的买卖，由此，也引起了一系列问题和矛盾。特别是政府的一些官员在插手土地交易中，没能很好地信守党的一贯宗旨，致使一些人翻身落马，产生了不好的影响。这里有制度方面的原因，也有个人世界观方面的原因。我们希望大家尤其是那些手中掌握着土地权的人在读这篇文章时，最好往深处想想自己该怎样做才能做得最好。

12. 城市土地经营须突破制度阴影

北方网

在11月17日深圳召开的有近500位各省市国土资源厅(局)长、土地储备交易机构负责人和30余位市长参加的“中国城市土地运营论坛”上，制度阴影成为焦点话题之一。

不能因少数人的利益占用过多土地资源

国土资源部副部长李元为本次论坛发来的讲演尤其引人关注，他肯定了经营城市土地的思路，但严厉批评了土地交易市场中存在的问题：“不能因为少数人的利益占用过多土地资源……”

李元指出：“土地作为全社会的共同资源和财富，在经营城市土地的过程中，必须维护最广大人民群众的用地权益，不能放弃合理的供地政策对房地产市场的影响作用，听任房价尤其是住宅价格攀升过快；不能因为少数人的利益和消费，过多占用土地资源建别墅、建豪宅；更不能使名山风景区成为个别人占有的财产和后花园。”

李元强调，经营城市土地的目标不是片面地扩大土地供应、以地生财，更不是不受节制地搞房地产、“形象工程”和重复建设，而是要合理地利用土地资源，充分发挥土地资产的作用，实现城市经济、社会和环境的可持续发展。

他说，经营城市土地不仅仅是一个部门的事，而是需要多个部门互相协调配合。他指出，一些地方在经营城市土地中，由于部门职能不顺，影响了该项工作的顺利开展。

突破“制度阴影” 集中土地供应权

国土资源部土地利用管理司副司长束克欣在发言中指出：“要经营好城市土地，就必须增强政府的调控能力。”一是要建立顺畅的信息渠道，这是增强调控能力的前提。现在一些城市有很多空置商品房，但仍有大量的土地源源不断地用来做房地产开发，说明这些城市对自己城市的房地产市场不够了解，不能有效地调整土地供应政策。

二要集中土地供应权，这是增强调控能力的体制保证。经营土地是市场经济的产物，然而在很多城市对土地的管理仍然沿用计划经济的模式，出现了土地配置方式和土地管理方式相冲突的现象。即一方面要求以市场方式配置土地资源，另一方面又要求以计划经济时期的管理程序来配置土地。冲突的结果是不同的政府部门以不同的方式向市场提供土地，分散了政府的土地集中供应权，使一个地方的土地供应总量很难得到有效的控制。束克欣认为，现行的土地管理体制问题是增强政府调控能力的障碍，是计划经济的“制度阴影”作用于土地市场配置的突出表现。他说，突破管理体制障碍的关键之一是集中土地供应权。

三是要有效控制土地供应总量，这是增强调控能力的核心。土地供应总量的内涵是非常丰富的，不仅有远期的，而且有短期的；不仅有增量的，而且有存量的；不仅有总体总量，而且有结构总量。城市政府只有充分了解不同总量的意义和联系，才能制定相关的政策控制土地进入土地市场的总量。

警觉房地产泡沫和恶性竞争

经营土地、经营城市既是土地管理的新课题，也是城市发展的新思路，城市政府通过经营土地、经营城市，大幅度地提高了城市土地收益。但是，一些地方在经营土地、经营城市的过程中，也出现了一些值得关注的问题，束克欣指出，比如一些人认为经营土地就是搞房地产，城市竞争就是地价竞争。“这是背离经营土地、经营城市的宗旨，与提高城市综合竞争力也没有关系。”

他说，应高度警觉两个问题：一是警觉房地产泡沫问题。“尽管这种过热是区域性的，但必须引起其他地区的高度警觉。”二是要警觉恶性竞争的问题。压低地价吸引投资项目，损害的不仅仅是自身的利益，而是全国的利益。“个别地方的领导在一些场合公开表示，到他那里投资，土地可以不要钱，这是一种不负责任的行为，土地不要钱，农民怎么安置？基础设施怎么搞？利用压低地价吸引投资对任何一个地方都不是优势，也不会有好处。”

要实现土地价值最大化

如何获得土地经营的最高效益？北京亦庄经济技术开发区、苏州、青岛等地的经验可以借鉴。北京亦庄开发区管委会主任李凤玲称，国有土地作为资本，必须建立在对国有土地集约、高效利用，供应总量宏观控制的前提下，将其投放市场。其运营方式是多环节相连贯，科学的、灵活多样的，其目的是使国家、企业、个人投资者均受益。“亦庄的经验是，坚持四个原则：一是必须保证使所投入的土地获得超额利润；二是必须坚持使所用土地与产业发展相结合；三是必须坚持社会效益、生态效益、经济效益相统一的原则；四是必须坚持计划指标与市场调节相结合的原则。”

李凤玲称，土地是各种产业形成和发展的载体，在进行土地资本运营的时候，必须与所要发展的产业相结合。“也就是说，哪些产业能够带来长期高效收益，在土地投放时就向哪些产业倾斜。”北京开发区始终坚持适当控制房地产用地，优先支持和鼓励微电子技术产业、电子信息产业、光机电一体化产业、生物工程和新医药产业、新能源和新材料产业的用地。

《北京需要多大的尺寸?》表面看是作者对北京无限制的进行城区面积扩展表示疑虑，实际上作者更大的忧虑是：北京这些年来已经被一些人搞得晕头转向了。北京究竟还是不是中国的首都？还是不是全国的政治和文化中心？一会儿要把北京建设成金融中心，一会儿又要把北京建设成经济中心，一会儿又要把北京建设成京津唐大都市圈，一会儿又要把北京统括到渤海湾经济带……也真够刘淇和王岐山难为的，究竟该听谁的？这样建设北京，北京还是北京吗？北京还是中国的政治中心、文化中心吗？说穿了，北京定位上已经出了问题。其实，北京就是北京，北京在全国以至于全世界人民心目中就是中国的政治和文化中心，这在事实上和世人观念上都已经扎根和定位了。从1953年起，中央政府、全国人大和政协对北京的定位就已经非常清楚了。我们有些人口口声声要学习西方发达国家，尤其是要向美国学习，这些人怎么却恰恰忘记了美国人对纽约、华盛顿、芝加哥的城市功能定位了呢?

13. 北京需要多大的尺寸?

原《中国建设信息》杂志主编　丁　伟

总在有意无意间听到这样的议论：北京发展太快了。

每听此，心情总是比较复杂。

不知受什么因素影响，我心目中的北京城似乎始终就是以故宫为中心、二环以内的那一块。而今北京城在迅速向外扩张。但我总觉得这好像是给北京城穿上了一件花哨而肥大的外套，怎么看怎么不舒服。

早年读林海音的《城南旧事》，其中有一句让人颇为触动：我的城墙哪里去了，没了城墙我还回北京干什么?

也许红墙碧瓦、城墙、四合院就注定成了北京的象征从而根深蒂固地定格在了人们心中。

当然老北京还少不了树。诗人公刘曾在诗中描绘过北京“半是城墙半是树”的情景。听人说，过去从景山上望北京，制高点就是城墙和城楼，其余全是树。也许这就是真正意义上的北京。

曾有一则报道，让人莫名的失落，说是一些西方人来北京寻找他们想象中的东方，然而到了北京他们失望极了，据说后来到了日本，他们感觉理想的东方在日本。

北京在城市规划上付出了沉重的代价，建国之初，梁思成先生曾两次上书呼吁保护古城，并派助手去搞古城摸底调查，可惜未被采纳。

于是北京在一天天变大，也在变得逐渐失去个性。

建设的热情有时可以失去理性，乱拆乱建，连曹雪芹的故居也被拆掉了。曹雪芹可是与莎士比亚齐名的世界级文化名人，他的故居可以拆，其他的就更不在话下了。

大的尺度改变了北京的比例，在高楼大厦虎视眈眈下，故宫显得越来越可怜，完全不同的建筑风格和建筑色调，非常不和谐地混杂在一起，让人感到刺目。

城市的尺寸一大，功能就完全乱了，北京的功能被无限放大，于是文物保护成了问题，交通出行，用水用电，环境保护等等也成了问题。

这些说到底还是如何给城市定位和如何规划经营城市的问题。

这方面可资借鉴的例子也不少，如将老城保持原貌，另择地建新城。又如将城市定位细化，美国的政治中心在华盛顿，而金融中心却在纽约。尤其是南非在细化城市功能上做得比较好，约翰内斯堡是其金融首都，开普敦是其立法首都，比勒陀利亚是其行政首都，布隆方丹是其司法首都。

城市功能定位明确，就可避免大都市综合症，也许我们过去太强调大而全了，但大而无当，便失去个性和独特性的韵味。当然有些功能是可以兼容的，比如政治文化，但如果硬是要绑上工业中心、经济中心，这不就等于打了一个死结吗？这本身就是一个矛盾体，过去建厂花钱现在迁厂或拆厂就更花钱了，成本大大提高。

所以，在做城市规划时，一定要注意两个平衡。一失衡就会导致问题。

城市的个性是在历史发展中形成的，无须给它贴上新标签。

邓云乡先生曾在《文化古城纪事》一书中描述上个世纪二三十年代国民政府南迁后，北京变成了单纯的文化古城的情景，那也许就是世人心中的北京了。

北京是大家的北京，北京的规划也应该通过民主的方式来实现，当然这取决于城市管理者的胸襟与眼光。

北京市委研究室综合处提出的经营城市应注意的问题，其中不少已被大家公认为怪现状了，如“千城一面”、“规划缺乏前瞻性”、“好大喜功”、“造古董”等等。这些问题的出现和存在，大多都反映了一届政府的心态、素质，甚至是品德。所以，要解决好这些问题，一个最不应缺少的问题还是要注重解决好现政府的素质和政治品格问题。这些问题是不是真的解决好了，他们所经营的那座城市就是一面镜子，一把尺寸。

14.“经营城市”应注意的几个问题

北京市委研究室综合处

一、经营城市要有品牌意识

城市品牌就是城市的风格与个性，就是城市的形象和实力，它凝聚和体现着城市的功能、理念、整体价值取向以及由内向外的辐射力和由外向内的吸引力。树立品牌形象可以提高城市的知名度，增加资本的含金量，提高资本的利用率，从而获得较高的效益，推动城市不断地发展。打造城市品牌，需要宏观的思路，以选择和确定具有自身特性的品牌；需要扎实的行动，要关注城市的诸多细节，关注品牌的诸多载体。城市广场，乃至于一个街道、一个路牌、一个灯饰，或者一个展览馆、一座电影院、一座雕塑，都会成为城市品牌的载体。

二、要以高水平的规划为城市建设的先导

一个城市的总体规划，规定了该城市的发展目标、性质和规模、总体布局、功能分区，以及重点建筑、主要基础设施的明确定位。政府还应制定城市建设的年度开发计划。规划和计划联袂向人们展示了城市各个区域的发展前景，客观上对相关地段土地的即期价格和远期开发价值进行了评估。正确运用规划的功能，政府不仅可以从出卖土地使用权中收回大笔的出让金，而且还创造了许多商机。规划城市的目的就是为了城市这一最大的国有资产实现最大增值，提高城市的品位，完善城市的功能，保留城市的风格和特色。经营城市只有在城市规划的指导下，才能保证其整体利益的实现。因此，政府一定要注意规划先行，在经营城市的过程中必须围绕实施城市规划来进行，从城市整体利益出发，遵循城市规划的各项要求。当然，要以规划为先导，首先要制定兼有科学性、经济性、艺术性、前瞻性及体现城市个性的高水平的城市规划。

三、建立公正、宽松、便利、舒适的城市软环境

实现城市的整体升值，不仅要有过硬的硬件建设，还要营造良好的软环境。建立好的软环境，首先要创造优惠完善、宽松公平的政策环境。要进一步深化对城市经营可操作性和相关政策等的研究，包括理论上的进一步探讨，逐步统一各级领导部门的认识。同时，要增加经营城市的操作透明度，以求公开、公平和科学。二是建立公开公正、保障有力的法制环境，特别是要抓紧各项法规及地方法规的建设，避免在经营城市中出现各种各样的违法问题，使城市经营做到有法可依、顺利、健康地进行。三是要着力营造成熟规范、便捷高效的服务环境；四是培育开明开放、健康文明的人文环境；五是建立功能完备、整洁优美的城市环境。

四、搞城市经营不要摈弃原有的资金渠道，政府财政投入的比例要适当周全

尤其对城市公用设施的维护资金，在无法得到有偿补给的情况下，政府财政一定要予以保证。对一些不宜市场化的特殊“城市资产”，如消防设施、环保设施、福利设施、重要的城市标识等，必须由政府直接经营，切忌“一刀切”。

五、经营城市要遵循市场规律

一是要认识到城市空间和城市功能载体是市场经济的重要领域，其资本的集聚只有按照市场经济规律进行运作，才会形成资本的生成、组合、竞争和增值机制，因此，要打破计划经济时期留下的多元分割的格局，如所有制的界限、隶属关系的界限、各产业之间的界限，更重要的是打破城乡的界限；二是要认识城市空间和城市功能载体是商品，其价值和使用价值同样要遵从价值规律，在等价变换中得以体现；三是要认识城市空间和城市功能载体是开放式、公众式的，多种投资主体的参与是其基本属性。应大力拓宽城市建设的筹资渠道，寻求建立投资主体多元化、招商形式多样化、项目运作市场化、政府监督规范化的投资体制。

六、经营城市应以政府职能转变为追求目标

作为经营城市的主体，政府的主要职责就是要引导市场健康发展。为此，必须切实转变政府职能，加大为市场服务的力度，从经营一个个企业转变为经营整个城市，从直接插手具体社会经济事务，转变到完善法律法规，搞好经济社会发展的宏观规划，引导城市经济结构调整和产业升级，运用财政能力和多种融投资手段，大力发展公共事业和建设城市基础设施，发展教育、科技、文化、卫生、体育、社会保障事业，改善生态环境等必须由政府来做的事情上来。政府还要承担市场培育、规范和创造的责任，从而使城市各项事业的发展具有良好的环境基础、法律规范和制度保障。在当前的经济转型期，由于旧体制的惯性以及社会主义市场经济体制尚不完善，城市的发展在许多方面还离不开政府强有力的组织和协调，但政府本身一定要认识到自己这种角色的过渡性，其每一次行政干预都应是为了以后不再干预，要有意识地淡出，并积极培育社会中介组织，促进民间组织系统的发育成熟，充分发挥它们的作用，使其参与到城市基础设施建设和城市公益事业中来。

当人们对某一种理念尚未真正理解和掌握的时候，在实践中总免不了出错。经营城市中，不少地方不是走进这个误区就是走进那个误区，给工作造成了很大的被动。仇保兴同志作为国家建设主管部门的高层领导，他提出的经营城市需要注意的这五个误区，实在是发人深省。

15. 经营城市要防止五个误区

国家建设部副部长　仇保兴

9月1日，青岛市建委在香格里拉大饭店举行了“2002青岛经营城市论坛”，来自国家建设部、国务院发展研究中心、中国人民大学等部门和单位的专家以及沈阳、重庆、南京三市的建委有关负责人参加了论坛的演讲。演讲的范围包括经营城市、城市可持续发展、生态城市建设、奥运与城市发展、城建投融资体制改革实践与分析等多方面。

建设部副部长、博士仇保兴在大会上作了专门发言，他在发言中强调：

经营城市就是要突出城市的核心竞争力，挖掘各个城市的资源。在经营城市过程中，要从过去政府对企事业单位的微观管理转向城市整体资源的发掘、利用、经营，转向对城市生活、生态环境的整体优化。要从单纯的生产、生活便利、经济性转向降低交易成本、广泛吸纳生产要素、完善市场主体、提高人文环境质量，以城市发展带动区域经济整体的发展。

结合国内其他城市在发展中出现的问题，经营城市要防止走入五个误区。

一是竭泽而渔式的经营城市。将有限的土地资源全部卖掉，结果出现了圈地运动；

二是脱离规划式的经营城市。一切都由开发商说了算。经营城市不能背离规划，否则珍贵的历史、文化、景观资源就没有了；

三是被动滞后式。生地还没有变成熟地，就忙着出让、开发；

四是封闭捆绑式。主要表现为，一些单位为了搞项目，先向政府伸手要土地，然后再用土地的收益搞自己的项目；

五是急功近利式。只顾眼前利益，忽视了可持续发展。

仇保兴说，要拓展城市经营的理念，跳出单纯为基础设施筹资的狭义框框，协同城市经营与城市规划、政府与市场两种机制，围绕提高城市核心竞争力及综合竞争力来展开经营活动。

经营城市的理念启发和推动着我国城市建设和发展，这一伟大的实践召引着成千上万理论工作者去研究、去总结、去做理论的归纳和提升，正在形成较为完善的科学理论。海南省海口市是一个经营城市做得比较早亦比较成功的城市，该市政府研究室叶能勋同志长期生活在这个城市，并结合实际进行跟踪研究多年，他的文章避免了合理想象、理论推导、逻辑演绎的学究气，多是有感而发，很有参考价值。

16. 创新城市发展思路推进经营城市

海口市政府研究室研究员　叶能勋

随着市场经济体制的逐步健全完善和海口市全面建设小康社会的推进，在致力于推进城市现有载体——企业和产业等生产经营的同时，如何对传统非经营城市载体包括城建资源尤其是市政基础设施等进行经营，对全面盘活国有资产、增强城市建设和管理的活力显得越来越迫切。

一、海口经济社会发展面临更高要求城市化水平

当前，在全国全方位开放、海南政策优势不复存在和基础竞争力不强的条件下，加快海口市的发展，推进全面建设小康社会，创新城市发展思路，优化城市环境，塑造城市环境优势，已经显而易见地摆在海口市的面前。改革开放以来，为发展经济、改变城市面貌和吸引投资，海口市把城市基础设施作为重要的经济发展环境，一直致力于这方面的建设。由于海口市原来城市基础设施建设严重滞后，城市建设历来欠账较多，为改变城市面貌，随着经济、社会的发展，海口市对城市基础设施建设的投入不断加大。1993 年以来，海口市每年仅投入市政基础设施建设的资金都在 10 亿元以上，1998 年达到 23 亿元。进入 21 世纪，随着海口市现代化建设步伐的加快，人民日益增长着的物质文化生活需求不断扩大，城市功能的不断完善和优化，对城市基础设施建设投资的需求也将越来越大。

二、海口地方财力与不断提高的城市化要求不对称

长期以来，海口市市政基础设施建设，一直是政府单一投资。近年来，大市政建设也是以政府投资为主。由于海口市经济总量小，经济支撑因素不是很强，提供的地方财政收入能力有限，1995 年以来，可供海口市支配的地方财政年收入约 6 亿元。而海口市财政是典型的吃饭财政，1995 年以来，每年财政支出均在 8 亿元以上。财力不强，并且支大于收。因此，可用于城市基础设施建设的财政投入有限。1995 年以来，财政每年用于基本建设的支出在 2 亿元左右，用于城市维护费在 9000 万元左右，财政用于市政基础设施建设的投入仅占全市市政基础设施建设总投入的 10%左右。1993 年前后，对市政基础设施建设的财政资金投入与实际总投入的巨大缺口，海口市是通过利用土地使用权有偿出让资金滚动来弥补的。近期来，则是依靠开行贷款和国债资金支持，一部分则是依靠施工单位垫资。

三、海口市城市现状制约城市更快建设和发展

在现有城市格局和管理体制下，城市建设难以适应城市发展要求。

1. 进展不快。海口市城市基础设施建设投入以政府投资为主，终极所有者是以政府为代表的国家。近年来，相对传统投入和地方财力而言，海口市对市政基础设施建设投入的力度是比较大的，但就城市发展方方面面需求和满足人民日益增长的物质文化生活需求而言，海口市对市政基础设施建设的已有投入仍是远远不足的，财政的投入更显得杯水车薪。由于财力难以满足高水平全方位的市政基础设施建设需要，只能有选择分步骤分阶段地开展城市建设，规模大水平高资金需求量大的项目建设受到明显的制约。一些项目虽然得以上马，但由于工程建设资金到位率不高，资金到位不及时，使得工程等米下锅，工程建设周期偏长，设施配套完善较为缓慢。重点不重、效能不高、特色不突出、规模、气势不明显的“建设病”屡见不鲜。

2. 财政负担沉重。海口市单一政府投资和财力不足，又面对市政基础设施建设投入的巨大需求和方方面面的市政基础设施建设需要，使海口市财政面临着巨大的压力。而为了逐步完善和不断优化市政基础设施，又不得不采取一些短期的投入行为保持相应的市政基础设施建设的力度，使资金的投入往往形成非良性循环。海口市市政基础设施建设投入上财政投入与总投入的巨大缺口，使政府往往陷入这样尴尬的地步：为了保证市政基础设施建设有一定的力度，政府不得不采用垫资建设方式，但项目完工后，由于财力紧缺，不得不拖欠建设商的垫资款，而屡屡成为诉讼的对象。另一方面，近年来海口市是举债建设市政基础设施，很快就要进入还债高峰期，偿还大量的债务负担，将使吃饭财政陷入捉襟见肘的地步。当前，很多国债、开行贷款支持项目需要地方配套资金，但受制于财政收入，海口市很难有足够的配套资金来争取更多的国债和开行贷款支持的市政基础设施建设项目；有时则是由于缺乏配套资金，即使其他方面的资金已经到位，但相关项目建设也仍然是难以启动或进展缓慢。并且随着建设阵线的拉长，市政基础设施建得越多，维修费负担将越来越重。

3. 缺乏效益。市政基础设施作为城市资源开发利用，既要千方百计造就推动经济发展的环境效益，又要努力创造提高自身价值品位的自身效益。不可否认，海口市对市政基础设施建设的大量投入，不断改善着海口市的环境条件，也不断优化着经济、社会发展所必需的环境，从整体上体现环境效益和社会效益。但对市政基础设施项目本身，大多是投资与效益关系割裂，无偿投入，无偿使用，造成项目本身产出收益几乎为零。许多通过土地补偿支持建起市政基础设施的开发商，也因没有多少直接效益可图反而要贴上一把，而把承建的市政基础设施视为放在手中“滚烫的山芋”，千方百计地推给政府。

4. 资产闲置。海口市市政基础设施名义的终极所有者是国家，由政府代表行使。但政府往往是一个广义概念，究竟由谁真正代表国家行使所有权并不明确，更谈不上经营主体，实际上并没有人格化的代表。并且，在市政基础设施上，政府相关管理繁多，行政化、多元化、多环节化和既得利益化屡见不鲜。有利益时，各方都伸手；而有责任、无利益可图时，各方又相互推诿，而形成城市建设与管理的怪圈。谁都可以按照自己的利益与意志管理城市建设资产，但谁都可以不负责任，更谈不上对市政基础设施组织经营，从而使市政基础设施这一可经营利用的宝贵国有资产在无人负责中闲置损失。

5. 国有资产流失。对国有资产本身及其产生的收益，由非国有资产所有者直接瓜分，而改变国有资产的性质及减少国有资产的总量，人们容易判断为国有资产的流失。但对国有资产在管理不善等情况下的自然、人为减量，尤其是国有资产与其收益异化为部门资产与其收益，进而异化为个人资产与其收益，人们并不注意这种国有资产的流失。因而堂而皇之，一些单位使用市政基础设施搞创收；一些部门利用自身管辖的权力，将财政拨款修建起来的市政基础设施圈围起来，为小团体谋福利；一些单位利用国家资本投资建起的市政基础设施为小团体谋利益，而这些单位、部门、小团体利益最终都是异化到个人头上。此外，城市道路无偿使用，利用市政设施打广告却难以保证财政投入应得到的收益，等等，这都招致国有资产的流失。特别是遍布全市的马路停车场（其合法性令人怀疑），使用的是市政基础设施，但收取的保管费最终都不同程度地流入小团体或个人腰包中。财政投入建起的市政公用设施，本身得不到投资回报，却成为个人谋财利用的工具，这实质上都招致了国有资产的流失。面对依靠海口市市政基础设施繁荣起来的马路停车场，到底每天有多少收入，又为海口税收提供多少，这个黑洞目前很难说清楚。

6. 管理难以到位。由于当前海口市市政基础设施建设和管理没有人格化的代表，加上管理的行政化和多元化，很难形成责任主体，也难以实现管理到位。比如海口市城市道路的管理，涉及到城建、交通、交警、环保、市容、环卫等方面和省、市、区的关系，由于缺乏集中统一的意志，管理分割，车辆盲目发展，中巴车、出租车、摩托车超脱市场容量，无序竞争激烈，废气污染严重，交通管理难以实现规范化。停车场收费有法不依，受利益机制驱动，乱提价，乱收费，只收费不管理。停车场乱收费已成为海口市怨声载道的公害。为拓宽城建资金渠道，海口市曾用一些包括实行土地有偿使用，人行天桥广告使用权拍卖，收取城市增容费、城市建设配套费等措施，但有些收费得不到法律保护，很难坚持下来，还影响到海口投资环境的形象，而且这样做往往容易走偏，强化部门利益，把本应属于政府的资本游散。加强政府对城市基础设施管理，有时往往异化为部门和单位的分钱行动。

四、适应市场经济发展要求寻求城市发展新出路

经营城市是一项复杂的系统工程，是对城市的一切载体引入经营的理念，并不仅仅局限在城市本身单一构件上。目前，经营城市大多指对城市基础设施的经营。认识的肤浅，不仅难以全面把握经营城市的理念、难以适应经营城市的要求，而且难以开拓经营城市的思路。但是，如果对城市基础设施也难以引进经营的理念，全面推进经营城市就很难迈开步子。因此，在当前的条件下，实施经营城市有必要首先对城建构件进行理性经营。

1. 提高对经营城市的认识。资源的优化配置和提高资源的经济效益，是市场经济发展的基本要求。推进经营城市，就必须对城市的所有载体导入经营理念，不仅对城建设施，而且对企业、人力资源以及其他城市所承载的经济社会要素，进行科学的开发性经营，实现城市载体资源的优化配置和尽可能大的资源综合效益。就城建资源而言，长期以来，海口市市政基础设施得不到应有的开发利用，根本的原因在于受传统的市政基础设施是社会公益物，只能由政府投资，难以经营，亏损由财政解决而由政府兜着的思维定势影响。往往认为，市政基础设施建设由政府单一投资，政府财力取之于民，也只能无偿用之于民，才能保证全民受益。但是，没有存量的盘活，以物生财，以财弥补财政投入不足的缺口，将很难保证新增的直接投入。没有大量的投入推动市政基础设施的较大发展和不断完善，就很难保证市民的根本受益和最大受益。

2. 树立城市经营理念。在所有城市资源中，城市基础设施的实物形态是一种庞大而有待开发利用、经营的宝贵资源，由于其产权关系不明晰，投资主体和经营主体不到位，效益拉动投资、经营不明显，政策措施不配套，难以更多地转化为价值形态和货币形态，从而也难以通过对市政基础设施的有效经营，实现市政基础设施的滚动发展。从当前海口市市政基础设施使用情况来看，并不是市政基础设施难以或无法经营，实际上是政府放弃经营的同时却为社会所经营，而招致国有资产的流失。在我们觉得市政基础设施建设资金紧缺的同时，能为我们利用而又具有不容忽视的潜力的城建资本却在无形中流失。

3. 把城市经营理念引入现代城市管理。适应市场经济发展的要求，针对海口市财政对市政基础设施投入的不足与不断增强城市建设的活力需要，应当把市场经济中的经营意识、经营机制、经营主体、经营方式等多种要素引入城市基础设施建设。根据海口市城市基础设施的实际，按照市场经济的要求，把凡是可以投入市场营运的城市基础设施积极推向市场，促使城建资产优化配置和重新组合，推动城建国有资产保值增值，不断扩充城建资金的来源，通过城建资金的滚动，加快城市基础设施的建设。

4. 善于把握对城市经营的切入。当前，海口市数额众巨的城市基础设施建设资金已经投入，大量的市政基础设施实物形态已经形成，在此基础上进行经营，从某种意义上讲，是一种无本生意。只要遵循市场经济规律，选准恰当的切入方式，运用市场经济机制进行经营和管理，收到的不仅仅是经济效益，而更多的是城建管理体制的盘活、城市基础设施建设资金的良性循环。

5. 积极创造经营城市的条件。推进经营城市，应确立城市基础设施尤其是市政基础设施国有资产人格化的所有者代表，形成对城市基础设施营运的经营主体；明确城市基础设施的经营权和所有权，推动政企分开和市场经营机制的建立；应盘活存量，凡能够进行资产评估的，应切实做好资产评估工作；凡能够进行经营权评估的，应认真组织对经营权的论证评估，推动城市基础设施由实物形态转换为价值形态和货币形态，为城建资源的合理流动创造条件。与此同时，推动城市公用事业走社会化服务、产业化发展、市场化运行、企业化经营的路子，增强公用事业的活力，努力减轻财政补贴的压力。

五、努力开拓经营城市的空间

经营城市，就是运用市场经济系统工程手段，在经营经济社会要素的同时，对构成城市空间和城市功能载体的自然生成资本和城建生成资本及其相关延伸资本等进行集聚、重组和营运。经营城市，对城建要素而言，根本在于盘活城市基础设施存量资本和激活增量资本。盘活存量，就是对现有城市基础设施资源进行重新组合和优化配置，运用市场经济手段，最大限度地增强其功能，充分实现其自身的经济和社会效益。激活增量，就是对新上城市基础设施项目，不再实行政府单一投资体制，促进多元化投入，由经营主体依法按照市场经济规律配置资本和经营资本。

1. 经营主体人格化。政府不再充当城市基础设施经营者的角色，而从经营领域中退出，由国资委行使所有者权力，通过对城建国有资本的所有权和经营权的剥离，实行委托经营。结合政府机构改革，组成新的具有独立法人资格的市场经营主体——海口市城市建设开发投资股份公司，接受政府委托对城市基础设施进行资本营运，避免一个项目成立一个指挥部或建设办公室，使政府可以更多地集中精力于直接推动经济发展的关键领域。城市建设开发投资股份公司的主要职能是将可以经营发展的资本予以归集，代表政府行使管理、使用、经营的权力，同时承担盈亏责任和市场竞争风险。新建基础设施需要投入的部分，将通过新的市场经营主体接受政府委托进行运作，自我举债、自我还贷，自我建设、自我发展。

2. 投入资本多元化。放开海口市城市基础设施建设投入资本市场，凡国有资本可以投资的，其他经济成份也可以投资。允许国有资本与其他经济成份资本参与和渗透，推进城市基础设施建设。鼓励城市基础设施建设新增资本在市场机制作用下形成混合资本，吸纳更多的资本投入海口市城市建设。

3. 融资方式多向化。认真做好土地资源的调查和用地清理，加快土地银行建立步伐，科学规划土地利用，最大限度提高土地资源的使用效益；大力推进对现有市政基础设施使用权、经营权的拍卖、租赁、股权转让或其他形式的有偿使用，将实物形态转化为价值形态；利用国家对城市基础设施和公用事业通过股票发行成为上市公司的政策支持，积极组建海口市城市建设开发投资股份公司，发行股票融资；并借助海口市的“民生燃气”、“宝华实业”、“琼金盘”等上市公司，借“壳”融资；争取发行城建债券吸纳社会资金等。

4. 运营内容多样化。在对城建资源进行科学评估，将实物形态转变为价值形态的基础上，根据城建资源的不同形态、不同性质、不同特点和不同状态，推进海口市城建资源使用权、经营权等的拍卖、租赁、转让和托管等经营。如对道路建设权招、投标，对公交线路经营权拍卖，对停车场建设经营权拍卖，对机动车临时占道收费，对路灯、天桥、临街建筑物等户外广告经营权拍卖，出租车经营权拍卖，对路桥命名权拍卖，公房使用权拍卖，垃圾填埋场经营权拍卖，水厂经营权拍卖，以及其他城市基础设施使用权、经营权和公用事业经营权拍卖、租赁、转让等。

5. 运作机制市场化。全面推行经营城市“阳光工程”，杜绝各种经营活动暗箱操作，减少权力、行政对经营城市干预。对城建项目，包括新建、改造、维修等均实行公开招标；对城建使用材料，全面推行政府采购；对其他经营城市项目，如公交线路经营权、停车场经营权拍卖等，均通过社会公开招标、竞标、投标。

6. 经营行为规范化。加强对经营城市的法规建设，规范经营行为，明确经营程序、经营者的权力和义务，确保提高经营质量，维护经营者的合法权益和市场秩序，实现国有资产保值增值和政府利用市场机制管理城市基础设施建设的目标。

在经营城市的大题目之下，各个城市依据其自身情况各显身手，异彩纷呈。宝鸡市在通观各主要相关城市的经营做法后，觉得应该走自己的经营之路。该市张南和张平所撰写的文章“我市经营城市的模式选择”给那些仅仅把经营城市作为一种口号，作为一种时髦的人来说，简直就是一种棒喝。

17. 我市经营城市的模式选择

张南　张平

一百多年前，恩格斯就曾指出：“像伦敦这样的城市，250 万人这样聚集在一个地方，使这 250 万人的力量增加了 100 倍，从而发出震动全世界的电击。”趁着中国城市化加速发展的大势，宝鸡也要在未来三年把 56 万人口的城市建成 100 万人以上的大城市，实现震动西部的“电击”。然而，要实现日新月异的倍加效应，城市建设资金瓶颈，将成为宝鸡城市迅速集聚扩张的最大制约，经营城市的全新思维就成为加快我市大城市建设的现实选择。

一、经营城市是我市加快大城市建设的必然要求

经营城市的理念在我国提出已有 10 多年的历史，在西方发达国家已流行 20 多年，其理论的代表人物是美国著名的营销大师菲利普·科特勒教授。他提出了著名的“国家营销”和“地区营销”的概念，在国际上，对各国的国家战略和地区战略产生了极大的影响。上世纪末，我国的青岛、大连等城市，率先实践，总结出了具有中国特色的“经营城市”新概念。

所谓经营城市，明确地说，就是要从根本上改变投资主体，打破原来城市建设和管理由政府包揽的格局，利用市场机制建立城市建设和管理的多元投资体系。它的含义可以理解为：城市决策者把城市当作一个特殊的、综合的、规模宏大的集团或经济实体，以城市发展、社会进步、人类物质与文化生活水平提高为目标，一方面从业主管理者的身份将城区的土地、基础设施、公用服务设施等资源推向市场，从市场经营中获得利润，为城市发展提供源源不断的建设资金；另一方面，通过加大城市建设管理体制改革和市政公用事业运行机制及经营机制改革，引入市场竞争机制，打破地方、行业和部门保护主义壁垒，增强市政公用事业人员的危机感、责任感和使命感，使其出于本能地、自觉地管理好、维护好城市。这种利用城市自身功能吸纳资金、合理利用、优化配置城市自然资源和社会资源，并力求取得城市建设和管理中经济效益、社会效益最大化的，促进城市可持续发展的做法，叫做经营城市。

改革开放以来，特别是近几年，我市对经营城市进行了积极的探索和试验，在基础设施建设、公用事业管理、城市土地运营等方面都不同程度地引入了经营城市新机制。渭河大桥经营权的出让、金陵河宝商大桥 BOT 方式的融资兴建、经二路灯箱广告权出让、烟厂路、宝光路等冠名权的出让，都大大缓解了城市建设资金的不足。但是从总体上看，我市城市建设和管理还没有完全摆脱计划经济体制的束缚，还没有从根本上走出由政府包揽，靠财政拨款的模式，现行的城建投融资体制、资金管理和运行机制造成的融资渠道不畅、投资方向不明、资金使用分散、滚动积累不足、运行效率不高的矛盾日益突出，直接困扰着大城市建设持续、健康、协调发展。要解决这些问题，客观现实要求要把城市作为产业来经营，运用市场经济的运作方式对城市土地资本、城域空间及其他经济要素进行集聚、重组和营运，以使在整个城市范围内实现资源配置容量和效益的最大化、最优化。

经营城市一是可以通过市场化运作，吸引国内外投资者参与城市基础设施建设和经营，拓宽融资渠道，筹集建设资金，形成投融资主体的多元化，缓解资金困难，实现由“有多少钱办多少事”到

“办多少事筹多少钱”的转变。按照《宝鸡市建设百万人口大城市规划》，三年内我市安排建设项目120个，总投资158亿元，如此巨大的资金额度，仅靠财政投入是难以支撑的，出路在于经营城市。二是可以深入挖掘、深度开发城市的有形资源和无形资源，最大限度地盘活国有资产，提高资产配置效率。据统计，全市国有资产存量中非经营性资产占到资产总额的69.8%，其中全市行政事业单位的非经营性资产占到90.9%，同时，无形资产如路灯广告发布权、桥梁及其他标志性建筑等设施的冠名权基本上都未开发和利用。偌大的资源被闲置积压，被无偿使用，实际是对资源的极大的浪费。通过经营城市，推行市政公用设施有偿使用有偿服务，可以充分利用这些资源，以资源换资金，使城市建设走出一条“投入—产出—再投入—更大产出”的良性循环路子。三是有利于带动区域经济的发展。城市特别是大城市在区域经济发展中的地位和重要作用是显而易见的。上海市经济的快速发展带动了长江三角洲地区经济的突飞猛进。同样，城市经济在我市经济发展中更是十分重要的龙头。经营城市、发展城市经济是加快全市经济发展的必然选择。它对于摆脱传统城市建设模式，提高城镇化水平、改善投资环境、促进对外开放、提高人民群众的生活质量具有极其重要的意义，为城市经济以至县(区)域经济发展提供了不竭动力和广阔市场。

二、经营城市的模式选择

从我国城市经营的实践来看，主要有以下三种模式：

1. 上海、广州为代表的公司化运作模式。其特点是：确立城建投资公司的投资主体地位，建立城市建设基金会，实施城建资金统一管理和市场运作。上海市于1988年成立了城市建设基金会，将城建的财政性资金由财政局划给基金会，实现了城建财权与事权的统一。但因基金会不是法人，不能以法人身份融通资金，该市又于1992年成立了市城建投资总公司，与基金会（基金管理办公室）合署办公，实行两块牌子，一套班子，并设立了由分管副市长任主席的投资公司监事会。城投公司由市政府授权对城市建设和维护资金进行筹措、使用和管理。10年来，共为城市建设融资712亿元。

2. 以大连为代表的集权运作模式。其特点是：建立属于市长直接指挥下的城市开发办公室，统一管理城市土地和建设资金。薄熙来在担任大连市市长期间，提出“一切资本归政府”。大连的各项项目由市长或主管副市长根据规划要求组织论证，坚持“一张图规划，一支笔审批”。可以说，一定时期规划管理权限的高度集中，极大地提高了城市规划的权威性和严肃性，避免了个别部门的利益驱动造成城市土地和空间资源的浪费。经过近10年努力，大连已经把过去“轻的太轻，重的太重”的工业城市改变成功能齐备、环境优美、企业效益好、居民生活质量高的花园城市。

3. 以武汉、青岛、襄樊等城市为代表的混合运作模式。其特点是：集上述两种模式之长，把政府的协调职能与城市建设的公司化运作有机结合，充分发挥行政管理和经营开发的双重职能。以襄樊市汉江大道改造为例，老百姓呼吁多年，政府也早有计划，但苦于财力不足，一直无法上马。2000年底，他们成立了“汉江大道建设指挥部”和“汉江大道建设经营开发中心”。“指挥部”具有高度的政府权威，“汉江大道建设经营开发中心”是这一工程的业主，项目改造的筹资、建设、开发、经营和还贷等均以企业方式运作，建立了“借钱、生钱、还钱”的新机制，带动了这项总投资4.6亿元工程的实施。

综合考察以上3种经营城市的模式，各有优势，就我市而言，我们认为应该采取混合运作的模式。具体讲一方面成立由市长直接指挥的宝鸡大城市建设指挥部，统一管理大城市建设，决定大城市建设中的重大事项，发挥政府的调控职能，具有高度的政府权威。同时借鉴大连经验，大城市建设项目由市长或主管副市长根据规划要求论证，做到“规划一张图，审批一支笔”，以保证规划的严肃性，避免重复建设和建了拆，拆了建，造成资金的浪费和社区功能的不完善。另一方面成立宝鸡市大城市建设投资总公司，使其完全按照市场化、企业化来运作，由政府授权经营城市的有形资产和无形资产，积极稳妥地推进城市的资本运营。

三、经营城市的运作思路

经营城市的过程，就是推进城市资本运营的过程，通俗地说，就是用市场经济的办法来经营城市资本。具体到我市的大城市建设，应从以下几方面着手来运作。

（一）实行城市资源资本化运作

城市资源分为资本性资源和公益性资源两类。作为资本型城市资源不仅要有偿使用，而且投入的每一笔资金，都要有相应的回报。在经营城市中，要通过建立和完善城市建设的有关规划和政策措施，让城建投入不仅要收回成本，而且带回利润。

1. 对土地资源的资本化运作

土地是一切经济活动最基本的载体。土地的重要性及其资源的稀缺性，决定了它是最重要的城市资本。很多城市在资本运营中，高度重视土地资本，采取的主要手段是：建立完善的土地储备制度，由政府垄断土地一级市场后，对规划用地先行投资，通过完善基础设施，然后以拍卖的方式出让该地块的使用权。政府垄断土地资本，对土地使用权进行招标拍卖，不仅能有效地防止腐败，而且还能使土地拍卖的收入成为城市建设资金的重点来源。2001 年杭州市通过土地运作共筹措了几十亿元的城市建设资金，堪称经营土地的成功典范。建议市政府授权市大城市建设指挥部或成立土地收购储备中心和拍卖委员会，对土地资源实行“一个渠道进水，一个池子蓄水，一个龙头放水”的模式，统一规划、统一征用、统一管理、统一招标拍卖，最大限度地盘活土地资产，把自然资源变成滚滚财源。

2. 城市基础设施的市场化运作

根据其属性，城市基础设施大体可以分为三种类型。

第一种，基本属于市场化的类型，如高速公路、桥梁等具有竞争性的行业。在政府统一规划和规范管理的前提下，通常可以采用 BOT（建设—经营—转让）、TOT（转让—经营—转让）、BOO（建设—拥有—经营）、PPP（私人建设—政府租赁—私人经营）、BT（建设—移交）等多种项目融资方式，或者在城市建设领域引入股份制、股份合作制，通过市场机制引进社会资金，逐步形成投资、经营回收的良性循环机制。

第二种，半市场化类型，如市区的桥梁、隧道、公共交通、自来水、煤气、污水处理等大部分市政设施，一般以政府投入为主，但同时也要引入市场竞争机制，吸引有实力的国内企业和外商参与投资，也可以探索吸引集体、个人投资，通过产品价格和服务价格改革给予市场补偿，使投资者在一定期限内得到投资收益。桂林市将商业网点与公共厕所“捆绑”销售，通过公开招标等市场化运作方式，仅用半年时间，在桂林市区，主要旅游景点和 8 个县区新建、改建、扩建了 500 座厕所，并在全国率先实行免费开放，在海内外引起积极反响。这些成功经验，我市完全可以应用和推广。

第三种，基本上由政府投入的类型，如城市道路、公共停车场、园林、绿化、消防等，从根本上说是公益性项目，其建设资金主要是征收各种城市建设税费和投入部分经营性项目来解决。这些公益性设施，往往是投入多，管理不好。建议政府以业主身份，将其独有的公益事业方面的管理权、经营权及使用权（公共停车管理、旅游线路、公交线路等的经营权）加以拍卖，把这些物化资产转化为资本，实现政府投资最小化、社会效益最大化。

3. 对无形资产进行商业化运作

无形资产也是一笔巨大的财富。在经营城市中要深层次地挖掘和使用。无形资产包括户外广告的经营权以及公园、公路、桥梁、雕塑冠名权以及各类社会活动的举办权等，通过转让、拍卖、租赁等形式经营以筹集城市建设资金。如对已建成的渭河大桥和筹建中的北坡公园，就可以拍卖其冠名权，筹集建设资金。

（二）实行投资主体多元化

资金缺乏是制约城市建设的瓶颈。未来几年，我市大城市建设资金需求量十分巨大，因此，必须建立多元化的城市建设投融资体制，调动方方面面的力量参与城市建设。根据外地的经验，主要应从以下几方面来筹措城市建设资金。一是利用项目融资。坚持用优势项目和优质资产，吸引境内外资金来我市投资参与企业改革、市政基础设施和公益性项目，提高城市的竞争力，加快推进城市化进程。当前，重点要进一步抓好投资环境的优化，建立良好的经济秩序，使投资者有合理的回报。二是利用和引导民间资金投向城市建设和参与城市经营。应放宽政策界限，降低门槛，支持民营资本参与城市水、电、路等基础设施开发，并从中获取应有的收益，打破审批论证由政府包揽的格局，把该放开的全部放开。三是通过经营城市的有形资产和无形资产，如土地、水、电、路等带回利润。当前应加大市场化运作力度，使其成为城市建设的主要资金来源。四是财政资金。一方面应加大向上争取的力度，申请增加财政拨款；另一方面市本级应进一步加大城市建设，尤其是公益性项目的扶持力度，市财政安排的城市建设资金应不断的增加。五是贷款。积极争取国债补助、国债转贷、开发银行和各种银行贷款。以武汉市为例，城市建设共贷款 28 亿元，其中世行贷款 13 亿元，向亚行以及境外金融机构贷款 15 亿元。有关经济学家认为，适度的负债若操作得好，就可以达到“花明天钱办今天事作后天腾飞准备”的效果。当然负债也有负面影响，如果不计偿还能力，一味追求高负债，那将后患无穷。在我市经营城市中，应考虑适度贷款，以弥补建设资金的不足。此外还可以通过发行城市基础设施建设债券等方式融资，当然这些国家都有严格的规定，审批的手续比较复杂，要求比较高。

（三）加快推进经营城市的公司化运作

1. 建立和完善政府调控市场、市场引导企业的经营城市新机制。今后，在大城市建设中，任何一个项目都应实行公司化运作，明确投资主体和产权主体，如在城市工程项目建设上，要采取国际流行的项目总承包模式，即由中标企业实施全过程、集成化管理，从融资、采购到设计、施工、运作、维护一揽子包到底。同时，对供水、供电、供气、公共交通、园林经营等，政府不应直接经营，应以企业为主。对于兼有社会公益性质的企业，市政府可以给予定额补贴，但企业必须自主经营，自负营亏，在定额补贴以后，由企业滚动发展。

2. 推动中介服务机构走向市场，建立市政维护事业单位企业化的新机制。当前，要全面推进城建系统事业单位向企业的转制。工程咨询、评估、会计、审计、法律、设计、监理和招标代理都应以企业机制运转，逐步成为面向市场的法人实体。凡属中介性质，都应转制为中介组织，原来承担的行政职能交还政府，以尽快建立适应大城市发展需求的城建行政管理体制。

（四）抓好政府宏观调控

在经营城市中，政府的调控方式也要积极与市场经济相适应。

一是转变政府职能，使经营城市的行为进一步规范化。在管理点上，应由微观管理向宏观管理转变，管好属于政府职能以内的事情，其余能按照市场化运作的坚决不要管，做到有所为，有所不为；在管理方式上由直接管理向间接管理转变；在管理手段上由单一行政手段向综合运用法律、经济、行政、组织和思想政治工作相结合的手段转变。

二是要制定和管好规划。规划是城市建设的先导，也是城市建设的龙头。市政府应尽快根据建设百万人口大城市的要求制定宝鸡市大城市建设的规划，并邀请国内外有关专家、学者前来论证、评估、修改，明确城市的定位和功能分区，寻求城市规划和城市经营的最优组合。在此基础上，要坚持一届接着一届干，抓好规划的落实，围绕规划来经营城市，千万不能急功近利，搞所谓的“政绩”工程和“拍脑袋”工程，造成不可避免的失误。规划的审批权要高度集中在市长和主管副市长手里，以维护规划的严肃性。要善于运用规划的特殊功能，这样就可以从出卖土地使用权中收回大量的土地出让金，也可以创造更大的商机。原建设部部长俞正声在担任青岛市市长期间，制定了开发东部的规划，并毅然决定将政府首脑机关从西部迁往东部。仅此一举，便使东部地价从每亩 4 万元，提升到 260 万元，政府因此获得 20 多亿元的土地出让金。当前，在大城市建设上，市委、市政府已做出了东扩南移的战略决定，有关部门应认真研究，应用好规划的特殊功能，经营好土地等资源，以从中获取城建资金。

三是要营造良好的投资环境。经营城市的目标是建立多元化投融资体制，广大商客投资的目的是为了获取利润。有投资无回报的事情商家肯定不愿意干，这也是由价值规律所决定的。因此，市政府在经营城市中要进一步切实优化投资环境，建立良好的经济秩序，保障开发者和投资者的合法权益，使投资者有合理的回报。对损害客商利益的行为要坚决查处，决不能手软。

四要加强城市管理。经营城市是一项系统的工程，不仅仅是市政环境建设，而且包括治安环境、教育环境、自然环境、人文环境、法治环境等诸多方面的建设和管理，因此，在经营城市中，市政府应高度重视抓好城市管理，建立和完善有关管理制度，形成完备的管理体系，采取行政手段和法律手段，解决城市发展中的问题，以确保城市经营活动有法可依，有章可循，有序推进。走出“经营城市”就等于“市政建设”的误区，避免使“经营城市”走上歧途。

在经营城市，大搞城市化建设中，北京是国人最为关注的地方。不仅因为她是首都，更重要的是这里是皇城古都，沉淀着非常厚重的人文历史，这是世界上任何一个国家都比不了的，传说这些年来也是被破坏较为严重的地方。新一届市委和政府虽然也注意到了这个问题，但事实上的破坏还在不断发生。李建平的文章从经营的角度谈到了对北京历史文化名城保护和利用的问题，我们真的希望，宁可少一些建设，也不愿意看到对北京历史文物的哪怕是一丁点的破坏。

18. “经营城市”与北京历史文化名城保护

北京市哲学社会科学规划办公室副主任
北京联合大学北京学研究所特约研究员
李建平

进入新世纪，北京城市建设受到世人注目。2002年5月17日，在中国共产党北京市第九次代表大会上，市委书记贾庆林在工作报告中提出，北京要大力实施可持续发展战略，加快城市现代化进程。同时提出“四高”要求，即“高标准规划城市，高质量建设城市，高效能管理城市，高水平经营城市”。同年9月19日，经建设部原则同意《北京历史文化名城保护规划》向社会公布。北京作为一座历史文化名城，保存有大量的历史文化遗存，历史文化名城保护可否引入“经营城市”这一理念，或者说在“经营城市”理念下如何更好地做好历史文化名城保护工作，这是新世纪北京城市发展建设需要进一步解放思想，严肃认真探讨的新课题。本文提出一些不成熟的看法，目的是抛砖引玉。

何谓“高水平经营城市”？市九次党代会报告指出：“积极探索、科学确立‘经营城市’的新理念，努力开辟市场经济条件下城市发展的新路子，精心设计好、培育好、维护好北京城市品牌。加大对城市可经营资源进行研究开发、整合利用和优化配置的力度，推动城市建设的良性循环和可持续发展。通过市场行为与政府行为的有机结合，盘活城市存量资产，吸引社会资金参与，有序推动土地、基础设施等城市资源的市场化进程。进一步深化土地使用制度、投融资体制改革，深化市政公用国有企事业单位改革，推进城市经营机制的创新，从整体上提高城市的综合服务水平。”经济学家进一步指出，城市可经营资源既包括土地、基础设施，还包括城市生态环境、文物古迹和旅游资源等有形资产，以及依附于上述有形资产上的名称、形象、知名度和城市特色文化等无形资产。对上述资产按市场经济运作，最大限度地盘活存量，引进增量，实现城市资源配置的最优化和效益的最大化就是“经营城市”。由此可见“经营城市”与北京历史文化名城保护有着内在的联系。“经营城市”理念中包含历史文化名城保护，历史文化名城保护可以引入“经营城市”理念，“经营城市”理念的引入会更有利于历史文化名城保护。为此，笔者认为在“经营城市”理念下做好北京历史文化名城保护可以考虑以下思路：

一、应全面普查北京历史文化遗存，进一步提高对北京历史文化名城的认识

北京是一座历史文化名城，这是世人皆知的。然而，说北京是世界上著名的历史文化名城知道的人就少了。一位美国学者周游了世界后认为，世界上现存文化遗产最多的两座城市，一座是西方的巴黎，一座是东方的北京。巴黎有多少历史文化遗存？未作过详细统计；北京有多少历史文化遗存，有些数据可以说明。据20世纪50年代北京解放后第一次文物普查，北京地上历史文化遗存就有8000多处。经历“文革”和现代建设，北京历史文化遗存减少了一些，但仍很丰富。据《北京历史文化名城保护规划》公布：北京拥有世界文化遗产5处（故宫、长城、周口店北京猿人遗迹、颐和园、天坛），国家级重点文物保护单位60处，市级文物保护单位234处，区县级文物保护单位501处，区县级文物暂保单位237处，普查登记在册文物2521处，总计3553处。这还仅是地上历史文化建筑遗存，不包括地下未发掘的历史文化遗存，不包括北京地区各博物馆馆藏历史文化遗存。仅据首都博物馆一家统计，各类历史文化遗存就有十万余件。北京地区目前有各类型博物馆118家，馆藏品有多少件，根据最新公布的《北京奥运行动规划文化环境建设专项规划（征求意见稿）》透露，北京一百多个博物馆有二百多万件藏品展品，这是国内外其他历史文化名城所不能相比的。有的专家还指出，与巴黎等国内外历史文化名城相比较，北京的历史更悠久，而且历史发展轨迹清晰，连绵不断线，这在世界和中国历史文化名城中也是不多见的。如果从"北京人"算起，北京有70万年人类活动的历史；如果从目前已经发现的房山区琉璃河古城遗址算起，北京至少有3000多年的建城史。现存的北京旧城曾历经元、明、清三朝规划建设，到清乾隆年间北京城已经达到中国古代都市建造的辉煌顶峰，是中国古代城市营造典范。为此，保护好北京历史文化名城，不仅是北京人的骄傲，也是北京人的神圣职责。为此，要认真做好北京历史文化遗存的普查，让北京人知道自己的家底。据了解，北京解放后，曾经进行了三次大规模的文物普查，大量的文物普查数据、材料沉睡在文物管理部门，对普查结果的宣传、利用还很不够，应加大宣传、展示。宣传、展示力度不够，文物保护的力度就不够。为此，有的专家提出，在北京旧城改造过程中，应该进一步加强城区文物普查，尽量减少这方面的盲点。

二、打造好北京历史文化名城品牌，营造良好的城市文化环境

对于精心设计好、培育好、维护好北京城市品牌，市委市政府提出了明确要求。那么，北京城市应该打什么品牌？是现代城市？还是世界著名的历史文化名城？笔者认为北京应该打世界著名的历史文化名城的品牌。这是因为北京城市现代化是建筑在北京历史文化名城基础上。现代的北京城市是古代北京城市发展的延续，是传承的关系。只讲现在，不讲历史是不行的。在现代化开始阶段，人们对现代化认识是片面的，认为有了高楼大厦就是现代化。伴随现代化建设的展开，人们对现代化的认识越来越深刻。越来越多的人认识到人们的思想、观念、文化现代化比物质现代化更重要。现代化思想、观念、文化从何处来？是从历史长河中汲取而来。一座盖满高楼大厦的城市，如果没有历史文化传承，就如同一个爆发户，只有华丽的外衣，腹内空空。而北京城市迷人之处就在于她是一座历史文化名城，现代化建设里面有着丰厚的文化底蕴。

北京打世界著名的历史文化名城品牌，丝毫不影响北京现代化国际大都市地位。相反，现代化国际大都市会因为是历史文化名城而更有魅力。一座城市的现代化建设，是看得见的，而历史文化则需要发掘、展示。现代化与历史文化不是对立和矛盾的，而是统一的和文化传承的关系。现代与历史结合，北京将是世界上最富有魅力的城市，最有品位的城市。正如市规划委员会负责人指出的："我们理想中的首都北京，既应是现代化的、开放的国际大都市，又应当是充满中华民族传统魅力和京城特色的历史文化名城。"

如何打造北京历史文化名城品牌，笔者认为应该大力加强北京旧城保护，加强城市文化环境建设。应该说，北京历史文化名城保护近几年有了很大成效，从北京市开始划定旧城内25片历史文化保护区到北京市政府投入3.3亿元人民币整修文物，北京历史文化名城保护渐入佳境，北京城市文化环境有了很大改观。特别是皇城根遗址公园、菖蒲河园林绿化，明城墙遗址公园等一批历史文化遗存的复建，对北京历史文化名城环境建设起了积极推进作用。近期市委市政府又提出城市环境治理，清理街头小广告等不文明行为，不仅深得人心，也有利于城市环境建设，维护北京历史文化名城品牌。最近，《北京历史文化名城保护规划》和《北京奥运行动规划文化环境建设专项规划》（征求意见稿）相继出台，提出了比较完整的历史文化名城保护思路和推进城市文化环境建设规划，这在北京城市建设中是非常重要的举措。建议再尽快出台保护北京历史文化名城相应的法律、法规，使历史文化名城保护进入法治轨道。目前，在北京历史文化名城保护工作中还有漏洞，还有伤害历史文化名城现象发生。例如，北京旧城从长安街向北至北二环路的街巷胡同是元大都时奠定的城市格局，街巷布局十分整齐，历经元、明、清、民国被保存下来，体现着中国古代城市棋盘式格局和古代城市规划思想，这一宝贵遗产是北京历史文化名城保护的重点，却没有引起人们的重视，特别是没有引起决策者的重视。现代化建设还在进行，一些胡同、街巷格局遭到破坏，一些胡同名称已经不见踪影。清华大学教授吴良镛曾提出，现代建筑不要再向旧城“聚焦”，旧城小规模改造也要经过认真论证。然而，一些官员为了“政绩”，一些房地产商为了“效益”，还在打着旧城改造的招牌，伤害北京历史文化名城，这应该引起我们的注意。中国社科院研究员徐苹芳认为，痛定思痛，失误分两个方面，一是工作中的失误，拖拉和办事不负责任，像至关重要的历史文化名城立法一事，十几年来一直拖延不办；另一种是认识上的片面性错误，不能正确理解中国历史文化名城的价值、内涵及其要保护的重点和意义。为此，要进一步揭示历史文化名城的价值，充分发掘和展示其文化内涵，仍是保护历史文化名城的重要工作。同时，要抓紧制定中国历史文化名城保护立法和北京历史文化名城保护法规。这已经成为维护北京历史文化名城品牌急待解决的问题。

三、整和北京历史文化资源，实现优化配置，实现市场与政府两个行为良性互动

作为历史文化名城，北京有着丰富的历史文化遗存，但在北京旅游观光时，人们往往又感到可去游览观光的景点很有限。在国外旅游团到北京后一般只认“五大件”(故宫、长城、明十三陵、天坛、颐和园)，这是对北京了解的不够。同时，也反映我们对北京历史文化资源整合的不够。为此，要实现高水平经营城市，实现社会效益和经济效益最大化，就要进一步加强对北京历史文化遗存的宣传、教育和普及。同时，要整合现有的文物资源，实现优化配置。例如，北京是一座先有规划而后营建的都市，我们对古代北京城市规划思想、城市布局宣传和展示的就不够，容易使人只见具体建筑，缺乏对历史文化名城的整体了解。北京城市中轴线很有特点，可以说是世界城市建设史上的奇迹，举世无双，可以申报吉尼斯世界记录，但我们整合这一资源还不够。中轴线是北京城市的脊梁，是展示北京历史文化名城的主线，也是北京历史文化遗存的精华。在旅游观光活动中，是引导游人看故宫认识北京，还是从中轴线让人们认识了解北京，这就是需要我们研究的问题。研究就是对北京文物资源的重新整合，好的思路就可能产生更好的社会效益和经济效益。

人们了解一座城市，浮光掠影是看城市建筑，深入一点就要看风土人情。看风土人情往往是从民族宗教入手。北京有丰富的民族宗教文化遗存，随着对外开放扩大，进一步整合北京民族宗教文化遗存，发挥这些资源的社会效益和经济效益也有利于历史文化名城建设。常旅游的人曾说“外国看教(指教堂)，中国看庙（指寺庙)”。这从一个方面说明，不管你愿意不愿意，民族宗教文化积淀最为丰富，已经成为旅游的主要资源。北京自古就是多民族聚居地区，作为都市，又是各民族共同创造的，民族融合的历史和民族文化积淀极为丰富，有很多遗存可以展示。这项工作做好了还有利于民族团结。北京的宗教文化也很有特点。北京自元大都开始，多种宗教（道教、佛教、伊斯兰教、天主教等）在一座城市里共处，体现着北京是国际化大都市。国外研究北京史的学者很早就注意这一现象，认为这是北京城市独有特征，体现了东方文化“和”的思想。但我们在研究这一问题上还有顾虑，对这一文化资源的研究整合十分薄弱。北京有很多国家级重点文物保护单位，整合在一起也是很有特色的旅游观光线路。如城东的红螺寺、智化寺，城南的云居寺、法源寺，城西的潭柘寺、戒台寺、法海寺和万寿寺，城北的大钟寺等。北京还有五坛八庙，四大天主教堂，皇家寺庙、藏传佛教等等，可以组合成不同的旅游观光线路。

在文物保护与利用关系上，由于以往保护工作有法不依，执法不严，无法保护，一些人不赞成过多地提利用文物，更反对在文物工作中提出引入市场机制，怕引入市场行为会对文物造成更大的破坏。目前，这种观念正在转变，观念的转变主要来源于人们保护文物意识的提高和对市场经济的深刻认识，特别是中国加入WTO之后，人们越来越发现，市场经济不是简单的商业运作，也不是无序的经济，而是有序竞争的经济、服务的经济、法制的经济，是可持续发展的经济。市场经济是可以为历史文化名城保护服务的，运用好市场经济文物不仅能得到保护，而且能够得到充分利用，更有效的保护。同时，文物不提利用也是不行的，不仅文物保不住，就连保护文物的经费也会捉襟见肘。特别是中国古代建筑遗存多是砖木结构，几十年就要大修，有些古建遗存就是因为长时间无经费修缮而被销毁。现在故宫、颐和园、正阳门等一批历史文化遗存保护工作进入良性循环，有比较充足的古建修缮费用，就在于历史文化遗存得到了利用。随着我国社会主义市场经济体制的建立，特别是“经营城市”理念的提出，在保护历史文化名城方面我们又有了更明确的思路。这个思路就是通过市场行为与政府行为的有机结合，使文物既得到有效保护，又得到充分利用。当然，在历史文化名城保护中引入市场行为决不是简单的商业运作，而是充分发掘、展示文物的文化价值，通过发掘、展示其文化价值得到最大社会效益和经济效益。同时，对历史文化名城保护和具体文物保护还要有政府的监控做保证，在必要时运用政府行为来调控。

经营城市从10年前走到今天，无论从实践上，人们的认识上，还是政府的相关法规政策上，都开始向成熟和完善靠近。但是，依然有一些城市对经营城市的主体缺乏正确的认识，即便学术界对这个问题的看法也不尽相同。张明贵的文章从一个角度披露了经营城市主体的错位和缺位的事实，既反映了客观存在，也提出了一个值得学术讨论的问题。

19. 城市经营呼唤公众参与

张明贵

所谓公众参与就是在社会分层、公众需求多样化、利益集团介入的情况下采取的一种协调对策，它强调公众对城市经营管理过程的参与、决策和管理。在改革开放以前，市民和企业对城市中的许多问题可以说是不管不问，比如说在城市规划方面，大多数人都认为那是城市政府的事情，因而“事不关己，高高挂起”。但是随着市场经济的逐步确立，随着“以人为本”的理念、“福利经济”的思想以及“民主参与”的观念逐步深入人心，特别是随着公民法律意识的不断增强，人们越来越懂得运用各种方式维护自己的权利，因此，市民和企业对城市事务的参与意识渐渐觉醒，特别是在城市规划方面，公众参与正逐渐成为城市生活中的热点。从上述公众参与概念的表述来看，也主要是讲公众对城市规划管理的参与，这其实是远远不够的，特别是从城市整体经营对公众参与的需要方面来讲，市民和企业的参与意识还不够强烈。

应该说，城市是市民和企业的家园，而市民和企业又是城市的真正主人，以人为本的城市经营的任何一项活动都离不开公众的积极参与。

一、从城市经营的目的来讲

城市经营的目标与企业经营的目标既有联系，又有区别。

城市的经营管理与企业的经营管理，是两种不同性质、职能各异的经济管理。企业是现代社会中从事经济活动的一种盈利性经济组织，作为城市市场中独立的经济实体，企业应是自负盈亏、自主经营的生产者和经营者，其经营管理的主要目的，是努力追求自身经济利益的最大化，或者说是追求利润最大化。而城市经营反映的是公众利益，其经营管理的首要目的，应该是确保社会绝大多数公众的公共利益的最大化。

当然，这里所说的社会绝大多数公众，实际就是指城市中的各种利益相关者，既包括城市中的广大市民，也包括城市中的众多企业。而社会绝大多数公众的公共利益可以通过城市的综合效益的提高来得以体现，当然城市的综合效益不仅仅包括城市的经济效益，还包括城市的社会效益和环境效益，所以说城市经营的根本目标是提高城市综合利益。

由于不同私人部门之间的私人利益存在着相当大的区别甚至完全对立，因此城市经营要实现社会公共利益的最大化，就要创造有利于私人部门实现其私人利益的基本环境和条件，同时需要城市政府、企业和个人共同努力，相互协调、缓解私人利益冲突，并且建立保障社会公平的基本规则。所以说城市经营是一个长期的、艰巨的过程，这一过程离不开城市各种利益相关者的共同参与。没有其他各种利益相关者的积极参与，单靠城市政府自身的努力，不但会事倍功半，甚至会南辕北辙，出力不讨好。

二、从城市经营的主体来讲

关于城市经营的主体，多数人（包括笔者本人）认为应该是城市政府*。但是我们应该注意到城市的真正主人公应该是广大公众，即市民和城市中的各类企业，而不是城市政府。

1. 城市政府的性质和职能

城市政府作为一定级别的权力机构，与城市中的企业和非盈利的民间机构相比，它代表的是公共部门，是为市民和企业服务的。但是理论研究和社会发展的实践表明，无论何种政治体制和经济制度，政府机构和直接从事经济活动的企业组织均应是两种不同性质的组织，而且，各级政府均具有一定的管理经济的职能，都要在政府中设置一定的管理经济的机构。

社会经济中的某些问题是市场无法解决的。政府必须在协调私人利益和公共利益之间发挥其经济作用，由此作为公共部门的城市政府从本质上来讲，实际是城市中的市民和众多企业的服务机构。

从理论上讲，城市政府的基本经济职能，就是纠正外在性所引起的无效率，建立稳定经济活动的规则，减少消极的外在性引起的供给过量，增加积极的外在性引起的供给不足，并为城市经济的良好运转提供必要的基础设施—物质基础设施和法律基础设施。概括来讲城市政府的经济管理，一方面要确保城市公共产品和公共服务——现代化的城市基础设施和市政公共服务设施与公共服务——的充足供应，另一方面，要致力于城市市场的规范化，建立一套有利于市场公平竞争、兼顾公众利益和私人利益、维护社会公平的经济活动法律规则。

2. 城市政府与城市公众的关系

城市政府与城市公众的关系就如同企业中的经营者与股东，城市公众就是城市的实际所有者（即股东），而城市政府就如同企业的领导班子，市长相当于城市的经营者（即总经理）。城市政府与城市公众之间也存在类似于企业的所有者和经营者之间的委托——代理关系，城市公众也可以通过“用手投票”和“用脚投票”来对城市政府的活动做出反应。

城市公众“用手投票”的途径很多，其中最主要的是通过人民代表大会和政协会议，也就是我们通常所说的“两会”。通过人民代表大会，市民代表可以对城市政府的各项重大决策进行表决，当然也可以像股东大会那样，通过投票来选择好的城市的“经营者”，罢免不合格的“经营者”。通过政协会议，城市各阶层的代表也可以对城市政府的各项重大决策进行协商，并进而提出各种合理的提案。另外一种在国外比较常用的也较为有效的投票方式是听证会制度，在城市政府需要做出重大决策时，把城市中的各种利益相关者和专家召集起来，让各方阐明意见，最后大家表决做出决策。通过这种途径，政府可以直接聆听到各方意见，协调各方利益，增加决策的科学性、透明度，有利于政策法规得到广泛理解和支持**。

城市公众“用脚投票”的方式就是市民和企业的自由迁徙。在国外，市民的迁徙比较频繁，也比较自由，美国人很少能够在一个城市生活一辈子，一生总是要迁徙数次。在我国，特别是在改革开放以前，由于有户籍制度的限制，严格限制了城乡居民的自由流动，所以城市市民很难“用脚投票”；对城市中的企业也是一样，计划经济时代，企业的选址、布局都是政府一手操作，企业没有选择的自由，也就谈不上什么“用脚投票”了。但是现在情况已经改变，无论是市民，还是企业基本上有了自由迁徙的权利。

不过应该注意到的是，“用脚投票”比“用手投票”的代价要高得多，付出的机会成本也很大，因此，无论是市民还是企业，轻易都不会“滥用”这一权利。从现实生活来看，最善于“用脚投票”的反而是进城的农民工，这是因为他们的自有财产，特别是固定资产（如住房等）很少，迁徙的代价也很小。

---

* 北京市城市管理赴美考察团：美国是如何管理城市的？载《城市问题》，2002 年第一期.

** 龙永枢：建立“经营城市”新机制，走“以城养城”新路子。载《中国城市经济》，2001 年第一期.

三、从城市经营的内涵和范围来讲

现在有人讲经营城市，有人讲城市经营，提法尽管不同，但表述的大体都是同一个意思。具体到城市经营这一概念的内涵，却是仁者见仁，智者见智。

在 2000 年全国中等城市经济研讨会上有两位扬州的学者说，经营城市就是运用市场经济的手段，对构成城市空间和城市功能载体的自然生成资本（如土地）和人力作用资本（如道路、桥梁等基础设施）及相关的延伸资本（如广场、街道的冠名权）等进行集聚、重组和营运，从中获得一定的收益，再将这笔收益投入到城市建设的新项目中去，走“以城建城”、“以城养城”的市场化新路子*。南开大学的郭鸿懋教授认为，所谓把城市作为最大的国有资产进行整体经营，就是营造城市区域内地上和地下空间范围内的市容环境**。

笔者认为这应该是狭义的经营城市概念。那么什么是广义的经营城市概念呢？这正如东北财经大学的饶会林教授所指出的，城市经营的范围、任务主要是城市要素的优化组合，包括城市产业的优化组合、土地利用的优化组合和城市资本的优化组合以及无形资产的创造等等。笔者认为这应该是广义的经营城市概念所包含的主要内涵。

当然，从上述的概念来看，无论是狭义的城市经营还是广义的城市经营，都离不开城市广大公众的积极参与。

1. 城市经济实体建设需要公众参与

城市规划、城市更新、城市建设都需要公众参与，这一点谁都不会有疑问。城市规划、城市更新涉及面广，矛盾复杂，其与广大市民和企业切身利益休戚相关，如土地征收、房屋拆迁补偿、规划方案的实施等等，都与市民、企业的生产和生活息息相关，因此，公众参与的热情也很高涨。

虽然城市建设主要靠城市政府来进行，但也离不开公众的参与。城市政府作为公共部门的代表，其主要职能之一，就是负责公共物品和公共服务的提供，研究城市市政公用设施的投入、公共服务的提供和公用事业的运营管理效益以及城市政府在上述方面的经济作用，已经成为西方经济学界近二十年来公共经济理论研究的重点。在美国，通常由政府负责提供城市发展的基础设施，而由私营组织负责项目本身的发展，政府负责提供道路、供水系统、下水道系统，而由私营组织负责建设住宅、商业设施和工业发展。尽管如此，政府一般情况下也不会直接进行项目建设和经营，而是通过市场方式与企业进行合作，美国城市政府与企业合作的方式主要有四种，一是政府出钱企业建设，二是政府委托企业经营，三是政府出政策企业经营，四是政府协调企业建设。不管那种方式，真正的建设和经营主要还是靠企业来进行，没有企业的参与，任何建设都是一句空话。

2. 城市无形资产的创造离不开公众参与

城市的无形资产包括诸多的方面，重点包括以下三个问题，一是城市形象的塑造，二是城市环境的优化，三是城市文化的提升。无论是哪个方面，都与广大公众的利益息息相关。

城市形象是城市两个文明建设成果有效性的必然反映***。市民和企业作为城市中的个体，其形象正是城市整体形象的重要组成部分。

就企业而言，企业形象与城市形象是相辅相成的，在某种程度上，好的城市形象会使城市中的企业受益匪浅，而好的企业形象也会提升人们对城市本身的认同。如提到海尔、海信、青岛啤酒，我们自然而然就会想到青岛这座美丽的海滨城市。同样，不好的企业形象也会对城市整体的形象产生一定的负面影响。近几年，大连市的整体形象有了很大的提升，旅游业、会展业等行业都很发达，每年到大连来旅游和进行商务会谈的人络绎不绝，但是有些服务企业，如宾馆等，在旅游旺季大幅度非正常提价，给游客带来很大不便，使游客乘兴而来，扫兴而去，也给大连市的整体形象抹了黑。

---

* 郭鸿懋：城市的整体经营与城市建设的发展．载《城市经济理论前沿课题研究》，东北财经大学出版社，2001 年出版．

** 饶会林：浅谈城市的经营．载《城市经济理论前沿课题研究》，东北财经大学出版社，2001 年出版．

*** 钱欣：公众参与中的若干问题．载《城市问题》2001 年第二期．

就市民阶层而言，很多人认为自身形象如何与城市整体形象无关，这是大错特错。市民形象的好坏直接影响城市整体形象，游客初到一个城市，最先接触的一般是出租车司机、交通警察、环卫工人，以及普通的市民，他们的形象都是反映城市形象的一个窗口，其言行举止、精神状态、服务态度会给游客带来最重要的第一印象。第一印象不好，即使你城市建设得再怎么漂亮，环境再怎么美好，也会使游客对城市的整体形象大打折扣。

城市环境也是城市形象的重要组成部分。美好的城市环境，需要广大公众共同加以创造，共同去加以美化、绿化和净化。城市环境是最能反映公众素质的方面，比如说随地吐痰、乱扔瓜果皮屑等，看起来问题不大，却直接反映市民的素质和城市的形象。

城市文明既包括物质文明，也包括精神文明，特别是精神文明的提升更是需要广大公众共同努力。深厚的企业文化、良好的市民素质都是城市文明的体现，也具有较强的外溢效应，能够使其他公众和城市外部公众感同身受，共同受益。

经营城市，土地是政府手中的最大筹码，但是，有些地方的政府在经营土地时，随意或者说任意扩大自己的权力，以至于置土地法于不顾。同样的一块土地，可以有好几种价格，有的甚至敢把土地无偿赠送，这不但造成了国有资产的流失，也使所谓的“双赢”成了空话。唐忠教授的看法很有道理，希望他的看法能引起大家的注意。

20. 让土地成片开发实现“双赢”

北方网

我国城镇土地成片开发的实践，已经走过了十几年的道路，途中有欣喜，也有困惑。“土地成片开发”，广义上讲，是指依照规划对土地进行综合性的开发建设，然后进行一些经营活动。与之相对应的是土地的宗地开发。土地成片开发作为一件特殊的“产品”，具有以下几个特点：一是开发面积大（不是单体开发或宗地开发），开发费用巨大，开发周期长，开发风险大。二是具有很高的潜在收益。一般而言，土地及其上的附着物作为不动产具有保值增值的功能，因此，土地开发如果经营有方，能够获得很高的收益，这也是诸多财团或跨国公司青睐于土地开发最主要的原因。三是土地开发具有“公共产品”的特征。四是土地开发受城市规划、国家政策的影响大。由于土地开发是在政府授权下来进行的，因此一开始就受到政府对整个城市规划以及对土地开发政策的强烈影响，以实现政府对土地开发的多重目标。也就是开发商必须按照政府的要求和规定行事，不能随心所欲。

如今，“经营土地”、“经营城市”的理念已深入人心，城市化进程也在不断加快，我国城镇土地成片开发应该如何进行？政府和企业在不断的动态博弈中又应该如何正确处理好相互的关系？近日，记者采访了中国人民大学农业经济系主任、经济学博士唐忠教授，请他谈了对这些问题的看法。

记者：土地成片开发离不开政府和企业这两个主体。如何处理好成片开发中政府和企业的关系，已经成为一个不容回避的问题。要处理好土地成片开发中政府与企业的关系，就应该首先明确政府和企业各自的目标。您能详细地谈谈二者的区别吗？

唐忠：回顾自 1978 年以来的 20 多年，可以说是 20 世纪中国经济发展最快的时期。对于一个经济发展中的经济体而言，经济的快速发展和工业化的不断推进，必然伴随着以城市发展和依托于二三产业的发展为目标的土地大量开发与利用。土地的成片开发就必然成为经济发展的先行部门。

基于土地成片开发的几个特点，似乎土地开发主要应该由政府进行，但是政府在进行土地成片开发时又会遇到两个方面的问题，一是土地成片开发需要巨额的资金，仅靠政府财力是远远不够的；二是单纯依靠政府开发是否能提高效率，人们往往持怀疑态度。因此引入市场机制，让有竞争力的企业从事土地开发有助于开发效率的提高。这样，土地成片开发就离不开政府和企业两个不同的主体，二者之间的关系又由于利益的原因而变得十分复杂和微妙。

我国城市实行土地国家所有制，城市政府事实上承担着执行土地所有者职能的角色。就开发区的土地成片开发而言，政府的目标是多重的，有时甚至是相互矛盾的，它既要追求政治目标，又要追求经济目标。发展经济，提供民众满意的公共物品和服务，是政府义不容辞的任务，也是任何追求政绩的政府的一个基本目标。就其经济目标而言，可以表现为：（1）GDP 的增长；（2）招商引资数量；（3）产业结构的升级；（4）就业机会的创造；（5）政府收入（税收和土地租金）的增加等等。

在土地成片开发中，企业的目标无疑是追求利润最大化。为此，开发企业会积极地从事土地开发与招商活动，通过土地开发来促使土地增值，通过招商引资将开发后的土地转让给土地使用者来实现土地的增值，取得开发收益，收回投资并实现利润。

政府目标和企业目标虽不完全相同，但有一点是一致的，只有土地开发成功，招商顺利，政府和企业两者的目标才能实现。

记者：我们知道，在城市的土地拓展中，政府和企业的关系不是“零和”游戏，只能是“双赢”或“双亏”，那么要想取得“双赢”的目标，应当如何处理好土地成片开发中政府和企业的关系？

唐忠：土地成片开发中企业和政府之间的博弈，可以分作两个阶段：一是土地开发权的授予与取得时政府与企业之间的博弈；二是企业取得土地成片开发权之后，政府与享有土地开发权的开发企业之间的博弈。

在第一阶段，企业力图通过土地价格支付意愿和投资承诺来取得开发土地的权利，政府通过对开发企业投资意愿和投资承诺计算收益从而决定开发权的给予与否。这更接近于一个政府先动的动态博弈；在第二个阶段，企业取得土地成片开发权后，无论这种权利受到怎样程度的保护，实际上企业拥有了一定的主动权。这更接近于一个企业先动的动态博弈。我国土地成片开发中政府和企业的关系，虽然随着政府和企业对自己行为的调整而逐步趋向规范，但是，二者的关系尚需进一步规范。目前的情况是，一方面，政府在授予土地成片开发的权利后，面临着来自企业违约行为的困扰；另一方面，企业面临政府政策变化带来的不确定性的困扰。

进一步规范政府与企业之间的行为，我认为应该从两个方面入手：一是进一步规范土地成片开发中政府和企业之间的关系，必须从制度建设入手。从制度建设上看，最重要的是从法律上明确土地开发权（或发展权）。土地开发权的明确化，可以明确企业在取得开发权后所享有和受到保护的权利。明确土地开发权后，政府的干预就必须建立在尊重这种权利的基础上，政府不能在授予企业开发权之后，随意收回土地开发权。二是进一步规范政府与企业的关系，还需要理顺土地收益分配关系。政府利用更加市场化的方式组织城市基础设施建设，就必须承认、尊重和保障开发企业的利益。同时，为了创造良好的市场环境，政府要通过建立完善的租税体系，在一定程度上稳定政府和企业之间的利益分配关系。

记者：我国土地成片开发进行了十几年，您认为通过这么多年的实践，政府和企业都应当从中汲取哪些经验和教训？

唐忠：土地成片开发的实践表明，政府应当汲取的经验和教训有：

一是谨慎地选择土地开发形式。土地成片开发有其优点，但是与宗地出让的土地开发相比，土地成片开发易使政府在土地资源的掌握上陷入被动地位，成片土地的开发权授予开发商后，政府就失去了对这些土地的再次出让权，政府在实施、调整项目用地规划等方面失去了主动权。与宗地出让、开发相比，土地成片开发一次性出让大部分土地，不利于政府从土地出让中获取足够的租金收益。

二是检讨批租式的土地出让方式。虽然土地批租可使政府一次性预收整个批租期年地租折现值的总和，可在短期内得到一笔巨款，并减少年租制下收租的成本，但也失去了分享土地未来增值的可能性，且会加重土地开发企业的负担。

三是必须考虑开发企业的开发能力。不能不顾实际地将大片土地授予不具有相应开发能力的企业进行开发。

四是必须考虑土地的最终需求。土地拓展商开发好的土地（“六通一平”或“七通一平”的土地），并不是城市所需要的最终产品，而只是中间产品，土地要最终用于生产（搞工商业）或消费（建住宅）目的。因此，土地成片开发必须与产业投资项目的规划的可行性论证紧密结合。脱离产业发展和项目建设需求的土地成片开发，只能造成“开而不发”、浪费土地。没有最终需求的开发区，无论地价和税收如何优惠，也很难获得成功。

五是土地成片开发在实施中应该统一规划、滚动推进。

对从事土地成片开发的企业而言，应当汲取的教训有：

一是应当全面考虑土地成片开发具有的市场风险和政策风险。尤其是必须重视对政策风险的考量。企业不只面对市场竞争带来的风险，而且同时还面对政策变化所带来的风险。政府具有调整政策的权利，这会给企业以后的经营带来很大的障碍。政府是由官员组成的，官员又是流动的，在没有详细的法规文件来明确约定政府与企业在土地成片开发中的权责利时，企业始终面临着政策变动带来的不确定性及其造成的风险。二是企业应当从一味地谋求圈占土地、短期内炒卖土地以获取利润的思路，转向依靠对土地进行投资开发、通过使土地增值获取利润的正常思路上来。

记者：通过对土地成片开发的研究，我们应该得出哪些结论？您对此有什么建议？

唐忠：我们得出的结论有：第一，土地资源的配置最有效的方式就是以市场机制为主，政府宏观调控为辅的方式。一次性将大面积的土地的使用权出让给外商的开发模式值得反思。第二，我国的土地成片开发在取得了很大的成就（包括经济效益和广泛的社会效益）的同时，也付出了巨大的代价。主要表现为土地资源的闲置和耕地的大量占用。第三，成片土地开发必须坚持滚动开发机制和集中建设机制。

同时我们也可以获得以下启示：一是在市场经济体制未完善的制度环境中，政府是一个垄断性利益主体。政府和企业一样，在很大程度上也是独立的利益主体。在市场经济国家，政府的职能就是在市场缺陷之处介入，充当市场经济“守夜人”的角色。在我国虽然已确立社会主义市场经济体制，但是政府对经济活动的介入程度远远高于市场经济国家。二是企业永远也无法代替政府职能。三是政府与土地拓展企业处于长期的动态博弈之中。

基于以上认识，我们对土地开发总的政策建议是，设置开发权，以开发权来进一步规范土地成片开发中政府和企业的关系，降低政府与企业所面临的不确定性。开发权应该如何在企业之间配置？当然应该采取在市场上竞争的方式配置，招投标和拍卖是主要配置方式。

本文从三个不同视角对经营城市进行了探讨，并提出了经营城市需要信息化思路，很新颖，也很有意思，很值得一读。

21. 经营城市需要信息化思路

汪 忠

经营城市是目前国内比较流行的城市规划、建设、管理的一种模式。从不同的角度研究经营城市的问题，可能会得出不同的结论，进而影响经营城市的实际效果及城市的不同发展结局。对城市政府来说，不是要不要经营城市的问题，而是如何经营城市的问题，从什么角度经营城市的问题。

一、经营城市的三个视角：城市发展方式的简要比较

从产业发展角度，人类社会的发展经历了农业化社会、工业化社会，目前已进入了信息化的时代。不同时代及不同时代的思维方式对经营城市将产生不同的影响。

中外历史证明，现代的工商业城市，起源于传统的商业城镇。在一些交通比较方便、地理位置比较适中的地方，形成了原始的集散地。商业的发展，必然吸引手工业者向商业城镇的聚集。商业城镇的发展，才导致近代商业城市的出现。因此，从农业社会及农业化思维的角度，城市是一个“自然”的历史演进过程，是历史的积累过程。它没有预设的发展目标，没有政府的强制推进（政治性、军事性城市除外），只有因“自然”选择而形成的个性化特点。目前，世界范围的国际化大都市，几乎都是这种自然选择的结晶。

工业时代开启了城市发展的新阶段。巨大的工业企业存在和发展需依托城市条件，资源集聚和高效率生产，使工业城市“像闪电般迅速成长起来”，城市发展进入了“城市化”时期。因自然发展而形成的城市个性，在这一阶段演化为城市的同质化发展，城市出现了惊人的相似。用工业化的思维考察城市，城市由“自然”的演进过程变成了“快速”生产的过程，由“个性化的成长”变为“共性化的制造”。

信息革命的出现对城市发展的影响由于时间较短，尚无明显的结果。但信息革命揭示出的一些深刻变化，对未来城市的发展无疑具有重要的意义。信息化对城市发展的最大影响不在信息化本身（其革命性的影响将远远大于以往任何产业革命），而在于信息化的思路：Wintelism（视窗—英特尔主义，即企业通过各自的核心竞争力的发展，形成“事实”上的协作，而共同促进行业的整体提升）。如果信息化革命影响到城市发展，如果视窗—英特尔主义能成为经营城市的重要理念，城市发展将进入一个新的时代：充分个性化的时代（基于城市的核心竞争力而形成的个性化）、充分协作共生的时代（基于不同城市不同核心竞争力而形成的合作与共同发展）。

二、经营城市的共性问题都可以在工业化思维中找到答案

经营城市离不开城市的发展目标、功能、主导产业、城市形象等内容。近20年来，中国城市发展之迅速、质量之高、影响之大，超过了中国有史以来的任何一个时期。陆续启动和公布的城市发展规划，为揭开经营城市的现状、特点、趋势提供了一个良好的契机，也从另一个侧面暴露出城市发展中的共性问题：目标趋同、功能重复、产业同构、形象单一等四大方面。

目标趋同。到2001年，全国有180多个城市提出了建设“国际化都市”的发展目标，其中有40多个城市提出了建设“国际大都市”的目标。同期，国际范围内可称为全球城市、国际都市、国际化大都市的城市数目，不过为49个。

功能重复。不少城市近年来经历几大浪潮，开发区热、大商场热、广场热、步行街热、超高建筑热、商务区热，出现了楼越盖越高、广场越来越大、步行街越来越长的趋势，演化的结果是城市功能的重复与功能的浪费。

产业同构。信息产业、生物医药、高新技术、现代物流、金融保险等行业已成为不少城市的首选目标，继上世纪80年代出现的纺织、家电、石化、汽车等支柱产业后，新一轮的产业同构格局已经出现。产业的竞争是必要的，但以政府为主导的产业过度竞争则绝对是有害的。

形象单一。在纽约、东京、悉尼存在的玻璃围幕高层建筑、成片的草皮广场、音乐喷泉在中国的城市无声无息地出现，我们的城市形象正在走向一致，与国际文化趋同既是一种进步，也是一种危险。城市个性与传统将消失，同时消失的是成为一个伟大城市的机会。

四大问题的出现，原因可能是多样性的，但症结性的根源在于工业化的思维：标准的目标、标准的流程、标准的概念、标准的形象。其核心是简单设计、重复生产、批量复制。

三、信息化的思路是城市走上个性化、协作共生发展的重要出路

信息时代的巨子与工业时代的大亨最大的区别在于：信息巨子们只做一个领域的事业（微软只提供系统平台的操作软件、英特尔只生产CPU）；工业大亨们可以做任何领域的事，无论其初始的行业是什么，最终的行业结构是相同的：大多将成为横跨电子、信息、机械制造、房地产、金融保险等行业的多角化企业。如果城市的经营者选择成为“工业大亨”，我们的城市将无法走出同一模式的怪圈；如果城市经营者选择成为“信息巨子”，中国无疑将成为21世纪全球范围内最大的城市发展新模式的试验场。

确立城市的核心竞争力。由于城市的规模、功能、交通、文化等方面的差异，城市应在发展过程中确立“自己的”核心竞争力，围绕核心竞争力发展相应的产业和发展方向。做自己最强的、最专业的，“舍弃”与核心竞争力无关的产业是核心。

与周边城市形成共生的协作联盟。城市确立自己的核心竞争力后，需要通过与周边城市之间的协作和自觉的分工，形成共生的关系，共同发展，最终形成有分工、有协作、有竞争、有互动的城市带或城市群。协作联盟，城市间相互“开放”是关键。

城市核心竞争力一经确定，在一个相当长的时期内不应随意调整，不因人的变化而变化，政府在一个相当长的时期只做与核心竞争力有关的促进工作。经营城市，尤其是长期经营城市，稳定的“心态”是最重要的保障。

四、结语

经营城市是一项系统工程，需要：

农业社会的“耐心”——不为短期的政绩而牺牲城市持续发展的资源和机会；

工业社会的“标准”——城市发展目标、布局一经确定不应随意调整和变更；

信息社会的“思路”——做自己最强的、最好的，城市间充分开放、协作共享。

一座城市的领导人急乎乎想把几座旧楼宇、几条陋街巷卖给开发商，想让开发商给自己所在的城市建起一个“新天地”的时候，也许他期盼的是为官一任造福一方的心灵陶醉，是梦寐以求的官职晋升提拔……然而就是他们的这种期盼无情地粉碎了一代人的生活方式、追求和梦想。它给了追求新时尚的男女以极大的满足，但当这些人一旦于酒醒之后寻找自己家园的时候，才知原来已被人带入一条毫无标识的路。任何一座城市的当家者，当您规划城市建设时，千万别忘了市民对这座城市本该具有的情感。请多点个性，多点“家”的理念吧。还是台湾著名作家龙应台问得好：

22. 谁的城市谁的家？

龙应台

一

在一次盛大的国际会议里，一个荷兰代表问我：“台湾不是福尔摩沙吗？为什么你们不称台湾福尔摩沙呢？很容易发音啊。”

我说：“你们怎么称你们的国家？”

他说：“The Netherlands。”

“请问，”我客气地说，“你们为什么不称它为 He—Lan 呢？我们说荷——兰。很容易发音的。”

他愣了一下，不说话。

我也就打住了已经到了嘴边的冷冷的话：用自己的语言为自己的土地命名，好像天经地义，不必解释吧？

二

很多上海人以“新天地”为荣，很多台北人以“新天地”为荣，很多台北人对“新天地”赞叹不已，同时叹气，“台北没有这样的地方”。

破旧拥挤的石库门老房子拆掉，让崭新的楼房建起，而崭新的楼房又维持一种古旧的情调，夹杂着刻意留下来装饰用的石库门片段残垣。讲究的饮食、流行的音乐、前卫的艺术与时尚，使外国人以为找到了想像中充满东方情调的古典上海，使上海人觉得自己的生活品味与纽约、巴黎同步同曲，找到了想像中的现代。破败的老区一眨眼变成一个城市的地标、一种新文化的象征，上海决策者的机灵和香港开发商的精准估算不能不让人佩服。

开发商懂行：“新天地”是按照一定配方成分调制出来的文化产品。几分古老帝国的矜持加几分租界文化的放肆，混合得恰当，既向西方人贩卖了中国的古典又向中国人推销了西方的现代。同样一个处方，同样一个产品，不同的买主却买到了截然不同的东西，而且各自兴高采烈。

“新天地”的开发商本质是市场和消费行为的分析专家，可是当产品是文化时，他变成了一个最精准的文化观察家。

可是我一直无法忘记那个老妇人。那时“新天地”还没有出现，只是整个上海变成了一个拆除大工地。老房子整片整片地在机器声中轰然解体，灰飞烟灭散成瓦砾颓墙，像战后废墟。在一片望不见尽头的瓦砾堆中，我看见一扇门框还危险地站着，孤零零、摇晃晃地站着，门框下坐着一个黑衫黑裤梳着发髻的老妇人。车子经过她时，我可以清楚地看见她脸上又密又深的皱纹，一脸的茫然。

不要为她担心，上海人说，政府会安顿的。她会迁到郊区公寓楼里去，会有现代化的抽水马桶可用，比石库门舒服多了。

车子疾驶，我回头看，瓦砾堆上守着门框的老妇人越退越小、很快就不见了，可是那张废墟上的门，像一个歪歪斜斜的问号，令人不安。

“新天地”在瓦砾堆上艳丽大方地站起，给大都会的新兴阶级带来尊严和快乐，给大都会本身定下一个价值的新坐标。流行、进步、国际化，种种抽象概念在这里被具体定义，透过物质（譬如各国品牌的啤酒）以及文化作为商品（譬如爵士乐、普普艺术，譬如法国的气氛和感觉）。

有什么不对呢？你自己不是一直在大声呼吁重视文化产业？“新天地”难道不是一个老社区新发展，文化创意产业的典范？

把“新天地”孤立地来看，是的，它是一个成功的开发典范，但是从城市发展的整体来看，有太多“开发”者不能回答的问题：

都会新兴阶级的需求当然必须得到满足——剧院、美术馆、音乐厅、高格调的酒馆、餐厅、沙龙等等，可是那个独坐废墟的老妇人的需求，可能不是美术馆音乐厅而是与邻居声气相通的小巷弄，可以打太极拳的小公园，可以大声笑闹的戏园子。她的文化权谁在照顾？大都会里有多少像她这样的老妇人？占城市人口的百分之几？大都会的年度预算中又有百分之几是用在她们身上的？她所享受到的社会资源与新兴阶级的比例如何？

换一个问法：黑衫黑裤梳发髻、孤单坐在瓦砾堆中的老妇人，属于她的“新天地”在哪里？

这不是商人可以回答的问题，却是政治家必须思索的问题。

新兴阶级在“新天地”会晤朋友，开记者会座谈会，散步逛街聊天听音乐，喝进口的啤酒买名牌标签的服装。每个人都听过“后现代”、“国际化”、“全球化”的术语，感觉自己是其中的一部分，尤其是当自己吃的喝的穿的用的都和纽约人巴黎人一样时。“与国际接轨”是另一种说法，带来同样程度的乐观信心。

可是，等一下，究竟什么叫“国际化”呢？是谁在给“国际化”下定义？“国际化”是双向的——西方人向东方人看齐，东方人向西方人学习，还是单向的——全世界向西方看齐？或者，更可疑的，“西方化”事实上就是“美国化”？当开发商把石库门文化从实质内容转变成边缘装饰，在“新天地”推出法国的时装、德国的啤酒、台湾的餐馆、美国的音乐，并且借着消费物质“顺便”提供新的价值观时，人们是否曾停下脚步思索：上海的国际化究竟是什么？它与东京、香港、汉城的国际化有何不同？它参考比拟的对象是开阔型的纽约伦敦还是内敛型的罗马柏林？

在急速国际化的过程中，中国传统文化占什么样的一种位置？它是内容还是装饰？内容到什么程度，装饰成什么面貌？

在都市“新天地化”的过程中，上海本身的历史与性格应该如何对待？它是主体还是——你容许它变成客体？

都市的改造不只是拆房子建房子；拆什么建什么的每一个决定其实都是文化的抉择，透露出我们对过去的认识以及对未来的想像。老屋代表着生活方式、处世态度，甚至生命哲学。拆老屋建新屋，就是以不同的空间格局塑造另外一种生活方式、处世态度、生命哲学。它不仅只是土木工程，它是文化的开启与创造，是我们传承给下一代的生命哲学。

三

我站在“中山堂”三个字下面，望向广场。淡淡的阳光，微微的风，光着上身的少年在溜滑板，年轻的女人推着婴儿车，老人家拄着拐杖散步。是的，这是台北最美好的广场，它没有市府广场那么疏离，也没有“总统府”广场那么冷峻，倒像只盛着透明爱玉冰的小碗，吸引着人们手牵手走进来，彼此靠近。

广场是都市的自然舞台，以太阳作专业灯光，清风明月为特殊效果。它可以阅兵，展现强人实力。它可以聚众示威，呈现民间力量。它可以变成坦克车的屠杀场，但它更可以是人们约会散步、纳凉休息、听音乐看表演的地方。整个罗马城的文化都展现在广场上。

这个爱玉冰碗似的广场，在日本人统治时期是用来欢迎天皇、制造“万民欢腾”景象。国民党来台以后，成为万人聚集高喊“光复大陆”、“蒋总统万岁”的地方。不管什么时代，不管什么人统治，中山堂广场都是统治者的自家庭院，象征权力。

七十年为统治者服务，够了；我要把这个广场转化为市民广场。

歌仔戏在广场演出时，老人家们很早就来占位子。很多人穿着汗衫、趿着拖鞋就来，手里摇着一把团扇。月亮升起时，戏台上锣鼓沸然戏台下欧吉桑边看戏边评头论足，花脸上台时一阵哄笑。

“蝴蝶夫人”搭出了舞台，广场上就拥进了一批不同的脸孔。老师带着全班小学生，大学生穿着牛仔裤，文质彬彬的中产阶级带着一家四口，年轻的母亲牵着孩子的手，人们从四面八方向广场汇集。广场上摆出了两千只凳子，还有三千个人得席地而坐。清越的歌声缭绕，风轻轻吹起树叶，五千个人寂静无声。

“梁祝”是台湾人记忆最深最动感情的“国歌”，四十年尘封不见，我想把记忆重新打开，把感情释放，在星空下。

这样一个夜晚，广场像一个巨大的魔力磁铁，辐射出记忆的幽幽召唤。有人从高雄开车赶来，有人从旧金山特别搭飞机回来。六千张凳子一转眼就坐满，还有五千个人站着看。星空瞬间乌云密布，冬天的雨，直直落下。“楼台会”里的英台正唱到凄切婉转之处，冷雨中，台下一万个人，不动。

每一个景象，都仿佛农村时代在庙埕前搭出野台，村人“把酒话桑麻”的情境，台北市变成台北村。掌声在雨中激动响起，英台和山伯出来谢幕。一只白色的老土狗不知什么时候走上了舞台，就在那舞台中央灯光亮处抖了抖身上的雨水，懒懒趴下来，闲闲地看着台下的万人空巷。

我知道，我们已经向历史夺回了一个广场。

四

龙应台，你错了。它并没有变成一个彻底的市民广场。歌仔戏、欧洲歌剧、梁祝，不管吸引了多少人，都是官方主导的文化活动。尖刻一点说，这些活动和集权政府用载歌载舞大型活动制造“普天同庆”、“万众一心”的做法本质上差别不大：都是执政者用权力和纳税人的钱举办活动来达到某种目的，惟一的差别（当然，这是一个重要的差别）只在于，集权政府有政治意图而你有文化意图。可是两者都是从上而下导师式的精英思维，人民被当权者“教化”、“培养”、“提升”。那界定广场意义的人，对不起，仍是政府，不是市民。

当中山堂广场真正由市民“向历史夺回”时，广场上可能有许多艺术家当场作画，有音乐家演奏，戏剧家表演，小丑献技，锣鼓喧天像今天一样，但是每一个活动，每一场表演都是民间自发的。市民自己有能力有财力组织自己要看要听的节目。政府，给我站一边凉快去。

这样的市民不会在享受了一场市府广场上的圣诞狂欢晚会之后就觉得市长很好，也不会在参与了“总统府”广场的豪华跨年晚会之后就觉得“总统”很英明。他反而要认真质问政府花钱办活动、做宣传的隐藏动机和正当性。

这样的市民，并不多。中山堂广场距离真正的市民广场，还有一段路要走。值得思索的是，摆上六千张凳子就可以把一个广场变成剧场，但是我们如何把威权时代摇旗呐喊的群众变成独立自主的市民，如何把政府变小、市民变大？

没有一个真正的国际化不从自己的村子出发。没有一个值得爱的城市不从市民的情感开始。没有一个自尊自重的国家会容许别人来为你命名。没有一个广场不泄露一个城市的底细。

经营城市的理念仿佛把人们领入了一个误区，就是把改革开放前造成的对城市建设欠账加快还上。于是东西南北中，你追我赶，你抄我袭，造了一大堆千城一面的城市建筑。于是，有人惊呼，中国的城市建设成了没有灵魂的砖头堆砌！

于是，城市建设要不要有灵魂？一个城市的灵魂是什么？是由谁决定的？对这个问题的回答真是千差万别：开发商说：城市的灵魂是道路是楼宇。文化人说：城市的灵魂是艺术、是城市个性。而普通人则说：城市的灵魂就是让我的住房面积大些，生活舒适方便些……

城市的灵魂究竟是什么？余杰先生是这样告诉我们的。请看：

23. 城市的灵魂

余 杰

巴黎人将卢浮宫及宫中的“蒙娜丽莎”，看作他们的骄傲。几代法国国王都对达·芬奇的这幅名画情有独钟，路易十三把她挂在“家训堂”，让女儿每天模仿画上的微笑；拿破仑把她挂在卧室中，每天独自欣赏。后来，法国成为了共和国，“蒙娜丽莎”与其他40万件珍贵的艺术品一起，被收藏在卢浮宫国立美术馆中对公众开放。

1911年8月21日，“蒙娜丽莎”被盗。据说，那一天几乎成为法国人的国殇日，四万多巴黎市民走上街头痛哭流涕。为了追回人民的“女神”，法国政府成立了数以百计的侦缉小组，动用了数以万计的警力，展开了地毯式的搜索。然而，在随后的一年多里，案件一直没有任何的进展，警方面对着社会舆论泰山般的压力。

1913年1月26日，在法国与安道尔交界处的迪莫特镇，警方终于将一个庞大的盗窃团伙一网打尽，“蒙娜丽莎”也终于“完璧归赵”，回到了阔别已久的卢浮宫。为了庆祝此事，巴黎市民上街纵情狂欢，全市所有的商品都削价百分之四十出售。

城市是有历史的，城市是有性格的，城市也是有灵魂的。我可以想象出巴黎人在“蒙娜丽莎”丢失和失而复得的两个时刻的悲痛欲绝和欣喜若狂。他们甚至愿意以打折的买卖来表达自己的喜悦，他们还有真性情在。在巴黎人对“蒙娜丽莎”、对艺术、对文化的热爱和痴迷中，我发现了巴黎的性格和灵魂。巴黎人生活在艺术和文化之中，就好像生活在空气和水中一样。卢浮宫的每一幅画都是巴黎人灵魂的根，正如有学者所说：“巴黎不仅有灵魂，而且有雄厚的灵魂的根底。法国的自由灵魂不会转风转向，就是因为灵魂之根扎的很深。无论是到卢浮宫、奥塞宫还是到巴黎圣母院、先贤祠，我都有这样的感觉。”近代以来巴黎的城市规划，一直遵循着这样的原则：保护历史遗迹和文化遗产、尊重普通市民的生活方式，在古代与现代之间寻找一种和谐与自由。巴黎不再是国王一个人的巴黎，巴黎是所有公民的巴黎；巴黎不仅是商业的中心，巴黎更是文化的源泉。这就是巴黎魅力的所在。

然而，与巴黎相比，我们的一些城市正变得越来越没有性格，面貌正变得越来越近似。我们城市的街道可以修建得比巴黎气派，我们城市的面积可以拓展得比巴黎巨大，但是在我们当中，有多少人会为了一幅艺术品或者一座老房子而大动情感？

我们城市的历史写在书本上，更应该活在建筑中。

巴黎的咖啡馆里有萨特和海明威的手稿，我们的咖啡馆里却只有生硬的西洋情调和明清家具的拼贴。这种差别是细微的，却也是关键的，它不是多办几家工厂和企业、多销售几部手机和电脑就能够弥补和改变的。当年，北京的城墙被拆除的时候，梁思成和林徽因夫妇心痛如刀绞。假如换了是在巴黎，巴黎会有多少人奋起保卫他们的历史传统呢？

我们的城市，需要有更多的“灵魂的守护者”。

经营城市使城市变成了寸土寸金。无奈土地是不可再生的，黄金地段卖完了，占尽了，于是原先的沼泽之地也成了一些人的觊觎之地。当生态城市的概念日益成为一种时髦，珍贵的城市湿地却在日渐萎缩。上海东北角的江湾生态园，是这座国际化都市里最后一块天然湿地，被誉为上海本土生物的“救生圈”。在经营城市中，面对房地产商推土机的步步逼近，一大批学者、环保主义者和居民为了拯救江湾进行着长期而艰苦的努力。一批有识之士的良知在追问：容纳了世博、磁悬浮的上海有没有度量容得下一个江湾湿地呢？于是，专家学者们大声疾呼：

24. 保护湿地就是保护人类自己

沈 颖

上海是一座在不断增长的湿地上逐步建立起来的大都市。

成长中的城市就像一个巨大的建筑工地。

立交桥和高速公路以新的印迹贯穿都市。

肥沃的农田、芦苇荡一不小心就被城市征用或者变成了高尔夫球场。

你看见了吗？城市化进程的重要标志变成了“高楼林立”。

“人们住进盒子里，看不见蓝天。”

绿地被占用，古迹被拆除，文化被破坏。

在上海这样一个大都市，人们开始做梦也在想着田园风光。

最近获得大奖的楼盘尽管各有千秋，但总体上都在努力磨平城市钢筋水泥的棱角，有数据统计，建有或靠近水域的楼盘（500 米以内）相比离水域较远的楼盘（500 米至 1000 米），均价要高约 5%至10%。

最近在上海市人民广场边，一个寸土寸金的地方，开发商却在楼盘中心绿地营造 1 万多平方米的生态景观湖。

为了三五年建成生态城市，“大树进城”成为时尚。

生态学家问，你的城市有天然植被区吗？有多少种天然植物？生物种类要多样，本土，天然。这是当今国际上考察生态城市最重要的内容之一。

我们的城市带着自己满脑子的“生态”主见，闷着头在建设的道路上飞奔，没功夫理睬生态学家。

人类在建城活动中的生态思想经历了自发、失落、觉醒、自觉四个阶段，人与自然关系也从“尊重顺应”到“控制征服”到“保护利用”直至上升到“协调共处”的演进过程。

西方城市的步子要更快些，走了三步半。中国乡村城市化着，西方城市开始乡村化。人从乡村走进向往的都市，又会向往乡村。如果没有这种欲望，也不会出现霍华德的“田园城市”理论、美国的效区化理论。

几年前的一天，号称世界上最漂亮的巴黎香榭丽舍大街整个变成了一片麦田！一行行穗粒饱满的麦子连根带土被移植到了车水马龙的香榭丽舍大道上，这是当年的巴黎市政府为了让市民亲近自然而举办的一次“巴黎麦收”行动。

去过英国伦敦考察的生态学家回来说，那里市中心的湿地公园原来是一个车站，废弃不用，长期下雨积水，就慢慢恢复了天然的地貌，英国人很自觉地把它改变成了湿地公园。

类似的情况也在德国出现。德国的一些城市公共建筑在城市发展过程中被废弃，后来稍加整治也变成了原生态的公园。

甚至在美国，类似荒野保护协会一类的“NGO”（非政府组织），通过购买、租赁、租借等方式，取得荒野监护权或管理权，将其围护起来（一些军事禁地、保护区、国家公园及国界无人区），使大自然尽量自主地自繁自灭，使子孙后代能有机会在先辈遗留下来的荒野中，探询自然奥秘，领悟生命意义，体验挫折经历。

我们现在的城里人呢，他一听你说芦苇就害怕，因为他从小是看着芦苇长大的，好像自然就是穷，就是落后。

但是你肆意把自然的东西破坏了后，自然反而成了宝贝。就像在日本，乡村大量城市化后，夏天在农村也很难见到萤火虫了，于是人工繁殖萤火虫的商店竟然发了大财。

江湾的规划方案改了又改，从最初的高密度人口的安居房，到知识型、生态型高尚住宅区，万变不离其宗，自然而松软的土地还是要板起面孔，链环式的生态系统还是要被人为地割裂。

WWF 上海站的志愿者说，我们的理想模式是像香港的米埔那样打理江湾生态区。

米埔在寸金寸土的香港，是一个有着 380 公顷的自然保护区。

早在 1976 年，香港政府就为了保护米埔湿地而划设禁猎区，甚至从 1980 年代开始以一个基围塘 80 万港币的高额回馈金买回原有的土地权，到了 1990 年米埔保护区土地全数收回，并交由世界野生动物香港基金会管理，现在政府每年还资助超过 100 万的港币来协助保护区运行，虽然一年最多只开放 4 万人左右参观。

香港自 1976 年始，在城市周围因地制宜，把原始山林或湿地开辟郊野公园或自然保护区，数目已有 21 个之多。

它们不仅保护了 4 万多公顷郊野环境，成了不少香港残存的野生动物的自然庇护所，而且也让这个日渐哮喘的城市，增强了肾或肺功能。

关于江湾开发与保护的争论，一个专家说：“完全不开发做不到，只能引导性地进行开发。立法要规定什么湿地是必须完全保护的，什么湿地可以适当开发利用。”

在美国有专门的法规规定，如果房产商在建设开发过程中损坏了湿地，你得在相应区域内创建一块相同类型的湿地，比如你占用的是盐沼湿地，补偿重建的也应当是盐沼湿地。这就是湿地补偿法。把江湾自然生态破坏后建成我们常见的公园湖泊，那并不是湿地补偿。

目前中国有森林法、海洋法，但还没有湿地法，只有保护区条例，中国在去年才开始了一个湿地保护行动计划，上海也刚开始有这个意识。而且关注的主要是河口滩涂湿地，像江湾这样的内陆湖泊湿地在城市中极其少见。

上海的政府、生态专家、规划者、设计者、房地产商，是不是可以联起手来创造适合上海市情的一种城市和自然的结合方式呢？没有什么道理不让自然赐予的金子继续闪光啊。

生态城市不是一个仅用自然绿色点缀而僵死的人居环境，而是美化人、陶冶人的爱之器官，这种和谐性是生态城市的核心内容。

不知道容纳了世博、磁悬浮的上海有没有这个度量呢？

今天的时代是一个经济竞争的时代，任何一座城市要发展，要繁荣，就必须有人去投资。所以，城市的形象和品牌效应就非常重要。现在，越来越多的城市领导者已经深刻地认识到了这个问题。他们紧紧抓住本市的亮点，极力渲染其特色。事实证明，这样做效果是很明显的，诸如宁夏，就极力营造该地区的城市形象，希望以此解除人们对西部、对宁夏落后的感觉；苏州，过去人们心目中往往把她理解为享受之福地，当作“天堂”，而如今，该市的领导者们却并不满足这些。他们坚持与时俱进，力举新时代之锤，锻造苏州高新技术新形象；上海市也在已经进行和将要进行的世界级的大活动形势下，对经营城市进行深刻地营销学思考……

25. 城市经营的营销学思考

赵 正

上海此次承办 APEC 亚太经合组织会议可谓“出尽风头”，一时间，上海几乎成为了全世界的焦点，上海堪称中国城市营销的成功案例。

城市是人类人口、经济、文化相对集中的自然和地理单元，随着中国改革开放的深入而把城市作为一种经济文化载体的功能发挥到了最大化。人们对于城市的认识已经不局限于历史、人口、经济规模这些传统的指标，人们对城市的认识出现多层面、多角度的趋势，一时间，魅力城市评选、经济论坛、第四城、广场文化、CBD、会展经济的讨论不绝于耳，城市在中国人心目中的影响确实已经不是简单的一个符号和居住地的概念了。

城市经济和城市文化的崛起，除了使城市对人口和人才具有更大的吸纳力外，在经济的层面上对投资和促进整体经济的发展都具有决定性的推动力。对于那些名城，在新一轮的竞争中，则面临着在全国众多城市中形成自己的定位和形象塑造的问题，只有这样才能把城市的综合实力整合起来，从而形成最大的包容力和竞争力，实现经济文化的更大突破。城市的定位和形象的形成，有些是历史的结果和痕迹，有些就需要人为的去营造和经营，就像塑造一个产品的品牌形象和品牌个性一样。北京是中国的首都、政治文化中心，这些已经无须过多传播；上海是中国的经济、金融中心，中国最大的城市；大连，中国北方著名的沿海开放城市，著名的港口城市；深圳，中国第一个经济特区，经济发展速度惊人，美丽的花园城市；西安，中国最著名的古都，历史文化积淀深厚，人才资源丰富……这些都是一些著名的城市在人们心目中曾经留下的印象，但由于经济的发展和整体环境的变迁，那些原有的城市定位对于不断变化和发展的城市就显得不适合和不足以包容了，在新世纪，许多城市都寻求新的形象定位，从而为经济的发展开辟更广阔的空间。

一些比较有眼光的城市经营者从很早就开始用整体的思路去经营城市，打造城市全新形象。大连在这方面是入手比较早的城市，从 1993 年开始，大连就开始了整体的城市规划，大规模的旧城改造和拆迁使大连在城市建设方面很快就走在全国主要城市的前面，欧式建筑与现代建筑交相辉映、星罗棋布的城市广场、女骑警风采、魅力市长、花园式绿化、规范的城市管理、服装节、足球，这些新的形象和标识构成了大连的新名片。青岛虽然没有像大连在城市整体形象塑造方面做太多工作，但青岛城市本身巨大的魅力和不断崛起的城市经济也足以让人侧目，以海尔、海信、青岛啤酒、澳柯玛为代表的明星企业为青岛的经济注入了新的活力，成为青岛经济可持续发展的巨大动力，也成为青岛城市名片的重要标志。如今的青岛不仅经济发展迅速，城市景观也发生了巨大的变化，一个沿海的新经济城市已经形成。

上海作为中国最大的经济城市，随着浦东的全面开发重新崛起，如今的上海让人最容易联想起来的形象已不仅仅是外滩、南京路、城隍庙、国际饭店，陆家嘴金融区林立的超高层建筑群、杨浦大桥、上海大剧院、东方明珠电视塔、金茂大厦、内环高架路则构成了上海的新城市景观；而上海人那种对自己城市充满信心的精神面貌和赶超香港的决心则让所有中国人相信，上海在世界的重新崛起将是迟早的事情。

一些在城市经营和规划方面起步比较晚的城市虽然在很短时间内很难拿出一个全面的城市经营的解决方案，但也开始在寻求特色方面作为突破口，树立城市的新气象。苏州的再度被关注是从苏州新城和苏州工业开发区的崛起开始的，这里云集了众多的跨国企业和台资企业，逐渐成为全球一个新的IT产业生产基地，发展速度非常惊人，这里是苏州的希望，逐渐取代了20世纪80年代乡镇企业曾经带给苏州的辉煌；武汉曾经是计划经济时代重要的工业中心和科教基地，但近20年的发展却使武汉的经济地位逐渐下降，似乎只有黄鹤楼、东湖才能使人联想起武汉，新世纪，武汉开始打造“光谷”，利用自己的科技优势在5年里建成中国最大的光纤基地，成为中国新兴的科技基地，“光谷”概念的推出成为武汉未来若干年的主要“卖点”；地处西南的成都一直以来能够被人记住的恐怕就是小吃、川菜、杜甫草堂这些历史和传统的标志，自从《新周刊》把成都评选为中国“第四城”后，成都似乎一下子就成为一个明星城市，科技城、美女城、成都球市似乎成为成都新的标杆，成都人也陶醉在“第四城”的光环里，借着西部大开发又火了一把。

今天的中国城市，宣传意识已经大大加强，在全国电视台和地方电视台投放形象广告已经是司空见惯了，大连的城市形象广告诉求其美丽的城市风光和海滨城市形象，为旅游业开道；山东则推出了威海、蓬莱、烟台等城市的广告，以整体的形象提升山东的经济地位和旅游文化；银川则想借助城市形象广告改变人们对西部落后的印象，以崭新的形象和硬件设施吸引投资和游客的到来；青岛的城市广告更多的目标是吸引客户参加每年都举行的博览会、啤酒节等重大展会，直接服务于经济；昆明的城市形象广告则借99世博会的东风，突出一个“春”字，以明媚的阳光、舒适的气候和丰富的旅游资源吸引游客到昆明旅游。应该说广告宣传在比较短的时间内最大化的传播了城市的最新形象，是城市整体经营的一个开端。

如何经营一个城市并不是仅凭一个广告、一次公关活动就可以解决问题的。城市功能如此的丰富，城市职能如此的复杂，都使城市的规划和经营异常的庞杂。从经济、文化、交通、环境到居住、安全、教育和城市建设，每一个环节都关乎城市整体形象的塑造。任何一个环节的明显缺陷都会使城市面临尴尬，形象受损。例如石家庄的爆炸案、海口的烂尾楼现象、厦门的走私案以及洛阳的火灾事件等都曾使这些城市的形象蒙上了一层阴影，有些则受到的是“硬伤”，短时间内不容易恢复。经历了20年的高速发展，中国的城市虽然普遍摆脱了贫穷，但仍然薄弱的经济基础、落后的城市建设和亟待提高的人口素质都是经营城市过程中面临的最大困难。

中国的城市化进程还将持续许多年，而这其中人口素质的提高将是决定城市能否经营成功的关键。计划经济时代依靠国家力量形成的人口大迁徙客观上平衡了沿海和内地的经济实力，然而，改革开放后出现的东西部经济发展的不平衡又加大了人才资源的差距，许多内地城市出现人才不足的现象，严重影响了城市未来发展的潜力，给经济发展带来了巨大的隐患。

看来，在中国城市的经营过程中还将困难重重，绝大多数城市面临的不是如何塑造一个富裕、美丽的城市形象的问题，而是如何首先解决城市贫穷、下岗和可持续发展的问题。